铁血南北朝

之
元嘉治世刘义隆

夜起听花落 著

图书在版编目(CIP)数据

铁血南北朝之元嘉治世刘义隆 / 夜起听花落著. —北京：现代出版社，2021.8

ISBN 978-7-5143-9312-5

Ⅰ.①铁… Ⅱ.①夜… Ⅲ.①宋文帝(407-453)-传记 Ⅳ.①K827=392

中国版本图书馆CIP数据核字（2021）第139499号

铁血南北朝之元嘉治世刘义隆

著　　者	夜起听花落
责任编辑	姚冬霞
出版发行	现代出版社
通信地址	北京市安定门外安华里504号
邮政编码	100011
电　　话	010-64267325　64245264（传真）
网　　址	www.1980xd.com
电子邮箱	xiandai@vip.sina.com
印　　刷	三河市宏盛印务有限公司
开　　本	710 mm×1000 mm　1/16
印　　张	34.25
字　　数	540千
版　　次	2021年8月第1版　2021年8月第1次印刷
书　　号	ISBN 978-7-5143-9312-5
定　　价	78.00元

版权所有，翻印必究；未经许可，不得转载

序

淝水战后，前秦帝国八十万大军在东晋北府军反攻下仓皇败逃，一统北方的前秦帝国就此崩溃，很快分裂为后秦、西秦、魏、前燕、后燕、南燕、北燕、夏、西凉、北凉、南凉、仇池诸国，北方再度陷入空前的混乱。同一时期，偏安江南的东晋也不好过，久受权臣、边将、外戚的争权夺利，东晋王朝在内耗之中苟延残喘，以至于曾经富庶的江南饿殍遍野。

东晋北府军名将刘裕，心怀天下之志，三次平定江南内乱，收复梁州、益州（今四川）失地，又经两度北伐，吞灭南燕、后秦，大破魏国，收复青州、徐州、兖州、豫州、司州、秦州、雍州大片国土（今江苏北部、山东南部、河南、安徽、陕西南部、甘肃南部），一度把国境线推回黄河南岸。刘裕战功越来越大，欲望也随着无限膨胀，在对腐朽没落的东晋朝廷彻底失望后，刘裕取代东晋，建立了南朝第一个王朝，也是南朝最强盛的王朝——宋。

刘裕本有实力也有机会彻底消灭北方割据，再次统一全国，然而，就在他忙着建立帝国的短短几年里，北方局势骤然变化。夏国与魏国趁着刘裕回江南夺权之际，悍然兴兵，向驻守关中的北府军发动猛烈攻势。刚刚被刘裕收复的关中，就此落入夏国之手，北府军惨败南逃。刘裕眼见夏国、魏国实力暴涨，只得暂停北伐大业，坐观诸国内斗。只是，刘裕没有等到再次北伐的机会，身染重病，抱憾病逝于建康。

刘裕征战一生，他的儿子们已渐渐成长起来。次子刘义真数次伴驾征讨，目的却不单纯。自以为太子无才无德，不能承继大统，故而欲借战功取代太子之位，不惜说服与其亲密的三公子刘义隆共同起事。刘义真机关算尽，虽然深得刘裕喜爱，却在战场上连番失利，尤其在镇守关中时被夏国杀得全军覆没，断送了宋朝北伐的大好时机，一时颜面尽失，声名狼藉。刘裕病逝后，太子刘义符顺利即位，刘义真仍不死心，妄图借助击退侵扰河南的魏军重振声威，以此为夺取帝位赢取声名。只是刘义真也成了别人的棋子。托孤重臣徐羡之、傅亮、谢晦、王弘、檀道济，不满刘义符昏聩无道，废黜天子，连带锋芒过盛的刘义真，一同废黜赐死。

刘宋皇帝的宝座，就这样空了出来，刘义隆竟然得到了刘宋江山。刘义隆登基之后，国内面对的是把持国政的权臣，国外面对的是咄咄逼人的夏、魏两国。刘义隆韬光养晦，暗中招诱王弘、檀道济为盟友，一举扳倒徐羡之、傅亮，出兵荆州，平定坐拥西境的谢晦，得以大权独揽。

坐稳皇位的刘义隆，承继父兄遗志，誓欲北伐中原，一统天下，然而魏国已强大到可怕的地步。刚刚继承魏国帝位的拓跋焘，成了刘义隆一生的劲敌。刘义隆信誓旦旦谋求北伐的同时，魏国已大张旗鼓，扫荡北方。夏国、西秦、北凉、北燕先后被魏国吞并，柔然亦被魏国杀得几乎亡国。刘义隆三次苦心北伐，皆在拓跋焘的反击下功亏一篑。最惨烈的一次，甚至被魏军杀到长江北岸，建康都已摇摇欲坠。刘义隆竭尽所能，勉强击退魏军，最终与魏国两败俱伤，刘宋才没有落个国破家亡的结局。

对外用兵无果，但是，在刘义隆治下，江南成了混乱天下中唯一的乐土，三十年间几乎没有太大的战乱，也没有苛捐杂税、繁重赋役的搅扰，江南百姓安居乐业，"元嘉之治"成为南北朝时期短暂的太平盛世。只是刘义隆为国呕心沥血，长达十年时间为病所困，国政托以四弟刘义康代理。刘义康称得上贤明，但长久摄政，刘义康也渐渐生出不臣之心。刘义康三次谋反皆被扫平，却也给刘宋埋下了内斗的祸根。

第三次北伐惜败后，太子刘劭与二皇子刘濬行巫蛊之事。案发之后，不思悔改，反而谋逆作乱。刘义隆在对北伐无望的遗憾和对儿子的伤心绝望中，惨遭杀害。"元嘉之治"就此终结，江南再度陷入空前混乱。

乱世无道，慎惜太平！

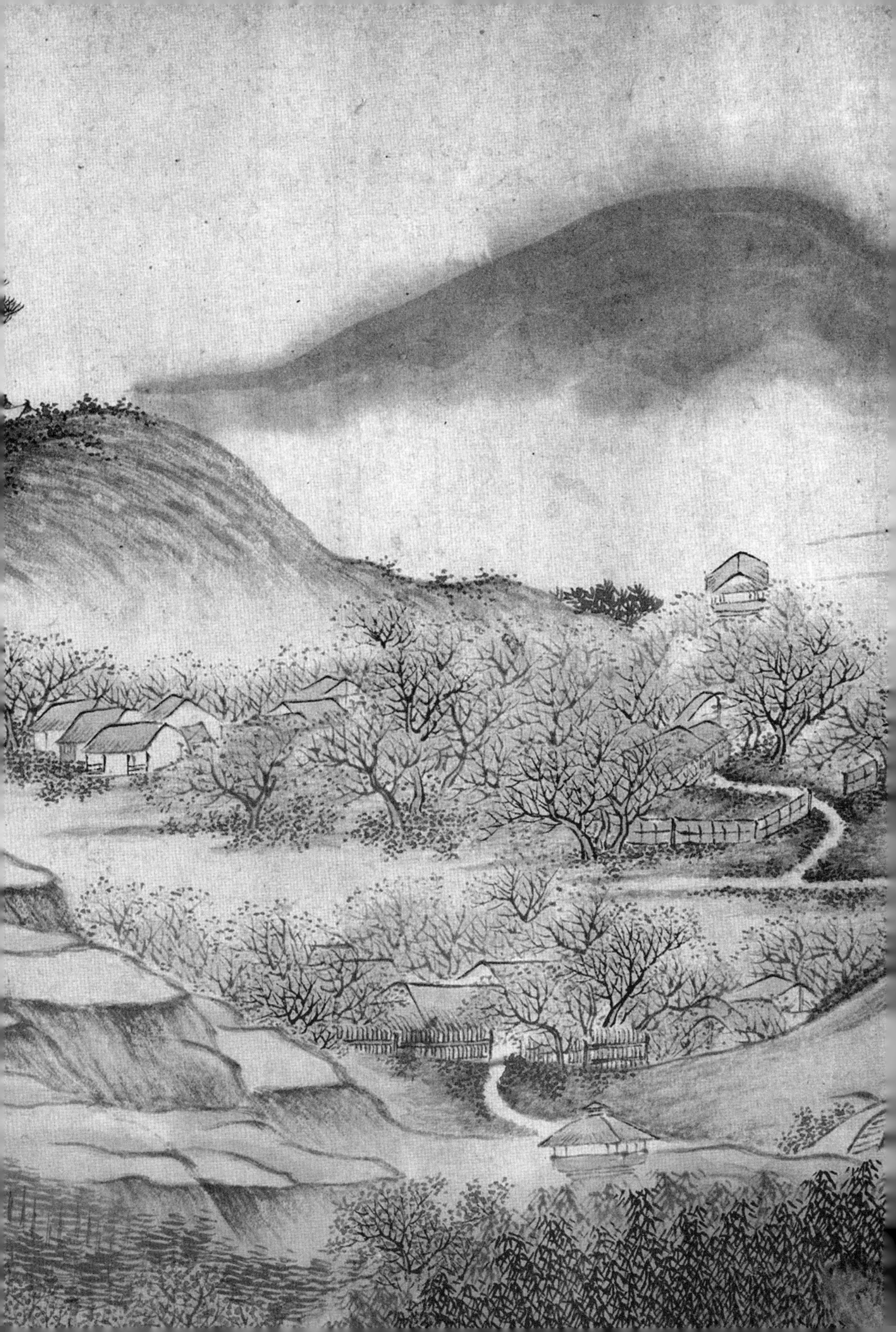

目录

- 兄弟情深 …… 001
- 夜半请战 …… 013
- 乘兴而来,心惧而去 …… 025
- 暗流涌动 …… 043
- 尔虞我诈 …… 053
- 以退为进 …… 064
- 耳濡目染,少年郎心生贪念 …… 079
- 弹指间强敌湮灭,谋权术隐忧暗生 …… 089
- 诛杀旧友是为国除贼还是党同伐异 …… 102
- 宗室的抗争,人心在谁 …… 114
- 分歧 …… 128
- 谋变 …… 143
- 敲山震虎 …… 160
- 吞灭后秦,是福是祸 …… 178
- 功业未成,半途而废 …… 193
- 长安政乱 …… 205
- 仓皇败逃 …… 224
- 功亏一篑?都是踏脚石 …… 235
- 大宋建国,却是壮志难酬 …… 250
- 心比天高,终是付诸东流 …… 259

- 痛失兄长，意外得个帝位 273
- 抽丝剥茧 288
- 暗结盟友，剪除权臣 309
- 讨灭西境，何辨忠奸 328
- 长子降世喜忧参半，因才用人稳定江南 344
- 危　机 356
- 元嘉北伐 370
- 乐极生悲 380
- 内忧外患，兄弟生离心 393
- 贤王？ 405
- 相王权重，已陷罗网 415
- 相王末路 425
- 北伐未动，险遭不测 439
- 二次北伐 459
- 再度败退 473
- 兵临城下，建康危急 485
- 魏国内乱，三度北伐 497
- 巫蛊案发 509
- 血溅上合殿 522
- 尾声 536

兄弟情深

京口，东晋军事重镇。历来便是拱卫国都建康的屏障，在权势争夺和强敌入侵的腥风血雨中，一次次挽救了风雨飘摇的东晋朝廷。如今的京口，归于车骑将军刘裕的防区，不仅是车骑将军府所在，也是北府军的中枢。说起这北府军，在江东可是无人不知、无人不晓，放眼天下，更是威名远扬。

想当年，前秦皇帝苻坚在其军师王猛筹划下，先后吞并北方诸国，雄霸中原的半壁江山，随后挥师南下，剑指东晋，欲以八十万大军一举荡平江南。东晋王朝危在旦夕，组建仅五年的北府军临危受命，在其统帅谢玄的调度下，于淝水以八万人马大破苻坚，杀得秦军风声鹤唳，溃不成军。北府军一战成名，挽救了东晋王朝，更改写了北方局势。

淝水一战，强盛的大秦帝国，仿若沙堡般转瞬崩塌。被前秦吞并的诸国宗室，纷纷逃归旧土，魏国、南燕、北燕、后凉、西凉、北凉、南凉、后秦、西秦、仇池先后复国，北方再次分裂，局面比苻坚统一中原前更加混乱。

谢玄统率北府军趁势北伐，收复大片失地。眼见恢复河山指日可待，东晋朝廷忽然一纸诏书，命谢玄分兵驻守边境，大军撤还京口。非是朝廷忌惮谢玄军功，不允他继续北伐，而在于北府军从筹备之初就不是为了北伐，而是另有所用。

东晋在江南立国已有数十年，一直是臣强君弱的局面。先后有王氏、庾氏、桓氏三家世族，手握江东兵力，威胁建康。故而谢玄的叔父谢安主持东晋朝政后，举荐谢玄在京口组建北府军，以制衡驻守长江上游的桓氏。随着谢玄北伐，北府军达到了震慑桓氏的目的，故而谢安急命谢玄班师还朝，稳定江南局势。

可谁都没有想到，仅仅过了数年，谢安、谢玄叔侄相继病逝。北府军没了明主，沦为权臣争权夺利的工具。江东一时人心涣散，有五斗米教教主孙恩宣扬晋室天命将尽，起兵反叛。在北府军大将刘牢之的围剿下，孙恩仓皇败退，可桓氏死灰复燃，杀奔建康。晋朝被桓玄篡取，改国号为大楚。刘牢之落得兔死狗烹的结局，于悲凉中自缢身亡。

若桓玄能一改江东世族门阀混乱的局面，江南大权归于谁手，倒也无足轻重。然而，桓玄志大才疏，只顾游山玩水，骄奢淫逸，建国仅仅两年，便闹得江南大乱，东晋朝廷在北府军的浴血奋战中再次中兴。提及此处，就不得不说如今的北府军统帅刘裕了。

刘裕算是北府军的后起之秀，原是刘牢之麾下大将。与刘牢之的爱子刘敬宣、外甥何无忌共得刘牢之赏识。桓玄夺取晋朝后，北府军旧将被桓玄以各种理由清洗，各营兵马裁撤殆尽，所剩不多的精锐都归于桓氏兄弟统辖。何无忌被罢官免职，刘敬宣外逃他乡，先后降于后秦、北魏。刘裕则审时度势，暂降于桓玄效力。桓玄倒也没有赶尽杀绝。五斗米教叛乱屡剿不绝，虽说孙恩穷途末路投海而死，可其妹夫卢循得叛军推举，声势有增无减。桓玄还需倚仗刘裕领兵平叛，故而留下了刘裕的性命。只是北府军再也没有了往日的气势，几乎是名存实亡。

眼见桓玄治下的江南萧条至极，人人怨愤，刘裕在何无忌的辅佐下，暗中联络北府军旧部，一举夺回北府军军府京口。又在何无忌、刘毅、孟昶、诸葛长民各路豪杰以及自家兄弟刘道怜、刘道规的倾力相助下，共举义兵反攻建康，杀败桓玄，迎回废帝司马德宗，复兴晋朝。

刘裕光复晋室已是功勋卓著，其后又凭着一纸书信，便让占据关中的后秦皇帝姚兴退还了南乡、新野等十二郡国土，不可不让人敬服。随后，刘裕更是力排众议，挥师北伐，大破南燕国十万兵马，擒得南燕皇帝慕容超，不但让南燕就此亡国，更是收复了徐州、兖州全境和青州大部，大涨东晋国威，使北方强国对江东长期以来的威胁骤减。

如今，北府军在刘裕的统领下，随着东晋复兴浴火重生，再一次成为江东的支柱，京口也重新成了北府军的军府所在。

六月的京口，正是山花烂漫、风景独好的时节，初夏的骄阳还不是那么猛烈，空气中已有了茉莉花的清香，让人不觉沉醉，车骑将军府里，却是冷冷清清模样。刘裕如今已官拜侍中、车骑将军，录尚书事，领扬、徐二州刺史，又已在京师开府，家眷也多半迁到了建康，可建康的府衙多是在刘裕的心腹谋臣刘穆之执掌下，处理建康的政务，故而京口的将军府依旧是北府军的中枢，军国大事多是在此议定。

此时正值午后，府中却见不到多少军士，偌大的将军府庭院，只有几个老仆在做些杂务。此起彼伏的蝉鸣，叫得人有些心烦，却让将军府显得越发孤寂。后院有棵老槐树，也不知长了多少年月，足有十数丈高，茂密的树冠仿若华盖，将大半个后院笼盖其中。丝丝微风穿梭于树荫之间，让人避开午后的燥热，得享一时清爽。

两个四五岁的孩童正在树下玩耍。没有爬上爬下、嬉戏打闹，而是对坐在一张几案两边，摆弄着一副樗蒲。此物乃是博彩赌钱所用，两个孩童当作玩具，未免有些奇怪。就见桌上堆满了各色零食、点心，充作赌资，两个孩子投子打马，学得有模有样。其中大些的孩子显然占据上风，将那些赌资赢了不少，小些的孩童已经输得所剩无几。

这两个孩子，乃是刘裕次子刘义真、三子刘义隆。刘裕年少时家境窘困，没什么机会求师访学，品性不免轻佻些，亦喜欢与人赌钱。待加入北府军后，刘裕因军功被刘牢之赏识，自此平步青云。刘裕也知没有学问终是低人一等，故而延请名师教授诸子。几个儿子年岁虽小，倒也给刘裕争气，颇是聪慧善学。只是从小耳濡目染，刘裕那些坏毛病也被儿子们学去不少。虽说刘裕也不喜欢儿子小小年纪玩这些赌钱游戏，见到了不免骂上几句，可刘裕常年征战在外，哪有多少时间管教儿子？故而刘裕只要不在府中，老三还懂事些，老大、老二可就无人管得住了。

刘义隆眼看快被赢个干净，并不在意，正望着树上的一只金蝉出神，显然心思并未放在樗蒲上。而刘义真先是丢出四黑一白一个"雉"，紧接着又丢出五黑一个"卢"，就听刘义真拍手大笑："可算赢了！"

刘义隆回过神来，将盘中最后两块桂花糕推给刘义真，说道："不玩了，不玩了。"

刘义真不依不饶，乐道："三弟你别玩不起呀，大不了我再分回你些糕点，咱俩再玩一局。"

刘义隆却叹了口气："二哥，我烦闷得很，不想玩了。"

刘义真乐得哈哈大笑："我说三弟，你一个四岁的小娃娃，怎么也学大人说话？父亲出征在外，这次使你镇守京口，你倒真当自己是个将军啦？"

刘义隆嘟了嘟嘴："二哥说的什么话。父亲北伐燕国回来当日，便说什么让我谨守京口，不得令贼人侵扰军府。刚听到这些话，我还只当父亲是在说笑，可都来不及收拾些衣裳，便真把我送到了京口，当真把我吓坏了。头两日，我都不敢睡觉。好在父亲让刘粹将军也来了京口，防备诸事都是他在操持，倒也不用我做什么，这才放了些心。"刘义隆这样说着，眼泪已经开始打转了。

听弟弟这样一说，刘义真沉默起来。虽然只比刘义隆大一岁，可身在将门，自然稍早懂事些。

刘裕平定桓玄后，晋朝江山稳固，五斗米教教主卢循逃至广州，向朝廷乞降。朝廷一时也无力征讨，故而招安了卢循，拜作广州刺史。就在今年北伐燕国之际，卢循再次反叛，以大将徐道覆为先锋，接连攻破长沙、庐陵、豫章。

刘裕刚刚灭了南燕，听闻江东生变，只得留大队人马徐行，自领百十人星夜南归。而留守湘州寻阳的右将军何无忌，眼见叛军向建康越逼越近，独领兵马迎击叛军，谁料遭遇伏击，身陷重围，终是持节督战至死。何无忌乃刘裕起兵时的左膀右臂，如今枉死叛军之手，就连刘义真这个五岁的孩子都觉得可惜。随着何无忌战死，叛军逼近寻阳。一旦此城失陷，建康便彻底袒露于叛军面前了。

刘裕回到建康时，便是这样的局面。北伐大军尚在下邳，京城守兵不足数千。刘裕一面急调青州刺史诸葛长民、兖州刺史刘藩、并州刺史刘道怜领兵驰援建康，一面就地募兵，勉强凑得些人马。而此时的卢循叛军，听闻已经有十余万众，舟车百里不绝。

朝中人心惶惶，都说建康守不住了。尤其当初助刘裕起兵讨伐桓玄的孟昶，力主护送晋帝渡江北上避祸。孟昶此人很有些见识，听信其言的不在少数，刘裕却坚决不肯退让。孟昶恼怒刘裕不用其言，又觉建康城破无可挽回，为免被叛军羞辱，竟吞药自尽。孟昶倒是一了百了，可这样的举动，闹得建康人心越发惶恐。

刘裕力排众议，以二弟刘道怜守备建康，自己则统领勉强整编的兵马进驻石头，构筑起护卫建康的最后一道屏障。虽然官军兵少，刘裕无法分兵守备其他城池，可京口乃北府军军府所在，事关重大，若遭叛军侵袭，北府军军心大溃，还如何迎敌？故而刘裕以年仅四岁的刘义隆出镇京口。

上面这些事，有些是刘义真听来的，有些是刘义真亲身感受到的。毕竟叛军逼近建康，城中四处弥漫的惊恐和绝望也让刘义真感同身受。刘义隆年纪尚小，弄不明白大人在忙些什么，可刘义真对建康悬于一发的危局还是有些了解的，也知道父亲把四岁的弟弟送来京口守城的缘由。只是有些事远非刘义真所能理解，既然有刘粹将军守备京口，父亲为何还要让弟弟来这险地呢？

对刘裕来说，把儿子放在京口，一来足见刘裕对拱卫建康的决心，也让北府军将士安心。二来，京口乃刘裕的根本所在，交给别人怎能放心？刘裕兄弟三人，二弟刘道怜守备建康，三弟刘道规远在荆州，这时候只有靠儿子了。只要刘义隆待在京口一日，城中将士便不会生出二心。三来，刘裕在此事上显然有些私心。长子刘义符已经六岁，次子刘义真也到五岁，按说都比刘义隆这个四岁的孩子更堪当重任。可刘裕年过四十才有子嗣，故而极力护全。京口兵少，万一真有叛军来袭，能守住的机会着实渺茫。乱世之中孩童长大成人不易，年纪稍长些的两个儿子自然更值得保护。至于老四刘义康，才两岁，若送到京口，照顾他还来不及。选来选去，刘裕只有忍痛割爱，委屈老三担起这个可以说是来送死的差事了。

刘义真不懂父亲在想些什么，只是他与三弟虽非同母，可自幼感情深厚。三弟忽然被送走，让刘义真着实割舍不得。刚分别那几日，刘义真天天闹着要去京口找弟弟。只是叛军逼近，建康城门紧闭，刘义真哪有机会出城？只能隔三岔五就去守备建康的二叔刘道怜家闹腾，哭着喊着让二叔送他去京口。后来也不知怎么了，或许是前方军情稍缓，建康不再封锁城门了。刘义真软磨硬泡，总算让寄宿在家中的一个僧人偷偷摸摸送他来了京口。

此时听弟弟说起在京口的辛酸，刘义真不觉心中一阵难受，抓起弟弟稚嫩的双手，说道："哥哥说错话了，你别伤心了。哥哥这不是来陪你了吗？再说了，父亲是大将军，我们兄弟今后也必是大将军，总有一日，便能统领三军，驰骋沙场。今日弟弟倒比哥哥先做了将官，让哥哥好生羡慕。待他日哥哥当了大将军，就让弟弟来做我的先锋大将吧。"说完，他抓起桌上一枚樗蒲投子，一只手往点心盘中的酱汁蘸了一下，便想在投子上写个"令"字。只是投子太小，酱汁太淡，怎么写也看不出是个"令"字来。刘义真有些恼火，拿着那枚投子在地上蹭了几下，刮掉一侧的黑漆，又装模作样重新拿酱汁胡乱写了几下。虽说还是看不出是个"令"字，却隐约有了些印记。

刘义真这才稍稍满意，将那投子郑重其事地交到刘义隆手中："三弟可拿好了，这便是军令了。"

刘义隆如获至宝，恭恭敬敬把那投子接到手中，细瞧了半天，这才小心翼翼揣进袖中，破涕为笑道："弟弟接令了。"

刘义真见弟弟笑了，似乎很是满意自己的作品，说道："那弟弟再陪我耍上一局樗蒲吧。"说完，他便要把赢去的点心分出一半来。

刘义隆却摇摇头："不要！这樗蒲无聊得很，我不想再玩了。"

刘义真挠了挠头："也是怪了，平日与那几个奴才玩的时候可带劲了。今日别说你，就连我都觉得有些闷。"他忽然想到了什么，说道，"对了，我与他们赌的都是真金白银，我俩只拿些点心零食，自然玩得不上心。"他伸手往袖中一摸，掏出一块银锭来，"弟弟也拿些钱来。"

刘义隆苦着脸："我从京口出来匆忙，哪有时间带钱来。何况整日在将军府，又不用我去买什么，哪来的钱？"

刘义真有些失落："我身上也只有这块银锭，没有带几串铜钱分你。"他拿着那银锭往桌角磕了半天，想磕下一块来。可除了把桌角磕出几个白印，那银锭毫发无损。刘义真有些生气，把那银锭摔在几案上，负气说道："想好好玩上一局都不成。"

说罢，刘义真躺倒在座席上，抬头望着树上叫个不停的蝉愣神。他忽又坐了起来："对了，父亲北伐燕国归来，听说拉回好几车东西，已经从下邳送到了京口。燕国必有不少财宝，我俩从中取些出来充作赌资不就好了。"

刘义隆有些胆怯，说道："若是被父亲知道了，那可不得了。何况我也见过那几车货物，全都是些竹简书册，没看到什么金银珠玉。"

刘义真有些失望："偌大的燕国，难道就穷得没有什么像样的宝物吗？父亲不远万里拉回些破竹简做什么？难怪慕容超被父亲杀得亡了国，这般穷酸模样，还好意思叫皇帝！"

刘义隆还未答话，就听有人说道："阿弥陀佛，二公子此言差矣。"

刘义真二人吓了一跳，循声望去，不知何时来了个和尚。和尚二十来岁，生得眉清目秀，穿了一身皂黑僧袍，手中握着一卷残旧书简，正笑眯眯望着兄弟二人。

刘义真骂了一声："慧琳和尚，你走起路来没有声音的吗？何时过来偷听我兄弟说话？枉你还是佛门弟子，就不怕佛祖割了你的耳朵吗？"

那和尚依旧笑道："二公子好生无礼，小僧念你兄弟情深，担着天大的干系，偷偷护着你来了京口，却要这般出口伤人，让小僧好生伤心。"

刘义真脸上一红。

方才说起要和弟弟去偷些父亲北伐缴获之物充作赌资，虽是小孩子胡闹，可刘义真也知道不是什么光彩的事情。被慧琳和尚听到，自然脸上无光，说起话来不免难听了些。只是刘义真能偷偷来到京口，的确是慧琳和尚相助。

刘义真有些过意不去，又不肯承认，嘟囔道："你个慧琳和尚，素来不知礼数，目无尊长，听说你这些日寄宿在我家，就是因为又惹恼了你师父道渊禅师，这才来避避风头，还好意思说我一个娃娃不懂礼数。"

慧琳讪讪笑了一声，眼中现出一丝懊悔，却转瞬即逝，笑道："小僧自幼无父无母，四处飘零，道渊救我性命，传我佛法，我叫他一声师父，也是两不相欠。与他辩些道理，说不过我，便骂我恼我，这如何怪得了我？"

刘义真哼了一声："别看我是个孩子，可我也听说过，你这个和尚出自沙门，侍奉释迦，却又贬低佛祖，当真无法无天。也难怪道渊禅师三天两头被你气得要把你逐出师门。"

慧琳笑道："有理便是有理，无理便是无理。我一个小和尚悟出些浅显道理，佛家经卷无从解答，我便从儒道典籍找寻答案，有何过错？何况我佛慈悲，四大皆空，又怎会怪我一个小和尚对其经卷的质疑？"

刘义真还是个小孩子，哪能说得过慧琳，气鼓鼓却又说不出什么，旋即问道："那我问你，慕容超堂堂一国之君，国破之后竟就留下这么些竹简书册，不是穷酸是什么？我父亲北伐燕国，辛辛苦苦一场，还要受累拉回那些破烂物件，建康又不是没有，要它们何用？"

却听慧琳说道："二公子这可真是说错了。那慕容超虽然昏聩无道，燕国也分裂为南北两国，可燕军强悍异常。若非刘裕将军以车阵牵制燕军主力于临朐城南，又派奇兵袭取临朐，燕军可没那么好破呢！而慕容超在临朐战败，逃回国都后，大开府库赏赐将士，以此收买人心，硬是让刘裕将军苦攻八个多月不能破城，足见慕容超赏赐燕兵的丰厚！听闻破城后，燕国皇城内仍有无数财宝，刘裕将军除了分赏将士，便登录造册，欲献于朝廷。至于那些书简，可比金银俗物要珍贵百倍。朝廷自南渡以来，书卷流失无数，再加上这九十多年来江南混战不休，书籍遗失焚毁,国库藏书仅有四千余卷。虽说世族大家藏书无数,却都是人家的私产,谁不是当作宝贝一般藏着掖着,怎舍得拿出来让外人瞧上一眼,如此就更不会献于朝廷收藏查阅了。"

刘义真听慧琳说了半天,不觉有些头疼。虽说刘义真也读了不少书,却从来没觉得有什么用,说道:"若读那些书真有用处,朝廷又如何会被人攻破洛阳,狼狈逃到建康来?"

慧琳哈哈笑道:"未知生,焉知死?未知过去,焉知将来?那些书卷,乃多少圣贤一生所悟,又是多少史家仗义执言。读圣人言,才能开启心智,通晓万物道理,方能扬长避短,无往不利。读史家书,便能知晓往事,细品兴衰,才会懂得克己修身,莫要步了前人后尘。便如二公子所言,若非读书,公子怎知朝廷当年是在洛阳而非建康?正因知道了这些悲苦往事,才会让我华夏知耻后勇,才守得住这半壁江山。再往远说,待到千百年后,你我皆成枯骨,又有何人知道今日之事,不还是要凭着这几卷无用的书简来一探究竟?"

刘义真、刘义隆二人听得云里雾里,慧琳却没有停下来的意思,接着说道:"何况历经这些年动荡,江南就算还有藏书,也多是后人抄录,真正流传下来的孤本原著少之又少。抄录之人若有笔误,又会误导多少后人?刘裕将军苦心搜寻书籍,既是想以此扩充府库藏书,也是想有所比较、验证,方知对错。听闻刘裕将军少时家贫,故知读书艰辛。如今身在军旅,却知收纳书卷以为国家长远计。这份苦心,让人敬服!"

刘义真、刘义隆听得似懂非懂,可听到慧琳是在称赞父亲,心中不觉欢喜。

刘义真点头说道:"你这和尚倒是说了些实话。"

刘义隆却问道:"你来了京口后,便再未见过你,定是躲在屋里看那些书吧?"

慧琳和尚笑了笑:"正是正是,虽说小僧不敢称读书万卷,可也是博览群书,即使如此,那些书中也有不少闻所未闻。只可惜北方战乱不休,燕国又不懂得这些书卷的珍贵,多是堆在府库落灰罢了。虫噬鼠咬,烟熏水浸,不少书简都散了架,还有些墨迹淡得都看不清了。还当修补整理,才能编纂入册,存进府库去。想必刘裕将军也是这般想的吧。眼下建康危急,哪有人顾得上这个,所以才把书简送来京口暂存。"

刘义隆望着慧琳手中那卷泛黄的旧书简,问道:"那你手中是何书?"

慧琳笑道："此乃《三国志·魏书》中的《王粲传》一卷。"

刘义真撇撇嘴："三国倒是知道些，什么曹操、刘备、孙权、诸葛亮、周瑜的，却听都未听过王粲。这种小人物有什么好看的？"刘义真能一口气说出这么多三国人物，有些扬扬得意。

慧琳面露敬意，笑道："王粲此人原也是名门之后，乃东汉末年太尉王龚曾孙。身负奇才，善作诗赋。以小僧来看，王粲的诗词造诣远在才子曹植之上。曹操两个儿子曹丕、曹植斗得不可开交，可两人都对王粲的才学钦佩不已。"

说罢，他朗声诵道："西京乱无象，豺虎方遘患。复弃中国去，委身适荆蛮。亲戚对我悲，朋友相追攀。出门无所见，白骨蔽平原。路有饥妇人，抱子弃草间。顾闻号泣声，挥涕独不还。未知身死处，何能两相完？驱马弃之去，不忍听此言。南登霸陵岸，回首望长安，悟彼下泉人，喟然伤心肝。"

慧琳叹了一声，说道："这首《七哀诗》便是王粲所作。长安战乱，王粲背井离乡逃奔荆州避难。路遇流亡妇人，将儿子遗弃在草丛中。听着婴儿哭泣声，妇人哀声连连，却也只能挥泪离别。大人尚且饿得没有活路，哪还顾得了婴儿生死。只希望丢在草丛中，能有好心人捡拾了去。只是这般奢望终是没有回应，就连王粲都是自顾不暇，只能强忍着不去听那肝肠寸断的哭声，驱马快些离去。可怜那婴儿终归是要落入豺狼虎豹之口了。"

刘义隆听得有些心痛，不觉落下两行泪水，说道："听闻东汉末年长安也打仗，就如西晋亡国时一般模样，北方杀得天翻地覆，不少人也和今日一样逃来江东。我总听老人说逃难时如何如何凄苦，听得多了，倒也未觉怎样。王粲这首诗倒是让我一下子受不住了。"

刘义真也是面有戚容，却倔强地说道："就算王粲写的诗好，他也不过是个文人罢了。文人腐儒最是无用，哪比得上张辽、徐晃、关羽、张飞这些大将风光！"

慧琳笑道："武将有武将的韬略，文人自有文人的庙算。王粲逃难荆州，投奔刘表，却苦不得志。直到曹操南征，吞并荆州，王粲归于曹操帐下，这才人尽其才。待曹操成了魏王，王粲官拜侍中，为曹操整饬朝纲，除旧布新。若没有王粲这些文人治理国家，哪有魏国兵精粮足，南征北战？"

刘义真一时语塞，就听慧琳接着说道："只是三国风流人物数不胜数，王粲虽有奇才，却被人掩盖，逊色不少。王粲诗词太过出彩，也遮蔽了他的为政之道。

何况曹操此人毕竟篡夺汉室江山，为士大夫所不齿，而王粲背弃刘表，降于曹操，就更让人诟病。故而这百十多年过去，在那些士大夫刻意删减下，王粲的记载是越来越少。史书又经战乱损毁，便让建康府库所藏《魏书》，对王粲的记录，也不过寥寥数句。"

刘义隆问道："那你找到的这卷《王粲传》可有什么不同？"

慧琳笑道："此卷不但记录了王粲在刘表死后劝说荆州归降曹操之事，还说王粲记性出奇地好，精于诗词文章，还极善算术，曹操用这样的人管理朝政，不富国强兵才怪。此外，这书还记录了王粲一个怪癖。"

刘义真好奇地问道："王粲有何怪癖？"

慧琳笑着说道："王粲异常喜欢听驴叫，有时看到路边有驴，下了车就去逗耍，听那驴叫了，王粲还要学着附和几声，才算尽兴。只可惜天妒英才，他年仅四十一岁就病逝了。魏国太子曹丕在拜祭王粲时，还邀陪祭之人一起学驴叫，以示哀思。"

刘义真哈哈一乐："王粲居然喜欢学驴叫，太不顾士子颜面了。曹操让他来管理朝政，不乱了套？还有那曹丕，竟让士大夫一起学驴叫，这算什么事呀，真真有伤风化！"

慧琳笑道："这学不学驴叫，与管不管得好朝政有何干系？那西晋太尉王衍，倒是生得风流倜傥、道貌岸然，时人赞为琼林玉树。也算学遍古今，才华横溢，可人品龌龊不堪。他一面把大女儿嫁给权倾朝野的贾皇后外甥，一面又把小女儿嫁给当朝太子，待贾皇后废黜太子，王衍转眼就断了和太子的翁婿之情。再到后来贾皇后被杀，八王大闹中原，王衍左右逢源，官越做越大。可王衍做了那么大的官，于国于民做了些什么？不过整日沉醉于玄学清谈不可自拔，尸位素餐，任由朝政荒废糜烂。虽说西晋亡国出于八王之乱，可谁又能说不是拜王衍这个自私自利的小人所赐？王粲学了几声驴叫，能把魏国治理得蒸蒸日上。王衍玄学泰斗，却把强盛的西晋搞得亡了国。二人才品，一个在天上，一个真是烂到稀泥里了。"

刘义真、刘义隆虽小，倒也听过些王衍之事。当年洛阳城破，西晋亡国在即，王衍没想着如何保全家国，却早早想好退路。一面让亲弟弟王澄去了荆州，一面让族弟王导、王敦护着司马睿来了扬州。只是王衍为追兵所杀，没能逃到江南。唯一能算他做了件好事的，就是司马睿众人在建康中兴了晋室，以半壁国土让残存的华夏休养了这么多年，算是王衍无意插柳柳成荫吧。

兄弟二人听着慧琳说起这些陈年旧事，懵懂中似乎也明白了些道理，一时默默无语。这时有人从外面进来，远远就拜道："二公子，刘并州派人来接你了。"

刘义真哎呀一声，就见是刘粹来了，气得他跳起来嚷嚷道："你这大人，还是个将军，怎么说话不算数呢？不是说千万别把我来了京口之事告诉我二叔吗？"

刘粹尴尬地笑了笑。

刘义真偷偷来了京口，刘粹哪敢隐瞒此事？自然要早早派人告诉驻守建康的刘道怜，免得京城不但要防备敌袭，还要惊得鸡飞狗跳，到处去找车骑将军的二公子。一个刘义隆在京口，就已经让刘粹操碎了心。刘义真又偷偷跑来京口，万一出了什么岔子，刘粹岂能脱得了干系？何况刘粹虽是刘裕部将，却非刘裕嫡系，而是左将军刘毅的族弟。

刘毅与何无忌一同助刘裕起兵复兴晋室，倒也和刘裕同舟共济一场。然而，随着功成之后，刘毅常认为自己功勋丝毫不逊于刘裕，而对位在刘裕之下愤恨不平。卢循军逼近建康，刘裕急调各路人马驰援京城，本也向驻守姑孰的刘毅求救。时逢刘毅病重，又或是刘裕也对刘毅有了些防备之心，待建康兵马稍稍集结，刘裕便使人告知刘毅，不必领兵南下了。刘毅得讯，气得投书于地，只当刘裕不肯让他建功，哪肯遵从此令，也不来建康了，自领两万人马杀去寻阳。

随着何无忌战死，寻阳早已被叛军攻陷。刘裕三弟，驻守荆州的刘道规遣兵救援寻阳，也被卢循击退。刘毅冒然进兵，惨败于桑落洲，仅剩数百人逃回了建康，其余兵马皆为卢循军所俘，粮草辎重更是全都送给了卢循。

刘毅不肯听命于刘裕，擅自出战，以致兵败如此，虽说未被刘裕惩处，却已与刘裕离心。刘粹身为刘毅族弟，身份就有些尴尬了。好在刘裕仍然信任刘粹，将辅佐刘义隆镇守京口的重任交给了他。刘粹也想借着严守京口来向刘裕表忠心。

万幸的是，石头防线已起到了作用，叛军一直滞留湘州，未敢轻易东进扬州，故而京口没有叛军踪迹。刘粹眼瞅着能顺利办好刘裕的差事，谁承想二公子刘义真瞒着刘道怜来了京口。万一这不知深浅的二公子出了事，就算刘粹能守好京口，又如何向刘裕解释？这就让刘粹更要早早把刘义真的踪迹告诉刘道怜了。

这几日，刘粹一直提心吊胆，好不容易盼来刘道怜的亲随，把这烫手山芋接回去，刘粹可算要松口气了。

看着刘义真怒气冲冲的样子，刘粹讪讪笑道："二公子可怪不得末将，末将哪敢不听二公子的话。只是二公子来京口时人多眼杂，也不知是何人走漏了消息。二公子莫要生气，待末将严查，必要把这多嘴之人揪出来给二公子出气。只是刘并州已经派人来了京口，正在前堂等二公子，说是车骑将军这两日就要回建康。若是见不到二公子，那可就大大不好了。"

一听父亲要回建康，刘义真咂了咂舌。若让父亲知道自己跑来了京口，还不把自己揍个半死？刘义真慌慌张张问道："叛军声势浩大，父亲在石头军务繁忙，哪有时间回建康，你莫要诓我！"

刘粹恭恭敬敬拜道："末将哪敢胡言，二公子不信，就去前面问问刘并州的亲随便是。"

刘义隆听到此言，也担心道："二哥还是快些回去吧。我知道二哥是怕我在京口孤单，才来陪我的。这些日我已习惯了，没什么好担心的。若让父亲知道你偷偷跑出来，那还了得！"

刘义隆故作镇定，仿若真的不再害怕一个人留在京口了，可眉宇间的迷茫和无措还是落入慧琳眼中。

慧琳拜道："阿弥陀佛，二公子有刘并州亲随护送，自然安然无虞，倒也用不上小僧了。若是不放心三公子，那小僧留在京口陪他便是。"

刘义隆感激地看了看慧琳，对刘义真说道："是呀，慧琳师父讲书倒是精彩得很，我也不会寂寞了。"

刘义真稍稍放了些心，又恋恋不舍交代几句，这才着急往外跑，忽然又停住，回身骂了一句："你个臭和尚，必是怕回建康被我二叔惩治，这才躲在京口，你也有时间看那几车破书。差点让你蒙蔽了！告诉你，把我三弟照看好了！若是只顾看书，把我三弟冷落到一边，让我知道了，有你好看！"说罢，他转过了身，急匆匆地跑出去了。

看着刘粹陪着追了出去，刘义隆轻轻叹了一声："哎！快些打完仗吧，我可真想和哥哥一起回家去呀！"

夜半请战

刘义真听闻父亲即将还朝，一路哪敢耽搁？饭都没在路上吃，就匆匆赶回建康，总算抢在城门关闭前进了城。眼见天已黑透了，刘义真不知父亲究竟有没有回来，也不敢回家去，且先去二叔刘道怜府上。

府中灯火通明，校尉将佐进进出出，忙个不停。自刘道怜受命镇守京师开始，他府中便一直是这般模样。显然刘裕出征在外，建康的军务都压在了刘道怜身上。

刘裕起兵讨伐桓玄时，刘道怜的确出力不少。北伐燕国时，刘道怜也一同北上。破城之后，更是刘道怜部擒得燕主慕容超，夺得北伐首功。然而，就连刘义真都知道，这二叔刘道怜的本事当真稀松得很。他能有这么多战功，多是刘裕委派给刘道怜的参军将佐得力，才没耽搁大事。否则以刘道怜的本事，若真与慕容超交手，只怕就没命回来了。眼下叛军势大，刘裕外镇石头，虽然刘道怜有属官辅佐，可守备都城这样大的事，刘道怜也不敢有丝毫马虎，凡事还是要亲自过问，与参军商议妥当，方敢施行。

府中这么晚还一副忙碌的模样，看来刘道怜还未处理完军务。侍卫各司其职，守在堂前，但都认识刘义真，故而无人阻挠，任由一个孩子进了大堂。

刘义真瞧着一群将佐还在军图前说个没完，二叔正被众人环绕，一脸不高兴。好在没有看到父亲刘裕的身影，想来应该还没有回来。

刘义真稍稍放下心，就想躲到一边，却见刘道怜已经察觉他进来，骂了一声："你这浑小子，滚到里屋去，等会儿再收拾你。"

刘义真吐了吐舌头，在众人的笑声中，窜进了内室。一路舟车劳顿，刘义真可真是累坏了。此时知道父亲还没回来，总算松了口气，便觉浑身就像散了架一般。瞧见桌上放着两碟松子糕，刘义真就听肚肠里翻江倒海般响个不停。他随手端了起来，躺倒在榻上，一块接一块往嘴里塞。

刘义真吃着点心，就听外面刘道怜还在向其官属问话。

"贼兵大举侵入扬州，逼近白石，车骑将军分兵留守石头城，亲领兵马阻击叛军。谁知这是卢循的调虎离山之计！车骑将军前脚一走，叛军便来围攻石头。若非沈林子、刘钟二将死战，车骑将军又领朱龄石回救及时，只怕石头都被叛军攻陷了。"

刘义真听闻此言，吓了一跳。虽然年纪不大，可整日听父亲他们说起石头，也知此城重要，一旦陷落，建康便将危如累卵。父亲被叛军算计，险些吃了大亏，刘义真不禁担心起父亲的安危，竖起耳朵仔细去听刘道怜说话。

"谢参军，叛军暂退，却在石头占了不少便宜。按理说，贼兵初战告捷，士气高涨，必会侵扰愈盛，为何对峙数日，竟匆匆撤军？此中是否有诈？贼兵时常声东击西，莫不是预谋避开石头，偷袭建康？"

那谢参军答道："刘并州勿忧。其实自叛军侵入扬州时起，便已有了撤军迹象，石头一战，不过是种试探罢了。"

刘道怜奇道："还有这种事情？"

谢参军答道："叛军刚刚侵入扬州时，便有军牒自石头送至建康。贼兵气势汹汹开赴新亭，本已直奔石头，谁知行至路半，却又退回蔡洲。"

刘道怜一头雾水："这封军牒我也看过，却与叛军退兵有何关联？"

谢参军说道："叛军为祸三吴已有十余年，可哪次不是被北府军杀得狼狈逃窜？虽说这次趁着车骑将军北伐燕国，卢循趁机作乱，所向披靡。可从诸多迹象来看，卢循对入侵扬州并不是很有把握。叛军远来，务求速胜，卢循却选择退避蔡洲，便知他对东进摇摆不定。这才会生出诡计，明攻白石，实取石头，一探虚实。怎奈车骑将军回救及时，卢循诡计未能得逞，只能趁着还未吃大亏，匆匆退兵了。"

刘义真听那谢参军说起叛军已经退兵的消息，知道父亲没有了危险，这才稍稍放下心来，又吃了块松子糕，便觉阵阵困意涌了上来。迷迷糊糊中，他听外面刘道怜说道："一听谢参军之言，当真茅塞顿开。若真如此，建康无忧矣。这月余来，诸位将军助我同守建康，当真辛苦了。既然叛军并无入侵建康的可能，今日就早早散了，且先回去好好休息，明日暂歇一日吧。"

那谢参军却又说道："听闻车骑将军这两日就该回建康了。既然叛军已退，那便到了反攻时机。石头储备虽然充足，可若是追击叛军，只怕还有不少缺口。想必车骑将军回京，一是要向朝廷述职，二来也要调拨军需以供大军用度。刘并州身负建康重任，还是早早筹集军需最为妥帖，也好为车骑将军分忧。我等已忙碌了一个多月，不在乎多累几日的。"

刘道怜连声说好，又与众人说了些什么，才算交代清楚。外面稍稍静了下来，刘义真已经睡了过去。这时隐约听着刘道怜回到内室，扯着嗓子嚷了一声："这些日把我忙得要死要活，你这浑小子倒是心宽得很！差点惹出天大的乱子来，倒还睡得着觉？"

刘义真被那大嗓门一吵，从睡梦中惊醒，一屁股坐起身。睡得迷迷瞪瞪还没反应过来，放在手边的半碟松子糕纷纷撒了出去，落得满榻都是。盘子咕噜噜滚下榻去，吧嗒一声摔得稀碎。

刘义真直愣愣地看着吹胡子瞪眼的刘道怜，一时蒙在那里。

刘道怜吓了一跳。小孩子睡觉最怕惊到，弄不好要犯癔症的。他几步走到榻前，小心摸摸刘义真的额头，紧张地轻轻拍了几下背："莫怕莫怕，二叔与你闹着玩呢。"

刘义真慢慢从睡梦中回过神来，这才想起今日赶回建康之事。看着有些吓到的刘道怜，刘义真不觉好笑。推开刘道怜的手，说道："二叔，我没事。"

刘道怜仔细看了看，见刘义真并无异常，这才放下心来，骂了一声："你这浑小子，真是我祖宗！屁大点儿的孩子，真敢跑出去！那几日叛军一直未来扬州，也怪我大意了些，就开了几日城门容百姓出去砍柴，竟未想到你这浑小子会趁机溜出去！兵荒马乱的，你倒是不怕！你爹四十多岁，才有你们哥几个，哪个不是当宝一样？要是折在我手里，你爹还不把我活吃啦？守个建康城，就已经让我提心吊胆了，你这活祖宗，也不让我省点儿心。一个大活人，莫名其妙不见了，我的心都快从嗓子眼儿蹦出来了！又不敢大张旗鼓让人去找，若让外人知道，车骑将军的公子失踪了，还不担心是叛军混进城来把你绑了去？建康城防如此稀松，还不闹得京师大乱，我还守个屁呀！"

刘义真尴尬地笑着。就见刘道怜越骂越气，一只手举起来就想揍他。可手还没落下来，想想刚才差点惊到孩子，硬是忍了下去。

刘道怜气鼓鼓地骂道："若不是刘粹给我送来书信，我都不知道你竟真去了京口！还有那个慧琳和尚，当真好大的胆子！他怎么没回来？看我不扒了他的皮！"

刘义真见刘道怜想打不敢打的样子，知道他不敢真动手，忙觍着脸赔笑道："二叔，我的好二叔！我不也是想弟弟了吗？几次找你，你又不理我，我只能自己想办法了。再说了，有你和我爹守着扬州，叛军哪敢乱来？只要有你们在，别说去趟京口，就算我过了长江，回趟彭城老家，又有何妨？"

刘裕兄弟祖籍彭城，远在青徐。虽说从谢玄时起，北府军就已收复了彭城，只是那里毕竟与敌国太近，一个小孩子怎么可能跑到那里去？可刘义真这句话当真让刘道怜舒畅无比。

刘道怜曾为彭城内史，领兵在那里驻守过几年，击退过敌军侵袭。虽说也多是刘道怜部将的功劳，可刘道怜却都当作是自己的本事。防守建康以来，刘道怜几乎没有和敌军交过手。可刘义真拿他和刘裕比，自然让刘道怜美滋滋的。

别看这会儿刘道怜嘴里仍骂骂咧咧的，脸上已经笑了起来："彭城？你知道彭城在哪儿吗，就敢吹这样的牛？哎！要不看你去京口是心疼弟弟，倒也像个哥哥的模样，我不替你爹行家法就怪了！"

刘义真吐了吐舌头，就听刘道怜接着说道："罢了罢了，没出事就好。来来来，二叔送你个好玩意儿。"说罢，他就把一块玉坠子塞到刘义真手中。

刘义真只觉手中冰冰凉凉，拿到眼前一瞧，就见是块晶莹剔透的玉珏。对着灯光一看，便觉清澈得像要滴出水来。一丝淡淡的翠色，仿若一条游龙，在玉珏表面云雷花纹的映衬下若隐若现，犄角胡须飘飘洒洒，在玉中一冲而上，好似要挣脱出来。刘义真虽是个孩子，可也见过不少世面。一看这玉珏模样，便知价值不菲，仅剩的一点点睡意荡然无存，惊喜地叫了一声。他用拇指轻轻揉搓两下，那凝脂般柔滑的感觉让人欲罢不能。

刘义真爱不释手，心想：自己一句奉承话，就让刘道怜舍得送这样的好东西，当真难以置信！他脸上乐开了花，嘴里连连谢道："谢谢二叔，谢谢二叔，送给我了，可不许往回要。"

刘道怜嘿嘿笑了几声："那是自然。你可知这玉珏来历？"

刘义真摇了摇头，只顾拿着玉珏乐个不停。

就听刘道怜摇头晃脑，说道："此番北伐燕国，你二叔可是勇猛无敌。别看围着燕国都城打了几个月，可谁都没占到便宜，最后还让那慕容超逃了出去。要不是你二叔运筹帷幄，早早瞅准了慕容超逃去的方向，一路追了上去，弄不好就让那慕容超逃了！那小子见我追得近了，不知天高地厚，还敢来与我交手，我一槊便把他撂倒于马下。这玉珏就是从他身上摸来的。你小子可拿好了，慕容超再怎么说也是个皇帝，这玩意儿说不上价值连城，值个千金还是绰绰有余。"

刘义真听得嘴巴张了老大。虽说刘道怜自称亲手抓了慕容超是吹牛皮，可这玉珏竟是慕容超随身佩戴，难怪这般华美。刘道怜竟敢把慕容超的东西私自扣下来，未免太胆大了些。这玉珏又如此贵重，刘义真不觉有些害怕，忙塞回刘道怜手中。"我不要，若是让爹知道了，还不揍死我呀！"

刘道怜满不在乎："怕什么！擒了慕容超可是北伐首功，拿了些钱财有什么打紧？我给你说，慕容超随身带了不少好东西。人都是我抓的，这些东西自然也就是我的了。你爹也知道，可也没说什么，就当是赏我了。我送你这么个小玩意儿，你安心拿了就是。"说完，他又把那玉珏递了过来。

刘义真听别人说过，二叔刘道怜这些年驻守过不少州郡，走到哪里都没有空手回来过。哪一次不是大车小车往家里拉？可父亲的确没有怪过他。刘义真稍稍放心下来，脸上一乐，将那玉珏又接到手中，仔细把玩起来。

刘道怜又说道："我说二侄子，二叔也跟你商量个事呗。"

刘义真边玩边说："二叔你说就是。"

刘道怜说道："哎！你这次偷偷跑出去，可真是把二叔吓得够呛，以后可不敢这样了。你要是听二叔的话，二叔以后还有好东西给你！"

刘义真哪管以后，一听还有好东西，满口只顾答应。就听刘道怜压低声音说道："你出去的事，我一直压着没告诉别人。你娘三天两头来我这里找你，哭哭啼啼，烦死我了。可我又不敢告诉她实情，只说你在我府中玩耍，还不想回去，这才搪塞过去。此事你知我知，万万不可再让别人知道。要是传到你爹耳中去，呃……别说你爹饶不了你，二叔也要跟着受累不是？"

刘义真这才反应过来，二叔怎么舍得送这么贵重的礼物给一个小孩子，原来是在收买自己。想想也是！父亲把守备建康的重任交给二叔，本来京师风平浪静，就算是二叔大功一件，偏偏让自己偷跑了出去。在刘义真看来无足轻重，可刚才听二叔说了那么多，才觉自己跑出去着实不得了，不禁也吓出一身冷汗。二叔素来没多大本事，父亲不得不重用他，却又放不下心。要是让父亲知道二叔连自己都没看好，以后还如何敢托付他大事？故而二叔送给自己这样一份厚礼，想让自己替他遮掩过去。

刘义真心里直乐。虽然壮着胆子跑出去，可刚听说父亲即将回到建康的消息，刘义真也吓得不轻。既然二叔没把这事告诉任何人，看来自己总算能躲过家法了。这本就是刘义真求之不得的，又白白得了个好玩意儿，真是意外之喜。刘义真连连点头："那是，那是，侄儿必不会说给我爹听的。"

刘道怜见刘义真答应下来，放下了心，问道："天色晚了，你今晚就住这里，还是让我送你回家去？"

刘义真正想该怎么说，就听外面有亲兵报道："刺史大人，车骑将军回来了。"

刘义真吓了一跳，险些将那玉珏摔了下去。

刘道怜面色一白。正刻意讨好侄子，忽听大哥竟已回到建康，还直接来了自己家，难不成他已知道刘义真跑出去的事啦？刘道怜抖了一下，对刘义真说道："你先在这里待着，我去迎你爹。"

刘义真哪敢多话，老老实实答应下来，坐立不安中侧耳听着外面。就听刘道怜出去一阵，将父亲迎进大堂。刘义真不敢出声，忙躺在榻上假装睡觉。

就听刘裕把卫兵都遣了出去，劈头盖脸就问刘道怜："这么大的事，你倒是也敢瞒着我？"

刘义真吓得一个激灵，父亲果真已经知道自己跑去京口啦？忽然一想，刘粹既然派人告诉了二叔，难保不会也派人去石头告诉父亲。哎！这刘粹，嘴巴怎么就那么长呢？

眼见再也无从隐瞒，刘义真心想："完蛋了，这顿揍是躲不过去了！"

刘道怜在大堂陪着刘裕，也吓了一跳，连连赔罪："大哥，你看这也怪不得我！防守建康军务繁杂，我整日忙着调拨军需补给石头，还要小心叛军侵扰。一不留神，才让他跑了出去。再说了，你看叛军已经退兵，这不也没闹出什么乱子吗？这事就这样算了吧！"

刘义真听着刘道怜求情的话，显然他也怕父亲责怪，说话全然没有底气。就听父亲猛一拍桌子，吓得刘义真差点从榻上跳起来。

"算啦？什么算啦？这么大的事，你说算啦就算啦？司马国璠兄弟三人，在桓玄兵败时，便已和桓氏余党聚众反叛。幸亏被我派兵平定，才没闹出多大乱子。这段时日一直销声匿迹，我派人四处打探也没有消息。前些日忽然寻到踪迹，说是他兄弟三人欲逃去秦国。这消息早已送至建康，你竟瞒着没告诉我，以致我未能及时派兵拦截，任由司马国璠三人西逃。这样大的事，如何算啦？"

司马国璠？刘义真听得一阵恍惚，显然父亲说的不是自己去京口的事。只是这司马国璠又是谁？

就听刘道怜似乎也有些迷惑，忽然想了起来，哆哆嗦嗦地说道："我说是什么事呢，那密报我的确看到了。只是这些日叛军势大，大哥你坚守石头已经忙得焦头烂额了。我想那司马国璠兄弟几个不过是些流亡草寇，这点儿事哪用得着惊扰大哥，故而没有派人告知，不也是想让大哥安心抵御叛军吗？"

大堂里一阵沉默。忽听哐啷一声，似是刘裕把什么东西摔到地上。

刘裕气得声音都变了："流亡草寇？你懂个什么？司马国璠兄弟三人乃晋室宗亲，投敌卖国，罪无可赦！何况你知道司马国璠这一路上都散布了些什么话吗？"

刘道怜小心问道："那小贼说了什么话，惹恼了大哥？"

"哼！他说我刘某人削弱宗室，包藏祸心。但凡晋朝宗室有些才德的，都被罢官削爵，徐徐除掉。只因容不得他兄弟留在建康为国效力，他才愤然起兵，欲清理君侧。还说我刘某人除去桓玄，看似救了大晋，实则于国之患更甚于桓玄！"

刘义真在内室听了这话，心中生出一阵怒意。在刘义真心中，父亲平定了篡取晋朝的桓玄，又消灭了侵扰边境的燕国，乃是救国救民的大英雄。可在那司马国璠口中，竟会如此诋毁栽赃，让刘义真不禁对那司马国璠恨得咬牙切齿。

刘道怜骂了一声："这小贼竟敢如此信口开河，简直胡说八道！大哥为了国家南征北讨，谁人不知大哥之功？他司马国璠是个什么东西，若不是他谋反作乱，大哥哪有时间去理会这种纨绔子弟？"

刘裕却冷哼几声，说道："司马国璠若真有本事，来找我便是，我会惧他？坏就坏在这小子宗室的身份！一路上煽风点火，会有多少人怀疑我对朝廷的一片忠心？卢循叛贼尚未剿灭，若有人听信司马国璠之言，我还如何领兵征讨叛军？你倒好，竟把司马国璠这么重要的消息当作无足轻重之事隐瞒下来，你倒真是替我分忧！"

刘道怜哪承想无意闯下这样的大祸，唯有连连告罪。

刘裕气得叹了一声："哎！虽说我与你和三弟并非同母，却素来把你们当亲兄弟。我等出身寒微，好不容易凭着出生入死有了今日富贵。贫寒之人能有出头之日何其难哉，你平日里贪图些钱财，我能不知道？不过替你遮掩罢了。朝里朝外眼红我们的人多了，又何止一个司马国璠？我一面要为国四处征讨，一面又要小心那些笑里藏刀的小人暗中算计。你说我能信得过谁？我手下那些将军谋士，我能用他们，可有几人能托以腹心？何无忌倒是与我情同兄弟，可他已经死了！他推荐的刘穆之，也是旷世奇才，对我更是忠心耿耿。北伐燕国前，若不是他瞧出刘毅的小九九，只怕这会儿我早不知被刘毅发配到哪里去了！刘穆之虽说可以信任，可天下这么大，你告诉我，我倒是要多少个刘穆之才能管得住里里外外的事？不还是要靠你和三弟，我才能放得下心？"

刘义真听父亲气得说了这么多话，虽说年龄还小，对很多事听得还不大懂，也隐约察觉到父亲的难处。父亲看似位高权重、风光无比，可身上背负了这么大的压力。又听父亲说起刘毅，那可是与父亲还有何无忌最早谋划讨伐桓玄之人。刘义真原以为他们情谊非比寻常，谁知刘毅竟也暗中算计父亲。

刘义真不由得为自己偷偷跑去京口懊悔起来。父亲要考虑的事太多，自己还任意妄为，未免太不懂事了。虽说父亲此时应该还不知道自己去京口的事，可刘义真此时也在想，要不要主动去向父亲请罪。

这时就听刘裕又说道："二弟，你就让我省省心，也给我争点儿气行不？你看看三弟道规，与你可是同母了，他都做了些什么？讨伐桓玄时，是他攻破广陵。如今叛军势大，是他在后面袭扰不断，才让我有时间在石头筑起防线。眼下叛军退兵，也有三弟之功。"

刘义真听父亲说起三叔刘道规来，不由得好奇叛军退兵与三叔有什么关系。他从榻上悄悄站起来，靠近仔细听。就听外面说道："当年桓玄兵败退往荆州时，引发益州军队哗变，刺史毛璩被杀，其部将谯纵割据巴蜀。此番卢循叛乱，谯纵也想趁火打劫，游说后秦，联兵入侵荆州，卢循又分兵西进，欲三面合围，抢占荆州。而三弟呢？三战三胜，大破敌兵，卢循恐被三弟断了退路，才匆匆自扬州撤兵。一奶同胞的兄弟，三弟能有这样的本事，可你身为他的亲哥哥，怎么就没点儿长进呢？就连司马国璠这点儿事都瞧不出轻重来？"

刘义真听到三叔在荆州的战绩，对他敬佩起来。仔细听外面，显然二叔已被父亲说得羞臊无比。就听刘道怜问道："因我无心之失，大哥声名受损，可木已成舟，司马国璠跑都跑了，就算我现在去追，也是来不及了，这可如何是好？"

刘裕一阵怅然，叹气道："朝廷这两日便要拜我为太尉、中书监，加授黄钺。

我今日着急赶回来，就是想明天一大早进官，辞去这些封拜。本就有不少人疑心我，若再升了官，权势更重，再经司马国璠一煽呼，他们更会觉得我居心叵测。"

刘道怜惊呼一声："那怎么行？大哥北伐燕国大获全胜，本就还未来得及封赏。如今又击退卢循叛军，更该加官晋爵，怎能因司马国璠一搅和，就把朝廷的封拜都不要了呢？"

刘道怜话未说完，就被刘裕打断："那我还能怎么办？人言可畏！权势越重，越被人算计！征讨卢循叛军已让我分身乏术，哪还有精力与那些小人耍心眼儿？何无忌死了，我不光少了一个得力之人！江州刺史空缺出来，你的防区又紧邻江州，若没有司马国璠这档子事，我原本想让你兼任江州刺史一职。可现在只能退而求其次，以我军司马庾悦接任了。庾氏是江南旺族，庾悦倒也让我稍稍放心些。把江州交给他，算给庾氏一些甜头，让我也能多些盟友。"

刘义真就听刘道怜一声惋惜。刘义真年纪小，不明白二叔何故叹息。

刘道怜名为并州刺史，可真正的并州此时掌控在魏国，刘道怜所能管辖的地域不过是晋朝在江北划分的寥寥数城。虽说也有些军权，可辖区也就巴掌大的地方。江州就不同了，地处江南腹地，富庶丰腴，更关系到扬州朝廷的安稳，江州刺史历来便是权重无比的天大的美差。刘道怜素来贪心，错失这样一个好地方，如何不可惜？

却听刘裕沉默一阵，说道："我大半夜来找你，不光是说这些事的，更有要紧的事交给你办。"

刘道怜忙道："大哥有事交代就好。"

刘裕说道："虽说叛军实力未损，仍有十数万之多。可随着卢循退兵，其势已衰。三弟又在荆州大胜一场，对叛军而言，局势越发不利。此时已是反攻叛军良机，我已命王仲德、刘钟、蒯恩、孟怀玉四将，领兵追击。待我奏罢朝廷，也将率军追讨叛军。石头储备粮草有些吃紧，这些日你还当速速为我筹办粮草才是。本来这些事该让刘穆之去做，可这些日，刘穆之在朝里朝外帮我挡去多少明枪暗箭，筹备粮草这点儿事，你总该能办好吧？"

一听刘裕说的是此事，刘道怜放下心来。还好刚才谢参军已经劝他早早筹办此事，倒也不是无从下手，忙笑道："大哥，你可别说兄弟没有上心，我早就在想这件事了。"说罢，他似乎是把什么东西交给了刘裕，多半是刚才和谢参军商议的调粮法子吧。"

刘裕惊叹一声，显然没想到刘道怜还有这觉悟。看了一阵，他说道："这些粮草太少了，至少也该追加五十万石！"

刘道怜是和谢参军仔细算过的，预计筹备的粮草十分充裕，足够大军三个月用度。若三个月还未能讨灭叛军，继续征调便是。可刘裕才看一眼，就觉得少了。

刘道怜疑惑道："大哥，按照往日消耗，这册子上的军粮只多不少。为何大哥觉得还有五十万石的空缺呢？"

刘裕似乎是走到大堂门前看了看，复又回来，这才说道："从孙恩到卢循，这群叛军屡剿不绝，为祸江南十数年。每次被我追得走投无路，便遁海逃去海岛躲避。待大军退还，叛军复又侵扰。这次北伐燕国，险些让他们乘虚杀进建康，酿成滔天大祸。除恶务尽，这次说什么也不能再让这群贼人继续逍遥了！待我领大军沿途追击，再有三弟自荆州夹攻，叛军兵败，已是板上钉钉的事。只是那卢循逃命的本事当真了得，还当防他逃回广州去！我已开始筹备扩充水军，欲使孙处、沈田子二将率水师自海道奇袭广州。先端了叛军老巢，让卢循再无退路。广州偏远，粮草消耗自然要多上不少。这五十万石粮食，你务必给我凑齐了。"

刘道怜恍然大悟："大哥放心，我这次定会办得妥妥帖帖。"

说完了这事，刘裕说道："此事万分机密，不可泄露一句，免得传到叛军那里，让卢循早早逃了。"他转又说道，"天也快亮了，我这就回去收拾收拾，赶着朝会向天子述职。这便走了。"

刘道怜挽留道："这眼瞅着天就亮了，大哥一来一回也太辛苦了些。要不就在我府中稍稍眯上一阵，也有时间洗漱更衣，才好面见天子？"他忽然像是想到了什么，忙说道，"对了，义真这几日一直在我府上，这会儿就在内室睡觉呢。你也许久未见过他了，不如去看看吧！"

刘义真听二叔忽然提起自己，猜想他是怕父亲回府，知道自己这些日一直不在家中，扯的谎可就露馅儿了，所以才故意说自己住在这里。就听父亲哦了一声，便要进来。刘义真吓了一跳，赶快躺回榻上，眯着眼睛便装作睡着了。

刘裕来了内室，走到近前，叹了一声，替刘义真把被子盖好，一屁股坐到榻边。再一看地上的碎盘子，又看到满榻的松子糕渣，刘裕笑着哼了一声："他倒是回来得早。"

刘道怜尴尬无比。刘裕这话，显然早就知道刘义真跑去京口的事了。他只能装糊涂没接话。

刘义真听出父亲的意思，又听他竟是笑着说的，心想："这次真是怪了，父亲居然没有生气！"他想装睡又装不下去，哧哧笑出声来。

刘裕早就看出刘义真是在装睡，一把将他抱了过来，放在腿上，假作生气道："你倒是胆子大得很，孤身一人就去了京口，就不怕我家法伺候吗？"

刘义真知道父亲并未生气，吐了吐舌头，说道："孩儿哪有多大胆子？只是义隆还那么小，父亲你怎就舍得让他去京口？父亲你还不知道吧，义隆在京口晚上都不敢一个人睡觉，我做哥哥的去陪陪他有什么错？"

刘裕脸上多了一丝担忧，却转瞬即逝，骂道："可你也才五岁，就是想去，也让你二叔派兵送你去，怎么就拉了一个慧琳和尚陪你？这慧琳也是胆子够大，若不是听他对那些从燕国缴获的竹简说得头头是道，我可要好好收拾他。"

刘义真心想："果真是刘粹把自己去京口的事告诉父亲的。这刘粹真是多事，说得也真够详细，居然连慧琳说的话都一字不漏告诉了父亲。只是不知刘粹有没有听到自己说要去偷些车上的行李来和弟弟玩樗蒲的荒唐事。若是连这事都一起告诉了父亲，不被父亲骂死才怪。"

可父亲骂归骂，满脸都是笑意，刘义真放下心来，撒娇道："孩儿找二叔了，可二叔死活不让我去。也就慧琳肯送我去，你就别怪慧琳了。"

刘道怜忙说道："你看看你这孩子，我还不是好心？那会儿叛军还未退兵，你一个五岁的孩子，我敢让你出去？"他脸上一阵懊悔，送了那么贵重的玉珏，最后还是没能遮掩此事。

刘裕笑道："罢了罢了，好在你也没出什么事。倒是你心疼弟弟，还真有哥哥的模样。那慧琳也有些见识，我正想找人整理那些书简，慧琳既然爱书，找他来做此事倒也不错。"

刘义真听父亲连慧琳也不惩处了，笑了笑，转念一想，忽然说道："父亲，这次你去追击叛军，孩儿也要去。义隆都替你守过京口了，这回就让孩儿陪你一起出征沙场吧。"

刘裕还未开口，刘道怜骂道："你一个小孩子家家的，添什么乱子？行军打仗岂是儿戏？这次闯了祸，就该让你在家禁足反省，还想跑出去疯？大哥，你放心，我这回可真会把这小子盯死了,绝不让他再闹出乱子来。"

刘裕初听刘义真的话,也觉有些胡来。可左右一想,正如刚才对刘道怜说的那样,自己所能依靠之人当真太少。刘义真虽然还小,可这次能有胆子跑去京口陪弟弟,倒也让刘裕有些意外。若是能早早培养儿子长些本事,日后还真是自己的左膀右臂。刘裕笑道:"带兵打仗可不是玩游戏,你有胆子去?"

刘义真一下子从刘裕腿上跳了起来,在榻上站直了,瞪着眼睛说道:"不就是冲锋陷阵吗?我听过戏文里的词,也看书上写过不少。周公瑾火烧赤壁,关云长水淹七军,那些大将军多威风!孩儿也要像父亲一样号令三军。就是少了些武艺,正好去军中学些刀枪本事。"

刘裕哈哈一笑:"你倒是敢说大话!书才读了几本,就以为会打仗啦?"他顿了一下,说道,"既然你有这志向,为父倒也不好说你不对,那便带你走上一遭,看你是不是真有这胆量。也省得我不在建康,你又闯出什么祸来。"

刘道怜吓了一跳:"大哥,带这么大的孩子出去是不是太冒险啦?"

刘裕却笑着说道:"你我兄弟三人,小时候哪有人管?五六岁不照样满大街打架胡闹?穷人家的孩子早当家,虽然如今富贵,可也不能让这些孩子太过娇惯了。"

刘义真没想到父亲真答应了,欢呼雀跃,乐得再也睡不着觉了。

乘兴而来，心惧而去

刘义真百无聊赖地待在刘裕行军大帐里，这半年来的征程着实乏味，让他不住后悔，那夜何苦向父亲请愿追击叛军。

父亲每日都有处理不完的军务，除了军议时召集各部将佐来大帐议事，其余时间大多忙里忙外，很少能留在帐中陪刘义真。每天忙完了回来，几乎已是半夜，刘义真早都睡着了。故而这半年来，刘义真虽在营中，却没多少时间和父亲处在一起。

初入石头军营时，刘义真倒也觉得处处新奇。不是去校场看军士操练，装模作样学着拳脚功夫，就是在营中到处闲逛，听那些将士天南海北地胡侃乱吹，让刘义真觉得天底下怎就有这么多稀奇古怪的事情，也对追击叛军充满了向往。

只是在石头军营留的时间未免太久了些，足足等了三四个月。随着时间推移，刘义真刚来军营时的兴奋慢慢消磨殆尽。军中没有什么玩具，只他一个孩童，刘义真无聊得快要发霉了。军中伙食都是大锅饭，也没有什么精致的点心零食，刘义真在营中越待越不是滋味，又想偷偷跑出营去游玩。可回想起京口之事，刘义真硬是忍了下来。营中将士认得刘义真，他无论去哪里都是畅通无阻，可但凡到了大营门前，那守门的将官无论平时与刘义真如何玩闹，此刻都是翻脸无情，连哄带吓，怎容他出去？

刘义真眼见大军迟迟不能开拔，还当是二叔又磨磨叽叽没集齐军粮。可他也听人说，建康补给的军需早已送到了营中。究竟为何不能开拔，无人说得清楚。后来刘义真听父亲提过一两句，似乎还是因为司马国璠叛逃后秦，朝中多有微词。而那个平叛兵败的刘毅，也是三天两头闹个没完，死活要随父亲一起出征，以求一雪前耻。

刘义真听父亲提过，自从平定桓玄之后，刘毅明里暗里没少给父亲添麻烦，一直有取代之心。这次刘毅兵败，正是父亲打压他的机会，自然不会允其出征。可刘毅毕竟于国有功，只能好言抚慰，免得让人觉得父亲是嫉贤妒能，怕刘毅与他争功。待到最后，父亲稍稍妥协，给刘毅一个监太尉留府事的头衔，让他守备建康。又准许刘毅的从弟，兖州刺史刘藩代替刘毅随军出征。虽说这刘藩与刘粹一样，都是刘毅同族兄弟，可刘藩显然与刘毅更亲近些。从官职封拜上来看，刘藩已经是个刺史，堂堂封疆大吏，而刘粹仍旧是父亲刘裕麾下的将军，足见刘藩才是刘毅心腹之人。

待刘藩奉调来了石头军营，刘毅不再坚持随军出征。而刘义真日盼夜盼，终于到了出征之日。

父亲在将台号令三军，点齐兵马，当真威武风光，让刘义真好生羡慕。大军就此开拔，水陆并进，追击叛军。刘义真随父亲一起登上帅船，望着千百艘战舰沿江而上，浩浩荡荡，气势如虹，也让他豪气冲天。再看着沿途山水如画，听着两岸鸟鸣猿啼，刘义真只觉行军打仗怎就如此让人沉醉，再一次喜欢上了这种出征在外的感觉。

行至半途，有军牒自先锋大军传来。

卢循退兵后，分兵五千据守南陵，扼守长江。南陵地势险峻，先锋王仲德、刘钟诸将，试了几次都是吃了大亏。有一次大雾天，刘钟战舰甚至被卢循军钩住，险些被生擒了。

前锋受阻，中军加快行军。刘义真兴冲冲地穿上离开建康时母亲特意找人准备的软甲，就想随父亲一起上战场。可待大军到了南陵，王仲德、刘钟听闻朝廷大军将至，既为迟迟不能打通江路而羞愧，又因有了后军驰援，多了些底气，随即一举攻破南陵。待刘裕中军赶到，战场都已打扫干净，刘义真连半个叛军都未看到。

刘义真有些懊恼，只怪父亲行军慢了，没能让自己亲上战场一回。父亲却装模作样夸了刘义真几句，也不急着继续追击叛军，只遣王仲德诸将先行，又命大军缓缓跟进。待进入湘州地界，到了雷池，父亲传令就地筑营，再也不向前走了。随后郑重其事说要交给刘义真一个重中之重的军务。刘义真兴奋无比，却听父亲是要自己整理军牒，大失所望。

刘义真已粗通文字，这军务算不得难。只是父亲让自己做这样的事，显然是没打算让自己真上战场。刘义真本想赖着不干的，可父亲一边铁着脸说这是军令，若敢违背是要受军法处置的，一边又说这整理军牒可不是小事，若非得力之人，怎做得好这军务？何况这种事，必要交给主帅最信任的心腹大将才放心，怎能托付给他人？听父亲这样一说，刘义真才欢欢喜喜接下这个差事。

每日的军牒可真不少！大多军牒无非说各营消耗军粮多少，行军推进多少里路，又与何城最近，守将何人，所言之事繁杂无比，看得人直眼晕。倒也不用刘义真处理什么，不过是把乱七八糟的军牒分门别类，按着军备损耗、城池布防、军纪奖惩、叛军动向、前军战事几个大项分拣出来，待父亲晚上回来时一一查阅。第二日再将父亲的批件交与亲卫送还各营处置，最后将办结军牒装箱留存。

刚开始，刘义真不敢有丝毫马虎。想想二叔忽视了司马国璠叛国投敌的密函，刘义真便怕自己也一个不小心，遗漏了什么重要军情，故而分拣得极为仔细。可这差事当真枯燥无比，随着时间推移，刘义真慢慢没了耐心，办起事就有些三心二意了。

有一日，刘义真不慎把一份军牒放错了地方。记载的是某营粮船沉入江中，损耗粮草百余石。这份军牒本该归入军备损耗的，可刘义真将它放在了前军战事之中。第二日一早，刘义真猛地想起此事，吓了一跳，想想父亲因为二叔延误军情时发怒的模样，他就一阵害怕。可找来找去，最后发现那份军牒父亲已经看过，且已装箱留存了。

刘义真这才有些反应过来。分拣军牒或许真如父亲所说那般重要，可自己办的差事不过是其中最无足轻重的一环罢了。无论自己是否分类准确，父亲都会仔细查阅，办完后也有得力之人一一归档。只怕先前自己归档的那些军牒，父亲也会偷偷让人勘验一遍，免得自己放错了地方。父亲交代这个差事，不过是让自己忙活起来，省得一天天无聊，四处乱串，惹出祸来。

刘义真不禁有些懊恼。自那日起，分拣军牒就开始敷衍起来。父亲回来后，发现军牒乱七八糟，似乎也知道他的"阴谋"被儿子识破了，笑了几声便不再提了。刘义真被父亲耍弄一番，满心不愉，索性不再理那些军牒。在营中无所事事地瞎逛了几日，左右出不去大营，他当真闷死了。反正也是无事可做，刘义真虽然一肚子不乐意，可还是重新回了帐中，有一阵没一阵地挑拣军牒。

不觉中，大军在雷池驻扎了两个月有余，已是深冬时节。江南的冬天冷彻入骨,何况大营列于长江沿岸,江风吹来,越发冻得人难以忍受。刘义真一个小孩子,哪受过这样的苦楚,也顾不得出去玩了,整日窝在大帐里,坐在炉火旁,翻拣着军牒,权当打发时间了。

这日,刘义真偷了个懒,在热热乎乎的被窝里多睡了会儿。昨夜江风刮得有些猛,吹得帅帐吱呀乱叫,闹得刘义真一晚上没睡好。待睁眼一瞧,天色早已大亮,父亲已经出去了。刘义真见堆在几案前的军牒比往常少了许多,也就不着急办差。慢悠悠地洗漱罢,喝过了父亲离开前放在炉火边温着的肉汤,又对着帐外被风刮得猎猎作响的帅旗愣了一阵,这才叹了一声,从几案上抱了几卷军牒,坐回炉火前分拣起来。

才看第一卷,刘义真一个激灵,跳了起来。

"敌将徐道覆率众三万寇江陵,声言建康已破,得朝廷封拜往荆州接任刺史。且雍州刺史鲁宗之已回襄阳,道路亦被叛军阻断。江陵兵不过万,情势危急!"

这封军牒显然是三叔自江陵送来的求救文书。刘义真只觉心脏一阵狂跳,也说不出是什么感觉。在建康时,刘义真曾听父亲说过三叔在荆州的战绩。以江陵孤城,大败秦、蜀两国与卢循的联军,当真了不起。只是叛军从扬州撤还,卢循为避免遭三叔与父亲夹击,必是要先扫清镇守荆州的三叔,才好腾出手来专心与父亲对阵。那徐道覆乃卢循大将,又领精兵三万,显然志在必得。相较之下,三叔倚仗的鲁宗之襄阳兵已经离开了江陵,只剩万余兵马,难怪三叔要向父亲求援呢。

刘义真读懂了这封军牒,激动万分。当日兴冲冲地向父亲请战,幻想着能驰骋沙场,可来军中已有半年,父亲总是推托,说还没开战,仅仅丢给刘义真一个分拣军牒的枯燥差事,以至于他到现在都还没见过一次打仗。眼下江陵危急,势必有一场大战,刘义真自然想去看看。既然已经知道了这个军情,父亲总该不会继续推托,不带自己出去了吧?刘义真正这样盘算着,忽然一惊,难不成父亲已经看过这份军牒,一大早不在营中,是去驰援江陵啦?

刘义真慌慌张张跑出帅帐,连皮裘都没披上。守在帐前的亲卫见他这副模样,惊讶道:"二公子,外面可冷得紧,你就这样一身单衣跑出来,万一病了,可了不得。"

刘义真张口便问:"你可知父亲去了哪里?"

亲卫答道:"车骑将军行事隐秘,若他不说,卑职岂能多问?"

刘义真直想问他，父亲是否已经集结兵马赶去江陵了，可话都到了嘴边，硬是咽了下去。江陵军牒可不是平常那些无足轻重的消息，这样的紧要之事，万万不可宣扬。此时尚不知父亲去向，万一让自己走漏了消息，传到叛军耳朵中，那父亲可就危险了。

刘义真强忍下来，转身回到帐中。可走来走去，心烦意乱，哪里坐得住？心中揣测，父亲多半是撇下自己打仗去了！刘义真愤愤不平，忽然有了主意，拿了皮裘穿上，把那军牒揣在怀中，转身出了大帐。

亲卫见他又出来了，问道："二公子这是要去哪里？"

刘义真撇撇嘴，说道："无聊死了，我去营中转转。"

那亲卫忙说："二公子稍候。车骑将军走的时候，留我伺候公子。只是帅帐重地，卑职不敢擅离。再过一刻就到换岗时辰，待替换的兄弟来了，卑职陪公子一起走走。"

刘义真心急如焚，哪等得住，说道："无事无事，我自己转转就好。"

那亲卫早就习惯了这个小孩儿的执拗，反正他也出不去营门，让他在营中转转，也无大碍。他说道："那二公子小心些，江风太大，别走远了。我稍后便来找公子。"

刘义真挥挥手，转身就走。沿途不少军士向他问好，刘义真理也不理，只是盘算着自己的事。

若父亲真去了江陵，必是要调拨兵马的，大军集结岂会不留下些蛛丝马迹？何况营中一下子少了这么多人，自然会冷清不少。刘义真急匆匆先来到校场，便见每日操练的士卒并没有少上许多。再往各处营帐窜进窜出，也未见军士的行李、兵器被带走的迹象。刘义真心中稍安，看来父亲并没有率军离开。他仍不放心，跑到大营门前，见营门紧闭，守门的将士各司其职。

刘义真见今日守门的将军是檀韶，忙走了上去。

檀韶兄弟三人，哥哥檀祗、弟弟檀道济，自幼无父无母，自投入北府军，一直便是刘裕部将。三人勇猛善战，颇得父亲信任。刘义真放心问道："檀将军，你可知父亲今日何时出去的？"

檀韶见刘义真来了，忙请了安，答道："车骑将军天未亮就离开了大营，此时怕已有三个时辰了吧。"

刘义真假作不经意地问道:"父亲出去时,领了多少护卫?"他心中却已慌乱无比。

檀韶想了想,说道:"二百来人吧,车骑将军中军护卫差不多都去了。"

刘义真一下子放了心。虽然父亲领的人不算少,可这点儿人马显然不可能是去江陵的。或许父亲真没看过三叔的军牒吧。刘义真长舒了一口气,却又着急起来,只盼父亲快些回来,好早点儿告诉他此事,也好求父亲带自己一起去救援江陵。

檀韶见刘义真问了几句,就不再说话,脸上却是焦虑的模样,问道:"二公子有什么急事找车骑将军?"

檀韶虽是父亲的心腹,可刘义真也不敢告诉他太多,随口说了句:"没什么,就是想他了。"

檀韶笑了笑:"二公子,车骑将军还不知何时回来。这阵江风又大了些,弄不好就要下雨了。江边的冬雨,你这小身子可是受不住的,还是先回帅帐吧。车骑将军一回来,我便告诉他你在找他,让他早些回去。"

刘义真嘴上答应着,可脚底下还是不动。这时,在帅帐值守的那个亲卫已经找人顶了班,带了把油纸伞,一路问人找了过来。他见到檀韶,行了个军礼,便想请刘义真回去,可刘义真仍不想走。

檀韶见他不想离去,复又说道:"二公子若是不想回帅帐,就且在门前小帐避避风吧。"

刘义真心里着急,恨不得马上见到父亲,哪肯离开?他只是赖着不走,说道:"檀将军,早听说你兄弟几个功夫了得。你弟弟檀道济这次在江陵助我三叔破敌,可是立了大功。莫不如你教我几手功夫,活动活动,也就不冷了。"

檀韶在大营门前值守,演授武艺似乎不大妥当。可开口的是将军二公子,檀韶怎好扫了他的兴致?这孩子又不肯离去,权当逗他玩了。他笑道:"二公子肯学,那我岂有不教的道理?"只是在一个小孩子面前舞刀弄枪似乎不大合适,檀韶解下腰刀交给了亲兵,扎下一个马步,打起一套梅花长拳。

便见那拳法虎虎生威,似有截风断水之力。招数虽然平平无奇,却都是沙场血战磨炼出来的杀招,又由檀韶这样的悍将演示,隐隐有杀气流露。

刘义真虽小,可也感受到这拳法给人带来的那种压迫感,几乎让他喘不过气来。檀韶一套拳打下来,看得刘义真直眼晕,哪里能记住几个招式?

刘义真装模作样比画几下，惹得周围士卒一阵哄笑。刘义真也不在意，说道："檀将军的拳法着实厉害，我可算长了见识，回去还要好好练练才是。"

檀韶接了亲兵递上来的腰刀，重新佩带上，笑着说道："二公子日后是要做大事的，出将入相靠的是满肚子学问，哪用得着像我们这些粗人一样去练拳脚功夫？二公子懂个一招半式防身足矣，不必在这上面浪费太多光阴。"

檀韶的话虽是奉承，刘义真却听得满心舒服，又学着打了两下，也就作罢。他抬头望望天空，风势丝毫未减，天色显得更阴沉了，又看不到太阳，也不知这会儿到了什么时辰。忽听营中午食的号声响起，这才知道已过正午。

檀韶邀请道："二公子要不就在我这里对付两口？"

刘义真早上就喝了点儿肉汤，在营中转了这么久，也有些饿了。他答应一声，就在檀韶陪同下，一起进了旁边的小帐。

刘义真抄起一张烫手的烙饼，满满吃了一大口。他也尝不出是什么滋味，眼神不住地往帐外瞧，只盼父亲早点回来。

檀韶见他心急，显然有要事在等刘裕，却偏偏不说，不好多问，只是劝他多吃些。

就在这时，外面忽然传来一声号响，便听塔楼上的卫兵喊道："车骑将军回营。"

刘义真噌地跳了起来，丢下手中的烙饼，窜到营前，檀韶赶忙追了上去。

刘裕才进大营，就见儿子刘义真跑到面前，小脸冻得红扑扑的，不由得生出一阵怜惜。还没问他为何等在这里，就听他急匆匆地说道："父亲，你可回来了，儿子有大事要告诉你。"

刘裕伸手一扶，把刘义真扯上马来，扶到鞍前坐下，问道："什么大事，不能等我回帐再说？"

刘义真一把从怀中掏出那卷军牒，塞到刘裕手中，贴到他的耳朵前，悄悄说道："父亲，叛军要打江陵了，三叔送来了求救文书。父亲快快发兵吧，孩儿也要和你一起去。"

刘裕愣了一下，哑然失笑。这卷军牒如此重要，刘裕岂会没有看过？

徐道覆入寇江陵确有其事，不过已是一个月前的事了。当时情势万分危急，几乎打乱了刘裕的所有计划。刘裕本已征集兵马，选派前北府军统帅刘牢之的儿子刘敬宣为将，欲佯攻寻阳，驰援江陵。只是兵马还未开拔，江陵又有消息传来。

叛军原以为官军兵少，只能坚守，刘道规偏偏分兵五千奇袭叛军，斩首万余，余者逃散一空，徐道覆孤身逃回寻阳。

刘道规再一次挽救了荆州，让刘裕总算放下心来，佯攻寻阳、驰援江陵之事就此作罢。那封军牒被刘裕随身携带已有一月，此时已不再重要，故而他随手放回了帐中。原想令人收录存档，谁知偏偏让刘义真看到了。

刘裕瞧着刘义真郑重其事的模样，不觉好笑。虽说带了儿子来到军营，的确想让他历练一番，可毕竟才五岁，怎么可能真上战场？当日离开建康时，刘义真的母亲孙氏哭得几乎昏死过去，连哭带骂，说若是让儿子出了事，她也就不活了。故而刘裕想来想去，就哄着刘义真在大帐整理军牒，也算熟悉军务，待年龄大些再慢慢教他行军打仗不迟。刘裕也知刘义真性子顽劣，本以为他坚持不了多久，谁知他这半年来，虽已察觉这个差事是困住他的诡计，还是耐着性子做了下来，倒让刘裕有些意外。此时刘义真看到江陵军牒，如获至宝，刘裕一时不忍伤了他的心。

刘裕装模作样地夸道："不愧是我儿子，这还真是件大事呢！"他又假作机密的模样，低声问道，"此事可有外人知道？"

刘义真见父亲果真觉得此事重要，为自己发现了这样一件大事而得意，小心答道："儿子知道此事机密，没给任何人说过。"他随后将自己从帅帐一路瞒着亲卫，又骗了檀韶之事一一说来。

刘裕听得哈哈大笑，冲着檀韶和那个亲卫，说道："你两个大人，被这小子算计了还不知道呢！"

刘义真没去管一头雾水的檀韶二人，着急地小声说道："父亲，江陵可不敢耽搁了，你还是快些发兵吧。儿子这回定要和你一起救三叔去。"

刘裕不觉有些尴尬。江陵之战都过去这么久，哪还用得着派兵？他支支吾吾半天，说道："你三叔又送了军牒来，我今日出去巡营，恰巧碰见了信使，说是叛军战败，荆州已经无事了。"

刘义真难以置信。早上才看到告急文书，怎么才过中午，就又有了得胜的军牒？他追着父亲问缘由，嚷嚷着要看那新送来的军牒。

江陵报捷的军牒已连同那告急文书一起放回了帅帐，就在几案那堆军牒中间，只是没被刘义真看到罢了，刘裕身上怎么可能带着？被刘义真问得急了，刘裕一时有些招架不住，眼见扯的谎就要露馅儿，他从怀中抽出一份军牒，塞到刘义真手中。刘义真伸手就想打开。刘裕故作神秘，一把按住，说道："这可不好乱看，等回了帅帐再说。"

刘义真忙塞进怀里，转身扯了马缰，催促刘裕快些回去。

刘裕一脸无奈，只得吩咐檀韶众人守好营门，又交代了几句，催动战马回到帐前。待抱了儿子进去，刚刚摘下兜鍪，还未来得及卸甲，就听刘义真大叫一声："哎呀！"

刘裕吓了一跳，回头望去，就见刘义真已经掏出那卷军牒，看了起来。

刘裕暗道一声不好。原想用那军牒先骗过儿子，待回了大帐赶快找到江陵报捷的文书，偷偷把儿子手中那封军牒换回来。谁承想儿子早已急不可耐，一个不留神，竟让他看了。

眼见自己的谎话被儿子拆穿，刘裕越发难堪。刘义真气得面红耳赤，质问道："父亲，你怎么能骗人呢？"

刘裕假作不知，从刘义真手中接回那军牒，瞅了一眼："哎呀，原来是我拿错了。我就说奇了怪了，明明已经给过你了，怎么怀里还有一封军牒，刚刚让我放到案上去了。我这就给你找。"

刘裕转身就想去找，可刘义真哭道："父亲你别骗我了。你要是不想让我陪你打仗，就送我回建康吧。你带我来营中大半年了，整日把我丢在大营里，哪有时间陪我？我听说弟弟义隆已从京口回了建康，我还不如回家和弟弟玩去，省得留在这里碍事。"

听刘义真这样一说，刘裕倒真觉得有些对不住他了。心中一边想让儿子早早学些本事，一边又不想让他涉入险地。可在这样的犹豫中，终是伤了他的心。此时若真送他回了建康，可就算白来一遭。以这孩子倔强的性子，只怕日后真想带他去打仗，他都不肯来了。

刘裕尴尬地赔着笑："儿子，你别哭哇。来来来，我问你，你真想去打仗？"

刘义真一边擦着鼻涕眼泪，一边说："我来军营，不就是为了这个吗？"

刘裕说了声好："那你可看懂了错给你的军牒是什么意思吗？"

刘义真愣了一下，刚才瞅了一眼，只知道说的不是江陵之事，便察觉是父亲骗了自己，哪还顾得仔细去瞧，擦了擦眼泪，走到父亲身边。

刘裕展开那封军牒，刘义真认真读道：

乘兴而来，心惧而去

"广州海防不备，末将孙处率部乘大雾登陆，围州府，庚戌，破城，尽获卢循党羽。分遣沈田子游击诸郡，皆望风而降，广州已定。"

刘义真初时看得莫名其妙，可广州二字反复出现，让刘义真猛然想起，父亲在追击叛军前，便已遣孙处、沈田子二将自海道南下，征讨叛军老巢广州。这封军牒似乎说的正是此事，而广州已被二将攻克。

刘义真疑惑道："孙处、沈田子已经收复了广州，这会儿就算去了那边，也是无仗可打。父亲说这个做什么？"

刘裕笑道："那你可知追击叛军以来，为何自攻破南陵后，我除了使庾悦收复豫章，就几乎再没有打过一仗吗？"

刘义真自然不知，就听刘裕说道："我与卢循打了这么多年仗，何曾怕过他？无论他怎样强盛，哪一次不是被我追得狼狈逃窜？此人仗着熟知水路，每次打不过了，便往海里一逃。待我退兵，此人便又兴风作浪。我使孙处、沈田子讨伐广州，便是想断去他的退路。"

刘义真曾在父亲与二叔密谈时听到过此事，倒也没有什么奇怪的，就听刘裕接着说道："只是卢循此人奸猾得很，稍稍察觉危险，难保不会早早逃之夭夭。故而我缓缓进军，使其麻痹大意。又使庾悦收复豫章，看似是要断他粮道，实则意在封锁广州的消息。要知道，江州、湘州富足得很，卢循怎会那么容易断了军粮？只要他觉得粮草仍能撑上些时日，便不会轻易舍弃已经夺取的土地，更不会草草撤还广州。直到孙处、沈田子瞒天过海，收复广州，彻底断了他逃往海外的道路，我才好放开手脚，围剿了卢循这只瓮中之鳖。这半年来，我一直按兵不动，就是在等孙处和沈田子的消息。如今二将已经得手，我便也该出兵了。"

刘义真恍然大悟，这才明白父亲这么长时间都不打仗的缘由。从没想到驻军不前也是打仗的一个法子，他不由得对父亲用兵的谋略敬佩无比。听父亲说了这么多，知道父亲总算要出兵了，他兴奋地问道："那父亲何时开拔呢？"

刘裕神秘地笑道："想要围剿叛军，何需我辛辛苦苦去追？只等他自投罗网便好！"

刘义真不明所以，追着刘裕问个不停。刘裕被问得急了，怕他再这样嚷嚷，军中人多眼杂，让人听到些什么，坏了今日谋划之事可就不好了。他问道："此事万分机密，我谋划半年，只在此一举。若是我说与你听，你能守住这个秘密吗？"

刘义真见父亲此时面色肃然，全没有一丝笑意，知道此事干系重大，也一本正经地举起一只小手，装模作样起誓道："孩儿对天起誓，若敢将父亲机密泄露半句，必将不得好死。"

刘裕听他这样一说，吓了一跳，呵斥道："你这孩子，瞎说些什么？对天起誓岂能这般儿戏？"可看他信誓旦旦的模样，他叹了一声，说道，"罢了。今日那江陵军牒虽已无足轻重，可你看到后倒真能守口如瓶，就冲这一点，为父便将谋划之事告诉你吧。"

他把刘义真拉到身前，贴耳说道："广州军牒几日前便已送达，我知二将得手，已经开始谋划围剿叛军之事。谁知就在昨日，军中斥候探得消息，卢循已自寻阳开拔，据闻将进军大雷。"

刘义真忙小声问道："那父亲可是要领兵去大雷？"

刘裕捂住他的嘴巴："我说你听便是。卢循此人诡计多端，却如何瞒得住我？他这样倾巢而出，显然是有大动作。江陵一战，徐道覆全军尽没，卢循西取荆州的意图已经被打破。他也知道，再这样耗下去，终是会被我困死在寻阳。或许是豫章被我军收复后，他已久没有收到广州消息，以此人谨慎的性子，只怕多半也猜到些什么。如今全军尽出，说是要去大雷，看似贪图那里粮草军需，实则必是冲着我雷池大营而来。当初我之所以于雷池驻军，便是因为这里是从寻阳去往广州的必经之路，无论卢循是有了舍弃江州、湘州，逃回广州的念头，还是只想打通江州、湘州与广州的道路，都只能从此经过。算算时日，卢循最早今夜，最迟明晚，就该到了。我今日一大早出去，便是探查地形，且已有了围剿卢循的法子。"

刘义真听得热血上涌，扒开父亲捂着自己嘴巴的手，说道："我不管，这次我也要去。"

刘裕先前一直连哄带骗，只说无仗可打，才能把刘义真困在大营里，此时既然已经告诉他要打仗了，想把他继续留下，显然不大可能。想想他当日一个人偷跑去京口的事，刘裕也不敢把他留在营中，笑道："那是自然。我不早就答应你，要带你打仗的吗？我何时说话没算过数？"

刘义真这才高兴地跳了起来，却听刘裕小声说道："小声些。下午你早早吃些东西，且先睡下，到了时辰，我便叫你，可别睡得沉了，赖着不起床。"

刘义真连连答应。

待父亲吃了些饭食，召集各营将佐议事，刘义真也是老老实实不说一句话。听着父亲给将军们交代的事，只说让他们何时出营去哪里集结，又给每人一个蜡封的锦囊，说是到何时打开，若违军令斩无赦，却半句都未多说是要做什么。刘义真心中暗笑："只怕他们虽接了军令，都还不知道是要去围剿叛军吧。"

待到军议罢，已临近黄昏。刘义真等将军们都散了，胡乱塞了几口饭食，便钻进了被窝。只是满脑子都是去打仗的事，兴奋得如何睡得着？翻来覆去，直到过了亥时，他才迷迷糊糊睡了过去。

似睡未睡中，便觉父亲推了推，刘义真一个激灵坐了起来。就见父亲早已披挂齐整，从炉火边拿来已经焐热了的衣服给他穿上，又把那副软甲也裹在外面，还披了件厚厚的狐裘大氅。刘裕说道："前半夜下了阵江雨，外面冻得可紧。多穿上些，别冻着了。"

刘义真站起身来，只觉自己裹得像个粽子般严实，便见帐外灯火通明，人来人往，忙跟着父亲走了出去。

一阵冷风吹过面颊，虽然穿了那么厚的衣服，刘义真还是打了一个哆嗦，也不知是冻的，还是紧张的。就见军士早已集结，人披甲，马备鞍。营门大开，已有不少队伍远远行去，消失在雾蒙蒙的江夜里。

刘义真被父亲拽上战马，在数百亲卫的陪护下一路穿过大营，却未去往营门，而是转去江边水寨。到了岸边，弃马登船，似是要走水路。刘义真陪父亲站在船首，便见隐隐烁烁的灯火中，水师早已就绪，不少战舰已经收了登船木板，向滔滔江水中划去。

待旗舰也已离开了岸边，雷池大营慢慢甩在了身后，营中灯火渐渐隐没在浓厚的江雾中。刘裕说道："时辰尚早，你且先回船舱里避避风吧。"

刘义真有心硬撑着不进去。可今日的风实在太大了些。中午的时候就刮得人脸疼，到了半夜越发猛烈。刘义真若不是扶着桅杆，都有些站不稳当。刚张开嘴，想说声不去，可一股冷风吹进嘴里，直冻得刘义真牙齿乱颤。他缩着脖子点点头，便想进到船舱去。

刘裕从怀中取出几个鸡蛋来，塞到刘义真手中，说道："刚才也没来得及让你吃东西，便给你带了些。多少吃些，就没那么冷了。"

刘义真嗯了一声，接了过来，鸡蛋尚有余温，他攥在手心便想进去。忽听咔嚓一声，刘义真还未反应过来，已被父亲一把拽了回去。再往前瞧，就见帅旗竟被大风折断，硬生生砸在刘义真刚才站着的地方。

刘义真吓得脸色惨白。若不是父亲眼疾手快，只怕他已被那旗杆砸个正着了。

他抬头看父亲，就见他眉头紧锁。再环顾船上将士，无不面色惊惧。刘义真忽然一想，书中常说，行军打仗最忌讳帅旗折断，难怪父亲和将士都有些不安起来。莫不是今夜出击叛军不是什么好主意？

正想问，就听父亲忽然大笑起来："当年刘某初投北府军，奉命阻截孙恩叛军，还未开拔，船便翻了，帅旗也是这般模样断了。原以为初战沙场，便要有去无回。谁知那一战，硬是杀得孙恩叛军丢盔弃甲，最后走投无路，跳海自尽。今日又是如此征兆，必是上天启示，我军定能尽灭卢循，将这以五斗米教煽动百姓的贼人斩草除根。"

孙恩叛乱平息时，刘义真还未出生。只是听说父亲当年在刘牢之麾下，数次大破叛军，逼得孙恩投海而死，却不知还有船翻旗断这样一档子事。看看周围将士，虽然仍将信将疑，却已没有刚才的慌乱。

刘义真见父亲一本正经的样子，稍稍心安。听父亲已交代将士更换加固旗杆，知道自己帮不上什么忙，就说了一声，先进了船舱中。

舱中点着个小炉，刘义真刚刚进来，就觉没那么冷了。三两步窜到炉旁，烤了烤手，把鸡蛋煨在炉边。经刚才一吓，刘义真倒真有些饿了，一个一个剥着吃了起来。

几个鸡蛋下了肚，还真没那么冷了。枯坐一阵，也不知什么时候才会开战。前半夜在帅帐的时候就没怎么睡好，这会儿不觉困意袭来。

刘义真正迷迷糊糊地倚在炉边，也不知过了多久，忽听外面战鼓轰鸣。刘义真还当是在做梦，过了一阵，鼓声敲得越来越密集，喊杀声也越来越清晰。刘义真睁开眼睛，仔细去听，果真不是做梦，忙站起身来，推开舱门便跑了出去。

刘义真放眼望去，就见江面弥漫的大雾中，无数战舰乌黑的身影在点点火光的映衬下往来穿梭，船只碰撞碎裂的轰鸣声时不时传来，却在此起彼伏的战鼓声中，转瞬淹没，没了声息。还未听到兵器交击的厮打声，应该没到短兵相接的时候，可两面的将士早已杀得天翻地覆，以弓弩猛射对方船阵。火箭仿若流星般，一道道划破厚重的夜幕，嗡嗡的弓弦声好似蝗灾过境，经久不绝。在战鼓声和弓弦声的交织中，一声声士兵中箭后的惨叫声，士兵跌落江中的扑通声，细若游丝却又清晰可辨，一下一下，传到刘义真的耳中。

在一声紧过一声的战鼓声的刺激下，刘义真浑身的血液都沸腾起来。江风依旧猛烈，却未让刘义真觉得有多冷。也不知是紧张还是激动，刘义真浑身颤抖，竟激出一身汗来。

刘义真在船首未见到父亲，四处和亲卫打听，才看到父亲已去了楼船顶层，正在那里指挥大军。刘义真不顾亲卫的劝阻，一路跑了上去。

待到了父亲身边，刘义真便觉视野一下子开阔起来。虽然在大雾中，仍看不清全局，可战船上的灯火勾勒出了战场模糊的界线。两军在宽阔的江面上，相互穿插，难分彼此，大江上游还有无数叛军的舰船源源不绝地涌来，仅瞧那阵势，便知敌军兵马必在官军之上。

刘义真有些紧张，却见父亲不为所动，领着百十船只留在战场外围，不时传出军令，命预留船只补上前面的空缺。此时旗语已经没了用处，灯火信号也看不大清楚，唯有战鼓号令声最是有用。随着战鼓声的变化，一只只官船离开本阵，飞速扑杀过去。

此时刘裕已经忙得不可开交，没工夫理刘义真了，见他上来，点了点头，再未多说什么。刘义真很识趣地没去打扰父亲，扶在栏杆前，仔细观瞧。

风越刮越大，江上的浓雾慢慢散去不少。就见江面上不时有战船被火箭引燃，有的扑救及时，还能继续鏖战。有的却在密集箭雨的压制下，只顾着还击，眼见火势越烧越大，终是冒着阵阵黑烟，绝望地翻倒在江中。忽明忽暗的火光闪烁下，落水的士卒仿若掉进水里的蚂蚁，无用地挣扎着，一眨眼便被滔滔江水吞噬。而那翻倒的战船好似一只巨兽，垂死挣扎一阵，也便淹没在江水中，伴着最后一声凄厉轰鸣，转眼消失不见。很快又有新的战船，匆匆避开那越沉越深的残骸黑影，杀气腾腾地穿插过去，切断敌军战船前行的路径，好似狼群围攻黑熊一般，将那落单的敌船一一击沉。

刘义真看来看去。上游敌船众多，却显然没有官船训练有素。又或许是因为卢循自以为奇袭雷池必能得手，谁知却落进父亲早就准备好的陷阱当中，故而仓促应战，以至于吃了大亏吧。被击沉的船只多是船头冲着下游的，显然是叛军战舰居多。官船倒也损失不小，却没有丝毫惧意，在战鼓的催动下，只有向前迎战的船只，绝没有像叛军那般见势不妙，偷偷向回撤还的战船。

刘义真兴奋地为父亲占尽上风欢呼。可那点儿叫喊声，在震天的战鼓声中当真微不足道。

两军交锋也不知过了多久，天色渐渐亮了起来。刘义真回头望去，便见朝阳已在江面冉冉升起，东方渐渐发白。这时已能看清远方敌军阵势。宽阔的江面早被两军交锋的战船阻塞，上游的敌船迟迟冲不破阻碍，水师又占不到什么便宜，已经开始放弃走水路的打算。不少战船正在慢慢向江左靠去，欲在西岸开阔之处登岸，仗着人多势众，分兵转走陆路来攻官兵中军。叛军匆匆登岸，少说已集结了数千人马。

刘义真有些着急，想向父亲提醒一声，却听父亲一声令下，战鼓声再次变换起来，没有了夜幕和浓雾的遮蔽，旗语也同时舞动起来。

便听江左一阵号角声响起，与旗舰的鼓声遥相呼应。在那悠扬的号角声中，西岸的山坡上忽然躁动起来，无数旌旗仿若变戏法般从那茂密的树林中升起。紧接着便有阵阵火箭直射山下集结的叛军和靠近的战船。冒着黑烟的火球，在抛机的甩动下，拖着长长的尾巴，重重砸在敌军阵中，四溅的火油将岸边的枯草引燃，转眼便将那片土地变作火海炼狱。

集结的叛军，好似丢入滚油中的活虾，疯狂跳动起来，非但保不住性命，反而像是添进烈火中的木柴一般，在猛烈江风的催动下，助长火势越烧越旺。至于靠近岸边的敌船，也被火雨波及，火势转眼便难控制。只是船只已经靠在浅滩，即使是受了重创，也未淹没在江中，就那样东倒西歪搁浅在岸边，船身慢慢烧得焦黑。在江水的冲刷下，大火稍稍熄灭，船只却又冒出滚滚浓烟，遮蔽了上游的天际。

不少侥幸脱难的叛军，惊恐地向西岸山上躲去。却见山上红旗舞动，随着一阵杀声响起，千余骑兵好似猛虎下山般冲了出来。那些叛军刚刚从火海逃出来，便又落入刀山之中。他们失魂落魄，哪有抗拒之力，被那些骑兵杀得抱头鼠窜逃下山来，跌跌撞撞滚进长江水中。倒也有些人见身后便是茫茫大江，索性拼死一战，却哪禁得住骑兵冲击？转眼便被撞得筋断骨裂，横死沙场。余众哪还敢顽抗，丢盔弃甲，只求活命。

随着西岸一场厮杀，叛军已难有回天之力。还未来得及靠近西岸的敌船，仓皇失措，掉转船头，只管逃命去了。

刘义真眼见叛军惨败逃去，兴高采烈地欢呼道："得胜了！得胜了！"他忽然在徐徐江风中，嗅到一丝奇怪的味道。刘义真有些好奇，仔细闻了闻，只觉得在船只焚毁的浓烟气息中，除了火油的刺鼻味道，似乎还夹杂着一点点烤肉的香气。

仗打了一夜，刘义真也觉得有些饿了。忽而一想，一下子反应过来，那肉香何来？刘义真不觉一阵反胃，趴在栏杆边，猛烈地呕吐起来。

战场大局已定，刘裕从紧张的指挥中放松下来，这才有时间去看刘义真，却见他扶着栏杆吐得正急，忙走近去瞧。拍了一阵后背，让刘义真顺过这口气，刘裕笑着安慰道："莫怕莫怕，多经历几场也便习惯了。"

刘义真此时只觉肚肠里仿若翻江倒海一般，说不出来的难受，口鼻里又满是污秽的酸臭，夹杂着那肉香，变得越发恶心，哪里还说得出一句话来？过去只以为打仗是如何威风凛凛，冲锋陷阵如履平地，一声厉喝便让敌军胆战心惊，兵锋所指无不望风披靡，却不知真正的战场远比书上写的要真实许多。除去那些被人传唱无数次的英勇无畏和智略无双，所剩下的便是刘义真切身感受到的诡异气息。那气息是数以万计的冤魂，在火油煎熬中熔炼出来的冲天怨气。

刘义真头皮一阵发麻，只为自己竟会对这样的战场有那么大的兴趣而恐惧。

刘义真正想回到船舱去，避开这让人躲避不及的气息，却见有一艘艨艟小船靠近旗舰，一个将军急匆匆跑了上来。

刘义真就见父亲眉头皱起，不觉有些奇怪，就听那将军已经到了近前，面色很是不快，拜道："末将刘藩拜见车骑将军。"

刘义真心中念道，原来是刘毅的从弟。正奇怪刘藩为何一脸怒意，就听父亲说道："叛军虽败，可战场交锋还未停歇，刘将军何故擅离职守来见本公？"

刘藩强忍着不满，说道："车骑将军大破叛军可喜可贺，末将愿领本部人马追击叛军，不擒卢循，甘受军法惩处！"

刘义真忽然明白了。

刘毅已是父亲劲敌，虽说迫于压力，父亲调其从弟刘藩随军征讨叛军，可还是要防着刘藩建功，故而今日伏击叛军，父亲是亲来上阵的。看看刘藩一身干净的戎装，显然未能上阵杀敌。而刘藩眼见叛军惨败，匆忙请战，必是想夺取最后首功。

刘义真不觉再次望了一眼战场。父亲常说叛军主帅卢循奸猾得很，昨夜一场大战如此惨烈，仍有不少叛军逃了出去，只怕那卢循是不可能葬身在这场激战中的。若让刘藩领军去追残敌，难保卢循不会落到他手中。刘义真想想父亲的处境，倒暂时淡忘了对惨烈沙场的不适。

就听刘裕说道："刘将军勇气可嘉，本公敬服。只是叛军实力尚在，不可轻视。卢循诡计多端，徐道覆勇猛善战，刘将军怎可亲赴险地？这种事，还是交给别人去做吧！"

刘藩怎肯甘心，却听刘裕传令道："叛军溃逃，着令冠军将军刘敬宣即刻开拔，衔尾追击。"

刘藩一听自己未能如愿，倒是让刘敬宣得了军令，脸上满是愤愤之情，强争道："车骑将军，刘敬宣昨夜已在西岸潜伏一夜，又与叛军苦战许久，其部众已衰。末将养精蓄锐，必能不负车骑将军重任，这追击敌军之事，还是末将去稳妥些吧！"

刘义真这才知道，在西岸火攻叛军，大胜一场的是刘敬宣。昨夜一战，西岸的奇兵是大破叛军的关键，父亲能把这样的重任交给刘敬宣，足见父亲对他的信任，此时又命刘敬宣追击叛军，显然是想把这大功送给刘敬宣。

果然就听父亲说道："刘将军多虑了。刘敬宣虽然苦战许久，可叛军耗了大半夜，气势已衰，故而刘敬宣部并无多大折损。卢循又素来狡猾，最是懂得逃命，此时江上水路阻塞混乱，以刘将军水军去追，多是要耽搁不少时间的，倒是刘敬宣的骑兵与敌军最近，由他去追，最为妥当。"

刘藩还想再争，刘裕打断道："追击叛军刻不容缓，若刘将军想有所斩获，便随本公为诸军压阵，待时机一到，本公自会给刘将军一个交代，必不会让刘将军白来一遭的。且先回去整备兵马，以待本公将令吧。"

刘藩眼见军令早已借助鼓声和令旗传了出去，西岸的兵马已经开始集结，由骑兵开道，沿江岸向叛军追去，知道再争下去也是枉然，只得无奈说道："但愿车骑将军言出必行，莫让末将寒心。"他说罢，一拜，不甘离去。

刘裕望着刘藩下了旗舰，这才关切问道："义真可好些啦？"

经刘藩这一闹腾，刘义真还真没有刚才那样难受了。知道刘毅兄弟对父亲的威胁，刘义真哪敢耽搁父亲大事，忙说道："儿子好多了。叛军走远了，父亲还是快些追吧。"

刘裕欣赏地看了看刘义真，赞道："小小年纪，倒是个男子汉，初上战场还真让我刮目相看。那卢循奸猾得很，这次可不能再让他跑了。待江上水战稍歇，我便要传令进军了。你且先回舱休息吧。"

刘义真嗯了一声，早有亲卫上前，扶了他下去。刘义真望了望渐渐平息的战场，叹了一声，心道："方才还想再也不要来战场了，看来是不大可能了。"

暗流涌动

刘义隆小心地向正厅里望了望,就见二叔仍和人说着话。访客滔滔不绝,除了恭维奉承的言语,翻来覆去无非是恭贺升迁、多多提携之类的言辞。瞧那说个没完的劲头,只怕一时半会儿也不会消停。

刘义隆叹了一声。冬日的太阳早已失去了往日的炽热,昏昏沉沉斜照在门廊前,晃得刘义隆直眼晕。从京口回到建康,转眼已过了半年。刚回到家时,母亲胡氏抱着刘义隆不肯撒手,直怨刘裕狠心,把一个四岁的孩子孤零零地丢去京口。刘义隆只能老老实实陪着母亲,一个劲儿地劝慰安抚,直到母亲不再那样激动,这才溜了出去找二哥。谁知一问,才知二哥竟陪父亲西征叛军去了,当真让刘义隆大吃一惊。

刘义隆平日与刘义真玩得最是亲近,本以为从京口回来,总算能和二哥朝夕相处了,却是空欢喜一场。刘义隆整日盼着二哥能早些回来,可等来等去,竟过去大半年时间,刘义隆都已近五岁了,仍不见二哥回来。那个慧琳,倒是懂不少天南海北之事,刘义隆也乐于听他讲书。可父亲留了慧琳在京口整理书简,故而未能一起回到建康来。刘义隆整日无聊至极,只能不时来二叔府上,打听打听前线战事,问问父亲何时班师还朝,也好知道二哥什么时候回家。好在听到的都是好消息,三叔在荆州接连击退叛军,父亲又在雷池大胜卢循,叛军日薄西山,覆灭只在眼前。刘义隆为父亲再次挽救了晋室江山而自豪,也知二哥在军中并无危险,才算稍稍放心,可二哥何时才能回来,依旧遥遥无期。眼见腊月将尽,新年将至。自刘义隆记事时起,便是与二哥一起过新年,想想和二哥在一起欢欢喜喜过大年的情形,刘义隆便越发热切地盼望二哥能赶在过年前回来。

刘义隆正这样想着,就听访客总算道了声别,走了出来。见到刘义隆,知道这是刘裕三公子,也顾不得刘义隆只是个孩童,点头哈腰,连连作揖。刘义隆虽不认得那人，却也老老实实还礼。就听刘道怜在里面喊了一声："义隆，你进来吧！"

刘义隆忙拜别那访客，匆匆进了正厅。

刘道怜满脸笑意，显然心情正好，拿着一份手札乐个不停。

刘义隆瞥了一眼，虽说没看清多少，却还是瞧见"礼札"二字，心中猜度，那访客多半是给二叔送礼的。

刘道怜看罢那手札，心满意足地收进袖中，笑呵呵说道："你小子倒是有些眼力见儿。要是你二哥来，哪有耐心在门外候着，怎管有没有外人在，早都窜进来了。"

刘义隆腼腆地笑了笑："二叔，你上次就说爹爹在雷池大胜，很快就能回建康了。可这又快两个月了，还是未见他们回来。眼瞅着年关将至，父亲和二哥倒是能不能回来过年呀？"

刘道怜笑道："我说快了自然是快了，二叔说话何曾有过假？雷池大捷后，你爹爹亲领大军追击叛军，卢循回天乏术，平叛已近尾声，你爹爹和义真自然就该回来了。"

刘义隆听父亲又打了胜仗，心中欢喜，追问道："那二叔倒是说说，父亲和二哥能在过年前回来吗？"

刘道怜皱了皱眉，说道："这就有些难说了。虽然叛军覆灭已是板上钉钉的事，可也不知那五斗米教是否真有上天入地的法子，这卢循硬是又从战场逃了出去。你爹爹在出征前便说了，这次务必不能放过卢循，若再让他逃了出去，难保叛军不会死灰复燃。你也知道，北伐燕国时，卢循突然在身后发难，逼得朝廷几乎要放弃建康迁到江北去。好在你爹爹回救及时，这才勉强逢凶化吉。若他日江北战事告急，这卢循又来兴风作浪，谁能保证还会有今天这样的运气？卢循是江南心腹大患，你爹爹一日不擒得此人，这班师还朝的归期就难说得准了。"

刘义隆有些失望，叹了一声便想回家去，免得出来这么久，母亲在家忧心。刘道怜瞧见刘义隆的神色，知道他盼刘裕回来是假，盼他二哥回来是真，安慰道："我说你也别急着走哇，来我府上，和你几个堂兄弟也多亲近亲近。虽说义真不在，可义庆、义欣他们不照样可以带你玩吗？"

刘义庆、刘义欣是刘道怜的二子、三子，比刘义隆要大上三四岁，虽说二人小小年纪学问不少，也和刘义隆玩过几回，可毕竟岁数相差太多，故而玩不到一起去。刘义隆敷衍一句，便想回去。

刘道怜笑着摇了摇头:"罢了,既然你想你二哥,我遣人去江州接他回来不就好啦?虽说你爹爹要忙着追剿卢循,可义真在营中又能帮上多大忙?义真那日嚷嚷着要去军营,无外乎在家待不住,想去凑热闹罢了。这大半年时间过去,想必早都腻了,巴不得有人能送他回建康也说不定呢。"

刘义隆喜出望外,说道:"二叔说的可是真的?"

刘道怜说道:"自然是真的了。你爹爹忙于军务,想来也没多少时间去管束义真。让他在营里折腾了半年,指不定又野成什么样子了。把他接回来,让先生好好管教管教,也算我为你爹爹分忧了。"

刘义隆喜笑颜开,连连道谢,欢天喜地准备回去。他刚刚到了正厅门前,有人走了进来。刘义隆正奇怪是何人不需通报便能直接进二叔正厅,抬头一看,明白过来。

来者是父亲的心腹谋士刘穆之,虽然现在仅仅是车骑将军府的记室录事参军,可车骑将军府的大事小事都是由他处置。叛军自扬州败退后,建康军政防务已被父亲转交刘毅手中,可车骑将军府的事务没有给二叔,而是托付给了刘穆之,足见父亲对刘穆之的信任。刘穆之来见二叔,又哪需有人通报?

刘道怜见刘穆之来了,忙起身相迎,笑道:"穆之日理万机,有何要事,让人告我一声,何劳穆之来我府上?"

刘义隆想他们必是有紧要事,向刘穆之拜了一下,就要离去。刘穆之微微颔首,算是回礼,转向刘道怜说道:"车骑将军快要回来了。"

刘义隆心中一动。方才还在向二叔问父亲何时回来,却听刘穆之说起此事,一时不想走了,侧身陪在旁边。

刘道怜笑着看了下刘义隆,向刘穆之问道:"看来大哥又打了胜仗,那卢循终是落在大哥手中了。"

刘穆之却摇了摇头,沉着脸说道:"卢循尚未擒获。据斥候所探,卢循已在徐道覆死战下向南突围,显然想逃回广州。"

刘道怜笑道:"这卢循还真是属泥鳅的,大哥谋划如此周密,竟还能让他冲出围堵。只是卢循这次终是要栽了。大哥早已使孙处、沈田子收复贼巢广州,就算卢循回去,也没有安身之处。大哥既然就要回建康来,想必已使人去追卢循了。待前后大军夹击,卢循插翅难逃。"

刘穆之点了点头，说道："卢循逃得性命，却仅剩数千残兵，又分兵徐道覆留守始兴，欲借此城阻挡官军追兵。徐道覆虽勇，却是垂死挣扎罢了。只是你可知车骑将军派何人去追剿叛军吗？"

刘道怜猜道："想来多是刘敬宣吧。若不是他，那便在刘钟、檀韶中选上一人，都足以攻破始兴城。"

刘穆之却叹道："车骑将军命兖州刺史刘藩与参军孟怀玉去追叛军了。"

闻听此言，别说刘道怜，就连刘义隆都吃了一惊。镇守京口后，随着年龄稍长，刘义隆懂事不少，也知如今刘毅与父亲的关系异常微妙。这刘藩作为刘毅的从弟，父亲怎么会甘愿把追拿卢循这唾手可得的战功送给他呢？

刘道怜甚是不解，说道："这谁都能去追卢循，唯独刘藩不可以！刘毅不怀好意久矣，上一次若非穆之瞧破他诡计，只怕朝廷大权早已落在刘毅手中，哪还有大哥北伐燕国的机会？这次卢循作乱，虽然险些酿成大祸，可刘毅贸然出战以致惨败，对大哥来说，正是借此打压刘毅的良机。何故要让刘藩去追卢循，给刘毅翻身的机会呢？难道大哥还念着当年与刘毅一同举兵共灭桓玄的情谊吗？大哥不愿薄待了刘毅，可刘毅处处针锋相对，大哥未免妇人之仁了！"

刘穆之左右看了看，大厅内除了刘道怜，也就刘义隆一个孩子，叹了一声，说道："车骑将军并非迂腐之人。对刘毅之心，他岂能不知？只是刘毅也有中兴晋室佐命之功，在江南的声威和人脉怎可小觑？车骑将军这次为了能顺利挂帅征讨叛军，只能竭力安抚刘毅那群人，将守备建康重任交给刘毅，又使刘藩随军出征，都是无奈之举。然而刘毅此人心机颇深，虽未能追剿叛军，可车骑将军出征这半年时间里，刘毅在建康是没有一日安稳的。我甚至怀疑，刘毅是玩了招欲擒故纵。口口声声想随军出征，看似想和车骑将军去争平叛之功，实则本意是让车骑将军离开京城，让他留在建康。"

刘道怜吃了一惊，问道："穆之何出此言？"

刘穆之答道："虽说刘毅战败后，由左将军贬作后将军，权势稍减。可这次借着监太尉留府事的头衔，刘毅守备建康掌管内外军政，没少安插亲信去各府各部衙门任职。我以车骑将军府的名义与他固争许久，倒也保住了些要害职位，可我毕竟只是车骑将军府的属官，哪能压制得住刘毅？故而还是被他钻了不少空子。中书省、尚书台都有他的亲信参与机要，吏部也被他换去不少人。这次车骑将军大破叛军，归来后自然有不少将帅需要封赏。而前番北伐燕国凯旋，只因卢循叛军一耽搁，有功将士也未来得及封赏，也需在这次一并赏赐。我已按车骑将军的意思，拟了份名录。可前几日去与刘毅商量此事，却被推三阻四，几乎没有几人被他准许。从中书省、尚书台，最后到吏部，几乎都是一般说辞，就是不认可这封赏名录。"

刘道怜脸色一下子变得异常难看，着急问道："那大哥答应我的北徐州刺史呢？也被拦下来啦？"

刘穆之点点头："刘毅拦着这么些人不肯封赏，不就是想让车骑将军难堪？刘毅那些人添油加醋、煽风点火，岂不是让将士去怪车骑将军没有为他们请功吗？刘毅此举，无外乎离间车骑将军与将士的情谊，也以此削减车骑将军的权势。你是车骑将军的弟弟，就更不会让你如愿了。还说朝廷已有徐州刺史，没必要重新划分一个北徐州出来，徒增一个刺史之位，虚耗国家俸禄。"

刘道怜气得骂道："他刘毅懂个屁！朝廷南渡建康以来，北方州郡皆落在外敌手中。朝廷设置北方诸州刺史，又有哪个刺史真管着旧地啦？就像我现在这个并州刺史，不都是在江北划出几座城池来充充门面，说白了就是朝廷一块自欺欺人的遮羞布，既能收拢北方逃难百姓为朝廷抵御外患，又让人觉得偌大的中华尚在朝廷手中一般。如今大哥北伐燕国大获全胜，才算真正收复了青州、徐州、兖州旧地，为有别于朝廷设在江边的徐州，这才以北徐州称呼，如若不然，难道要把这整个燕国旧地并入朝廷的徐州当中？朝廷南渡这么多年，别说北徐州与徐州风俗两异，两地课税计法、官府治理、百姓宗族早已变了大样，简单合并入徐州，不闹出乱子才怪。何况我大哥本就兼任徐州刺史，他都愿意让南燕旧地不并入徐州，刘毅有什么好掺和的？"

刘义隆见刘道怜忽然生了气，吓了一跳，忽然有些反应过来。刚才在厅外等候时，听那访客说些什么拜贺之词。却是因为父亲答应了二叔，要给他北徐州刺史一职。刘义隆虽小，可听刘道怜这样一说，也很容易明白。

北徐州辖地几乎包含了南燕国旧地，这刺史权势与那南燕国皇帝有何不同？难怪那访客忙着向二叔送礼，多半是二叔没忍住，将这升迁之事透露了些风声，自然有人早早赶着来巴结逢迎了。谁知本来志在必得的北徐州刺史，竟会被刘毅生生拦下，二叔不怒才怪。

就听刘穆之说道:"刘毅也是北府军出身,自幼便在江北居住,如何不知徐州与北徐州的区别?如此说辞,不过是不想让你接管北徐州罢了。南燕国覆没,有多少人盯着那么大一块地盘,只怕他刘毅心中也有了北徐州刺史的人选,以我猜度,想来多半是他从弟刘藩了。"

刘道怜怒道:"北伐燕国,是我部兵马擒得南燕国主慕容超。卢循叛军侵入扬州,是我辛辛苦苦守备建康城。以这样的功绩,都换不来一个北徐州刺史,他刘藩何德何能与我争?"

刘穆之说道:"正因刘藩尚在随军征讨叛军,还未立功,故而刘毅也觉时机尚不成熟,才拖下此事,好等刘藩擒了卢循,就名正言顺将北徐州给他。"

刘道怜骂道:"刘毅欺人太甚!"

刘穆之说道:"这也仅是我的猜度罢了,尚无实据。只是还有一事就坐实了。据我所知,刘毅近来忙着向朝廷索取督江州军政之权。如今朝中多有刘毅亲信执掌机要,这事也就差朝廷一纸诏书了!"

刘道怜一个激灵。当日刘裕曾言,想把江州交给自己,怎奈被司马国璠那个叛国宗室一搅和,只得转以庾悦为江州刺史。此时听刘穆之提起江州,刘道怜奇怪道:"江州刺史庾悦在此次平叛中,收复豫章,切断叛军粮道,可谓功不可没。不加封赏也便罢了,刘毅好意思去抢庾悦的官职?"

刘穆之苦笑一声:"刘毅可聪明得很,他未索要江州刺史,只是求取督江州军政之权。"

刘道怜气得骂道:"这和要江州刺史有什么区别?虽说刺史是一州之长,可自西晋八王之乱以来,朝廷便设都督内外军事之权。看似并无实职,实则权势极大。刘毅要了督江州军政之权,已然成了庾悦顶头上司,倒是庾悦这个刺史成了空头摆设了。"

刘穆之并未反驳,说道:"听闻刘毅早年与庾悦有些旧仇,可我也听说不过是些鸡毛蒜皮的小事罢了。当年庾家家大业大,瞧不起出身贫寒的刘毅,当众羞辱过他几回,让刘毅下不来台。如今刘毅得势,去抢庾悦官职,倒也有些公报私仇的意思。可刘毅若真是这般小肚鸡肠,我还真瞧不起他。依我看来,江州是何等重要,上连荆湘,下通扬州。刘毅本就兼豫州刺史,他从弟刘藩是兖州刺史,刘毅再索取江州这样一个军政要地,刘藩再拿了北徐州去,分明是想以此与车骑将军分庭抗礼。"

刘道怜一时语塞，脸上现出忧虑，就听刘穆之接着说道："就算在庾悦的事上是我多心了，刘毅就真是小肚鸡肠，欺凌庾悦，确实是为了报当年受辱之仇，并没有针对车骑将军的心思。可他与刘敬宣有何仇怨？何故三番五次与刘敬宣为难？"

刘道怜没有说话，显然也知道刘敬宣的事。就听刘穆之说道："刘敬宣流亡南燕归国后，协助刘毅讨伐桓玄，功不可没，车骑将军为刘敬宣请封江州刺史，刘毅生生把这事给搅黄了。再到后来，刘敬宣征讨割据益州的谯纵，只因粮草不济，中途退还，刘毅大做文章，以致刘敬宣被罢免官职。这次刘敬宣随车骑将军讨伐卢循叛军，功劳不可谓不大吧，可车骑将军为刘敬宣请封，刘毅还是一个劲儿地摇头。若说刘毅针对庾悦是为旧仇，那刘敬宣又如何对不起刘毅？"

刘道怜却道："其实刘敬宣与刘毅倒还真有些旧怨。刘毅在北府军时，属刘敬宣部将。不少人说刘毅必有飞黄腾达之日，可刘敬宣言刘毅外宽而内忌，日后一旦显贵，必当自取其祸。只因这一句话，刘毅自然怨恨刘敬宣了。"

刘穆之却说道："刘毅在北府军时，没少受刘敬宣父子提拔之恩，再加上刘敬宣协助他平定桓玄的情谊，难道都抵不过那样一句话？依我看，还是因为刘敬宣与车骑将军太亲密了，故而刘毅千方百计打压刘敬宣，以此削弱车骑将军。卢循叛乱前，刘毅对车骑将军不过有些微词罢了。这次借着留守建康之机，几乎已是明目张胆地夺权。我已将此事告知车骑将军，若他还不回来，只怕这江东的天可就要变了。车骑将军只能放弃追击卢循，为安抚刘毅，更使刘藩领兵追讨残敌。免得刘毅得知大军提前还朝，生出什么乱子来。"

听到此处，刘道怜迟疑了下，问道："刘毅还不至于不知轻重，生出什么祸事吧？"

刘穆之却说："人心难测。这半年来，刘毅除了在朝中安插亲信，肆意夺权，还与昔日一同举义讨伐桓玄的旧人往来频繁。当年车骑将军与何无忌、刘毅、孟昶、诸葛长民最早起事，如今何无忌战死，孟昶自裁，车骑将军出征在外，建康仅剩刘毅与诸葛长民。若两人暗中勾结……凡事还是往坏处多想些，小心驶得万年船，免得遭人暗算猝不及防。"

刘义隆一直旁听二人谈话，越往后听，越觉得害怕。虽说读过不少书，可多

暗流涌动　049

是看的忠君报国的旧事，再加上父亲这些年来为国出生入死的言传身教，在刘义隆看来，只要有父亲这样的英雄在，便能保大晋太平无事，他日收复河山，恢复中华，也指日可待。谁知父亲五人共举义事，匡扶晋室，被人传作美谈，表面的一团和气下，竟藏着这么多的尔虞我诈。过去只觉得刘毅与父亲不过有些摩擦，经刘穆之一说，竟已到了反目成仇的地步。刘义隆脑中不禁乱成一团。难怪孔子曾言"吾恐季孙之忧，不在颛臾，而在萧墙之内也"，过去一直不懂这是什么意思，今日听到刘穆之与二叔说的话，这才有些反应过来。为什么大人之间总有那么多的蝇营狗苟，刘毅与父亲同仇敌忾，共保江山社稷，不好吗？

刘义隆正这样想着，就听刘穆之沉吟一阵，小声说道："今日我来府上，是有两件要事。一来刘毅已太过危险，车骑将军没回建康前，什么事都有可能发生。车骑将军府的兵马几乎都已出征在外，也就你这里还有些兵马。虽然我们不好调兵进城，可你务必小心，谨防刘毅铤而走险。二来车骑将军上次推辞了朝廷所拜太尉之职，虽说是为了堵住那些人的嘴，免得以讹传讹，让人误信司马国璠煽动国人之言，可如今刘毅咄咄逼人，若车骑将军再这样推辞不受，难保刘毅不会去抢这太尉，毕竟他已有监太尉留府事的头衔，真让他如愿，可就什么事都晚了。故而在车骑将军回来之前，我这几日便要加紧请奏天子，再次为车骑将军加拜太尉，唯有如此，才能压制刘毅的气焰。只是以车骑将军之功，虽然足以领受太尉，可刘毅那些人毕竟把持朝权，以我一人，必是孤掌难鸣。你也是与车骑将军起兵讨伐桓玄的旧人，朝中想来也有不少亲近故旧，还请你活动活动，与我一起请奏天子。刘毅他们就是想反对，都无济于事了。"

刘义隆分明看见二叔刘道怜的脸上微微抽动了一下。刘义隆并不明白这是什么意思，也不知道刘道怜这时动的什么心思。

刘裕自官拜车骑将军录尚书事、兼扬州刺史后，在建康可谓位高权重，北伐燕国大获全胜也让他声威高涨，而在石头击退了卢循叛军后，更是救了大晋社稷。在那样一个时间点，朝廷封拜刘裕为太尉，可谓顺理成章。然而，刘裕辞谢之后，历经这半年，一切悄然发生了变化。

虽说刘裕接连大胜叛军，谁都看到刘裕的功勋，建康大权现在却在刘毅手中。所谓县官不如现管，除了那些真正心系朝廷的人，又有几人会在这个时候去为刘裕说话而得罪刘毅？刘毅接连使出手段，悄无声息地削减了刘裕的权势，在这场权势更替中，没有看清局势更有利于谁之前，又有几人肯把赌注押在刘裕身上？更何况刚才刘穆之也说了，刘毅正在打江州的主意，此举无疑一举两得，不但让刘毅权势更盛，也是刘毅杀鸡儆猴。几乎是明明白白地告诉旁人，谁得罪过他，无论如何显耀，也必是吃不了兜着走的。

在这样的情形下，刘穆之请刘道怜去找那些故旧活动活动，让他们一起为刘裕请封太尉，可真不是什么容易的事。再者说来，物以类聚，人以群分。刘道怜素来贪婪成性，和他亲近的人又能好到哪里去？有几个不是见钱眼开的？刘穆之请刘道怜做的事，显然是要刘道怜大把往外舍财了。

刘道怜面露难色，可一想到此事关系刘家的命运，也关系自己的前程，终是咬了咬牙，说道："穆之不必多虑，只要我能做到的，一定办得妥妥帖帖。"

刘穆之点了点头，又和刘道怜商量了些细节，待天色有些暗了，这才告辞离去。

刘义隆听得都有些困了，却迟迟没有离去。初时只想知道二哥的归期，可后来听到刘毅对父亲的威胁，刘义隆也担心起来。

刘穆之刚走，刘义隆便着急问道："二叔，你说刘毅真会对父亲不利吗？"

刘道怜此时的心情可是糟透了，愤愤说道："还是刘敬宣早有识人之明，刘毅就是个外宽内忌的小人！大哥当初怎么就想拉他一起举事讨伐桓玄呢？北府军那么多将帅，少他刘毅一人又能如何？到头来养虎为患，刘毅这是要翻了天，骑在大哥头上作威作福了！"

刘道怜在气头上，说话冲了很多，看到刘义隆担心的神色，又怕吓到了这孩子，缓了缓焦躁的心绪，安慰道："我说你也别怕了。你爹爹是何等人物？刘毅不过得了一时便宜，山中无老虎，猴子称霸王！待你爹爹回来，看他能嚣张到什么时候。等朝廷给你爹爹的封拜一下来，朝中那些势利小人自会看清动向。方才刘穆之所言之事，你可给我烂在肚子里，这种事绝不可让外人知道。刚才你也听到了，你爹爹就快回来了，你不是想义真了吗？到时二叔带你一起去迎他们。可你若是把刘穆之说的话让别人知道了，就别怪二叔不领你去了。"

刘义隆虽小，在这种事上还是有分寸的，连连点头："二叔放心，就算你不带我去，我也会把这些事憋在心里的。"

刘道怜点点头："天色也不早了，你就两个仆役陪护，我也放不下心，等我差上几个军士，送你回去。这些日，你安心在家待着，别再出来了。等你爹爹回来，我自然会去接你。"

刘义隆答应了一声。未过一刻，刘道怜唤了十来个健硕的军士，一路护送刘义隆回到家中。

刘义隆给母亲问了安，饭都不想吃，钻进书房就躺倒在榻上。他心中不住地揣摩，大人的世界怎就这样可怕呢？父亲看似风光无限，可明枪易躲，暗箭难防。能征善战又如何，保家护国又如何，还不是如履薄冰，处处被人算计？刘义隆怜惜起父亲，自己究竟何时才能长大，好为父亲分担一些呢？想着想着，刘义隆就和衣睡过去了。

尔虞我诈

刘义隆紧张地站在二叔身旁，不住地向不远处的刘毅望去。这还是刘义隆第一次这样接近刘毅，对这个与父亲生出罅隙的昔日盟友不禁生出许多好奇。

就见刘毅面色说不出的复杂，他竭力掩饰，仍有些许紧张、焦虑流露出来，眼神中偶尔夹杂些愤恨，使人对他此刻的冷静不禁望而生畏。刘毅旁边站着他的亲近官属，最近的两人，听二叔说叫作谢混、郗僧施。谢混乃北府军创始人谢安之孙，娶晋陵公主为妻，堂堂皇亲国戚，官居尚书仆射。郗僧施则是名臣郗鉴的曾孙，官居丹阳尹。说起郗鉴，可比谢安成名还要早上许多年，乃当年与大将军陶侃一起救东晋朝廷于水火的重臣。谢混与郗僧施，虽说官职不算太大，却都手握重权，又因其家族渊源，与北府军有千丝万缕的关系。仅这两人站在刘毅身边，就足见刘毅如今的声势丝毫不弱于刘裕。

对此，刘义隆是有些疑惑的。要知道，刘毅在迎战卢循叛军时，败得一塌糊涂，数万大军几乎全军覆没。这样一个败军之将，何故还有这么多人支持呢？刘义隆问过二叔，只说是父亲打仗无人能敌，可在做学问上远不及刘毅。而东晋朝廷中那些大臣，多半是凭着家族势力借九品中正选官之法录入朝中。这些世族哪个不是文学世家？在他们看来，凭着战功跻身朝堂前列的刘裕，终究是个粗人，所以更愿与刘毅亲近，这样才不会辱没他们家族的颜面。何况这些年过去，他们家族的前程命运已和刘毅绑在一起，不可能因为刘毅大败一场，就此与他划清界限的。

刘义隆不禁暗自心惊，学问做得好不好，竟还有这样的用处。想要拉拢人心，不只靠权势，就像刘毅，凭着满腹学识，便能让那些以名流自居的士人死心塌地追随。刘义隆这才明白父亲为何要请名师，悉心教导几个儿子做好功课，就是希望刘家以后不要再被其他世族小瞧。再想想父亲北伐燕国时，收拢那么多书册竹简回来，费时费力仔细整编。只怕也不是慧琳说的那样简单，仅仅是为了补充朝廷藏书，以此保全中华典籍。更深的用意，在于借此向江南世族展示父亲重文、惜文、爱文之心，好博取江南世族对他的支持。

刘义隆不禁又一次望向刘毅，却见刘毅似乎发现有人暗中窥探，忽然看了过来。刘义隆被他的视线扫过，吓得低下了头，偷偷去瞧，却发现刘毅并没有看自己，而是狠狠瞪了一眼不远处的刘穆之。

那日听到刘穆之对二叔说的那些话，这十几天里，刘义隆一直焦虑不安。刘毅拉拢那么多人为其所用，又在朝中大肆安插亲信，其用意昭然若揭，就是想把父亲取而代之。刘穆之一面竭力阻遏刘毅对朝权的影响，一面向父亲送去密函告知刘毅的所作所为，又与二叔商议为父亲求取太尉来压制刘毅，想来已有了些成算，难怪刘毅这样怨恨刘穆之呢！父亲在收到刘穆之的密函后，也已从前线迅速回军，今日便是还朝之日。无论父亲离开建康有多长时间，毕竟是大败叛军，挽救了朝廷，刘毅就算有天大的本事，拉拢再多的人，也不能对父亲的功勋熟视无睹，只能忍着满心不悦，与百官一起来郊外迎候。

从刘毅的神情来看，显然没想到父亲能这么快回到建康。只怕在刘毅看来，父亲遣刘藩追击卢循残兵，大军也须在江州稳定局势，待把叛军余孽清剿干净，至少也要一个多月才能班师还朝。待到那时，想来刘毅已如愿督统江州，再等刘藩擒得卢循，也能名正言顺执掌北徐州。而朝中中枢要害，也已尽被刘毅党羽占据。等父亲回到建康时，早已改天换日。到时候给父亲一个太保虚衔，明升暗降，自此朝中便是他刘毅一家独大了。谁料父亲转眼就回到建康，一下子打乱了他的谋划，这才让刘毅的神色如此复杂。

越是这样，刘义隆越是不安。听刘穆之说过的话，刘毅与父亲分道扬镳已不可避免，刘毅眼见胜利在望，却因父亲提早还朝而付诸东流，难保他不会做出什么出格的事来。刘义隆又向四处扫望一圈，看来看去，也没发现像书中所说那样，有什么甲士暗中潜伏。想想二叔能带自己迎接凯旋的王师，今天应该不会出什么乱子吧？毕竟二叔手中也有兵权，就算刘毅想动手，也不可能在这十多日间，召集足够的兵马。何况父亲正领大军回来，刘毅怎么会傻到在大军前，使人刺杀父亲呢？

刘义隆正这样胡思乱想着，就见官道上远远出现大队兵马，伴着遮天蔽日的征尘，车骑将军的大纛越行越近。久候的官员一阵躁动，整理衣衫，向前迎去。

才到跟前，车骑将军的车驾还未停稳，便见车上跳下一个小孩子来，几步跑到人群前，一把抱起刘义隆，哈哈笑道："义隆，可想死哥哥了。"却是刘裕次子刘义真。

刘义隆本还为刘毅的事紧张不已，被刘义真这样一抱，满脑子的事都烟消云散。这么久没见，思兄之情一下子涌了出来，泪水几乎夺眶而出，他哽咽道："二哥，你可回来了。"

各怀心思的人群，见两个小孩子拥在一起，一时哑然失笑，倒也为这小哥儿俩所感染，轻松不少，刚才那种压迫人心的紧张悄然消散。

这时，刘裕从车上下来，龙行虎步，走到众人面前，双手环拜："本公奉旨征讨叛军，幸而不辱使命，怎敢劳烦诸公远迎，着实让本公汗颜。"

在人群的拜贺声中，刘道怜与刘穆之还未迎上去，就见刘毅头一个走到刘裕面前，拜道："车骑将军为国远征，力破群贼，荡清污秽，还我江山太平，乃是一等一的功臣，我等只恨不能追随左右，执鞭坠镫。今日迎候于此，不过聊解心中敬佩之情，何来'劳烦'二字呢？"

刘裕哈哈大笑："分内之事罢了，倒是后将军这些日子为国操劳，辛苦得很哪！"

刘毅眼中闪过一丝不安，低头拜道："车骑将军言重了。车骑将军出征在外，不以刘某才德浅薄，将留守之事相托，刘某不敢有一日懈怠，唯有殚精竭虑，才不负车骑将军信任。"

刘裕点点头，赞道："后将军不肯居功，本公敬服。时辰也不早了，本公这便去宫中面圣，想请后将军同乘一车，以解相思之情，也有些事想和后将军商议商议。未知后将军可否赏脸？"

刘毅面现惊诧，流露出一丝戒备，却见刘裕故作不见，向刘义真、刘义隆两个孩子招了招手："我说你二人也别闹腾了。本想让你们先回家去，可难得你们刘叔叔也在，还是过来与我同车，也好让你们听听刘叔叔的教诲。刘叔叔学识渊博，听他一席话，胜读十年书。只是有一条，你二人可给我老老实实的，别上蹿下跳，没点儿礼数。"

刘毅迟疑稍许，听刘裕要让两个小孩子陪行，放下心来，料想刘裕也不可能当着儿子的面行凶吧？他随即拜道："刘某恭敬不如从命。"

刘裕哈哈一笑，拉着刘毅的手上了车驾，不顾刘毅推辞，强让他坐在左手。刘义真、刘义隆被父亲一叫，赶忙回到车边，恭恭敬敬向刘毅行了个礼。刘裕将他们抱到车上，一左一右揽在怀中，对众人说道："诸公若没什么要事，便一起进宫，若还有公务，便各自去忙吧。待本公奏罢天子，便在家中设宴，以谢诸公迎候之情。"

　　随后，刘裕唤了刘穆之和刘道怜走到跟前，交代一声，使刘穆之分拨各营兵马且在城外扎营，待奏罢天子，再分遣回归本郡驻防。又命刘道怜随行，一同去往宫中。

　　车马再次开动。虽说刘裕客气地不想打扰迎候的朝臣，却没有人离去，远远跟在后面随行，唯有谢混与郗僧施走到近前，与刘道怜一起陪侍车驾左右。

　　刘毅摸不清刘裕请他同车是要说什么事，只是坐在那里默不作声。

　　刘裕倒先开了口，对刘义真、刘义隆说道："你二人可要好好学学刘叔叔。北府军领兵的人不少，可像他这般学富五车的当真少见。"

　　他转又对刘毅说道："后将军，这会儿也没有外人在，我们便莫要以官职相称了，太生分了！桓玄篡晋，你我在那般艰险的困境中，同举义兵，成就今日之事，生死与共，情同兄弟，我还算虚长几岁，便以贤弟相称了。"

　　刘毅谦让一下，也未反驳，就听刘裕叹道："当日之事，今日想来何等凶险。桓玄已是江东之主，北府军被其分割，兵马化作三部，一部交由桓修镇守京口，一部交由桓弘镇守广陵，一部交由刁奎镇守历阳。而我们又有什么？我那时被桓玄拜作彭城内史，受桓修节制，虽还能领兵马，却不过是桓玄手中一把刀，何曾被他真正信任过？叛军作乱时，我替桓玄领兵征讨，待回师后，兵马便被立刻收走。而孟昶为桓弘主簿，不过打理往来书函，管束内务。诸葛长民则为刁奎参军，也无一兵一卒可以调派。至于贤弟与何无忌，就更是丢了军职。我等白手起家，不惜散尽家财，结纳江东豪杰，凭的是对桓玄倒行逆施的怨恨，凭的是同仇敌忾，有进无退，终是一鼓作气，重夺北府军兵权，这才把桓玄赶出了建康，又扫清了荆湘桓氏余孽，就此光复晋朝社稷。"

　　刘毅听刘裕说起这些陈年旧事，初时不明所以，后来似乎也对当年之事感触良深，叹了一声，说道："当日岂止凶险？京口有你与何无忌，领着百来壮士诛杀桓修，夺取了兵权。我则和你三弟去了广陵，与孟昶一起诓骗桓弘出猎，借机将其刺杀。虽说京口与广陵相继得手，可我那留在建康的哥哥刘迈实在不争气，非但没能做好内应，反而瞻前顾后，把我们留在建康的暗桩出卖个干净。本该在历阳诛杀刁奎的诸葛长民也失了手，反被槛送建康。我等原计划可得三州兵马，却仅掌控京口、广陵一千七百之众，又没了建康内应，情势着实堪忧。桓玄得了消息，调集大军于覆舟山，严阵以待，又使其大将皇甫敷领军数千迎战。那皇甫敷不愧是桓玄第一猛将，连杀义军数员大将。就连兄长武功盖世，不也被皇甫敷打得只有招架之力，只能退到树边苦苦支撑。若不是皇甫敷失手，一戟刺在大树上，兄长如何擒得住他？"

刘义真、刘义隆并不知当年征讨桓玄的细节，听刘毅这样一说，不禁捏了把汗。

刘裕笑了笑："是呀，那样的艰险，我等同舟共济，硬是挺了过来。如今何无忌、孟昶先后去了，当年共举义事五人，仅剩你、我和诸葛长民。虽说这次卢循叛乱已近平息，可多事之秋，我等还当再接再厉，共保江山社稷。近来，愚兄不时听到些闲言碎语，总说你我兄弟早已形同陌路，还说贤弟处心积虑要对我不利。说这些话的人也太过可笑，他们如何知道你我同生共死的兄弟情义。"

刘毅听刘裕说了这么多旧事，竟是想用当年之事来弥补两人之间的罅隙，心中一阵鄙夷。在权势面前，便是亲兄弟也不见得相安无事，他只觉刘裕这样想，未免太天真了些。

刘毅也不管刘裕是真情还是假意，故作感同身受，说道："兄长之言，让我当真汗颜。扪心自问，我素以朝廷为先。卢循叛军逼近建康时，我正染重疾，为保国家，唯有不顾身体，领兵出战，怎奈救国心切，中了卢循诡计，以致兵马亡失一空。幸得兄长信任，不计较我是个败军之将，还将建康托付于我，才让我稍稍弥补战败之罪。兄长待我恩重如山，我又岂会对兄长心存歹意？"

刘毅越说越激动，赌咒起誓绝无二心，忽地叹了一声："哎！正如兄长所言，还不是那些小人从中作梗，坏了你我兄弟之情。这事我憋在心里许久，一直不敢对兄长明言，免得兄长疑我一片丹心。你那记室录事参军刘穆之，未免太专权跋扈了些。自我守备建康以来，整日对我指手画脚，对朝政说三道四。时局艰难，正是朝廷共克时艰的时候，有些朝臣尸位素餐，被我撤换些肯为国家做事的人上去，有何过错？可刘穆之总疑心我有所图谋，是在与兄长争权！我也知道，兄长信任刘穆之，他也确实有些才干。当初何无忌推荐他做了兄长的主簿，为兄长打理内务，也没什么差错，故而被兄长委以重任。可人心就是这样险恶，他见兄长给我建康重权，便对我心生嫉恨。想来他没少在兄长那里说我坏话吧？我知道兄长用人不疑，可对刘穆之还是多留个心眼儿才是。"

刘义隆听刘毅竟告起刘穆之的状来，一时有些迷茫。二叔与刘穆之都说刘毅欲对父亲不利，可这会儿又听刘毅说着截然相反的话，究竟谁是谁非？

刘义隆瞧了一眼骑马陪在车旁的二叔，就见他气得面色通红，显然不满刘毅说的这些话，眼见就要发作，却听父亲笑道："刘穆之有时性子是直了些，无意冲撞了贤弟，改日让他向贤弟请罪。若真如贤弟所说，刘穆之秉权过甚，我也自会处置，必不护短。"

听父亲竟未向着刘穆之说话，刘义隆有些奇怪。忽然一想，刚才父亲命刘穆之去调派回师的兵马，似乎也是有意支开他，免得听到这些话。难道父亲真想与刘毅冰释前嫌，甚至不惜委屈了刘穆之吗？

正这样想着，就听刘裕接着说道："此事且先不提。方才贤弟说起叛军之事，当日建康危急，我曾修书贤弟，请你发兵驰援建康，待击退叛军，便将长江上游重任托付于贤弟。好在道怜与诸葛长民离得近些，援兵早早赶到了建康，我见兵力料也够了，又恐江南内乱，魏国会乘机浑水摸鱼，侵扰边境，又派人去你那里，使你留守豫州，不必再往建康派兵。只是这样一来，贤弟对我有了些误会，只当我不想让你建功，更舍不得把长江上游军权交到你手中。我知道你违背朝廷旨意，强行领兵南下是带着气的，这才会让卢循钻了空子。否则以贤弟之才，又岂会败得那般惨烈？愚兄在这里，给贤弟赔个不是。如今叛军覆没在即，愚兄以刘藩追讨卢循，必能手到擒来，我也会履行当日承诺，不让贤弟为国空忙一场。"

刘义隆听说过此事，当日建康危急，父亲的确曾向刘毅求援，未过多久，却又不允刘毅南下。谁知父亲当初竟还暗中向刘毅答应过这样的事，难怪刘毅执意领兵迎敌呢。此刻父亲向刘毅赔起罪来，如此放低身段，难道刘毅在朝中的势力真让父亲畏惧了吗？

刘义隆看了看二哥，就见他气鼓鼓的，显然对父亲向别人赔罪有些恼火。却听刘裕对刘毅接着说道："江州的事我听说了。虽说庾悦作为江州刺史倒也称职，可这些年来战乱不断。北方燕国虽灭，然而后秦、魏国尚强，益州又被乱党谯纵霸占，朝廷所受威胁可没少多少。如此情形，还需有人能总揽数州，才便于从中调拨兵马粮草，抵御外患。国界漫长，愚兄忙于朝政，分身乏术，这江州便有劳贤弟代为督统了，也算愚兄没有为当日许诺食言。"

刘义隆听闻此言，一下子愣住了。早就听刘穆之说过江州的重要，刘毅早已图谋收为己有。按说父亲还朝，应想方设法拦下此事，谁知刚刚与刘毅见面，还没等刘毅开口索取，倒是父亲先答应了。刘义隆向旁边看去，莫说刘道怜脸色变得很难看，就连刘毅身边的谢混、郗僧施都吃了一惊。

刘毅难以置信，可看了半天刘裕的面色，倒也不像是在试探。刘毅在江州的事上忙了这么久，若非刘裕提早回来，只怕这事都已下诏了。虽说刘裕还朝，让刘毅执掌江州多了些阻碍，可刘毅自认还是有些把握的，就算刘裕想要阻挠，无非耽搁些时日罢了。谁知刘裕竟没有反对的意思，倒省去刘毅不少麻烦。

这样好的机会放在面前，刘毅岂会错失，忙拜道："兄长如此厚爱，小弟自当殚精竭虑，必不负兄长重托！"

刘道怜这时再也忍不下去，失声叫道："大哥！"可他还未多说，就被刘裕打断了。

刘裕向刘毅笑道："其实还有一事，想与贤弟商议。"

刘毅面色稍变。刘裕心甘情愿把江州交出来，多半是有条件的。他小心问道："兄长有事，但说无妨，只要小弟做得到，必当为兄长分忧。"

刘裕说道："南燕灭国后，卢循兴风作浪，愚兄着急回救建康，无暇请命朝廷委派官属牧守南燕旧地，为了安抚当地士族、百姓，愚兄请奏朝廷，以南燕旧臣韩范为燕郡太守，封融为渤海太守。谁知我前脚刚走，韩范、封融便悍然反叛。还好我当时有所防备，留了檀韶镇守琅邪，迟些南下，及时领兵清剿了乱党，否则北伐燕国之功可就付诸东流了。愚兄思来想去，道怜曾在彭城驻守边境多年，对那里甚是熟悉，故而我有意在南燕旧地设置北徐州，由道怜出任刺史，并以彭城为州府，不知贤弟意下如何？"

一听刘裕说起北徐州，刘道怜眼睛一下子亮起来。而刘毅听到这件事，面上变得很是难堪。此事早已由刘穆之与刘毅商量过，却被刘毅驳回，刘裕这时装作不知道，再次向刘毅提了出来。

刘毅对北徐州是有想法的，只是还不知道刘裕撤军后，发生过韩范、封融叛乱之事。此时仔细琢磨一阵，朝廷刚刚收复北徐州，形势也的确有些复杂，若真把北徐州强行揽到自己手中，反而要花不少心思去料理那烂摊子，没个两三年，只怕也难稳住局势。想想此时取代刘裕才是当务之急，在北徐州耗费太多精力，未免得不偿失。既然江州已经如愿到手，还不如做个顺水人情，不再阻挠北徐州之事，也好让刘裕对自己放下戒备。

刘毅故作大度，说道："兄长所思甚是周详，我岂敢有什么异议。听闻兄长祖籍便是彭城，道怜此去也算衣锦还乡，我怎么也该成人之美的。"说罢，他侧身向刘道怜说道："我便提前拜贺道怜升迁之喜了！"

刘道怜一听，刘毅竟也同意了，他喜笑颜开，拜道："这还要多谢后将军一番美意了。"

刘毅笑了笑，复又向刘裕说道："此番兄长出征凯旋，朝廷自当有所封赏。道怜已和我商量了几次，我等欲共表奏天子，拜兄长为太尉，以彰兄长功绩。其实兄长前番北伐燕国，早就该领受太尉位列三公了，只是兄长也太谦逊了些，就是不肯受命。这次，兄长无论如何也不能再推辞了。"

刘义隆万分惊异。

不是二叔与刘穆之为父亲张罗封拜太尉以此压制刘毅吗？怎么此刻倒是刘毅为父亲请封啦？刘义隆想破了头，忽然有些明白过来。显然是二叔他们为父亲求取太尉已水到渠成，便是刘毅也没办法阻挠了，毕竟父亲有这样的大功是无可争辩的事实，而父亲又提早领兵回来，大军此刻就在城外驻扎，刘毅他们就算精于算计，可在城外大军的威胁下，也绝不敢坏了父亲位进太尉之事。既然拦不下来，那还不如主动些。倒好像父亲能升任太尉，是刘毅的功劳一般。

刘裕还未说话，却听刘道怜在旁笑道："是呀是呀，还多亏了后将军之力呢。"刘道怜这样说，分明是在讥讽，可刘毅仿若不知。

就听刘道怜接着说道："只是后将军还有一事尚不知道，天子听闻我等表奏兄长为太尉后，觉得兄长北伐燕国、西定叛军，两功仅受一赏，未免薄了些。故而已经准允，不但封拜兄长为太尉，还要加授中书监一职。"

刘毅闻听此言，面色大变。

以刘毅谋划，若刘裕仅仅拜为太尉，虽位列三公，却更多是种荣耀罢了，若能设法削减刘裕录尚书事之权，那刘裕便再不能左右朝政，如此一来，刘裕权势非但没有变大，反而被排挤出了权力核心。谁知刘道怜表面上为刘裕求封太尉，实则暗中谋图中书监。中书监之权远在尚书令之上，刘裕出任中书监，不再仅仅是参与政务商讨，而是可以堂而皇之地决定政令的颁布。刘裕有这样的重权在手，就远非刘毅所能抗衡的了。

刘毅与郗僧施、谢混对望一眼，意外之情溢于言表。有心避开刘裕，去和郗、谢二人商议个对策，可刘道怜既然敢挑明此事，足见他已有十足把握，刘毅此刻就是想拦都拦不住了。

刘毅懊悔不迭，对刘道怜恨得咬牙切齿，窝着一肚子火，再无言语。眼见快到宫门了，刘裕笑道："我等这便一同面圣去吧。只是这两个小子不方便进宫，贤弟且先稍等，待我使人送他们回去。"

刘毅早已如坐针毡，应了一声，匆匆下了车，避开刘裕，远远和郗僧施、谢混说着些什么。

见刘毅走远了，刘道怜笑道："大哥你可不知道，这半年里刘毅是如何威风，今日算是吃了瘪。看他那有气发不出来的模样，着实痛快。"他转又说道，"大哥，其实待你升任太尉、中书监后，足以扼制刘毅，就算是强拦下江州，也不是不可能，又为何要把江州拱手相让呢？"

刘裕没好气地说道："还不是为了北徐州！你说你急什么？时机尚未成熟就四处嚷嚷，恨不得让所有人都知道你要去做北徐州刺史。江州固然重要，可北徐州断然不可交给刘毅。刘毅本就已有豫州，刘藩则有兖州，朝廷西线已在刘毅手中，多给他个江州，无足轻重，可若是北徐州落在他手中，朝廷西线、北线皆被刘毅掌控，那才是真的心腹大患。"

刘义真与刘义隆在车上老实了这么长时间，早已按捺不住，尤其刘义真早就憋坏了，说道："这刘毅兄弟俩坏得很。在江州时，他弟弟刘藩有事没事就来烦扰父亲。父亲调兵遣将，杀得叛军落荒而逃，刘藩也好意思来争追剿卢循的军令！父亲，你不是也说刘毅不怀好意吗？为何这一路上对他这般客气？要我说，哪有那样麻烦，还给他江州来换北徐州，不如直接把他的后将军罢黜了，看他如何嚣张！"

刘义真说的不过是些孩子气话罢了，就连刘义隆都觉得哪有那么容易。刘义隆说道："二哥，你说得也太轻松了些。我听刘穆之说，刘毅在不少衙门都有许多朋友，若把刘毅罢掉，他那些死党岂会善罢甘休？"

刘裕看了看刘义隆,倒很惊异这孩子还真是长大了。确如刘义隆所说,刘毅能与自己抗衡,怎么可能就靠他一人之力。仅从谢混、郗僧施与其亲密关系来看,就知至少谢氏与郗氏是支持刘毅的。这两家在江南都是大族,刘裕还没有这么大的能力来得罪这么多世族。

刘裕瞪了一眼刘义真,说道:"你还是给我消停些。这半年虽说你也帮我做了不少事,却也让你性子越发野了,这次回来,老老实实在家待上些时日,落下的功课全都给我做好了。若是整日惹是生非,小心我家法收拾你。"

刘义真吐了吐舌头,嘴里仍在嘀嘀咕咕。刘道怜讪讪笑道:"小孩子哪懂那么多。还是大哥想得周全,就算刘毅有了江州,可三弟掌控荆州,镇守刘毅的西线,就算刘毅想与大哥动手,也是腹背受敌。以大哥的手段,他刘毅如何也成不了气候。"

刘裕听刘道怜提起三弟,脸上现出一丝忧色:"这次平定江州,道规给我送来一封密信。这些年荆州一直不太平,情势远比扬州复杂。且不说北有后秦威胁,西有益州乱党谯纵兴风作浪,仅说桓氏在荆州扎根几十年,根深蒂固,哪有那么容易根除?桓玄虽死,其党羽时不时便要出来大闹一场。尤其这次卢循叛乱,使荆州与朝廷断了音信,若非道规游说雍州鲁宗之出手相助,这荆州能不能保住,还真不好说。"

刘道怜笑道:"是呀,三弟这些年在荆州确实辛苦了。听说三弟这次大破益州、后秦联军,桓氏余孽几乎无一脱逃,皆已死于乱军之中,想来荆州也该稳定些了。"

刘裕叹了一声:"的确如此。只是三弟密信并非向我表功的。只因日夜劳碌,三弟生了隐疾,身子一日不如一日,他唯恐再难担得起荆州重任,故而要我早些选派得力之人接替他的荆州刺史。"

刘道怜惊道:"三弟身子素来康健,又和大哥一般习了武功,究竟得了什么病,能让他无力掌管荆州?"

刘裕面有戚容:"还不是累的!从讨伐桓玄算起,道规自广陵起兵,先是随我杀进建康,后又与何无忌他们追击桓玄,湘州、江州、荆州,哪里没有他征战过的地方?守备荆州以来,局势又是瞬息万变,三弟殚精竭虑,有过一日歇息吗?叛军声势浩大,三弟又不敢让人知道他病了,只能硬撑着,不找郎中诊治。三弟也觉得他身子向来很好,忍一忍就扛过去了。直到叛军溃败,三弟才瞒着人找些名医看了看，也吃了不少药，却一直没有好转。若非他真撑不下去，他会把这事告诉我？指不定三弟的病情比他说的还要重些。我就怕……还是早些让他回来，在建康安心休养吧。"

刘道规是刘道怜的亲弟弟，他如何不担心，叹道："也只得如此了。"他忽然惊道，"大哥已答应把江州给刘毅了，若三弟回来，还有何人能在荆州制衡刘毅？"

刘裕沉默许久，显然还没有得力之人担得起这副担子。刘裕本就只有这两个弟弟，刘道怜去了北徐州，这荆州还真难找到合适的人。思来想去，倒想让刘敬宣去荆州看看。

刘道怜沉思许久，说道："大哥，你看刘遵考怎么样？我倒觉得遵考能接替三弟，这次为大哥谋求太尉和中书监，遵考也没少出力。"

刘裕愣了一下。刘遵考是刘裕族弟，自家人更让他放心些。可刘遵考虽有些才干，能被刘道怜举荐，自然也是手脚不干净。荆州在道规的治理下，好不容易人心归附，若是让刘遵考去，指不定又让他肆意敛财，闹得乱成什么样子呢。

这时，就听刘义真嚷嚷道："让他去做什么？父亲若实在没有信得过的人，还不如让儿子去荆州历练历练。三叔这些年在荆州威名赫赫，儿子也要学三叔建功立业，好为父亲分忧。"

刘裕看着刘义真信誓旦旦的模样，不由得失笑，假作生气，骂道："你个小娃娃胡说些什么？荆州责任重大，你才六岁多些，哪能管得住里里外外，当真不知天高地厚。哼！我看多半是你又想跑出去瞎闹，省得留在建康受人管束。"他瞧了瞧刘毅正往这边看来，时间也耽搁得久了些，匆匆说道："你们二叔要随我进宫，我这就找人送你哥儿俩回家去。都老老实实在家待着，若让我知道你们胡闹，小心我禁你们足。"

说罢，刘裕唤了十来个亲卫，吩咐一声，送刘义真、刘义隆回府。随后，刘裕一改面上的忧虑，笑呵呵地走下车来，在刘道怜的陪同下，拉着刘毅一起进宫去了。

以退为进

漫天的杨柳絮飘飘洒洒，仿若飞雪一般无边无际。只是飞雪总有些凄美，让人赏心悦目，杨柳絮只会扰得人烦闷不堪。闰四月的天气，本就热得透彻，这杨柳絮一搅扰，让人焦灼难安，那凄厉的唢呐声再一渲染，就越发使人抑郁。

刘道规府上人来人往，前来吊唁的宾客络绎不绝，刘义真、刘义隆兄弟几个，和诸多堂兄弟披麻戴孝，跪在一起，不时陪着哭上几声，再向宾客一一还礼。祭台上的牌位光鲜夺目，亮闪闪的金漆书写着朝廷的谥号。"南郡烈武公"数字，苍劲有力，彰显着刘道规一生的功绩，只是无论这谥号如何显赫，刘道规已驾鹤西去。

跪在最前面的，是刘道怜的次子刘义庆。刘道规享年四十有二，一直忙于军政，以至于没有子嗣。刘裕与刘道怜商量过后，不忍三弟就这样断了香火，遂将刘义庆过继了去，也好让刘道规后继有人。

守在灵前的孩子年岁都不算大，而刘道规这些年几乎一直镇守荆州，和这些孩子算不得亲近。只是刘道规的功绩时不时传入他们的耳中，孩子们对这个没见过几面的三叔，皆是心存敬畏。无论刘义庆心中有没有悲哀，此刻都是哭红了眼睛。

刘义隆不时望望刘义庆，再看看祭台上的牌位，心中当真五味杂陈。

父亲和二哥从江州还师已经一年有余，这短短一年当中，建康的局势可谓瞬息万变，到了今日依旧没有变得明朗。

父亲回来那天，在车上就和刘毅议定了不少大事，按说拜见过天子不久，两人说好的事就该见个分晓。谁知父亲的封拜一直磕磕绊绊，多是刘毅从中作梗。好在刘道怜与刘穆之准备还算充分，待过了三月，父亲总算被天子拜作太尉、中书监。而这时广州也有捷报传来，先是徐道覆被孟怀玉斩杀，后又有沈田子与孙处合围卢循，尽灭叛军。卢循穷途末路，总算耗尽了所有的运气，在绕道交州出海前被官军截住，走投无路，投海自尽。卢循终于伏法固然可喜，更让父亲高兴的是，领军南下的主帅刘藩几乎没抢到什么功劳。能剿灭卢循，皆在于孟怀玉、沈田子之力，卢循最后也没有落在刘藩手中。显然父亲以刘藩为帅，也是有所准备，岂会真让刘藩夺了这平叛首功？

只是刘毅虽然没能借刘藩挽回败军之辱，对江州的图谋终于如愿。一来父亲已经答应过刘毅，故而没有过度干扰。二来刘毅可没有一丝懈怠，紧锣密鼓，催办此事。父亲前脚拜作太尉、中书监，刘毅后脚便都督江州诸军事。刘毅得了江州，对北徐州可就没像先前答应得那么痛快，推三阻四，迟迟没个准话，气得二叔直骂刘毅出尔反尔。北徐州迟迟没有定论，这荆州可就不敢再有什么波澜，父亲只能把三叔回建康的时间一再往后推延。直到去年底，北徐州终于交到二叔手中，转过年来，三叔才算回到建康。

这样又耽搁了一年，三叔已是病入膏肓，父亲费尽心思为三叔诊治，还是无力回天。三叔回来没过一个月，就咽了气。

三叔对父亲来说，不但功不可没，也是无人可替。父亲伤心欲绝，亲自来操办三叔后事。二叔本已去了彭城赴任，闻讯也赶了回来，好送三叔最后一程。如今父亲已是朝中百官之首，且不说三叔对朝廷的功绩，单看父亲的面子，也让所有人都赶着来祭拜。三叔的后事倒是办得风光无限，可刘义隆想想父亲没了三叔，刘毅又是如此咄咄逼人，父亲日后想要压制住刘毅，可就难上加难了。

何况就在三叔刚刚从荆州回来时，刘毅便已得到风声，抢在父亲选定接任三叔的人选前，表奏朝廷，愿为朝廷守备西境，自请为荆州刺史。刘毅那些人显然图谋已久，就在朝上与父亲针锋相对。父亲猝不及防，唯有应下此事，毕竟父亲还没有合适的人选能与刘毅相提并论。谁知朝廷诏书下来的时候，不但授予刘毅荆州刺史，还加拜为卫将军，如此一来，刘毅虽在朝中远不及父亲，可在州郡的势力已与父亲不相伯仲了。荆州落入刘毅之手，使得刘毅再无后顾之忧，对父亲的威胁更大了。

三叔逝世后，父亲和二叔那些长辈便一直留在三叔府上，只是大多时间都在后堂说事，很少有时间来灵前陪祭。刘义隆也不知父亲他们在商量什么事，心中多了些不安，悄悄和二哥问了下，却也一头雾水。

这样的场合，就让一群半大小子在前面迎送宾客，未免有些不妥，前来祭拜的人自然悄声议论。父亲派了太尉府刑狱贼曹谢晦领着几个属官出来，代他在前面张罗丧事，才让议论平息。

刘义隆对谢晦不熟悉，只知父亲升任太尉后，以刘穆之为太尉司马，总揽府中诸事。随着父亲官职升迁，要处理的军政诸事一下子多了不少，父亲原有的属官可就有些不够了，遂在刘穆之的引荐下，征辟了不少士人入府，这谢晦就是刘穆之最为推崇的。

刘义隆看着忙忙碌碌的谢晦，悄悄向刘义真问道："二哥，这谢晦何德何能，会让父亲如此看重呢？虽说父亲他们在后堂议事分身无暇，可为三叔打理后事，招呼往来宾客，也不是小事，怎么没让刘穆之出来，而是让谢晦来呢？"

刘义真答道："父亲升任太尉前，这太尉的位子便一直空缺，听说陈年旧案的文书堆积如山。谢晦到了太尉府仅仅数日，便处理得干干净净，父亲惊异，故而自刘穆之以下，便以谢晦最受父亲器重。"

刘义隆道："如此说来，这谢晦倒真是有些本事。眼下三叔没了，父亲能多些谢晦这样的人辅佐，也是件好事。"

刘义真说道："其实谢晦能得父亲看重，还有些别的原因。"

刘义隆奇怪道："还有什么原因？"

刘义真悄声说道："这谢晦乃是谢安的曾侄孙，还曾是孟昶的中兵参军。刘毅如今拉拢不少士族与父亲为难，尤其那谢混与刘毅，很是亲近。这次刘毅能瞒着父亲，得了卫将军封拜，又从父亲这里生生抢走了荆州，多半就是谢混与郗僧施从中谋划。父亲对谢晦委以重任，就是想让谢家不要那样全力支持刘毅，以此分化支持刘毅的士族。除了谢晦，父亲还征辟了谢家的谢方明来太尉府，拜作太尉府长史。谢晦、谢方明肯为父亲效力，足见谢家对刘毅并不是一条心的。再加上谢晦曾是孟昶的亲信，而孟昶当年与父亲一起举事，父亲重用谢晦，这就使得当年一起举事的功臣对父亲多些亲近，免得他们和刘毅走得太近了。为三叔置办丧事这种场合，让谢晦出来主持，想也是父亲有意为之，好让人们知道，谢混一人支持刘毅，并不代表整个谢家都是刘毅死忠，也让他们不要对刘毅死心塌地。"

刘义隆惊叹道："二哥你懂得真多。"

刘义真一席话镇住了刘义隆，不由得扬扬得意。其实这些事也都是在刘道怜他们商讨时听到的，否则一个孩子怎么可能懂得刘裕对士族的拉拢？

刘义真故作深沉，说道："不仅是谢家，父亲对褚家也有意亲近。褚家原也是外戚，当年褚裒（póu）与桓温争权落在了下风，一蹶不振。这次讨平卢循，广州刺史空缺下来，父亲便表奏褚裒之孙褚裕之为广州刺史。再有江州刺史庾悦，被刘毅生生夺走大权，自然对刘毅恨得牙根痒痒，庾家就越发要支持父亲了。"

刘义真正显摆着，忽听大门口迎候的仆人高呼一声："卫将军刘毅入府吊唁！"

刘义真吓了一跳，正说着刘毅，刘毅就来了。刘义隆也很是惊异，三叔的丧事已经张罗了七八日，按说刘毅早就知道了，却迟迟没有现身，更没有派人来走走过场，足见刘毅与父亲的关系越发紧张，为何今日会亲来吊唁呢？

在灵前主事的谢晦显然也有些吃惊，一面使人去后面知会刘裕，一面匆匆迎到门前。

就见刘毅在谢混、郗僧施的陪同下，身着素服，面色凄然，一路哀号："道规，慢些走！"悲戚的声音经久不绝，扰得前来拜谒的宾客无不戚然。

待到了灵前，刘毅深深敬拜，取来祭文，哽咽颂道：

"南郡烈武公道规，起自微末，发于行伍，逐桓谦于江陵，破蜀虏于荆襄，秦寇汹汹，米贼猖虐，烈武公谈笑自若，挥手间群贼荡灭。恩威并施，人心诚悦，抚慰苍生，楚境清宁。国有贤臣如斯，天下何足定也！国有贤臣如斯，故国何足复也！国有贤臣如斯，天下太平何其近也！然苍天何其不公，毁我国家栋梁，任凭北虏叫嚣，江山残破如旧！苍天何其残虐，夺我贤臣道规，坐看狼烟不休，百姓生灵涂炭！假使借我阳寿十年，予我道规扫灭群贼，一统山河，我又何足惜哉！怎奈道规飘然西去，音容笑貌就此散于天际，呜呼哀哉，何日可再与道规指点江山，对酒当歌！"

无论是刘义真、刘义隆，还是到访宾客，谁不知刘毅如今与刘裕的关系到了怎样紧张的地步。今日刘毅来祭拜刘道规，只当他是碍于情面，实在躲不过去，才露个面。毕竟刘道规对国家的功绩放在那里，刘毅不来送送，终是说不过去的。谁知刘毅一番祭拜，当真痛彻心扉，倒让人没想到他竟会这样在意刘道规的离世。其实就连刘义真和刘义隆都知道，刘道规的病逝，最大的受益者不正是刘毅吗？若非刘道规走得那样仓促，以致刘裕甚至来不及准备，怎会让刘毅乘机把荆州抢了去？可从刘毅的祭拜来看，似乎真对刘道规有着深厚情谊。想想当年刘裕五人共举义事，讨伐桓玄，刘毅与刘道规就几乎一直共战沙场，无论从广陵起兵，还是三战江陵，二人与何无忌同生共死数场，或许真有些袍泽之情也未可知吧。

刘义隆感叹于刘毅对三叔既排斥又亲近的复杂感情，揣测或许这便是权势二字的厉害吧。若非争权，别说刘毅与三叔，就是与父亲，也能成为生死之交吧。

此时的刘义真，却又是另一番想法。这刘毅泪眼迷离，哭得肝肠寸断，当真演得一出好戏。刘毅能顺利夺走荆州，显然是谋划许久，只怕三叔刚刚离开荆州时，刘毅便已开始张罗起来。那时三叔仅仅是离开荆州，尚未解职，刘毅只恨三叔不能早死几日，哪会有什么真情实意？此时哭哭啼啼，看似在颂扬三叔功绩，实则暗中坐抬身价罢了。看看周围吊唁的宾客，对刘毅这番哭拜，哪个不是流露出些赞许来？

刘义真、刘义隆正这样各自想着，就见刘裕已经闻讯，在刘道怜、刘穆之众人的陪同下迎了出来。

"卫将军国事繁忙，今日竟来为道规送行，本公代三弟深谢卫将军厚意。"

刘毅擦了擦面上的泪痕，向刘裕拜道："道规为国鞠躬尽瘁，死而后已，我与他兄弟一场，自然是要来送送的。怎奈国事繁忙，一直不得闲暇，直到今日才能祭拜一番，聊表心中哀思。想想道规一生，不但战功卓著，更是两袖清风。荆州数年，秋毫无犯，回建康时，仅有小船一只，除此之外，再无余财。亲卫怜惜他身体，取来府中竹席，还被他鞭之于市。如此清正之人，竟就这样去了，如何不让人扼腕痛惜。"

刘毅说的是实话，刘道规的确是这样廉洁之人。只是刘毅说话的时候，不时看看陪在刘裕旁边的刘道怜，臊得他满面通红。

谁不知道刘道怜是个贪财之人，甚至有人开玩笑说刘道怜当年从彭城离开时，府库几乎都被他掏空了。如今刘道怜官拜北徐州刺史，再次镇守彭城。刘毅赞着刘道规，却瞅着刘道怜，当真让他有些下不来台。

刘毅暗讽刘道怜，刘裕如何不知？可刘裕真正能信得过的人当真不多，刘道规已经病逝，就越发要靠着刘道怜了。刘道怜虽说贪财些，可在一些大事上，还是拿捏得住的。刘裕怎好让刘道怜在众目睽睽下被刘毅如此挖苦，何况刘毅已经夺走了荆州，若是拿刘道怜贪财之事大做文章，对北徐州又起了心思，那可如何是好。

刘裕忙打岔道："三弟戛然而逝，本公也是伤痛难耐。卫将军既然来了，便请往后堂用茶吧。"

刘毅今天能来，显然不仅仅是为祭拜刘道规，说道："那就客随主便了。"

刘裕引了刘毅便往后堂走去，谢混和郗僧施自然不离左右。待从谢晦旁边走过时，谢混连看都未看一眼，仿若对这个族侄不相识一般。

刘义隆瞧在眼里，咂了咂舌，虽说各为其主，可这亲戚未免太生分了些吧。正这样想着，就听刘义真悄悄说道："义隆，我们也跟进去听听吧。"

刘义隆有些迟疑道："父亲让我们在这里为三叔守灵，我们偷偷进去，是不是不大好？"

刘义真却道："有这么多兄弟守在这里，三叔不会怪你我的。何况大哥一直陪父亲在后堂，都没来这里跪上一时三刻的，和他比起来，咱俩算是有孝心的了。再说了，你就不想知道刘毅今天来做什么吗？"

刘义真这样一说，刘义隆倒也好奇起来。趁着人们都瞧着父亲与刘毅离去的身影，没人注意守在灵前的孩子们，两人悄悄摸了出去。

待二人到了后堂，就见父亲与刘毅众人已分主客坐了，正有一句没一句地寒暄着。说来说去，无非是感叹天妒英才，三叔正值壮年，撒手人寰。两人听着无趣，有心走开，又怕错过些什么，就见老大刘义符正坐在一角，优哉游哉地喝着茶，吃着点心。

刘义真有些不高兴。同是父亲的孩子，也同样深得父亲宠爱，为何老大总是把他的架子放得更高些呢？刘义真小时候也去找刘义符玩过，他总是爱理不理的模样，让刘义真渐渐对他生出些成见来。待长大了些，刘义真渐渐明白过来，老大是父亲的长子，日后是要继承父亲爵禄官职的，相较之下，自己若无功绩，终究只是个白身，故而老大才会对自己刻意疏远，才好显示出他的尊贵来。这些日三叔丧事，族里的孩子几乎都在前面守灵，唯独刘义符躲在后堂不出来，就是想让所有人知道，他在刘家的身份和地位，只有他有资格陪着父亲与长辈共商大事，其他人只能留在外面做些苦差事。

刘义真拉着刘义隆来到后堂，虽是想听刘毅的用意，其实也想和老大一样留在后堂。不是刘义真想躲清闲，而是故意做给老大看。自己也是父亲的儿子，是头一个陪父亲上战场的儿子，他刘义符不过生得早了些，有什么好炫耀的？

刘义真见刘义符闲坐在那里，拉着刘义隆也坐了过去，伸手取来一碟枣泥云片糕，就和刘义隆分着吃了起来。

刘义符没好气地说道："你二人不在外面守灵，进来做什么？"

刘义隆听他的语气,知道他不想让二哥和自己留下来,放下糕点便想离去,可刘义真看都没看,只是望着刘毅那边,边吃边撇着嘴说道:"今日又跪了半晌,累死人了。哪像大哥你在这里如此悠闲,也让我们来休息休息吧。"

刘义隆见二哥不走,不好独自离去,也就坐着不动。就听刘义符催促道:"吃些点心就快些出去。父亲他们说的都是大事,料你二人也听不懂,别待在这里碍事。"

刘义真冷冷笑了笑,敷衍道:"知道了,知道了,别啰唆个没完。"话虽这样说,他依旧没有走的意思,把那盘云片糕丢在桌上,又换了盘水晶青团,递给刘义隆一个,自顾自地吃了起来。

刘义符见刘义真全然不听自己的话,有些恼火,有心发作,可父亲他们都在那边说话,只得忍了下来。

刘义真瞧着刘义符有气出不来的样子,暗自好笑,这时忽听二叔高声嚷道:"什么?卫将军太过分了些吧!荆州刺史已被你抢占了去,还想讨要督荆、宁、秦、雍四州军事?未免贪得无厌了些!"

刘义真兄弟三个被刘道怜这样大声嚷嚷给吓了一跳,全都望了过去,就见刘道怜气得面色通红,站起身来,正向刘毅质问。

却听刘毅笑呵呵地说道:"道怜这话说得未免有失分寸。荆州是朝廷的荆州,天子把这副担子交给我,是要我守备国土,抵御外患。怎能说是我抢去的?倒好似这荆州是你家的一般。"

被刘毅这样一呛,刘道怜知道自己失言,有怒发不出来,气鼓鼓地坐了下去。

就听刘毅向刘裕说道:"非是我刘某人贪权。太尉西征叛军,西境的情势应该比我熟悉。卢循那些乱党,原本是苟延残喘的小贼,偏居广州一隅,勉强活命,何故能趁着太尉北伐燕国之际兴风作浪,险些置朝廷于万劫不复之地?想想道规在荆州时孤身迎战群贼的窘境,即使是道规此等雄才,数次击退叛军,可也曾因为鲁宗之撤回襄阳,让荆州险些被叛军抢占了去。虽说道规终能保住荆州不失,可几场恶战,哪一次不是凶险至极?究其根源,还不是因为西境诸州无人总揽全局,以致一旦有乱党谋逆,朝廷无从调拨各州兵马围剿乱党,反而会被乱党逐一击破?"

刘毅话还未说完,刘穆之反驳道:"卫将军之言虽然有理,可太尉已经剿灭乱党,卢循身死族灭,如今江南太平,又何来乱党需要将这西境诸州交由一人督统?"

刘毅却话锋一转，笑道："太尉伐灭南燕，大涨我晋朝国威，听闻太尉围困南燕国都时，后秦曾有意派兵驰援，只因其国内生乱，匈奴铁弗部刘勃勃起兵，僭越称王国号为夏，数次击溃秦兵，这才让秦帝姚兴顾不得去管南燕的事。而太尉在攻破南燕国都后，已有意借秦国驰援南燕的举动为借口，继续向西用兵讨伐秦国，一鼓作气收复关中失地。怎奈卢循叛乱，生生逼得太尉匆匆撤还，终是与收复关中的壮举失之交臂。"

听刘毅这样一说，刘裕面上也有些失落，显然当日确有西征秦国的计划。

刘义真并不知父亲对秦国用兵的打算，也不懂刘毅为什么会突然说起这事来，忙放下手中的点心，不再去理刘义符，拉了刘义隆悄悄窜到二叔身后，想听得仔细些。

就听刘毅接着说道："所谓居安思危，太尉北伐燕国前，卢循本已归顺朝廷，可曾有人想到他会在那时作乱？我朝南迁建康已有近百年，这中原失地终是要收回来的。若他日太尉剑指秦魏，就不怕再有心怀叵测的小人，再次坏了太尉光复河山的大事？"

刘道怜白了一眼刘毅，悄声嘀咕道："若大哥再次北伐，最有可能作乱的便是你刘毅了。"

刘义真听到了刘道怜的话，也愤愤地向刘毅望去。不知刘毅是真没听见，还是故作不知，依旧说着自己的话："何况乱党谯纵，在桓玄之乱时乘机夺取益州，占据蜀地已有近八年。这些年来，谯纵扶植桓氏余孽，拉拢后秦兵马，时不时便来侵扰荆州、宁州，就算江南再无卢循这等乱党，也需有人都统西境诸州，抵御蜀兵侵扰。想想前车之鉴，唯恐以荆州一州之力难顾全西境诸州，这才觍着脸来与太尉商议，欲讨要督统四州之权，也好保西境太平无事。"

刘裕沉吟不语，显然对刘毅这番大义凛然之词难以信服。莫看刘毅面上对刘裕恭敬如初，可两人的隔阂早已深得没有转圜余地。刘毅的权势越来越重，对刘裕的威胁也越来越大。这次想把西境诸州的军权攥到手里，他究竟想做什么？想想建康中兴以来，朝廷便一直受长江上游镇将的威胁。好些的如庾亮之辈，仅仅是手握大权，不听朝廷调度罢了，恶些的如王敦、桓温，已领大军杀到了建康，最后更有桓玄直接改朝换代，登基称帝。刘毅如此看重西境军权，能说他没有什么心思吗？

刘毅见刘裕迟迟没有说话，说道："其实我这次来吊唁道规，除了与太尉商讨这些事，还是来向太尉辞行的。"

刘裕惊讶道："卫将军欲往何处？"

刘毅答道："既然天子已拜我为荆州刺史，那我也该赴任去了。只是想想卢循旧事，总觉得唯有总揽四州军事，才能放开手脚保全西境稳固。故而只等太尉应下此事，我便要离开建康了。"

此言一出，众人皆是一惊。刘毅这话，已是赤裸裸地用西境州郡大权来换取他离开建康了。如今刘毅在建康权势日增，竟想在这时离开权力中心，外出就藩，难道是因为刘裕已是百官之首，刘毅服了软，想要离开建康这块是非之地？还是说，刘毅知道西境诸州乃朝廷命门，只要掌控上游大权，便可以此威胁建康，从而另辟蹊径，以外制内，挟制刘裕和朝廷？再往坏处去想，难道刘毅已经起了恶念，欲效仿东晋建国以来的权臣，名为晋臣，实则划界而治？

众人各怀心思，有的忧虑，有的狐疑，刘裕却是放了心。刘毅留在建康一日，便让刘裕寝食难安。在谢混、郗僧施那些党羽谋划下，刘毅步步紧逼，对刘裕的威胁越来越大，让他继续留在京城，实在不是什么好事。刘毅自愿离开建康，对刘裕而言，当真是个好消息。

在刘裕看来，刘毅打什么主意，已是呼之欲出，不是想借兵权对自己取而代之，便是要以兵胁迫建康，甚至和桓玄一般谋朝篡位也未可知。只是无论刘毅想做什么，刘裕都无所惧。所谓此一时彼一时，当年那些权臣能借上游兵权威胁朝廷，不仅仅是因为上游占尽地利，更在于朝廷精锐几乎都集中在上游州郡。然而，这种一家独大的局面，随着谢安在京口筹建北府军，早已被打破。若非北府军前统帅刘牢之暗中降了桓玄，又岂会让桓玄杀进建康？虽然刘毅也是北府军出身，可只要他去了长江上游，与北府军的联系必定削弱不少，而刘裕手握北府军军权，又怎么会怕了刘毅？何况论起钩心斗角，结纳士族，或许刘裕远比不上刘毅，可若说起行军打仗，刘裕自问还无敌手，就算三个刘毅绑到一块儿，刘裕也能打得他全无招架之力。

刘裕故作挽留道："朝廷正是用人之际，卫将军却要离开建康，莫不是我有什么对不住的地方，让卫将军不想与我一起辅佐天子吗？"

刘毅却道："太尉多心了。朝廷虽然多事，可建康有太尉足矣。倒是道规离开荆州后，西境有些不稳，我着急赴任，也是想早些安抚州郡，好让太尉北伐中原时，能保西境稳固，再无后顾之忧。"

刘裕赞道："难得卫将军有此忧国忧民之心。既如此，我又怎好坏了卫将军忠君报国之心？那便准了卫将军所请，明日便一起进宫，表奏天子，以卫将军督统荆、宁、秦、雍四州军事。"

刘毅面露喜色，拜道："多谢太尉成全。"

刘道怜、刘穆之正想劝阻，刘裕却打断道："正如卫将军所言，为保江南稳定，这四州军权交由卫将军乃大势所趋。只是卫将军也知道，我素有收复中原之心，待忙过这一阵，也确有再次北伐的念头。豫州地处冲要，若能以此为根基，北伐必能事半功倍。故而我有心委屈卫将军，暂解豫州刺史之职交还朝廷，也好助我北伐一臂之力。"

以刘裕所想，江州、荆州皆已在刘毅手中，再多添他宁州、秦州、雍州军权，不过锦上添花而已。自己为三弟操办后事这些天来，与众人一直商讨如何制衡刘毅，而刘毅一直没有现身，又何曾不是在想怎样与自己夺权？今日看来，显然刘毅这些天是在谋划夺取四州军事。此时他敢把话挑明，其实已有了把握。倒不如真给了他，以此为条件，把豫州从他手里收回来。

刘毅脸上现出难色。虽然所辖豫州不大，仅仅是长江北岸巴掌大点儿的地盘，可那里是与北方强敌交锋所在，故而兵强马壮，乃是刘毅的根基，也是刘毅所掌北府军的中枢所在。刘裕想把豫州收回去，刘毅怎么可能愿意？可刘毅前面把话说得太漂亮，口口声声讨要四州军权是为了保护西境稳定，这豫州又与西境何干？故而刘裕索要豫州，当真是掐住了刘毅的命门，让他想拒绝也讲不出理来。

这时，一直站在刘毅身后的郗僧施忽然开了口，说道："太尉之言自然在理。守护西境责任重大，卫将军军政繁忙，无暇分身，确也有意辞让豫州，好专心西境之事。只是还有一事需与太尉商议。这次卢循叛乱虽已平定，然其影响远未结束。江州、荆州被乱党搅得天翻地覆，逃散的贼逆余孽也不是个小数，想要西境稳定如初，将那些贼逆清剿干净绝非易事。追溯乱党根源，乃起自广州，若想永除后患，自然需在交、广二州多下功夫。只是此二州并非卫将军统辖，就算卫将军能把荆州、江州清剿干净，可乱党一旦流窜回交、广，卫将军想要追讨，也是有心无力。若太尉能使卫将军再督交、广二州军事，那卫将军也能放心辞让豫州，专心守备西境了。"

郗僧施一席话，绕来绕去，无非想以豫州为筹码，交换交、广二州军权罢了。刘毅初时听得有些诧异，显然并不愿意放弃豫州。可又一想刘裕的话，若不交出豫州，只怕刘裕也不会那么容易把荆、宁、秦、雍四州军权交出来。倒不如依郗僧施所说，拿豫州去换交、广军权，更实在一些。何况虽然没了豫州，可兖州还在刘藩手中，刘毅依旧能在江北插下一个钉子。

刘毅遂说道："正是如此，还请太尉成全。"

刘裕还未开口，刘道怜的脸色已难看至极，若只是荆、宁、秦、雍四州军事，刘毅也不过掌控西线而已。可交、广二州在扬州以南，虽说二州兵马并不算强盛，可刘毅若连这二州也要了去，就让扬州西线、南线两面受其威胁了。

刘道怜冷笑连连，说道："卫将军的手伸得也太长了些。广州有孟怀玉、沈田子、孙处三将镇守，以他们的本事，连卢循都插翅难逃，何惧一些群龙无首的乱党余孽？卫将军拿这些无足轻重的乱党余孽说事，未免夸大其词、危言耸听，只怕心思可不在这些乱党余孽身上吧？"

刘毅脸色一变，说道："道怜这是什么话？五斗米教叛乱自孙恩时起，为祸十数年之久。当年孙恩搅得扬州大乱，待其死后，谁不是长舒了一口气，只当此事已算尘埃落定？可结果呢？未过数月，卢循便成了孙恩后继之人，其祸与孙恩相比，只怕还要厉害许多吧？如今卢循虽死，道怜你就敢断言乱党不会死灰复燃？除恶务尽！只要乱党余孽尚存，要说江南太平就是言之过早！我刘某要这交、广军权，无非是为剿灭乱党长远着想，可在道怜看来，似是我别有用心一般。"说着，刘毅向刘裕拜道："若太尉也是这般想的，那此事就此作罢。我刘某一心为国，却受人无端猜疑，还是留在建康，莫要去荆州了，省得让人说三道四。"

刘裕心中一股火噌噌往上冒。刘毅左右拿乱党余孽说事，可正如道怜所说，这不过是刘毅的借口而已。卢循能在孙恩后被乱党拥戴，在于卢循既是孙恩妹夫，又是孙恩心腹，才有那样的威望号令叛军。如今卢循一家老小无一脱逃，就连其心腹大将徐道覆也被斩杀，乱党中哪还有什么人能得残敌拥戴？故而刘裕对这些乱党余孽并不担心。只是刘毅拿追捕乱党余孽这个堂皇的借口索要军权，若刘裕不给，终是说不过去的。

在经历了司马国璠叛国后，始终有人对刘裕心存猜疑，这也是刘毅能暗中拉拢那么多士族的原因。若刘裕霸着军权不放，就更让那些人对刘裕放不下心。刘毅又善于结纳士人，再被他煽风点火，只会让更多的人站到刘毅那边去。

刘裕忽然有些醒悟过来，为何刘毅选在三弟丧事上来与自己商讨这些事情。外面人来人往，不是朝中大员，便是名门望族。无论他们知不知道刘毅与自己明争暗斗，刚才刘毅痛祭三弟的情形乃是有目共睹，这样一个有情有义之人，为国为家向刘裕讨取军权，若刘裕一口回绝了，只怕刘毅还没出这大门，外面就已传得沸沸扬扬了。

乱党余孽究竟对朝廷有没有威胁，实在无足轻重，关键在于刘裕对刘毅索取军权的态度。刘裕知道，刘毅如此毫无忌惮地索要权势，荆、宁、秦、雍兵权还没到手，就得寸进尺，追讨广、交军事，正是深知自己此时的窘境。一面大权在握，一面受人非议，如履薄冰，这就逼得刘裕不得不对刘毅让上三分。刘裕也知道，与刘毅迟早是要决裂的，可这争端由谁挑起，是大不相同的。刘裕和刘毅皆有中兴佐命之功，在朝野的威望不相上下，谁先撕破脸皮动了手，便会陷入不义境地，多年积累的声望转瞬崩塌，声名狼藉还如何总揽朝政？还如何号令三军？还如何得江南士族、百姓拥戴？刘裕思来想去，刘毅既然愿意放弃豫州交换交、广军权，自己也算不得吃了大亏，终是咽下这口怒气，决定答应刘毅所请。

刘裕强笑道："卫将军多虑了，何人不知卫将军为国之心？其实我也正为交、广二州发愁。卢循覆灭后，我已有意调孟怀玉、沈田子、孙处三将还师，好为北伐早做准备。怎奈交、广远离京师，民风彪悍，大军还师后，仅以刺史褚裕之只怕也难压得住当地豪族。卫将军既想挑起这副担子，正好解了我心头之忧。那便如卫将军所愿，待解去豫州刺史后，便加督交、广军事吧。"

听刘裕并未反对，刘毅不禁有些得意，显然他想要的都已得手，说道："既如此，待朝廷旨意下来，我便着手西行了。此去荆州，也不知何年才能回来，过些日我欲先去京口一趟，待祭奠罢先父，便往荆州去了。今日就算向太尉辞行了。刘某能得太尉如此厚爱，必不负朝廷和太尉所托，定保西境无虞。就此拜别了！"说罢，他起身环拜一圈，便要离去。

刘裕笑应一声，忙与众人送了刘毅离去。

见大人都出去了，刘义真骂了一句："这刘毅当真贪得无厌，要去了荆州、江州不说，又抢去了宁、秦、雍、交、广几州军权。父亲怎就容他这般放肆！"

刘义符哼了一声:"你懂什么!父亲算无遗策,如此忍让,必有他的道理。"

刘义真嘿嘿一笑:"弟弟愚钝,大哥倒是教教我呗!父亲明知刘毅不怀好意,何故刘毅想要什么,他就给什么,如此纵容,岂不是给自己树了个强敌吗?"

刘义符可猜不透父亲的心思,支支吾吾,说不出什么来。

刘义隆忽而说道:"我倒是听慧琳说过一个故事。"

一听故事,刘义真感兴趣了,忙说:"什么故事,说来听听!"

刘义符也很好奇,问道:"你这故事和父亲忍让刘毅有什么关系?"

刘义隆说道:"春秋时,郑庄公姬寤生,不得其母武姜宠爱,即使姬寤生继承郑国王位后,武姜依旧对他厌恶无比,唯有姬寤生的弟弟共叔段深得武姜喜爱。共叔段仗着母亲支持,贪得无厌地向姬寤生索取封地兵马,姬寤生无论共叔段的要求多么无理,都有求必应。共叔段掌控郑国大半疆土兵马,终是贪心不足,起兵造反。谁知隐忍多年的姬寤生,不鸣则已,一鸣惊人,还没等共叔段反应过来,便一举平定了叛乱,收回封地,处死了共叔段。其母武姜也被软禁,再也不得干涉朝政。"

刘义真惊道:"姬寤生倒是好手段,知道初登王位,拗不过大权在握的母亲,索性故意放纵弟弟,一来让共叔段掉以轻心,二来纵容他犯下谋反重罪,就是他母亲想要维护,也没了道理。"想了想,他说道,"你是说父亲也和姬寤生一般,故意纵容刘毅,便是让他也走共叔段的老路?"

刘义隆猜测道:"或许吧。慧琳说姬寤生的做法便是捧杀了。"

刘义符听得若有所悟,眼神中忽然对刘义隆多出一丝戒备。刘义符虽是刘裕长子,却还不是世子,故而这豫章公的爵位究竟能不能由刘义符继承,还言之过早。刘义符母亲张氏,自幼便告诫刘义符要小心几个弟弟,免得爵位让人抢了去。故而刘义符总是刻意疏远他们,又仗着老大的身份抬高自己的位置,好让人人都觉得自己才是父亲爵位最好的继承人。刘义符平日总觉得老二深得父亲喜爱,又陪父亲去过战场,是自己最大的威胁,此时听刘义隆讲了这样一个故事,不由得神色大变。老三这才几岁,竟有了这样的见识,让刘义符不得不对他也有了些戒心。

这时,刘裕已经送走了刘毅,在众人陪同下回来。就听刘道怜边走边骂:"刘毅真是得陇望蜀,大哥再这样忍让,我看这太尉过几天也要送给他了。"

刘裕面色也实在不大好看,听刘道怜这样一说,呵斥道:"你还是给我消停些,刚才和刘毅闹什么闹？我能不知道他的心思？只是刘毅与我共有克复之功，他又没犯什么过错，岂可轻易与他坏了关系？"

刘义真听父亲这样一说，看了一眼刘义隆。父亲不处置刘毅，看来真是在等刘毅犯错一般。这时，就听刘穆之说道："太尉能忍下刘毅如此放肆，确实不易。只是刘毅方才说想回趟京口，只怕也没那么简单。"

刘裕狐疑道："穆之这是何意？"

刘穆之说道："京口乃是北府军中枢。刘毅此去荆州，日后便与北府军疏远，难保他去京口不是与其旧部相会，也好在掌控西境后，在建康后面安插些眼线亲信。"

刘裕若有所思，说道："刘毅去京口的时候，我也去一趟，就说陪他一起去祭奠他的亡父，聊表兄弟之情，也算为他饯行。"

正说着话，忽有人从外面匆匆进来，刘裕看到后明显心情好了许多，迎了上去，笑道："我们新上任的左卫将军来了。"

来者乃是刘敬宣。就在刘毅官拜卫将军后，刘裕以刘敬宣平叛之功，表奏其为左卫将军。一来嘉奖其功，二来让刘敬宣做了刘毅副官，也好盯着刘毅一些。

刘敬宣面色不是很好看，才到跟前，就焦虑地说道："庾悦死了！"

刘裕难以置信，惊道："庾悦正值壮年，怎就突然死啦？"

刘敬宣叹了一声："自刘毅得了督江州军事后，借口江州处江南内地，应以治民富国为职责，不该再置军府徒耗民力，故而解去庾悦军职，吞并了江州兵马，还强逼庾悦把刺史府移去豫章安置。庾悦素来自视甚高，早些年一直不把刘毅放在眼里，如今被他这般排挤，哪里忍得下这口气？听说去了豫章后，整日郁郁寡欢，借酒浇愁。我方才得了江州消息，说庾悦背发恶疽，不治身亡。"

听闻此讯，刘裕愣在原地。虽说刘毅讨去督江州军事之权，可庾悦好歹还是江州刺史，只要庾悦在江州一日，刘裕就不担心刘毅能在江州只手遮天。谁知庾悦竟就这样死了，这就让刘裕对江州彻底失去控制。庾悦死得这般蹊跷，就算不是刘毅下的黑手，可刘毅竟不怕得罪了庾家，把庾悦逼到这个份儿上，未免太过分了些。刘毅才拿到江州军权没多久，已急不可耐排除异己，显然是在把他呼之欲出的图谋付诸行动，可刘裕偏偏对此不能做些什么。如今刘毅又讨去荆、宁、秦、雍、交、广军权……刘裕不禁有些后悔，刚才答应得有些仓促了。

正这样想着，就听刘敬宣忐忑说道："前几日，刘毅找我密谈过一回。只说他欲往荆州去，想委屈我做他的南蛮长史，问我肯不肯答应。太尉你也知道，刘毅对我成见颇深。我受太尉垂爱，拜作左卫将军，可刘毅怎会信任我？但凡商讨什么事，都是竭力避开我的。他岂会有什么好心，真想让我陪他一起去荆州？初听他那样一说，我只当他又是在调侃我。可今日得闻庾悦死讯，我如何能不忧心？方才我从外面进来，听人议论纷纷，说太尉已经答应刘毅总揽西境诸州军事，让我越发难安。刘毅心狠手辣，若真把我调去荆州，我这性命……非是刘敬宣贪生怕死，战死沙场、马革裹尸才是军人本色，若是像庾悦这般死得不明不白，我实在不甘心。"

听刘敬宣这样一说，刘裕心中咯噔一下。刘毅倒是把刚才的谈话传得够快，就怕自己后悔不肯予他那些兵权，前脚走出堂屋，后脚就把那些话传给前来吊唁的宾客知道。如今众人皆知自己答应了刘毅所请，想要食言也不可能了。至于刘毅想把刘敬宣调去荆州，只怕也不简单。想想刚才刘穆之说的话，刘毅往京口去，极有可能是与其北府军旧部见面。刘毅离开扬州后，与北府军疏远，虽说刘毅与刘敬宣关系并不好，也知道刘敬宣是自己的心腹，然而把刘敬宣调去荆州，绝非想害他性命，而是要把刘敬宣这个北府军前统帅的儿子握在手中，成为他拉拢北府军为其效力的牌面。

刘裕冷冷一笑。刘毅呀刘毅，你倒真要动手了！他转而对刘敬宣安抚道："敬宣宽心，有我在一日，岂会让刘毅对你不利？这荆州，你必是去不了的。"

刘义真在一旁看着父亲的脸色，从刘敬宣说起庾悦之死时变得极为难看，继而变得忧心忡忡，最后却豁然开朗起来。刘义真心中猜道："看来父亲已有对付刘毅的法子了。莫看刘毅咄咄逼人，只怕在父亲眼中，他刘毅已是个死人了。"

耳濡目染，少年郎心生贪念

刘义真急匆匆冲进府门，也不回后院，径直奔向父亲议政堂。府门前值守的卫士，早已习惯了二公子的风风火火，任其畅行无阻，哪有人去拦着他。省得惹他不高兴，被他事后捉弄。

刘义真近来往议政堂跑得很勤，每天在外面玩够了，回来便先去上一趟。当日在三叔的葬礼上，刘义真发现父亲对刘毅已有了防备之心，迟早与刘毅有一场大战。上次随父出征，刘义真更多是去瞧热闹的。亲眼看到战场的惨烈，让刘义真对战场生出了深深的厌恶。然而，年岁渐长，刘义真与老大的关系日渐疏远，让他朦胧中生出些别的念头。同样是父亲的儿子，刘义符凭什么就能承继父亲的一切？自己也深得父亲宠爱，又陪父亲上过战场，这与老大比起来，可是不一样的经历。眼下老大还不是世子，这就让刘义真有了争上一争的可能。故而刘义真不管对战场如何厌恶，只想在父亲征讨刘毅时可以继续随军，也好赢得父亲欢心。

如今刘毅已去荆州赴任了，只留了谢混在建康为其打探消息。这几日，刘毅忽然表奏朝廷，调其从弟刘藩去荆州任职。所有迹象都表明，与刘毅开战已是迫在眉睫的事情了。

刘义真气喘吁吁地跑到议政堂前，议政堂前的侍卫想要拦上一下，可刘义真理都不理，直接冲了进去。待到堂上，却发现父亲不在里面。转进了内室，也没有父亲踪迹。刘义真一屁股坐在榻上，懊悔不迭。难道父亲已经出征啦？

刘义真正在那里生着闷气，忽听外面传来父亲的声音："这会儿谁也不见，不准任何人进来。"似是对守在门前的侍卫说的。

那侍卫正想开口："二公子……"

话还没说完，就被父亲打断道："说了谁也不见，我与穆之有要事相商，谁也不见。"说完，他就不再理会，直接进了大堂。那侍卫只得把要说的话咽了下去。

刘义真正想跑出去，听父亲有机密之事和刘穆之商议。多半与出征有关吧？若被父亲知道自己躲在内室，让他轰了出去，还如何求父亲带自己出征？刘义真大气都不出一下，且先听听父亲说些什么，再去请战不迟。

就听父亲问道："事情都办妥当啦？"

刘穆之道："谢混、刘藩皆已处死。"

刘义真才听此事，就吃了一惊。未承想，父亲在这么短的时间里，便杀了谢混、刘藩。谢混是刘毅留在京城盯着父亲的，却没有丝毫抗拒之力便丢了性命，而刘藩还是刘毅特意请命朝廷调去荆州的，竟也这样死在了京城。父亲究竟使了怎样的手段，这其中又有何隐秘，会让父亲痛下杀手呢？

就听父亲复问道："可曾走漏消息？"

刘穆之答道："此次行事万分机密，诏书直接出自中书台，并未经过尚书台，就算是谢混也没听到什么风声。诏书到手后，我亲自领人直奔谢混和刘藩府中，将二人收押。在去大狱的途中，便将他们处死在马车上。也就寥寥数人知道他二人被朝廷收押之事，已被看管起来，更无人知道谢混、刘藩已死的消息。何况城门已经封闭，就算有人猜到一星半点儿，也绝无可能把这事传到荆州去。"

刘义真这才明白今日城门何故提早关闭，却是父亲要除掉谢混、刘藩。就听刘穆之接着说道："只是我已依太尉意思，拉了谢晦一起去办此事。事前并未告诉他实情，待把谢混收押，谢晦才一脸吃惊。我又让他对谢混下手，他却抵死不从，不得已只能由我来办了。谢家是不是还靠不住？"

刘裕沉吟一声，说道："我本想让谢晦杀了谢混，就此与刘毅划清界限，可谢晦倒也算谦谦君子，不忍对他族叔下死手，算是有情有义，这倒让我想起朱龄石来。当日我起兵讨伐桓玄时，征朱龄石为将。朱家曾受桓氏大恩，故而朱龄石不肯领兵与桓氏厮杀，我也未与他计较，只让他在后面看押辎重，算让他还了桓氏旧情。如今朱龄石已是一员良将，又感念我成就他忠义之名，故而忠心耿耿。我原以为只有习武之人才有这等义气，未承想谢晦一文弱书生，在生死富贵前也能有这血性。罢了，饶他这回，但愿谢晦也能和朱龄石一般，念着我的好，日后办起事来更尽心些。何况北府军起于谢安之手，如今已经杀了谢混，对其他人能网开一面，就不要再下杀手了，免得让北府军的将帅以为我刘裕为了权势，都不记着谢家的恩情了。"

刘穆之迟疑道："这几个月来，我奉太尉之命，将刘毅擅自吞并豫州兵马，又在荆州大肆排除异己之事透露出去，京师几乎人人皆知刘毅心存不轨，就算太尉起兵讨伐，也算师出有名。如今谢混、刘藩已死，与刘毅已撕破了脸皮，唯有一战而已。事前，太尉是听人自荆州传来消息，只说刘毅病重，才会在郗僧施的谏言下，急招刘藩去荆州，一旦刘毅病逝，也好由刘藩继任其位。故而太尉假意允诺刘毅之请，使刘藩入京拜别天子，却以天子诏书将刘藩及谢混处死。非是我不信太尉在荆州的眼线，只是此事事关重大，虽然我已按太尉之意杀了谢混、刘藩，可这荆州眼线的消息究竟可不可靠？"

刘义真在内室越听越是吃惊，忽然打了个冷战。父亲平日待几个儿子都是慈爱有加，自己犯错时，父亲总说要家法惩治，却多是吓唬几声，很少真动手。而身为武将，父亲待人处事也算彬彬有礼，对那刘毅更是再三忍让。然而，当父亲真要动手时，转瞬间仿若变了个人，雷厉风行，心狠手辣，只怕谢混、刘藩临死前都没明白是怎么回事。父亲翻起脸来，判若两人，究竟哪个才是真正的父亲呢？

刘义真正这样想着，就听父亲迟疑许久，终是对刘穆之说道："如今谢混、刘藩已死，此事告诉你也无妨。刘毅在荆州的举动，还有他病重的消息，都是毛修之密告于我的。"

刘穆之惊讶无比："毛修之？前益州刺史毛璩的侄儿？不是说毛璩死后，毛修之滞留荆州，辗转归附于刘毅吗？毛修之深得刘毅信任，为其掌控兵马，何故会投效太尉，传来这些机密之事呢？"

却听父亲说道："当年刘毅去荆州追剿桓氏，毛修之投效于他。只是毛氏与益州谯纵血海深仇，毛修之岂能不报？我曾先后两次准允毛修之领兵入蜀讨伐谯纵，虽然种种原因征蜀以失败告终，可毛修之还是感念我助其复仇。而刘毅待毛修之恩厚不假，可刘毅没把心思放在保家卫国上，只忙着向东争夺权势，如此一来，毛修之就不能西征复仇。再加上刘毅病重，能成事的机会着实渺茫，故而毛修之甘愿将刘毅机密报知于我。其实就算毛修之不说，我也知道，刘毅病重确属实情。刘毅身子一直不好，卢循叛军威胁建康时，我曾向刘毅求取救兵，刘毅便因生病不能及时南下。初时我只当他是拥兵自重，不肯奉我调命，事后也使人小心查访，刘毅当时确实病得不能行军。自他到了荆州后，身子一直没有痊愈。有这些消息佐证，毛修之密报必无差错。"

刘穆之沉吟一阵，说道："既然如此，事不宜迟，向荆州发兵还是抓紧些好。虽说谢混、刘藩之死尚未泄露，可拖上几日，难保不会让刘毅听到些风声。太尉还是趁着刘毅尚不知实情，尽早选派兵马西征。只是有一事，需要太尉仔细斟酌。刘毅毕竟也是北府军出身，在北府军中多有其旧故。当日刘毅离开建康，曾绕道去了京口，虽说太尉也陪着走了一遭，刘毅不敢明目张胆与其党羽相会，可难保刘毅没有收买人心。为求万无一失，这西征将帅还是少用北府军为妙。万一有人念着刘毅旧情，将谢混、刘藩之死传到荆州去，再把西征兵马军情告知刘毅，这讨伐刘毅可就胜败难料了。尤其刘粹，也是刘毅族弟，虽说这些年一直跟着太尉，可刘粹先前被刘毅举荐，出任江夏相驻守夏口。此事涉及他刘家荣辱，难保刘粹不会和刘毅一条心。出征前，是不是想办法先把刘粹从夏口调走，免得大军西进时被刘粹在夏口拦住。"

刘义真听到刘粹，骂了一句。当日刘义真偷偷跑去京口见三弟，就是刘粹密报于父亲，好在父亲没有责怪，否则刘义真可要挨顿揍了，故而刘义真对刘粹可没什么好印象。

刘裕笑道："不必担心刘粹。刘粹素不与刘毅同心，出任江夏相虽是刘毅举荐，却也是我首肯，刘粹必不负我。何况刘毅毕竟有功于朝廷，就算刘毅谋逆作乱，事后我也不好对刘家赶尽杀绝，正好善待刘粹，免得让人说我薄情。倒是这出征将帅，不知穆之有什么人可以举荐？"

刘穆之答道："方才太尉提到朱龄石，我对他有些了解。此人并非北府军出身，与刘毅没什么交情，这些年在军中倒也得力，确如太尉所见，是个难得良将，莫不如以他为将随军出征？"

刘裕说道："我也正有此意。此次征讨刘毅，我必是要亲征的，然而京师人多眼杂，只怕我前脚一走，后脚就有人透露消息去荆州，故而我还要在建康留上一阵。只要我在京师，刘毅便不会觉察我派兵去了荆州。因此我需选派先锋领军先行。朱龄石虽是个不错的人选，可毕竟久在江南，就算他不会泄露消息，可朱家与江南士族多有往来，难保其中不会有人觉察出些事情来。朱龄石还是留在中军与我同行为妙。待剿灭刘毅，我另有大事需朱龄石去做。至于这征讨荆州的先锋官，我倒是有个不错的人选，穆之你也参详参详。"

刘穆之道："不知太尉属意何人？"

刘裕道："你看参军王镇恶如何？"

刘义真对这王镇恶闻所未闻，不知究竟有何本事能让父亲委以重任，赶忙仔细去听。

就听刘穆之疑惑道："王镇恶乃是前秦宰相王猛之孙，当年苻坚淝水惨败后，王镇恶投奔我朝。王猛的确是难得一见的用兵奇才，竭力辅佐苻坚，让一个并不算强盛的秦国一统北方。若非王猛英年早逝，只怕淝水一战，胜败还真难说。可人常言将门无虎子，王镇恶虽是王猛之孙，却不善骑射，不过是个白面书生。这些年在江南也未见有什么过人之处，自被太尉征为参军以来，也就曾随太尉北伐燕国，却没有什么功绩。以这样一个人为先锋，是不是不大妥当？"

刘裕笑道："穆之这次是看走了眼。我与王镇恶数次深谈，其谋略当真让我叹为观止。北伐燕国，虽说王镇恶没什么功绩，可参议军事助我良多。至于这书生之谈，穆之你可知道，王猛本身也是个书生，而非武将，王镇恶所承继的正是其祖的谋略而已。若说王镇恶为什么迟迟不得建功，一来是我刻意压制他的求胜之心，以待他日不鸣则已，一鸣惊人。二来王镇恶自北方归来，与南方士族几乎没什么往来，故而也多少被人排挤着些。今日我欲以王镇恶为先锋，正是看中他北方降将的身份，因他久受别人排挤，才不会与刘毅的党羽有什么瓜葛，又因久不得志，这次出征荆州必然分外用心。"

刘穆之道："若真如此，这王镇恶倒是个不错的人选。"

刘裕嗯了一声，说道："还有一人，我也需他随军西征。宗室司马休之，在桓玄时便出任荆州刺史，听说他在荆州颇得民心。只因桓玄篡位，司马休之被桓氏逐出荆州，先后与刘敬宣一起流亡秦、魏、南燕，终与刘敬宣一起重回了江南。其实，三弟病逝时，我就有意以司马休之为荆州刺史的，只是被刘毅捷足先登。待我西征时，不若以朝廷旨意，罢黜刘毅荆州刺史、都督诸州军事之权，转以司马休之为荆州刺史，都督诸州军事之权一并给他。一来让刘毅没了朝廷封拜，起兵作乱更没了道理。二来以司马休之替代刘毅，也好收拢荆州人心，让刘毅众叛亲离。三来在司马国璠叛国后，不少人总疑我削弱宗室，这次我把西境诸州交给司马休之，总该让那些嚼舌头的人安静些了。"

刘穆之应了一声，就听刘裕接着说道："此外，待我出征后，把道怜从北徐州调回来，拜为青州、兖州刺史，镇守京口，接管刘藩兵权，以免刘藩旧部在我西征时作乱威胁建康。"

刘义真听闻此讯，不由得暗笑，心道："二叔好不容易谋了个北徐州刺史，还以为大权在握，富贵荣华手到擒来，可上任还不到一年，就又要调回来。虽说青州、兖州兵权不小，却远比不上北徐州富庶。二叔贪财如命，知道此事，还不气得冒烟才怪。"

就听刘穆之问道："魏国这几年休养生息，声势复起，虽说国主拓跋嗣极少对外用兵，可若是得知太尉西征荆州，北徐州空虚，难保不会乘机东侵。待刘道怜拜为青州、兖州刺史后，该由何人接任北徐州，也好防备魏国呢？而青州刺史是诸葛长民，若给了刘道怜，又该如何安置诸葛长民呢？"

刘裕叹了一声，显然满心失落。此时征讨刘毅乃是首要之事，虽说刘穆之镇守建康倒也放心，可京口是重中之重，尤其已经把刘藩杀了，只能招刘道怜回来镇守京口，免得刘藩旧部作乱。然而，北徐州是刘裕千辛万苦讨伐南燕所得，不到万不得已，刘裕也不肯放手。思来想去，他说道："转拜左卫将军刘敬宣为北青州刺史、冀州刺史，镇守广固。征讨刘毅乃是当务之急，如魏国当真敢来侵扰，刘敬宣能击退魏军固然好，若兵力不足，难以御敌，便以广固为界，守住北青州，就算丢些北徐州城池，也有机会夺回来。"

刘穆之还没说话，刘裕接着说道："至于诸葛长民，穆之先前就曾对我说过，刘毅守备建康时，与诸葛长民往来频繁。诸葛长民也是当年共讨桓玄举事之人，虽与我交情很好，可这几年疏远了些。为防西征刘毅时，诸葛长民有什么动作，我才解去他青州刺史之职，转交给道怜。眼下诸葛长民还在建康，就让他监太尉府留事吧。"

刘穆之忙说道："当日太尉西征卢循，便给了刘毅监太尉府留事的重权，以致刘毅尾大不掉。此时又给了诸葛长民，难保不会是日后的心腹大患。"

刘裕道："这就要穆之多费心了。诸葛长民毕竟是当年举义之人，有他的声望在，只要他不生乱，这京城必然稳固。这次我也要加穆之为建武将军，将建康军权交你调度，以防诸葛长民有什么妄动。不过穆之也无须太过忧心。诸葛长民不是刘毅，他既没有刘毅的谋略，也没有刘毅的心机，更没有刘毅的狠辣，素来优柔寡断。当年举义，三路兵马唯独诸葛长民失了手，足见诸葛长民成不了什么大事。待我西征后，穆之对他多加留意也便是了。"

刘穆之应了下来，刘裕说道："时候也不早了，出兵之事无须你来劳心，只需将这些人事调动早做准备，待我出征之日，便要所有人即刻赴任。军中将帅调派自有我来处置，兵马征派也不会选用京口、建康守军。天明之前，便使王镇恶往石头调取三千兵马先行。这些事务必守住机密，王镇恶一日未到荆州，这些事就不可使第三人知晓，穆之这便去忙吧。"

刘穆之应声离去。刘义真听外面没了声音，再也忍不住了，急慌慌地从内室跑了出来："父亲，孩儿也要随你去。"

刘裕还在想西征之事，忽听内室居然有人跑出来，当真吓了一跳，宝剑都已出鞘，却见是刘义真，不由得气得够呛。方才还在与刘穆之说此事务必机密，谁承想刘义真不知何时藏在里面听了个干净。

刘裕气得暴跳如雷，却又不能发作到儿子身上去，怒喝一声："门前是谁值守？"

刘义真见父亲如此生气，吓得哪还敢说话，就见刚才没能拦住刘义真的那个侍卫满脸惊惧，跪倒在地："小的刘乞，叩见太尉。"

刘裕怒道："你是大门前的石狮子吗？任由人进出本公议政堂，你倒是当得好差事。"

那刘乞何曾见过刘裕如此动怒，浑身一颤，小心奏道："小的知道议政堂是太尉府重地，不敢疏忽大意，从来未让外人随意进出。只是……只是二公子算不得外人，何况二公子平日也没少进出过议政堂，太尉未曾禁止过。故而小的……小的没敢拦住二公子。况且方才太尉回来时，小的也想告诉太尉的，可太尉没让我说……"

刘乞话还未说完，就被刘裕怒喝住："你还敢狡辩！议政堂乃本公处置军国大事所在，若无本公召见，何人有权入内？你玩忽职守，大杖五十，革去军籍，轰出府去！"

刘乞吓得抖似筛糠，连连叩头。平日里刘义真进出议政堂仿若家常便饭，刘裕都是有说有笑，何曾像今日这般动怒？明明是刘裕有气撒不出去，这才迁怒到刘乞身上。刘乞心知自己是平白受了牵连，也不敢反驳，只能连连哭求："小的未能尽职，罪该万死。太尉打我一百也是心甘情愿，只求太尉别把我轰走。小的自幼无父无母，本也是要饿死在路边的，是太尉把我捡回府来，救我一条性命，能被太尉选作侍卫，我只当是报效太尉恩情。若被太尉轰走，小的哪还有脸面活在世上？"

刘裕正在气头上，哪听得进刘乞的话？他喝令一声，便有执戟郎进来，扯了刘乞出去行刑。初时刘乞倒也忍得住打，未发一声。可十来杖下去，终是熬不住了，扯着嗓子凄厉地叫了起来。

刘义真还是头一次见父亲发这么大的火，想想自己冒冒失失听去父亲的机密军情，着实不应该。听着外面刘乞一声高过一声的惨叫，刘义真吓得哪敢再提让父亲领自己出征的事。

刘裕指着刘义真骂道："都怪我平日对你也太放纵了些，疏于管教，以致你今日这般没了规矩。你不学学你大哥和几个弟弟把心思放在学业上，整日四处瞎逛，游手好闲，今日还偷偷摸摸藏在议政堂上，听去这么多你不该知道的事，你是要气死我吗？"

刘义真听父亲提起老大来，心里一阵别扭。老大倒是装得老实，父亲在府中时，老大总是认认真真读书，可父亲离去后，老大不照样玩得不亦乐乎？说起斗鸡、走狗、樗蒲、赌戏，老大哪样比自己落下啦？只是父亲正在气头上，刘义真哪敢多话，只能老老实实听着，把头都快缩到肚子里去了。

提到刚才和刘穆之说的机密之事，刘裕硬是把嗓门压了下来，气冲冲接着骂道："我这么长时间谋划，只为除掉刘毅那个白眼狼，忍了多少气，受了多少罪，眼见刘毅已是砧板上的肉，你这小子倒也敢听这些事！万一泄露只言片语，我这么久的苦心全都白费了！你若不是我儿子，我先割了你的耳朵、舌头，丢到大牢去！"

虽说这是刘裕气头上的话，可刘义真想想父亲平日的慈爱和对谢混、刘藩的雷霆手段，刘义真就有些不寒而栗，扑通跪在地上，哭道："爹爹别割我耳朵、舌头，我再也不敢了。"

刘裕本还骂个不停，却听儿子这样一哭，不禁愣住了，这才觉得话说得重了些，火气稍稍退去不少。强压下最后那股邪火，质问道："我问你，你藏在内室做什么？"

刘义真哭道："儿子猜想父亲要去讨伐刘毅，担心父亲安危，还想陪父亲一起去沙场。回来得急了些，这才闯进议政堂来。无意听去了父亲机密，儿子知错了。可儿子嘴巴紧得很，上次雷池一战，儿子不就守口如瓶吗？若父亲不信，我再起誓便是。"

刘裕听刘义真提起西征卢循的旧事，还真给自己帮了些忙，心软了些，说道："算了算了，小孩子乱起什么誓。"

饶过了刘义真，刘裕才想起还有正事要忙，唤了一声，从外面进来几个亲随。刘裕从袖中取出一支蜡封木匣，交给他们，说道："速速去趟石头，将此信交给参军王镇恶。若有泄露，提头来见！"

那几人应声离去，刘裕转对刘义真说道："你说你还想跟我打仗去？"

刘义真连连点头："孩儿上次不能提刀上阵，今年又大了一岁，至少也能给父亲当个亲随了。"

刘裕苦笑一声："罢了，这几日你就留在议政堂吧，不得离开一步，省得你不知深浅，让别人听去些什么。待开拔之日，我带你走便是。"

刘义真本来见惹恼了父亲，哪还敢奢望出征之事，见父亲居然应允了，不由得眉开眼笑，想了想，又说道："父亲不如也带义隆去吧。上次我回来，义隆可羡慕得紧，连说要和我一起去战场见识见识。"

刘裕打断道："你省省吧。我还不知道你想些什么？上次在营中憋闷坏了，这次就想扯了义隆陪你解闷。你不务正业也就罢了，整日拉着义隆玩闹，别把他的学业也耽搁了。上次领你一个去营中，已让我忙不过来了，再带上义隆，你当我是去过家家吗？还如何领兵打仗？你若是嫌营中苦闷，那就给我老老实实待在议政堂，等我剿灭了刘毅，回师之日，再放你出来！"

刘义真吓了一跳。上次讨伐卢循前前后后大半年，若真把自己关在议政堂这么长时间，不疯了才怪。他忙求饶道："儿子不敢了，不敢了。就我一个人去还不行吗？"

刘裕嗯了一声，就不再多话，正对着军图去想西征之事。外面刘乞的声音已经越来越小，不知是不是昏死过去。这时，刘义真小心说道："父亲就饶了这侍卫吧，其实他不让我进来的，可我没听他的。"

刘裕回身看了看刘义真，说道："你倒还有些担当。五十杖也该让他知道轻重了，就不赶他出府了。只是这守卫议政堂还是要不得他的，也给其他侍卫提个醒，省得他们怠慢了军纪。你也给我记住了，过去你还是个孩子，我就不多怪你了，可如今你也上过战场，算个男人了，再敢乱闯乱进，那打在刘乞身上的杖子就该落在你的屁股上了。"

刘义真吓得吐了吐舌头，就听刘裕接着说道："既然你替刘乞求了情，刘乞也是因你受罚，日后就让他留在你身边做个亲随吧。方才在气头上，这会儿我也依稀有些印象，这刘乞好像的确是北方逃难来的，被我捡回来时，也就你这般年纪，和父亲一样，都是苦命人出身。你可别当了几年公子，就像那些纨绔子弟一样，欺负了这些下人。"

刘义真连连答应，心中欢喜。虽然刘乞是犯了事被父亲从身边赶走的，可是父亲给自己配了亲随，这待遇只怕老大也没有吧？他心中不由得憧憬起来。

弹指间强敌湮灭，谋权术隐忧暗生

刘义真窝在船舱里，直挺挺地躺在榻上，望着晃来晃去的舱顶直犯困。

西征刘毅，刘义真如愿随军。只是无意听见那么多机密，故而出发前他一直被困在议政堂。直到朝里朝外不少人的官职几乎在同一日进行了更替，而父亲又请奏天子，将刘毅谋逆之状昭告天下，褫夺刘毅所有官爵，这才征调各路兵马，自建康向荆州进发。

刘义真都没时间向母亲辞行，也来不及和义隆告别，就直接和父亲一起坐了车驾，连夜出城上了船。登船后也不准出来，一直关在舱内，简直和囚犯无异。刘义真一肚子不乐意，却也无可奈何。谁让自己散漫惯了，偷偷听了父亲说话。若是别人藏在内室让抓个正着，只怕这会儿都掉了脑袋吧？

刘义真叹了一声，早知随军出征会被父亲禁足，还不如关在议政堂里，好歹比船舱宽敞些，想要吃的玩的，使人送来便好，哪会像现在这般，简直要憋疯了。

刘义真正这样想着，舱门忽然开了，一个侍卫一瘸一拐走了进来，笑道："二公子，吃饭了。小的今日钓了条江鱼，给二公子添个菜。"

那侍卫正是受刘义真牵连，无故挨了五十军棍的刘乞。刘乞本要被赶出将军府去，得知是刘义真替自己说了话，不禁感激涕零。一听刘义真要随军出征，也顾不得被打得皮开肉绽的屁股，忙跟了出来。虽说刘义真被禁了足，可刘乞不知实情，故能在船上来去自如。这些日来，刘乞尽心伺候刘义真，聊表感激之情。

刘义真又叹了一声，问道："江上风大浪大，如何钓得到鱼？你莫诓我，这鱼多是伙房备着的吧。"

刘乞笑道："小的哪敢骗二公子。的确是钓来的。虽说江中水深，可用对了饵，照样钓得到鱼。伙房备的无非草鱼、鲤鱼，又多用盐腌过，一尝便知。哪有这种鱼？"

刘义真慵懒地站起来，往那盘中望去，就见一条白花花的江豚正冒着热气。

刘义真奇道:"没想到你还有这本事。江豚本就少见,竟让你钓上来?可要教教我,如何在江上钓鱼。"

刘乞嘿嘿笑道:"小的年少时四处流浪,若没些本事,早就饿死了。公子觉得有趣,小的把那饵料的法子告诉你便是。"

刘义真哦了一声。多日未吃鲜鱼,刘义真正有些嘴馋,取了筷子挑起一块蒜瓣样的白肉塞进嘴里,只觉满口生香,赞道:"这厨子倒是好手艺,一条鱼能蒸出这滋味来,当真难得。"

刘乞笑道:"这鱼也是小的蒸的。江豚肉嫩,若是水煮、红烧,多是浪费了,唯有清蒸方能调出鲜味来。二公子喜欢,小的就算没白忙。"

刘义真一阵惊讶,也不多话,只顾夹鱼吃。一条十来斤的大鱼,竟被他吃了大半。待刘义真满足地拍了拍肚子,赞道:"没想到你做东西也这般好吃。上次随军,那饭食哪是人吃的。这次有你陪着,好歹不会亏了嘴巴。"

刘乞笑了笑:"二公子贵人多忘事,其实上次我便在帅帐前伺候。只是身份卑微,哪有资格给二公子做饭吃。"

刘义真仔细看了看刘乞。那日在雷池大营帅帐里发现江陵军牒后,一路跟来送伞的侍卫似乎就是这刘乞。刘义真惊讶道:"竟是你呀!"

刘乞见刘义真想起了自己,笑道:"也是小的造化,能追随公子左右,鞍前马后,必报公子恩德。"

刘义真笑了笑:"好!好!只要你办事得力,少不得你好处。"他转而叹道,"吃倒是吃饱了,却又无趣得很。虽说这次好歹拿了副樗蒲,可一个人耍当真闷死了。对了,你可会樗蒲?"

刘乞笑道:"会倒是会,就是玩得不好。"

刘义真大喜,把那剩鱼推去一边,拿了樗蒲出来,说道:"陪我玩上几局。我也不欺负你,便让你先来投子吧。"

刘乞老老实实应命,随手一丢,五个投子齐刷刷一面黑,竟是个"卢"彩。

刘义真瞠目结舌:"这……你真不会玩?"

刘乞讪讪笑道:"其实这'卢'彩、'雉'彩并不难投,几个手指攥对角度,腕力使准了,还是蛮容易的。"

刘义真一好吃,二好玩,没想到刘乞竟这般对自己喜好,不由得大喜:"快教教我！快教教我！"

刘乞如何能不依，便将自己那点儿本事全都使了出来。刘义真边看边学，忙得不亦乐乎，哪还会觉得闷了。

正在这时，忽有一阵烟火味飘了进来，刘义真一个激灵："走水啦？"

刘乞护在前面："小的这就去看看。"待打开舱门，便见不远处的江面上，一片战船正烧得猛烈，冲天的黑烟滚滚而来，难怪有这么大味道。

刘义真忽想起雷池一战的火攻叛军，一阵恶心。便见那火势冲天，也不知是不是和叛军打起来了。刘义真顾不得父亲禁令，忙从舱中走出来，看看发生何事。

待到了舱外，就见并无两军交锋。着火的似是一处军营水寨，寨中士卒早已逃得干净，仅剩数百条大小船只烧个不停。

刘义真知道父亲早已使参军王镇恶为先锋，那处水寨难道是王镇恶所破？可先锋兵马不见踪迹，又是去了哪里？刘义真正在疑惑，抬头一瞧，便见父亲正在楼船上面。刘义真心中一慌，就想回舱去，却见父亲已经发现了自己，招了招手让自己上去。

刘义真心中忐忑，到了父亲身边，见父亲面色很是轻松，显然心情正好，这才稍稍放下心来。就听父亲问道："这些日憋坏了吧？"

刘义真嘿嘿笑了声："还好还好。"

刘裕假作生气，说道："就是让你长长记性，以后知道些规矩。"

刘义真连连点头："儿子知道了，知道了。"

刘裕"嗯"了一声："王镇恶有些本事，昨日有使者传来他的军牒。这家伙从石头出发后，诈称是刘藩兵马，受朝廷旨意往江陵去的。刘毅本就招刘藩去身边以备万一，故而王镇恶一路西行，敌军居然无人怀疑，任由他畅行无阻。我原本命王镇恶为先锋，他若能毁去敌军水师大营便算他大功一件。可王镇恶到了水寨，见敌军并未识破，胆子也真够大的，直接绕过水寨继续向江陵进发。待行了数十里路，才分遣人马偷摸回来，放火烧了敌军水营。就算有敌军跑出去往江陵报信，也决然快不过王镇恶了，指不定此刻王镇恶都已杀到江陵城了。我本对王镇恶的军牒还有些不大相信，可今日看到敌军水师果然已被焚毁，看来王镇恶当真得手。既然敌军水师已灭，就不用再遮遮掩掩的。你知道的机密已无足轻重，今日起就不用禁足了。"

刘义真欢呼雀跃，继而对王镇恶好奇起来。听父亲说，王镇恶不过是个书生，居然瞒天过海，轻易毁去了刘毅水师，着实让人心惊。

刘义真正这样想着，却听旁边有人哼了一声："叛军无能，侥幸让王镇恶得手罢了。他这般不顾大军安危，若被叛军察觉异状，封锁水路，前锋进不能进、退不能退，不但陷于死地，更坏了太尉平叛大事。依我看，即使王镇恶焚毁敌军水营，也不能算他有功。太尉将令命其攻取敌军水营，他却贪功冒进，直奔江陵。以区区三千人马，就胆大包天，妄图攻破坚城，王镇恶一人生死无足轻重，害我三千精锐为其殉葬便是大罪。何况前锋失利，必然有损军威，还请太尉速速派人将他截住，免得打草惊蛇，让刘毅早早防备起来。"

刘义真向那人望去，原来是远征广州，毁去卢循叛军巢穴的大将沈田子。虽然父亲早已调孙处、沈田子、孟怀玉回师，可沈田子此时出现在中军，还是让刘义真有些意外。那日父亲与刘穆之商议，征讨荆州时，为防北府军有刘毅的耳目通风报信，故而不用北府军旧将。沈田子身为北府军将帅，何故会出现在征讨荆州的大军当中？刘义真再向旁边一看，除了那个朱龄石，刘钟、檀韶、蒯恩、孟怀玉、胡藩这些北府军将军居然都在。

刘义真细细一想，似乎明白了些。虽说父亲以王镇恶为先锋，所选兵马也出自石头大营，极力避免惊扰北府军，免得走漏消息。可父亲本身就是北府军出身，他麾下最为善战的也是北府军，若是平叛大军从州郡那些府兵抽调人马，且不说能不能使得动那些隶属士族豪门的私兵，只怕他们的嘴巴比北府军更不严些。故而平叛大军左右是绕不开北府军的。父亲所能做的，不过是在选派前锋时不用北府军将帅，兵马也不从刘毅曾去过的京口调派，而中军则依旧要以北府军为主，这些北府军的将军自然也都随军出征了。至于最终能不能瞒住刘毅，还真是有些看天命了。故而沈田子之言不无道理，万一敌军得了密报，那王镇恶非但不能攻破敌军水寨，反倒要陷于夹击中了。

只是沈田子虽说得有理，却隐隐流露出些怨气，刘义真忽然有些反应过来。父亲征讨刘毅，出于机密，故而先锋未选用北府军旧将，虽然不得已将他们调来中军，可为防走漏消息，只怕没见到刘毅水师覆没前，沈田子他们都还不知此次出兵的实情，还当是如父亲宣扬的那样，此次出兵是去北伐秦国呢。这些将军追随父亲多年，却被父亲如此防备，心中怎会没有一丝不满？但父亲毕竟贵为太尉，又是他们的统帅，纵有万般不甘，也只能咽下这口怨气。只是王镇恶何德何能，居然能与他们争功？故而沈田子唯有把气都撒到王镇恶身上了。

刘裕笑道："王镇恶兵行险着，得此大胜，便是他的能耐。当日遣孙处与你奇袭广州，不也是惊险无比，大破卢循残兵？本公知道你这样针对王镇恶，皆因我瞒着征讨刘毅不说，故而有些怨气。你们都跟随本公多年，就算事前告诉你们了，我刘裕也敢拍胸脯说，你们绝不会走漏消息。只是刘毅虽恶，可他手下那些兵将何罪？都是北府军出来的兄弟，你就忍心在沙场上刀兵相向？若是让你沈田子做这先锋，你能对往日的袍泽兄弟下得了手？坏了他们性命，日后回到京口，你就不怕让人戳脊梁骨，说你沈田子为了升官发财，连兄弟们的头都砍来算了军功？本公让王镇恶去做这先锋，也是省得你们难做。好在王镇恶还算机敏，破了刘毅水寨，又没杀伤多少兵马，也算手下留情，没有坏了北府军兄弟的情谊。"

听刘裕这样一说，沈田子众将面色好了许多，这时檀韶却说道："我等从军时起，便已追随太尉，就算太尉让我们去死，也是心甘情愿。何况讨伐刘毅本就该严守机密，纵是太尉瞒着我们，我们又怎会有丝毫怨言？只是王镇恶无名之辈，能得太尉赏识领兵出征，就该老老实实做好他该做的事。可他呢？把太尉将令当儿戏，更拿三千兄弟性命当赌注，好换他的荣华富贵。这样的人，能用这一次，侥幸得胜也便罢了，日后还是莫再使他领兵了。刚有些小功，便已无视太尉将令，若再让他胜上几回，只怕太尉也难管得住他了。"

刘钟也说道："依末将来看，能攻破水寨，哪是他王镇恶的功劳？虽说末将并不知这次出征实情，可从太尉数月来的部署看，刘毅还未开战便已必败无疑。太尉对刘毅那般忍让，早已让刘毅上下生出骄纵之心，别说刘毅想不到，就是我们也没料到太尉会突然向荆州下手。刚才太尉也说了，刘毅病重，欲调刘藩去做他的副手，只怕叛军早已人心惶惶，听闻王镇恶诈称刘藩兵马，哪会有人去猜真假，这才让王镇恶得了便宜。再往长远些说，如今刘藩已被太尉处死于建康，刘毅没了退路，叛军若是得知此事，只怕更会乱上加乱。王镇恶正是察觉了这些，才会不等太尉中军，擅自杀去了江陵。在我看来，王镇恶倒也有攻破江陵的成算，只不过这首功并非王镇恶，而是太尉庙算在前，占尽先机。刘毅步步失利，焉有不败之理？"

刘义真听刘钟一分析，也觉刘毅本就必败无疑，王镇恶不过捡个便宜而已。

而沈田子听王镇恶真有可能攻破江陵，着急说道："无论王镇恶能否得手，此人不从将令便是大罪，太尉还是速速派人拦下他吧！即使已经来不及，中军也该速速跟进，省得王镇恶攻城不利，中军也好早早接手他的烂摊子。"

刘义真不由得暗笑。沈田子这些宿将，虽然不怪父亲瞒着他们出兵的实情，可被王镇恶一个白面书生抢了风头，怎会甘心？沈田子催促父亲拦下王镇恶，分明是不想多了一个争功之人。

刘义真虽察觉了沈田子对王镇恶的不满，可听了沈田子他们的话语，也对王镇恶多出一丝成见。刘义真自幼与北府军相熟，尤其刘钟、檀韶更是老熟人，这就让刘义真更信北府军旧将的话，而王镇恶不从父亲将令，让刘义真对他多了些不满。

刘义真向父亲望去，便见他已没了刚才的笑意，眉头微皱，似乎也有些忧虑。这时，有艘艨艟小艇匆匆驶近，一个斥候奔上楼船，奏道："卑职已探到先锋大军踪迹，只是……"

那斥候一脸难以置信的模样，刘裕心中一惊："只是什么？难道王镇恶出事啦？"

那斥候着急说道："卑职前行五十里，探到前军水师。百艘大船一艘不少，尽泊在江中。"

沈田子听前锋还未到江陵，长舒了一口气，说道："王镇恶还有些自知之明，想用三千人马去攻江陵，未免异想天开，还是老老实实等太尉中军到了，才继续进军，免得在江陵吃了败仗，惹人笑话。"

却听那斥候接着说道："虽说水师战船都在，却太过怪异了些。"

刘裕忙问："这是何意？"

斥候道："卑职远远瞧见船上旗帜鲜明，却不见有人出入。待离得近些，便见船上空无一人。卑职原想靠上前去仔细查探，却远远看见水师一侧岸上，插着不少旗帜。卑职只当先锋大军弃船登岸，可左右望了半天，岸上也见不到几个人影。卑职本想登岸去瞧，却又怕是前锋败于叛军，此乃刘毅诡计。然而等了许久，既没有看到我军将士，也没见到半个敌兵。卑职不敢大意，只得匆匆回来报奏此事。"

刘义真听得一阵吃惊，常听人说江河湖海有水怪作祟，难道说王镇恶连同三千将士都被妖怪捉去吃啦？便见刘钟、檀韶也是面面相觑，唯有沈田子愤愤说道："前军水师成了这般模样，十有八九是王镇恶惨败，唯恐被太尉惩治，故而弃军逃了吧。"

刘裕沉思一阵，哼哼笑道："这必是王镇恶疑兵之计，虚张声势让刘毅误以为我大军已至，逼得刘毅不敢分兵抄王镇恶后路，他才好有恃无恐地强攻江陵。既然王镇恶敢如此布局，想来这会儿已经到了江陵吧。"

沈田子听王镇恶很有可能已到了江陵，脸色变得愈发难看。众人各怀心思，一阵沉默。

刘裕说道："且不论王镇恶是否已经到了江陵，也不论前军水师停滞不前是何缘由，中军皆当加快进军，先赶到江陵再做计较。三日为限，迟缓者军法处置。再使人去告知荆州刺史司马休之，不是总听人说他在荆州时颇得人望吗？那今日便使出他的手段来，招纳昔日故旧，分化西境州郡，就此扰乱江陵人心，若能兵不血刃收复江陵，自然最好，若是不能，借此分化刘毅部众也算大功一件。"刘裕重用司马休之，有三个原因：一来是借司马休之宗室之名打消朝野对他的猜疑；二来司马休之曾经牧守荆州，很有人望，故而攻心为上，以此分化刘毅部众；三来司马休之与刘敬宣很是亲近，既然没有更合适的人选，自然也只有用司马休之了。

沈田子众将奉命，便要各回舰船催动兵马加速行军。却见又有一小艇急速顺江而下，靠到帅船跟前。便听那船上使者高呼："捷报！捷报！振武将军攻破江陵！"刘裕一下子站起身来，神情变得很是复杂，似乎早已猜到王镇恶必能攻破江陵，却又觉得有些不可思议。待那使者近了，刘裕三两步上去，一把夺来军牒便看。良久，他哈哈笑了一声："人言将门无虎子，今日倒是让本公知道将门有将啊！"

檀韶吃惊道："王镇恶果真攻破了江陵？"

刘裕随手将那军牒递给檀韶，转而向那使者问道："军牒上说，王镇恶诈称刘藩兵马，这一路赶去江陵就没有人生疑吗？江陵又是坚城，王镇恶仅有三千兵马，究竟是如何攻破城池的？"

那使者兴奋地说道："振武将军绕过敌军水寨，弃船登岸。使战船留于江中，再于岸边多张旗帜。又约定时辰，待兵马临近江陵后便大张旗鼓，使人以为有大军跟进。随后，振武将军亲引三千兵马，昼夜行军，赶赴江陵。沿途多有敌军查问，振武将军只说是刘藩受命往江陵去的。待到城外五六里处，有刘毅大将朱显之出城巡查，拦下兵马，不使前行，振武将军只说刘藩在大军后面押阵，诓朱显之去后面找寻，随后只管向江陵进发。朱显之到了后军，并未找到刘藩，才知有诈，舍了兵马，便想赶回江陵报警。振武将军几乎是追着朱显之的尾巴一起冲进城去的。"

沈田子急不可耐地追问道："就算王镇恶以诡计赚进城去，可他区区三千人马，江陵却是刘毅贼巢，守军少说也有三万，王镇恶一个读书人，怎有那本事杀退敌军？这军牒是否夸大其词？王镇恶果真攻破江陵？"

那使者看了看沈田子，撇撇嘴道："军法岂是儿戏，哪有没打胜仗就敢乱写捷报的？振武将军确已攻破江陵。这位将军，您别看振武将军是个书生，却也和将士一起冲锋陷阵，身上连中五箭也没有一丝退缩，着实让将士们刮目相看。"

刘裕说道："那你说说，王镇恶是如何击溃叛军的？"

使者这才说道："振武将军杀进江陵城后，刘毅亲领兵马阻截官兵。振武将军一面将罢黜刘毅的旨意传告内外，一面将赦免军士的檄文四处宣扬。叛军本就是朝廷将士，又多有北府军旧部，虽被刘毅蒙蔽一时，可知道朝廷已把刘毅归为乱党后，自然不愿随他作乱。振武将军又声称太尉已至城外，破城只在朝夕，弃甲归降还能免罪，顽抗下去唯有死路一条。举国上下，谁不知太尉用兵的手段？眼见城门已破，官兵冲进城来，叛军只当是太尉在城外调度兵马，故而早已军心涣散。振武将军势如破竹，很快杀得刘毅退守内城。振武将军又使城外军士隔墙喊话，只说北府军岂有自相残杀的道理。叛军越发混乱，跳墙出来投诚的不计其数。刘毅恼羞成怒，使其勇将赵蔡出城迎战，可还未杀到振武将军面前，其兵马已经逃散一空，赵蔡也在乱军之中被杀了。"

刘裕连连赞叹："王镇恶这仗打得漂亮。刘毅人心离散，想必是有人开了内城城门，放了王镇恶进去吧？还是说有人擒了刘毅，献城归降？"

刘义真听父亲这样一说，忽而想起毛修之来。父亲曾言毛修之身为刘毅大将，实则暗中效力于他，先前就送来不少机密军情，使得叛军处处受制。如今赵蔡已死，毛修之大可擒拿刘毅，结束这场无端的战事。

谁知那使者答道："并无人献城归降。赵蔡死后，内城逃出来的军士越来越多，剩下的守军不足千人。只是那些人几乎都是刘毅死忠，无不死战到底。尤其守将毛修之，简直是杀红了眼，好几次有死士冲上城头，硬是被他赶了回来。"

刘裕眉头一皱。先前毛修之便言刘毅病重，以至于需调刘藩去荆州防备不测。

谁知刘毅居然还能领兵迎敌,而毛修之又死守城池。莫非其中有诈?他追问道:"叛军负隅顽抗,王镇恶又是如何攻破内城的?"

使者答道:"振武将军眼见天色已晚,再攻下去,只怕伤了自己人,故而引兵暂退,设下伏兵,仅在南面开个口子。刘毅在夜半领三百死士突围,也不知是不是看出振武将军的布局,并未走南路,而是向北杀去。内城没了刘毅,再也挡不住官兵,振武将军随即杀进内城,江陵就此光复。"

听刘毅居然逃了出去,刘裕一下子站了起来,着急问道:"刘毅就这样逃啦?"

使者忙答道:"刘毅虽逃出重围,却终是自尽而亡。"

刘裕听刘毅死了,放下心来,可脸上不自觉地抽了一下。虽说两人势如水火,可毕竟生死与共一回,如今故人已死,新仇旧怨一笔勾销,剩下的唯有一丝昔日的情谊。

刘裕坐了下来,仿若无形的压力一下子散去,良久问道:"刘毅既然已经突围,为何要自尽呢?"

使者答道:"振武将军攻破内城后,分派兵马向北追捕,可都到了天色大亮,也未见到刘毅踪迹。振武将军正恼怒不已,却有个和尚,说是牛牧寺的僧人,知道刘毅的去向。振武将军领兵随那僧人去了牛牧寺,便见刘毅已自缢于寺门前的一株老树上,其三百死士已逃散干净。"

刘裕一听牛牧寺,愣了一下,旋即叹了一声:"因果循环,冥冥中自有定数!昔日刘毅在荆州大破桓氏,桓玄兵马元帅桓蔚兵败而逃,便是投奔这牛牧寺,指望能有佛祖庇佑,保住一条性命。那寺中方丈昌明和尚与桓蔚有旧,便将他藏了下来。待刘毅领兵追到,搜出桓蔚杀头了事。只是桓蔚杀便杀了,刘毅却说昌明和尚包庇逃犯形同谋逆,遂杀了昌明以儆效尤。如今刘毅穷途末路,也投奔这牛牧寺,想必是当年之事让寺中僧人不敢收留他吧!"

那使者答道:"正是如此。听寺中僧人所讲,刘毅来的时候似乎生了很重的病,也未看到有什么外伤,却是让人抬着走的。僧人宁死不肯开门收纳,就听刘毅长叹一声:'昔日为法杀人,却成今日囚笼。'随后,他不顾随从劝阻,解下腰带自缢而亡了。"

刘裕感叹一阵,问道:"那毛修之呢?刘毅能从江陵杀出重围,想必是毛修之为他杀开一条血路吧?还有郗僧施和谢纯呢?二人是否也逃掉啦?"

那使者答道："三人都未随刘毅突围。谢纯被乱军所杀，郗僧施顽抗一阵，终被生擒。唯独毛修之，自振武将军杀进内城后，便不再反抗，任凭军士将其绑缚狱中。"

刘裕听罢，点了点头，终是说道："你且回江陵去，传我军令于振武将军，且放毛修之出来好生照料，待我到了江陵，另有任用。至于郗僧施，罪无可恕。若不是他和谢混整日在刘毅身边谋划，刘毅何至今日谋逆作乱？将郗僧施斩首示众，警示那些为求荣华富贵怂恿主上谋逆之人。振武将军奇袭江陵大获全胜，本公自当表奏其功，且封汉寿子爵吧。"

那使者欢欢喜喜应命而去，沈田子诸将面上满是不甘和羡慕。他们至今都还没有爵位呢，倒是王镇恶首次领兵便能有这样的功绩，一战成名，升官加爵，让沈田子他们如何不眼红？

这时，刘裕说道："江陵已破，刘毅覆灭，此番西征便算成功了一半。"

众人听闻此言，都是一愣，刘毅都已败亡，刘裕何故会说只成功了一半呢？

刘钟向前问道："太尉可是担忧刘毅余党祸乱州郡？虽说刘毅掌控西境诸州，可毕竟时日尚短，如今刘毅已死，郗僧施、谢纯这些死党无一脱逃，只需传檄抚慰，想来也不会有多少人敢兴风作浪。即使有那么一两个不知死活的，有我等领兵清剿也就是了，太尉还有何顾虑呢？"

刘裕却道："刘毅早已是笼中困兽，此番西征兴师动众，又岂是只为他一人？蜀地谯纵自桓玄叛乱以来便割据益州，祸乱边境，本公先后两次派兵征蜀，皆是无果而还。若再任其逍遥法外，岂不是让他以为我大晋无人？此次西征，刘毅只是其一，对蜀用兵才是最终目的。唯有收复益州，扫除江南隐患，才好挥师北伐，扫灭秦魏，恢复山河。此事我原本打算到了江陵再说，既然刘毅已灭，便告诉你们知道，莫要因刘毅败亡就放松下来，还当整顿旗鼓，再接再厉才是。"

众人一听，皆是精神一振。原以为攻破江陵，此番西征便算白来一场，所有功劳都归了王镇恶，谁承想刘裕压根儿没把刘毅放在眼里，早已着手伐蜀之事。既然还有仗可打，那便也有建功的机会。沈田子立刻上前请战："末将斗胆，向太尉请战，不灭谯纵，誓不回还。"

谁知刘裕摇了摇头："沈将军勇则勇矣，可这征蜀绝非易事，只怕你是做不来的。且不说蜀道艰险，情势复杂。稍有不利，便会功亏一篑。当日刘敬宣征蜀所向披靡，却终因粮草不济、疫病四起，不得不中途撤还。谯纵本就是蜀人，割据益州七八年之久，根深蒂固，想要剿灭此贼还当智取，不可一味用强。"

沈田子甚是尴尬。刘裕这般一说，只怕这征蜀多半又是要以王镇恶为将了，毕竟奇袭江陵，王镇恶确实出人意料。沈田子越发恼怒起王镇恶来。

刘钟上前探问道："如此说来，太尉还是想以王镇恶领兵征蜀啦？"

刘裕却道："方才你们也听到了，王镇恶虽然攻破江陵，却受了箭伤，征蜀路途艰险，他还是不要去了。"

听刘裕并不用王镇恶，众将舒了口气，刘钟正想请战，便听刘裕忽然说道："朱龄石，这征蜀事关重大，你可有这胆量一行？"

一听刘裕居然点名要朱龄石征蜀，所有人都愣住了。刘义真忽然想起父亲曾说过，以朱龄石随军别有重用，竟是想使他领兵征蜀的。

再去瞧朱龄石，众人说了半天话，他自始至终都未发一言，显然也没想到父亲会把这么重要的事交给他。朱龄石愣了一阵，这才意识到刘裕果真是在说他，赶忙上前拜道："末将万死，必不负太尉所托。"

刘裕还未说话，沈田子忙争道："太尉，朱将军虽然从军已有数年，可年纪也太小了些，只怕难当此任。"

檀韶也忙附和道："是呀，太尉，征蜀岂是儿戏？朱将军年纪小些倒也罢了，此前从未独领过兵马，并非末将有意与朱将军为难，这征蜀以他为将，似有不妥。"

朱龄石一听沈田子诸将先后反对，有些迟疑。虽说朱龄石在刘裕起兵讨伐桓玄时便投入军中，也算是军中老人了，可比起沈田子、檀韶、刘钟这些北府军旧将，无论资历还是战功，都差得远了。何况朱龄石也没有北府军的背景，若惹得众将反对，也让他不好做人。他只得不再多话，唯等刘裕开口了。

刘裕却道："此事本公早已深思熟虑，尔等不必多言。朱龄石，本公有意表奏你为益州刺史，并以刘钟为你副将，自中军调拨两万人马，西征谯纵。本公再问你一句，你可敢接下这军令？"

听刘裕如此看重自己，朱龄石哪会再放开这建功立业的机会，精神一振，拜道："末将接令，必当攻破成都，生擒谯纵，以谢太尉厚恩。"

刘裕点了点头，贴身取出一支蜡封锦囊，递给朱龄石，说道："此乃本公征蜀之策，不至白帝城不可开启。刘钟老成持重，必能助你成就此功，可他若敢仗着是本公旧将，不听你将令，你也可以军令严惩！"

刘钟听闻刘裕竟让自己去给朱龄石做副手，有些不大情愿，可听到刘裕竟这般看重朱龄石，又听到这样的警告，哪敢违背将令，匆忙拜道："太尉放心，末将必当听从朱将军号令。"

刘裕点了点头，说道："既如此，尔等这便退去吧。分拨兵马之事，朱龄石你和刘钟商量着去办就好，不必再来请示我。司马休之那里还是派人去上一趟。虽说刘毅已死，可还要司马休之早做打算，如何安抚州郡、更替官属，让他尽早拟个名录过来。"

沈田子、檀韶满心不甘。江陵之功归了王镇恶，征蜀又成了朱龄石的差事，两人这次西征算是空手而还了。可刘裕已经拿定主意，两人哪还有反驳的余地，只得悻悻一拜，和刘钟、朱龄石离去。

刘义真见他们都走了，向刘裕问道："父亲，征讨刘毅事关机密，只因我不慎偷听到些事情，都被你关了起来。西征江陵瞒着檀韶那些北府军将军，又以王镇恶这个没有北府军背景的参军为将也就罢了，为何讨伐谯纵，依旧不用檀韶、沈田子，而要用朱龄石为将呢？"

刘裕有些意外地看了看刘义真，见身边没有外人，这才说道："你年纪尚小，有些事还不大明白。父亲虽然出身北府军，也该多倚仗北府军的将军，可父亲如今已是太尉，总揽朝廷内外军政，不再仅仅是北府军的统帅，故而要把眼光放远一些。历朝历代，掌权者最忌惮的便是功臣旧将居功自傲，以致功将借军功大肆揽权，终是尾大不掉，威胁朝廷。远的不说，单是我朝在江东立国以来，先后出现的王氏、庾氏、桓氏，皆是借着世族身份，再以军功为阶，掌控大军，成了朝廷的毒瘤。有这些前车之鉴，我怎会再任由哪一人独享功勋？北府军是对我忠心耿耿，这些年也一直紧随我左右，可人心素来难测，当年我与刘毅一同起兵，又何曾想过今日会和他刀兵相向？故而我不可只靠着北府军了，这才要扶植王镇恶、朱龄石这些没有北府军背景的人建功立业，以此平衡沈田子、檀韶他们这些老人，免得他们日益骄纵，渐渐不为我所掌控。"

刘义真听得似懂非懂，继而问道："那父亲宽宥毛修之也是这个原因啦？"

刘裕点了点头，说道："我放过毛修之，是因为除了有心重用他，也有些敬重此人。方才那使者说起毛修之替刘毅死守内城时，我还疑心他对我三心二意。可后来又听说刘毅的确病重，我才放下心来。非是毛修之两面三刀，而是此人才算真正的忠义之人。他或是从大局考虑，或是从他毛家的血海深仇考虑，甘当我的耳目，不惜落个忘恩负义的骂名，将刘毅机密告知于我，但他又不忍刘毅就这样枉死，故而拼力死战，让刘毅有机会突围出去，以此偿还刘毅知遇之恩。毛修之明知留在城中是条死路，可他没有和刘毅一起出逃，是因他自知有愧于我，只求一死赎罪。哎！听闻毛修之祖上毛宝就是为国而死，再想想毛修之的伯父益州刺史毛璩，也因讨伐桓玄死于非命。人们常言名将之后多有败家儿，可这毛家倒真是忠义满门！"

刘义真听着父亲说了那么多毛家的事，对毛修之倒也有了些敬重。忽而想起父亲刚才说掌权者要谨防功将居功自傲、一家独大，故而重用王镇恶、朱龄石、毛修之，以求制衡北府军旧将。虽说道理是这样没错，却总觉得哪里有些不对。他猛然想到什么，张口便问："父亲，如今刘毅已灭，北府军旧将也有父亲新近扶植的这些将军来制衡，可这江东唯独父亲功劳最大，又有谁管得了父亲呢？"

刘义真才说完这话，自己都吓了一跳。却见父亲虎躯一震，面色煞白，继而愤愤地骂道："你胡说些什么！"可话还未说完，他又颓然坐了下去，望着茫茫的江水愣了一阵，终是摆了摆手："你且去玩吧，这样的话断不可再说了。"

刘义真如蒙大赦，匆匆便往下跑，回头望了一眼父亲，却见在滚滚长江的映衬下，独坐在那里的父亲，竟是那样孤单。

诛杀旧友是为国除贼还是党同伐异

刘义隆耐着性子读着手中的书简，今晨依旧读《史记》。《高祖本纪》一篇，刘义隆已读了无数遍，可还是不敢大意。只因父亲出征荆州在外，回来后考验功课，多半是要从此中出题的。

数月前，父亲领兵西征刘毅。二哥也不知犯了何事，被父亲关在议政堂不放他出来，就在父亲领兵出征当日，二哥也被带去军中随行。

刘义隆满心郁闷。二哥上次随军，一走就是大半年，刘义隆听他回来时说得天花乱坠，不由得心潮澎湃、满心向往。本想有机会能和二哥一起共上战场，可谁知父亲还是只带了二哥一人。刘义隆也去找过父亲，可父亲就是不肯答应，只说让自己在家把心思放在功课上，别像二哥一般荒废了学业。刘义隆苦求许久，父亲才算松了口，答应等他出征回来考验功课，若答得上来，便在下次出征时带上自己。刘义隆不似二哥那般死缠烂打，父亲又着急出兵，匆匆离去，他连二哥都没见上一面，只得作罢，郁郁回来。

自讨灭卢循起，父亲便让刘义隆兄弟几人开始研读《史记》。这书对一个刚过七岁的孩子来说，难免有些晦涩。可刘义隆自幼聪慧，再加上父亲请的老师教得生动，不时还能向被父亲征入府中整理书简的慧琳和尚讨教，故而他倒也粗通其中几篇。这《高祖本纪》是父亲最爱读的，所以刘义隆兄弟几人也读得额外多些。听父亲讲，刘家虽然落魄多年，却有汉室宗亲血脉，乃汉高祖刘邦弟弟楚元王刘交的后人。在父亲看来，如今刘家再次得势，固然是因他多年为国出生入死，可冥冥中也有祖先庇佑。否则有那么多能打仗的将军，偏偏刘家有今日权势？

刘义隆把《高祖本纪》读了又读，只想等父亲回来后，能答对父亲的题目。然而父亲出征数月，也不知何时才能回来。上次好歹有二叔守备建康，刘义隆还能去二叔那里打听父亲的归期，眼下二叔奉命守备京口，建康是刘穆之与诸葛长民监管诸事。刘穆之是父亲的心腹军师，整日忙得不亦乐乎，刘义隆哪好意思去打扰他？而诸葛长民虽是父亲旧友，毕竟是外人，刘义隆都没见过几面，就更不可能去他府上询问了。

如此一来，刘义隆总是分外忐忑。既想父亲早些回来，好早些通过父亲的考验。却又怕父亲突然回来，自己所学不精，答不上父亲的问题来。

刘义隆看着坐在对面的慧琳，正有滋有味地读着一册孤本，心中一阵不满。虽说慧琳学识渊博，刘义隆向他讨教多有收获，可只要慧琳读起书来，那对旁人可就理都不理了。尤其刘义隆问起《高祖本纪》中的疑惑时，慧琳总是似有似无地岔开话题，让刘义隆好不恼火。今日刘义隆问了几次不懂之处，慧琳都只是敷衍几句，说让刘义隆自己去悟。一个小孩子若无人教导，又能悟出什么？

刘义隆气鼓鼓地问道："慧琳，你倒是在读什么，能这样专注？"

慧琳正读到精彩处，心中连声叫好，心痒难耐，也想与人分享，恰巧刘义隆问起，知道自己一早上没理他，让这三公子很不高兴，嘿嘿笑道："小僧读的是北方一个将军的旧事。"

刘义隆奇道："哪个将军让你这般在意？"

慧琳笑道："这将军姓名不提也罢，你一个小孩子也记不住那么多，就叫他无名将军好了。只说前秦皇帝苻坚一统中原前，北方曾有个国家极为强盛，无名将军便是这国皇帝的养子。无名将军对国家功不可没，怎奈皇帝残暴不仁，以致国家大乱，无名将军与三皇子交好，故而助其夺得江山。三皇子即位不久，国家又生内乱，无名将军废去三皇子帝位，自立为皇帝。据闻，这无名将军最强盛时，拥兵三十余万，与曹魏相比也毫不逊色。"

刘义隆撇撇嘴，骂道："这是不忠不孝的恶人，慧琳你为何还要看这种遗臭万年之人的传记？"

慧琳却叹了一声："你可知这无名将军为何要造反，还废去与其交好的三皇子帝位？"

刘义隆摇摇头。慧琳说道："三皇子原本没有资格争夺皇位，却在无名将军支持下继承帝位。然而，三皇子登基后，全然不顾国家尚未平息的内乱，只是猜忌起无名将军来，先后五次暗算，欲谋害其性命。若非无名将军勇猛无比，只怕早已死了几回了。待无名将军发觉三皇子阴谋，这才愤然起兵，废黜其位。"

刘义隆一阵默然，说道："三皇子为何要这般自毁栋梁呢？"

慧琳却是凄然笑道："历朝历代，兔死狗烹之事，何时少啦？且不说无名将军早已功勋卓著，单说三皇子初登帝位，引来十数万叛军轮番围攻国都，无名将军居然以千余骑兵大破群敌，这样的功绩，三皇子放得下心？功高震主便是这个道理。无名将军越是打胜仗，三皇子就越不会放心，这才欲将无名将军除之而后快，却是搬起石头砸了自己的脚。"

听到这些话，刘义隆心中无端生起一阵波澜。这无名将军分明有功于国家，有恩于三皇子，却无端引来猜忌。若不是愤然起兵，只怕会落个含冤而死的下场。想想无名将军的经历，刘义隆不禁想起了父亲。父亲铲除桓玄，复兴晋室，北吞燕国，南平卢循，今日又讨伐刘毅，为国除贼，这样的功绩，放眼江南又有几人可及？然而朝里朝外为什么总有那么多对父亲不满的声音？

慧琳看到刘义隆面色稍变，知道他在想些什么。慧琳本是无意间提起这件旧事，却让刘义隆扯到他父亲刘裕身上去了。刘裕身负大功，惹人非议，近来又喜读《高祖本纪》，这就让慧琳不得不多想些什么。或许刘裕也有了些想法吧，慧琳却不想牵扯进去，故而刘义隆问起书中疑惑，他多是避开不谈，此时一时兴起，说了些无名将军之事，却让刘义隆一个七岁的孩子意识到些他这个年纪不该去想的事。

慧琳为自己多嘴有些后悔，只能对刘义隆的神情故作不见，转而说道："其实最让小僧敬佩的还是这无名将军的万夫不当之勇。书中记载，无名将军善使两柄长兵器，左手浑铁钩戟，右手点钢双刃矛，胯下一匹汗血宝马名曰朱龙，进出万军之中，如入无人之境，死在他矛戟下有名有姓的大将数十之多。当年无名将军仅有两万步卒迎战十万铁骑，居然十战十胜，杀得敌军溃不成军。这样的勇将，只怕项羽再世，也不过如此。只是生不逢时，以他一将之勇，绝难改变覆灭的命运。无名将军因勇立国，却也因勇丧国，着实让人可悲可叹！"

刘义隆一直想着父亲的事，对慧琳说的这些话，哪有心思去听。正满心疑惑，忽听身后传来一声叫嚷："义隆，可曾想我啦？"

刘义隆惊喜万分，转身去瞧，果然是二哥嘿嘿笑着走了过来。刘义隆一下子跳了起来，笑道："老天爷，二哥你可算回来了！"可还没来得及高兴，刘义隆想起父亲说过要考验功课，不由得一阵不安，怯怯地问道："父亲也回来啦？"

刘义真答道："自然回来了，如若不然，谁有空儿送我回来？"

刘义隆越发不安，虽说《高祖本纪》看了无数遍，可毕竟还有许多不懂之处，若是被父亲问住了，这以后想和二哥出去打仗，可就没指望了。他小心地问道："父亲出征可还顺利？"他心中却想：但愿父亲大获全胜，只要他心情好，说不定就不会难为自己，出些太难懂的问题了。

刘义真兴奋地说道："父亲百战百胜，岂会有失？那刘毅说起来名声大得吓人，可在父亲眼里，简直是螳臂当车，叛军几乎没有招架之力便一败涂地。"说着，他便将一路见闻讲了出来。

听刘义真说起王镇恶如何瞒天过海烧了敌军水师，又如何虚张声势奇袭江陵，刘义隆不禁连声叫好。而慧琳也对刘裕慧眼如炬，用了这样一个先锋深深敬服，更对刘裕的心计满是惊惧。看似是刘毅步步紧逼，从刘裕手中强抢去了西境诸州大权，实则是刘裕假意退让，把刘毅慢慢骗进他早已编织好的罗网当中。刘毅自以为与刘裕不相上下，实则是高估了自己，若他安心在刘裕手下做个大将，既不失荣华富贵，又能保全他救国之名，如今却是身败名裂，当真让人叹息。

刘义隆问道："既然刘毅败亡，江南也该太平些了吧？这两年一直打仗，父亲常年在外，总把二哥带在身边，让弟弟对你好生牵挂。这次父亲回来，总该多留几年，让你我兄弟能在一起久些吧？"刘义隆初听父亲大破叛军，想想日后怕是无仗可打了。虽然为不能上战场觉得有些可惜，却为能和刘义真朝夕相处而高兴不已，至于能不能答对父亲的题目，反而变得无足轻重了。

刘义真却道："天下混战不休，要说太平，只怕言之过早。且不说北方秦国、魏国尚在，单是益州便已分裂多年。父亲到江陵后，已分兵两万，以朱龄石为将，刘钟为副，征讨益州谯纵去了。"

刘义隆还未说话，慧琳有些惊异，说道："太尉刚刚平定刘毅，便继续西征益州，是不是太仓促了些？听闻先前两次伐蜀都是无功而返呢！"

刘义真扬扬得意地道："刘毅算什么？父亲压根儿没放在眼里。早在出兵讨伐刘毅前，父亲便已着手西征益州了。依我看，这次西征的最终目的就是伐蜀。至于刘毅，不过顺手讨灭而已。"

刘义真的话显然有些夸大其词了。只因刘裕谋划周密，用人得当，才让征讨刘毅显得异常轻松。若就此断言刘裕没把刘毅放在眼里，却是不可能的。如果刘毅真是那样无能，刘裕也不可能退让到那样的地步。只是刘裕素来亲领兵马，征蜀这样的大事，不但没有自己去，反倒起用朱龄石这个新人，让慧琳有些难以置信。

可慧琳仔细一想，便又反应过来。虽说刘裕向来身先士卒，可先前两次征蜀都没有亲自去。非是刘裕小瞧了谯纵，而是益州偏远，刘裕远征在外，若朝中出些事情，他想要迅速撤还，显然是不可能的。莫看刘裕一人之下、万人之上，可他的权势并不稳固，只因刘裕出身寒微，朝中眼红之人不在少数。刘毅虽然倒台，若说刘裕就此没了对手，却是言之过早了。故而刘裕是绝不可能领兵征蜀，唯有把这重任交给别人了。

刘义隆没像慧琳想得那样深，向刘义真问道："就算父亲对益州志在必得，可荆州刚刚平定，本就需要安抚，而朱龄石领军征蜀，按理说父亲也会在荆州留上一阵子，若朱龄石西征不利，父亲也好随时接应。为何这么快就回来了呢？"

刘义真听到这里，脸上现出忧色，说道："父亲原本也是这样打算的。到江陵后，父亲见荆州这些年战乱不休，民不聊生，使人察访民情，说是想改革弊端。对州郡屯田若非军用一律免税，而因战乱卖身为奴之人也一律放还。瞧那情形，我也以为父亲要在荆州待上一年半载。可谁知，父亲先后接到刘敬宣与刘穆之的书信，也不知说了什么，便匆匆还师了。"

慧琳听到刘裕在荆州颁布新法，不由得肃然起敬。刘裕毕竟出身贫寒，故而深知百姓疾苦，在掌权后倒也懂得体谅他们，远比那些只顾自己富贵的豪门贵胄强了百倍。仅从这一点看，刘裕就胜过那个只知争权夺势的刘毅许多了。可听到刘裕接到刘敬宣与刘穆之的书信后着急回到建康，慧琳就有些费解了。刘穆之守备建康，而刘敬宣远驻北青州，这相隔千里的二人，会有什么相同的事情，让刘裕不能安心留在荆州呢？

就听刘义真忽然笑道："你我也别瞎操心了，父亲既然已经回到建康，纵是有天大的事，也没什么了。给你说件可笑的事，监太尉留府事的诸葛长民听闻父亲还师，早早领了朝中臣子去新亭迎候，可父亲偏要捉弄他一番，也未告诉诸葛长民一声，就抄近路先回来了。诸葛长民这会儿才听到消息，着急忙慌地从新亭赶回来，正在议政堂向父亲告罪呢！"

慧琳心中咯噔一下。迎候刘裕凯旋，刘穆之没有去，却是让诸葛长民去的。而刘裕回来，又刻意绕开诸葛长民，抢先回到京城，只怕绝没那么简单。

刘义隆笑道:"还有这样的事?我一直就想找人打听二哥你们什么时候回京,只是不好意思去打扰诸葛长民和刘穆之。若是早问过诸葛长民,知道二哥今日回来,只怕我也出城等着去了。也还好没有去问,否则便要和二哥错过了。"

刘义真曾听父亲与刘穆之密谈,知道父亲对诸葛长民并不大信任,用他守备建康,也是无奈之举。就连班师还朝,父亲也是进入扬州地界后才通知诸葛长民的。故而就算弟弟去诸葛长民府上打听父亲归期,也不可能知道什么消息。只是想想弟弟在家为自己担心,却无人可问的窘境,刘义真便有些迁怒诸葛长民。可巧这会儿诸葛长民就在府上,又是来向父亲赔罪的,刘义真有意让弟弟去看看诸葛长民的狼狈模样,好为他出口闷气,说道:"问问又怎么啦?刘穆之也便算了,诸葛长民有什么不好打扰的?别看他有什么监太尉留府事的大权,可这也是父亲给他的。我这就领你去见见他,也让诸葛长民认识认识太尉府的三公子。日后你想去他府上便去,看他敢怠慢了你!"

刘义隆有些迟疑,说道:"诸葛长民正与父亲说话,我二人贸然打扰,有些失礼吧。"

刘义真却道:"这有什么?别看哥哥年纪不大,可都跟着父亲上过两回战场了,军国大事我都听得,带你去和诸葛长民打个招呼有什么关系?"

慧琳总觉得诸葛长民来府上没那么简单,两个孩子去终是不妥,忙阻拦道:"诸葛长民是朝中重臣,正与太尉会面,二位公子过去似乎不大好吧?"

刘义真性子倔强,越不让去,就越是要去。哼了一声,对慧琳理都不理,拉着刘义隆就跑了出去。

慧琳哪拦得住,望着三人背影,叹了一声。想想二人就在太尉府中,怎么也不可能出事,自己又何必多事呢。他拿起那卷残篇,又津津有味地看了起来。

刘义真、刘义隆撇下慧琳不管,一路跑到议政堂外,候在门口的刘乞赶忙跟上。待刘义真走近堂前,往里面看去,就见父亲正端坐主位,与人说着话。

其实刘义真也未见过诸葛长民,只听说此人早些年与父亲很是亲近,然而,讨灭桓玄后,也不知是不是刘毅的关系,二人往来少了许多。刘义真见堂上有两个客人,其中一个年长些,与父亲相差不大,看起来文文弱弱。想想父亲说起诸葛长民的模样,多半就是此人了。另外一人年轻些,与诸葛长民长得几分相像,人高马大,孔武有力,想来多半是父亲常说的诸葛长民的弟弟诸葛黎民了。

刘义真原以为父亲刻意避开诸葛长民回到建康，多是诸葛长民有什么事惹得父亲不高兴，此时定要训斥一番。谁知父亲与他兄弟二人正谈得高兴，堂上不时传来欢笑，当真让刘义真有些意外。本来是想领弟弟瞧诸葛长民出丑的，却是这番模样，刘义真疑惑中缓下脚步，又不想在弟弟面前没了面子，说道："父亲正与诸葛长民说话，我们等等再进去吧。"说完，他掏出几个弹子，笑道，"数月不见，你能赢得过我吗？"

刘义隆笑着接过几个，便与刘义真在堂前的大树下玩耍起来。

刘义真有些心不在焉，伸长耳朵往里去听，想听听父亲说些什么，也好寻个间歇，领弟弟进去。他玩起弹子来连连失手，惹得刘义隆一阵笑话。

就听父亲似乎正和诸葛长民说西征之事。"此番西征，王镇恶功勋卓著，本公有意表奏朝廷，封王镇恶为汉寿子爵，未知贤弟觉得是否妥当？"

诸葛黎民似乎说了些什么，却被诸葛长民喝止，继而说道："平叛将士为国披荆斩棘，有此奇功，自该封赏，下官以为并无不妥。只是太尉唯念将士之功，却独不提自己的辛苦，未免太过谦了。下官有意表奏朝廷，为太尉请功，加拜太傅、扬州牧，增封荆州五千户食邑并入太尉封邑。"

刘义真心想，这诸葛长民倒比刘毅识趣多了。当初父亲平定卢循回来，与刘毅同乘一车，为了给二叔谋个北徐州刺史，几乎是和刘毅讨价还价。诸葛长民还没等父亲开口，反倒给父亲请封官爵，还真让人意外。

就听刘裕哈哈笑道："贤弟太抬举我了。此番西征，我也没帮上什么忙，都是王镇恶连战连胜，哪有我什么事？贤弟为我谋这些官爵，我受之有愧。何况我官居太尉，已战战兢兢，再加个太傅衔，实在担不起了。而扬州牧更是提也别提。刺史本就已总揽一州大权，这州牧更高一等，几乎不受朝廷节度。扬州乃是朝廷根本，我若出任扬州牧，把朝廷摆到哪里去？此话贤弟在这里说说便罢了，切莫上表朝廷，让我下不来台。"

听父亲这样一说，刘义真暗骂几句，还以为诸葛长民安的什么好心，原来这扬州牧是个烫手山芋，若父亲安然接受了，还不让人骂死？

却听刘裕叹了一声，转而说道："想当年，我们兄弟几人在恩主刘牢之麾下做事，东征西讨，过的是有今天没明天的日子，何曾想过能有今日富贵？每想起何无忌战死沙场，我便痛惜无比，与他相比，我能有现在的爵禄，已远超所望，怎敢再贪图些什么？"

诸葛长民也叹了一声："何无忌忠义无双，听闻征讨卢循时，明知叛军声势浩大，却也浑然不惧，为给朝廷争取调兵平叛的时间，领着自己那点儿人马阻截叛军，陷入重围，依旧死战不退。听说何无忌至死都还握着他的节仗，督战不休呢！"

刘裕沉默一阵，说道："何无忌至死都为朝廷着想，我等活着，也该多为朝廷尽力。转眼这些年过去，兄弟们日渐显耀，却已各奔东西，慢慢疏远了。想想刘毅，我便又气又痛。在北府军时，谁不说刘毅是个人物？讨伐桓玄，人人都说是我功大，可刘毅征讨荆州的确功不可没。为了嘉奖其功，他要什么，我都愿意表奏朝廷给他什么。若是他开口，就连这太尉给他又能如何？怎奈这人心便是无底洞，刘毅虽有骄横的资格，却万万不该与朝廷为敌，我也唯有抛开往日的情谊，代朝廷征讨荆州。说实话，此番西征我以王镇恶为将，也是有私心的，实在是不想和昔日的兄弟对阵沙场。"

也不知诸葛长民有没有信刘裕这番话，听到刘毅名字的时候，诸葛长民显然慌乱了一下，继而劝慰道："刘毅自取其祸，死不足惜，太尉切莫伤感。"

刘裕说道："刘毅父亲早亡，家中还有个季父刘镇之，现闲居京口，听说刘毅对他很是敬重。刘毅赴任荆州前，便曾向他辞行。据查，刘镇之并未涉入刘毅谋逆案。我有意表奏朝廷，征他为散骑常侍、光禄大夫，算是替刘毅尽点儿孝心吧。"

诸葛长民忙说道："太尉仁义，刘毅泉下有知，必当感念太尉恩情。"

刘裕却又叹了一声："当年北府军关系最好的几人，如今只剩你我和敬宣了。眼下敬宣驻守北青州，这朝中我也唯有贤弟可以倚仗，还望贤弟念着当年的情谊，与我同心同德才是。"

诸葛长民忙答道："下官自当以太尉马首是瞻，忠君报国，绝无二心。"

刘裕话锋一转，说道："只是有些事，还是要和贤弟摆在台面上说的。这两年，我收到不少弹劾贤弟的奏章，多是说贤弟骄纵贪侈，目无法纪，都被我压了下来。你我出身贫寒，能有今日富贵，实属不易，朝廷的封赏丰厚，别说养家糊口，就是儿孙都受用不尽，就莫再贪图那些小利，还是把心思多放在正事上好些。"

诸葛长民一听此事，哆嗦一声："这……这都是何人诬告于我。"

话还没说完，就被诸葛黎民打断道："太尉，且不说那些诽谤我哥哥的小人。以我所知，令弟刘道怜手脚可是不干净得很。走到哪里不是雁过拔毛？前半年在北徐州，只怕没少捞钱吧？如若不然，我怎听人说，刘道怜从北徐州卸任后，州府的府库又空了呢？太尉与其去管那些诽谤我哥哥的闲事，倒不如先好好管住令弟的手。"

刘义真不由得骂了一声。二叔向来贪婪，这下可让诸葛黎民抓住了把柄。父亲正要以贪污之事申斥诸葛长民，却硬是让他给噎了回来。

这时，刘义隆嘿嘿笑道："二哥，你都输干净了，还玩吗？"

刘义真一摸兜，才发现弹子全都输干净了，正想和刘义隆讨几个回来。刘义隆也觉察出了堂上的异样，问道："那个顶撞父亲的就是诸葛长民吗？"

刘义真摇了摇头："那是诸葛黎民。"

还没说完，就听父亲大笑道："道怜的确有不对的地方，我也自会惩治。且抛开这些不说，我怎么听说在我出征时，贤弟似乎很不安分呢？"

诸葛长民吓了一跳，忙解释道："下官哪敢有什么不安分的？"

刘裕却道："我听人说，贤弟与人言：'昔年醢（hǎi）彭越，前年杀韩信，祸其至矣！'恕我读书少，不知这句话是何典故，又是什么意思。还有，贤弟所说这'祸'，又是什么意思？"

刘义真疑惑地说："这韩信我倒是知道，大汉天下有一半是他打来的，他最后被吕后杀害，而这彭越又是谁呢？"

刘义隆近来一直在看《高祖本纪》，自然知道，忙说道："彭越也是刘邦大将。当年刘邦被项羽三次大败，多是靠彭越在楚军后面袭扰辎重，才有机会逼退项羽，终于赢得天下。只是彭越的结局也不好，似乎是牵扯进什么谋反案，最后为刘邦所杀。"

刘义真噢了一声。无论韩信还是彭越，皆有大功于刘邦，却都落个横死的下场。若诸葛长民真说过这样的话，显然是把父亲讨伐刘毅看作是鸟尽弓藏之举，故而兔死狐悲，忧心父亲对他不利。

就听诸葛长民慌乱地说道："太尉明鉴，下官绝不敢说这样的胡话。"

刘裕却拿出一封帛书，朗声念道："盘龙狠戾专恣，自取夷灭。异端将尽，世路方夷，富贵之事，相与共之。"

刘义真听得云里雾里，刘义隆惊道："这信虽是说刘毅自取其祸，却暗指父亲排除异己。写信之人似乎在与谁串通，欲对父亲不利！"

刘义真不由得一阵紧张，只怕这写信之人多半就是诸葛长民了。果然就听堂上扑通一声，便见诸葛长民跪倒在地："下官糊涂，醉酒后说些胡话，实不敢有什么异心，万望太尉念在昔日情谊，饶我一回吧。"

诸葛黎民死死地拽着诸葛长民，想让他起来，说道："事已败露，求他何用？他饶过刘毅了吗？早就告诉你，刘氏之亡，亦是我诸葛氏之祸，叫你趁着他刘裕没回来，早早动手，你却瞻前顾后，就是不肯。还说唯有说服刘敬宣为外援才能得手，你看结果如何？却被刘敬宣出卖了！如今人为刀俎，我为鱼肉，你就是跪断了膝盖，能活命吗？且让我护你出去。就凭我手中三尺长剑，我倒要看看，刘裕能留得下我兄弟吗？"

刘义真二人这才知道，那帛书居然是诸葛长民写给刘敬宣的，欲拉拢刘敬宣在北青州起兵，一内一外，共图父亲。还好刘敬宣虽与诸葛长民是旧相识，却与父亲更亲近些，不但没有同意诸葛长民的阴谋，还把书信送于父亲，让父亲早做防备。二人也才明白，父亲何故从荆州匆匆回来。想想刘穆之的书信，也多半是在说诸葛长民不怀好意吧？难怪父亲班师还朝，要刻意避开诸葛长民，就是要提早回来控制京城，免得被诸葛长民暗算了。

就听刘裕笑道："黎民还是这般火暴脾气。我与长民、敬宣皆是兄弟，长民不也说了吗？刘毅自取其祸，怨不得别人。长民虽在你蛊惑下动了些坏心思，可我素来知道他的性子，哪有胆子与我为敌？敬宣把这书信送给我，也不是出卖长民，而是求我念着旧情，饶恕长民而已。这书信你们拿回去吧，此事我只当是个闹剧，就此作罢。长民经此一事，还是别再动这些坏心思了。这种钩心斗角的事，不是你这个读书人做得来的。你我兄弟共保江山，成就一段同生死、共富贵的佳话，不好吗？又何苦像刘毅一般，非要闹个身败名裂不可呢？"

刘义真、刘义隆听父亲居然要饶过诸葛长民兄弟，简直难以相信。远远去看他二人，也是一脸吃惊。

便见刘裕已经唤了亲卫，将那书信送到诸葛长民的面前。这种谋反的铁证，居然还给诸葛长民。诸葛长民伸手夺来，塞回袖中，感激涕零，连连叩首："下官一时糊涂，险些酿成大祸。太尉竟这般宽容，下官羞愧万分。此后必不敢再生异心，定会执鞭坠镫，辅佐太尉，若有违此誓，天诛地灭！"

诸葛长民喋喋不休地拜谢刘裕大恩，却见堂上忽然寒光一闪，那送信过来的侍卫手起刀落，诸葛长民一颗人头滚落在地。就见那苍白的首级满眼都是悔恨的泪水，嘴巴兀自张合，似乎还在向父亲谢恩。而诸葛黎民还在为刘裕饶恕他哥哥而疑惑，竟未来得及救下诸葛长民的性命。

刘义真、刘义隆看得真切，吓得一声惊呼。方才父亲还在与诸葛长民说着往日交情，虽然戳穿诸葛长民的阴谋，却又宽宥其罪，二人本还觉得父亲有些轻饶了诸葛长民，谁知堂上风云忽变，诸葛长民转眼竟成了个死人。

听到外面的惊呼，刘裕这才发现刘义真、刘义隆不知何时站在外面，狠狠地瞪了一眼刘义真。

这时，诸葛黎民反应过来，大骂一声："刘裕无耻！"说罢，他长剑出鞘，便向刘裕刺来。而那送信的侍卫，武功显然不差，还沾着鲜血的长刀一挡，便将诸葛黎民拦了下来。

诸葛黎民眼睁睁地看着他哥哥死在面前，仿若一只受伤的猛虎，瞪着血红的双目，便向那侍卫杀去。那侍卫小心应战，可在诸葛黎民的全力攻杀下，唯有招架之力。

就听诸葛黎民边打边骂："刘裕奸贼，你不是总说勇冠三军吗？当了两年太尉，就成个软蛋，只会躲在别人后面了吗？是男人就来与我杀上一百回合，别让老子小瞧了你！"

刘裕哈哈一笑，说道："既然你左右一死，那便让我送你一程吧！丁盱（wǔ），退下！"

那侍卫早已大汗淋漓，闻声后退。刘裕长剑出鞘，直取诸葛黎民。

诸葛黎民倒也有些功夫，竟在刘裕攻势下没有丝毫惧意。刀光剑影斗得不可开交，直看得刘义真、刘义隆眼花缭乱。两人第一次这么近地看到杀人，本来吓得不轻，却又见父亲如此勇猛，不由得连连叫好。

诸葛黎民愤愤不已，恶狠狠地往外瞅了一眼，似要吃人一般，忽地往刘裕的怀中一撞，竟是同归于尽的打法，惊得刘裕往后一退。谁知诸葛黎民不过虚张声势，转身便往堂外冲来，手中长剑直指刘义真、刘义隆，竟是想裹了两个孩子杀出太尉府去。

刘义真、刘义隆吓得动都不敢动，眼见便要被诸葛黎民擒在手里，刘裕也发出一声惊呼。却见刘乞忽地蹿了上来，手中钢刀硬生生接下诸葛黎民这一击。刘乞远非诸葛黎民的对手，被他长剑一挑，栽倒在地，却也让刘裕来得及冲过来。刘裕盛怒中反手一剑，断去诸葛黎民一臂。丁旿也追了出来，一刀结果了诸葛黎民的性命。就见诸葛黎民怨毒的目光，狠狠地瞪着刘裕，看得刘义真、刘义隆不禁打了个哆嗦。

刘裕不再理会诸葛黎民，关切地看了看两个孩子，见二人只是吓了一跳，并没有受伤，这才放下心来。对刘义真骂道："你小子就会给我添乱，这次险些把你弟弟也害了。"

刘义真这才回过神来，吓得大哭道："父亲，刘乞是不是死啦？"

刘裕忙去看那救了自己儿子性命的侍卫，便见刘乞伤得虽说不轻，却于性命无碍，赞许道："你倒是尽责。"说罢，他唤人进来，抬了刘乞出去救治。

他又瞪了二人一眼："你二人给我面壁思过去，这种场合岂是你两个孩子该来的？"

刘义真嘟囔一声："我哪知道诸葛长民犯了死罪。"他还没等父亲再骂，忙扯了刘义隆向内院跑去。

刘义隆却向后一望，就见父亲不理诸葛黎民，而是回到堂上，走到诸葛长民的尸身边，俯身取回那要命的书信，似乎叹了一声："兄弟，你这又是何苦呢！"

诛杀旧友是为国除贼还是党同伐异　　113

宗室的抗争，人心在谁

刘义隆仔细翻阅着堆积如山的军牒，按二哥的交代，分门别类，筛选出来，各自归入箱中。可那些军牒，几乎没什么好消息，让刘义隆越看越是惊惧。

"雍州刺史鲁宗之闻太尉兵进荆州，疑惧中反叛朝廷，与其子竟陵太守鲁轨起兵，自襄阳发兵，策应荆州刺史司马休之。"

"自入春后，久无雨露，江湖少水，江道难行，过江州后，多有竹木阻塞水路，疑为叛军所为，粮草运送实为艰辛。奏请太尉，分兵清运粮道。"

"末将刘虔之泣血叩拜太尉。自奉命屯粮三连城来，末将修桥铺路，以待大军征讨襄阳，然迟迟不见檀道济、朱超石领军合兵。叛贼鲁轨闻讯，领军万人来袭，围攻十数日，末将兵少难敌，破城只在旦夕。末将死不足惜，唯恨不能报效朝廷。臣已命人尽焚城中粮草，以免资粮于敌，仅以一死答谢太尉知遇之恩。"

"末将檀道济死罪。军令以十日为限，命末将领军万人走三连袭襄阳。然不知因何缘由，大军踪迹已为叛军所获。沿途多有贼人袭扰，或断山路，或凿船于水道，以致大军延误军期已有七日。末将自知违背军令，罪责难逃，怎奈大军进退不得，唯保全兵马徐徐撤还。末将甘受太尉严惩，只是副将朱超石并无罪责，其兄朱龄石讨灭谯纵，收复成都，有功于朝廷，如今又驻守益州，为求安抚朱龄石，末将恳请太尉宽宥朱超石，所有罪责末将愿一人承担。"

刘义隆看着一封封平叛不利的军牒，心中只觉不安。

自父亲平定刘毅又回到建康剿灭诸葛长民兄弟叛乱后，不觉已过两年时间。自刘义隆记事时起，就觉江东没有一年不打仗的，这两年却是出奇平静，让刘义隆感受到难得的太平气氛。尤其朱龄石、刘钟奉命讨伐益州，大获全胜，收复蜀地，自此江东再无内患。说起伐蜀一战，刘义隆就觉父亲用兵之难测。朱龄石、刘钟到了白帝城后，依父亲锦囊所授，声东击西，以疑兵走内水而以大军走外水，诓得谯纵在内水布防，以致外水空虚，终是让晋军出其不意，兵临成都，益州就此平定。随着益州光复，朝廷有长江天险可守，就算北方秦国、魏国大军杀来，也只能望江兴叹。

事成之后，父亲请奏朝廷，拜朱龄石为益州刺史，监梁、秦州六郡诸军事，赐爵酆城县侯，留守成都。随后，父亲暂停用兵，把心思放在治理内政上。以父亲所言，前大司马桓温在时，虽拥兵自重，威逼天子，然其"土断之法"却有出彩之处。自西晋灭国南渡以来，朝廷在江北设立侨郡，安置北方逃难的百姓，这些州郡边界不清，所辖户口更是无从统计，以至于豪门大户仗着权势肆意吞并，瞒报漏报，逃避税役。"土断之法"根除陋弊，废去侨郡，将户口土地编入所辖州郡，以此增加朝廷税收。只是桓温谋逆病逝，此法随之废止。如今父亲主持江东大局，重申"土断之法"，除了徐、兖、青三州因刚刚收复不久，为安抚其百姓，故不在土断之列，其余州郡皆查验户籍，划清郡界。此法颁行后，果然让朝廷税收大增，国库再次充盈。

太平无事的日子让刘义隆安心学业，而父亲不必出征，自然也能与二哥朝夕相处，日复一日，好不快活。然而，就连刘义隆都知道，眼前的太平绝不可能长久。天下纷争久矣，父亲又久存收复故国之志，如今国家富足，这北伐大业便再次提上日程。

据谍探传来消息，秦国国运堪忧。那个叛出秦国，自立为夏王的刘勃勃，声势越来越大，秦国北方州郡几乎都已被他吞并，又在朔方郡征发十万苦役，新建国都，号为统万城，寓意一统天下、君临万邦，足见其野心。听闻夏国筑城极为苛责，每筑一段城墙，便以铁锥锤刺，刺入一寸，便杀筑造工匠砌入墙中，以至于统万城堪称固若金汤。又命匠人多造铠甲弓矢，以备大军用度。完工后，以弓射甲，射不破的则杀制弓匠人，射得破的便杀制甲匠人，以至夏军装备精良无比。刘勃勃又恢复其祖上姓氏赫连，匈奴人多有归附。在这样凶悍的强敌的紧逼下，秦国连战连败，失地无数。

除去外敌，秦国也是内忧不断。秦帝姚兴宠爱三子姚弼，使其握有重兵，官居尚书令主持朝政。姚弼借着姚兴宠幸，生出夺嫡之心，肆意打压太子姚泓。就在去年，秦帝姚兴病重，姚弼聚众数千，预谋夺权，与太子交好的十一子姚裕统领外郡兵马往长安勤王。眼见秦国内战在即，秦帝姚兴病情忽然转好，虽知姚弼谋反铁证如山，依旧不忍杀了这个祸患，仅仅免官了事，遣散了勤王兵马。

得知秦国内忧外患，父亲决意北伐秦国。恰巧魏国又有使者来到建康，愿与大晋交好。父亲代朝廷回书魏帝拓跋嗣，安抚其心，随即专心筹备北伐秦国，谁料意外之事发生了。

司马休之受父亲举荐镇守西境后，其子司马文思居于建康。司马文思在京城肆意拉拢亲信，羽翼日渐丰满，对父亲颇为不恭。父亲虽厌恶此人，却鉴于其宗室身份，不好与他翻脸。何况司马休之总揽西境诸州军事，父亲也不好因为司马文思而与司马休之闹得不合。谁知司马文思越发放纵，私刑锤杀朝廷官员，终让父亲忍无可忍。为给司马休之留个情面，父亲遣人押送司马文思去了江陵，命司马休之自行处置。

刘义隆曾听二哥说起，司马文思杀害朝中官员，绝非那么简单。被害之人是父亲的干吏，此事显然是在针对父亲。案情审查中，似乎还查出刺杀父亲的阴谋。父亲明面上是让司马休之自行处置，实则已暗示司马休之，命他杀了那个惹祸的儿子。谁知司马休之假作糊涂，仅仅上疏谢罪而已。

司马休之的举动，让父亲极为不安。司马文思纵然胆大包天，若没有司马休之授意，如何敢处处针对父亲？故而父亲命司马休之大义灭亲，也是想探探司马休之的意图。可司马休之保下了儿子，这就让父亲不得不怀疑司马休之的用心了。为防意外，父亲只得暂搁北伐，决意先对司马休之动手。不仅仅是因为司马休之已成父亲大患，更因西境与秦国交界，想要北伐秦国，自荆州北上最是便利，怎奈司马休之对父亲生出异心，就算他肯让路，父亲又岂会放心在北伐时身后有司马休之这个隐患？父亲遂先委派大将孟怀玉为江州刺史，督豫州六郡军事，防备荆州。

战事再起，刘义隆早就心存随军出征的念头，只是这两年来一直没有机会。既然父亲决意西征荆州，那刘义隆可不想再错过这次机会了。他整日跟在二哥后面，到父亲那里软磨硬泡，总算如愿以偿，与二哥一起跟着父亲出征了。

刘义隆原以为行军打仗会和二哥说的一样精彩，谁知到了军中，父亲就命兄弟俩留守帅帐，整日做些整理军牒的差事。刘义隆天天闷在帅帐里，不时猜想，二哥出征后讲的故事，多半是有些吹牛了，只怕二哥也没亲临沙场。刘义隆虽有些失望，却没什么怨言。这两年在建康，刘义隆也帮父亲做过不少整理奏章的事情，故而分拣军牒对他来说并没有多难。何况整理军牒，让刘义隆对西征路上所有军情都能知道，倒也乐在其中，最不济就当是读故事书了。

只是谁都没想到，这次西征居然远没有父亲预料那般轻松。几乎可以说处处碰壁，父亲的每一步谋划，无不落空，至今毫无斩获，雍州刺史鲁宗之父子也助司马休之起兵了。

刘义隆看了看正与刘乞玩投壶的二哥，不由得一阵好气，嘟囔道："我说二哥，父亲命你我整理军牒，你倒是偷得好闲，只顾在那里玩，也来帮帮我吧。今日军牒又比往日多了许多，大半是出兵受阻。刘虔之想必已战死在三连城，檀道济又出兵无果，竟连退兵都异常艰难。这些事总不能都归到同一文卷当中吧。若是放错了，父亲岂不是要怪罪你我？战事不利，父亲正窝着一肚子火，可别撞到他的气头上！"

刘义真却没停下手中的投矢，一本正经地学着父亲当日的口气说道："三弟可莫偷懒，父亲说过，整理军牒事关机密，非他的心腹大将不能胜任。这差事我做过无数回了，从未给父亲办差过。今日非是我把活儿都推给了你，而是我也想让你多学些本事。这份苦心，你可别辜负了。"

刘义隆早已不是个小孩子了，怎会那么容易被刘义真唬住？他心中一阵不满，说道："二哥，你前两年总对我说，随父亲出征冲锋陷阵，还说亲手射杀过敌兵，我看今日你和我守在帅帐，只怕你也没上过前线吧？"

刘义真虽有两次出征，却真如刘义隆猜测那样，大多时间只是留在大营。唯独一次伏击叛军，还是留在旗舰，远远观瞧战场，那惨烈的情形给刘义真留下了难以磨灭的印象。可若说冲锋陷阵，显然是没影子的事。刘义真不想在弟弟跟前丢了面子，故而添油加醋，说得天花乱坠罢了。此刻被刘义隆戳穿，刘义真有些下不来台，却又强撑着说道："我说过的事自然是真的，只是时机未到，故而没有上阵的机会。只要把手中的差事办好了，父亲自然会带我们上前线的。不信你问问刘乞，雷池一战，父亲可曾带我登上旗舰阻击叛军？"

刘义真这话有真有假，在旗舰伏击叛军是真，上阵杀敌却是假的。刘乞自然知道实情，可刘义真是主子，刘乞也明白他的心思，只能顺着他的话，含糊地说道："二公子说得不错，太尉的确在雷池一战，带二公子在旗舰调度兵马，杀得卢循落荒而逃。"

刘义隆将信将疑,叹了一声,又取来一册军牒,才看一眼,就吓了一跳:"姐夫何时战死啦?"

刘义真愣了一下,将那军牒接过来观瞻。

"罪将蒯恩叩拜太尉。罪将与徐逵之、王允之、沈渊子奔袭江陵,与叛军鲁轨不期而遇于破冢,受叛军突袭,我军惨败。徐逵之、王允之、沈渊子皆战死沙场。罪将死战,鲁轨稍退。罪将已退守江夏口整备兵马,求太尉增派援军。末将必当知耻后勇,不破江陵誓不回还。"

刘义真看罢,许久没有说话。徐逵之乃长姐刘兴弟夫君,因文武双全而被父亲赏识,招为女婿。此番出征,父亲有意让爱婿扬名立万。刘义真也曾听父亲向姐夫暗示过,自三叔去世后,荆州先后交给刘毅、司马休之这等外人,总是仗着兵精粮足与父亲为敌。待平定司马休之后,父亲便会把荆州交给姐夫,省得西境总是让外人执掌,令父亲寝食难安。谁知姐夫正春风得意,竟这样战死沙场,着实让刘义真不知说什么好。

刘义隆面有忧色,说道:"且不说姐夫武艺了得,单是那沈渊子身为沈田子兄长,亦是沙场宿将,却皆死于非命。而蒯恩、刘虔之,都是父亲的得力干将,竟无一不被鲁轨所败。这鲁轨当真这般厉害?不是听说三叔在荆州时,与鲁宗之父子交情甚好,卢循袭扰江陵时,鲁宗之父子多次领兵相助。为何如今鲁宗之父子却甘心与司马休之为伍,要与父亲为敌呢?"

刘义真也没了心情玩投壶,撇下投矢,叹了一声:"县官不如现管。三叔在时,颇受荆州士族、百姓拥戴,又与鲁宗之肝胆相照,故而深得其信任。如今三叔病逝,人走茶凉。荆州已是司马休之的天下,鲁宗之父子自然要寻新的出路。何况在三叔之前,司马休之执掌荆州多年,本就根深蒂固,父亲原想在刘毅叛乱时,借司马休之的声望稳定战后的局势。谁知人心难料,司马休之倒是稳住了荆州,却已和父亲离心离德。你先前读的那些军牒,其实我一直在听。我随父亲两次西征,何曾有过这般艰难。无论是卢循还是刘毅,皆是乱党,为祸州郡自然不被当地士族、百姓拥戴。如今我军处处受阻,还不是因为司马休之在荆州多有人望,故而荆州士族、百姓见到父亲大军,早早通风报信,以至于我军踪迹几乎没什么机密可言,这才处处受制于人。否则就凭鲁轨那点儿本事,怎能杀得我军没有招架之力?"

刘义隆迟疑一阵,无论司马休之对父亲是否存有敌意,可从目前所知来看,司马休之至少是没有反叛朝廷的举动的，这就让父亲讨伐司马休之失之于理。再加上司马休之深得荆州士族、百姓拥戴，才会让父亲处处碰壁。刘义隆不禁说道："司马休之能得荆州士族、百姓如此拥戴，是否当真贤良？若真如此，司马休之也必知北伐中原对朝廷的重要，父亲何不与他冰释前嫌，共保江山呢？何苦在此同室操戈，亲者痛，仇者快？"

刘义真撇撇嘴，给刘乞使了个眼色。刘乞会意，说道："小的去江边探寻探寻，看看能否找些河鲜，给二位公子午食添些菜。"说罢，他转身出了帅帐。

刘义隆知道二哥这是有机密话不想让外人听到，果然就听刘义真说道："想必你也知道，司马休之对父亲早已动了杀心，故而父亲才会先下手为强，免得受制于人。可你不知道，司马休之对父亲的威胁，不仅仅限于西境诸州兵马。当初司马休之能出任荆州刺史，手握西境大权，虽是父亲举荐，意在安抚朝中人心，免得让人诬蔑父亲排挤宗室图谋不轨，可实际上我也听父亲说过，派司马休之去荆州，似乎也是天子的意思。"

刘义隆一个激灵。

若果真如二哥所说，司马休之来荆州是天子的意思，那司马休之这般仇视父亲，先是预谋刺杀，又是举兵麈战，究竟是他一个人的心思，还是说晋室宗亲都觉得父亲是朝廷大患，甚至连天子都对父亲生出猜忌之心？若真如此，司马休之与父亲为敌，难保不是天子对父亲生出了杀心！

刘义真接着说道："还有，司马文思犯案下狱是去年二月，你可知为何父亲直到今年年初，才决定领兵西征吗？"

见刘义隆满是疑惑，刘义真说道："父亲原也不想与司马休之决裂，他儿子犯下大罪，不过送还荆州，让司马休之自己处置。虽说司马休之不肯用儿子的性命来换父亲的信任，父亲也因此对司马休之很不放心，却仍没有对他下死手的打算。可就在去年年底，叛国投敌的司马国璠领着数百死士，潜渡淮河，进了广陵城，半夜起事，宣扬是受天子之意，清剿父亲党羽。守将檀祗突然受袭，被贼人射伤，若非檀祗不顾伤痛领兵死战，只怕广陵城已落在司马国璠手中了。"

刘义隆越想越怕。当初司马国璠叛国投敌，一路造谣生事，说父亲排挤宗室，图谋不轨。这些年司马国璠委身秦国，被秦帝姚兴派在江北招诱乱党，一直没有太大动静。如今在司马休之与父亲关系紧张的时候，突然对广陵下手，就不得不让人起疑。司马国璠也是宗室，若他与司马休之有什么瓜葛，这就太可怕了。难怪父亲终是狠下心来，向司马休之开战。至于司马休之到底算不算个贤王，在荆州究竟得不得人心，都不再重要。此人掌控荆州一日，便是父亲乃至刘家满门的大祸！只是司马休之在荆州有如此声望，以致父亲用兵处处受阻，刘虔之、沈渊子、王允之与姐夫数员大将战死沙场，檀道济、蒯恩纷纷败退，这江陵城先前已被父亲收复过三回，这次还能顺利夺回来吗？

刘义真见弟弟满面愁容，知道他担心战事，宽慰道："你也不要太过忧心。父亲用兵如神，何时让人这样欺辱过？眼下越是吃亏，父亲越是要加倍讨回来的。你看看这些军牒的时日，最近的一册是姐夫战死，这已是七八日前的事了。眼下父亲已统领大军进逼江陵，不过被江水所阻，留滞东岸，司马休之和鲁宗之也怕得厉害，否则怎会不以大军守在江陵城，而是派了他们的儿子司马文思与鲁轨尽起大军四万于长江西岸布防呢？足见司马休之和鲁宗之已是外强中干，妄图借着长江挡住父亲罢了。我军先前失利，多是被敌军伏击袭扰吃了大亏，如今父亲已在江边对峙这些时日，又知道了敌军主力所在，只要寻到战机杀过江去，司马休之那些兵马还不够父亲塞牙缝的。"

刘义隆被刘义真这样一劝，心情稍稍安稳了些，默默和刘义真把先前几卷军牒归卷装箱，又从案上拿出一卷书信，才看了几句，就气得将那竹简拍在案上。

刘义真没见过弟弟这样生气，很是奇怪，拿了那书信观瞧，是一个叫作韩延之的人写给父亲的回信。

"刘裕！闻汝亲率大军远赴荆州，西境世族百姓莫不惶惧。臣闻事之缘由，起自谯王文思，不由得叹息万分。司马平西体国忠贞，款怀待物。因汝有匡复之勋，司马平西对汝素来敬重，西境诸事无不询于汝而不敢自专。文思以小罪受罚，司马平西仍上疏请罪。而汝兴兵讨伐，所谓'欲加之罪，其无辞乎'。

"刘裕！海内之人，谁不知你心？诡兵远袭，屠害刘藩！宴请宾客，刺杀长民！刘裕！你自以为再无异己，可你失信于天下，何其无耻！如今又投信于我，妄图诓诱国士？吾虽才德浅薄，却也闻君子之道。以司马平西之贤德，岂能无九死不悔之臣子？假若苍天无眼，任由汝这乱国贼子祸乱天下，吾宁可魂归幽冥，也不愿与汝这等无耻之人同存世间。自今日起，吾已改字显宗，小儿更名为翘，就此绝笔，无复他言！"

刘义真读罢，气得暴跳如雷。这韩延之应是司马休之的心腹重臣，父亲写书于他，欲劝他弃暗投明，谁知被韩延之回信羞辱。韩延之在信中把司马休之夸上了天，还指责父亲讨伐刘藩、杀害诸葛长民都是在排除异己。最后还说他和儿子都改了名字。要知道，刘义真的爷爷，名刘翘，字显宗。韩延之此举，无外乎叫嚣他是父亲的爹爹！这文人骂起人来，通篇不带个脏字，却是恶毒至极！

刘义真一把将那书信丢进火盆。刘义隆吓了一跳，想去捡回来，却被烫了一下，只得作罢，惴惴不安地道："二哥烧了这书信，万一父亲问起来可怎么办？"

刘义真却说："这样胡言乱语的东西，留它惹父亲生气吗？"他继而连连骂道，"韩延之什么东西！待父亲杀进江陵城，我定要把这个狗贼揪出来，先扇烂他的嘴巴，看他还敢这样嚣张！"

刘义隆虽也气愤不已，可想想韩延之回书痛斥父亲，全然不惧司马休之兵败后被父亲迁怒，倒也有些气节。而父亲素来慧眼如炬，识得人才，能让父亲亲自修书，足见韩延之确实是个人物。司马休之有韩延之这等才品一流又忠心耿耿的臣子，父亲真能像二哥说的那样，讨灭司马休之吗？

刘义隆正这样想着，却见有人慌慌张张地闯进帅帐来，叫道："二位公子，打起来了！"

刘义真、刘义隆吓了一跳，却见那人是刚才出去的刘乞。就见他神色惶恐，显然出了大事。

刘义真忙问道："你说清楚些，谁打起来啦？"

刘乞紧张地说道："小的刚去江边，就见官兵已经强渡过江了。瞧那阵势，似乎敌军并未察觉，故而官兵渡江没遇到多大阻力。只是……"

一听大军已经杀过江去，刘义真兴奋地说道："我就说父亲怎可能让一条长江就拦住了。今日一大早就不见父亲，竟是奇袭敌营去了！你快说，是哪位将军最先过去的？何处登岸？父亲又在哪里？"

却听刘乞越发紧张，说道："江对面乱糟糟的，小的也不知道究竟是谁最先登岸。不过登岸的地方就在敌军大营外面。太尉的大纛已经过去了，想必是太尉亲自领兵渡的江。"

刘义真喜道："父亲素来出人意料。叛军必以为有长江天险，父亲不敢轻易渡江，即使想过去，也多是要选在别的地方，却不知父亲偏要反其道行之，就在他们眼皮底下渡江。"

刘义隆却觉有什么地方不对，忽然惊醒，问道："江对岸是悬崖峭壁，敌营立在山上，父亲可曾冲到营前啦？"

刘义真也反应过来。叛军于悬崖上立营，又怎么会怕官兵从他们下面登岸呢？他忙问道："你看到父亲了吗？"

刘乞急着说道："叛军已发现官兵踪迹，正以礌石弓矢猛烈阻击。官兵被悬崖拦在山下，死了不少人，至今没人能攀上悬崖去。江对岸实在太乱了，小的只看到太尉的大纛，没时间仔细去找太尉所在，就赶忙回来向二位公子报信了！"

刘义真、刘义隆吓了一跳。前有敌军占据险要，身后又是滚滚长江，父亲领兵身陷险地，至今未能冲到敌军营前，再这样下去，只怕凶多吉少！二人哪还有心思留在帅帐，着急忙慌地领了刘乞，向江边跑去。

透过淡淡的江雾，便见江对岸人头攒动，隐约有阵阵杀声传到耳边。虽说看不见山底下究竟死了多少人，可密密麻麻爬在悬崖上的官兵，不时被山上的巨石、弓矢所伤，仿若断了线的风筝掉落下来，就知山下尸骨已堆积如山了。而汩汩鲜血顺着江边的嶙峋怪石流淌下来，浸染得半边江水，已是鲜红一片。相距甚远，不可能闻到什么气味，可刘义真、刘义隆还是仿佛感受到阵阵强烈的血腥气息。

两人死死盯着江对面，仔细去找父亲的身影。刘义隆的眼神好些，就在父亲的大纛不远处，看到一个金甲将军，忙惊叫道："快看，父亲在那里！"

刘义真顺着刘义隆所指望去，果然见到父亲。就见他身边围着一群坚盾侍卫，紧张地挡住山上落下来的石块、箭矢。可父亲将那些人遣开，取了兜鍪戴上，便要向悬崖边走去，竟是想亲领兵马强行登山。

刘义真惊呼一声："敌军占尽地利，父亲不可冒险啊！"

隔着大江，刘裕自然不可能听到刘义真的呼喊，却突然站住了。就见他面前跪着一个身着轻甲的文士，死死抱着他的腿就是不放。

刘义隆仔细去看，说道："是谢晦！没想到他一个文官，居然也敢陪父亲渡江去。"

刘义真瞧了半天，舒了口气，说道："还真是他，幸好父亲被他拦住了。那悬崖本就险得吓人，就算让人安心去爬，都非易事，何况叛军还在上面下黑手。若父亲亲自去攀，万一出个事，可怎么办？"

就听刘义隆尖叫道:"父亲要杀了谢晦吗?"

刘义真一看,果然见父亲拔出了剑,搭在谢晦的肩上。若谢晦不放,父亲就要下死手了。刘义真不由得担心起来,就怕谢晦心惧,放父亲过去。却见谢晦全然不怕死,抱得更紧。气得父亲把剑丢在地上,扯了谢晦起来。

这时就见又有一队战船从东岸渡了过去,看那旗号,应是建武将军胡藩,似是前军战事不利,想接应父亲回来。刘义真连连喊道:"父亲快快上船吧!"

却见那队战船靠了岸,胡藩领着一队人马到了父亲身边。父亲听胡藩说了些什么,非但没有回到船上,反而使人到了江边,将那些战船的锚绳砍个干净,任由那些战船顺江漂走了。而胡藩吓得跪倒在父亲面前,连连叩首。又似是得了父亲将令,就见胡藩脱了战靴,取了两柄钢刀,领着百十校(jiào)刀手,向悬崖边冲去。

刘义真几乎带着哭腔喊道:"父亲你倒是回来啊!若是叛军没有察觉官兵偷袭,还有可能爬上去。可叛军在上面严防死守,怎么可能杀到营前?这大白天的,父亲你能过得江去,叛军怎么可能没看到?只怕是他们故意放你们过去,就等着官兵爬山,任由他们杀戮呢!父亲啊,你别气昏了头,快些回来吧!"

刘义隆也吓得快哭了,却又说道:"难不成父亲是置之死地而后生吗?当年韩信背水一战,以数千兵将大破赵军二十万人马。父亲也想破釜沉舟,死战不退吗?"

刘义真却哭道:"人家赵军是见韩信兵少,出营鏖战自来寻死,可你看叛军全不要脸,都贴在崖边只顾投石射箭,又有哪个肯下山厮杀?"

刘义真正这样说着,却听刘义隆惊喜地喊道:"快看!那是胡藩吗?"

刘义真止住话语,望向江对岸的悬崖。就见崖壁上被叛军死死压制的官兵中,有一队将士再次冲了上去。那光溜溜的崖壁上没有多少草木,别说人几乎没有搭得上手的地方,只怕猿猴都不见得能爬上去,却见那队人马的领头之人,用两把钢刀插进崖壁岩石的缝隙,双手攀抓,竟在那崖壁上飞一般攀了上去,果真是奉令上前的胡藩。他身后那些死士,有样学样,竟也借着钢刀,贴着崖壁,慢慢地爬了上去。

敌军已发现胡藩那队人马,慌慌张张,疯狂射箭。虽有不少士卒被箭射中,惨叫着跌落下来,可胡藩所选的路径恰在悬崖一处凹槽,硬是挡去大部箭雨,竟奇迹般离山顶越来越近。

刘义真紧张地望着悬崖，手指死死扣着掌心，惊得满身是汗。直到胡藩终于一跃而上，冲进敌军之中，左右开弓，疯狂杀戮起来，刘义真这才松了口气。

莫看只有胡藩一人登顶，这等悍将杀进本以为胜券在握的敌军当中，一下子惊得敌军目瞪口呆，惊慌失措。他们想把胡藩杀到崖下去，却在憋了一肚子火的胡藩面前，白白送了性命。攀上去的官兵慢慢多了起来，那些死士早已心存死志，除了拼死向前，便只有掉到崖下，摔个粉身碎骨，无不以一当十，杀得敌军只有招架之力。

敌军手忙脚乱，顾此失彼，争着赶去围杀胡藩，再难顾及还在半山腰上进退不得的官兵。眼见射下来的箭雨稀疏起来，那些困在崖壁上的官兵，听着山上杀声不绝，欣喜中精神复振，再次爬了上去。未过一阵，就见崖顶上已挤满了官兵的身影，气势汹汹地向敌军扑了过去。而父亲见胡藩得手，正调度兵马，源源不断地赶上前去。

刘义隆连声高呼："万岁！我军胜了！"

刘义真也是庆幸无比，这时才觉手心一阵疼痛，竟是指甲早已抠破了手心，却故作镇定，说道："哼！我都说父亲必胜无疑，你还不信？小场面了，没什么好得意的！"

刘义隆哈哈笑道："二哥刚才还吓得快哭了呢！"

刘义真怒道："谁哭啦？胡说八道！我那是急的，你才哭了呢！"

刘义隆也不与他争闹，说道："二哥，我们也快去渡口，坐船过江吧。"

刘乞吓了一跳，说道："对面还在厮杀，二位公子还是不要轻涉险地吧！"

刘义真理都不理，拉着刘义隆便往渡口跑去，刘乞叹了一声，只得紧紧跟上。

待到了渡口，却见王镇恶早已领了一队战船开到江心去了，而东岸边上，沈田子和他弟弟沈林子刚刚领了一队人马登船，正催令战船离开岸边，向西开去。

刘义真连连喊道："沈将军等等，我们也要过去！"

沈田子回头望了望，哪会让两个小孩子上船，敷衍道："二位公子稍等片刻，待末将杀过江去，扫平乱党，再使人来接二位公子过江。"说罢，他头也不回，只顾催着战船向对岸划去。

刘义真愤愤骂道："这沈田子哥儿俩也太不把我放在眼里了，若是刘钟、檀韶，就算划到江中央去，也多会折回来接我的。"

刘义隆宽慰道:"二哥别生气了。沈田子的哥哥沈渊子刚刚死于鲁轨之手,自然想早些杀过江去,为他们的哥哥报仇了。我们且等等,坐下一队渡船吧。"

刘义真嘟囔道:"他们哥哥死了又不是我害的,干吗对我吊个脸?再说了,沈田子哪是为报仇?多半是见王镇恶抢先渡江,这才忙着去争功的。"

征讨刘毅时,只因王镇恶独占头功,沈田子很是不满。刘义真之言也有道理,只是刘义隆并不知此中纠葛,只当刘义真是不满沈田子没带他上船才说这样的气话,只能在旁劝慰。

刘乞见两人没上船,松了口气,劝道:"江边风大,二位公子不如先去帐中等候吧。"

刘义真、刘义隆都急着过江,哪肯去帐中,全都抻长脖子望着江对岸的战局。就见对面崖上几乎已瞧不见敌军身影,官兵早已冲进敌营。浓烟渐渐腾起,敌军大营显然已被攻破了。

两人坐立不安,迟迟不见下一队战船开来。正心急如焚,却见从大营方向来了一匹快马。到了渡口,那骑士与调度船只的将官说道:"六百里加急,当尽快报于太尉,还请将军速速调船送我过去。"

那将官苦着脸说道:"刚才我军险胜,能用的船只都已派过江去,只能等前面的船退回来才成,多紧要的事也只能等等了。"

刘义真忙领了刘义隆过去,问道:"何事如此着急?"

那骑士自然认得两人,拜道:"小的怎敢私拆信函,不知所言何事。此乃中军将军和右仆射二位大人联名投送的军牒,只说军情紧急,必要尽快交于太尉亲启。"

刘裕西征时,以刘道怜为中军将军,监太尉留府事,又以刘穆之为右仆射,命二人守备建康。为保扬州稳定,刘裕还以刘钟为高阳内史,领兵驻守石头。除此之外,为了防备魏国乘机兴兵进犯,刘裕又以刘敬宣为青、冀二州刺史,驻守广固。这样的布置,按理说是不会出什么大事的。究竟有什么紧要事,让刘道怜和刘穆之联名送来军牒呢?

刘义真不由得好奇,问道:"信函何在?"

那骑士小心地从贴身木匣取出,呈于刘义真面前,果然见那木匣上有刘道怜和刘穆之的蜡封。

刘义真按捺不住,随手掰开蜡封,惊得那骑士呼道:"公子怎敢私拆军牒?小的万死,也担待不起!"

刘义真却道:"怕什么?父亲命我归整军牒,这本就是我分内之事。何况这信还是二叔送来的,他的信我如何拆不得?"说罢,他打开木匣,见有两片木板藏在其中。

刘义真取出一片,便见上面写道:"有群盗数百,夜袭石头,京师震恐,已被刘钟击溃,斩首二百余级,余者逃散,未有活口。贼人皆无甲胄,不知从何而来,亦不知受何人指派,更不知用意何在。"

刘义真看罢,笑道:"一群乌合之众,刘钟轻松剿灭,这有什么紧要的,还需六百里加急送到军前?"他哦了一声,接着说道,"多半是建康虚惊一场,二叔使你送来信函,向父亲表功的。"

说罢,他又拿出第二片木板,见上面写道:"青、冀二州刺史刘敬宣,遭其参军司马道赐、司马道秀、王猛子刺杀,谋据广固,策应司马休之。已被刘敬宣副将所败,司马道赐三人皆已伏诛。"

刘义真大惊失色,几乎要失声喊出,却知此事干系重大,硬是忍住了。

刘义隆见他面色不好,忙问道:"这信又是说什么?"

刘义真把刘义隆扯到跟前,小声说道:"刘敬宣死了!"

刘义隆惊得不轻,接过那信函细读,心中震惧不已。

刘敬宣与父亲关系如何紧密,刘义隆自然知道。如若不然,父亲也不会给他青、冀二州重权。只是刘敬宣当年与司马休之受桓玄之祸,一同流亡北方,可谓患难之交。故而父亲在西征荆州时,没让刘敬宣随军,而是调他去广固防备魏国进犯。并非父亲信不过刘敬宣,而是父亲知道刘敬宣重情义,不想让他与司马休之对阵沙场。谁知刘敬宣忠勇无双,竟然遭人行刺,死得不明不白,着实让人叹息。

更让刘义隆担心的是,司马道赐这个主谋也是宗室身份,其目的在于夺取广固兵权,策应荆州的司马休之。幸好刘敬宣副将及时平定了叛乱,否则父亲正在江陵与司马休之鏖战,若真让司马道赐得手,据广固反叛,父亲前后受敌,可就真的大事不妙了。

再想想前一封信中提及侵扰石头的匪盗,只怕也不简单。怎么就这么巧,几乎在同一时间,与广固一起生事?难道说其中有什么关联?若也是受司马道赐或者其党羽指派,再加上年前司马国璠侵扰,这广陵、江陵、石头、广固先后生变,几乎都有宗室身影，难道这些宗室都在暗中勾结谋图暗害父亲？刘穆之和二叔把这两封信一起送到父亲手中，看来也是有这样的顾虑。

刘义隆忽然打了个冷战，不禁想起慧琳和尚讲过的无名将军旧事。无名将军功高震主，受人猜忌，引来杀身之祸，若非奋起反抗，只怕早已死在小人之手。难道父亲也要走那无名将军的旧路？刘义隆不敢再想下去。

这时，渡口的号声响了起来，有战船从对岸划了回来。远眺敌营，浓烟越发厚重了，只是厮杀声已渐行渐远，几乎听不真切了，想必敌军已逃散去了。刘义真心事重重，面色凝重地从刘义隆手中取回那块木板，放入匣中，塞进怀里，拉了刘义隆匆匆向那船队跑去："我俩快些过江去吧，这事还是早些告知父亲才是。"

分　歧

　　刘义真、刘义隆小心伺候在父亲身边，不敢再像往常那般玩闹，就连散漫惯了的刘义真都安安静静，说话都不敢大声。

　　江陵一战，刘裕大破司马文思、鲁轨四万联军。司马休之、鲁宗之、司马文思弃江陵往襄阳逃窜，鲁轨退守石城阻拦官兵。刘裕分遣王镇恶领水师追讨司马休之、鲁宗之、司马文思，又命沈林子围攻鲁轨。虽说司马休之在荆州士族、百姓的支持下，曾数次击败官兵，可经江陵一战，荆州兵被北府军的彪悍骁勇震慑，再无斗志，军心涣散。鲁轨终为沈林子所败，弃城逃往襄阳。守备襄阳的鲁宗之部将，早已被父亲游说投诚，司马休之几人走投无路，继续北逃，投奔后秦去了。

　　按理说，刘裕大破司马休之，再次收复荆州，应该是一件喜事，可从攻破江陵那日起，刘裕整天都阴沉着脸，让人望而生畏。

　　军中有人猜测，此番西征艰险无比，不但数员大将战死，更有刘裕寄予厚望的爱婿徐逵之葬身沙场，他心情自然不好。也有人说是因司马休之、鲁宗之、司马文思、鲁轨众人，竟在王镇恶的追击下无一人落网，反而全身而退，逃往秦国避祸，无疑让此番西征难称全功。何况司马休之这些人能逃得性命，也是有荆州士族、百姓暗中保护，或假传消息，或阻塞水路。司马休之在荆州的声望竟如此之高，若司马休之是个贤人，那刘裕又是什么？故而刘裕虽胜犹败，愤愤难平。

　　只是无论将士如何猜测，也不敢大肆宣扬。刘义真和刘义隆却知道父亲如此生气的真正缘由。

　　二叔和刘穆之送来的军牒，当真成了父亲的心病。司马道赐兵变弑主，不但让西征虚惊一场，更让父亲为刘敬宣的冤死肝肠寸断。当年父亲在刘牢之麾下为将，关系最亲密的便是何无忌与刘敬宣二人。何无忌战死，父亲可是难过了好久，如今刘敬宣又死得不明不白，父亲如何不痛彻心扉？

刘敬宣的死对父亲来说，已是个不小的打击。更让人担心的还是此次叛乱是否真有什么内幕。这么多宗室，平日也没见他们有什么往来，却先后生乱，矛头无不指向父亲，更牵扯司马国璠那个叛国投敌之人，这让父亲如何心安？父亲成名于北府军讨伐孙恩、卢循叛乱，随后讨灭桓玄，复兴晋室，得以享誉江南，继而北伐燕国，威震天下，而后回师剿灭几乎置朝廷于死地的卢循，又平定为争权夺利不惜分裂江南的刘毅。父亲对朝廷，可谓问心无愧。就算这次讨伐司马休之，多少夹杂了些私心，却也是为了北伐秦国而不惜与司马休之开战。然而，这么多功劳加在一起，惹来的是无尽的非议。虽然当年司马国璠叛国时造谣生事，让父亲很下不来台，可这些年来，多半都是些士族豪门对父亲嫉妒和不平，还从没有这么多宗室如此仇视父亲，以至于到了动刀兵的地步。再往深处去想，若这些宗室是受天子指使，那把父亲看作了什么？是功高震主的护国功臣，是手握重权、排除异己的权臣，还是削弱宗室、图谋不轨的奸臣？

父亲十数年出生入死，到头来竟成了别人的心腹大患，这对父亲来说，无疑是一种讽刺，也是对他这些年忠君报国的否定。然而，父亲如今身居高位，若说为了避嫌就放弃手中的大权，那这些年血战沙场当真是白忙了。何况就算父亲愿为保全声名急流勇退，辞去所有官爵，那些对父亲嫉妒甚至怨恨的人，会因此给父亲留条生路吗？这世道纷乱已有近百年，人心不古，道德沦丧，落井下石本就不在少数，何况父亲这些年当权，得罪了多少人，又杀了多少人。那些人早就对父亲恨之入骨，一旦父亲没了权势护身，只怕刘家满门都要大祸临头了。

抛开这些顾虑，或许父亲真有些什么想法。刘义真三次随父出征，年龄渐长，慢慢也懂了权势二字是什么意思。如若不然，刘义真也不会尝试与大哥争宠，借随父出征积累与大哥抗衡的资本。故而刘义真从父亲的一举一动中品出些别样的味道来。

这些年来，父亲权势越来越大，在朝中有刘穆之总揽政务，每逢出征，也多会把二叔调去京师守备。而在州郡，但凡刺史、郡守，父亲也多用心腹将佐出任。虽说与司马休之开战前，西境州郡皆由司马休之把控，可自江州以东，却大多是父亲指派的刺史。父亲所用之人虽有才干，在任上也是人尽其才，却也有任人唯亲之嫌，就怨不得旁人对他如此猜忌了。父亲或许没有意识到这一点，只是凭着对人的了解和信任来选用人才，可这样委派刺史郡守的结果，就是让朝里朝外所有军政大权都揽在父亲一人手中。刘义真一个孩子，都知道权势的诱人，何况父亲手握这样的大权，自然不会轻易舍弃，只会谋求权势永固甚至更大的权势。至于这更大的权势究竟能大到什么地步，刘义真还不敢去想。可父亲有没有想过，刘义真就不得而知了。

只是刘义真还是第一次见到父亲这样的面孔，哪敢再去惹他生气，又怕父亲憋在舱里气坏了身子，只能和弟弟小心侍奉左右。

眼见快到中午，父亲又是一个早上没说过一句话，只是盯着舱里的那幅军图发了一晌的呆。这时，就听舱外有人请进，是刘乞和庖人送来了饭食。刘义真知道父亲胃口不好，早早让刘乞去岸边寻些蕨菜来。虽说这些年刘家富贵后锦衣玉食，可父亲还是喜欢吃些当年穷困时当饭吃的野菜。

刘义真和刘义隆忙为父亲布好饭食，特意将那翠绿的蕨菜放在父亲的面前。就见父亲看到那野菜，轻轻叹了一声，拿起筷子夹了一团送入口中，吧唧吧唧嚼了一阵，面色变得稍稍好了些，眼神中却又多了些伤感。最后似乎对那野菜很是满意，点了点头，夹起一团放到刘义真的盘中。

刘义真吃惯了美食，对这种野菜不感兴趣，只是为讨父亲高兴，赶忙端起盘子，一股脑儿塞进了嘴巴。满嘴的苦涩让刘义真一阵恶心，却装作很好吃的模样，赞不绝口。

刘裕不禁叹了一声。这段时日一直沉浸在复杂的情感中难以自拔，数不尽的猜忌和敌视，让刘裕愤怒、委屈、悲痛、迷茫，让他头疼得想把所有敌人一股脑儿拉出来杀干净了，却又不知道敌人究竟是谁。从江陵回师已走了十数日行程，刘裕就这样一直憋在舱里，几乎不想见任何外人。离建康越来越近，刘裕也变得越来越沉闷，似乎对那座他曾保护了无数次的城池充满了厌恶。这样一股邪火窝在心中，刘裕的心情自然坏到了极点。只是两个儿子一路上小心陪侍，还特意寻些野菜来讨好自己，也让刘裕有些莫名的感动。

刘裕冲着儿子们点了点头，开口说道："虽说我刘家有了今日富贵，也断然不可忘本。"

父亲总算说了句话，刘义真长舒了一口气，忙接着父亲的话问道："儿子记事时，父亲便已高官厚禄，对早年家里的事知道得少，只依稀记得那些年家里很是艰辛。父亲多给儿子们说些吧,也好让我们不忘当年之事。"

刘裕沉默一阵,叹了一声:"让你们多知道些也是好事,方知今日富贵来之不易。我常对你们说,我刘家祖上原也是帝王血脉,只是大汉亡国都已两百余年,到你们爷爷时早已家徒四壁。好不容易攒了些钱,娶了你们奶奶过门。可生下我没几日,你们奶奶便得了产后风,你们爷爷又无钱去请郎中,奶奶无药可用,竟就这样逝去了。"

刘义真、刘义隆听得有些吃惊,就见父亲眼中闪过一丝光亮,旋即消失不见,便听父亲接着说道:"我出生时,正是北方诸国混战不休的时候,我朝虽也派兵北上,想浑水摸鱼占些便宜,却被前秦大败,只得退还江南。虽说我们所居京口并未受到北方战火波及,可地处南北夹缝当中,生活也是艰辛。那时桓温尚在,却正忙着与朝廷争权,哪会有人可怜百姓死活?你们奶奶去世时,我都还未满月,你们爷爷勉强糊口都已不易,哪有钱去请乳娘。即便想煮些米汤喂养,都凑不出几把稻米。眼见我饿得快要断气,你们爷爷一狠心,便想把我丢到城外去。"

刘义隆紧张地问道:"爷爷把父亲丢掉了吗?爷爷太狠心了,怎么舍得不要自己儿子?"

刘裕苦笑道:"乱世本就如此,能养活一人是一人,明知我活不了,何苦还要多浪费粮食?"

刘义真咂了咂舌,说道:"那爷爷也不该如此,毕竟是自己的骨肉。我记得小时候,父亲对爷爷很是恭敬,若早知爷爷竟想把父亲丢掉,我就该劝父亲别对他那样好。"

刘裕却叹道:"别胡说!你们爷爷没拿我去换碗肉吃,已是顾念父子之情了。"

刘义真一阵疑惑:"换肉吃?父亲是说爷爷把父亲卖给别人?一个婴儿才值一碗肉?未免也太便宜了些!"

刘义隆心中却是咯噔一下。书里常说乱世中,百姓饥寒交迫,易子相食,只怕父亲说爷爷没拿他去换碗肉吃,绝不是卖了那么简单。想想也是,又有谁肯出钱买个快要饿死的婴儿呢?

刘裕避而不谈,说道:"就在你们爷爷把我抱到城门前时,恰巧遇到我婶婶。得知父亲要把我丢了,婶婶忙拦了下来。她儿子刘怀敬已三个多月,她便把我讨回家去,一狠心给她儿子断了奶,转而喂养了我,这才让我活了下来。"

刘义真恍然大悟。刘怀敬是本家族叔，只知此人没什么本事，却让父亲表奏朝廷，拜作会稽太守。那可是个有钱的地方，连二叔曾向父亲讨要都未能如愿。刘义真说道："难怪父亲对刘怀敬那么好呢，却是因为她娘喂大了父亲。只是儿子怎么从来没见过救了父亲的这个婶婶呢？"

刘裕眼中再次闪亮了一下，叹道："你婶婶家也不富裕，养育了我几年，便也养不起了。那时你爷爷家境稍好了些，又娶了妻室，便是你二叔、三叔的母亲萧氏，遂把我接回家中，一起养育。待我成人后，孙恩祸乱三吴，好好的扬州一片焦土，我婶婶便在那时死于战乱了。"

刘义隆这才明白，为什么父亲与二叔、三叔虽是兄弟，却总有些生疏的感觉，却是因为兄弟三人并非自幼一起长大。待听闻父亲的婶婶死在孙恩叛乱时，刘义隆问道："难怪父亲在那时投奔北府军呢，是为了给你婶婶报仇吗？"

刘裕点了点头，说道："说是也是，说不是也不是。那时，我家境虽稍稍好些，却也称不上宽裕，你爷爷要养活三个儿子，哪有那么容易？何况他还省些钱出来供我们兄弟三人读书。早些年，我也常常异想天开，跟着一些人瞎混，见人樗蒲来钱甚是容易，便也赊了些本钱，想要一夜暴富。虽也曾赢些小钱，补贴家用，可赌场上哪有人只胜不败的？后来遇到高手，输得我血本无归，让人绑在拴马桩上羞辱。为了还债，我索性从了军，既是替我婶婶报仇，其实也是富贵险中求，想凭军功换些钱来还债。"

刘义真、刘义隆听得难以置信，虽说知道父亲年少时家境不好，不承想竟穷困到如此地步。这时就听父亲忽而对刘义真说道："你爹爹我年少无知，妄图借樗蒲赢钱，现在想来，未免太天真了。如今你沉迷此中，如何不让我生气？平日把你说得多了，还知道收敛些，说得少了，还不照样玩得不亦乐乎？你现在年纪小，也就和府里的下人玩一玩，他们不敢得罪你，多是故意输给你的。你可知他们多要用那点儿月钱养家糊口，都输给了你，回家如何养育妻儿？别看他们现在穷困潦倒，你怎知他们中间不会也有那么几人，能像父亲一样有今日的威势？待他们得势后，想起当年你是如何赢去他们养家的那点儿钱，又岂会饶了你？再说了，就算他们以后威胁不到你。可待你年纪大些，总要和外人打交道的。你不知人心险恶，到外面还与人赌钱，若和父亲一样倒霉，遇到个高手，就你那点儿小伎俩，再厚的家底也要让你输干净了！"

刘义真听父亲说着旧事，却扯到自己身上。听着父亲唠唠叨叨，说个没完，他便有些头疼。可父亲憋了这么多天，这会儿竟说了这么多话，便忍着让他怪罪几句吧。

刘义真正听得有些烦了，忽听谢晦在外面请道："太尉，刘中军与刘仆射来了。"

刘义真一听是二叔和刘穆之来了，多是从建康来迎候父亲的，一下子如蒙大赦，说道："哎呀，父亲，二叔他们必有要事，儿子们就先退下了。"

刘裕自然知道刘义真是被说烦了，瞪了他一眼，说道："坐下！"他转对外面说道："都进来吧。"

刘义真好不容易有逃出去的机会，却被父亲拉了下来，撇了撇嘴，只得从命。这时就见谢晦引了几人走进舱来，除了二叔和刘穆之，还有谢方明一起陪同，此外还有三人倒是眼生，让刘义真不由得多看了几眼。

那三人能和刘道怜、刘穆之、谢方明一起来，自然是刘裕认识的。刘裕见过刘道怜三人，继而向那几人说道："本公奉天子旨意讨伐司马休之，幸不辱命，清剿乱党，有劳徐宗文、傅季友不辞辛劳来此迎候，着实让本公心中难安。"

徐宗文？傅季友？刘义真思来想去，忽然想起这二人来。

徐宗文，名羡之，字宗文，与父亲一样出身寒微，桓玄篡晋时，曾与父亲一同在桓修麾下为中兵参军。当年父亲讨灭桓玄攻下建康后，便征辟此人为参军。这么多年过去，徐羡之在父亲的调派下，在各州各府出任幕僚，可转了一大圈，依旧是个参军，也就在前不久，刚刚被拜为鹰扬将军、琅邪内史。按说徐羡之此时应该不在建康，为何会来迎候父亲？

傅季友，名傅亮，字季友。此人倒是出身名门，其祖上是西晋时的重臣，怎奈中原大乱，衣冠南渡，傅家已没有当年的风光。好在傅亮倒是博学有文采，被桓玄看中，曾被派在桓谦麾下为参军。桓玄篡晋时，本要招傅亮入朝出任秘书监，为桓玄起草诏书，只因父亲讨灭桓玄，傅亮的任命就此作罢。随后傅亮又被孟昶看中，征入其府中做了参军，并在孟昶的举荐下，出任过不少要职。孟昶自尽后，傅亮的仕途再次坎坷起来。直到父亲官拜太尉，执掌中书监后，傅亮再次被征辟为散骑侍郎，进入中书省负责为朝廷起草诏书。

不管是徐羡之还是傅亮，这二人向来低调，虽然都在父亲手下做事，却一直默默无闻，所以才让刘义真看着眼生，刘义隆就更没听说过二人了。或许是因他

分歧　133

二人都曾是桓玄旧臣，身份尴尬，常受人鄙夷，只得低头做事。可想想朝中那些士族大姓，也曾为桓玄效力，却在桓玄覆灭后很快洗净家底，而徐羡之、傅亮又没多深的背景，只能委曲求全了。父亲大概也是考虑到这一点，所以这些年一直不好重用他们，免得让人说父亲与桓玄旧党勾勾搭搭。此时徐羡之、傅亮来了军中，到底有什么事？

就见徐羡之、傅亮拜过父亲，才刚刚说了一句话，剩下的那个生人便上前拜贺道："太尉大破贼逆，恢复江山稳固，如此功绩尚不敢称辛劳，我等为人臣子，来此迎候，聊表对太尉的敬重之心，怎敢称得辛劳二字？"

那人甚是恭敬，刘裕瞥了一眼，嗤笑道："我道是谁，却是谢混的知己王休元啊！王休元是我朝开国元勋王茂弘血脉，名门贵胄，恕本公出身寒微，从未见过王休元这等出身的人物。怠慢了！怠慢了！"

刘义真不知这王休元是谁，更不知他祖上王茂弘了。可听父亲这样一说，读过本朝旧史的刘义隆倒是想起来了。

王茂弘，名王导，当年中原大乱，正是王导保着元帝司马睿在建康重新立国。可以说没有王导，就没有东晋，故而当年人言"王与马，共天下"，足见王导对东晋的功绩。只可惜王家又出了王敦这样一个谋逆作乱的权臣，使得王家毁誉参半。不过东晋建国至今，王家依旧是江东一等一的大族。

至于这王休元，名王弘，听说学识极为出众，又因家世显赫而少年得志。早在桓玄前，王弘年仅二十，便已是掌权重臣司马道子的主簿。当年司马道子被桓玄收押，无人敢去送行，唯独这王弘因知遇之恩送了司马道子一程，倒是让人敬重。只是此人与谢混的关系极为亲密，而谢混身为刘毅心腹谋臣，随着刘毅倒台而被父亲处死，故而父亲与这王弘素无交往。此时听父亲对王弘说起话来很是客气，却显然因为谢混的关系，对王弘颇为疏远。

就见刘道怜尴尬地说道："大哥凯旋，命我与刘穆之来此迎候，本不想再见别人，只是让我招了徐宗文和傅季友陪同。可王休元听闻王师凯旋，特意求我，带他一起拜见，以解仰慕之情。"

刘义真与刘义隆先听到父亲只招了二叔和刘穆之相见，只当此次回师不想太招摇，却不知父亲为何特意让二叔又招了徐羡之和傅亮这两个平日往来不多的人相见。两人去看刘穆之，就见他脸上也有些不大自然，似乎对父亲除了见他和二叔，另招徐、傅二人来此有些异议。至于王弘，刘义真虽不知王弘是谁，可听王弘刚才对父亲的恭维，再听二叔这样一说，只当王弘不过是个阿谀奉承之徒，知道父亲位高权重，又刚刚剿灭司马休之，故而特意跑来溜须拍马，也好谋个富贵罢了。二叔肯带王弘来此，只怕多半又收了些好处吧。

就见父亲瞪了一眼二叔，看来也多是这样想的。只是父亲沉默了一会儿，叹了一声，忽而站起身来，对王弘拜道："遍观朝野，多少人口是心非，明面上敬我惧我，实则背地里说不尽我的坏话。倒是王休元不愧出身名门，雅识过人，不怕别人说闲话，肯来这里迎我，请受我一拜。"

刘义真满是惊讶，刘义隆却从父亲的言行中觉察出些他的用意来。父亲这一路上，一直对司马休之这些宗室的敌意耿耿于怀。过去剿灭刘毅也好，杀了诸葛长民也好，最多也就让人说他排除异己，可如今赶走司马休之，又有司马道赐这些宗室死于叛乱，只怕那些暗骂父亲打压宗室的言论又要漫天飞了。王弘虽曾与谢混交好，想来与刘毅也有着说不清的关系，因此被父亲疏远，可随着刘毅倒台，王弘也必会寻找新的靠山。从王弘求着二叔带他迎候父亲来看，显然有意投效父亲。王家是江东首屈一指的大族，若能得王弘效力，至少也多了王家支持，少些政敌了。故而父亲一改方才的疏远，对王弘客气起来。

王弘赶忙回拜："卑职何德何能，敢受太尉之礼。说来也是气人，太尉力挽狂澜，数次救朝廷于水火。这些年若非太尉东征西讨，就算朝廷尚在，只怕也要被乱党挤到江北去了。那些小人，如今安居江南，不感念太尉恩德，却没羞没臊地嚼舌根，对太尉此等忠义之臣无端诽谤，实在让人义愤填膺。"

刘裕方才说有人口是心非，不过是随口发了句牢骚，并未特意指谁，听王弘这样一说，只当他知道是什么人在造谣生事，面色稍变，问道："王休元是说有谁在诋毁本公吗？"

王家这么多年屹立不倒，为人处世，自然滴水不漏，岂会轻易得罪别人？王弘不过是顺着刘裕的话抱个不平，以博取刘裕好感，又岂会真说出别人的姓名来，忙改口说道："不过是些坊间胡言乱语，既说不出个源头，也没有什么凭据，太尉听了徒增烦恼，不听也罢。"

一直没有说话的刘穆之也说道："太尉出征在外，石头受些乱党侵扰，搅得京师有些不稳，只是那些乱党逃之夭夭，至今没拿到个活口，故而此次动乱迟迟不能查明根源，却无端生出些谣言来，想必多是那些乱党所为。待将那些乱党缉拿归案，自然水落石出。"

刘裕若有所思地看了刘穆之许久，点了点头，似是自言自语一般："罢了。既然刘钟已经击溃乱党，此事就此作罢。穆之身兼建康留守重责，此后还要多用心些，别再让些心怀叵测的小人钻了空子。"

石头的暴乱，极可能是有人想趁着刘裕出征在外，夺取石头兵权继而控制京城，难保与司马休之、司马道赐甚至司马国璠没有关系。若借着搜捕乱党，说不定能顺藤摸瓜，揪出些大鱼来，就算查不出究竟是谁把这些宗室搅和到一起去，至少也是刘裕打压政敌的良机。谁知刘裕轻描淡写，不想继续追究，着实让众人吃了一惊。

刘穆之不知为何，像是松了口气的样子，忙应了下来。刘裕仿若未见一般，转又说道："此番出征荆州前，朝廷褫夺了司马休之荆州刺史之位，连同其都督西境诸州兵权一并罢免。为便于调动西征兵马，也为师出有名，本公自领了荆州刺史。如今叛乱已定，本公也该卸去荆州刺史了。"

刘义真和刘义隆有些费解。三叔去世后，荆州一直不受父亲管束，先有刘毅，后有司马休之，都借西境大权与父亲分庭抗争。既然父亲已借着讨伐司马休之，自领了荆州刺史，就该把西境直接握在自己手中，却为何要辞去此职呢？两人相互对视，有些明白过来。

随着父亲权势越来越大，压力也越来越大，虽有刘穆之、谢晦、谢方明这些人才辅佐，可每日也要处理数不尽的公务，更要应对那些政敌的暗箭中伤，当真让父亲难以招架，若再亲自执掌荆州，着实没有这么大的精力了。何况父亲久存北伐之志，尤其这两年谋划讨伐秦国，就更没有心思去管荆州军政。再说了，这次西征荆州，当地士族、百姓对司马休之那样支持，以致让父亲吃了大亏，数员大将战死，更是赔上了女婿性命，就更让父亲对荆州有些厌恶了。故而无论从哪种角度看，父亲都不想兼任荆州刺史。只是荆州事关重大，父亲又打算把荆州交给谁呢？

这时，刘穆之紧张地抬起头来，欲言又止，就见刘裕也向刘穆之望去，说道："我有意表奏天子，以道怜为骠骑将军、荆州刺史，都督荆、湘、益、秦、宁、梁、雍七州军事，不知穆之以为如何？"

一听父亲要把西境交给二叔，刘义真和刘义隆放下心来。在经历了刘毅和司马休之后，西境这样的重权，也只有交给二叔，才能让父亲再无忧患。只是刘敬宣刚刚被刺身亡，二叔也早已从徐州、兖州调离，如此一来，北方便成了权力真空，父亲拆了东墙补西墙，又该如何安排北境的州郡大权呢？

却见刘穆之微微颤了一下，说道："西境不但连通益州，更与秦国交接。守备荆州干系重大，虽说道怜是不二人选，可这样的担子交给道怜，是不是有些太大啦？"

刘穆之竟少有地没有同意刘裕的意思，所有人都有些意外。刘道怜本来听到能得执掌荆州这样的重权，正有些喜出望外，却听刘穆之出言反对，面上很是不高兴。虽说刘道怜的确才能有限，西境重任对他而言确实重了些，可被刘穆之这样当众说出来，刘道怜颜面尽失，又岂会愿意？

对刘穆之的反对，刘裕却没有觉得意外，只是笑道："无妨，我欲表奏谢方明为骠骑长史，加拜南郡相，辅佐道怜一起治理荆州。"他转对谢方明说道："道怜办起事来，多有疏漏，方明还当多多提点，若道怜有什么不对的地方，方明也该及时劝止。"他继而对刘道怜说道："方明虽是你长史，可西境诸事，你不可自专，多听方明的意思，他若说可行，方可处置。"

虽说刘裕把西境大权交给了刘道怜，可言外之意，显然是以谢方明掌管西境军政。谢方明与谢晦在刘穆之的举荐下投效刘裕，这几年，兄弟二人渐渐成了刘裕的得力谋臣。西征时谢晦随军，而谢方明留在建康，如今刘裕以谢方明辅佐刘道怜镇守荆州，除了是对谢方明的信任，说实话，也实在是信不过刘道怜的能力。只不过西境这样的大权，直接交给谢方明，刘裕终是放不下心，还是让刘道怜去挂个刺史名号，都督诸州军事，成为西境名义上的最高长官才最稳妥。

刘道怜听刘裕这样一说，知道他去荆州已是板上钉钉的事，虽然有谢方明在，刘道怜也不能肆意妄为，太过贪纵，可这样的重权还是让刘道怜喜笑颜开，也不去理刘穆之，当着众人的面，笑嘻嘻地向谢方明拜道："还望谢长史不吝赐教。"俨然他已经是西境之主了。

谢方明忙客气地还了礼，似乎对这一封拜并不意外，仿若事先已得知一般。刘义真看了看旁边的谢晦，再看了看怅然若失的刘穆之，有些反应过来。或许父亲在收到二叔与刘穆之的密函后，便已对荆州如何安排有了想法吧，只怕多半是

分　歧　　137

与随军的谢晦一同商讨，谢方明自然知道细节。只是刘穆之素来是父亲最信任的人，为什么这次父亲不再听他的建议呢？

刘义真正这样想着，就听徐羡之与傅亮纷纷向刘道怜和谢方明道了喜，王弘上前说道："下官以为，太尉早就该把荆州交给刘中军了，若早行此策，也不至于让司马休之在荆州闹翻了天。下官这些年虽然没有机会在太尉府当差，却也知朝里朝外不少事。太尉救国救民，做了多少大事，为了避嫌，甘愿把西境交与他人。可这般谦逊，又换来了什么？那些怨恨嫉妒之人，因为太尉的退让少说了一句吗？刘毅、司马休之，因为太尉宽容不再作乱了吗？生逢乱世，忠义廉耻成了那些小人口诛笔伐的刀剑，却成了真正能救天下的明主身上的枷锁。以下官愚见，太尉切不可再因小忠而舍大义。我华夏避难江东，已有七十余年，如今北方诸国政令混乱，国运渐衰，人言我汉人命数将得复兴。收复江山的大好机会摆在眼前，陶侃没做成的事，桓温没做成的事，谢玄没做成的事，太尉必能做成！然而，想要北伐，必先稳住江南根基，以刘中军统御荆州只是一环，无论是江南的扬州、江州、湘州，还是江北的徐州、兖州、豫州、青州，太尉再不可为虚名而交与他人。唯有尽皆托付心腹之人，操控于太尉之手，方能避免太尉出征在外而祸起萧墙之内。"

王弘一席话，虽有些恭维和讨好，却句句说在了刘裕的心坎上。

自攻破江陵回师以来，刘裕一直沉浸在苦闷中不可自拔。一边是忠君报国的贤名，一边是图谋不轨的骂名，让刘裕左右为难，不知所从。正如王弘所言，若没有司马休之叛乱，只怕刘裕这会儿早已杀过长江，北伐秦国去了。故而刘裕在与谢晦商讨后，决意把荆州交给自己的兄弟，可对于日后长远之计，刘裕还是有些迷茫。王弘似是而非的一番话，倒是让刘裕看透了人心。与其继续退让，一次次错失北伐良机，还不如独断朝纲，总揽朝廷内外军政。只要能收复河山，背负些骂名又算得了什么？待大功告成，自然让那些小人闭上嘴巴。至于功成之日，自己究竟该还政于天子，还是再进一步，谋图更高的大位，就全在于自己了。

王弘说得好，不可因小忠而舍大义。何为小忠？何为大义？这些年随着权势越来越大，刘裕也在不断扪心自问。司马家窃取曹魏江山，不知好好治理天下，硬是把大好河山拱手让与外人。避难江南以来，依旧不知奋发图强，让那些士族大姓左右朝政，闹得江南战乱不休。若非桓玄也不是明主，这腐烂透顶的大晋朝亡便亡了，自己又何苦拼死保那司马德宗复辟晋朝呢？对司马家的忠便是小忠，恢复中原河山、保天下不再受战乱之苦，才是真正的大义。

刘裕一时释然。桓玄之后，司马家早已亡国，自己苦苦支撑这些年，才让晋朝回光返照。不是总有人说自己排除异己，打压宗室，居心不良吗？既然他们不需要自己，那索性把事做绝了！待北伐功成后，自己对司马家取而代之又如何？且看自己治理出一个盛世来，让那些喋喋不休的小人知道，天命在心存天下、救世人于水火的人身上，而不在那碌碌无为、眼睁睁看着江山越来越腐朽的司马德宗身上！

这时，刘穆之突然上前说道："太尉万万不可！收复中原失地，恢复我朝盛世，自然是重中之重。只是王休元之言，未免妖言惑众！忠义廉耻怎就成了虚名？太尉素来谦逊守礼，身负大功而不自傲，虽有些小人诋毁诽谤，可朝廷不还是对太尉信任有加？太尉心怀忠义，待北伐功成，必能青史留名。可若把持江山，还让人如何看待太尉的忠心？荆州也便算了，为保北伐功成，把荆州交由道怜统御也非不可，只是其他州郡对北伐秦国又有多大干系？若太尉听信王弘之言，必然闹得沸沸扬扬。人心不稳，北伐又岂会成功？想想何无忌在时，与太尉肝胆相照共保江山，何将军忠义一生，持节而死，想来他也不愿看到太尉的声威受损、名节不保吧！"

听到刘穆之再次发出异声，刘裕的面色变得难看起来。

这些年来，刘穆之对刘裕功不可没。若非刘穆之，刘裕不可能在朝中压制刘毅，也不可能在数次出征时保住建康稳固。只是刘穆之与刘裕之间，总有那么一层若有若无的隔阂。刘裕早就感受到这隔阂的存在，却又说不清到底是什么，最近却慢慢醒悟过来。但凡刘裕是为国家考虑，刘穆之殚精竭虑，必保刘裕成功，可一旦涉及夺取权势，刘穆之就会变得极为谨慎，似乎总要想着法子阻止刘裕权势过大。细细一想，当初司马休之出任荆州刺史，好像也与刘穆之脱不开干系。倒不是说刘穆之对刘裕存有异心，而是他与何无忌一样，最大的忠心献给了朝廷。所以刘穆之一直沉浸在左右为难的恐惧中。他怕刘裕失败，却也怕刘裕成功。最怕的就是刘裕功劳越来越大，权势越来越大，大到朝廷再也控制不住，大到让刘裕成为另一个桓玄！

放在过去，刘裕与刘穆之一样，都是死心塌地忠于朝廷的，可随着司马休之这些宗室纷纷作乱，让刘裕终是不愿再这样受制于人。刘裕回师前，曾修书刘穆之，

分　歧　139

也未点破，只是随口提了几句让刘道怜出任荆州刺史的话，刘穆之却没有像往日那般很快有回音，而是选择了沉默。或许刘穆之发现了刘裕心中的巨变吧。刘裕也意识到，再也无法像过去那般与刘穆之同心同德了。所以刘裕快回建康时，让刘道怜和刘穆之一起来迎接，招了徐羡之、傅亮、谢方明随行，便是有意为之的。

刘裕终于下定了决心，脸上挤出些笑容，向刘穆之说道："近来有些风言风语传到本公耳中，说穆之豪奢无度，食必方丈。朝廷这些年征战不休，将士时常忍饥挨饿，百姓更是食不果腹，穆之素有德行，如此放纵，是不是有些不妥啊？"

刘穆之愣了一下，显然确有其事，可刘裕拿这点儿小事来挤对自己，未免小题大做了。刘穆之正色拜道："下官出身贫寒，受尽苦楚。得势之后，的确贪图些口舌之快，只是与那些豪门贵胄相比，下官的饭食也难称得上珍馐佳肴，更谈不上奢华二字。何况就算下官在吃饭上丰盛些，自问在公务上不曾有过疏漏，更没有一丝一毫愧对太尉！"

刘裕点点头，笑了笑，说道："穆之误会本公了。非是本公以此怪罪穆之，而是念及穆之这些年呕心沥血，本公便有些过意不去。如今荆州平定，江南稳固，穆之也该稍稍休息了。徐宗文你是认识的，当年与我一起在京口当差，办起事来很是干练，这次本公调他回京，有意拜他为太尉府左司马，日后便在你手下当差，也好为你分担分担。"

徐羡之闻言，也未等刘穆之说话，上前拜谢："下官必不负太尉所托，自当尽心辅助刘仆射，为太尉分忧，为朝廷尽忠。"

刘义真与刘义隆并不知父亲究竟在想什么，可听到父亲派徐羡之去做刘穆之副手，显然是在分割刘穆之的权势，甚至隐隐有把刘穆之替换掉的意思。二人就见刘穆之身子分明晃了晃，却拜道："徐宗文才学渊博，必能助下官良多。"

刘裕见刘穆之终于不再反对，很是满意，转而对王弘说道："方才听王休元一席话，本公倒是茅塞顿开。本公有意屈就王休元也来太尉府，且先做个参军，不知王休元肯否应下？"

王弘此来，本就是为投效刘裕，别说来太尉府做个参军，哪怕做个记室都愿意。王弘早已看透了晋室朝廷的败落，如今刘裕权势鼎盛，在讨灭了司马休之后，江南再无敌手，虽说不知刘裕此时究竟有没有对朝廷生出异心，可把谁放在刘裕的位置，有这样的权势，又有这样的功绩，谁肯功成身退？只怕迟早有一日，刘裕必会对晋朝取而代之，越早投效刘裕，日后越有富贵。王弘听闻刘裕要征自己去太尉府，忙乐呵呵上前拜谢："下官自当奉命。"

刘裕点了点头，说道："本公还有些事要和道怜他们商议，王休元且先去别室稍歇。"他转对刘义真、刘义隆说道："王休元乃名门之后，你兄弟二人代我好生招待。"

刘裕方才已封拜了刘道怜、谢方明、徐羡之三人，又征召王弘去太尉府任职，此时说有事商议，多半还是些人事调派的事。所以才会让傅亮也来军中，好回去后起草诏书。从刘裕对王弘一番话的态度来看，只怕是想把州郡刺史、郡守调换个干净。只是王弘毕竟新来，刘裕也不会太过信任，免得走漏了消息，故而让刘义真、刘义隆陪他出去。

王弘何等聪明，知道自己初入太尉府，有些事是不适合让他知道的，又哪会去怪刘裕？他笑呵呵地拜过刘裕，才在刘义真、刘义隆二人的陪同下，走出了舱房。

刚才有那么多人在场，刘义真、刘义隆哪敢失礼，在舱里直挺挺地坐了许久，早有些累了。虽然还得陪着王弘，可好歹没有舱中那么拘束，不由得长舒了一口气。

二人正想引着王弘去客房休息，王弘却摆了摆手，笑道："有劳二位公子相陪，王某受宠若惊。王某久在京师，少有出入军中。今日难得到了太尉旗舰，二位公子可否陪王某观瞻观瞻？"

刘义真听王弘不想去客房，也正想在外面散散心，便引着他去了舰首甲板，避开父亲他们的谈话。王弘望着浩浩荡荡的舰队，又欣赏着碧水青山，一时赞叹不绝。

刘义隆还在想刚才刘穆之的事，悄声向刘义真问道："二哥，父亲对刘穆之似乎多了些生分，又让徐羡之去做他的副手，这究竟是什么意思？难道说父亲已不再信任刘穆之了吗？"

刘义真也有些恍惚，一时不知该如何回答，却见王弘回首笑道："二位公子可听过荀彧？"

刘义隆没想到王弘听到了自己的话，有些不满，可听他说起荀彧来，忽然觉察出些什么。见刘义真还一头雾水，刘义隆避开王弘，扯着刘义真离得远些，这才说道："荀彧乃当年曹操的首席谋臣，奉天子以令诸侯便是荀彧对曹操的谋划。若没有荀彧坐镇后方，曹操不可能在官渡大败袁绍，就更不会有曹操一统中原的基业。只是荀彧虽对曹操忠心无比,却更忠于汉室。曹操权势日盛,渐渐与汉室分道扬镳,荀彧与曹操的分歧也越来越大,终是不再被曹操信任,被人取代。据闻,荀彧最后是被曹操赐药毒死的。"

刘义真不由得问道:"你是说今日的刘穆之也和那荀彧一般,更愿意让父亲辅佐朝廷,重振声威,而不要像曹操……"话至此处,刘义真沉默下来。从宗室对父亲的态度和父亲近来的沉闷来看,只怕父亲已对朝廷生出了些想法,刚刚又做了那么多人事调派,显然是在为将来有所谋划。只可惜刘穆之为父亲效力这么些年,却终有了今日的尴尬处境。

这时,忽听王弘长叹一声:"刘穆之外供军旅,内决朝堂,有萧何、张良之才,却不要做了荀彧才好。只是这大好江山,终是要归于谁?"

谋　变

刘义隆长长伸了个懒腰，睁开双眼，便觉窗外早已大亮，瞧那天色，似乎已是日上三竿了。刘义隆不由得一阵恍惚，今日为何睡得这般沉，竟到这个时辰才醒来？刘义隆披上一件皮裘，踏上棉靴，来到窗前一把推开，只觉眼前豁然一亮。

却见窗外洋洋洒洒，飘着点点碎玉似的雪花。在雪花的映衬下，天空虽然阴沉，却显得格外深远，仿若穿越时空般没有了边际，将那白雪从远古洪荒一直吹到了当下。屋顶上、院子里，薄薄盖了一层积雪，花丛里、老树上，坠满了一条条冰挂，神奇而又绝美，让人仿若身在幻境。

刘义隆出生于江南，长这么大，从未见过下雪。若非和二哥陪父亲来了彭城，只怕永远都不可能见到这样的奇景。震撼之余，刘义隆由衷地赞叹一声。这才想起昨夜从二哥那里回来时，便已稀稀疏疏开始下雪，只不过那会儿雪花碎小得几乎难以察觉，若非脸上冰冰凉凉的感觉，刘义隆都还以为只是刮着冷风罢了。谁知睡了一夜，雪竟一直下个不停，这会儿又大了起来，以至于放眼望去，银装素裹，天地间几乎没了别的颜色。难怪才到辰时，天竟已亮到这个地步，却是白雪映射所致。

刘义隆兴奋地看了一阵，却觉冷风一吹，不觉打了一个冷战。他忙回到屋里，穿好了衣衫，裹紧了皮裘。几案边尚有昨晚研好的残墨，刘义隆心中的欢喜难以言喻，他随手取来一尺白绢，信手写道：

　　夜半入梦来，晨曦淡抹妆。
　　残风卷碎玉，薄雪照冬衣。

才刚写罢，刘义隆便将笔丢在案上，兴冲冲地跑回窗边，抬头望着漫天飞雪出神。

自父亲讨伐司马休之回到建康，不觉已过了一年多。早在西征前，父亲便已筹划北伐秦国之事。怎奈与司马休之大战一场，北府军损失不小，不但数员大将战死，更有万千将士阵亡，故而父亲一面养精蓄锐，一面静待北伐良机。而这一年时间里，关于秦国的密报一封封送回建康，让刘义隆真切地感受到秦国仿若一只垂垂老矣的猛兽，正在一步步走向死亡。

秦帝姚兴因偏宠三子姚弼，险些引发秦国一场内乱，却只将姚弼免官了事。待风声稍过，秦帝姚兴再次给予姚弼重权，使其统率三万大军镇守秦州。秦国朝野一片哗然，劝阻之言此起彼伏。偏偏此时，夏王赫连勃勃引兵进犯边境，大破秦军，坑杀降卒两万余众。姚兴遂以姚弼为帅迎战夏兵。姚弼倒也有些本事，擒得夏军前锋赫连建将，逼得夏军就此撤兵。

对秦国而言，夏国已是心腹大患，可赫连勃勃的入侵真帮了姚弼一个大忙。击退强敌，使得姚弼声势复振，也堵住了悠悠之口，让姚弼得以把军权牢牢掌控手中。就在这时，秦帝姚兴再次病重。姚弼图谋不轨，密调兵马藏于府中，可还没来得及举事，便被人告发。这次姚兴当真怒不可遏，将姚弼党羽尽皆擒杀，又将姚弼下狱问罪。谁知这个时候，太子姚泓居然感念兄弟之情，为姚弼说了话，终是让秦帝姚兴又一次饶了姚弼的性命。

按说姚弼两次反叛失败，能保全性命实属不易，也该收敛些了，何况太子还为他求过情，姚弼怎么也要念着太子的好。谁知姚弼天生反骨，狼子野心，非但没有知恩图报，反而对太子更加怨恨。秦帝姚兴本就病重，反反复复，不得痊愈，再被姚弼一气，未过两个月，转眼已是病危。姚弼随即勾结党羽，再次谋逆。只是消息有误，姚弼以为姚兴已经驾崩，遂引兵杀进宫中。怎料姚兴强撑着站在宫前，立刻让叛兵如鸟兽散，而姚弼也被姚兴赐死。愤恨无比的姚兴油尽灯枯，终于驾崩，太子姚泓灵前即位，宗室老臣姚绍受遗命辅政。

虽说姚泓终于继承秦国大位，可这些年来，姚泓一直难有作为，又被姚弼排挤得没什么权势，所以姚泓在秦国没多少威信可言。刚刚即位，便先后有数地发生叛乱，若非辅政重臣姚绍办事得力，及时平定叛乱，只怕秦国早已四分五裂。

内乱刚平，外敌又来。

姚兴驾崩，秦国周边的强敌全都躁动起来。虽说西秦国乞伏炽磐被北凉国沮渠蒙逊牵制，一时不敢对秦国下手，可位于秦国西南的仇池国早已按捺不住。仇池王杨盛这些年一直被秦国压制，得知姚兴已死，随即亲领大军攻破祁山，侵入秦州。秦军匆忙迎战，却被杨盛诱敌深入，惨败于竹岭。

与此同时，秦国的老冤家夏国也未冷眼旁观。夏王赫连勃勃趁着仇池国与秦国交战，也领四万大军杀入秦州，渔翁得利，接连攻破州府上邽、阴密、安定、雍、郿数城，先后擒杀秦军一万五千众，俘获军民五万余人。

辅臣姚绍再次挂帅赶往秦州，这才稳住秦军败局，先后击退赫连勃勃和杨盛大军。只是经此一战，本来富庶的秦州被战火摧毁，焦土一片。而强盛的后秦帝国，被强敌轮番侵扰，南北迎战，疲于奔命。

刘裕苦等的战机正在此时。听闻秦州战事，刘裕请命朝廷出兵北伐。刘裕筹划多年，只在此战，大军兵分五路，声势浩大，誓灭秦国，收复山河。以龙骧将军王镇恶、冠军将军檀道济自淮、泗北上，杀奔许昌、洛阳。新野太守朱超石、宁朔将军胡藩进击阳城。振武将军沈田子、建威将军傅弘之自荆州北上，出击武关。建武将军沈林子、彭城内史刘遵考领水军走汴水入黄河。刘裕则引兵马北上，驻军于彭城，威慑魏国，谨防北伐秦国时，魏国从中作梗，并以王仲德为先锋，引水师自巨野沿黄河西进。

这次北伐的规模之大，对于偏居江南的晋朝来说，还是开国以来头一遭，不但北府军几乎倾巢而出，全国上下过半兵马都已随行。当年征讨燕国时，卢循乘虚叛乱，闹得江南翻了天，有此前车之鉴，刘裕对江南也安排得颇为妥帖。刘道怜已奉命去了荆州赴任，有谢方明辅佐，西线闹不出多大乱子。东线州郡里里外外也换了不少人手，江州刺史换成了檀韶，而青州刺史则是檀祗。

这些人事调派，刘义隆先前多少都有些知悉，意外的是父亲先后以大哥刘义符为兖州、豫州、徐州刺史，未过多久，又改由父亲自领刺史。几番调派后，父亲已身兼二十二州的军政大权。虽说父亲出征在外，不可能一手掌控各州，却没有像往日那般瞻前顾后，把州权交给外人，而是全都托付给了孟怀玉、刘钟、刘粹这些心腹大将。至于最重要的国都，父亲居然以大哥为中军将军，监太尉留府事。以刘穆之为左仆射，领监军、中军二府军司，总摄内外。

在刘义隆看来，二叔去了荆州，这镇守都城的事，也该由刘穆之监太尉留府事，可父亲把这个位子给了大哥，让刘义隆当真难以置信。虽说刘义隆也曾在卢循叛乱时，被父亲派去京口镇守城池，却从未授予实职。大哥这次虽然只是挂了个官职，实权依旧由刘穆之操控，可大哥以十三岁的年纪，居于如此高位，难免惹人非议。然而，父亲已不在乎别人的看法，似乎在经历了荆州平叛后，已不在意别人尤其是那些政敌对他的怨言了。

刘义隆思来想去，那日回师途中，父亲与众人一番密谈，显然预示着江南即将有一番巨变。父亲掌控二十二州大权，更对大哥委以重任，也好在他出征时，能有他真正信任的人守好门户。既然父亲做什么都有人说三道四，又何苦为了虚名左右不讨好？至于刘穆之，虽说这次依旧实际掌控留守的大权，可父亲已命徐羡之为刘穆之的副手，又把朱龄石从益州调了回来，拜为左将军总揽宫中禁卫，还以他乳母的儿子刘怀镇掌管京城兵马。这样的布置，看似让京城仿若铁桶一样牢固，可在刘义隆看来，难保不是像王弘说的那般，父亲与刘穆之已有了些分歧。以刘义隆对刘穆之的了解，他不大可能像刘毅和诸葛长民那样与父亲撕破脸皮，可父亲所谋求的大业，却是刘穆之所不愿看到的。故而父亲还是要对刘穆之有所防范，免得让刘穆之成了他的隐患。

想到这里，刘义隆不由得轻叹一声。父亲这些年为国出生入死，别的不说，单是讨灭桓玄那个篡国贼子，恢复晋室河山，就让刘义隆把父亲当作盖世英雄一般。然而，这些年过去，父亲权势越来越重，无论愿不愿意，都已是别人眼中的权臣，也渐渐重走了所有江南权臣的老路，向东晋最耀眼的宝座投去贪婪的目光。刘义隆不敢说也不能说父亲做得不对，毕竟这些年朝里朝外对父亲的敌意和不公，刘义隆是看在眼里的。父亲与他所效忠的大晋朝闹到今天这样尴尬的境地，有父亲的原因，也与朝中那些自诩忠贞，实则嫉恨父亲权势的人脱不开关系，甚至与天子都有些牵扯。既然那么多人想置父亲于死地，父亲愤而反抗，在刘义隆看来，也是事出无奈。只是刘义隆自幼研读圣贤之书，对这谋逆二字还是有着本能的抵触。刘义隆一面幻想父亲可以成为周公、霍光那样的圣贤，一面又不得不面对父亲一步步夺取东晋大权的现实，当真有些烦闷抑郁。

而二哥这一年多来，也不知怎么了，仿佛换了个人似的，变得越来越阴沉，一点儿也不似过去那个嬉笑打闹的兄长了，让刘义隆困惑的同时，满是担忧。

往日里，刘义隆几乎和刘义真形影不离，除了一起研读功课，便是为父亲整理奏章、军牒。待忙完了正事，他们总要在一起玩闹上大半日。府里待厌了，刘义隆也会壮着胆子，和二哥偷跑出去，在刘乞的护卫下，或去城外钓鱼，或去山上打猎，或去集市逛街，偶尔也拉上慧琳郊游，听他讲讲趣事，与他斗斗嘴，当真乐此不疲。然而，陪父亲回到建康后，二哥似乎对很多事都没了兴致，甚至他所喜好的樗蒲都未见他玩过几回。每天愁眉苦脸的，也不知在想些什么。初时，刘义隆只当二哥和自己一样，是为父亲图谋晋室江山而迷茫苦恼，可每当听到父亲又新兼任一州军政大权时，二哥却满是欢喜，继而变得闷闷不乐。显然，对父亲的大业，他是乐见其成的，这就让刘义隆实在猜不透二哥在想些什么了。

直到父亲再次举兵北伐，二哥一下子又活跃起来，拉着刘义隆去求父亲随军同行。虽然得偿所愿，哥儿俩陪着父亲来了彭城，然而这一路上，二哥大多时间都沉闷得很。父亲在时，二哥装作很是成熟的模样，与父亲说些他这个年纪并不擅长的话题。待父亲出去了，二哥又再次沉默寡言起来，偶尔还叹上几声，不知究竟在愁些什么。这样的异样举动，让刘义隆对二哥忧心不已。小时候听人说有狐仙勾人魂魄，难不成二哥也中了邪？刘义隆可不会什么驱邪避灾的法子，唯有整日陪在二哥的身边，免得他出了什么事。

昨夜又陪二哥到了深夜，直到两人都困得紧了，刘义隆才回了自己的卧房。一夜过去，这突降的大雪，如梦如幻，让刘义隆心中的抑郁一扫而尽。

刘义隆正思量着待雪稍小一些，就去二哥那里，邀他一起赏雪，好让他散散心。就在此时，忽听有人从院子外面走了进来。

"三弟，你起来了吗？"

刘义隆从窗边循声望去，见二哥穿着一件大氅，正走进院子来。

刘义隆忙回道："起来了。这么大的雪，二哥怎么出来啦？快快进来避避寒气。"说罢，他打开门，把刘义真迎进屋子来。

刘义真还是那般模样，脸色不是很好看，进来时随手关了门，对刘义隆挤出一丝笑容："下雪了，过去只听书上说过，今日也是头次看到，就来找你一起赏雪了。"

刘义隆笑道："我也正想去找二哥呢，倒是二哥先来了。"说着，他就拉着刘义真到了窗边，手舞足蹈，指着外面纷纷扬扬的雪花惊叹不已。可刘义真说是来赏雪，却心不在焉，望着苍茫的天空愣了一阵神，便将窗子关了起来。

刘义隆有些纳闷，就见刘义真叹了一声，解下大氅挂在一边，在卧房转了转，见到几案上刘义隆刚才写的诗，拿起来细读两遍，点了点头，"三弟倒是好雅兴"，继而又变得沉闷起来。

刘义隆有些担心他，走到跟前，小心说道："二哥还没吃早饭吧，我这就叫人去准备。"却见刘义真摆了摆手，刘义隆只得作罢。兄弟二人闷声对坐在几案两侧，过了许久，刘义隆终是忍耐不住，问道："二哥，弟弟与你自幼在一起，若你有什么难心事，说与弟弟听听，就算弟弟没多大本事能为哥哥分忧，至少也让哥哥一吐为快。何苦憋在心里？再这样下去，哥哥你非憋出病来不可。"

刘义真苦笑一声，忽而问道："三弟，当年哥哥在京口送给你的棋子还在吗？"

刘义隆愣了一下，这才知道他说的是那枚被他当作军令的棋子。刘义隆很是珍惜与刘义真的兄弟情义，对那棋子一直当宝贝一般。刘义真两次陪父亲出征，一走就是大半年，刘义隆就更把那棋子当作刘义真的信物，随时带在身边。他忙从袖中取了出来："二哥你看，这是什么？"

刘义真接过那棋子细瞧，当年在地上磨去的印痕尚在，那一抹糕点的酱汁已是浸入骨牌中，仿若一个褐色的血印。小小的棋子经刘义隆这些年小心收藏，竟有了一层亮晶晶的包浆，显然刘义隆时常拿出来把玩，也好在兄弟二人分开时睹物思人。

刘义真虽然知道刘义隆一直没舍得丢掉那棋子，却没想到他竟如此珍惜此物，倒也有些意外，眼中多了些暖意。盯着那棋子许久，刘义真说道："父亲这一年多来在忙些什么，三弟你知道吧？"

刘义隆本以为他说的是北伐之事，可看他的神色，显然不是指这个，忽然明白过来。刘义真是在说父亲忙着改朝换代的大事！

刘义隆沉默一阵，点了点头。见刘义真又不再说话，刘义隆终是问道："二哥，当年桓玄篡取晋室江山，闹得身败名裂，死无葬身之地，父亲首举义旗，匡扶晋室，也由此声名鹊起，享誉江南。谁知世事难料，这么些年过去，父亲又做起了桓玄当年之事。虽说我也知道，以父亲的雄才大略，想对晋朝取而代之，不大可能步了桓玄后尘。可为人臣子，窃取江山，毕竟不是什么光彩的事情，父亲为了权势而毁了自己一世英名，究竟值不值得呢？"

刘义真笑了笑，说道："三弟未免迂腐了，这些年的书把你都读傻了。司马家的江山是如何来的？不照样是从曹家人手里夺来的？哪能怪父亲取而代之？何况天下有德者居之。司马家自其祖上至今，又出过几个好皇帝？若他司马家当真有能耐，怎会让天下乱到今天这样的地步？若非父亲的功劳，司马家早就绝了香火。

再说了，桓玄是个什么东西，哪有资格与父亲相提并论？他不过是靠孙恩、卢循叛乱，浑水摸鱼夺了天下。这样一个跳梁小丑，闹得天怒人怨，失败早已是板上钉钉的事情。你再看看父亲，不但保全江南稳固，更向西收复益州失地，向北攻灭南燕，光复青徐旧土，如今再次北伐，扫灭后秦也是指日可待。只有父亲这样的人才配得上天子的大位，也必将是一个万民敬仰的好皇帝。"

刘义隆知道刘义真说得有道理，可从内心深处还是抵触的，只是刘义真这会儿不再沉默寡言，倒是让刘义隆稍稍松了口气，便顺着他的话问道："二哥，你说这次讨伐后秦会顺利吗？"

听刘义隆问起北伐的事，刘义真一下子活跃起来："那是自然！北伐五路大军，已有两路旗开得胜。王镇恶、檀道济杀进秦国豫州属地，所向披靡，秦将望风而降，重镇许昌都已被檀道济攻克。而沈林子、刘遵考一路，也已攻克仓垣，扫清了道路。只等王镇恶、檀道济、沈林子他们攻破洛阳，秦国便会尽失关东属地，再有王仲德疏通彭城到洛阳的水路，父亲便能挥师西进，杀去关中。想想那时，沈田子也已由武关北上，牵制秦军，几路大军两面夹击，攻灭秦国必是手到擒来。何况朱龄石从益州回来时，还向父亲密奏，他曾遣使去过凉州，与那北凉国主沮渠蒙逊有了联系，只等晋军杀进关中，沮渠蒙逊便愿向我朝臣服，自西向东侵扰秦国。秦国四面受敌，焉有不灭的道理？"

刘义真说的这些事情，其实刘义隆都知道。兄弟二人一起整理军牒，刘义隆岂会没有看过？只是刘义真这段时日闷闷不乐，刘义隆原以为他未留意这些军牒，谁知他竟全都知道，还真让刘义隆有些意外。

刘义隆赞道："父亲的韬略，当真让我钦佩。秦国本也是北方强国，听闻姚兴当年趁着苻坚淝水惨败，趁势夺取关中基业，倒也称得上一方霸主。晚年却因偏爱三子姚弼，闹得国中大乱，又错用降人赫连勃勃为将，以致北方国土拱手送于他人。如今姚兴病逝，秦国也将亡国，当真让人可叹。"

听刘义隆说到这里，刘义真再次沉默起来。过了良久，刘义真忽然问道："父亲丰功伟绩自然无人可敌。只是三弟以为，老大能担得起父亲的伟业吗？"

听刘义真没头没脑地问了这么一句，刘义隆愣了许久。

刘义隆自幼与刘义符疏远，虽也是兄弟，却没有多深的感情。以刘义隆对刘义符的了解，这个大哥可比二哥更贪玩些。父亲在时，还算老老实实，可等父亲一走，那便玩得不亦乐乎，声色犬马，斗鸡走狗，无不精通。老大身边又围着一大群趋炎附势之徒，怎么哄老大高兴就怎么玩，搅得老大玩心更盛。前些年开始，父亲让兄弟几人接触军政，意在历练一番。老大初时还算上心，可没过多久，便被玩心占了上风。父亲前脚一走，他就把差事都丢给了刘义真、刘义隆。这一年多来，父亲让老大先后做了几州刺史，虽然没有真去赴任，可手中的钱多了不少。有了钱更好办事，什么好玩买什么，打赏起外人来更是花钱如流水一般。若有朝一日父亲真能问鼎天下，老大作为长子，文不成武不就，只怕绝难担当大任。

想到这里，刘义隆就更觉头疼，忽然一想：二哥何故有此一问？

就见刘义真似乎从自己的脸上看出些什么，说道："老大贪图玩乐，无才无德，若父亲把这大业交给老大，只怕刘家过不了二世，就要葬送了基业。父亲出生入死，背负了多少非议，才有了为我刘家打下一片天地的机会，若就这样被老大毁了，我岂能甘心？"

说到这里，刘义真侧耳向门外听了听，见没什么动静，才继续说道："前些年，我不满老大对我的轻视，故而有了与他一争长短的念头，何况他还不是父亲的世子，我争上一争，也算不得僭越。而这些年来，老大仗着父亲的宠幸，有恃无恐，只想着如何快活，哪曾像你我一般心心念念，想助父亲一臂之力？可父亲被老大蒙蔽，还当老大是可造之才，简直把老大当成了心头肉。好吃的、好喝的、好玩的，什么不是先供着老大？最好的师傅不也都是去给老大教书？只想着老大能长些本事，可老大在父亲面前一个样儿，转身又是另一个样儿，如何对得起父亲的苦心栽培？你我二人陪同父亲出征也不在少数吧？父亲虽也疼惜你我，却远没有对老大那般寄予厚望。我不时在思量，老大就比我早生一年，父亲也从没有说要把老大的娘亲扶作正室，凭什么老大莫名其妙就成了父亲大业的后继之人？若父亲依旧是个公爵，让老大承继了这富贵也就算了。如今父亲即将拥有的，可远不是一个公爵所能比拟，让老大这种人承继父亲大业，别说我不乐意，三弟你岂能愿意？"

刘义隆忽然有些醒悟过来，二哥这一年多来究竟在想些什么。难怪二哥总想陪父亲出征，并非他对军旅真有多感兴趣，而是在与大哥争宠！一年多前，父亲还未对朝廷生出悖逆之心，二哥抢不抢得到世子之位没什么大不了，权当是与大哥斗气罢了。可这一年来，父亲掌控的州郡越来越多，取代晋天子的可能也越来越大，日后所能继承的可就是整个天下了。在这样巨大的诱惑面前，二哥对老大的争斗之心只会越来越强烈。

刘义隆仔细看了看刘义真，仿若重新认识了眼前这个人一般。十多年的朝夕相处，竟未看出他还有这样的心计。只是二哥把老大说得一无是处，可他虽比老大好些，然而他的玩心只怕比老大也少不了多少。老大没有能力继承父亲的基业，二哥就有这个把握扛起这个重担？刘义隆忽然生出一丝伤心和失落。这些年一直把二哥当作最亲近的人，二哥陪父亲两度出征，让刘义隆对他何其崇拜，故而也学他随军出征。谁知到头来，二哥竟是把这当作与老大争宠的手段。

刘义隆暗暗叹息一声，敷衍道："二哥你也莫要忧心，父亲至今都没有表奏朝廷册立世子，老大也不见得就能成为父亲的继承人。"

刘义真却着急道："三弟可不敢掉以轻心。父亲这一年多来，先后让老大出任兖州、豫州、徐州刺史，这次北伐，更让老大监太尉留府事，对其栽培之意不言而喻，只怕此番北伐得胜归来，以老大的留守之功，让他做了这个世子也是顺理成章的事情了。"

听他这样一说，刘义隆越发明白，何故近来二哥越来越沉闷。过去二哥兴冲冲地陪父亲出征在外，全指着能借此博得父亲青睐，谁知父亲依旧看重老大。眼见老大离世子之位越来越近，也让二哥这些年的忙活全都白费，故而他才会变得这般忧虑。

刘义真见刘义隆盯着自己一直不说话，只当他还没有明白自己所说的利害，进而说道："三弟，我知道你心软，或许没觉得老大承继父亲大位有什么关系。可你要知道，我这些年与老大争宠，他对我岂没有怨恨？待他执掌大权，能容得了我？"

刘义隆一阵心悸，迟疑道："都是自家兄弟，就算疏远些，也不至于闹得不可开交吧？"

刘义真却苦笑道："说你心善你还不信。大好河山放在面前，哪还能有多少亲情？远的不说，你看看秦国。姚弼和姚泓闹得几次动了刀兵？别看姚泓假惺惺地为姚弼求情，可等他稳住了太子之位，又哪还会求姚兴饶了姚弼的性命？等到日后老大继承父亲大位，你二哥的结局只怕比姚弼不会好到哪里去！"

刘义隆忽然生出一阵寒意。老大真会像二哥说的那般，不念兄弟之情吗？这权势二字，就真能让人忘了血脉亲情？父亲与二叔、三叔感情不是一直很好吗，也未见他们为了权势撕破脸皮呀？却又一想，父亲兄弟三人可没有一个皇帝大位放着让他们去抢，自然不会自相残杀了。若日后老大真的成了天下之主，想想二哥曾对他的威胁，还真难保老大不会做出什么残忍的事。只是二哥提起秦国，让刘义隆不由得一阵深思。姚弼为争大位，闹得秦国国运堪忧，眼见亡国在即。若二哥也和大哥争斗起来，这刘家还没有掌控的天下，能稳固下去吗？

这时，就见刘义真仿若下定了决心一般，昂首说道："无论我愿不愿意，与老大争斗已无从避免，为求日后性命无忧，也为了我刘家大业常盛不衰，我定要与老大争个明白。三弟，还记得当年京口时你我说的话吗？待我做了大将军，你便是我的先锋大将！今日还是这句话，若我能胜过老大，承继父亲的大业，你便是我的大将军！"说着，他便将那棋子重新递了过来。

刘义隆一阵恍惚。忽然一阵臆想，二哥这些年待自己如此亲密，难道只是把自己当作他争宠的助力吗？今日与我说了这么多，也只是想让我助他与老大夺权吗？与二哥之间的感情竟也掺杂了这么多的功利吗？刘义隆犹豫着接回那枚这些年视作珍宝的棋子，捏在手中，来回摩挲。伤感之中，只觉得自己仿若一瞬间长大了，看透了许多，也看清了许多。转念一想，二哥当年不过五岁，远没有今日这么多想法，却不惧生死，偷跑去京口陪伴自己，就冲着他这份情谊，拼死助他一回又能如何？这世道百十年来混乱不堪，让人们早已蒙蔽在蝇营狗苟之中，而父亲取代晋室天子也已是心照不宣的事情，老大又的确不是什么明主，相较之下，二哥已是好了许多，就让自己辅佐二哥，共保父亲这份基业万古长存，也让这纷纷扰扰的天下重新归于安宁吧。

刘义隆拿定了主意，将那棋子紧紧攥在手中，深深一拜："二哥既有此志愿，那我自当誓死相随。只是你我不过十多岁的少年，父亲已经拿定的主意，岂是你我能左右得了的？"

见刘义隆答应下来，刘义真长舒了一口气，面上现出久违的笑容，说道："有三弟相助，何愁大事不成。这段时日，我也一直苦思。你我与老大相比，弱势在于他是长子，强势在于你我数从军旅，故而军中也好，州郡也好，远比他要熟悉。以我这些年所知，父亲真正信得过的还是自家人，所以才会让没有多大本事的二叔镇守荆州。这次北伐，又刻意带了族叔刘遵考随军，还留了刘怀镇在建康，都是想让二人沾带些军功，才好日后委以重任。与刘遵考、刘怀镇相比，你我更是父亲的至亲。既然父亲已让老大先后官拜刺史，你我封官之日，想来也不会太久。

老大身为长子，这是他的优势，也是他的劣势，正因身为长子，所以虽然封官，却不能赴任，只能挂个头衔，留在建康，不得轻易就藩。你我若是真有官做，多是要去州郡赴任的。江南这多少年来，在建康掌控朝权的，什么时候斗得过在州郡掌控兵马的？只要你我兄弟同心，就算老大当上这个世子，甚至是太子，他也坐不稳当！"

刘义隆越听越是心惊。刘义真所谋，竟是想日后合兵逼宫了！这哪是一个十来岁的孩子该想的事情？有心劝上一劝，和他一起向父亲谏言，重新审视老大的储位，若能说动父亲，以二哥为世子，岂不是避开一场祸事？可又一想，两个半大小子去和父亲谈这些事情，说兄弟二人不满老大，想要取而代之，这不把父亲气死了才怪！

刘义隆左思右想，说道："二哥所想，倒也深远，只是父亲春秋正盛，北伐正在紧要关头，待父亲克定中原，收复失地，你我再徐徐谋划取代老大，也不是不可能的事。何苦现在八字都还没有一撇，就苦恼那么远的事情呢？"

刘义真见刘义隆并未反对，很是高兴，听他说的话，倒也有些道理，说道："这也不过是我最坏的打算罢了。只要三弟肯助我，老大绝非你我对手。"

话才说罢，忽听院子里传来一声惊呼："哎呀！"

刘义真、刘义隆吓了一跳。二人所言之事岂能让外人听了去？刘义真噌地跳了起来，一下子冲到屋外，喊道："什么人？"

就见外面的雪下得更大了，本还像糖砂一般的雪末，早已化作鹅毛般大小，院子里的积雪已有两寸余厚。一个孩童四脚朝天，躺倒在院子里，却是被积雪滑倒了，只是穿的皮裘太过厚重，以至于他半天翻不过身子。

刘义隆一瞧，却是老四刘义康。

刘义隆除了与刘义真最为亲近，诸兄弟中也就与刘义康交好了。刘义隆总是跟在刘义真后面玩，而刘义康就好似是小一号的刘义隆，每日总要来找三哥的。那些年刘义真随父出征在外，刘义隆在家无所事事，也就与刘义康年岁相近，故而走得近些。这次北伐秦国，刘义真、刘义隆一起随军，刘义康也已六岁多了，软磨硬泡，求着父亲带他出来。

刘义隆笑了一声，走到跟前，一把将刘义康扯了起来，说道："你看看你，像个翻了盖儿的乌龟一样。这么大的雪，怎么也没带个仆人，就自己一人来我这里啦？"

刘义康满脸都是雪渣子，好似个白胡子小老头般，就见他呸呸啐了两口："三哥，我还是头一次见下雪呢，也太好玩了。白花花的像白面一样，就是冰了些。我一出门看到这模样，哪还等得住别人？一路跑来，就想找你玩了。"

刘义真狐疑地看了看刘义康，左右一望，再也看不到旁人，方才的惊呼声应该就是刘义康滑倒时的尖叫了。见他如此狼狈躺在院子里，想必也没听到自己和刘义隆的密谈，这才放下心来，说道："你小子不老老实实待在建康，非要跟着父亲出来，这个跟头摔得，该让你长些记性了吧？以后就乖乖待在家里，好吃好喝有人伺候着，何苦要出来受这罪呢？"

刘义康却嗦嗦笑道："二哥，你第一次跟父亲出征讨伐卢循，只怕也没比我现在大上多少吧？我总听你和三哥说起打仗的事，自然也想出来看看了。还好这次来对了，若留在建康，怎么可能见到下雪呢？"

刘义隆也笑道："二哥你也别说他了。你我这么大时，不也在家待不住吗？"

刘义真哼了一声，不再多话，就见刘义康看着刚才摔倒的地方，哈哈笑道："二哥你看，这地上印出我的模样来了呢！"

刘义隆看去，积雪中果真活脱脱有个刘义康的轮廓，笑道："常听北方来的人说，待下了大雪，就把雪扫在一起，堆雪人，打雪仗，可热闹了。我们也来堆个雪人如何？"

听他这样一说，刘义真也玩心大起，笑道："那样最好。只是你这卧房小院雪太少了些，只怕也就堆个小娃娃出来。"

刘义康跳着叫道："我知道，我知道，花园那里地方大，下的雪远比这里要多，我们去那边玩吧。"

听他这样一说，刘义真、刘义隆哪忍得住，忙回屋里，各自取了大氅披上。哥儿仨一路跌跌滑滑，到了花园。就见漫无边际的大雪早已把花园装点成了另一番模样。亭台楼阁早已换了妆容，仿若铺了一层厚厚的棉花，变得臃肿滑稽。而假山怪石，沟沟缝缝都被积雪填得满满当当，人言冰清玉洁，冰雪掩盖的假山倒好似真用玉石堆砌一般。

三人欢呼一声，取了园中仆役的扫帚铲子便忙活起来。三下五下，就扫出一个圆鼓鼓的大肚子。只是这脑袋就有些费工夫了。扫帚铲子全都没了用处，只能用手团个圆球出来，在地上滚来滚去，越变越大。估摸尺寸差不多了，这才小心翼翼，合力搬到肚子上放下。三人又从扫帚上揪下些枝条来，七手八脚地在那脑袋上仔细勾勒出眼睛、鼻子。等模样差不多了，兄弟三人嬉笑着，欣赏起自己的杰作来。

刘义隆满意地说道："这雪人倒是神气，若是有把兵器握在手里，可就真成个气派的将军了。"

刘义真哈哈笑道："那还不容易？"说罢，他从花园的树上掰下一根树枝，把上面的边边角角揪个干净，只剩下尖上一条侧枝，细细挦成一个镰钩的模样，这才把它插在雪人身侧，还真像一把杀气腾腾的钩矛。

刘义隆、刘义康纷纷赞叹，刘义真正扬扬得意，却见有几个人也来了花园，是父亲领着谢晦、王弘二人。父亲一身戎装，似乎刚刚从军营巡视回来。刘义真忙叫道："父亲，你快来看看，我们这雪人堆得可好？"

刘裕见刘义真三人玩得正欢，笑着摇了摇头，向这边走了过来。

虽然离得尚远，可兄弟三人依稀听到谢晦正在那里向父亲报奏："前军传来军牒，先锋王仲德水师已入黄河。路经滑台，魏国兖州刺史率众弃城，渡河北逃，王仲德兵不血刃，轻松入城。魏主拓跋嗣已遣大将叔孙建、公孙表领兵南下，于枋头与王仲德对峙，并遣使入城，声称魏晋早已通使交好，责问我晋师何故无端侵扰魏土。王仲德回书，假称太尉欲以布帛七万匹借道于魏以伐秦国，谁知魏国守将弃城而去，这才暂驻滑台养兵。不日便将西行，不会占着滑台不放手，故而与魏晋两国交好无碍。拓跋嗣又亲作书信送来了彭城，向太尉求证此事。如今我军讨伐秦国正是紧要关头，王仲德抢占滑台，虽然让魏国在黄河以南没了城池，也扫清了彭城通往洛阳的水路，只是无端惹恼了魏国，让拓跋嗣插进来一脚。若处置不当，两国交兵，轻则断了彭城与洛阳的道路，重则让魏国领兵参战。无论怎样，都对伐秦不利。为了安抚拓跋嗣，是否该遣使去趟魏国？大不了送上七万匹布帛，免得魏国扰乱我伐秦大业。"

刘义隆听闻魏国已派兵南下，不禁担心起来，若魏军真和晋军打起仗来，这可对讨伐秦国大为不利，却见父亲摇头笑道："怕什么！本公领兵屯驻彭城，不正是为了防备魏国生事吗？前些年讨伐南燕，秦国得燕国求救，派兵驰援，故而此次伐秦，这便是我朝兴师问罪的一个由头。灭秦之后，中原仅剩魏国，迟早与拓跋嗣有一场大战。正愁没什么借口，若魏国真敢向我军开战，恰好给了日后讨伐魏国的口实。你代我给拓跋嗣回封信，就说洛阳本就是我晋朝旧都，被外敌占据已有百年，我朝欲回旧土久矣。怎奈朝中出了司马国璠、司马休之、鲁宗之这些叛国贼子，秦国收容他们侵扰我朝，故而我朝兴兵讨伐。今向魏国借道，非是对魏不利，而是意在秦国。便请魏主体谅我为国除贼、讨伐不义秦国的苦心吧。"

谢晦愣了一下，迟疑道："如此说辞，颇为不敬，会不会惹恼了拓跋嗣？"

刘裕笑道："拓跋嗣高不高兴，他都不会坐视秦国覆灭。你以为魏国与我朝通使，就真是想与我朝和平相处？你可知道，姚兴驾崩前，拓跋嗣已向秦国求婚，姚兴将其女西平公主嫁与拓跋嗣。拓跋嗣与秦国联姻，一来是那夏国赫连勃勃不但频繁出兵秦国，也对魏国侵扰不断，故而两国想借联姻合力抗敌。二来也是怕我朝北伐，这才让拓跋嗣与秦国携手。拓跋嗣不是蠢货，知道唇亡齿寒的道理，故而我军伐秦时，他必会出兵阻挠的。与其等我大军全都杀进关中时，魏国断我水路、扰我粮道，还不如早早激他出来，把他打疼了、打怕了，才能让他老老实实地躲到一边去。"

谢晦若有所悟，点了点头。刘裕问道："檀道济攻破许昌，不知秦国有何应对？"

谢晦答道："谍探归报，许昌被我军攻破之后，秦辅臣姚绍向秦帝姚泓谏言，说秦州与夏国、仇池国一场大战，让秦州已成一片焦土。如今晋军攻破许昌，威胁洛阳，而夏国赫连勃勃虽然暂退，迟早要卷土重来，秦国两面受敌，而秦州相距长安过远，实难顾全，故而姚绍有意将秦州军民全都迁入关中，可得精兵十万，以此充实关中。"

刘裕听闻此言，站住了脚步，想了想问道："姚泓这么做了吗？"

谢晦答道："没有！听说是朝中有人反对，说秦州军民久受夏国侵扰，对夏兵深恶痛绝，只要夏军再次杀来，秦州军民必会拼死抗敌。若把秦州迁空了，正好让夏军畅通无阻，威胁关中。"

刘裕点了点头，说道："这赫连勃勃倒也帮了我一个忙，若姚泓真把秦州军民全都迁回关中，还真会给我军平添不少强敌呢。"说罢，他继续向刘义隆三人走来，复向谢晦问道，"那洛阳局势如何？秦国可有兵马驰援？"

谢晦答道："洛阳守将是秦帝姚泓的弟弟，陈留公姚洸，已向长安求援。姚泓遣武卫将军姚益男引步卒一万助守洛阳，以越骑校尉阎生率骑兵三千救援，并以他弟弟并州牧姚懿屯兵陕津渡口以为声援。只是三路人马都还在路上。"

刘裕问道："姚洸是如何布防的？"

谢晦答道："姚洸部将赵玄谏言，收拢河南所有兵马，固守洛阳，以待姚益男、闫生、姚懿救兵。"

刘裕皱了皱眉头："洛阳城坚，若姚洸果真坚守洛阳，又有三路救兵，只怕此战必要耽搁些时日了。"

谢晦却道："姚洸年轻气盛，没有固守洛阳，分兵赵玄千人守备柏谷坞，又以部将石无讳东戍巩城。"

刘裕哈哈笑道："洛阳本就兵少，分兵迎战，这不是自取其祸吗？檀道济现在到了什么地方？"

谢晦答道："檀道济已到成皋，虎牢关守将献关归降。还有朱超石、胡藩二将也已抵达阳城，守将不战而降。王镇恶正在肃清河南秦兵，进展顺利。"

刘裕点点头，说道："待肃清河南秦兵，唯剩洛阳和柏谷坞、巩城而已。传令檀道济尽快兵进洛阳，至于柏谷坞和巩城，就让王镇恶去应付吧。"

谢晦应了下来，刘裕已到了儿子们面前。

战事顺利，刘裕心情正好，笑着看了看三个儿子。他们脸蛋冻得红扑扑的，可堆了一阵雪人，热得满头大汗。刘裕笑道："看你们玩的，别冻着了。过几日我就要向洛阳进兵了，若着了凉，你们可就别想再随我出征了。"

刘义真应道："父亲只管去忙军国大事，我兄弟三人会照顾好自己，绝不给父亲添乱的。何况我与义隆、义康多活动活动筋骨，身强力壮，才好助父亲讨灭秦国。"

刘裕笑道："你倒是好志气。"说罢，他去瞧那雪人，赞道，"这雪人还真是有模有样。"

王弘、谢晦陪在一旁，附和着，赞叹不绝。刘义真一听，很是得意，笑着问道："父亲小时候可与二叔他们堆过雪人？"

刘裕笑了笑："我小时候居于京口，哪曾来过北方，第一次看见下雪，还是在讨伐南燕的时候，整日操心战事，哪有时间去玩雪？"

刘义真扯着刘裕的手，说道："那父亲今日便一起来玩吧，对了，我们打雪仗如何？"

刘裕摆摆手，笑道："我还有许多要事，你们哥儿仨自己玩吧！稍玩会儿，就快些回去，记得让下人煮锅姜汤喝了，可别冻着了。"

刘义真忙说道："父亲既然忙于军国大事，那就别管我们了，我会照顾好两个弟弟的。这就回去了。"

刘裕点头道："还算有个哥哥的样子。"说罢，他就引了王弘、谢晦转身向书房走去。

刘义隆正想和二哥领弟弟回去，却听王弘边走边说："太尉，河南战事顺利，攻破洛阳指日可待。下官是不是也该再回一趟建康？新得河南州郡旧属司隶，这司州刺史也该由太尉兼任才是。"

刘义隆心中暗暗寻思。这一年多来，父亲先后得以监管二十二州军政大权，想必多半就是王弘从中运作吧。王弘乃东晋开国首功重臣王导的曾孙，有王家支持，才能压制住朝野的异声，让父亲顺利掌控这么多州郡大权。难怪王弘投效父亲不算早，却越来越得父亲信任，此番北伐也带在身边。想当年，王导辅佐司马睿，在江南中兴晋室，如今他的曾孙王弘，却忙着把晋朝的大权，一步步抢来献与父亲，辅佐父亲改朝换代。这东晋起于王导，终于王弘，一个家族左右了东晋的兴亡，还真是让人难以置信。

就听刘裕说道："嗯，你看着去办就好。"他复又压低声音，说道："还有你说的九锡，这次也一并办了吧。"

刘义隆心中一惊。这九锡是什么，刘义隆自然知道。九锡乃天子之礼，远的不说，曹操、司马昭，得了九锡之礼，都做了些什么？而这些年乱世，又有多少重臣先后谋求九锡，都不过是改朝换代的敲门砖。父亲也已开始筹谋九锡之礼，看来对晋朝取而代之的谋划已经真正付诸行动了。刘义隆不禁向刘义真望去，就见他嘴角流露出一丝笑意。

这时，就听王弘答道："下官知道了。只是这事去找刘穆之，是不是不大方便？太尉离开建康时，青州有些流寇逃去涂中，青州刺史檀祗引兵追讨。这本不是什么大事，却听闻刘穆之极为小心，唯恐是檀祗想借机生变，故而准备调拨兵马防备。徐羡之劝了许久，才让刘穆之作罢。"

刘义隆听闻此言，初时不明所以，细细一想，才反应过来。平定司马休之后，刘义隆便察觉了父亲和刘穆之的分歧。刘穆之忠于晋室，虽辅佐父亲，却不愿看到晋朝亡在父亲手中。檀氏兄弟是父亲心腹，檀祗镇守青州，檀韶镇守江州，而檀道济还是此时征讨洛阳的先锋。檀祗追讨流寇，让刘穆之那样警惕，在于刘穆之知道父亲正谋图大位。如今父亲出征在外，而檀祗引兵临近国都，刘穆之唯恐这是父亲授意为之，欲以檀祗兵马威慑朝廷，才会生出调兵防备的念头。

刘裕沉默了一阵，对王弘说道："你回去后，和徐羡之、傅亮商议着办吧，不必去管穆之了。"

王弘应了下来，又说了些什么，只是已经走得远了，刘义隆再也听不清楚。

待父亲的身影渐渐隐没在风雪中，刘义隆五味杂陈，更没了玩雪的心情，对刘义真说道："二哥，我们也回去吧！"

刘义真"嗯"了一声，与刘义隆走在前面，却没见到后面的刘义康抿嘴笑着，心中暗道："父亲就要当皇帝了！二哥、三哥你们倒是好算计，想与老大争一争这天下。我这当弟弟的是不是也该做些什么呢？"

雪越下越大，兄弟三人离开了花园，只剩下那孤零零的雪人将军，被雪花渐渐遮住了眉眼。

敲山震虎

蜿蜒起伏的黄河奔腾不绝，滔滔河水肆意咆哮，似是诉说着中原百十年的兴衰。一支声势浩大的船队，正浩浩荡荡地向西行进。虽然逆水行船，又逢深冬枯水时节，可在数万大军面前，这点儿阻碍几乎没给船队带来多大的麻烦。数百艘战船，在南岸纤夫的拉扯下，乘风破浪，逆水而上。正是东晋太尉刘裕讨伐秦国的北府军向洛阳挺进。

刘义真和刘义隆正在旗舰的船舱里，整理着一路上搜集来的书简，慧琳也在一旁忙个不停。

刘裕素来重视收集书卷。先前北伐燕国，便带回大量的书简，经慧琳一干人的整理，补充了建康府库藏书。此次再度北伐，虽说一路军务繁忙，可刘裕也没有忘记此事。每过一处城池，便将城中的藏书送到军中来。

刘义真没像过去那般不以为意，主动向刘裕请命，和刘义隆一起跟着慧琳整理这些书简。河南州郡，百十年来一直便是诸国争夺的焦点，战火从未停息，故而收集来的书着实有限，且大多残破不堪、腐朽霉变，船舱里又不大通风，空气当真污浊不堪。可刘义真浑然不在意，在慧琳的教授下，与刘义隆仔细清理那些破烂的竹简帛书。

那日王弘在刘裕的授意下回到建康，向朝廷求取司州刺史。当王弘启奏天子，要为刘裕加授九锡之礼时，群臣无一例外地选择了沉默。让人颇为意外的是，刘穆之竟也什么话都没说，面色戚然，离开了朝廷，当夜便生恶疾，告病在家，不再参与政事。

刘穆之忽然生了病，让人不由得疑窦丛生。不少人怀疑刘穆之既不想助刘裕夺取晋室江山，却也不想背叛刘裕，两难之中，索性称病在家避身事外。他都不去管这事，就更不可能有人对加封九锡提出异议了。天子很快下了旨意，不但让刘裕兼任司州刺史,更是拜刘裕为相国、扬州牧,增封十郡爵为宋公,赐以九锡之礼,位在诸侯王之上。

面对朝廷的封拜,刘裕却选择了辞谢不受。在刘义真兄弟看来,或许父亲想仿效过去那些权臣,三拜而受命,可想想刘穆之称病在家,只怕父亲多少也有些愧疚。无论刘穆之是不是真病了,念着这些年的情谊,父亲才不肯受命,算是还给刘穆之一丝尊严吧。

待王弘从建康回来,刘裕便着手向西进兵。只因要远赴关中,刘裕没有理会四子刘义康的苦求带他同行,而是让人送他回了建康。让人意外的是,刘裕本也没打算带上刘义隆的。就在大军开拔前,刘裕已请命朝廷,拜刘义隆为徐州刺史,监徐、兖、青、冀四州诸军事,镇守彭城。刘义隆此时虚岁也才十二而已,这样大的权力交给刘义隆,让他着实担子不轻。刘裕这样封拜,不过是因为他统军西行,要把身后交给至亲才放心。又以王弘的弟弟王昙首为刘义隆的长史,还留了大将到彦之,助刘义隆守备徐州。只是刘义隆舍不得与父亲和二哥分别,故而借着整理书简为由,从彭城一路随军,为父亲和刘义真送行。

刘义真吹了吹刚拿出来的一卷竹简上的浮土。竹简上的麻绳早已烂得穿不住,吧嗒一声,竹简断成了几片。刘义真哼了一声,把那竹简铺在案上,拿了刷子扫扫灰尘。竹简上满是霉斑,可字迹倒还清楚。刘义真取了一卷空白的竹简,边抄录边念道:

"元嘉四年,北汉大举南下,洛阳告急。晋并州刺史刘琨有使来,求拓跋猗卢自代郡发兵,攻北汉别部刘虎军于雁门。猗卢遣军两万,破刘虎营垒……刘琨与猗卢结为兄弟……表奏晋天子,拜猗卢大单于、代公……晋并州刺史刘琨,引兵攻北汉平阳,兵败。北汉反攻晋阳,城破,刘琨败逃……拓跋猗卢引骑兵二十万,助刘琨击退汉兵,晋阳为猗卢所得……刘琨转屯阳曲……刘琨表奏拓跋猗卢为代王,求增兵驰援洛阳……拓跋猗卢宠幼子比延,有废长立幼之心。长子六修起兵反叛,猗卢败亡,六修亦为援兵所杀……"

刘义真越抄越觉得奇怪,忽然想起什么,问道:"慧琳,你看这卷残本中所说的拓跋猗卢,与现今的魏国皇帝拓跋嗣,可有什么关联吗?"

慧琳接过刘义真的抄本,看了一阵,说道:"这拓跋猗卢乃是拓跋嗣的先祖。早年西晋国乱,匈奴人刘渊建立北汉,猛攻洛阳不休。西晋并州刺史刘琨,欲借拓跋猗卢抵御北汉。虽说数次击退汉兵，可并州渐渐落在了拓跋猗卢的手中，以至于刘琨都快没了容身之处。刘琨想利用拓跋猗卢挽救西晋，而拓跋猗卢又何尝不是在利用刘琨壮大自己？拓跋猗卢借着刘琨的举荐，得了西晋封拜，创下代国基业。只是拓跋猗卢终是因为儿子不合，闹得代国内乱，国力大衰。到后来，代国只能沦为后起之秀赵国的附庸。"

听闻此言，刘义隆心中咯噔一下：又是个因儿子不合，闹得国家败落的旧事。想想二哥与自己的密谈，欲兄弟联手与老大夺权，也不知日后究竟会发生什么。但愿别闹得不可开交，最后亡了国家才好。

刘义隆正这样想着，就听刘义真继续问道："既然拓跋嗣祖上国号为代国，何故到了今日改作魏国呢？"

慧琳答道："代国沦为赵国附庸后，一直没能缓过劲儿来。直到拓跋什翼犍时，借着赵国与燕国争霸，再次独立出去，国力日渐强盛，而后为前秦苻坚所灭。直到前秦淝水惨败，拓跋什翼犍的孙子拓跋珪逃归旧土，复建代国。只是中原已被慕容垂复兴的后燕抢占，拓跋珪兵微将寡，也难与慕容垂争锋。何况代国北方又有柔然日渐强盛，更有贺兰部、铁弗部、独孤部各路部族，可谓强敌环伺，故而代国数年间一直不甚出色。拓跋珪依附于强盛的后燕，慢慢扫清周围强敌，又趁着慕容氏内斗，在后燕与西燕之间左右逢源，终于大败燕军，抢占了中原。而慕容氏反而被逼东逃，在青徐重新建国，分裂为南燕、北燕。拓跋珪取代慕容氏入主中原，只是这代国毕竟远在边陲，为显拓跋氏的正统，拓跋珪遂改国号为魏。如今的魏主拓跋嗣，正是拓跋珪的儿子。"

刘义隆说道："没想到魏国旧事居然如此曲折，拓跋珪忍辱负重，倒也称得上英雄。"

刘义真却道："父亲西征秦国，虽走水道，却路经魏国领土。听闻魏国已派兵十万南下，虎视眈眈。父亲常言，知己知彼，百战不殆。既然这卷残本果真与魏国有些关联，我还是将这抄本献与父亲，说不定能有什么用处呢！"

刘义真正说着，却听船外传来一阵歌声。

    督护北征去，前锋无不平。朱门垂高盖，永世扬功名。
    洛阳数千里，孟津流无极。辛苦戎马间，别易会难得。

督护北征去，相送落星墟。帆樯如芒柽，督护今何渠。
　　督护初征时，侬亦恶闻许。愿作石尤风，四面断行旅。
　　闻欢去北征，相送直渎浦。只有泪可出，无复情可吐。

　　刘义真、刘义隆听着那歌声，都是一阵沉默。
　　刘裕西征司马休之时，女婿徐逵之战死沙场，刘裕伤心之余，命督护丁旿回建康向女儿刘兴弟报丧。听闻丈夫回不来了，刘兴弟撕心裂肺地痛哭过后，写下后面几句歌词祭奠亡夫。刘裕见那诗词，也是伤感不已，遂在前面加了几句，使人谱了曲子，变作一首军歌，以此激励将士。如今，这首歌在军中传唱许久，却还有几人记得徐逵之的死和刘兴弟的哀伤？
　　刘义真、刘义隆默默无语。却听那歌声唱罢，忽有一阵胡琴凄凄响起。二人愣了一下，就听远处一阵歌声，地动山摇般传了过来。

　　三十年血溁江山，一百年破碎家国。
　　皇亲贵戚争雄，罹罹百姓嘤啼。
　　谁把玺绶作嫁衣，更添了九鼎重器。
　　自此胡马裂北土，衣冠男儿忙争渡。
　　新亭豪言今犹在，处仲雄兵却为谁？
　　同室操戈几寒暑，江山鼎沸数轮回。
　　谁把北国相顾，更恤贱民如土？
　　纵有士行无数，也难堪权势二字撩心骨。
　　褚公亲征破青徐，桓侯一怒收洛阳。
　　王师北伐中原日，耄耋扶墙泪千行。
　　箪食壶浆迎两道，只当苦尽甘来翘首望。
　　谁知胡骑啾啾烟尘扬，百万雄师争相渡江皆惊忙！
　　皆惊忙，还建康，谁管劳军百姓成羔羊。
　　成羔羊，如何偿，尸骨十万遗道旁。
　　黄河愤愤愤怒难消，淮水幽幽幽怨难平。
　　褚公桓侯威名愈盛，累累冤魂换了富贵。

敲山震虎　163

那歌声哀婉悠长,在凄厉的胡琴声中,好像有撕心裂肺的哭喊声经久不绝。初听那歌声,只觉满是国破家亡的痛苦,待到后来,却化作无穷的怨愤。刘义真、刘义隆面面相觑,不知那歌声从何而来。

刘义隆向慧琳问道:"这歌似是在唱西晋亡国,士大夫衣冠南渡,逃奔江南,后面又在说晋师北伐,惨败而还。自始至终,都有一股怨气,似是对晋师满是仇恨。若这首歌是敌国所作,倒也不奇怪。只是听歌中,似是中原百姓对晋师不满。我总听父亲说,中原惨落于敌国之手,旧土百姓任人鱼肉,苦不堪言。按说晋师北伐,百姓欢欣鼓舞才是,却为何对晋师有这么大的怨气呢?还有那歌中所提处仲、士行、褚公、桓侯又都是谁呢?"

慧琳好像也沉浸在歌声的怨愤中,难以平静,听刘义隆这样一问,答道:"当年西晋亡国,抛下罹罹百姓逃去江南,任谁去想,不对故国割舍难忘?东晋重臣王导在新亭接纳南渡的士大夫,众人无不为家国沦丧抱头痛哭。王导义正词严地激励众人,声称必当励精图治,收复河山。然而王导终其一生,不过想着如何保住半壁江山和他王家的富贵罢了,到最后更有他的族兄王敦为夺权势,悍然起兵杀向建康。若非王敦病逝,再有朝中陶侃、温峤这些忠臣义士愤而反抗,只怕东晋在立国之初就已易主了。歌中所唱的处仲、士行便是那王敦、陶侃。虽说王敦兵败,东晋得以保全,可偏安江南这数十年来,朝廷一直内斗不休,纵有陶侃这等忠义之士为国奔走,却也有更多为权势而不顾国家大义的无耻之徒,又有几人还想着收复失地,救那些在敌国受尽折磨的百姓?"

慧琳顿了顿,接着说道:"淝水之战前,倒也有过两回北伐。一个是国丈褚裒(póu),一个是大将军桓温,都趁着敌国内乱挥师北上。初时倒也战绩斐然,褚裒打到了青徐,而桓温更是收复洛阳一路逼近长安。那时北方百姓深受敌国压榨,听闻王师北伐,无不箪食壶浆,迎候北伐大军,更不惜抛家舍业,千里投奔,全指望晋师可以救他们于水火。然而无论褚裒也好,桓温也罢,北伐的目的还是借军功自抬身价,以此争权而已。故而见好就收,哪想尽全力破敌?恰逢敌国援兵杀来,晋师仓皇退兵,回了江南。投奔晋师的数十万百姓傻了眼,唯恐敌国秋后算账,只能一路跟着晋师向南逃命。可晋师自顾不暇,有谁去管百姓死活?可怜无辜百姓,一路逃难,几乎无人生还。"

刘义隆听得阵阵心酸。难怪歌声最后说"褚公桓侯威名愈盛",却真是拿累累冤魂换了他们的富贵。也难怪歌中对晋师如此怨恨,非是百姓无情无义,而是晋师的确有负百姓。

刘义隆正这样想着,却听外面一阵嘈杂,军中报警的钟声急促地响了起来。

刘义真跳起来:"只怕那歌声多是魏军所唱,又来阻挠我北伐大军了。"

刘义隆也站起身来,想与刘义真出去看看,这时,舱门忽然打开,刘乞匆匆进来:"不好了,魏军又来了。刀箭无眼,二位公子可不要出去。"

刘义真哪肯听,说道:"船队行在河上,魏军又无水师,怕他怎的?"说着,他披了大氅,就与刘义隆一起冲出了舱门。

警钟依旧响个不停,却未见两军交锋。刘义隆向北岸眺望,就见岸边乌泱泱集结了数千骑兵,正沿着河岸,与晋军一起西行。虽然两军相距甚远,弓箭难以射到,双方都只是警惕地盯着对面,可冲天的杀气凝聚在两军之间,战事一触即发。

刘义真骂道:"这魏军也太烦人了。自父亲领军沿河西行,魏军就这样一直尾随不退。但凡我军有渡河过去的斥候,全都被他们杀个干净。父亲是去伐秦,又不是与他魏国开战。他们至于紧张成这番模样吗?这无仗可打,倒是打起嘴仗来,唱个破歌就能吓退我军吗?"

刘义隆说道:"先锋王仲德夺了魏国河南重镇滑台,魏主拓跋嗣写信于父亲讨个说法,却被父亲噎了回去,魏军自然害怕父亲是假途灭虢,口口声声伐秦,却乘机向河北用兵,故而才会调集十万大军于北岸防备了。"

刘义真又骂道:"可他们打又打不起来,只能干瞪着眼睛盯着我们,着实烦人得很。若我是父亲,便要狠狠地杀杀他们的威风,让他们滚得远远的,省得在这里碍眼!"

正这样说着,刘义真往上面甲板望去,说道:"父亲在上面,我们也过去吧。"说着,他便与刘义隆一起登了上去。

刘裕正被众将环绕,一脸怒气地向北岸望去。显然魏军连日骚扰,让刘裕很是不快。刚才他们又唱了那么一首辱骂晋师的歌谣,自然让刘裕愤愤不平。

魏军唱罢了歌,又污言秽语叫骂不绝。刘裕气得忍无可忍,叫道:"丁旿!"

丁旿应声上前。刘裕喊道:"射那个带头的都尉!"

丁旿抄出一支长弓,便听嗖的一声,羽箭逆风北上。

就见敌军都尉应弦落马,引得敌军一阵躁动。有人将那都尉扯上马去,也不知是死是活。魏军叫骂着向晋军回射，虽然魏军顺风，可距离太远，羽箭射过河半，就纷纷落入滚滚的黄河之中。魏军连骂数声，又怕丁旿弓箭伤人，纷纷向北退去百十步远。

刘裕见魏军虽退远了些，却仍没有离去的意思，骂了一声，转而问道："朱将军，你方才是说王镇恶、檀道济、沈林子皆已向潼关集结去啦？"

朱超石是北伐五路大军中一路，奉命攻取阳城，现已归入中军听命，只是王镇恶、檀道济和沈林子两路人马却没有现身。

朱超石答道："正是。檀道济攻破洛阳，秦将姚洸出降，擒获敌军四千余众。檀道济也未难为那些降卒，除了姚洸，降卒全都饶了性命放了回去。王镇恶则遣部将毛德祖轻松攻破了柏谷，斩杀敌将赵玄。而秦军闫生、姚益男援兵，听闻洛阳已破，纷纷退回关中，至于奉秦帝旨意往陕津集结的并州牧姚懿也未南下，而是乘机叛乱自立为秦帝，反攻关中。"

刘义真、刘义隆听闻此事，心中一阵欢喜。晋军还未杀进关中，秦国已乱成这样，看来那姚懿倒要成父亲的开路先锋了。

却听朱超石接着说道："姚懿叛国，关中震动，秦国辅臣姚绍挂帅，领兵进入河东。姚绍引大军驻扎蒲阪津，分兵抚军将军姚赞、冠军将军司马国璠抢占陕津，又以武卫将军姚驴进驻潼关。既防备姚懿叛军，又据险而守抵御我军。那姚懿还想拉拢宁东将军姚成都，却反为姚成都所败，终是人心离散，被姚绍讨灭。"

听到司马国璠的姓名时，刘裕面色变了一下，待听闻姚懿已经败亡，问道："我先前便已传令王镇恶、檀道济、沈林子，秦国虽然内乱，可兵马依旧强盛。待攻破洛阳，需等我大军到了，才可继续西进。既然姚懿已败，秦军又已占据了险关，檀道济、王镇恶、沈林子为何还要违背本公将令去往潼关？"

朱超石答道："姚懿虽败，可秦国驻守秦州的齐公姚恢又生异心，声称要为国锄奸，欲趁着姚绍大军在外，抢占长安。姚绍听闻后院起火，只能匆匆与姚赞领兵回救，终是杀败姚恢，再度救了长安。只是姚绍、姚赞回了关中，蒲阪、陕津、潼关必然空虚，故而王镇恶领军去取潼关，檀道济则和沈林子合兵去取蒲阪。"

刘裕复又问道："既然檀道济、沈林子去取蒲阪，为何又跑去潼关啦？"

朱超石答道："姚绍、姚赞虽退，却早已分兵留守，檀道济、沈林子攻蒲阪津失利,又有敌将姚成都来救,二将反为秦军所败。而王镇恶以毛德祖为前锋,虽然一路杀败秦兵,顺利抵达潼关,可姚绍平定叛乱,已分派武卫将军姚鸾领步骑五万星夜增援潼关。潼关兵力骤增,守将姚驴遂领本部人马驰援蒲阪。檀道济、沈林子苦攻蒲阪,本就败了一仗,听闻潼关有秦国大军驰援,唯恐为秦军所破,又担心王镇恶孤军难敌,遂引兵往潼关集结,欲合兵攻破潼关,则蒲阪不攻自破。"

刘裕有些气恼,骂道:"荒唐!蒲阪津都未攻破,还想攻破潼关?未免太天真了些!姚绍确为秦国名将,国内乱成这样,还能往来奔走,平息叛乱,以王镇恶、檀道济、沈林子,就想大破姚绍,简直是妄想!如今孤军深入,一旦被姚绍断了粮道,这前锋兵马立时陷入死地。"

刘裕生了气,众将皆有些惧意。王弘上前说道:"太尉莫要动怒,或许也怨不得王镇恶。听闻当初王师北伐,刘穆之曾为王镇恶送行,说王镇恶受太尉重任为诸军之首,便当奋勇向前,报效国家。或许王镇恶感念太尉和刘穆之知遇之恩,这才等不得太尉将令,见潼关有机可乘,便尽快北上了吧!"

听到这话,刘裕有些沉默。为了九锡封拜,刘穆之闭门在家,可刘穆之虽然不满刘裕的行径,却还在劝王镇恶尽心为国效力。刘裕怒火稍歇,轻叹了一声,问道:"洛阳现在何人守备?"

朱超石答道:"乃檀道济部将,冠军将军毛修之。"

听到毛修之的姓名,刘义真暗自嘀咕。毛修之本是刘毅部将,却与父亲亲近。刘毅败亡后,毛修之归于父亲麾下,颇受父亲器重。听闻父亲遣朱龄石征蜀时,毛修之曾向父亲请战,只是考虑到毛氏与蜀中军民的恩怨,故而父亲没有准允。此次毛修之有机会随军北伐,本有机会大展拳脚,却被檀道济留守洛阳,只怕多半是北府军不愿毛修之与他们分功吧。如今檀道济众将北去潼关受挫,毛修之倒是因祸得福了。

就听刘裕说道:"且表奏毛修之为河南、河内二郡太守,行司州刺史府事,镇守洛阳。"思量一阵,他继续说道:"传令毛修之,命他收拢流民,修缮旧都。"

众人一愣。虽说洛阳曾是西晋国都,可经历近百年浩劫,早已成了一片废墟,若非洛阳地处中原冲要,只怕早已被人遗忘。也就其中金墉小城还算牢固,被北方诸国当作一处军事堡垒。刘裕此时让毛修之修缮旧都,究竟是什么意思?

刘裕却未多说，又向谢晦问道："潼关可有消息传来？王镇恶他们现在境遇如何？"

谢晦面有难色，说道："刚收到王镇恶军牒。檀道济、沈林子与他合兵时，姚绍也已连夜赶到了潼关，欲趁檀道济、沈林子立足未稳，派兵出战。檀道济、沈林子大破秦军，杀敌数千。随后姚鸾于关南扎营，欲与潼关成犄角之势，却被沈林子夜袭大营，姚鸾被杀。姚绍又遣姚赞切断我军水路，亦被沈林子击退。虽说檀道济、沈林子先后三胜，可姚绍退守潼关，打死也不出来了。王镇恶三将苦攻无果，粮草消耗太大，传来军牒，求太尉尽快增拨军粮。"

刘裕脸上现出愁容，最担心的事还是发生了。王镇恶三将被牵制于潼关，粮草已经堪忧。而大军连日被魏军骚扰，至今没有抵达洛阳。再这样耗下去，只怕前锋大军必然要出事了。潼关远在黄河以北，想要尽快驰援潼关，唯有舍弃水路，改从魏国走陆路了。与魏军开战终是不可避免了。

这时就听敌军中传来一阵羌笛声，魏军又在那里唱道：

羌笛幽幽霜满地，胡琴瑟瑟枯叶黄。
道不尽乱世悲苦寸断愁肠，哭不尽妻离子散家破人亡。
谁家旌旗复又飞扬，道是刘家出了好儿郎。
一鼓战退乱国妖道，东吴焦土再种稻粮。
二鼓平定窃国贼逆，晋室国祚再传帝皇。
三鼓楼船渡淮北上，又把残燕收拾一场。
而今复又趾高气扬，欲欺后秦国丧动荡。
刘郎刘郎莫要张狂，故乡早已变作他乡。
民心丧尽妄图中原，故国百姓可放心上？
刘郎刘郎你听我唱，称王称霸你且去忙，休再把我异国百姓卖作黄粱。
待到江东换了天地，且去你巍巍宫楼金碧辉煌。
若不能倾心救民水火，便莫再探首故国北望。
就让碌碌劳苦黎民，为我大魏昌盛抛洒忠肠。
就用这嶙峋残躯，祭洒河山一场。

听罢那歌声,众人脸上都不大好看。显然魏军把刘裕也当作先前的褚裒、桓温一般,领军北伐不过是谋求军功,以此夺取晋朝国祚。虽说刘裕谋图改朝换代,在北伐军中几乎已经算不上什么秘事,何况自从王弘去建康求取九锡,就更让人们知道了刘裕的用心。可魏军这样露骨地唱出刘裕的野心,当真让刘裕下不来台。再说了,刘裕北伐或许有自抬身价的意思,可这些年来,刘裕久存恢复中原之志,并非就像魏军唱的那样,仅仅是私心作祟。

刘裕面色越来越难看。原想只沿黄河走水路伐秦,只要威慑魏国,让拓跋嗣不要多事便好,谁知到头来还是绕不过魏国。

刘裕有些烦闷,叫道:"段参军,你如何看待拓跋嗣其人?"

刘义真、刘义隆向那段参军望去,只见是个头发胡须都已花白的老将。刘裕军中少有年纪这么大的将军,让刘义真、刘义隆有些好奇。那段参军鼻梁高挺,眼窝深陷,倒不似江南人士。两人相对一看,想起此人来。

这段参军名叫段宏,原是后燕开国大将,魏国灭后燕,段宏领兵逃至邺城,辅佐慕容德重新建立南燕,可谓南燕开国重臣,又与慕容德结了亲,堂堂的皇亲国戚。只是南燕亡国之君慕容超继位后,段宏深受猜忌,只得逃出南燕,降于魏国。刘裕北伐南燕,恰逢魏主拓跋珪病危,段宏随即逃离魏国,降于刘裕。段宏在南燕国颇有声名,故而父亲收纳段宏,借此安抚南燕旧地人心。既然段宏曾在魏国为臣,刘裕自然想听听他对拓跋嗣的看法了。

段宏上前说道:"末将在魏国时,拓跋嗣还是太子。此人聪慧机敏,宽厚待人,深得其父拓跋珪喜爱。魏国在拓跋珪时,虽抢占中原,然多年战乱,早已外强中干,故而拓跋嗣继位后,魏国一直是休养生息,极少对外开战。太尉当年讨伐南燕,魏国紧邻燕国,也是避身事外。就在去年,魏国还生了灾荒,云中、代郡多有饿死之人。拓跋嗣都已考虑要不要把国都南迁至邺城来躲过这次天灾。"

听闻魏国居然如此衰败,刘裕十分感兴趣,忙问道:"以我所知,魏国并未迁都,拓跋嗣为何放弃了这个念头?是怕离我朝太近,受我大军威胁吗?"

段宏摇了摇头,答道:"拓跋嗣有个极信任的人,名唤崔浩。听闻他上知天文、下知地理,极善星算谶言。依其所言,南迁固然可以暂解当下饥荒,可从长远之计,却是贻害无穷。一来让诸国知道魏国内虚,生出轻侮之心。二来魏军虽休养生息数年，可实力还算不得强盛，且北方柔然屡有侵扰，一旦轻易南下，不但北方边关隐患不小，更过早与中原强国对峙。三来千里南下，一旦百姓水土不服，疫病死伤必多，可谓得不偿失。拓跋嗣遂从崔浩谏言，只遣官府看护那些无家无业的流民往南方找寻活路，迁都之事就此延缓。"

刘裕若有所思，说道："历朝历代，何时少过这种口口声声说识得天命的妖人？虽说崔浩在迁都一事上倒也有些见解，可拓跋嗣如此信任一个研习谶言的巫士，想来魏国也没什么好担忧的了。"

段宏却道："太尉可别小瞧了崔浩。拓跋嗣听从崔浩之言放弃迁都，转而劝课农桑，不但安稳渡过饥荒，而且仓廪充实。听闻崔浩观星，称荧惑行至鲍（páo）瓜，忽然消失不见，预示秦国将亡。太尉恰在今年伐秦，岂不是也应验了崔浩之言？"

听闻此言，人群一阵欢呼，王弘恭贺道："既有天相所指，此番伐秦必然大功告成，当真可喜可贺！"

刘裕面上却是阴晴不定。崔浩预言秦国必亡，虽让刘裕伐秦多了些虚无缥缈的天命佐证，可刘裕伐秦靠的是多年谋划，让崔浩这个巫士一说，倒是老天爷的本事了。

刘裕哼了一声，问道："拓跋嗣如此信任崔浩，想必也会坐视秦国亡国了。可魏军在北岸骚扰不绝，难不成只是虚张声势？依你对拓跋嗣的了解，我军若渡河北上，魏军是否敢向我军开战？"

段宏想了一阵，说道："这就难料了。依我在魏国的故人所言，姚泓已向魏国求援。秦魏有姻亲，拓跋嗣也怕唇亡齿寒，故而有发兵救援的念头。崔浩却劝拓跋嗣，不可派兵救秦。"

刘裕问道："这是为何？"

段宏道："崔浩谏言拓跋嗣，称太尉欲伐秦国久矣，如今不但天相言秦必亡，秦国又是内乱不休，故而太尉志在必得。若魏军阻断晋军道路，太尉必然派兵渡河北侵，那便是由魏国代秦受敌了。故而崔浩谏言拓跋嗣，放任我军西进，转而派兵阻断东路。若太尉伐秦大胜，则感念我军借其道路。若太尉不胜，秦国也会感念魏国切断晋军归路。况且即使秦国败亡，晋军习于水战，却不善陆战，就算太尉对魏国生出吞并之心，魏国也可凭着山川险固，将我军抵御在国门之外，故而并无唇亡齿寒之忧。"

刘裕骂了一声。崔浩此计着实歹毒，的确也是刘裕所担心的。可想想只要讨灭秦国，就算魏军切断东路，晋军也大可沿着荆州、豫州回师，倒也没什么可担心的。他问道："你不是说拓跋嗣信任崔浩吗？那拓跋嗣为何没有听从崔浩谏言？"

段宏答道："拓跋嗣虽信任崔浩，可在这样的军国大事面前，还是有自己主意的。何况魏军也大多支持出兵救秦，尤其前段时间，魏军大破柔然，斩首万余级，俘获军民十余万口。魏军士气正盛，故而面对我军伐秦，必是不肯示弱的。先前王仲德抢占滑台，拓跋嗣只是派了叔孙建与公孙表领兵南下防备。近来，拓跋嗣向北岸增兵至十万，已拜司徒长孙嵩为帅，另遣娥清、阿薄干、于栗䃅数员大将随军。这些人都是魏军数一数二的大将，几乎都已来了北岸，若我军渡河北上，只怕拓跋嗣也不见得会因信任崔浩，就放任我军西行。"

刘裕沉默一阵。先锋大军陷入险地，危机重重，若再迟缓下去，难保王镇恶众将不会为姚绍所败。既然魏军如此兴师动众，想要避免与魏国开战已无可能，那便敲山震虎，狠狠杀杀魏军的威风，强从魏国借出一条路来，打通洛阳直达潼关的陆路。也省得自己与秦军鏖战，魏军作壁上观，甚至如崔浩所言，切断了大军东路。

刘裕拿定了主意，叫道："丁旿、朱超石！"

二将闻言上前。

刘裕叫道："你二人可敢往北岸一行？"

二将拜道："有何不敢？"

刘裕大喜，招了两将上前，悄声交代一阵。两将得了军令，昂首阔步地下了旗舰，各自回了本部军中。

众将知道刘裕这是要与魏军开战了，也不知刘裕究竟对二将说了些什么，可望一望还在对岸尾随前行的魏军骑兵，再想想十万蓄势待发的魏国大军，不免有些担心起来。就见船队中忽然分出十数条战舰，气势汹汹地向北划去。众人无不紧张地向那船队望去。

魏骑见晋军有了动静，一下子躁动起来，可看到只有十来条船，说破了天也不过千余人马而已，倒也没什么害怕的，只是忌惮船上弓矢，也未轻易上前。魏骑打起精神，死死地盯着那队船只，若晋兵敢上岸，便和平日一般围杀了。

就见那队战舰刚刚靠了岸，便从船上飞一般推出百十战车来。丁旿冲锋在前，领着七百余众，驱着战车便向魏军骑兵冲去。

魏军还是头一遭与晋军正面交锋，从未见过晋军的战车。见七百多名步卒拥着百十战车冲了过来，一时摸不着头脑。可看那战车古怪模样，也不敢掉以轻心。那领头的都尉先前被丁旿弓箭所伤，这会儿已经缓过劲儿来，裹好了箭疮，一声令下，数千骑兵蓄势待发，便要一鼓作气，杀了这七百多名不知死活的晋兵。

谁知丁旿引着兵马边向前冲，边有战车向侧翼分拨出去，还未与魏军交锋，忽然止住了兵马。

魏军还当晋兵生怯，不敢与骑兵交战，正哄笑着准备上前厮杀，却见那七百多名步卒连同百十战车，竟隐隐组成一道战阵。中间向前凸起，两侧贴近河岸，仿若一轮弯月，枕在黄河一侧。魏军哪里知道，这正是刘裕专门应对骑兵所创的却月阵，以车阵组成防御，让骑兵的冲锋之势荡然无存。当年刘裕北伐燕国，正是凭借此阵大破燕国铁骑。

魏骑见晋军居然在眼皮底下摆了这样一道阵势，被人戏耍的怒火再也遏制不住。那都尉一声令下，数千骑兵如排山倒海一般冲了过来。只是才向前奔了几十步，便见一支羽箭嗖的一声射了过来，那都尉本就负伤，哪里躲闪得及？脖颈射得通透，栽下马去，再也没了动静。羽箭气势不减，射穿都尉后又射死后面的骑士。却是丁旿早已将那都尉盯在眼里，这次再没容他活命。

魏骑虽没了首领，心中惊乱不已。可一来骑兵已经跑开了气势，想要停下来可就不容易了。二来对面仅仅七百步卒，在数千骑兵眼中，不过小菜一碟。魏骑撒开了欢，继续冲了过来，欲杀了晋兵为那都尉复仇。

便在此时，晋军中已射出一阵箭雨，狠狠地落入魏骑当中。魏骑也是久经战场，精于骑射，虽说不少骑士应弦倒地，可更多的骑兵浑然不惧，弯弓回射。然而，晋军有车阵依靠，仿若一座小城一般，让步卒躲在车后，哪惧魏军的弓箭？倒是步卒从战车的射孔，稳稳射杀靠近的骑兵。丁旿最是善射，冲得最前的魏骑全成了丁旿的活靶子，他每一箭出去，便是一两人丢了性命。

魏骑转眼死了近千名士卒，还没能贴到跟前。吃了这样大的亏，魏骑无不大骇。正犹豫该进该退，便见车阵中竖起一杆白毦（ěr）大纛（dào），几乎就在同时，晋军水师鼓声震天，又有数十艘大船向北岸靠了过来。

见晋军又有战船北上，剩下的魏骑倒是不敢后退了。七百晋兵已有了这样的势头，若再有晋军渡河，必是魏国心腹大患。就算那些骑兵退回去，也难逃军法处置。只能硬着头皮，继续向车阵猛攻过来。在付出了近千死伤的惨重代价后，终于有魏骑冲到车阵面前。可这样一道车阵，成了魏骑无法逾越的屏障。长槊弯刀没了用武之地，坚固的战车哪是骑兵能冲散的？虽有不少眼尖的骑士，从战车间的缝隙冲进阵中，可转眼便被刺来的矛戟扎个通透。反倒用他们的血肉之躯，填补了仓促中还未成形的车阵缝隙。

就在魏骑束手无策，反被晋军杀得只有招架之力时，晋军增援的船队已经靠岸。朱超石引着两千余名将士，杀气腾腾地补入却月阵中。原本每辆战车前只有七人防御，有了朱超石兵马的补充，每辆战车暴增至二十余人，有的拿着长矛猛刺敌骑，有的弯弓射箭，射杀那些想要逃走的骑士。

刘义真、刘义隆还是头一次看到车阵，不由得大开眼界，两人早已适应了血腥的战场，见魏军被杀得惨败，兴奋得高呼。船上众人见那些尾随多日的魏骑，眼见就要全军覆没，全都长舒了一口气。却听远方传来阵阵号声，便见一望无际的河北平原上，铺天盖地杀来无数骑兵，少说也有数万之众。显然是魏军听闻晋军强渡黄河，匆匆驰援而来。

众将刚刚放松的神经一下子又紧绷起来。段宏望着魏军军前的一杆牦尾节杖，说道："长孙嵩来了！"

听闻敌军主帅都到了，众人越发紧张。毕竟北岸只有丁旿、朱超石不到三千人马，虽然车阵已经成形，敌军却有数十倍之多。胡藩向前请战道："太尉，末将愿领兵马前去助战！"

刘裕却笑道："不着急。"

这时，就见靠岸的晋军战船上，又下来数百人，抬着无数彭排，冲到车阵前。进攻的魏骑早已死伤殆尽，眼睁睁地看着晋兵将那些彭排缚于战车前。本用于渡河的彭排，仿若围墙一般，将车阵间的空隙围得密不透风，俨然借着车阵，筑起一座坚固的小城。朱超石也未闲着，见车城已经筑成，分拨人马回了战船，一阵号子声中，百十车弩从船上推到阵前。

魏军援兵越来越近了，两翼骑兵丝毫没有停留，径直朝着车城冲杀过来。震天的战鼓、嘶鸣的号角，几乎同时吼叫起来，一声高过一声的杀声，仿若排山倒海的巨浪，要把那小小的车城冲个七零八落。

朱超石一声令下，百十车弩在机关扭动的吱吱声中，上紧了牛筋弓弦，碗口粗的锯齿、长箭架上弩口，随着令旗舞动，巨大的弩箭划出一道道黑影，仿若撕裂了空气一般，嗡嗡作响射入冲杀过来的魏军当中。那一支支箭矢，力道何止千钧，便见所过之处的魏军，仿若烧鹅烤鸡一般，被穿作一串，连同胯下战马，死死钉在地上。

此起彼伏的惨叫声响彻魏军当中，惊得魏军一阵胆寒。只是晋军车弩虽然犀利，可每发一矢，都要耗上许久。魏军趁着这空歇，死命向前冲来，虽然车城中的卫士，见魏军靠得近了，以手中弓箭弥补车弩上弦的空歇，可魏军毕竟有数万之多，那些弓箭纵然射杀不少卫兵，也拦不住杀气腾腾的魏军越贴越近。

经受了两轮车弩压制后，魏军终于杀到车城面前。虽有彭排筑起的围墙阻拦，可魏军仿若吃了药般全然不惧死，疯狂地以手中的长槊、弯刀猛攻不休，更有不少死士弃了战马，攀上车城。晋兵的矛戟刺得他们支离破碎，也难挡得住更多的魏兵攀上车城。显然长孙嵩已下了死命，绝不允许魏兵后退一步。想必在长孙嵩心中，若不能把登岸的晋军杀退，放了晋军到北岸来，魏国势必要受威胁。若晋军狮子大张口，要灭秦国，更要对魏国下手，没了黄河天险，魏国必将陷入危险之中。

就见带头冲锋的魏军中，有一员大将已经冲到跟前，瞧那旗帜，应是敌军悍将阿薄干。阿薄干天生神力，一举冲破几辆战车，硬是把车城撕开一道口子，一马当先冲杀进来，手中一杆乌黑长槊，连杀十数晋兵。而远处的叔孙建、公孙表众将，正在长孙嵩的调拨下，分派人马继续向前冲杀过来。车城中的守军，一时手忙脚乱起来，既要防备敌军射来的箭雨，又要死命挡住疯狂的魏军攻势，更要留意那冲进车城来的阿薄干，当真苦不堪言。

船上众人见车城被阿薄干冲破，再次紧张起来。刘裕也未想到魏军中居然有如此猛将，这时也不再托大，速命胡藩领兵往北岸驰援过去。令旗一动，水师亦离开南岸向河中央划去，以船上弓箭猛射魏军阵脚，为车城遥作声势。

有水师弓箭相助，魏军攻势稍缓。丁旿武艺了得，哪惧阿薄干？提起一杆钩戟，便向阿薄干冲了过去。两人倒是对手，一时杀得难解难分。莫看丁旿没有战马，却凭着矫健的身手，逼得阿薄干只能小心应付。而周围赶来的晋兵，忙将魏军冲破的空隙，再次堵了回去。

朱超石见阿薄干有丁旿应付，一时放下心来。车弩已经来不及上弦，士卒都被调去御敌了。朱超石一声令下，早有数十士卒抬来一捆捆兵器，虽然装着槊头，却都不过三四尺长短。众人尚不知朱超石这是要做什么，刘裕却是笑而不语。

便见朱超石抄起一支金瓜大锤，取来一支槊头抛向空中，大锤猛地一击，便见那槊头在空中翻了两下，竟向魏军径直射了过去。那槊头在大锤的锤射下，虽不及车弩射得远，力道竟弱不了多少，所过之处接连射死三四名骑士。

无论是船上众人还是敌军将帅，哪有人见过这等神技，无不目瞪口呆。

便见朱超石上下其手，数十槊头被锤射出去，转眼便有百十人被槊头射杀。晋军水师的箭雨又压得魏军后续人马许久跟不上来，而晋军数十战船再次靠上北岸，胡藩引着数千兵马杀上岸去。魏军一时军心大溃，终于放弃攻城，纷纷向后退去。正与丁旿鏖战的阿薄干，心中慌乱，忙冲破围堵，杀出城去。朱超石早已看在眼里，纵身一跃跳上车城，手中大锤猛地一甩，飞出数丈之远，将那阿薄干连人带马砸个筋断骨折。

魏军见死了先锋大将，越发慌乱，还没冲到阵前的叔孙建众将，眼见自家兵马溃逃回来，哪里拦得住？就见晋军车城一开，朱超石早早冲出城来，左丁旿，右胡藩，追着败兵的尾巴猛攻不休。

魏军本阵都已被败兵冲散，长孙嵩都不知被冲到哪里去了。叔孙建众将大惊失色，明知晋军不过数千之众，可也不敢以一己之力独自迎战，何况阿薄干都为朱超石所杀，就更无人有勇气上前阻击了。数万魏军竟在晋军的反攻中，全线溃败，自相踩踏而死的士卒不计其数。

船上众人见魏军惨败而去，纷纷向刘裕拜贺。

刘裕哼了一声："拓跋嗣自不量力，经此一败，也该老实些了。传令朱超石，把魏军赶走便好，莫要孤军深入。北岸兵马大张旗鼓沿河西进，吓住魏军不敢再来滋扰也就是了。另传令水师，魏军已退，全速向洛阳推进。王镇恶前锋大军在潼关已有些时日了，切不可再有耽搁。待到了洛阳，大军速向潼关开拔。"

众人一一奉命，各自回了本部。刘义真这才有机会靠上前去，向刘裕恭贺道："儿子今日算是开了眼界，这车阵可要好好教教儿子。"

刘裕笑了笑："这可有些难了。你若想学，便先去看看我的《兵法要略》，看不懂了再来问我。"

《兵法要略》是刘裕所写的兵书，车阵阵法自然记录其中。虽说刘义真不见得能看懂，可为了讨父亲欢心，怎么也要研读研读的，忙应了下来。忽而想起刚才在舱中抄录的那卷竹简还捏在手中，忙递到刘裕手中："父亲看看。父亲运筹帷幄，大破魏军，儿子这些时日也没闲着。整日修整那些竹简书函，收获倒也不小。恰好寻到这魏国国主拓跋嗣的先祖旧事，若能帮上父亲一二，也算儿子没有白忙。"

刘裕接过去看了几眼，点了点头："嗯，你倒是长进不小，让我刮目相看。"

刘义真见父亲夸奖，喜笑颜开："那是，父亲这些年为国操劳，儿子都已十二岁了，早不是不懂事的小孩子了，自然要为父亲分忧。"

刘裕颇为欣慰，又是夸了几句。见刘义隆也在，说道："我军大破魏军，不日便将抵达洛阳。魏军吃了这样大的亏，虽说不敢再来骚扰大军，可也要谨防拓跋嗣听从崔浩之言，派兵断绝我军东路。义隆一路相送，我知道你是舍不得与为父和义真分别，可眼见就要出了兖州地界，已过你的辖区，今日收拾收拾便回彭城去吧。我留给你的长史王昙首，学识渊博，必能助你处理好境内政务。而到彦之与檀道济都曾是你三叔部将。你三叔的本事你是知道的，檀道济与到彦之在你三叔麾下，皆是军功显著。如今檀道济所向披靡，杀到潼关，到彦之留于彭城建功心切，必会助你仔细防备魏军侵扰。用好了王昙首和到彦之，青徐必然无忧。对了，慧琳也随你回去。过了洛阳，战事必然吃紧，再也没有闲暇时间让你们整理书简了，船上已收拾好的书简你们全都带去彭城，且先封存起来。此去关中再得书简，我也会让人送去彭城的。慧琳此人，虽是个出家人，却是个不可多得的博学之士，你若用得好他，日后必是你的助力。"

听父亲事无巨细地交代着，刘义隆心中阵阵伤感，倒不是担心自己处置不好青徐军政，毕竟父亲已经安排得十分妥帖，只是终于到了和二哥分别的时候。过去分别，总有团聚的时候，毕竟二哥怎么也会回建康的。如今刘义隆守备彭城，二哥又随父亲去了关中，今日一别，还不知何年何月才有相见之日。

刘义隆眼睛一湿，向父亲跪拜："父亲放心，儿子必会把青徐管得好好的。"

刘裕见刘义隆伤心，也有些不舍，却强撑着没多话，虚手抬了一下，让他起来。

刘义隆转身抱住刘义真，说道："久闻关中局势复杂，二哥此去，务必小心。我在彭城等你回来！"

刘义真拍了拍刘义隆的脊背，说道："你我兄弟，都要上进。虽忍一时别离，却都是为了父亲大业，切不可为兄弟之情而怠慢了父亲的正事。"

刘裕听刘义真这样嘱咐弟弟，心中甚是宽慰，却未留意他又在刘义隆耳边悄声说了一句："我与弟弟的约定，勿要忘怀啊！"

刘义隆身子一震，望了望笑而不语的父亲，点了点头。

吞灭后秦，是福是祸

刘义真规规矩矩地陪在刘裕身边，按着刘裕所指，将那沙盘布局一一变换，敌我兵力布防跃然眼前。刘裕望着沙盘，紧皱眉头，除了偶尔让刘义真调换兵马，再无他话。

晋军于黄河北岸大破魏军已过二十余日，刘裕统军急速西进，除了在洛阳停留数日，查看了毛修之修缮城池宫殿的进度，便继续北行，绕开蒲阪，很快抵达了潼关。

刘裕一路上忧心前锋大军受困潼关，唯恐王镇恶众将被姚绍寻机剿灭，故而这一路行军几乎马不停蹄。可抵达潼关时，局势却比刘裕所想要好许多。

姚绍三次派兵出关，皆被檀道济、沈林子所破，尤以沈林子功高，先后斩杀敌军上将姚鸾、姚洽、姚墨蠡、唐小方，逼得姚绍只能据关死守。怎奈晋军难破险关，身后又有蒲阪秦军截断粮道，王镇恶都已心生退意，却被沈林子劝阻。考虑到撤军时极易受潼关、蒲阪秦军夹击，王镇恶终是决意与姚绍死战到底。为了解决粮困之忧，王镇恶亲自游说弘农的士族、百姓。只因王镇恶的爷爷是前秦宰相王猛，当年把关中治理得国泰民安，故而时至今日，关中仍感念王猛恩德。听闻王镇恶是王猛嫡孙，士族、百姓争相劳军，送钱送粮，总算让前锋大军渡过危机。

而姚绍听闻晋军得了粮草补给、气势复振，又知刘裕大军正马不停蹄地往潼关赶来，只得再次出兵袭击晋军，妄图在刘裕到达潼关前击溃晋军先锋，反被沈林子所破，出战秦兵几乎无一生还。姚绍自辅佐姚泓继位，短短一年时间里，几乎没有一日不在征途中。先是平息关中几处叛乱，而后击退进犯的夏军、仇池军。在晋军大举北伐的危机中，又先后平定姚懿、姚恢两次叛乱。进驻潼关后，姚绍殚精竭虑，谋求破敌，却四次出兵而四次惨败，眼见刘裕大军越逼越近，姚绍六十多岁的老爷子，终是油尽灯枯，于愤懑之中呕血而亡，临终之际，他把潼关托付于姚赞。

姚绍是后秦最后的支柱，刘裕本以为姚绍一死，晋军又已集结于潼关，破关必是轻而易举，却没想到那姚赞看着年纪不大，竟也是个强敌。姚赞试探着袭击晋军无果后，再次选择死守关隘。潼关不愧是处天险，当初姚绍选在此处抵御晋军显然是经过深思熟虑的。

刘裕猛攻不休，损兵折将，也难撼动关防。只能退而求其次，以朱超石为河东太守，分兵去攻蒲阪，欲先清剿了身后这处渡口的秦兵，再做打算。谁知勇如朱超石，都被守将姚成都击败，领着残兵退回了潼关。

刘裕当真有些进退不得。虽说晋军已集结于潼关，而敌军统帅姚绍已经病逝，可两军对峙于潼关的局势依旧没有改变，正慢慢变成一副死局。

刘义真看父亲愁眉苦脸的模样，忽然想到一件事，向刘裕问道："父亲，早在开战前，朱龄石不是曾遣使去过凉州吗？那北凉国主沮渠蒙逊有意归顺朝廷，能否遣使去一趟凉州，让沮渠蒙逊从西线出兵侵扰关中？秦国腹背受敌，攻破潼关不就容易多了吗？"

见刘义真小小年纪居然能想到这个法子，刘裕有些欣慰，却又苦笑道："你能明白这个道理，还真是有些长进。可你要知道，如沮渠蒙逊这样的外力，你可以去游说、去拉拢，用钱也好，用官也好，只要能引为己用，什么法子都可以使。只是这些外力，你可以借用，却不能把所有的希望都押在上面，真正能靠得住的唯有自己。你想想看，秦国与魏国有盟约，更有姻亲，如今秦国危在旦夕，魏国举全力来救助了吗？"

刘义真一时语塞，就听刘裕接着说道："我也曾想过拉拢关西诸国侵扰秦国后方。只是听说沮渠蒙逊现在正与他身后的西凉鏖战，就算他想来侵扰秦国，只怕都不大现实。倒是那西秦国乞伏炽磐已乘机派兵进逼秦州，又遣使来了营中，被我拜作平西将军、河南公。可乞伏炽磐也不是傻子，侵入秦州后便没了动静，显然在等我军与秦国大战一场，他才好抢占秦州，渔翁得利。至于夏国赫连勃勃、仇池国杨盛，都是这般模样。我军北伐前，他们与秦国打得热火朝天。如今我军进逼潼关，他们反倒销声匿迹，显然都在驻足观望。"

刘裕又沉默了一阵，说道："说起从后面侵扰秦国，我倒是早有些谋划。北伐五路大军，如今四路会师于潼关，还有沈田子、傅弘之一路人马，自荆州北上武关。我已收到沈田子军牒。只因我大军逼近潼关,姚绍全力构筑东部防线,故而秦国南线空虚,沈田子已杀入关中进驻于青泥,秦帝姚泓遣将屯于峣(yáo)柳与沈田子对峙。我已传书与沈田子,命他进攻峣柳,逼近长安。只是我最初的计划是以沈田子为疑兵,故而他这路人马只有千余而已,我以沈田子假作进攻长安之势,欲诱潼关守军回救。只是……"

话至此处,忽有卫兵报奏:"龙骧将军王镇恶、冠军将军檀道济、振武将军沈林子奉命请见太尉。"

刘裕顿了顿,说道:"让他们进来吧。"

三将进了帅帐,一一拜见。见刘裕许久没有说话,三将唯有静候。

这时,刘裕向沈林子说道:"此次北伐,沈家兄弟劳苦功高。潼关鏖战这么长时间,沈将军大破敌军,连斩数将,大涨我军气势。沈田子又奇袭武关,进逼长安,关中人心惶惶,也可谓天降奇兵。"

沈林子忙说道:"此皆太尉调度有方,末将不敢居功。"

刘义真偷偷去瞧三将,檀道济倒还好说,可王镇恶显然有些不快。北伐数路大军,王镇恶为诸军之首,然而洛阳是檀道济攻破的,潼关四次大捷也是沈林子的本事,倒是王镇恶虽也小胜几回,可与檀道济、沈林子相比,还是逊色不少。何况王镇恶违背刘裕军令,擅作主张,领兵进逼潼关,以致大军陷入眼前的尴尬境地,可是担了不小的罪名。纵然王镇恶游说弘农士族、百姓,筹集不少粮草,保住了先锋大军,可也只能是功过相抵。此时听到刘裕赞许沈林子兄弟的功劳,王镇恶只能压着心中的火,默不作声。

刘裕对王镇恶的不满故作不见,继续说道:"沈田子又有军牒送至。得我军令之后,沈田子已领兵进攻峣柳。只是潼关守将姚赞居然不顾长安危急,丝毫没有分兵回救的迹象。倒是沈田子在军牒中说,秦帝姚泓打算集结倾国之力向潼关增援,已集结步骑五万,欲先剿灭沈田子,继而东进潼关。沈田子兵少,进攻峣柳本就是虚张声势,欲诱姚赞的潼关守兵回救,谁知非但没有如愿,反倒引了秦帝姚泓领五万兵马亲征。沈田子告急,向本公求取援兵。"

众人脸上现出忧色。王镇恶虽对沈家兄弟不满,可也知此事干系重大,也露出紧张的神色。

就听刘裕接着说道:"沈田子兵马虽少,却是插在关中的一个尖刺,绝不容有失。一旦这路兵马被姚泓所败，本公非但没有逼迫姚赞回救，反倒让潼关多出五万援兵来。秦国已是孤注一掷，全然不管夏国、西秦、仇池的威胁，集结所有人马来潼关，显然是来拼命的。就算本公终能攻破潼关，也注定是场惨胜。关中局势复杂，北有夏国，西有北凉、西秦，南有仇池。这四国虎视眈眈，若知道本公与秦国杀个鱼死网破，这关中最后归于谁手，还真不好说。故而本公决意，派兵驰援沈田子。"

檀道济疑惑道："潼关扼守险要，阻断我军西进之路，我军即使想要驰援沈田子，又哪来的路可走呢？"

刘裕沉思一阵，说道："我已使人探得一条秦岭古道，由此可绕开潼关，直达峣柳。"

檀道济喜道："既如此，我大军皆由此西进，不就让潼关成了摆设吗？"

刘裕却摇了摇头："这条古道崎岖难行，前半截路还有迹可循，到后面几乎已很难辨别踪迹，只能瞅准方向逢山开路。千余人马还有可能过去，数万大军是绝难走通的。就算过得去，这么多人挤到关中，粮草补给完全断绝，只怕还没与秦军交锋，就要饿死病死了。"

三将闻听此言，都是面露难色，沈林子终是上前说道："末将愿请军令，驰援峣柳。"沈林子是沈田子的弟弟，自然不愿兄长战死关中。

刘裕点了点头："此事由你去办，自然最是妥当。除去你本部兵马，诸营将士，只要你看上的，都可调去听用。铠甲兵器也任你挑拣。只要能背动，多少粮草军需全由你征用。"

刘裕说得轻松，可几人都知道，沈林子驰援沈田子，当真凶险异常。且不说这秦岭古道好不好走，就算顺利到了峣柳，兄弟俩合起来也就两千多兵马，面对秦帝姚泓垂死挣扎的五万步骑，胜算又能有多少？刘裕派沈林子此去，目的还是在于虚张声势，威慑秦军，让姚泓不知虚实，慌乱中急招潼关守军回防，绝不是靠沈林子兄弟这点儿兵马击溃秦军。

沈林子明知死生难料，还是接了军令。这时王镇恶上前拜道："末将也有一计，不但能解峣柳之危，或也能破潼关困局。"

刘裕看了看王镇恶，问道："不知王将军有何妙计？"

王镇恶道："末将曾听我爷爷说起，黄河与渭水相通，虽然潼关受阻，陆路难行，可我军有水师之利，而秦军少船。若能沿黄河西行转道渭水，便可抵达渭桥，直逼长安北岸。"

刘裕听闻此言，先是一喜，继而皱起眉头，问道："既然有此法可达长安，王将军为何还要领军来潼关？"

王镇恶脸上有些尴尬，跪倒在地："末将先前听闻秦国内乱，姚绍引兵回救，还以为潼关空虚，若能袭破此关，去往长安必然畅通无阻，也未详查便贸然来了潼关。谁知此关凶险如此，以至大军苦攻无果。未过多久，秦军平定内乱，大军集结潼关，我军便是想退都来不及了。末将本也想分兵南下，依此法走水路逼近长安。可蒲阪津尚在秦军手中，若末将领水师西进，后路亦被蒲阪秦军切断，故而不得不放弃了这个念头。如今太尉大军逼近潼关，蒲阪秦军必然不敢轻举妄动，末将有太尉倚仗，便有机会行此险策了。还请太尉准予末将戴罪立功！"

刘裕听罢王镇恶的话，知道他这法子倒也可行，先前有秦军驻扎蒲阪，的确时机未到。此时有大军牵制秦军，王镇恶便有机会走这水路了。

刘裕点了点头："潼关久攻不破，也唯有出奇兵制胜了。王将军既然熟悉黄河水路，那便准你所奏。此去需要多少船只，多少人马？"

王镇恶回道："末将只需艨艟（méng chōng）小舰百艘，本部兵马三千足矣。"

刘裕奇道："既然走水路，大船运兵运粮何其方便，何故只用小舰？"

王镇恶道："大船太过惹眼，必引得关中秦军严加戒备。小舰则不相同，末将已使人改造数艘小舰尝试，于舰内铺设木板藏了暗格，每艘小舰可纳士卒三十余人，士卒可在暗格内划桨行船，百艘战船正好装下三千兵马。这样一支船队逆河而上，让秦军不知我军虚实，再有峣柳沈将军兵马牵制，秦军就不会派来大军阻截我水师，必让攻取长安事半功倍。长安城破，秦军军心大溃，潼关不攻自破，太尉便能挥师西进，席卷关中了。"

王镇恶居然想到这样的法子，刘裕几人都是吃了一惊。且不说王镇恶之计过于天马行空，那艨艟小舰本就狭小，载个十多人已是极限，若如王镇恶所言，将兵马藏于暗格之中，能装个三十人，那已塞得满满当当，不但没有多大空间去装军粮补给，军士还要忍着拥挤闷热划桨行船，当真苦不堪言。就算到了长安，也和沈家兄弟一样，陷入没有军粮补给的险境。可如果能如王镇恶所想，瞒天过海，直捣长安，如今秦帝姚泓已用倾国兵力去往峣柳，王镇恶说不定真能乘虚攻取长安。

刘义真惊叹于王镇恶的计谋,却见沈林子脸上一阵不快。刘义真明白过来。父亲刚才提出走秦岭古道的法子时,王镇恶默不作声。直到沈林子接下军令,王镇恶才说出他的谋划。一来是怕沈林子兄弟本事了得,若真用那两千兵马大破秦军,这北伐之功可就全都归了沈家兄弟了,王镇恶自然不愿意,这才说出藏在心中的计策。二来王镇恶不用大船而用小舰,明面上有那么大的道理,说是不想引来关中秦军戒备,实则是扮猪吃虎,假作兵微将寡,好让秦帝姚泓大军只去留意沈家兄弟,王镇恶才好乘虚抢占长安,夺得首功。

刘义真若有所思。当年征讨刘毅叛乱,王镇恶受父亲密令,攻破江陵夺了全功,沈田子极为不满。没想到这么多年过去,王镇恶与沈田子的争功之心有增无减,只怕二人私下关系已恶劣到了极点。想想父亲当时曾言,怕沈田子这些北府军旧将军功过甚,尾大不掉,故而重用王镇恶、朱龄石这些没有北府军背景的将军,加以制衡。目的倒是达到了,可王镇恶与沈家兄弟争功,已经到了相互利用甚至不管对方死活的地步,是不是有些过分啦?

也不知刘裕有没有意识到王镇恶与沈家兄弟的不和,他此刻被王镇恶的计划打动,赞叹道:"王将军此计令人叹为观止,这便去准备吧!檀将军,王、沈二将皆要西行,蒲阪也当防备,你且领军去蒲阪,也不用你叫战,牵制守军不要妄动便好。"

三将各自领命出了帅帐。

有了破敌的法子,刘裕心情好了些。

这时,段宏请见。刘裕招了进来,问道:"段参军,我让你设法打探魏国动静,可有了回音?"

魏军在黄河北岸一战惨败,虽不敢再来骚扰晋军,可刘裕也不敢掉以轻心。这段时日,又有不少魏军出现在河东。刘裕疑心拓跋嗣仍不死心,故而让段宏仔细留意魏国的消息。

段宏忙上前说道:"自魏军惨败后,拓跋嗣后悔不听崔浩之言,以致大军惨败。先前主战的那些将军全都成了哑巴,朝中再提先前崔浩的谋划,欲引兵向东,侵扰彭城、下邳,切断我军东还道路。"

刘裕紧张起来,问道:"魏军是否已有了东进的迹象?"

段宏摇了摇头,说道:"太尉对青徐早已安排妥当。三公子虽然年纪不大,可州郡都敬畏太尉之威,有三公子镇守彭城,人心自安。而到彦之将军又已领兵驻扎国境,魏军谍探滋扰一番,见我军防备严密,也就没有继续侵扰了。末将倒是听闻,魏国又生了场乱子,有叛军在冀州作乱,拓跋嗣只得先抽调兵马赶去平叛了。"

刘裕面色稍安,问道:"可河东有魏军出没,又是为何?"

段宏答道:"依我在魏国朝中密友所说,拓跋嗣与崔浩商讨国是,问晋军能否讨灭秦国。崔浩回答我军必胜。拓跋嗣又问,能否趁着晋军杀进关中,难以顾及东方,举全国精骑直捣彭城,甚至进逼寿春?"

刘裕再次担心起来,问道:"崔浩如何回答的?"

段宏答道:"崔浩并未同意。"

刘裕奇怪道:"崔浩不是曾谏言拓跋嗣向东用兵吗?怎么这时倒是反对啦?"

段宏说道:"此一时彼一时。当初崔浩向拓跋嗣谏言此策,太尉还未抵达洛阳,那时魏国举大军侵扰彭城,必会逼得太尉分兵回救。如今魏军惨败于太尉,军心动荡,太尉又已和前锋会师,对潼关志在必得,攻破长安也是迟早的事。莫看太尉远赴长安,可只要讨灭秦国,就算魏军东侵,太尉也有大把时间回救彭城的。当年燕国亡国时,卢循闹得江南大乱,太尉不照样来得及回师平叛吗?反倒是魏国,北方柔然依旧是个劲敌,若魏国举全军之力南征,一旦柔然进犯,魏国反而陷入两难境地。何况魏军军中也无堪当大任的统帅,就如与太尉对决的长孙嵩,长于治国,短于用兵,绝非太尉对手。故而崔浩劝谏拓跋嗣,此刻宁可什么事都不做,也不要轻举妄动。"

刘裕放下心来,说道:"这崔浩倒还真是有些见识,只怕日后必将是我的心腹大患!"

段宏却道:"崔浩虽然精于算计,劝阻拓跋嗣安于现状,可太尉也不能掉以轻心。河东不是又有魏军出没吗?那便是潼关守将姚赞派司马国璠向魏国求来的援兵。"

一听到司马国璠的名字,刘裕仿佛吃了个苍蝇般恶心,此人阴魂不散,时不时便要闹上一阵,让刘裕头疼不已。刘裕不由得骂了一句:"这叛国贼子当真恼人!"他转而问道,"崔浩既然劝阻拓跋嗣,为何拓跋嗣还是向潼关派了援兵呢?"

段宏答道:"拓跋嗣虽然认同崔浩所言,可让他坐视晋军吞并秦国,也是不甘心的。崔浩便劝拓跋嗣,说太尉攻灭秦国……"说到这里,段宏没了言语,似乎在想究竟如何说辞。

刘裕等得有些不耐烦，问道："崔浩说我攻灭秦国怎样？"

段宏似乎下了很大决心，这才说道："崔浩言，太尉攻灭秦国，回师江南，必定……必定篡取晋室江山！"

刘裕一掌拍在案上，破口大骂："妖人！妖人就是妖人，怎敢这样妖言惑众！"

刘义真见父亲动怒，吓了一跳，段宏也吓得跪在地上，连连谢罪。

刘裕早已生出取代晋室之心，如若不然，怎会让王弘忙里忙外揽来这么多州郡大权，又让王弘求取九锡封拜？不但北伐军，就连建康朝野，都已对刘裕之心心知肚明。可伐秦陷入僵局，取代晋室的时机还未成熟，这样的事，让一个外人捅破，刘裕怎么肯承认？

段宏叩头不已，刘裕终是压下怒火，问道："崔浩还说了什么？"

段宏不敢起来，跪着答道："崔浩说，他曾对比这些年来的诸国将相。王猛治国，乃秦国的管仲；慕容恪辅佐幼主，乃燕国的霍光；而太尉平息祸乱，却是……却是晋室的曹操。"

刘裕气得咬牙切齿，却没有发火。段宏壮着胆子接着说道："崔浩还说，关中情势复杂，太尉想以治理江南的法子用于关中，非但不能稳固秦国旧地，反倒适得其反，必会搅得关中更加混乱。待太尉回师后，留守晋军绝难守住关中。待到那时，魏国静观其变，秦地终为魏国所有。故而司马国璠向魏国求取援兵时，拓跋嗣便使长孙嵩、叔孙建各领精兵数千来了河东，其心意并非救援潼关，而是伺机而动，谋求秦国国土罢了。"

刘裕一时无语，仔细思量崔浩的话。过了许久，刘裕让段宏起身，哼了一声，说道："那便让拓跋嗣看看，我得了关中，到底守不守得住！待攻灭秦国，魏国也别想置身事外！到那时，我必要将这妖人崔浩绑来面前。倒要让他看看，他千算万算，有没有算到会成本公阶下之囚！"

他继而对段宏说道，"能探得魏国消息，段参军辛苦了。河东的魏军，段参军还要多多留心才是。"

段宏早已大汗淋漓，听刘裕这样一说，拜道："这都是末将的本分。"见刘裕挥了挥手，段宏如蒙大赦，从帐中飞也似的逃了出去。

十数日过后。

刘义真陪父亲同乘一车，走在通往长安的大道上。沈林子、王镇恶先后出奇兵杀入关中，果然破解了潼关对峙许久的死局。只是其中细节与潼关的谋划多少有些出入。

沈林子历经凶险，抵达峣柳时，所见到的情形并非五万秦军步骑围攻晋军，倒是沈田子领着千余晋兵已击溃秦军，正追杀只顾逃命的秦兵。沈林子惊于哥哥破釜沉舟，大破秦军的勇气，又见秦军惨败之状，遂引没来得及休整的部众，加入追击秦军的行列。秦军本就溃败，忽遇半路杀出的沈林子兵马，只当潼关已破，刘裕大军正赶来，越发惊慌失措。待沈林子与沈田子、傅弘之合力击溃秦军，逼得秦帝姚泓逃回灞上，查点此战所获，竟杀敌万余人，就连姚泓的天子仪仗都全被晋军所得。

与此同时，王镇恶水师也悄然自黄河转入渭水。秦军斥候发现踪迹后，潼关守将姚赞不敢大意，虽然没有战船拦截，还是分派恢武将军姚难领兵沿岸尾随，一旦晋兵上岸，便要趁着晋兵立足未稳，上前围剿。而秦帝姚泓自峣柳败退灞上后，听闻晋军水师逼近，亦分派镇北将军姚强与姚难合兵迎战。

然而，秦军见晋军舰上没有一个人影，而船队依旧逆水而行，北方人不习水战，瞧不出舰船上的玄机，无不望而生畏。当那些诡异的船只摇摇晃晃地靠在岸边时，秦军小心翼翼地探上前来，暴起的王镇恶部将毛德祖一刀斩杀了姚强。王镇恶又下了死命，催令军士强行登岸，后登者斩。晋兵无不争先恐后，将那些围攻水师的秦兵杀得大败而逃。

晋军将士正为此胜欢欣鼓舞，回身望去，却见王镇恶已任由船队被渭水冲去了下游。将士无不惊恐难安，在王镇恶的激励下，知道已没有退路，唯有奋勇杀敌，遂在王镇恶的统率下直奔渭桥。

姚泓得知长安告急，慌乱中引着灞上数万败兵赶去拦截。可这些秦兵刚刚在峣柳惨败于沈田子兄弟，派去拦截晋军水师的兵马又惨败逃归，早已军心大乱。更不知潼关究竟还在不在秦军手中，而晋军是否已大举杀入关中，哪里还有出战的勇气？在王镇恶身先士卒的冲击下，秦军再次大溃，秦帝姚泓仅引数百骑逃回长安城。眼见大势已去，秦帝姚泓痛哭一场，领着妻子、群臣出城降于王镇恶。

而镇守潼关的姚赞，在得知晋军水师逼近渭桥时，就已从潼关撤军回救长安。听闻长安城破，秦帝已经归降的消息，姚赞兵马逃散一空。无计可施的姚赞，只得归降于衔尾追击的刘裕大军。至于镇守蒲阪津的姚成都，得知秦国已亡，痛心疾首中弃了蒲阪，转降于魏国。

刘义真望着一望无际的关中平原，心情和父亲一般畅快。早就听闻关中沃野千里，乃霸王之资。前秦皇帝苻坚占据这龙腾虎跃之地，一统北方疆土，若非淝水惨败，只怕已成天下之主。只可惜后秦姚兴年轻时夺取关中基业，晚年时连出昏招，不但对凉州日益混乱的局面难以控制，又放纵爱子姚弼为祸朝堂，更是错用了赫连勃勃那个天生反骨之人，以致夏国成了秦国大患，终是让后秦落了个国破家亡的结局。如今这块充满了帝王气息的疆土落入父亲手中，不但让避祸江东的晋人扬眉吐气，更让父亲的霸业多了些希望。若父亲能成天下之主，自己又越来越得父亲看重，假以时日，这天下岂不也要归于自己手中啦？

刘义真陪着父亲有说有笑，就见远方来了一队人马，沈田子前来迎候。

刘裕笑了笑，招到近前，赞道："是我的常胜将军来了！"

沈田子上前拜贺。就见他忧心忡忡，上前说道："末将不辱使命，特向太尉复命。"

刘裕未见到沈林子，问道："你弟弟怎么没来？潼关鏖战，便以他军功最盛，驰援峣柳，虽说晚了些，没能帮上你多大忙，可本公也要好好嘉奖其功。"

沈田子说道："后秦败亡，有十余万残寇逃去了陇右，虽说已是没头苍蝇，难以扭转秦国败势，可为防残寇为祸，家弟还是领兵去追讨，听说已截获万余人了。"

刘裕笑道："沈将军兄弟真是国士无双！你的军牒我已看了，能以一千兵马大破姚泓五万步骑，当真壮哉！王镇恶能攻破长安，沈将军功不可没。"

听到王镇恶的名字，沈田子面色稍变，说道："末将此来，一为复命，二也有事密奏太尉。"

刘裕见他一脸严肃，问道："何事这般模样？"

沈田子贴上前来，小声说道："据末将所知，王镇恶进入长安城后，径直去了姚泓宫殿，盗取珍宝无数。"说罢，他将一册竹简递到刘裕手中，"这是王镇恶盗取宝物名录，若太尉不信，大可依此查验。"

刘义真心中暗想，沈田子在峣柳以千余兵马大破秦帝姚泓五万步骑，当真拼上了性命。虽说长安终被王镇恶攻破，姚泓也落到了王镇恶手中，可任谁来看，当以沈田子功大。若没有峣柳一胜，秦军惨败逃回灞上，王镇恶想攻破长安，绝非那么容易。然而，最终的结局却是王镇恶风头盖过了沈田子，这让沈田子如何愿意？两人争功由来已久，如今王镇恶在长安风光无限，沈田子怎能咽下这口气？

也难为沈田子,一面忙着和秦军打仗,一面还有时间搜集王镇恶的罪证。

刘裕一听沈田子是来告状的,皱了皱眉头,将那竹简捏在手中拍了拍,却没有打开。刘裕自然知道沈田子对王镇恶的不满,可从刘裕的角度来看,却是需要两人相互制衡。两人的本事刘裕是知道的,能以少胜多,绝不是凭运气,更不是靠匹夫之勇,而是靠出人意料的谋略。刘裕打了大半辈子仗,坐到了今天的位子,一面要重用沈田子、王镇恶这些将才,一面也要小心他们难以驾驭,威胁到自己的地位。

刘裕笑了一笑,将那竹简递了回去,安抚道:"沈将军过虑了。王镇恶能击溃秦军,攻破长安,又迫降姚泓,厥功至伟,从府库挑拣些财宝算不得什么大事。别说只拿了这点儿东西,就算把府库分出一半给他,本公也能代朝廷做了这个主。沈将军也莫说本公偏向于他,今日是王镇恶攻破了长安,我这般厚待他。明日若是沈将军攻破了魏国国都,本公也会这般对沈将军。沈将军也别担心,峣柳一战,你的功劳本公记得。待到了长安,本公自会论功行赏。"

刘裕轻描淡写地饶过了王镇恶,沈田子脸上显然有些不满,复又争辩道:"太尉,若说王镇恶只是贪图些财货也便罢了,他还私自扣下了姚泓的天子銮驾。这等重器,岂是一个臣子敢私藏的?难保王镇恶没有什么别的心思!"

刘裕脸上分明现出了怒意。正如沈田子所说,金银珠玉无足轻重,这天子銮驾的确不是王镇恶该拿的。刘裕冷冷地问道:"此事你可有凭据?"

沈田子信誓旦旦地答道:"若没有凭据,末将怎敢诬告?呈于太尉的这名录中,姚泓天子銮驾位列榜首,太尉使人一查便知。"

刘裕将那竹简重新接了回来,展开瞧了半天。就听沈田子接着说道:"还有那秦帝姚泓,竟被王镇恶留在营中,听说已拜作他龙骧将军府的属吏。若王镇恶事先请奏过太尉也便罢了,若是自行其是,他这心思,可就让人难以捉摸了!"

刘裕一把将那竹简攥在手中,脸色阴晴不定。显然王镇恶把姚泓留在手下当差,并没有给刘裕通过气。

刘裕阴沉着脸,说道:"沈将军随本公一同去长安吧。"沈田子喜形于色,陪侍车旁。

大军浩浩荡荡,向着长安进发,未过多久,行至灞上。

王镇恶已领着军中将佐连同秦国降臣久候多时。见到刘裕车驾,王镇恶引着数十人匆匆迎到面前，跪倒参拜。

刘裕站起身来，虚手一抬，看了王镇恶一阵，笑道："王将军出奇制胜，攻破长安，成吾霸业者，王将军也！"

王镇恶跪倒拜谢："攻破长安，夺取关中，乃明公之威、诸将之力，末将何功之有？"瞧见沈田子正陪在刘裕身边，冷眼瞧着他，王镇恶复又说道："且不说太尉坐镇潼关，让姚赞十万兵马不敢妄动，乃是我军大获全胜的根本，就是沈将军于峣柳大破秦军，都远比末将功高！"

王镇恶居然如此谦逊，让刘裕有些意外。刘义真心中也是一阵狐疑，不由自主地去看了看陪在车旁的沈田子。方才沈田子还来告发王镇恶，说他盗取财宝，私藏秦帝銮驾，包藏祸心，图谋不轨，此时王镇恶卑躬屈膝，哪有半点儿异样？他甚至把沈田子的功劳推在前面。难道是沈田子小肚鸡肠啦？

刘裕终是笑了笑，说道："王将军倒是谦逊，莫不是想学'大树将军'冯异吗？"冯异乃东汉开国皇帝刘秀麾下大将，素来不喜与人争功，每逢打了胜仗，诸将在刘秀跟前表功，冯异总是躲在后面的大树下乘凉，故而得了个"大树将军"的名号。

王镇恶笑着拜道："冯异辅佐刘秀开创东汉百年基业，末将哪敢与他相提并论。若末将能追随太尉左右，得效犬马之劳，重新开创一番盛世，倒也不负此生了。"

刘裕早就在谋划取代晋室，王镇恶此时说要开创盛世，倒让刘裕心中欢喜，对王镇恶的疑心稍退，说道："王将军快快起来吧！"

王镇恶站起身来，走到近前，献上一册竹简，说道："末将进入长安后，已将皇室宗族、朝中百官，连同城中军民登记造册。虽说关中数经战乱，尤其这几年来一直在打仗，人口少了许多，可长安不愧是秦国国都，尚有六万余户。请太尉查验。"

一听长安还有这么多人口，刘裕大喜。乱世之中，六万余户已是个不小的数目，这都是源源不断的赋税和兵员，是刘裕让关中再次富强起来的资本，也是刘裕取代晋室，继而角逐天下的本钱。想想沈田子呈来的竹简是为告发王镇恶，而王镇恶呈来的竹简是助刘裕成就霸业，刘裕不禁瞪了一眼沈田子，对王镇恶说道："王将军真是有心了。"

待把那竹简细细观瞧了半天，刘裕点了点头，收入怀中，忽而问道："这名录中，秦国宗室百余人何在？还有，秦帝姚泓何在？"

王镇恶忙答道："秦国宗室皆在那边迎候，只等太尉发落。"说着，他稍稍退后，引了一人上前。那人还未到跟前，便扑通一声跪倒在地："亡国罪人姚泓，叩拜大晋太尉刘公！"

眼前跪着的居然是后秦皇帝，刘义真有些难以置信。在刘义真的眼中，皇帝都是高高在上的，此时居然向父亲行此大礼，着实让人唏嘘，不由得仔细打量一番。

就见姚泓一身白衣，满脸惊惧。他年纪倒也不大，二十多岁的样子，长得文文弱弱，哪有半点儿天子气度。听闻当年燕国灭亡时，燕主慕容超至死没有求过一声饶。同是亡国之君，与慕容超相比，姚泓可真是让人瞧不上眼。难怪姚兴在时，看不上这个太子，一心想把战功卓著的姚弼扶上大位。乱世之中，这样文弱的人继承秦国，国运岂能持久？若非姚兴身体坚持不下去，朝中又有那么多人反对，再加上姚弼铤而走险，数次叛乱，这秦国真能交给姚弼，说不定也没有今日的亡国之祸。

刘义真不由得想了想留在建康的大哥。那个高高在上的人得父亲宠幸远胜自己，他全无才干，只知玩乐，若承继父亲大业，只怕也是姚泓这般模样。刘义真心中越发坚定了与刘义符争位之心。

刘裕冷冷地看了一眼姚泓，淡淡地说道："绑了！"

王镇恶愣了一下，劝道："姚泓献城归降，还请太尉从轻发落。"

刘裕听王镇恶为姚泓求情，再次想起沈田子告发王镇恶把姚泓收作属吏之事。他皱了一下眉头，说道："姚泓窃据关中，伪为天子，乃我大晋仇雠。王师北伐，姚泓不思己过，纳土称臣，依旧负隅顽抗，兵败才降。军法有云，围而后降者，杀无赦！姚泓杀我北伐将士无数，本公也要替他们讨个公道！姚泓罪无可赦，绑送建康，献祭太庙！"

一听刘裕要取姚泓性命，王镇恶面色惊变。刘裕所说的姚泓罪状，不过是些冠冕堂皇之言。若说姚泓害了北伐大军将士性命，更是欲加之罪，两军交战，哪有不死人的？

王镇恶壮着胆子正想再替姚泓求情，却见刘裕凶狠地盯着他，让他不寒而栗。

刘裕冷冷地说道："秦国宗室，一个不留，就地处决！"

跟在后面的檀道济吓了一跳，忙上前劝道："太尉，关中初降，人心不稳，若将秦国宗室斩尽杀绝，只怕人心越发混乱。还请太尉慎重！"

刘裕回身看了看檀道济，哼了一声，说道："我知道檀将军心善，攻破洛阳时，将那些降卒全都放了回去。可你要知道，仁义固然让人敬重，可乱世需用重典。你放了那些秦兵，他们逃回潼关，就再次拿起兵器与我军为敌。你饶了他们性命，他们可曾对我军手下留情？死在潼关下的将士还少吗？"

檀道济一时语塞，刘裕转又盯着王镇恶说道："秦国虽灭，可关中尚未稳固，外有夏国、北凉、西秦、仇池、魏国虎视眈眈，内有秦国余孽四处逃散。留着这些亡国宗室，是想让他们收拢党羽谋求复国吗？"

王镇恶一个激灵，这话显然是说给他听的。攻灭秦国这样的大功，让王镇恶本已有些不安，听闻沈田子早早去了刘裕身边，便知他那是去告状的。王镇恶越是替姚泓这些人求情，就越让刘裕怀疑他的用心。

王镇恶哪敢多话，拜道："末将领命。"说着，他亲手绑了苦苦求饶的姚泓，交到刘裕亲卫手中，转身回去，吩咐一声，将那些一脸惊异的宗室挨个儿绑到军前。

这时，降于刘裕的姚赞也被绑了出来，塞到那些人当中。直到此时，那些亡国宗室才算明白自己的命运。屠刀亮出的那一刻，哭喊声、求饶声、叫骂声经久不绝。

刘义真吃惊地看着那些人一个个人头落地。平日里只知道父亲对自己兄弟的慈爱，也见惯了父亲的运筹帷幄，战无不胜，此时却见到了父亲凶狠毒辣的一面，仿若变了个人般。书中常说，杀俘不祥。可父亲说杀了这些亡国宗室，是为了稳定关中局势。刘义真若有所思，或许这就是无毒不丈夫吧！

当秦国宗室的鲜血染红了灞东的土地，刘裕在王镇恶众将拥簇下，统领大军徐徐开进长安。望着巍峨的城楼，宽敞的道路，不愧为历朝古都，让刘裕赞叹不绝，似乎对枉死在城外的亡国宗室早已忘了个干净。

待进了皇宫，便见宫室完整，并未因兵祸而稍有损毁，刘裕很是满意，连连赞许王镇恶之功。待到了大殿前，却见殿外一侧，堆着一堆精雕细琢的器物，细细一瞧，仍能辨出是一辆奢华的车辇的残骸。

刘裕望了一眼，问道："那是何物？"

王镇恶似乎对杀尽秦国宗室还没释怀。尤其姚泓献城归降，却没能保全性命，王镇恶多少有些愧疚。此时听刘裕问起，这才想起正事，面有愧色，说道："此乃姚泓天子銮驾。末将见上面镶满金玉，一时贪心，便让人把上面的宝物全都剔了下来。手下人办事没有轻重，不慎损毁了此物。末将以为这姚泓的伪辇坏便坏了，也就没有再管。太尉既然瞧见，末将不敢隐瞒。末将没见过什么世面，初入皇宫，见那府库宝物堆积成山，心痒难耐，私藏了不少。此时细想，未免太胆大了些，这便一一送还，还请太尉惩处。"

听王镇恶这样一说，刘裕不禁一笑。王镇恶显然是故意把车放在这里的。想来王镇恶已知沈田子去告发了他，还拿这天子车辇大做文章。或许王镇恶见到这奢华车辇时真有私吞之心，可被沈田子一告，才知轻重，忙将金玉剔去，再将车辇毁坏。他这样一做，倒让刘裕安心不少。王镇恶老老实实地处决了秦国宗室，此时又毁掉这车辇，在刘裕看来，王镇恶除了贪财些，是没什么野心的。

刘裕瞪了眼灰头土脸的沈田子，笑道："可惜了！可惜了！"继而，他对王镇恶说道："王将军莫要自责。北伐何其艰险，尤以王将军功高。本公原也有意将这秦国府库赏赐将士的，王将军拿去一些喜欢的，又有什么打紧？我见宫里有不少钟鼓、浑仪，将这些皇家器物送回建康，呈献天子足矣。至于府库中的财货，王将军录来一份名录，本公论功行赏，一件不留，全都分赐北伐将士！"

随行将士无不欢欣鼓舞，山呼万岁。

功业未成，半途而废

不知不觉，刘裕进驻长安已有两个多月。

这段时日，晋军四处清剿秦国残余势力，零星抵抗很快便被平息。对于叛国投敌的司马国璠、司马休之、鲁宗之这些人，刘裕自然不会放过，谁知这些人竟无一落网。除去早已在河东向魏军求援的司马国璠逃得性命，司马休之父子与鲁宗之父子居然也逃过追捕，潜渡关隘去了魏国。听闻鲁宗之已病逝在路上，而司马休之到了魏国不久，也染病身亡，可两人的儿子都活了下来。拓跋嗣显然把这些人当作了宝贝，赐爵司马国璠淮南公，司马文思池阳子，鲁轨襄阳公。留他们招诱旧党，聚众于黄河、济水间，侵扰徐州、兖州。

刘裕听闻，头疼不已，想派人清剿，可关中刚刚平定，暂无余力征讨这些叛国之人，何况关中还有不少忧患让刘裕不得不小心应对。

夏国、北凉、西秦、仇池诸多小国，在秦晋交战之际，一直作壁上观。听闻后秦败亡，仇池国杨盛与夏国赫连勃勃倒是各自退还，可西秦与北凉乘机侵入秦州。

西秦乞伏炽磐还算收敛，不过招诱秦国残部而已，北凉沮渠蒙逊已是明目张胆来夺秦州了。听闻沮渠蒙逊刚刚大败西凉国，从西线收兵回来，得知秦国败亡，忙趁火打劫，领兵攻陷安定，秦岭以北郡县皆望风而降。

刘义真得知此事，不由得为当初的天真好笑。原以为沮渠蒙逊与晋国通使，便能借他侵扰秦国，助父亲攻破潼关，谁知沮渠蒙逊也不过是在利用父亲而已。如今北凉浑水摸鱼，吞并秦国大片国土，倒是让他占尽了便宜。

刘裕似乎对沮渠蒙逊的举动没有感到意外，已分遣兵马北上，驻守平阳。北凉见晋军有了防备，也未敢轻举妄动，占据北秦州后，便再没有继续南下。

针对西秦和北凉的威胁，刘裕已遣使去了夏国，愿与赫连勃勃结为兄弟，共享富贵。这日，赫连勃勃的使者皇甫徽来了长安，转达赫连勃勃愿与刘裕结盟之意。

刘裕大喜，设宴款待使者，赏赐无数，结好夏国。宴上歌舞太平，好不热闹，推杯换盏，一派祥和气息。直到送皇甫徽回了馆舍，刘裕又招了幕僚将佐，回到殿中商议国事。

刘裕向谢晦问道："谢长史，以你今日所见，赫连勃勃有多少结盟的诚意？"

谢晦摇了摇头，笑道："赫连勃勃看似对太尉尊崇无比，实则心怀叵测。想当初，姚兴待赫连勃勃何其恩厚，不但高官厚禄，还给予兵权镇守北方国土。原想借赫连勃勃抵御魏国，谁承想竟养虎为患，赫连勃勃拥兵自重，倒自成一方割据。这些年来，夏国搅得秦国没有一日安宁。秦国当年何等强盛，如今亡于太尉之手，虽是太尉用兵如神，可秦国败亡，倒有三分是坏在这赫连勃勃手里。"

谢晦之言，攻灭秦国不全是刘裕的本事，倒也是句大实话，刘裕也未生气，笑着听谢晦继续说道："赫连勃勃此人，野心绝对不小。按说他一个新建的小国，多是该寻些盟友，联手抗拒强大的秦国。谁承想此人胆大包天，大败秦军后，居然先后与柔然、南凉、魏国开战。南凉国原也是凉州强国，北凉沮渠蒙逊很长时间都不是南凉的对手，然而南凉国惨败于赫连勃勃之手，国运大衰，终为西秦所灭。而魏国拓跋嗣生来谨慎，即使这样，也让赫连勃勃占了不少便宜，以致魏国要放下与后秦的旧仇，通婚结盟联手对付夏国。赫连勃勃这些年来，蚕食诸国，已是个不容忽视的强国。从其都城统万城的名号上，就足见赫连勃勃可不仅仅满足于做个北方藩国的草头王。如今关中归于太尉之手，赫连勃勃愿与太尉结盟，只怕也是想借太尉的名号，助他扫灭诸国吧。面对这只中山狼，太尉可要打起十二分的精神呢！"

刘裕沉思一阵，叹息道："姚兴撒下关中这副烂摊子，倒是要让本公来替他收拾了。虽说北伐之功初成，可要说关中已经稳定，只怕为时尚早。本公立志扫清六合，一统八荒，然而在讨伐魏国，恢复中原前，首要之事还是要把凉州、并州、汉中这些小国清剿干净，才好安心对付魏国。本公自然知道赫连勃勃靠不住。只是北凉、西秦、仇池，没有一个安分守己的，也只能先笼络住赫连勃勃，待收拾了其他小国，再来对付夏国了。"

刘裕说罢，众人纷纷附和。这时，刘裕忽然说道："自进入长安以来，本公一直思量这百余年来的旧事，想我中华原是中原之主，怎奈西晋国乱，闹得中原丧于他国。今日总算收服长安、洛阳两都，我华夏男儿，上对得起列祖列宗，下不负黎民百姓。想我祖上刘邦，凭着三尺长剑，斩白蛇逐天下，靠着关中基业夺取万里江山。长安乃龙兴之地，待扫灭周围诸国，便能挥师东进，荡灭魏国，复我泱泱中华大好河山。江南虽好，却远离中原，也该让朝廷重回关中了。一来告慰先祖，二来也便于扫灭诸国，统御天下。"

众人本还听刘裕说起祖上刘邦旧事，只道他是在以皇族自居，暗示想取代晋室。众人皆是刘裕部众，也想攀龙附凤，谋个享不尽的富贵，自然对刘裕的大业乐见其成，正想上前拜贺，行劝进之事，却忽听刘裕竟有迁都之意，无不面色大变。

刘裕见众人沉默下来，说道："长安城池坚固，宫殿完整齐备，把国都迁回长安，也是上应天命，下合人心，不知诸位爱卿以为如何？"

谢晦上前劝道："太尉所想自然于国有利，只是迁都非同小可，还需从长计议。我军虽已夺取关中，然而太尉也说了，关中周围并不太平，且不说夏国、北凉、西秦、仇池、魏国的威胁，这些年后秦政乱，农耕废止，迁都于长安，又哪来的钱粮供养朝廷？还请太尉慎思。"

虽说众人没有像谢晦这般明言劝阻，却都纷纷附和。刘裕有些不大高兴，沉默一阵，又说道："既然长安不适合迁都，那洛阳如何？东汉光武皇帝以洛阳为都，气吞天下，扫灭群雄。何况西晋时便定都洛阳，如今使朝廷迁回旧都，也在情在理。北伐途中，众卿也有人随我去洛阳查看过。虽说城池有些残破，可经过毛修之修缮，已初具规模，宫殿比长安是有些逊色，可毕竟是旧都所在，徐徐修整，也不是什么难事。再者说，洛阳身处中原腹地，自江南调粮供养也容易许多。而后秦灭国，中原最强盛者唯魏国而已。定都洛阳，北据黄河天险，进可讨伐魏国，退可以黄河拒敌，又临近关中，也便于朝廷继续讨伐西北这些地头蛇。除此之外，迁都洛阳意义非凡。朝廷离开中土已有百年，如今还于旧都，足以昭示天下，这中原之主终是回来了，也让那些窃据中原的外敌思量思量，早早顺应天命，纳土归降，仍不失封侯拜相，如若不然，我军便可用正义之师讨灭诸贼！"

刘裕想迁都，绝不是一时冲动。自檀道济攻破洛阳后，他便已有了这个念头，故而让留守的毛修之修缮城池，见毛修之办事得力，赏赐高达两千万之多，就是想让人知道自己对洛阳的重视。除去方才说的那些大道理，刘裕迁都，还有更深用意。刘裕早有取代晋室之意，把朝廷北迁，让司马氏远离住了近百年的建康，更有利于刘裕夺权。只是刘裕说了这么多大道理，殿上众人依旧沉着脸，显然并不赞同迁都。刚才谢晦的劝阻还有些道理可讲，既然长安不合适，那洛阳总该没有问题，为什么还是没人支持呢？

刘裕正奇怪众人究竟在想什么，王仲德走上前来，劝道："太尉，迁都之事还是迟些再说吧。大军北伐，出征久矣，将士日夜思归，此时迁都，只怕军心难安啊！"

一听王仲德的话，刘裕有些难以置信。过了许久，总算有些反应过来。迁都不但把晋朝宗室迁离建康，也让朝中重臣、士族豪门离开了江南。这些人久居江东，势力庞大，若离开江南，必然撼动他们的利益。谢晦也好，王仲德也好，虽然祖籍都在江北，可这么多年过去，早已融入江南大族中，自然对迁都满心不愿意。其实刘裕也想到过这点，迁都洛阳，自然要厚封那些追随自己的功臣，少不得谢家、王家的好处，足以安抚他们，这也是权势的重新洗牌，更便于刘裕掌控朝野。只是刘裕左想右想，万万没想到王仲德会拿将士说事。

北伐大军的中坚是北府军，大多都是当年自中原流落江南的苦命人，除去他们不说，其他各部人马也多有北方人。若北伐军以江南百姓为主，王仲德说将士人心思归，倒也情有可原。然而，北伐军明明大多都是祖籍中原，这人心的思归就有些让人吃惊了。按说将士祖辈都生活在中原，如今刘裕把朝廷重新迁回北方，对将士而言也算荣归故里，为何他们不愿留在北方，而是想回到江南呢？

刘裕听着众人议论纷纷，大多都在支持王仲德的话。军心不是儿戏，王仲德敢这样说，显然不是信口开河。何况王仲德也是刘裕的心腹爱将，绝不敢诓骗刘裕。刘裕慢慢想明白过来。将士虽大多出身贫寒，不似那些士族豪门家大业大，可历经这百年的时间，老一辈人渐渐故去，将士对家乡的概念，早已化作对老一辈人的思念而已。

刘裕越来越沉默，又往深处一想。东晋蛰伏江南这百年，也有数次北伐，正如先前听到的魏国军歌所唱，最大规模的两次北伐几乎都是虎头蛇尾。褚裒与桓温，为争权势，各自领兵北伐，结局却出奇一致，都是匆匆撤还，以致留守江北的将士全都丢了性命。如今刘裕吞灭秦国，成就早已远胜桓温，然而，将士并不敢确定刘裕是不是与桓温、褚裒一般，只是把北伐当作自抬身价的手段。他们觉得，与其留在关中，到撤军时丢了性命，还不如早早退回江南去。

刘裕暗叹一声。他收复关中，踌躇满志，正欲借关中扫清西北诸国，进而讨伐魏国，可将士显然没有这么长远的打算。若仅仅是谢晦、王仲德这些人反对迁都，刘裕总有办法让他们顺从，可若是将士都不愿留在江北，刘裕也不敢犯了众怒。

刘裕正在想提出迁都是不是有些冒失了，却听有人奏道："太尉，长史王弘从建康回来了。"

刘裕从眼前的困惑和无奈中回过神来。攻破长安后，刘裕已遣王弘回了建康。一来向朝廷索取都督关中之权，二来继上次谋求九锡封拜后，再向朝廷施压，谋取更高权势，以此为取代晋朝造势。既然王弘回来，必然不辱使命。

刘裕暂将迁都之事放下不提，说道："快快让他进来吧。"

王弘手持天子节杖，步履从容地进到殿上，一脸笑意，连连拜贺。他取出天子诏书，朗声念道：

"宋公刘裕，忠君体国，气冲霄汉。不辞国事辛劳，但以天下为己任。挥师西进，后秦败亡，克复两都，功垂千古。诏进宋公爵为宋王，增封十郡。后秦旧土置东秦州，宋王都督内外诸军事。"

虽然刘裕对朝廷所封宋公坚辞不受，可朝廷依旧以宋公相称。听闻刘裕晋升为王爵，众人无不欢喜。在旁陪侍的刘义真，此时也是兴奋无比。从公爵到王爵，距离天子可就一步之遥了。

就见众人纷纷上前跪拜恭贺，刘裕因迁都受阻的不快稍稍退去，脸上现出笑意，却连连摆手，向王弘辞拜道："本公何德何能，敢受天子如此厚封？何况我朝开国至今，哪曾有过外姓为王的？本公受之有愧，万万不可再提。便烦劳王长史回建康一趟，代本公辞谢天子厚意。"

王弘又是连连劝谏，众人也无不上前求刘裕受命，刘裕却是坚决不从。待到后来，众人劝得紧了，刘裕沉下脸来，训斥道："本公一心为国，何曾有什么私心，众卿这般劝谏，是要置本公于不义吗？"

见刘裕变了脸，众人一时有些难堪，纷纷跪拜谢罪。刘裕叹了一声，让众人起身，这才向王弘问道："你此去建康，穆之在家休养，身子可好些啦？不知他对天子的封拜，是如何看待的？"

江南能有这些年的稳定，自然是刘裕之力，可刘穆之殚精竭虑，稳固朝局，也是功不可没。此番北伐，大获全胜，也在于刘穆之这些年处理朝政没有一丝疏漏，国泰民安，仓廪丰实。刘裕能有今日的成就，至少有刘穆之一半的功劳。故而刘裕很是在意刘穆之的看法。若刘穆之能放下所谓的愚忠，支持刘裕的大业，那刘裕取代晋室必然水到渠成。

听刘裕问起刘穆之，王弘脸色变得有些凄然，叹了一声，说道："穆之久病在家，原想是为国操劳累倒了，多休养些时日就能康复。谁承想，下官此去探望，穆之已病入膏肓。就在下官得了天子旨意，离开建康的时候，穆之已经故去了。"

刘穆之竟然病逝啦？

众人皆有些吃惊。刘义真早已知道刘穆之对父亲取代晋朝的态度，王弘就曾把刘穆之与曹魏时的荀彧相比。如今父亲距离天子大位越来越近，刘穆之既想忠于晋室，又不愿与父亲为敌，忧郁成疾，居然到了难以救治的地步，当真让人唏嘘。刘穆之虽没有领兵打仗的韬略，却有治国安民的大才，竟然就这样无声无息地故去，实在让人满心遗憾。

刘义真正这样想着，却听刘裕凄惨地叫道："苍天何其不公，要夺我腹心股肱！"他哇的一声痛哭起来。

刘义真吓了一跳，忙上前劝慰，众人见状，也忙过来安抚，可刘裕哭得肝肠寸断，众人哪里劝得住？

也无怪刘裕如此伤心。自京口起兵讨伐桓玄，刘穆之得何无忌推荐，成了刘裕身边最得力的谋臣。若没有刘穆之，便没有今日的刘裕。刘裕原本也对朝廷赤胆忠心，只是随着权势越来越大，朝野对刘裕的嫉妒和仇视也越来越大，在受人非议的寒心和膨胀的野心中，刘裕终是动了取代晋室的念头，也由此与刘穆之到了分道扬镳的地步。如今刘穆之满怀对晋室的忠诚和对刘裕的失望，撒手人寰，让刘裕满心自责和愧疚。自此，世上再无刘穆之，而刘裕内心深处那个对晋室忠心不二的自己，也随着刘穆之一并死去，只剩下一心取代晋室、问鼎天下的宋王了。刘裕既是为刘穆之而哭，也是为自己而哭。

待刘裕从痛哭中慢慢平静下来，一个现实的问题摆在眼前。过去，刘穆之虽然不满刘裕对晋室国祚的攫取，可并未明言反对，故而只要刘穆之还在建康一日，便没有人胆敢对刘裕不利，建康也就会有一日的稳定。如今刘穆之病逝，虽然有徐羡之为副，可徐羡之一来还没有刘穆之的威望，二来也名不正言不顺，不可能压得住朝里朝外那些重臣和士族。虽然江南州郡都由刘裕的心腹掌管，建康也有朱龄石、刘怀镇执掌内外兵马，可眼下刘裕远在关中，一旦朝中那些政敌趁机作乱，裹挟天子，一纸诏书把刘裕归为乱党，那么刘裕不但将失去对建康的控制，弄不好众叛亲离,顷刻陷入死无葬身之地。

谢晦显然也想到了这一点,向刘裕说道:"太尉切莫伤心。如今刘穆之病逝,建康必然震乱。后秦败亡,关中已定,莫不如尽快班师还朝,免得建康生变。"

王弘本还为刘裕谋来王位兴奋不已,远没有想到这么多,此时见刘裕这般伤感,谢晦又这样一说,才意识到刘穆之的死绝不是一件小事。这才又想起一件事,他忙说道:"谢中郎之言确实在理。下官离开建康时,还听徐羡之说起,广州有徐道覆的旧党徐道期聚众攻城,已被州府讨灭。现下太尉远在关中,刘穆之又刚刚病逝,已有乱党蠢蠢欲动,只怕人心越发难安。若太尉迟迟不归,难保不会生出更大的乱子来。"

一听此言,刘裕也有些担心。当年北伐燕国时,卢循、徐道覆搅得江南大乱。今日讨伐后秦,又有他们余党生事,虽然这些乱党早已不成气候,可刘穆之已死,也要提防朝中政敌借此兴风作浪。

这时,就听王仲德众人也纷纷劝刘裕拿定主意,快些还朝。刘裕想想方才众人对迁都的反对,再想想建康的危机,终是叹了一声,说道:"也罢,本公离开建康确实有些久了。那便依众卿之言,择日还师。"

一直没有说话的王镇恶又上前说道:"太尉,关中来之不易。若大军撤还,夏国、北凉、西秦、仇池、魏国必不会安分守己,我北伐将士历经生死,收复关中,岂能轻易舍弃?"

刘裕说道:"关中已是朝廷疆土,自然不能丢了,否则北伐岂不是空忙一场?何况本公迟早要扫灭西北诸国,这关中便是根基。既然王将军提到此事,那便把这事定下来。诸位爱卿,方才王仲德说将士思归,我也不想难为大家。谁愿舍下思乡之情,为国镇守关中?"

王镇恶忙上前拜道:"末将愿为太尉分忧。"

一听王镇恶想留在关中,沈田子也蹿了上来:"末将自然也愿留下。"

虽然大多将士想早些回江南去,可一来关中刚刚收复,留守之人必然掌控大权,二来关中已是朝廷边境,进可出征杀敌,退可为国守备国门,数不尽的战功摆在那里,富贵险中求,自然有人愿意留下来。王镇恶与沈田子二将请命,二人部将毛德祖、傅弘之也上前请命,引得不少人心痒难耐,纷纷上前。

刘裕点了点头,说道:"王将军祖上是前秦宰相,由你留在关中,必然能安抚人心。既如此，本公便表奏朝廷，拜你为安西司马，领冯翊太守。"他转又对沈田子说道："沈将军虽非关中人士，可有此报效国家的忠心，本公自然成全，那便表奏你为中兵参军，领始平太守。另以毛德祖领天水太守，傅弘之为雍州治中从事。"

刘裕封拜众将，使各自守备州郡，唯独对长安没有提及，谢晦问道："不知太尉欲以何人镇守长安？"

刘裕转过身来，对刘义真说道："刘义真，本公表奏你为安西将军，领雍、东秦二州刺史，都督雍、梁、秦三州诸军事，领兵镇守长安，你可敢应命？"

刘义真一个激灵，继而激动万分。万万没想到这镇守长安的重任居然能落到他身上。关中的重要，这一路上父亲无数次对他说起，方才父亲还有意迁都长安，足见对关中的重视。既然让刘义真镇守长安，可见对他寄予的厚望。刘义真暗想，这段时日来的努力总算没有白费，只要办好这个差事，那在他父亲心中的位置将变得更加重要，与老大争位，也能多一些资本。就冲这一点，刘义真如何不应下来？

刘义真郑重其事地向刘裕一拜："父亲为国为家不辞辛劳，孩儿自当以父亲为榜样，必保关中安然无虞。"

众人无不暗暗吃惊。刘义真不过十二岁的年纪，刘裕竟放心把关中交给这个半大小子？也难为他舍得把儿子远远抛在关中。可又一想，这两年来，刘裕长子先后出任数州刺史，眼下又监太尉留府事。而老三官拜徐州刺史，监徐、兖、青、冀四州诸军事，镇守彭城。这方任大权，刘裕怎么也不可能假于他人之手，唯有他的至亲才能放心，虽然刘义真几个都还是孩子，可他们却代表了刘裕本人。而将士本还疑心刘裕收复关中只为自抬身价夺取晋朝，可刘裕把儿子留下来，足见刘裕并没有放弃关中的打算，也让留下来的将士能安心坚守城池。

刘裕接着对刘义真说道："王修在北府军也是老人了，办事公正谨慎，祖籍又是在关中，对这里也熟悉些。你年纪还小，从未担过如此重任，性子又急些，我把王修留作你长史。有他助你处理长安军政，想必也能稳妥些。关中局势复杂，西秦、仇池此心难测，北凉抢占了北秦州，虎视眈眈。至于夏国，莫看赫连勃勃已与我结盟，但此人心计之深，远非常人所及，务必万分小心。故而我留王镇恶、沈田子众将，助你一臂之力，你要多多倚仗。除了他们各部人马，我再给你一万精兵守备长安。此外，我把段宏也留给你。段老将军对魏国局势异常熟悉，有他帮你盯着魏国，我也能放心些。"

刘裕沉默一阵，似是还不大放心，又说道："西北诸国且容他们先嚣张一阵吧。此番回师，我不会耽搁太久，待处理罢建康的事，我自会领军回关中，到那时再来料理这群西北狼。你只要能守关中一年半载，就算你大功一件。"

王修、段宏上前应命。刘义真听父亲说了这么多，知道他把自己留在关中，多少还是有些不放心的，暗道："三弟都能守好青徐，让魏国没有机会侵扰。长安远比彭城险峻，还有王镇恶、沈田子这些独当一面的良将，镇守关中又能难到哪里去？"他生出争胜之心，嘴上却欣然应命。

刘裕又对谢晦说道："夏国的使者还在长安，盟约既然已经签订，便早早打发他北还吧。撤军之事切不可让他知道，能瞒住夏国多久便多久吧。"说罢，他又对众人交代一阵，便使王镇恶、沈田子众将早早赶去辖地接管防务。

众人一一领命，各自离去。

刘裕安排完关中军政，再次为刘穆之伤感。这时，众人散去，谢晦却并未离开，他问道："谢中郎还有什么事吗？"

谢晦见众人已走远了，上前说道："太尉伟业如此，建康军政大事还要早些选派得力之人接管，免得建康人心不稳。"

刘裕皱了皱眉头。听到刘穆之病逝的噩耗时，刘裕已在斟酌此事，听谢晦问起，沉思一阵，说道："谢中郎以为王弘如何？"

自荆州讨伐司马休之叛乱后，王弘投效刘裕麾下。正是王弘往来奔波，才为刘裕谋来江南州郡大权，从九锡到宋公再到今日宋王，都是他给刘裕张罗来的。王弘已渐渐成为刘裕的左膀右臂。何况王家乃江南第一大族，若是王弘接管朝政，足以压制建康的百官、士族，也能确保刘裕后庭稳固。

谢晦嘴角略微抽动了一下。刘裕手下这么多谋臣，谢晦自以为除了刘穆之，便以他资历最深、功劳最大。听闻刘穆之死讯，谢晦可是高兴得紧，只当总算到了出头之日。谁承想刘裕开口，竟想让王弘接管建康大权，谢晦心中不免一阵酸涩。谢晦可不想让王弘这个才到府中不久的人得了这个便宜。何况王家实力雄厚，本就压着谢家一头，谢晦就更不愿让王家得势。又一想，刘裕早就让徐羡之为刘穆之副手，此人早在刘裕掌权前便与刘裕交好，显然深得刘裕信任。而徐羡之又和刘穆之一样出身寒微，若推举徐羡之接管建康大权，至少不会威胁谢家的权势。再说了，徐羡之得了这么大的好处，也会念着谢晦的好了。

谢晦稍稍平复下失落的心，拜道："太尉这般处置，似乎有些不妥。"

刘裕愣了一下，便听谢晦说道："王弘虽然得力，可为人处世轻浮了些，不如徐羡之稳重，还请太尉慎重。"

谢晦轻描淡写，只说王弘轻浮，可经他这样一说，刘裕也对王弘有些迟疑了。

虽说王弘为刘裕办成了这么多事，却都是在为夺取晋室江山而忙碌。晋朝没落已无从改变，刘裕凭着这些年的声威和功绩，取代晋室几乎已水到渠成。可王弘做的这些事毕竟不怎么光彩，若刘裕重用王弘，使他接替刘穆之，多半会让人们对刘裕生出怨言。关中刚刚平定，刘裕声威越发高涨，正是刘裕取代晋室最关键的时候，万万不能节外生枝，故而让王弘接管建康朝政的确并不妥当。再往深处一想，当年王导辅佐司马睿在建康建立东晋，王家的权势几乎左右了江南数十年，虽被后来的庾家、桓家、谢家分去不少权势，可王家依旧是江南第一大族。刘裕要借王家的势力为己所用，可也要小心王家的势力过于庞大，免得让自己辛苦所得的天下，像东晋一般成了王家的掌中之物。

刘裕深思许久，终是说道："本公是有些疏忽了，便如谢中郎所言，这就使人回建康，传我的意思，让徐羡之接管朝政吧。羡之做穆之的副手已有些时日，所缺不过是个名分罢了，便以羡之为吏部尚书、建威将军、丹阳尹，总揽留任诸事吧。谢中郎一心为公，本公甚是欣慰，日后若本公还有什么不当之举，谢中郎可还要多多提醒才是。有谢中郎这等贤臣，何愁大业不成！"

谢晦忙拜谢一番，正要离去，却听有侍卫通报："沈将军、傅将军求见太尉。"

刘裕早有些累了，又因刘穆之的死伤感不已，有心不见，却不知沈田子与傅弘之去而复返，有什么要事。强作精神，说道："让他们进来吧。"

两将进来参拜，见谢晦也在，支支吾吾半天，也未说出什么事来。谢晦知道二人有事不想让他知道，向刘裕拜道："下官这便去忙了。天色已不早，太尉也早些安歇吧。"说完，他辞拜而去。

刘裕转向两人问道："不知沈将军、傅将军有什么事，现在可以说了吧？"

沈田子见谢晦走了，这才急不可耐地说道："末将奉命镇守关中，责无旁贷，只是留王镇恶在关中，是不是不太合适？"

沈田子与王镇恶不合已不是一两天了，刘裕进长安前，沈田子还告了王镇恶一状，欲以秦帝銮驾一事，给王镇恶扣个不臣之心的帽子。此时听沈田子与傅弘之回来，依旧是为告王镇恶的状，刘裕有些不满，可他还要倚重沈田子、傅弘之镇守关中，只能安抚道："王镇恶祖籍关中，颇得人望。在潼关时，便能笼络人心，筹集来军粮。如今关中初定，人心远未归附。本公领兵南回，有王镇恶在，也便于稳定人心。沈将军与王将军皆是本公股肱之臣，切不可为了一点儿私怨，耽搁了大事。"

沈田子见刘裕不满，却未退缩，依旧说道："正是因为王镇恶祖籍关中，声威显著，就更不可让他留任关中了。王镇恶祖上对关中的影响，不必末将多言，太尉自然知道。莫看太尉统率大军讨灭后秦，可关中士族、百姓念王镇恶的恩情，只怕要远胜太尉呢！太尉想想看，前秦灭国都多少年啦？王猛死了又多少年啦？王镇恶凭着一张嘴，就让弘农的士族、百姓不惧后秦朝廷报复，给潼关送去那么多军粮，这难道不可怕吗？王镇恶绝非久居人下之辈。当年讨伐刘毅，王镇恶便不听太尉军令，攻破叛军水师后，擅作主张，直奔江陵。此次北伐也是这样，依旧不顾太尉军令，自行其是，去了潼关，险些酿成大祸。这样的人，有太尉管着的时候都有那么多自己的主意，如今把他留在关中，又有当地士族、百姓的支持，他能做出些什么来？"

听沈田子这样一说，刘裕疑窦丛生，迟疑道："沈将军是不是有些杞人忧天啦？王镇恶不过贪图些财物而已，料也不敢背叛本公！"

刘裕虽然这样说，可言语中显然没多少底气。沈田子听出刘裕的迟疑，上前说道："太尉是被王镇恶蒙蔽了！他哪是贪图财物？不过以此自污名节，换取太尉信任罢了！末将虽没有多大学问，可也曾听人说过，当年汉高祖与项羽争霸天下，留丞相萧何总揽关中军政。萧何筹兵筹粮，助高祖一统天下。萧何清正廉洁，颇有人望，却为高祖见疑。萧何为求自保，不惜自毁名节，强买强占百姓土地。虽然名节有损，可萧何重得高祖信任。今日王镇恶之举，不过学萧何一般，借此欺瞒太尉罢了。他所私吞的财物有多少进了自己腰包？不都是拿去收买人心了吗？"

刘裕脸色越来越难看。其实刘裕打心底里也对王镇恶有些不放心。一个谋略不低于自己，却又时常超出自己控制的属下，任谁能真正信任？刘裕讨灭后秦，本打算一举收拾了西北这几个小国，然而刘穆之病逝，让建康的局势出现动荡，何况刘裕借平定后秦的声威，也需加快取代晋室的步伐，以免大事再有变数。故而，刘裕急需回到建康去。至于镇守关中，刘裕几经斟酌，也唯有托付王镇恶、沈田子这几个得力干将辅佐儿子了。然而，经沈田子一说，刘裕渐渐觉得把王镇恶留在关中，似乎真不是什么好主意。

这时，傅弘之上前说道："当年，钟会、邓艾伐蜀，事成之后，钟会自以为有姜维支持，据蜀地反叛。今日局势，与当日有何不同？太尉离开关中，将这险胜之地托付大将，而王镇恶又不是个安分的人。万一生出乱子，唯恐关中不复为太尉所有了。"

刘裕琢磨再三。刚刚拜王镇恶为冯翊太守，此时收回成命，未免出尔反尔。何况王镇恶已奉命离去，若追他回来，反倒让王镇恶生疑。万一闹起来，更不利于关中稳定。

刘裕沉吟一阵，说道："钟会终以败亡收场，皆因有卫瓘制衡。今日关中可不止王镇恶一人，留沈将军众人在此，又有长安精兵万人，若王镇恶敢有反心，不过自寻死路而已。所谓'猛兽不如群狐'，有卿等十余将在关中，何惧王镇恶一人？"

听刘裕这样一说，虽然没有调走王镇恶的意思，却显然授意沈田子，一旦王镇恶有何异动，沈田子便可代刘裕诛杀。有了这道密令，沈田子大喜，忙拜道："末将必不负太尉所托。"他继而又向刘义真一拜："有太尉军令，末将必保少将军稳守关中！"说罢，他与傅弘之拜辞离去。

望着二将离去的身影，刘裕面色凝重。还未还师，便已有这么多是非。先是谢晦扼制王弘推荐徐羡之，后又有沈田子、傅弘之告发王镇恶，这让刘裕不安起来。

沉默许久，刘裕对刘义真说道："留守关中这副担子，可真不轻呢！我儿可要打起十二分的精神来。若王镇恶果有异心，以沈田子的手段，足以应付。只是沈田子你也不可全仰仗他。记住我的话，想要权势稳固，便要懂得制衡。留给你的王修、段宏，便是你的底牌，绝不可让沈田子在关中一家独大！"

刘义真点头应下："孩儿明白了。"他心中却又在想："我对三国旧事倒也知道些。卫瓘虽然平定钟会叛乱，却也为了一己之私，擅杀了邓艾父子。只怕这沈田子也如父亲所担忧的，不让人省心呢！我原以为镇守关中是个天大的美差，谁承想却是这般复杂。也罢，就让我凭着本事守住关中，也让父亲看看我的手段，这样才有资格去和老大争呢！"

长安政乱

刘义真紧张地站在长安城头，不时向着城外望去。虽有王修、段宏、毛修之勒兵守备，可刘义真还是惴惴不安。刘义真陪侍父亲出征数回，却从未涉足险地。这次奉命镇守长安，刘义真头一回独当一面，便是这样一副险局，让刘义真如何不慌乱？

刘裕领大军还师仅仅一个多月，关中便动荡起来。关中百姓本寄希望于刘裕就此留在长安，扫清周围那些敌国，保关中太平。谁承想刘裕也和当初的桓温一般，刚刚得胜便领军回了江南，一时人心浮动，百姓无所适从。在对刘裕的失望中，不少士族、百姓匆匆投奔了夏国、魏国，想早些寻个靠山，保全阖家性命。

刘裕在撤军途中，听闻关中的混乱，也是放心不下，路过洛阳时，增调毛修之来了长安，让刘义真多了些坚守的底气。好在王镇恶在关中还有些威望，大多士族、百姓依旧留了下来，才算勉强稳住了动荡的局面。然而，晋军离开关中这么大的动静，岂是想瞒就能瞒得住的？那些外逃的士族、百姓，早已把关中的情形透露出去。

占据北秦州的沮渠蒙逊出人意料地没有继续派兵南下，趁着晋军拿他没有办法，抽调人马再次向他身后的西凉杀去。而一直在河东游走的魏军，得知关中的消息，也没有向长安出兵，而是一面收拢逃离关中的士族、百姓，一面调兵去了北方，抓紧时间讨伐身后的柔然、北燕两国。

北凉、魏国虽然让长安松了口气，可夏国赫连勃勃再也按捺不住，得知刘裕离开关中的消息，兴兵进犯。仗着骑兵迅速，遣前将军赫连昌一举抢占潼关，断绝晋军东还之路。再分兵大将王买德，领兵袭取青泥，截断晋军南下之路。随后派大将军赫连璝（guī）为先锋，领骑兵两万向长安杀来。赫连勃勃则亲领大军，随后跟进，显然对长安志在必得。

长安政乱　205

沈田子防区首当其冲，然而，见到夏国如此兴师动众，以沈田子本部数千兵马，如何敢独自迎战？只得退守刘回堡，向长安求援。长史王修不敢疏忽，已命王镇恶领本部人马北上，与沈田子合力拒敌。

　　眼下两将北上迎敌已过数日，迟迟没有军牒送回，也不知前线究竟如何。刘义真早已没了平日玩乐的心思，整日和王修、段宏、毛修之巡视城防，望眼欲穿地等着北方的消息。

　　正月的长安城头，正是天寒地冻的时节，久居江南的刘义真，哪里经历过这样的严寒？北风刮来，像刀子一样扯得脸皮生疼，刘乞连劝刘义真进城楼去烤烤火，可刘义真忧心忡忡，哪愿意进去？

　　这时，就见有一骑匆匆自北方奔来，瞧那衣甲，应是晋兵无疑。刘义真一个激灵，忙和王修、段宏探上前去。那骑士来到城下，高呼："我乃雍州治中从事傅弘之，速速开门！"

　　傅弘之？作为沈田子旧部，傅弘之也领兵北上御敌，前线战局尚不明朗，他却独自一人回来，究竟是什么事？

　　王修忙使人开门，放了傅弘之进来。就见傅弘之到了众人面前，一脸慌乱，让王修斥退闲杂人等，一起进了城楼，这才焦虑地说道："出事了！"

　　王修急忙问道："前军败啦？"

　　傅弘之却道："夏军见我军迎战，稍稍退避，暂无进军迹象。只是王镇恶……王镇恶被沈田子杀了！"

　　听闻此言，众人无不大惊失色。

　　王修着急问道："快说，究竟发生何事，沈田子何故要杀王镇恶？"

　　傅弘之说道："沈田子与王镇恶不合久矣，此番王镇恶北上，对沈田子冷言冷语，挖苦至极。沈田子忍不下这口气，暗中使人谣传，说王镇恶想要杀尽南方来的人，据关中反叛，只派数十人送二公子回江南，免得与太尉结下死仇。这话说得有鼻子有眼，让人不得不信。我本以为沈田子不过想诋毁王镇恶而已，毕竟夏军近在咫尺，还要与王镇恶一起抗敌。谁知昨日，沈田子忽然请王镇恶来我营中，说是商讨军务。就在王镇恶进了大帐后，沈田子都未多话，拔剑便杀了王镇恶，事后矫称是受了太尉密令诛杀叛逆。此事干系太大，我岂敢隐瞒？只能偷偷回长安，向二公子和王长史知会此事，也好有所防备。"

刘义真听得头皮发麻。

刘裕离开长安前，沈田子和傅弘之曾密告王镇恶图谋不轨。刘裕也的确暗示过沈田子，一旦王镇恶真有异心，沈田子可代他诛杀叛逆。傅弘之当时也在场，自然知道沈田子受过这道密令。然而，沈田子杀了王镇恶，傅弘之却独自跑来长安告密，转眼出卖了沈田子，这是怎么回事？

刘义真狐疑地看着傅弘之，有些明白过来。夏国大兵压境，这种时候，王镇恶谋反的可能当真不大。沈田子却因私仇诛杀王镇恶，且不说能不能击退夏军，沈田子此举，当真是滔天大罪。傅弘之明白，王镇恶的谋反是沈田子栽赃陷害，稍稍查证便知原委，一旦事后追究，沈田子擅杀大将，罪责难逃。傅弘之虽是沈田子旧部，也因对王镇恶不满而与沈田子一起告发，可傅弘之不想跟着沈田子一起受罪。何况沈田子知道王镇恶不信任他，为了阴谋得逞，骗了王镇恶来傅弘之营中下手，这就莫名其妙地拉了傅弘之下水。傅弘之惊惧中对沈田子心生怨恨，为求自保，这才匆匆来了长安告密。

王修面色凝重，问道："前锋大军现下如何？王镇恶暴死，他的兵马可有什么异动？"

傅弘之说道："王镇恶死后，其兵马暂被毛德祖节制，倒也没有哗变生乱。只是前锋大军人心惶惶，私下里议论纷纷。"

王修稍稍放下心，问道："依你看来，沈田子可有吞并王镇恶兵马的意思？"

傅弘之愣了一下，说道："毛德祖是王镇恶旧部，尚没有看出想为王镇恶报仇的意思。如今被拜作天水太守，从官职军阶上并不比沈田子低，故而沈田子想收编归入毛德祖麾下的王镇恶兵马，也不是那么容易的事。"

王修还要再问什么，这时，忽听城头的卫兵喊道："又有晋兵回来了。"

王修问道："可知道是谁？"

过了一阵，就听卫兵叫道："好像是中军参军沈田子。"

傅弘之一听，脸色都变了。王修看了一眼，没有多说，与刘义真领着段宏、毛修之回到城头，果然见到沈田子领着数十骑士正在城下叫门。

刘义真疑惑地道："若沈田子真杀了王镇恶，这会儿领了这些人回来，究竟想做什么？"

王修皱着眉头说道："还能做什么？沈田子自以为在峣柳大败秦兵，其功不在王镇恶之下,如今王镇恶又被他擅杀,他只当这关中唯他功劳最大,谁也管不住他。此时回来,一来以杀了王镇恶请功,二来威慑我等,好用王镇恶的人头,逼我等听奉其号令罢了。二公子勿忧,有我王修在,还轮不到他沈田子作威作福!"

刘义真心中一阵担忧。沈田子和王镇恶不同,乃北府军旧将,这么多年鞍前马后,总不至于也对父亲生出异心吧?可想想父亲曾说过的话,若沈田子杀了王镇恶,绝不可让沈田子独大,足见父亲对沈田子也存有戒心。难不成真如王修所言,沈田子是来示威甚至夺权的?

刘义真正这样想着,就听王修已下令开门。不多时,沈田子带着侍卫,趾高气扬来到了城头。刘义真瞥了一眼城楼,傅弘之躲在里面没出来,显然是怕见到沈田子。

沈田子来到众人面前,抬手拜了一拜:"末将拜见少将军。"

刘义真还未说话,王修问道:"前线军情紧急,不知沈将军回到长安,有何要事?"

沈田子看了眼王修,笑了一声:"本将军奉太尉之命镇守关中,回来长安,自然是有事告知少将军。此事干系重大,本将军只向少将军禀奏,还犯不着王长史向我质问!"

沈田子显然没把王修放在眼里。也难怪沈田子瞧不起王修,虽然王修也是北府军老人,可这么多年来一直默默无闻,军略上并不见长,不过是因为谨慎稳重而在刘裕手下当差。故而王修与沈田子、王镇恶这些大将远不能相提并论,就算和刘钟、刘粹相比,也排不上号。只是王修性格沉稳,刘裕想着有沈田子、王镇恶这么多骁将抵御外患,故而留下王修,好用他沉稳的性格,协调各部兵马共保长安。只是王修远没有那么高的威望,沈田子可没有听王修号令的意思。

王修气得面色一变,说道:"太尉命我辅佐少将军守备长安,这关中军政皆由我来调度。若沈将军对太尉的任命有何不满,大可作书呈于太尉,只要我还是安西将军府的长史,沈将军便要受我节度。我再问你一遍,前线军情紧急,沈将军何故回到长安?"

沈田子冷笑一声,没有多话,向刘义真拜道:"少将军,王镇恶蓄谋作乱,欲杀尽南人,据关中反叛,已被末将诛杀。"

众人一听沈田子之言,几乎与傅弘之说的没什么两样。看来果真如傅弘之说的，沈田子栽赃陷害擅杀王镇恶，的确属实。

刘义真小心问道："敌国大兵压境，王镇恶也不是没分寸的人，怎会在这种时候作乱呢？不知王镇恶谋反，沈将军有什么凭证？"

刘义真居然没被王镇恶的死吓到，沈田子有点意外，冷冷地说道："少将军这是疑心末将骗你？末将久随太尉，出生入死，素来一言九鼎，我说的话便是凭证！"

沈田子如此蛮横，王修怒道："沈田子，你给我有点分寸。少将军问你话，你便老老实实地回答。如此目无尊上，仔细军法无情！王镇恶究竟如何反叛？你若说不出个子丑寅卯来，我把你绑送建康去！"

沈田子眼睛一瞪："你敢！"他继而哼了一声，"傅弘之何在？你这吃里爬外的东西，本将军奉太尉之命诛杀叛逆，你推三阻四也便罢了，还敢回长安来告我一状，你当我不知道吗？有胆子的便出来和我当面对质，看看究竟是王镇恶谋逆在先，还是我沈田子蓄意作乱！"

傅弘之知道行踪败露，面色尴尬地从城楼里出来，向沈田子一拜："将军息怒，末将哪敢胡言乱语。只是此事干系重大，末将不敢隐瞒，只能先来长安。若将军果真是为国锄奸，少将军就在这里，将军大可向少将军澄清原委。太尉明察秋毫，少将军得太尉重任，自能明辨是非。"

沈田子见傅弘之果然来了长安，哼了一声。虽说沈田子自恃功高，可刘义真毕竟是刘裕公子，沈田子还不敢冲撞了他。他稍稍收敛了些，说道："少将军明鉴。王镇恶祖籍关中，仗着他在这里颇得民望，一直排挤我们这些南来之人。夏军大举南侵，王镇恶不想着同舟共济，抵御敌兵，却总想让末将独自迎敌，他这不是借刀杀人是什么？军中多有人言，王镇恶欲谋作乱，只肯放过少将军性命，使人送你回江南去，其他南人一个不留，好让他在关中称王称霸。末将此来，带了他营中的军士为证，若少将军不信，叫人查问便是。"

说着，他使人绑来一个鼻青脸肿的军士。那军士满眼都是惊恐，还未等人问询，就慌慌张张地说道："王镇恶的确谋反，王镇恶的确谋反。"除此之外，再无多话，显然是受了大刑，被逼如此说辞。再问他细节，却是一问三不知。

沈田子不以为意，接着说道："那王镇恶也不把少将军放在眼里，总说太尉留个十来岁的娃娃在关中，能有什么用？关中还不是要指着他撑住大局？笑话！有末将在，王镇恶算什么东西！"

王修忍着沈田子的嚣张，冷冷问道："就算王镇恶果真谋反，沈将军将其诛杀，那敌军逼近长安，沈将军不去想着如何破敌，此时回到长安，又是为何？"

　　沈田子这才侧过脸来，看了一眼王修，笑道："正因敌军逼近，本将军为求迎敌，只能来长安求道军令。"

　　王修问道："什么军令？"

　　沈田子说道："敌军势大，我军兵少，以少敌众，本就落在下风，各部兵马又不统一调度，如何破敌？本将军此来，便是求少将军一道军令，前锋兵马皆受本将军节度，才好集中精力，抵御夏兵。"也不管刘义真同没同意，他便向王修指手画脚道："烦劳王长史作了军令，本将军军务繁忙，片刻耽搁不得。"

　　刘义真心中暗道，果如王修刚才猜测那般，沈田子此来，当真不怀好意。只怕多半是沈田子杀了王镇恶后，管不住毛德祖那些王镇恶的旧部兵将，这才来了长安，求自己授命。若真给了他这道军令，岂不是让他明目张胆地吞并了王镇恶旧部？虽说长安有万余精锐，可最能打仗的两部兵马却都归了沈田子。此时他已如此跋扈，若真如愿，还如何管得住他？

　　刘义真正想着如何回答，却听王修大叫一声："左右，与我绑了这厮！"

　　沈田子一直耀武扬威，却没留意王修暗中调了些军士过来。听到王修竟要动手，沈田子的亲卫岂是吃素的？刀剑出鞘，把沈田子护在中间。

　　沈田子骂了一声，嚷嚷道："王修，你算个什么东西？借你个胆子，看你敢绑我！"

　　刘乞忙赶到前面，把刘义真护到了身后，就听王修义正词严地说道："太尉离开关中时，是如何说的？命我等齐心协力，守备关中！你又是如何做的？无论王镇恶有无谋逆，自有军法处置！你沈田子不过是个中军参军，有什么权力擅杀大将？你口口声声说受太尉密令，这密令又在何处？"他继而又向沈田子的护卫叫道："尔等皆是北府军勇士，为国出生入死，忠勇无双，沈田子分明包藏祸心，欲与太尉为敌。尔等久受太尉恩典，岂能听信沈田子一面之词，为虎作伥，这对得起太尉恩德吗？"

　　那些侍卫面面相觑，显然不信沈田子有诛杀王镇恶的密令。一行人不过数十人而已，可围过来的军士少说也有百八十，而段宏、毛修之显然不会来帮沈田子。那些侍卫生出惧意，收了刀剑，灰头土脸地退开一边。

沈田子这才有些慌了。原以为刘义真年幼，吓他一吓就能如愿。而王修又素来低调，这些年在北府军，何曾敢和他争辩？故而沈田子得知傅弘之回长安通风报信，并没有丝毫担忧，反而领着数十人，大摇大摆地回来。一来是想让刘义真知道自己没有反叛之心，诛杀王镇恶的确是为国除贼。二来是想借此索取兵权，壮大自己实力。三来自己受刘裕密令时，刘义真就在身边，刘义真也说不出自己的不对来。四来夏国大军压境，刘义真也全仰仗自己抵御外敌，故而沈田子并不害怕刘义真能把自己怎么样。谁知王修看似低调内敛，平日话都不怎么多，此时竟真要动手，一下子让沈田子傻了眼。

待涌上来的侍卫把沈田子五花大绑，沈田子破口大骂："王修，你敢绑我？我为太尉冲锋陷阵的时候，你还不知道在哪儿和泥巴玩呢！我东征西讨的时候，你又在什么地方躲清闲？王修，打仗不见你有多大本事，这时倒敢和我显摆！别以为你当了个破长史，就能压我一头。待见了太尉，看我不奏你个擅权用事！"

王修不理沈田子的怒骂，厉声喝道："沈田子，你不顾大敌当前，擅杀大将，我看这谋反的不是王镇恶，倒是你沈田子才对！你既拿不出这密令来，便是意欲作乱。我这便代太尉清理门户，杀了你这个北府军的败类！"说着，他喝了一声："推到城前，斩了！"

沈田子一瞧王修那架势，哪容他去见刘裕，不由得大惊失色。这才冷汗淋漓，向刘义真求饶道："少将军！末将不敢反叛，的确是王镇恶谋反！少将军，你知道的，太尉密令我提防王镇恶，绝非末将擅作主张！"

沈田子这样一说，众人都向刘义真看了过来。刘义真却不知该如何开口。用人不疑，疑人不用，若让众人知道父亲当真给过沈田子这样一道密令，让众人如何看待父亲？沈田子这个蠢货，或许行军打仗有些能耐，可在这种事上笨得无药可救！

刘义真久久没有说话。王修骂道："你这贼子，死到临头，还敢污蔑太尉，真是罪加一等。左右，还不行刑？"

眼见屠刀就在眼前，沈田子真是吓破了胆，连声哀求："少将军，救我呀！末将没有异心啊！对了，对了，敌军就在眼前，末将愿意戴罪立功，不破夏军，甘当军法！"

刘义真这才想起逼近的夏军，向王修劝道："王长史，虽说沈田子有罪，可大敌当前，莫不如就给他一个机会吧！"

沈田子这时哪还敢对王修吆五喝六，求饶道："王长史！王长史！末将愿戴罪立功，就看在北府军往日的情分上，饶我这回吧。日后必对王长史马首是瞻，绝不敢有一丝怨言！"

沈田子这时已全然没了刚才的傲气，低三下四，只顾求饶。王修有些得意，骂道："你刚才恃功傲主的劲头哪儿去啦？这会儿才知轻重，晚了！"见行刑的侍卫把沈田子押在城前，迟迟还未动手，只等刘义真军令，王修哼了一声，走上前去，抽出佩刀，手起刀落，便见沈田子的人头翻滚着掉下城去，一腔鲜血洒得长安城头一片猩红。

刘义真心中一紧，万没想到王修真敢杀了沈田子。王镇恶、沈田子二将，皆堪称将才，不但勇猛无畏，更是谋略过人，却自相争斗，落得个如此结局，实在可悲可叹。

刘义真却没有多少精力为二将惋惜。刘裕曾交代过刘义真，要懂得制衡众将。王镇恶已死，本来可用王修制衡沈田子，谁知王修全然不顾刘义真的劝阻，动手杀了沈田子。看看周围众将对王修的震惧，眼下关中诸将，仅有王修在北府军最早，资历也最深，能有何人敢再对王修说不？可恨那沈田子是来长安威慑众将，却白白拿他的人头让王修立了威。

王修冷哼一声："没有你沈田子，我照样击退外敌。"他转过身来，也未理会刘义真，厉声说道："毛修之上前听令。"

毛修之闻言上前，就听王修说道："便拜你代王镇恶为中军司马，统领王镇恶旧部。"他又对傅弘之说道："便拜你为中军参军，接管沈田子旧部。傅将军，我知道你的本事。这些年来，沈田子能有这么多功劳，离不开你冲锋陷阵。只是沈田子身为主将，才让你只能屈居其下。今日便给你个扬名立万的机会，若能击退夏军，我自会为你请功！"

傅弘之闻言大喜，忙谢道："末将必不负王长史所托。军情紧急，末将这就回前线去了。"说罢，他竟未理会刘义真，径自离去。

毛修之倒是先向王修一拜，再向刘义真辞行，这才匆匆离去。

刘义真心中阵阵不快。这长安城究竟该谁做主？王修杀了沈田子，竟已不把自己放在眼里了。

段宏上前说道："王长史，这么大的乱子，是不是该给太尉报奏一声。且不说傅弘之、毛修之、毛德祖能不能击退夏兵，太尉都该加派人马，以备不测才是。"

王修冷冷看了一眼段宏，这才说道："段参军说得是，我自会向太尉说明此事。"他转又向刘义真一拜："今日让少将军惊吓了。便请少将军先回府休息吧，这边自有我来处置，少将军就不必操心了。"

刘义真心中咯噔一下。王修这话，似是在说这关中军政以后便由他处置了。可王修刚刚杀了沈田子，刘义真也不敢去开罪他，只能恭恭敬敬地一拜："虽说受父亲重托，忝居安西将军，可我年岁尚小，就有劳王长史多多担待了。"

王修很满意刘义真的举动，送了刘义真走到城前。刘义真再向王修拜了一拜，才在刘乞的护卫下，匆匆走下城楼，径直回了将军府。

不知不觉，刘义真在关中已驻守一年时间。

王修诛杀沈田子后，以傅弘之、毛修之迎战夏军。王修倒也有些识人之明，傅弘之果然没有错失建功立业的良机，于池阳设下伏兵，大破夏军先锋赫连璝，先后杀敌万余。赫连勃勃一时不敢继续南下，就此从关中撤军。

长安一场危机得以化解，刘义真却不敢松懈下来。

王镇恶、沈田子枉死，王修已掌控关中大权，又借傅弘之一场大胜，让他在长安的威望无人能及。虽然在段宏的说服下，王修也不敢隐瞒长安内乱，将其中细节报与刘裕知道。可刘裕见王镇恶、沈田子已死，关中已是这种局面，也唯有借重王修一人。为了安抚人心，刘裕维持王镇恶的忠义之名，称沈田子突发狂病，杀害忠良，追赠王镇恶为左将军、青州刺史。如此一来，便让王修诛杀沈田子名正言顺。

这般处置，虽让关中暂时稳定下来，却让刘义真陷入尴尬的境地。以刘裕以往处事，大权多是交由至亲至信之人，再以贤臣良将辅佐。然而，随着王镇恶、沈田子一场内乱，王修掌控关中实权，刘义真名义上是关中统帅，可王修已很少向刘义真请示什么了。大事小事全由王修说了算，刘义真这个安西将军当真成了摆设。

这让刘义真十分惶恐。刘义真本想借镇守关中，在父亲面前露个脸的，好让他与老大争夺储位多些资本。可刘义真不但没管住王镇恶、沈田子，反而让王修夺去了大权，当真丢尽脸面。刘义真虽恼王修，然而王修秉权，就冲他擅杀沈田子的举动，十多岁的孩子如何不怕？怎奈身边也就刘乞这个侍卫算是亲近之人，势单力薄，又能拿王修如何？

刘义真整日闷在将军府里无所事事，连外出游玩的心情都没了，不过与人樗蒲玩乐打发时间。这日，刘义真又招来些人玩了起来，多是些军职不高的裨将校尉。这些人没什么显赫身份，又得不到王修的青睐，全指着巴结上刘义真这个贵人。

众人玩得不亦乐乎，一边丢着骰子，一边奉承个不停。

就听一个唤作杨鑫的裨将笑呵呵地说道："少将军，我可听说了，太尉已受了天子封拜，如今官居相国，封爵宋公，得享九锡之命，一人之下，万人之上。虽说太尉谦逊，不肯受领王爵，可谁不知道，太尉功高盖世，这宋王迟早是太尉囊中之物。末将先给少将军道喜了！"

却有另一个名叫李奎的小校哼了一声，说道："我说杨鑫，你这话怎么说呢？早该改口叫相国了，你还叫什么太尉？你也就这点儿见识了，真不知你这裨将怎么当上的！宋王？以相国的本事，这宋王都是封得轻了。谁不知道，这大晋朝百来年的基业，早就到头了。若不是相国力挽狂澜，哪有天子稳坐明堂的？"他继而压低声音说道："我可听一个和尚说过，天命在宋，咱们相国要不了多久，就该当皇帝了！"

李奎这样一说，让杨鑫很下不来台，却又不好当着刘义真的面和李奎争执，只能向刘义真讪讪笑道："末将失言了。相国上顺天命，下合人心，这天下除了相国，谁有资格坐得？待相国成了天下之主，少将军便是显赫的亲王，高官厚禄，享不尽的富贵。到那时，可要提携提携我等啊！"

李奎也忙说道："正是，正是。你看看相国身边那些文臣武将，哪个没沾上相国的光？听说相国已拜王弘为仆射，傅亮为侍中，谢晦为右卫将军。我们这些人，也该好生侍奉少将军。他日少将军富贵了，自然会念着我们的好！"

众人纷纷附和，刘义真心事一阵欢喜。父亲此番还师，是因刘穆之的死让建康多了些变数，故而着急回去，借着扫灭秦国、收复两都的声威，加快谋取大位的步伐。这才不再推辞朝廷早就封赐的宋公、九锡，又欣然受领了相国。按照这个进度，或许真如杨鑫、李奎所说，父亲很快就能君临天下吧！

刘义真笑道："都胡说些什么！父亲是国家栋梁，是要保大晋万年基业的，父亲有功社稷，天子也对父亲恩厚，怎么会有僭越之心？尔等可不敢胡说。"

杨鑫、李奎听刘义真虽然这般说，可言语中显然认同他们的话，何况何人不知刘裕要取代晋朝的事？李奎说道："就算相国有周公之心，可也架不住天子有禅让之意呀！若天子也觉得相国才是天下之主，相国还如何推辞？"

刘义真乐道："这倒是句实话。若真有那日，本将军自然少不了你们的好处。"刘义真边说，边丢出一个"雉"来，哈哈笑道，"又是我赢了。"

众人又输了钱，叹了一声。杨鑫奉承道："少将军有相国庇佑，这耍起樗蒲来，都是顺风顺水。"却又想起一件事，他说道，"末将差点忘了。我听人说，三公子调任荆州了。末将知道少将军与三公子交好，想着念着要把这事告诉少将军知道。去年三公子镇守彭城，与少将军远隔千山万水，中间又有魏国拦着道路，就连写封信都不大方便。如今可好了，三公子镇守江陵，与关中可就近多了。眼下荆州太平无事，少将军莫不如请命相国，邀三公子来长安做客，也好让三公子看看，少将军在长安是如何威风！"

听杨鑫这样一说，刘义真先是惊喜，却又生气起来。喜的是三弟居然调去荆州，兄弟俩一下子近了许多。生气的是，自己居然毫不知情。想来多是王修得了建康的消息，却又瞒着不告诉自己。

刘义真忍了忍，问道："你说的可是真的？"

杨鑫答道："我是听将军府的秘书郎说的，哪能有假？听说相国还师时，先是去的彭城，没待几日，便以三公子为西中郎将、荆州刺史，都督荆、益、宁、雍、梁、秦六州诸军事。三公子府中那些官属，差不多都跟着一起去了荆州。到彦之拜作南蛮校尉，王昙首转作西中郎将军府长史，还有那王昙首的本家兄弟王华，也跟着去荆州做了主簿。对了，还有沈林子，随相国还师后也转去了荆州，做了西中郎将军府的参军。三公子不过守了彭城几个月，转眼就升了官，他跟前的人哪个没跟着富贵啦？少将军在关中这般操劳，相国知道了，自会为少将军加官晋爵。到时，少将军可别忘了末将啊！"

刘义真敷衍了一句，问道："二叔在荆州待得好好的，你可知父亲为何换我三弟去荆州的？"

杨鑫说道："听说相国本打算让三公子去洛阳出任司州刺史，而以大公子去荆州的，却被谢晦劝住，说是储位之重，不宜外任。这才转拜三公子去了荆州。"

刘义真一阵不快。老大什么时候居于储位啦？谢晦这般说辞，也太不把自己放在眼里了。他忍着心中不满，问道："既然三弟来了荆州，那二叔又去哪里啦？"

杨鑫答道："自然是替换到彭城，接任徐、兖二州刺史了。"

刘义真心中生奇，二叔和三弟各自在江陵、彭城待得好好的，为什么要互调防区呢？

就听李奎说道："我还听说了，近来相国对江北州郡多有调派。除了二将军改任徐、兖二州刺史，还有少将军的族叔刘遵考，也拜为并州刺史，镇守蒲阪。对了，二将军的儿子刘义庆，还被拜作豫州刺史呢！如今相国大权在握，少将军族中可是人人显贵呢！"

刘义真一阵狐疑，父亲这些任命究竟是为了什么？他忽而有些反应过来。无论是刘道怜、刘遵考这两个叔叔，还是刘义庆那个堂兄，都比三弟年长许多，也成熟许多。随着关中攻克，荆州已是江南腹地，远没有过去那么多敌国的威胁，让三弟转去荆州，自然是为三弟好的。至于徐、兖二州，紧邻魏国，少不得打打杀杀。父亲调了更稳重些的二叔去彭城，显然是在防备魏国。而刘遵考、刘义庆的任命，也是与彭城环环相扣，隐隐在魏国与江东之间构筑一道防线。难道说，父亲已打算再次北伐，向魏国出兵了吗？

刘义真疑惑地道："不知父亲近来对魏国可有什么动作？"

杨鑫、李奎哪知刘义真在想什么，却听刘乞忽然说道："小的前几日去了王长史那里，听段宏好像提过一句，说是相国遣使去了魏国，只是不知是去做什么的。不过听段宏说，相国使者去了没多久，魏主便亲领大军东征，讨伐北燕国去了。"

刘义真眼前忽然一亮，父亲显然有所图谋。既然拓跋嗣安心东征，想必父亲是去与魏国通好，这才让拓跋嗣安心讨伐北燕国。父亲从来不做无用的事，无论是与拓跋嗣交好，还是对江北州郡的调任，无非是安抚防备魏国，好让父亲腾出手去做别的事。想想父亲离开长安时说的话，只怕父亲已在筹划讨伐西北诸国了。虽说父亲曾大败魏军，可魏国毕竟实力雄厚，只有先扫清西北这些小国的威胁，才能安心向魏国开战。想到这里，刘义真阵阵欢喜。久受王修压制，只要父亲回到长安，刘义真就能扬眉吐气了！

心情一好，刘义真丢起骰子来越发顺手，接连丢出几个大彩来。就听众人一阵叹气，刘义真笑呵呵地将那些金银揽入怀中，眼见众人无不哭丧个脸，刘义真笑道："我说你们怎就这般小气，才输了多少钱，就成了这副模样。本将军平日赏赐你们不少，前两日不还赏你们每人一车彩锦吗？输给我些小钱，就让你们肉疼啦？"

杨鑫苦着脸叹道："少将军，你是有所不知，虽说少将军待我等不薄，可王长史……哎，王长史却说少将军太没分寸，我们这些人哪有资格受这么多赏赐？少将军赏的彩锦，王长史只让人支了两匹便把我们打发了。"

李奎也叹气道："可不是嘛，还有前几回也是这样。少将军赏的，王长史却拦着不给，未免太不把少将军放在眼里了。"

刘义真这才知道，王修连这点儿小事都要管着，心中再次生起气来。正因王修秉权，刘义真难与他抗衡，这才大撒钱财，收买人心。想想二叔也没多大本事，不就是靠着钱财笼络人心吗？傅弘之受王修赏识，显然不会帮着刘义真，而毛修之也只顾着做好自己的事，其他的一概不管。刘义真在关中没什么靠得住的人，也便学着刘道怜的模样，花些钱财，笼络些不被王修看重的将校。指望能借这些人，好歹让自己有些与王修抗衡的底气。谁知自己赏赐的财物，竟被王修瞒着克扣了大半，多半是猜出自己的心思，这才故意刁难。

刘义真气道："真是岂有此理。当初父亲攻克长安时便说过，后秦府库财货都是要赏赐北伐将士的。我不过念着将士远离故乡镇守边关，为国出生入死，这才多加赏赐，也是代父亲犒劳将士罢了。王长史怎就这么死心眼儿，霸着府库不肯松手呢？军政大事他去管着也便罢了，本将军花些钱财又碍了他什么事？"

众人一听刘义真不满王修，全都义愤填膺，你一言我一语，说起王修的不是来。这个说王修连三公子赴任荆州都不告诉少将军，太不体谅少将军兄弟情谊，那个说王修今日封了这个官，明日拜了那个将，全不理会少将军同不同意。这些人在军中大多不如意，又被王修一次次裁减了刘义真的赏赐，一时群情激愤，骂骂咧咧，把王修说得一无是处。

骂得兴起，就听杨鑫忽然说道："少将军，不是末将多事。这王长史，你可要万万小心。"

刘义真本就忧心王修，听杨鑫这样一说，问道："这话是什么意思？"

杨鑫说道："当初沈田子说王镇恶谋反，故而杀了王镇恶。王修又杀了沈田子，是他也想谋反！"

刘义真吓得一个激灵，问道："此话当真？你可有凭据？"

杨鑫骂得嘴顺，把平日对王修的怨气全都发泄出来，说道："这还要什么凭据？

长安政乱　217

少将军乃关中统帅，王修不过将军府长史，可无论大小事务，何时告诉过少将军一回？王修杀了沈田子，除了重用傅弘之，便是封拜些他的亲信，我们这些人，虽说没什么大功，可在北府军也是十几年的老人了，没有功劳，也有苦劳，王修却对我们理都不理。无外乎是因为我们与少将军亲近，不肯为他效力罢了。王修目无尊上，又大肆排除异己，想想关中州郡，哪里没有王修的爪牙？当初刘毅去荆州是怎么做的？王修现在的所作所为，又与刘毅有什么区别？少将军啊，你处世未深，可万万不要被王修诓骗了。"

杨鑫说来说去，哪有什么凭据，可刘义真不得不信了起来。父亲常说，要懂得制衡众将，可王修显然远非刘义真所能左右。若王修有什么异心，只怕自己顷刻死无葬身之地。父亲也说，凡事都要靠自己，所以他岂能把命运交到王修手中？再想想父亲在灞东一声令下，百十颗后秦宗室的人头纷纷落地，刘义真忽然觉得，自己该做些什么了。无毒不丈夫！不拿掉王修，不仅让自己整日担惊受怕，也让镇守关中全无功绩。王镇恶、沈田子内斗，闹得关中险些为夏国所得，已让自己丢尽了脸，若再让父亲知道自己这么没本事，竟让王修压得抬不起头来，日后还拿什么去和老大争夺储位？

刘义真下定了决心，对众人说道："本将军有些累了，你们先散去吧。"他又把赢来的钱往前一推，"这些你们自己分了，本将军不要。"

众人嬉笑着把那些钱抢着分了，笑呵呵地辞拜离去。刘义真对刘乞说道："你去把杨鑫、李奎叫回来。"

两将还未出门，就被刘义真叫了回来。他们问道："不知少将军有什么事吩咐？"

刘义真说道："方才杨鑫说王修生了异心，本将军思来想去，觉得此言有理，不可放任王修肆意妄为。你二人可愿助我一臂之力？"

杨鑫方才不过图着一时口快，只想让刘义真说说王修，别拦着众人财路罢了，哪承想刘义真还真上了心，他们便有些傻了眼，支支吾吾地说道："此事还当慎重。毕竟王长史手握大权，务要从长计议。"

刘义真却道："快刀斩乱麻，不杀王修，长安便没有一日太平。"

一听刘义真居然要取王修性命，杨鑫吓了一跳，说道："夏军虽退，可潼关、青泥皆在夏军手中。王修虽然无礼，可还要靠他抵御夏军。若杀了王修，如何挡得住夏军呢？"

李奎倒是胆气壮些，若真能杀了王修，才有他的出头之日。他哼了一声，说道："怕什么？没了王修还挡不住夏军啦？且不说有傅弘之、毛修之、毛德祖镇守州郡，我等久受少将军厚恩，只是苦无为国尽忠的机会罢了。待杀了王修，李奎自会尽心辅佐少将军，必要把夏军彻底赶出关中。"

　　听李奎这样一说，刘义真胆气越壮。当日父亲可说过的，一年半载必会领兵重回关中，算算时日，父亲离开关中刚好一年，再想想父亲在江北州郡的任命和与魏国的通使，只怕大军要不了多久就会重回关中。就算杀了王修，只要再守上几个月，自有父亲大军可以依靠，刘义真又有何惧？正好用王修人头，让父亲看看自己的能耐。

　　刘义真喜道："有李奎之言，本将军无忧矣！事成之后，你二人便是我中军参军，日后少不得你们富贵。"

　　一听此言，杨鑫倒没有刚才那般怕了，忙和李奎一起拜谢。就听刘义真向刘乞说道："你这便去王修那里，说我有要事找他。"

　　杨鑫、李奎还当刘义真有什么奇谋，谁知就这样直愣愣地把王修叫过来，不由得吓了一跳，忙说："如此行事，是不是冒失了些？"

　　刘义真却道："怕什么？我一个小孩子，王修哪会戒备？何况王修虽是个将军，武功却稀松平常。等会儿他来了，你们一拥而上，几刀便将他斩作肉泥。"

　　杨鑫、李奎咽了一口唾沫，说道："杀王修容易，可要防备他的手下就是件大事了。这样，我二人去找些靠得住的人，就藏在院舍周围，待杀了王修，也好震慑王修的党羽。再说了，也要防备失了手，让王修逃出去。"

　　刘义真大喜："还是你二人想得周到。"他转对刘乞说道："你可有把握杀了王修？"

　　刘乞面有难色，上前悄声说道："小的杀王修倒是没什么怕的，只是少将军是不是太冲动啦？杨鑫、李奎不过因为王修裁减了赏赐，故而心生恨意。若说王修谋反，未免夸大其词。何况王长史虽对少将军无礼些，可依我在北府军这些年对他的了解，倒是个公正的人，如若不然，相国也不会把他留给少将军做长史的。"

　　听刘乞竟然不愿意，刘义真有些恼怒："你倒是谁的亲卫？你若是怕了，等会儿我便亲自动手，大不了让王修把我杀了，也省得我在长安忍气吞声！"

　　见刘义真生了气，刘乞哪敢再劝，忙说道："小的自然听奉少将军的。既然少将军执意如此，小的杀了王修便是。"说罢，刘乞辞拜刘义真，匆匆离去。杨鑫、李奎也各自退去。

堂上一时静了下来，刘义真反而忐忑起来。毕竟是个十多岁的孩子，生出杀人之心，让他自己都觉得难以置信。究竟是从何时起，自己有了这样的变化？是在雷池一战，见到火烧叛军的惨烈，还是征讨刘毅，听父亲说起用人的权谋，抑或是在灞东见到亡国宗室的下场，激起了藏在骨子里的嗜血？

刘义真坐立难安。既想王修早些过来，尽快了结此事，又怕王修这么快就来了，让刘义真不得不面对这样一个你死我活的局面。

刘义真焦虑无比，只当时间已过了许久，可看看门外的水漏，居然还没过去一刻时间。度日如年的感觉，当真快让人发疯了。他转身回到几案前，丢起骰子来，可丢来丢去，全都是些杂彩，让他越发难安。恼怒中，他将那樗蒲丢得满地都是，却也没有让焦虑的心稍稍平静一些。

在这样的煎熬中，不觉暮色渐近，刘义真恼怒起来。王修未免太托大了些，自己使人去叫他，居然这么久都不肯过来，也太不把自己当回事了。他却又长舒了一口气，王修不过来，倒省得等会儿打打杀杀。他继而又紧张无比：难道是刘乞走漏了风声，已被王修缉拿起来啦？

刘义真正急得团团转，却听有人进来。刘义真惊了一跳，忙站起身来，抬头去瞧，却不是王修，而是来送吃食的庖人。刘义真气得破口大骂："滚出去！"

那庖人不明所以，吓了一跳，忙端了饭食往外走，匆忙之中摔得碗碟掉了一地。刘义真越发生气，骂道："快走！快走！别在这里碍事。"

就在这时，有人走到了门前，说道："卑职奉命来此，不知少将军有何要事召见？"

刘义真听那声音，便知是王修来了，吓得一个激灵，跳了起来，慌慌张张地迎上前去："王长史，你可算来了。"

王修看那摔得满地的饭食，又看堂上丢得乱七八糟的樗蒲，有些不大高兴，正色说道："相国将关中重任托付少将军，少将军却这般玩物丧志，未免有负相国信任！"

刘义真向院外望了一圈，却左右没看到杨鑫、李奎，心中一时有些怯了。可王修才见面，就又说教起来，让刘义真再次生出不满。刘义真倒是想做些正事，可王修哪给过机会？刘义真嘟囔道："也没什么大事。只是听说三弟奉命去了荆州，也不知是不是真的，这才使人去找王长史，问个明白。"

王修一听刘义真打听府中的事，有些不大高兴。虽说王修倒也没什么异心，可想想刘义真顽劣的样子，这军国大事还是少让他掺和，省得这公子哥给自己添麻烦，故而把将军府的大事小事都揽在自己手里，办起事来也方便些。再说王修在北府军低调多年，一直不受重用，如今镇守关中，因沈田子与王镇恶一场内斗，意外得掌大权，多少也有些目空一切，故而刻意隐瞒建康来的消息，好独揽大权。谁知刘义真还是听到一些，王修只当这个小孩子竟在自己身边安插起眼线来。

王修愤愤地道："相国使我辅佐少将军镇守关中，那是对卑职天大的信任。可少将军这般猜疑，究竟是什么道理？"

见王修怒气冲冲的模样，刘义真倒有些吓住了，可执拗的性子，让他怎肯服输，他壮着胆子大声嚷道："父亲是命你辅佐我，可曾让你自行其是啦？我才是安西将军，你是我的属官，我说什么便是军令，你怎敢三番五次忤逆我？你别说我年纪小，什么都不懂。我跟随父亲出征沙场也不是一年两年了，什么事没见过？就算我对有些事生疏些，你就不能好好教教我吗？就算你有多少大道理，可我赏赐将士些钱财，又碍你什么事啦？连这点儿小事我都做不得主吗？"

王修见这个小孩子说出这么多道理来，倒是有些吃惊，可手中的大权他哪会轻易交出去？又听刘义真说到最后，不过嫌自己不让他乱花钱罢了，王修怒而争执道："卑职自然知道你是主帅，可既然是你的佐臣，必要保你守稳关中。卑职整日呕心沥血，夙夜为公，若少将军有意揽权，待卑职把夏兵彻底赶出关中，再来好好教导你就是，现在却没那闲工夫。再说了，府库钱粮本就捉襟见肘，哪有余钱让少将军为了自己的脸面肆意赏赐？即使要赏，也该赏那些为国出生入死的功臣，杨鑫、李奎之流，阿谀之辈，哪有脸向将军府讨赏？"

被王修这样一说，刘义真气得脸色通红，喝道："我是安西将军，我说钱该怎么赏就怎么赏，我让府里支钱，你倒是给不给？"

王修也在气头上，愤愤地说道："卑职恕难从命！"

刘义真又说："那建康来的消息，你要不要请示于我？"

王修还是板着脸说道："待卑职忙完了再说！"

刘义真气得浑身颤抖，骂道："这长安究竟是你说了算，还是我说了算？"

王修哼了一声，也未理会，说道："卑职公务繁忙，原以为少将军是有什么要事，这才抽空来见。既然少将军没什么大事，就恕卑职没空陪你斗嘴了！"说罢，他转身便要离去。

见王修要走，怒气冲冲的刘义真再也忍不下去。既然已经撕破了脸皮，若让王修走了，自己可就大大不妙了，难保王修不会对自己不利。

刘义真大喊一声："刘乞，动手！"

刘乞早就得了刘义真的密令，虽觉得刺杀王修有些不妥，可还是对刘义真唯命是从，又见王修的确对刘义真无礼，早就憋了一肚子火。听到刘义真一声令下，刘乞长刀出鞘，寒光一闪，王修身首异处，栽倒在地上。首级骨碌碌地滚在一边，满眼都是震惊和不甘。

王修哪曾想过一个小孩子居然会对他生出杀心？来的时候身边就两个侍卫，还远远候在外面，哪来得及救他？见王修惨死，两个侍卫吓了一跳，刀剑出鞘，拥了上来，便欲杀了刘乞为主复仇。

刘义真高呼一声："杨鑫、李奎何在？"

那两个侍卫只当还有伏兵，警惕地望向外面，却迟迟不见人影。

刘义真一阵气恼。这杨鑫、李奎究竟去哪里啦？见那两个侍卫又准备动手，刘义真呵斥道："都给本将军住手！王修勾结夏军，意欲叛国作乱，本将军奉相国密令，将其诛杀。首恶已死，旁者不问！尔等若还当自己是北府军的将士，便速速退去，本将军既往不咎。若再胡闹，便是王修同党，不但死罪难逃，更要没了你们的军籍，让你们的家人看看，你们是如何叛国投敌的！"

那两个侍卫狐疑中一阵心怯。王修是不是谋反，两人哪里知道。可刘义真既是关中主帅，又是刘裕的儿子，他说得了密令，别人如何质疑？再说二人皆是北府军出身，若真没了军籍，死倒是不惧，怕的是落个不忠不义的骂名。两人不敢乱来，收了兵器，跪地谢罪，只说不知王修之事。

见二人服软，刘义真长舒了一口气，宽慰道："你二人且先回去。王修谋反伏诛，此事就此罢了。本将军说到做到，必不追究。你们做好自己的本分，本将军自然少不了你们的好处！"

那两个侍卫哪敢再留下来，慌慌张张地拜谢刘义真，逃命似的跑了出去。

刘义真一屁股坐在地上，这才觉得阵阵后怕。万没想到，居然这么容易就杀了王修，早知如此，何必白白受了这一年的怨气？

刘乞见刘义真久久不说话，只当他被吓住了，走上前去说道："小的这就把这些脏东西收拾了，省得让少将军难受。"

刘义真却摆了摆手，直愣愣地盯着王修的首级。这人是杀了，可接下来该怎么办呢？自己是安西将军，是关中主帅，大权倒是自己的了。可究竟该如何调兵遣将，守备关防，如何统计户口，征粮征饷，如何分拨军需，供养兵马，如何处理往来公文和政务，刘义真全然一头雾水。至于统兵打仗，刘义真更是一知半解。虽说跟了父亲那么久，也为了讨好父亲，硬着头皮读了些父亲的兵书，可若是读几本兵书就会打仗，这天底下可就遍地都是将军了。刘义真越想越头疼，且不说那些大事自己不知该如何去做，就连此时怎么去将军府公署把大权接管过来，都无从下手。

正这样想着，就听外面乱糟糟的，刘义真吓了一跳，刘乞也忙护到前面。

却见杨鑫、李奎二人领着几十个军士冲了进来，一路大喊："诛杀王修，为国除贼！"待到了近前，他们双双上前跪拜："末将奉命诛杀叛贼，请少将军示下。"

刘义真不由得一阵生气。杨鑫、李奎调唆自己对王修起了杀心，还口口声声说去调拨人马守住门户，可方才动手时，分明是心中生怯，躲去一边。这会儿王修死了，他们倒是有胆子冒出来了。

刘义真有心责骂，却忍了下来。王修已死，刘义真所能倚仗的也就杨鑫、李奎这些人了。他叹了一声，说道："叛逆已死，杨鑫、李奎功劳不小，便拜你二人为中军参军。平叛将士官升一级，各赏金饼一、银牌二，赐锦袍一袭。"

杨鑫、李奎众人无不欢心，叩首拜谢。

刘义真这才扶着刘乞的肩膀，站了起来，说道："把王修的首级挑起来，尔等这便随我去公署，且先把安西将军的大印拿回来再说。"

仓皇败逃

夜幕下的长安城，仿若一只伏于山水间的巨兽，被隐隐烁烁的灯火，勾勒出庞大的轮廓，在骊山的阴影笼罩下，这只巨兽昏昏欲睡，全然没了傲视天下的霸气，倒是由内而外散发着阵阵衰败的气息。

刘义真站在城头凛冽的北风中，看着这座古都成了眼前的模样，不觉一阵叹息。本想借着镇守关中之功，与老大争一争这天下，谁知却让关中再次陷入空前的危机中。

王修死后，刘义真顺利接管了长安军政。刘裕公子的身份，让所有北府军将士俯首听命。无论是王镇恶旧部、沈田子旧部，还是王修旧部，不管愿不愿意，在对刘裕的敬畏下，唯有听奉刘义真将令。然而，关中先有沈田子擅杀王镇恶，本就让这两部人马积怨已深，再加上王修诛杀沈田子，又让这两部人马相互仇视。王修在时，好歹还能压制这些恩怨，如今王修一死，各部间的明争暗斗愈演愈烈。

刘义真对政务又是一窍不通，将军府里的官属见王修一死，都不敢擅自做主，大事小事全向刘义真请示，搅得他焦头烂额。他没一件事办到点子上，搞得长安内政一片混乱。而刘义真提拔的杨鑫、李奎，不是忙着求田问舍，便是想着如何勒索钱财。城中驻军被他们搞得四分五裂，人心不安，就连城中百姓也被混乱影响，人心惶惶。再这样下去，都不用外敌侵扰，长安城便要先乱了套。

刘义真苦无对策，遂将镇守郡县的各部人马全都召回长安，指望能借这些人马稳住长安日益混乱的局面。却没想到，各部人马虽有冤仇，可平日见不到面，倒也相安无事，至少能保各自辖区稳定。如今全都拥在长安城中，抬头不见低头见，闹得更加势同水火。刘义真征召各郡守兵回防长安，非但没能让长安平静下来，反倒让人心更加离散。

最让人担心的事终于发生了。各处郡县无兵镇守，留守的官属在对晋军的失望和对夏军的恐惧中，纷纷向赫连勃勃送去了降书。赫连勃勃再次引大军南下，并以赫连璝夜袭长安。好在有了共同的敌人，长安守军倒还能一致对外，杀得赫连璝损兵折将，逃奔回去。然而，无人镇守的关中郡县，尽数落入夏军手中。

赫连勃勃亲领大军，进驻咸阳，距长安不过半日路程。赫连勃勃也不急着攻城，仿若玩弄耗子的老猫一般，整日派游骑封锁道路，袭扰过往车马，闹得百姓都不敢出城砍柴了，只等长安自己乱起来。

刘义真整日在城前巡视，唯恐夏军再次杀来长安。想想这些日子忙得寝食难安，刘义真便有苦难言。原以为大权在握是如何风光，可真正坐到这个位子上，才发现杀了王修是何其愚蠢。刘义真不由得羡慕起二叔来，这么多年，钱捞了不知多少，可活儿都推给了手下的官属。刘义真不由得又骂了一声王修，若你好歹对我敬重些，我又何苦与你闹到不死不休呢！

夜越来越深了，风刮得越来越大，刘义真终是冻得待不住了，这才回到城楼里暖和暖和，却听外面响起警讯："有大队人马杀过来了！"

刘义真一个激灵，冲出门外，紧张地向外望去。果然就见黑漆漆的夜幕中，出现一队火光，瞧那阵势，只怕有数千之多。

刘义真忙喊道："刘乞，传我将令，全军戒备。"

就在剑拔弩张的时候，却见那队人马中跑出数人，靠了过来，为首一人连连高呼："莫要放箭，我乃辅国将军蒯恩，奉相国之命，来长安拜见安西将军。"

刘义真只觉拨云见日一般爽快。

关中乱成这般模样，就是想要遮掩都遮不住了。刘义真怕守不住长安，早早向建康送去了求救军牒。日盼夜盼，总算等来了援兵。蒯恩可是父亲的亲信大将，既然蒯恩出现在长安城外，是不是父亲也快回到关中啦？

刘义真惊喜万分，忙使人开门，放了那些人进来。刘义真一路跑下城楼，迎到门前，还没等蒯恩下马，便着急问道："后面领军的是谁？相国何时来长安？"

蒯恩面色凝重，只说道："后面领军的是右将军朱龄石，先让他们进来再说吧！"

刘义真大喜。朱龄石更是一员谋略出众的大将，凭着两万人马就收复益州失地。既然朱龄石都来了长安，看来父亲的确要对西北诸国动手了。

刘义真耐着性子等朱龄石兵马进了城，早早使刘乞招了各部将军来了城楼，这才引着蒯恩、朱龄石进到里面。

刘义真问道："不知二位将军带了多少兵马？"

朱龄石答道："三千步骑。"

众人一听，两将才带了这点儿人马，再次担心起来，刘义真却笑道："无妨无妨，兵法有云，兵贵精不贵多嘛！既然二位将军来了，想必相国大军不日将至，何惧夏军那些乌合之众！不知相国现在何处？"

蒯恩面露难色，拉着刘义真到了一边，悄声说道："相国前番北伐，劳师动众，国库损耗颇大，今年又逢水患，江州、扬州大涝，许多郡县几乎颗粒无收。又有不少流民，也不知是被谁煽动起来，叛乱闹事。若非相国还师及时，只怕扬州的乱子必然不小。朝中多称这是劳师远征，耗费国力，故而激起民变。劝阻相国继续北伐的人不在少数。何况……"

蒯恩又压低些声音，说道："少将军也该明白，相国的大业正在紧要关头，这种事情既不能太过着急，又不能久拖不决。虽说相国刚刚受了宋公爵位，可想要大功告成，还需些时日，这都需相国留在建康总揽全局。此时继续北伐，必然耽搁了相国大业的进程。故而……故而相国这次没有来。"

刘义真听得呆若木鸡。当日听人说起父亲在江北的人事调派，只当父亲再次北伐近在眼前，何况当初父亲也的确说过很快就要对西北诸国动手。然而回了一趟建康，却什么都变了。蒯恩说了那么多，什么国库空虚，什么水灾绝收，什么流民作乱，只怕除了这些原因，建康朝野早已厌倦了北伐才是真的。尤其父亲身边那些人，全都指着父亲问鼎九五，他们才好攀龙附凤，求个佐命之功。若父亲忙着去北伐，他们的富贵还不知要等到什么时候。

刘义真不由得颤抖了一下，千辛万苦打下了关中，若就这样被自己丢了，父亲还不知要气成什么样子呢！别说自己借镇守关中之功与老大争储成了泡影，只怕自此在父亲眼中，自己就是个无能之辈，永无抬头之日了。

刘义真许久没有说话。蒯恩说道："少将军，相国此番派我和朱龄石过来，就是想让我接少将军速速退回江东。"

刘义真心中咯噔一下，看来父亲也对关中不抱希望了。他叹息道："那长安怎么办？就这样不要了吗？"

蒯恩说道："相国以朱龄石接任雍州刺史，都督关中诸军事，代少将军镇守长安。"

刘义真虽万分不甘，可眼前的局势的确远非刘义真所能控制，既然父亲招自己回去，还是不要留在这里惹事了。何况长安危急，又没有援兵可救，再留下去，刘义真也怕把命就这样丢在关中了。

刘义真看了一眼朱龄石，朱龄石会意，走到近前。

刘义真说道："只怪我无能，把关中治成这样，反倒要劳烦右将军代我收拾残局，我心实在难安。长安本就只有一万多兵马，就算有右将军三千兵马补充，想要守住长安，只怕也不容易。留在长安已是死路，右将军莫不如随我一起撤还吧！"

朱龄石本来有些看不起刘义真这个惹是生非的公子哥，可听刘义真这样一说，心中倒有些暖意，拜道："关中混乱，夏军近在咫尺。这长安守军还要护送少将军退兵，长安只留我本部三千人马就好。我弟弟朱超石，已受太尉之命，领兵进驻蒲阪，少将军轻车简从，不过三日便可抵达蒲阪。有超石接应，必能护少将军全身而退。少将军此去，且代末将奏于相国。末将生逢乱世，家父为朝中奸臣所害，以致家道中落。末将本以为此生便这样碌碌无为了，可相国不计较我受过桓家的恩遇，推心置腹，让我兄弟有建功立业、光宗耀祖的机会。末将能有今日，都是相国给的。眼下关中危急，末将纵是粉身碎骨，也要报效相国恩德。"

蒯恩听朱龄石竟已心存死志，不忍把他独自丢在关中，也劝道："右将军，相国也曾说过，若关中可守，你便留下，若必不可守，便与少将军一起归还。眼下夏军就在咸阳，关中郡县皆已投敌，长安孤城一座，哪里还能守得住？既然少将军也说了这话，你便随我们一起走吧！"

朱龄石却笑道："相国素有收复中原之志，历尽艰辛收复关中，岂能说放手就放手？虽说夏军声势浩大，关中危在旦夕，可只要有长安坚城在手，能拖住夏军一日，便能为相国再次北伐赢得时间。别说长安了，哪怕是关中还剩一座小县城，我也万不会轻易舍弃，能守多久便守多久。"

听朱龄石这样一说，刘义真越发为自己无能闯下的大祸愧疚不已，还想再劝，却听朱龄石拜道："离天亮还有些时间，少将军还是快些调拨人马，连夜出城吧！"

刘义真知道自己劝不动他，向朱龄石深深一拜，转过身来，灰头土脸地对众将说道："奉相国之命，长安守军即刻还师，城防交由右将军朱龄石接管。尔等速速回营，召集兵马吧！"

众将刚才见蒯恩把刘义真拉去一边，嘀嘀咕咕说了许久，刘义真脸色变得越来越难看，就知道等不来救援大军了。此时不管愿不愿意，都是长舒了一口气。长安已是一盘死棋，留下来凶多吉少，众人既感叹朱龄石的忠勇，也为能离开这是非之地而庆幸。听罢刘义真将令，各自匆匆离去。

第二日，已过午时，刘义真统领一万多关中守军，徐徐向东撤还。只因刘裕还师时，水师已经离开关中，故而刘义真此时唯有车马可用。按说万余兵马行军，队伍也不会有多长，可这路大军浩浩荡荡，竟绵延十数里之多。只因军中一车车满载财货的大车，晃晃悠悠，占去了大半道路。今天又不是个什么好天气，一大早就下起雪来，道路湿滑泥泞，让那些沉重的货车越发难行。

刘义真不由得暗骂一声："彭城时，头一次见到下雪，只觉素美得让人身临仙境一般。此时，却只觉这雪实在恼人。"回头望了望一眼看不到边际的车队，刘义真越发急躁。

昨夜传令大军集结退兵，可拖拖拉拉，直到天亮才勉强出了长安城。将士在关中所得赏赐丰厚，怎能丢了不要？在关中出生入死这么久，不就是为了这些黄白之物吗？各部人马忙着装运行李，城中乱哄哄一片。军中车马哪里够用，唯有强征百姓车马。还有不少士卒，见就要离开长安了，贪念一生，趁着混乱抢掠商贾百姓。杨鑫、李奎，也各自忙着收拢自己的金银财宝，哪有时间去管违反军纪的士卒？刘义真见乱成这样，索性也征了车马，把长安府库所剩财货辎重拉个干净。

一晚的时间，全耗在这些事上。满载财货的车马，行进异常缓慢，大半日过去，才走了十数里路。刘义真心急如焚，可也无可奈何，这么多的财货，总不能丢了不要吧？

正着急，却见来了一队人马，是前面探路的傅弘之回来了。傅弘之部众，倒是出奇轻简，除了肩上背着个行囊装些干粮，便再没有旁物了。

待到刘义真面前，见大军如此迟缓，傅弘之皱了皱眉头，说道："少将军，走得实在太慢了。夏军多骑兵，一旦发觉我军踪迹，追杀过来，如何迎敌？莫不如舍了辎重，快些行军吧！"

蒯恩也面露难色，劝道："是呀，少将军，这走得确实太慢了。"

昨夜朱龄石便劝刘义真轻车简从，可真到走的时候，刘义真也着实舍不得那些财宝。一来受刘道怜影响，刘义真也有些贪财。二来镇守长安无功而返，还不让老大笑话死了，更让父亲对刘义真失望透顶。蒯恩不是说了吗？江南招了灾府库空虚，这么多好东西献与父亲，多少赢回些父亲的好感。三来在关中这一年多，刘义真只觉使钱的好处，虽说杨鑫、李奎没多大本事，可刘义真就是凭着花钱，好歹收拢些人心，若没有这些人，只怕长安乱得会更厉害。故而刘义真必要留些钱在身边，回江南后，好借此多结交些人脉，就算镇守长安声名丧尽，也要靠这些钱东山再起。

刘义真还没说话，杨鑫忙说道："那可怎么行？将士坚守关中一年有余，脑袋别在裤腰带上，就这么空手回去，怎么对得起这一年的辛苦？"

刘义真也不愿舍财，说道："正是，就算守不住关中，也该带些财货回去，弥补北伐的亏空。何况有朱龄石镇守长安，赫连勃勃也未必顾得上追我们。这事就不要再说了。"

傅弘之又劝道："朱龄石就那么点儿兵马，能坚守城池都已不易，哪有精力策应我们退兵？何况赫连勃勃有数万大军，把长安围而不攻，分兵追击我军怎么办？我军本就多是步卒，受骑兵袭扰，如何退敌？"

刘义真却强词夺理道："你莫要危言耸听。当日与魏国一战，父亲车阵大显神通，正因我军多为步卒，才应该带着这些车马，也好在夏军来时，用这些车马挡住夏军攻势。"

杨鑫忙在旁边奉承道："少将军当真好手段。傅将军，你就别拿自己那点儿本事来与少将军相比了。"

傅弘之气得瞪了一眼杨鑫，就听刘义真问道："傅将军此去探路，不知前面情形如何？"

傅弘之叹了一声，说道："朱超石到了蒲阪后，已分兵龙骧将军王敬先戍守曹公垒，接应少将军。"

刘义真喜道："如此甚好。"

却见傅弘之面有难色，接着说道："只是占据潼关的夏将赫连昌，已领兵围住了曹公垒。东进的道路……只怕走不通了。"

刘义真吓了一跳，着急问道："这可如何是好？"

蒯恩想了一阵，说道："也唯有南下武关，走荆州回江南了。"

刘义真点了点头。走荆州也好，正好去见见三弟。一别就是两年，可真有些想他了。他说道："那便传令大军，转道南下吧。"

傅弘之又说道："这辎重……"

刘义真没等他说完，打断道："此事休要再提。"

傅弘之摇了摇头，领兵向南探路去了。

大军拖拖拉拉走了两日，总算出了长安地界，刘义真稍稍松了口气。一路上几乎没发现夏军踪迹，或许他们还不知道自己已金蝉脱壳，离开长安了吧，又或许是被朱龄石拖在长安走不了吧。刘义真不由得庆幸，幸好没有听傅弘之的话，若真舍了这么多财宝，岂不是白丢掉啦？

正这样想着，就见毛修之匆匆自后面跑了过来，着急说道："不好了，夏军追来了！"

刘义真一下子紧张起来。蒯恩问道："可知是谁领军？来了多少人马？"

毛修之面色严峻，说道："赫连璝率众三万追了过来，最多个把时辰，就要追上后军了。"

话还未说完，就见傅弘之也着急忙慌地从前面跑了回来，气喘吁吁地说道："不好了，夏将王买德自青泥领军截杀过来。"

刘义真面色惨白，原以为有朱龄石足以拖住夏军，谁知真如傅弘之担心的，夏军分兵追来了！一路上都没见到半个夏兵，多是那诡计多端的赫连勃勃，布下一个大口袋，要把刘义真大军一网打尽。

刘义真后悔不迭，早知如此，就不该贪图这些财货。前有敌军，后有追兵，这可如何是好？

蒯恩牙关一咬，喝道："兵来将挡，水来土掩，怕他怎的？夏军想置我等于死地，也要看有没有这个本事。"

傅弘之、毛修之见状，虽知凶险，可生死悬于一发，倒是激起了为将者的血性，也不等刘义真吩咐，各自唤了本部人马，与蒯恩匆匆布防去了。就见三将领着兵马，连喊带骂，驱赶开那些护着车马不放的士卒，将满载财货的大车推到路边，横在旷野上，用那些金银财宝，勉强构筑起一道脆弱的防线。

刘义真心中稍安，说道："杨鑫、李奎，你们也去帮忙。"

可左右一瞧，哪里还能见到两将身影？刘乞愤愤地说道："早跑没影了，说是去布防，多是怕他们的行李让人搅乱了，忙着去护食了。"

刘义真骂道："成事不足，败事有余！"

话才说罢，便觉天地之间，地动山摇般颤动起来，就见难以计数的骑兵，乌泱泱地追了上来。隆隆的马蹄声响彻天际，震得刘义真只觉心脏都快跳出胸膛了。

那些凶悍的骑兵，见追到了晋军，仿若围捕猎物的野狼，兴高采烈地呼喊着，肆意叫嚣着，都懒得集结战阵，漫无边际地掩杀过来。

刘义真头一次离战场这么近。过去远远观瞧，无论杀得如何惨烈，似乎都与他没多大关系，也没觉得如何凶险，此时看着敌军越逼越近，亲历沙场，这才真切感受到阵阵恐惧。

就见两军箭矢，穿梭在天际，你来我往，带走一条条鲜活的性命。喷涌而出的鲜血，仿若一朵朵血腥的梅花，刹那间绽放在冰冷的白雪上面。野兽般咆哮的北风声中，撕心裂肺的喊杀声，痛苦凄厉的惨叫声，绝望无助的哭喊声，交织成一片，把刘义真惊恐脆弱的神经扯得稀碎。

好在蒯恩众将及时构筑起的防线，多少遮去些夏军的箭矢，才让仓皇迎战的晋兵有了躲藏之处，隔着缝隙拼死射杀着越来越近的夏骑。可那些追兵，为弥漫在空气中的血腥气息所染，非但没有丝毫惧意，反而兴奋地越冲越快。落在后面的晋兵，玩命地向着本阵逃来，可在狂奔的骑兵追击中，转眼便被卷到马蹄下，仿若掉落湖水中的小石子，除了发出一声惨叫，便消失得无影无踪。

刘义真吓得浑身颤抖，便见敌军的箭矢已落在眼前，胯下的坐骑都未反应过来，便被一箭射死。刘义真惊叫一声，摔落在地。刘乞手疾眼快，扯了刘义真藏在一辆大车后面。

刘义真恐惧地向前望去，便见夏骑已经冲进晋军阵中。刘裕的车阵久经沙场磨炼，多少性命葬送进去，才得出这样的阵法。眼前装运财货的大车岂能与其相提并论？能遮住一时箭雨都不容易，怎么可能像刘义真所想那般，挡住夏骑的铁蹄？夏军仿若狼入羊群一般，兴奋地砍杀起来。

短兵相接的晋兵，初时落在了下风，可北府军的勇名，也绝非浪得虚名。眼见无路可逃，受困的将士拿出破釜沉舟的勇气，在蒯恩众将的统率下，疯狂地向着夏兵冲杀过去。困兽之斗的反击岂是儿戏，本以为胜券在握的夏兵，倒也被晋兵的拼死劲头震慑。夏军两次侵扰长安，皆是惨败而还，内心深处也对晋兵存有畏惧。后面追上来的夏骑,又忙着抢夺散落满地的财物,一时顾不上前面的厮杀。两军就这样胶着起来,杀得难解难分。

刘义真也不知两军究竟打了多久,漫天的大雪,让天地一片昏暗,都不知是什么时辰了。这时,忽听侧翼一阵嘈杂,便见又有一队骑兵,仿若一把尖刀,狠狠插在晋军的侧腰。

刘乞失声道:"是夏军大将王买德从青泥杀过来了。"

刘义真彻底慌了手脚。蒯恩众将连赫连璝的追兵都未杀退,王买德又领兵马袭来。两面受敌,这仗还有得打吗?

晋军的阵脚被王买德这把尖刀割成两半。困在中间的晋兵腹背受敌,苦不堪言。挡在外面的晋兵,为疯狂的夏骑所阻,一次次冲杀都被狠狠地拦了回来。

刘义真看得惊心动魄,忽然惊叫起来。就见两军厮杀中,傅弘之被人拖下马去,不见了踪影。蒯恩慌忙去救,却被一箭射中肩膀,栽落下去。毛修之也在夏军的冲击下,被裹得越来越远。毛德祖和段宏早已不知被挤到哪里去了。晋兵没了主将统御,群龙无首,慢慢陷入被夏军围杀的境地。

刘义真呆若木鸡,心中暗道:"完了!这回真要死在这里了!"

忽地被人一拽,却是刘乞把他拖走。夏军忙着去追杀逃散的晋兵,又忙着抢夺整车的财货,两人避着乱兵的捕杀,拼死往南逃奔。

刘义真空洞的眼神望着远去的战场。这么多能征善战的大将就这样没了!一万多精兵就这样没了!关中就这样没了!这都是我的错吗?

刘义真仿若行尸走肉般,麻木地被刘乞拽着狂奔,忽地被刘乞往旁边一丢,翻滚着从路边的土崖跌入茂密的杂草丛中。

刘义真一个激灵,只当刘乞已顾不得自己,打算独自逃命去,却在跌落的瞬间,瞥见几个夏军骑士正朝刘乞冲了过去。刘乞长刀一出,仰天大叫:"我刘乞对得起你!"他一刀劈落一个骑士,却已被两柄长槊戳得通透。

刘义真只觉钻心般的疼。当年刘乞因自己受罚,险些被父亲逐出将军府,得自己相护,才免去罚没军籍的惩处。这些年来,刘乞一直在他身边,尽心尽责,好生伺候。诛杀诸葛长民时,是刘乞救下自己性命。刺杀王修,也是刘乞竭力为之。这样一个忠心耿耿的侍卫,就因为自己的无能,枉死在了异国他乡。刘义真想要痛哭,都不敢冒出声响来。

就见剩下的夏军骑士，斩了刘乞的首级挂在马脖上，叽里咕噜也不知说了什么，留下两人下了马，往草丛里面搜捕过来。其他的人都忙着回去抢车上的财货了，应是他们不知刘义真的身份，只当是个小孩子罢了。若知道跌落崖下的小屁孩儿，居然是晋军统帅，想必他们也断然不会舍了这天大的富贵。

刘义真吓得动都不敢动一下，唯恐稍有声响，就让夏兵抓了去。这时，忽听远处传来一阵马蹄声，那两个夏兵瞧见，匆匆跑了回去。却听几声拼杀声响起，便又没了声息。

刘义真哪敢去瞧，紧闭双眼，只盼着没被人瞧见。就听一个苍老的声音叫道："少将军在吗？"

刘义真听那声音好生熟悉，仔细去听，竟是中兵参军段宏。刘义真大喜，扯着声音喊道："段中兵，我在这里！"说着，他就从草丛中蹿了出去。

可才到路边，刘义真突然站住，不敢再往前走。段宏是南燕人！虽然段宏因为燕主慕容超的猜忌逃离南燕，可他的母国为刘裕所灭，心中岂能无恨？段宏又曾流亡魏国，至今与魏国重臣有撇不清的关系。如今晋军惨败，夏军追得正急，若段宏生出异心，无论是绑了刘义真送与赫连勃勃，还是裹挟了刘义真投奔魏国，对段宏而言，都是不可多得的富贵。

刘义真慌乱地看着段宏。

风雪中的老将，眼神迷离，让人难以捉摸，花白的须发印证着他这些年来的颠沛流离。就见段宏怔怔地望着刘义真，不知心中究竟在想些什么。

过了许久，天色已暗了下来。风雪越来越大，远去的厮杀声早已沉寂。夏军斩获丰厚，兴高采烈地退还回去了。段宏终是长叹一声，走上前来，跪拜道："可算找到少将军了。若你有什么闪失，叫老汉我如何对得起相国信任。"

刘义真哇的一声哭了出来，竟一时止不住了。也不知是为那还倒在路边，已经冻得僵硬的刘乞的尸身痛哭，还是为大军就这样败了痛哭，抑或是为自己死里逃生而哭。

段宏轻轻地拍着刘义真的后背，说道："莫怕莫怕，老汉这就送你回家。"

刘义真边哭边说："段中兵，我有负父亲重托，丢了关中。将士都是因我而死，我哪还有脸回建康去？夏军虽然暂退，可关中仍是凶险之地。你若带着我走，就是个累赘，反倒让你我都难逃一死。且借你宝剑一用，待我斩下这颗无用的头颅，你便带回送还父亲，就说儿子辜负他的期望了！"

段宏本还为刘义真把关中祸乱成这样有些怨愤，可想想他不过是个十多岁的孩子，无论是沈田子与王镇恶内斗，还是王修擅权，他又能如何？说到底，也还是怪刘裕匆忙撤军，把一个本就还未稳固的关中丢给了刘义真。若早些瞧出沈田子与王镇恶的仇怨，莫把这两只猛虎关在一起，另选朱龄石这等大将镇守关中，也不至于落到今天这个地步。

段宏想想自己国破家亡的屈辱，想想这些年来的流离，不由得老泪纵横，哭道："少将军莫哭。今日之事，哪是你能左右？然大丈夫不经历如此惨痛，何以知世道艰难！"说罢，段宏抱起刘义真放在夏兵的坐骑上，翻身上了自己战马，又扯了另一匹马过来。

刘义真回头向刘乞没了头颅的残躯望去，阵阵哭声全都淹没在苍凉的风雪中，任由段宏扯着坐骑。就这样，两人三马，顶风冒雪，往南面狂奔去了。

功亏一篑？都是踏脚石

刘义隆陪刘义真共乘一车，在数百侍卫的保护下，徐徐沿着江岸东行。慧琳也坐在车上，一声声诵着经文，尝试着抚平刘义真内心的焦躁。然而，刘义真仿若未闻一般，呆呆望着车外。

刘义真从关中逃回来，已过去一年多时间。刘裕千辛万苦，动用近十万大军，耗费无数钱粮，讨灭后秦帝国，夺取了长安、洛阳两都，收复中原近半失地，可就在一年多的时间里，所有的战果几乎沦陷殆尽，而罪魁祸首正是刘义真本人。

晋军在青泥惨遭夏军围剿，万余将士几近全军覆没，听闻阵亡将士被夏军斩去首级，筑作京观，以此警示晋人。而蒯恩、傅弘之、毛修之三将被夏军俘去，赫连勃勃久闻三人姓名，有心招揽。让人意外的是，被刘裕赞为忠义之士的毛修之，居然降了夏军。或是毛修之自归于刘裕后，一直难以施展心中抱负，又经刘义真关中乱政，故而对刘裕父子心灰意懒，这才背主降敌吧！至于蒯恩、傅弘之两将，久受刘裕大恩，纵然受尽酷刑，也是宁死不降，终为赫连勃勃所杀。

青泥战后，孤守长安的朱龄石，本欲坚守城池以待刘裕大军。然而长安早已人心离散，都没等夏军从青泥回师合围长安，愤愤难平的百姓忽然哗变，硬是把朱龄石从长安赶了出去。朱龄石一路奔向潼关，被闻讯的夏军阻截，困于曹公垒中。朱超石慌慌张张引了蒲阪驻军前去救援，却被夏军故意放了条路，兄弟二人皆陷入绝境。朱龄石自知插翅难逃，让弟弟超石仗着武艺高强，自行突围离去。可朱超石誓死不从，与朱龄石一同抗敌，直至力竭被擒，双双押回长安。二人拒不归降后，皆被赫连勃勃处死。

声势浩大的北伐竟惨淡收尾，折损了王镇恶、沈田子、王修、蒯恩、傅弘之、朱龄石、朱超石、毛修之十余员晋军上将，万余北府军精锐死伤殆尽。刘义真听段宏说过，魏国谋臣崔浩早有预言，晋军必克秦国，却绝难守得住关中，竟一语成谶，应验在了刘义真身上。

悔恨交加的刘义真在段宏的保护下，走武关逃入荆州。刘义隆早就听闻关中混乱，父亲使人替换二哥回国。也不知二哥究竟会从哪里回来，刘义隆早早领了人马候在荆州边境，这才遇到狼狈不堪的刘义真、段宏，将二人接入了江陵。

回来后，刘义真便一直是这副失魂落魄的模样，让刘义隆好生难过。刘义隆知道，二哥总以为这些年随侍父亲左右，学到不少能耐，只是没机会崭露头角。好不容易得了父亲的重托，守备关中州郡，本想露个脸给父亲瞧瞧，却是这样一个结局。而葬送了这么多的北府军将士，就是荆州守兵看到了二哥，虽不明言，却也瞧不起他。受了这样大的打击，二哥的心情如何好得过来？何况刘乞那个侍卫，一直忠心耿耿，为救二哥惨死，更让二哥心痛难耐。

经此惨败，父亲早已罢去了二哥的官爵，贬作建威将军、司州刺史。可司州被夏军步步紧逼，魏国也乘机向南派兵，二哥又一直是这副模样，如何去洛阳赴任？故而刘义隆顶着压力，给父亲写了信，留二哥在江陵小住了一年多时间。父亲也没多说什么，只是段宏救了二哥的性命，被父亲拜作黄门郎，领太子右卫率，招去了建康。权力没多大，却是风光得很，算是父亲对段宏救了二哥的感谢。

前些日，又有父亲书信送来江陵，强命二哥去洛阳任职。刘义隆再也拦不住，虽然怪父亲心狠，可也只得点了些兵马，沿江护送刘义真往洛阳赴任。

眼见又要分别，刘义隆便觉阵阵伤感。何况二哥这副模样，也让刘义隆好生担心。几日行程下来，刘义隆想尽办法开解，刘义真却都没说过几句话。不觉到了渡口，过了长江，便是豫州地界。出了荆州辖区，刘义隆就不好再送了。

三人下了车马，早有仆役在江边摆了座席，三人走上前去，临江对坐。

烟波浩渺的江水，一如既往，东流不还。有只沙鸥盘旋在空中，猛然扎进水里，叼起一条小鱼，欢快地向着巢穴飞去。

刘义真想想，先后三次陪父亲溯江而上，征讨叛乱，收复荆州，仿若就在昨日。那时的自己，伴在父亲左右是何等风光，如今关中惨败，人人都像躲瘟神一般嫌弃自己，让他当真颜面尽失。三弟这次领兵护送，沈林子因兄弟沈田子死在关中，迁怒自己，都不肯出现在这里。而到彦之虽然听了三弟之命，勉强领兵陪同，也一直躲得远远的。如此受人冷眼，刘义真越发难过。

看着那飞得越来越远的沙鸥，刘义真不觉叹了一声。他枉费心机，谋求争夺储位，落到现在这步田地，还不如一只沙鸥快活，抓到一条小鱼已心满意足。

刘义隆忙劝道："二哥切莫伤感，有些话弟弟已劝了许多遍了。关中之事，岂能全都怪在二哥身上？王镇恶与沈田子争斗已久，没了父亲震慑，他们迟早有那场火并。而王修又只顾自己风头，秉权也是事实，哪能怨得了二哥对他下手？至于关中混乱，当初我与二哥陪父亲去往洛阳时，曾听魏国军歌，初时懵懵懂懂，总觉得是魏国以此扰乱我军军心。可此时想来，东晋偏居江南百年，中原百姓经历桓温、褚裒两次北伐，却无一例外被晋军舍弃，故而对晋军生疑。虽说父亲不似桓温、褚裒，而是一心想要收复中原，可随着刘穆之病逝，建康生变，父亲不得不暂且退还。在关中百姓看来，晋军这次又要舍弃他们了。再加上在关中有些威望的王镇恶一死，关中百姓自然不肯继续尊奉我朝，这才让二哥政令难行，也让关中混乱不堪，夏军趁火打劫，占尽了便宜。何况事已至此，多想又有何益？二哥还是重振精神，在洛阳好生治理司州，也让父亲对二哥刮目相看！"

虽然刘义隆如此劝慰，刘义真也一次次用这样的话来开解自己，更想把关中当作一场噩梦就此忘却，可关中得而复失，对朝廷来说，损耗多少人力财力，竟这样竹篮子打水一场空，岂是说忘就忘得了的？况且收复关中，是自讨灭南燕后，父亲第二次光复中原大片国土，也将父亲的声威推至顶峰。父亲谋划刘家天下的宏图霸业许久，正要借收复关中之功，向朝廷步步紧逼，加快取代晋天子的步伐。可关中握在手中才刚刚一年，就这样丢了，当真是扇在父亲脸上一个响亮的耳光。自己没能帮上父亲的大业，反而让他丢了脸，父亲还如何信任自己，还如何倚重自己？

再想想父亲在长安时，一心想要讨灭西北诸国，纵然不得已暂退，也曾说过一年半载必将北伐。可结果是刘义真在混乱的长安举目无亲，苦苦等来的消息却是父亲招自己回江南而已。为何前后才过了一年多时间，父亲便把北伐大事抛诸脑后？

刘义真初时也只当是蒯恩说的那样，江南招了水灾，府库空虚，再加上朝野多半不想北伐，才让父亲不得不暂缓此事。可回到荆州这么久，刘义真听着建康的大事小事，渐渐明白过来，父亲迟迟没有再次北伐，正像蒯恩最后说的那样，正忙着霸业，分身无暇。

关中失陷前，父亲便已安然受了宋公、九锡。未过多久，晋帝司马德宗驾崩。

驾崩的时候，风平浪静，除了依照国丧葬于皇陵，朝野几乎没有多大震动。似乎这个皇帝的死，不过是一件微乎其微的小事。按说晋室气数已尽，父亲在此时登基称帝也是水到渠成的，可让所有人意外的是，父亲辅佐琅邪王司马德文继承了帝位。或许是近来流传的一句谶语"昌明之后尚有二帝"的缘故，父亲只能先让司马德文做上天子，以应谶语。又或许是因为父亲还只是宋公，贸然称帝有些急于求成，故而让司马德文替他暖暖位子吧！近来，父亲正在王弘的谋划下，趁洛阳还控制在手中，北伐仍不算彻底失败，谋求晋爵为王，显然是在为他的天子大位铺路。

在父亲的眼中，这刘家的大业已是最重要的事情了，对于闯下大祸，耽搁了他大业的刘义真，又岂能再像过去那般心爱和信任？刘义真从关中逃回江南，一直躲在江陵，不肯回建康去，就是怕面对父亲的雷霆之怒。闯下这样的大祸，可不是一顿家法就能逃得过的。若还有什么原因，让刘义真不愿去见父亲，那便是父亲食言，没有向关中派兵。对刘义真来说，这关中惨败，父亲至少也有一半的责任，可所有骂名都落在刘义真身上，让刘义真对父亲也有些不满。

刘义真又叹了一声，失落地说道："三弟莫要开解我了。我在关中犯下大错，父亲岂能饶得了我？关中失陷后，司州乱成了什么模样，你岂不知？毛德祖自关中逃得性命，领残兵退入蒲阪，可在夏军的追击下，弃蒲阪逃到了彭城。而那夏王赫连勃勃，夺取长安后，悍然称帝，派兵继续东进，随时可以渡河南下，横扫司州。至于魏国，已抢在夏军前派兵渡河，对司州侵扰不断。司州郡县降于魏国的不计其数，何况那些流亡魏国的晋朝宗室，在魏国的支持下，大多重返豫州、司州，担任伪职，收降纳叛，多的万余之众，少的也有数千之多，司州可以说就剩一个洛阳孤城。父亲让我去那里任职，哪里是信任倚重？不过是强撑着颜面，向朝野宣誓，北伐收复洛阳，还是有功于社稷的。让我去洛阳，也是让人们觉得，父亲必定不会放弃洛阳。至于我到洛阳是死是活，他已不在意了。"

刘义隆忙劝道："二哥不可这样怪父亲，父亲素来疼惜你我。听闻青泥惨败后，父亲明知准备不足，还是调集大军，欲救二哥脱难。幸好我在荆州迎到了二哥和段宏，父亲知道二哥活着回来了，这才遣回了各路兵马。"

刘义真却苦笑一声："疼惜你我？三弟不要傻了！父亲已不是过去的父亲，他如今已是宋公、相国，要不了几日，便是宋王！权势越来越大，父子亲情早已淡了许多。自你我懂事起，便知父亲立志收复中原。可如今为了他的大业，他连自己的毕生之志都能搁置一旁，我这个给他惹下大祸的儿子，又算什么？"

刘义隆吓了一跳，忙说："二哥怎能这样信口开河？父亲哪是那种只求权势的人？二哥说父亲忘了他的志愿，也未免错怪了父亲。听闻关中失落的消息，父亲可是痛哭了数日。若父亲不想借关中收复中原，又为何会这般伤心呢？"

听刘义隆这样一说，刘义真不觉有些内疚，又一想坚毅的父亲为关中而哭，深深自责起来，一时沉默不语。

刘义隆接着说道："再说了，父亲从来没有放弃过对二哥的栽培和倚重。这次去洛阳，也绝非像二哥想的那样，是把二哥丢在外面不管。父亲对洛阳可是看重得很，尤其关中失陷后，司州便成了北伐中原的前沿。二哥你可知道，为何司州乱成那样，洛阳依旧能控制在晋军手中？"

刘义真倒还真不知道，刘义隆说道："莫看夏军夺得关中，可赫连勃勃也心虚得很。如若不然，为何攻克长安后，不敢定都长安，而是重新回了他的统万城？明明已经夺取了潼关、蒲阪，为何止步不前，没有继续派兵南下？至于魏国，大半时间也是忙着收降纳叛，虽派兵南下滋扰不断，也遣人马去了洛阳，却没有尽全力攻城，袭扰一番便扬长而去。"

刘义真有些茫然，刘义隆接着说道："江南经历洪涝，军民疲敝是不争的事实，父亲虽忙着谋取大业，却也知道此时还不是北伐良机，没有大举讨伐夏国复仇的原因，也是让夏、魏两国摸不清父亲的心思。父亲素来是不肯吃亏的脾气，当年南燕国偷袭边境，掳掠数千晋民，就引了父亲北伐大军，以致南燕灭国。今日父亲在关中吃了那么大的亏，岂会善罢甘休？在这种情形下，夏、魏两国谁都不可能抢占洛阳，免得惹怒父亲，惹来复仇大军。何况魏国本就与夏国仇怨深远，如今关中尽落赫连勃勃之手，两国边境线暴增数倍，摩擦随之升级。两国相互防备，都怕自己去抢洛阳时，被对方暗算，而父亲正是要借洛阳让两国投鼠忌器。故而洛阳看似危险，其实远比长安安全。再说了，洛阳能守得住，也在于守将得力。你知洛阳是谁镇守吗？"

刘义真摇头不知，刘义隆说道："是王镇恶的弟弟王康！当日王镇恶为沈田子所杀，兄弟七人唯独王康逃出追捕。父亲为王镇恶昭雪后，拜王康为相国参军，镇守洛阳。王康不愧是王镇恶的兄弟，仅以城中数百人，就挡住了魏军的进犯。

否则就算夏、魏不敢强攻洛阳，那些盘踞在周围的晋朝宗室岂会不去抢洛阳？父亲已经增派了兵马，助王康守城，又使毛德祖为荥阳太守，驻守虎牢关。虽然司州有些混乱，可坚守洛阳还是不成问题的。依弟弟看来，父亲必是想保住司州的，至少也要守住洛阳。父亲北伐中原的夙愿从来没有淡忘，只是此时要先谋取大位，才能为再次北伐扫清阻碍。洛阳便是当日的彭城，是父亲日后北伐的前站。父亲使二哥去洛阳赴任，就是想给二哥一个戴罪立功的机会。洛阳的重要不逊于长安，只要二哥守住洛阳，自然能够重振声威。"

刘义真本以为去洛阳，是父亲对自己的惩罚，可刘义隆说去洛阳是父亲给自己的一个机会。刘义真不觉没了先前的忧虑，精神振奋起来，面色也变得轻松了许多，说道："没想到和三弟分别没多久，你居然有了这么多见识，倒是让我佩服。果真是士别三日，当刮目相看！"

刘义隆见刘义真已没了先前的颓废，心中稍安。其实劝他的那些话，多半只是刘义隆的揣测而已，父亲对洛阳究竟有多看重，刘义隆并没有太大的把握。此时的父亲，所有的心思都放在谋取天子大位上。或许正如二哥所猜测的，父亲早已变了，这北伐中原的志愿，对父亲来说，已是个遥不可及的梦了。随着夏国的强势崛起与魏国的日渐振兴，这个梦已越来越难实现。与其顶着江东巨大的压力，谋求北伐中原，追逐那个越来越困难的旧梦，还不如实际一点儿，夺取晋室国祚，开创刘氏的千秋大业。对父亲来说，他足以名垂千古，光宗耀祖。对他那些亲信官属来说，他们可以攀龙附凤，位极人臣。对江东士族来说，他们可以在江南继续安享富贵，不必再为一次次北伐出钱出力。对无数的百姓来说，他们可以暂时避开战火的摧残，得享数年太平。这样皆大欢喜，何乐而不为？

刘义隆不由得再次想起那首魏国军歌，悲凉的歌声早已把父亲比作桓玄、褚裒。想想父亲此时的作为，好似已经忘却了丢失关中的耻辱。对他而言，北伐真的功亏一篑了吗？非也！非也！北伐的功绩早已在王弘那些人的口中，宣扬得光彩夺目，成了父亲进位王爵甚至登基称帝的一杆鲜艳的大旗。至于死在关中的王镇恶、沈田子、王修、蒯恩、傅弘之、朱龄石、朱超石，还有那一万多北府军的英勇将士，都成了父亲踏上帝位的垫脚石。

刘义隆不由得打了个冷战，那个精忠报国的父亲，何时为了权势变成了如今的冷血模样？看着心情好转的刘义真，也不知他是不是真把洛阳当成了翻身的机会，若父亲只想用二哥镇守洛阳，来向朝野宣誓他死守司州的决心，好为他谋求大位换取人心，那么二哥此去洛阳，当真凶险至极。一旦夏国、魏国看透了父亲的心思，举大军杀向洛阳，父亲肯为了二哥，暂时放下他的大业，亲领大军驰援洛阳吗？还是说依旧像长安一样，能守一日便守一日，真守不住了那便壮士断腕，放弃司州？至于二哥逃不逃得回来，就全靠他的运气了。那个对儿子疼惜无比的父亲，何时消失不见了呢？

刘义隆轻叹一声，但愿是自己多心了吧。父亲依旧是那个慈爱的父亲，是那个胸怀天下的父亲，只是此刻被他的大业困在其中而已。眼见时辰不早了，刘义隆端起一盏水酒，劝道："那便祝二哥此去洛阳，守护边疆，旗开得胜！且饮此酒，为二哥壮行！"

刘义真凄然笑着，也不知是不是从刘义隆的面色上瞧出了些什么。无论父亲对洛阳究竟是什么态度，这都是刘义真最后的机会。若不能借此翻身，便再也没有和老大争位的可能，那这些年沙场出生入死岂不是白忙啦？而老大早已把刘义真的争宠暗记在心中，对刘义真不可谓不恨。与其日后在老大手下屈辱地苟活，甚至受尽猜忌，担惊受怕，还不如现在放手一搏。刘义真端起那盏酒来，伴着心中的不甘和委屈，一饮而尽。

刘义隆说道："虽说我不方便离开荆州，可豫州还不太平，我且让到彦之领兵送你去洛阳赴任。"

刘义真本想拒绝，毕竟这一年多来，备受人冷眼，与到彦之结伴而行，还真让刘义真尴尬无比。可想想豫州的局势，若没有兵马护送，只怕自己还真到不了洛阳。

刘义真道了声谢，便准备上船。忽然听闻一阵叫嚷："二公子稍候，宋王有旨意！"便见一匹快马，一路奔到渡口。

刘义隆与刘义真对视一阵，父亲已经进位王爵啦？这忽然来了使者，又是什么事情？

便见那使者驰到两人面前下了马，急匆匆拜道："宋王得天子册封，晋爵为王。已向天子辞去扬州牧，转拜二公子为扬州刺史，镇守石头。"

刘义真一阵惊喜。万没有想到，就在踏上去洛阳的路上时，父亲招自己回扬州任职。虽然经刘义隆一番劝慰，刘义真对镇守洛阳多了点期许，可时局不稳，强敌紧逼，在丢了关中后，刘义真对守住洛阳是没有多少信心的。谁料临行之际，居然柳暗花明。

扬州是国都所在，是江东的中枢，扬州刺史非比寻常。当年在刘穆之力争下，父亲亲自出任扬州刺史，就此权势压过刘毅，成为江东一人之下万人之上的重臣。自此之后，扬州刺史从未授予他人过。如今父亲居然让自己出任扬州刺史，足见父亲并未因关中失陷而对自己失望。至于强命自己去洛阳出任司州刺史，对刘义真来说，既是对丢失关中的惩罚做给朝野去看，也是借镇守洛阳让刘义真为关中之败赎罪。虽说保住洛阳的是王康，可刺史头衔却是刘义真的，这功劳自然也有刘义真一份，至于刘义真究竟去没去过洛阳已不再重要。只要像今天这样摆出去洛阳的姿态，自有王弘那些人让朝野相信，就是刘义真守住洛阳的。如此一来，父亲保全了颜面，顺利进位为宋王，目的已经达到，刘义真自然也不用再去洛阳了。

刘义真欣喜若狂。如此看来，父亲并没有怪罪自己，也没有放弃对自己的栽培和重用，出任扬州刺史就是个很好的信号。既然父亲让自己接任了扬州刺史，是不是也意味着父亲将来很有可能把他的大位也传给自己呢？刘义真浮想联翩，向那使者问道："父亲晋爵宋王，不知都有哪些人受了封赏？"

那使者答道："宋王已命刘怀镇转任徐州刺史，都督淮北诸军事，镇守彭城。迁刘道怜为司空，回镇京口。除此之外，徐羡之、王弘、谢晦、傅亮各有升迁不等。"

刘义隆心中一震。听二哥改任扬州后，刘义隆便察觉父亲果然像自己猜测的那样，不过是把洛阳当作敲开宋王大门的最后一块石头而已。既然已经如愿，那洛阳就变得不再重要。又听父亲调二叔回了江南，转以族叔刘怀镇总揽淮北诸军事，却又把治所设在彭城，也证实了刘义隆的猜想。父亲的底线已不是保住司州了，而是想借彭城，守住伐灭南燕以后的国境线。

刘义隆一阵唏嘘，看似气壮山河的北伐大业，到头来终是付诸东流。若说江南有了些什么变化的话，那就是父亲从太尉荣升相国，终得封王。而那些父亲的左膀右臂，个个加官晋爵弹冠相庆。倒是司马家的江山越发岌岌可危了。

刘义隆忽而有些想起刘穆之来。只怕父亲远征长安时，刘穆之便已看破了北伐秦国的真相，也看到了今日的结局。难怪这个一心忠于晋室的贤者，终在抑郁不安中与世长辞，想必也是不想看到他呕心沥血辅佐的明主，终成了他所效忠的大晋江山的掘墓人吧。

刘义隆正这样想着,就听那使者接着说道:"除了这些朝臣官职各有升迁,宋王已册封老夫人萧氏为王太妃,册封大公子为王太子!"

听到父亲册封萧氏为王太妃时,刘义真一脸笑意。萧氏乃二叔生母,只因父亲自幼没了亲娘,这才把萧氏当作母亲供养。作为二叔生母,萧氏自然偏心他的亲儿子。父亲辞去扬州牧,只怕萧氏没少为二叔张罗扬州刺史这个美差。可最后父亲还是把扬州给了自己,看来父亲还是更看重自己一些。然而当听到册封刘义符为王太子时,刘义真一下子面如土灰。

刘义隆把刘义真的表情全都看在眼里,知道他在想些什么。北伐秦国前,兄弟俩一起在彭城,那时便知二哥有了争储之心,也明白了他这些年为什么总要陪父亲出征。因自己与他亲近,故而二哥求自己助他一臂之力。想想老大的不务正业只顾玩乐的模样,刘义隆答应了二哥所请。可二哥在关中的所作所为,究竟担不担得起父亲的大业呢?刘义隆着实没什么把握。如今父亲已册封大哥为王太子,倒是让刘义隆松了口气。父亲作出了他的选择,让刘义隆不再为要不要帮二哥左右为难。只是看着二哥失落的模样,刘义隆不由得一阵心疼。也罢,二哥已经官拜扬州刺史,而自己又守备西境诸州,就算日后大哥继承大位,当真要对二哥不利,自己也有足够的实力据理力争,救二哥脱难,也不负兄弟俩多年情谊。

刘义真稍稍平复失落的心情,对那使者说道:"你且稍候,我先与三弟道别。"

待那使者退去一旁,刘义真勉强挤出一丝笑容,对刘义隆说道:"看来父亲还是念着我的。"

刘义隆忙安慰道:"那是自然。二哥回去石头,可要好好做出些事来给父亲瞧瞧,也代弟弟向父亲请安。"

刘义真点了点头,对慧琳说道:"这一年多来,有劳慧琳师父诵经开导,减我杀业,让我心境平复不少。今日一别,还不知何时才能相见,感激之情尽在不言,就此别过。我兄弟二人说些事情,烦请慧琳师父回避片刻。"

慧琳笑而不语,双手合十,回了车上。

刘义真见没了外人,这才酸涩说道:"三弟,老大终是成了太子呀!我随军出征这些年,虽没有多大功劳,又身负亡失关中之罪,可自问于心,也远比那个躲在建康只知吃喝玩乐的老大强上百倍吧!然我苦苦钻营这么多年,却依旧比不过他长子的身份。我不甘心!"

刘义隆听他这样一说，心中一沉。想想二哥执拗的性子，也的确不会因为父亲册封老大就善罢甘休，不由得担心起来。父亲尚未成就他的大业，二哥却已生出夺嫡之心，想想后秦皇子争储亡国的前车之鉴，刘义隆打心底里不想让江南因为争夺皇位闹得四分五裂。

正这样想着，果然就听刘义真说道："三弟，我知你宅心仁厚，或许也怪我不该为了私心和老大闹起来，甚至为了权势搅得江南不稳。可我还是那句话，权势面前，从来都是你死我活！你当天子司马德宗是怎么死的？他与他弟弟司马德文从来都是形影不离，就连吃住都在一起。可偏偏这次司马德文偶染风疾，就离开了半日去瞧病，正值壮年的司马德宗就莫名其妙暴病身亡了！"

刘义隆心中咯噔一下。刘义真的意思，显然是父亲为了印证"昌明之后尚有二帝"的谶语，杀了司马德宗，拥立司马德文。

就听刘义真接着说道："即使是父亲，也会为权势做出这等事来，何况那个早已恨我入骨的老大？你别不信，等老大承继父亲大位，便是我也这般暴病身亡的时候！你与我亲近这么多年，老大又岂会轻易放过你？"

刘义隆不觉心中一寒。刘义隆本对权势并不怎么感兴趣，只是父亲以一己之力撑起刘家今日的威势，身为刘家的儿子，有义务也有使命尽自己一份责任，助父亲守住这来之不易的家业。可自己怎么也陷入权势的旋涡中啦？想想死得不明不白的司马德宗，自己和二哥会不会也落个这样的结局？

刘义真说道："在彭城时，我便对你说过。即使老大当上了太子，你我各自镇守一方，手握重兵，只要兄弟齐心，就未必没有扳回局面的机会！"

刘义隆被刘义真说得忐忑不安，他这意思，便是要以武夺权了，迷迷瞪瞪点了点头，说道："若老大当真要对二哥不利，弟弟我自当听奉二哥将令。"

刘义真大喜，一把将刘义隆拥在怀中，过了许久，这才放开了手，拜道："你我兄弟今日暂且分别，待到他日，你我在建康团聚！"

刘义真这就要离去，刘义隆忙说道："二哥且等。自弟弟镇守彭城至今，慧琳一直在我府中，莫看他是个出家人，可心思机敏，博学多才，便让他陪二哥去扬州赴任吧，也好助二哥一臂之力。此外，江南虽比江北安全，可二哥孤身赴任，我也不安心。依旧让到彦之领兵，护送你到石头再回来吧。"

刘义真大喜。当初在关中，就是因为身边没个得力之人，不得已才用了杨鑫、李奎那些废物。慧琳本就与自己有旧，此去扬州，确实能对自己助益良多，忙谢道："难为三弟舍得，那我就却之不恭了。只是慧琳一走，你这偌大的荆州，能管得好吗？"

刘义隆说道："王昙首办事得力，父亲说他有宰相之才，我也很是放心。此外，父亲还派了王昙首一个远亲王华来了荆州。慧琳走了，有王昙首和王华，足以处置好里里外外的公务。何况还有沈林子、到彦之打理军务，也没有多少事要我操心。"

刘义真提醒道："你可要小心着点。当日我在关中，王修何曾不是办事得力，却把我当成了摆设。你可别和我一样，也让王家兄弟架空了。毕竟他王家，从王导开始，底子就不干净。"

刘义隆迟疑了一下，说道："这倒不至于。王昙首、王华对我恭敬得很，但凡大事都要向我奏过之后才会处置的。"

刘义真心里酸溜溜的。父亲留给三弟的佐臣都能靠得住，而给自己的那些人，听起来一个比一个名号响亮，却有哪一个让自己放心啦？叹了一声，说道："即使如此，你也要多留个心眼才是。"

刘义隆点了点头，使人唤了慧琳过来，把自己的意思对他说了一番。慧琳依旧笑了笑，与刘义真换乘一车。

兄弟两人依依不舍，就此惜别，刘义真在到彦之兵马护送下，向着扬州去了。刘义隆望着那队人马越行越远，终是消失在地平线上，再也看不见了。这才叹了一声，转身回到自己车上。

让慧琳陪刘义真去扬州，虽是给二哥派个得力之人，可想想二哥对权势的迷恋和对老大的嫉恨，刘义隆便觉深深不安。若能让慧琳以佛法好生开解，化去二哥心中的魔障，或许能免去江南一场无妄之灾吧。可如果老大真要对二哥动手，为了二哥也好，为了自己也罢，刘义隆也自会和二哥站在一起。

江边的风又刮了起来，吹得天上的薄云聚了又散，散了又聚，太阳透过云间的缝隙，照得大江波光粼粼。虽有江风吹拂，可天是越来越热了。刘义隆回头又望了望刘义真离去的方向，再次叹了一声，吩咐道："回江陵吧。"

剩下的几十个侍卫，掉转队伍，便要起行。忽听有人喊道："三公子稍候，宋王有旨。"

刘义隆愣了一下，父亲使者刚刚招了二哥回扬州，怎么又有使者前来？循声望去，就见一个骑士一路奔了过来。刘义隆看着好生面熟，细细一想，乃是父亲身边近卫沐谦。见他来此，不知究竟有何要事，忙让侍卫放了过来。

沐谦来到近前，跪倒参拜："卑职拜见三公子。"

刘义隆虚手一抬，问道："父亲有何旨意？"

沐谦瞧了瞧左右，探上前来，悄声说道："宋王有旨，着令三公子立刻擒杀刘义真，不得有误！"

刘义隆大惊失色。父亲刚刚拜二哥为扬州刺史，却为何要取他性命？

刘义隆问道："二哥并无大错，父亲何故如此？"

沐谦冷哼一声："刘义真肆意妄为，扰乱关中，亡失国土，害我北府军万余将士客死他乡，如何没有过错？这样的大罪，岂能轻饶？宋王虽然疼惜刘义真，可也不能为了这个儿子不顾天下义愤！故而着令三公子擒杀刘义真，以此向天下谢罪！向枉死的北府军将士谢罪！"

刘义隆不禁打了个冷战。为了安抚江南，父亲真要不顾父子之情，拿二哥的人头换取人心吗？他真狠得下这个心来？却又一想，若父亲真要杀二哥，何故刚才使人拜二哥为扬州刺史？这岂不是自相矛盾？

刘义隆一阵狐疑，向沐谦问道："父亲旨意何在？"

沐谦答应一声，向怀中摸去，忽然寒光一闪，没有什么书函，手中倒是多了一把幽幽泛着蓝光的匕首，仿若一道闪电，径直向刘义隆胸前刺来。

刘义隆大惊，竟连躲闪都忘了。眼见性命不保，却听当啷一声。有人拨开那匕首，正与沐谦斗得不可开交。刘义隆定睛观瞧，却是父亲派在身边的近卫朱荣子，救下自己性命。

朱荣子乃朱龄石兄弟的本家，功夫自然了得。沐谦虽也武功高强，却落在了下风，用的又是把匕首，哪比得上朱荣子长剑顺手，二十多个回合下来，沐谦已中了数剑，鲜血顺着衣襟，洒得满地都是。侍卫们见宋王的使者竟是来行刺，初时吓得愣在原地，待反应过来，纷纷围了上去，把沐谦困在当中。

朱荣子见沐谦已是瓮中之鳖，喝问道："沐谦，宋王待你不薄，何故要来刺杀三公子？枉你也是个成名的剑客，竟不顾羞耻来刺杀一个孩子，当真要不要脸啦？"

沐谦哈哈大笑："刘裕那个狗贼，原本不过是个破落户，靠着北府军才算有了些薄名。虽能铲除桓玄，恢复晋室江山，可也是民心所向让他成就此功。何无忌、刘毅、孟昶、诸葛长民，哪个没有功劳？刘裕好意思把这大功全都揽在自己身上？这也便算了，天子赏识刘裕，给了他无上荣耀。可刘裕呢？真是一条喂不饱的白眼狼！不但一步步独掌大权，如今更是痴心妄想，谋图改朝换代。为了遮掩他犯上作乱的无耻嘴脸，总说什么晋室天命已尽，司马氏再无德才之人。可大晋宗室人才凋零，还不是他刘裕下的黑手？司马国璠早早看破刘裕的野心，却被赶出国门；司马休之贤名远播，却被刘裕污为乱党，欲除之而后快；司马楚之年少有为，名震天下，江湖豪杰无不悦服，也被刘裕排挤得在朝廷没有立足之地，只能流亡江湖。刘裕把宗室贵胄杀的杀，赶的赶，哪容宗室立下功劳？为了除去他的大患，还遣我去河南刺杀司马楚之，我怎肯为虎作伥、助纣为虐？如今刘裕弑杀天子，人神共愤，我大晋儿郎，人人杀得这狼心狗肺的东西。只恨我没有机会，亲手杀了那个狗贼，今日便来杀个狗崽子，也算是大快人心了。本想杀了刘义真，也算为我枉死在关中的北府军将士报了仇，谁承想刘义隆派了重兵护送，那也只能退而求其次，来取刘义隆的性命了。朱荣子，你家朱龄石兄弟何等本事，却也被刘家父子害得丢了性命，你就忍得下这血海深仇，甘为刘家鹰犬？"

刘义隆从鬼门关走了一遭，正在平复惊恐的心，听沐谦说到司马楚之这个人，细细想了半天。这司马楚之是司马休之的孙辈，听闻正盘踞在豫州颍川一带，在江湖草莽中颇有些名声，已聚集万余人马，时不时便骚扰边境，伺机复仇。

听沐谦的意思，应是父亲忌惮司马楚之，故而派了他去行刺。谁知沐谦这个久在父亲身边的侍卫，居然会反水，反过来刺杀自己和二哥。究竟是司马楚之当真贤德，说服了沐谦为其所用，还是说这沐谦本就是司马楚之安插在父亲身边的眼线？想想当年司马休之叛乱，无论是荆州还是扬州，数地发生异变，似乎都有宗室从中作梗，难保这沐谦没有向他们通风报信。又听沐谦指责父亲暗杀了天子司马德宗，又让刘义隆心中一紧。难道父亲真如二哥所言，为了权势而变得如此心狠手辣啦？

就听朱荣子骂道："沐谦，你休要强词夺理。司马家偏居江东百年，于国于民究竟做了些什么？可曾有过一年半载不是在打仗的？若司马家真有本事，百年时间还不够他们稳住江山，恢复中原的？宋王主事以来，南定江东，北伐燕国，虽说关中得而复失，可放眼晋室百年，有哪一个亲王公侯做下了这等伟业？再看江东，百年动荡，那些世族大家倒是富贵依旧，可谁去管百姓死活啦？宋王力主土断之法，还地于民，多少无家无业的百姓有了活路。宋王禁绝豪强强占山川湖泊、私收重税，让百姓砍柴、采摘、打鱼，不再受人强掠。更整饬选官之法，唯才是举，让寒门子弟也有了出路。现在那些宗室倒是大义凛然，要力保晋室社稷了，当年他们为争权势，斗得你死我活的时候，可曾想过他们的大晋朝丧尽人心，终有被天下所弃的一日？就算亡国之际，如你所言出了司马楚之这样几个人物，可晋室早已烂到骨子里了！天下有德者居之，要亡他们大晋朝的，不是天命，是人心！沐谦，你也是穷苦家出身，你家没有受过宋王恩惠？你自己说说，若真让你的贤王司马楚之成了事，他能扭转得了江东这副烂摊子？"

沐谦听朱荣子一番话，一时哑然。虽然敬于司马楚之礼贤下士，被他的风采折服，投效于他，可沐谦也明白，司马楚之待自己恩厚，不过因自己武功高强而已。若自己只是个寻常百姓，只怕司马楚之也不会多瞧自己一眼。沐谦心中黯然，匕首舞得凌乱起来。

眼见沐谦受擒在即，刘义隆忽然说道："住手！让开条路，放他去吧！"

众人听闻此言，无不吓了一跳，就连沐谦都愣住了。

刘义隆本还因父亲为夺权势，变得越来越薄情，甚至杀了天子司马德宗而深感不安，也为父亲慢慢变得和那些追求权势的人一样不择手段而困惑，可听到朱荣子一席话，有些明白过来。这混乱的天下，也该有些变化了。若真能还天下太平，纵然背负些骂名，又能如何？

刘义隆正色说道："沐谦，你方才不是说司马楚之如何英明神武，父亲夺他司马家天下又是如何胜之不武吗？你便回你的主子身边，看看他司马楚之究竟能成就什么事业，而我父子又能成就什么事业！待我父子一统山河，让天下百姓都能各安其命，看你那时还有何话好说！"

沐谦许久没有说话，直愣愣地盯着刘义隆这个半大小子半天，终是大笑一声，扬长而去。

看着沐谦走远了，刘义隆沉默许久，这才吩咐一声，便往江陵回还。刘义隆将朱荣子唤到身边，谢道："刚才幸得你出手，否则我已丢了性命。"

朱荣子拜了一下："宋王使我保护公子，岂能有失？卑职职责所在，不敢居功！"

刘义隆点了点头。车马徐徐前行，刘义隆忽然问道："朱龄石、朱超石兄弟二人皆因二哥而死，你恨我二哥吗？"

朱荣子震了一下，沉默良久，终是叹了一声，说道："为将者自有为将者的觉悟。当日关中混乱，朱龄石受宋王之命镇守长安，本有活命的机会，可他自己选择留下，以求日后宋王北伐，能有长安作为先驱。他自然知道活着的希望是何等渺茫，可他还是没有退缩。曹公垒兵败身死，也是他兄弟二人求仁得仁。天下动荡百余年，战乱没有一日停歇，若宋王能记得二人的好，早日一统江山，还天下太平，他二人和那些客死他乡的将士，就不算白死了。至于二公子，虽然有错，可这天下错了的何止他一人？若这战乱依旧不能停歇，恨他一人又有何用？"

刘义隆看了看朱荣子，若有所思。他抬眼看了看茫茫江水，翘首北望。

是呀！父亲正忙于夺取天子大位，待大功告成，早些伐灭魏、夏，恢复中原河山，百姓安居乐业，再也不用去受战乱之苦，就算父亲在一些人眼中是个反噬主上的恶人，可对天下而言，犹不失为一个心系天下的明君。

刘义隆定了定心神，已没有先前那样的迷茫和焦虑。虽然二哥依旧对储位不死心，老大也对二哥和自己存有戒心，这无形中让父亲的大业隐忧暗生。可父亲雄才大略，待君临天下，收复中原，自然能处理好这些家务事吧！

大宋建国，却是壮志难酬

刘义隆仔细看着朝廷诏书的副本，是一份最新的封拜名录。自父亲受晋帝司马德文禅位，登基称帝已过去两年。晋朝就此湮灭，大宋在晋朝的废墟上浴火而生。这两年多时间里，朝廷封拜有功之臣，人事调派极为频繁。像这样的封拜诏书前后有过许多，刘义隆总要仔细查看，尝试着从这些人事调派上，看看父亲是否有再次北伐的计划，也好在荆州早做准备。

父亲称帝之初，册封晋废帝司马德文为零陵王，置宫室于秣陵，使族叔刘遵考领兵护卫。除了册封大哥为皇太子，还拜二叔为太尉、封长沙王，拜二哥为司徒、封庐陵王，封自己为宜都王，拜四弟为豫州刺史、封彭城王。又拜徐羡之为尚书令、扬州刺史，拜傅亮为尚书仆射，拜谢晦为中领军，拜王弘为江州刺史，各封爵禄不等。此外，还追赠三叔为司徒，封临川王，并以继子刘义庆承袭爵位。追赠刘穆之为南康郡公，王镇恶为龙阳县侯。这次的诏书，又加拜徐羡之为司空、录尚书事、领扬州刺史如故，加拜王弘为卫将军、仪同三司、领江州刺史如故，加拜谢晦为领军将军、总揽宫中宿卫。

刘义隆边看边想。徐羡之几人以佐命之功，越发受父亲重用，只是王弘作为大宋建国的首功，官职倒也不小，却出任江州，离开了建康，倒是让人有些意外。刘义隆不由得猜测，王弘在为父亲谋取帝位上太过激进，惹了不少非议。就在去年年关，父亲密使人去了秣陵，秘密处决了晋废帝司马德文。虽说对司马德文的死，没人敢说些什么，可为父亲谋得帝位的王弘，就成了人们咒骂的对象，故而父亲才让他离开建康避避风头吧！

诏书已看了大半，没有瞧出北伐的迹象，刘义隆不由得好生失落。听闻那北凉国主沮渠蒙逊已吞并西凉，连同西域诸国皆已向其臣服，又向建康派来使者，被父亲拜作镇军大将军、凉州刺史。若能与沮渠蒙逊结盟，共同讨伐夏国，不失为再次北伐的机会,可父亲似乎只想稳固初建的大宋局势,对他的北伐大计只能无限期延后。

难道父亲真为了天子大位,忘记了北伐的惨败,忘记了他收复河山的夙愿吗?刘义隆心里空落落的,当在诏书上看到檀道济的名字后,一下子振奋起来。父亲加拜檀道济为镇北将军、南兖州刺史,监淮南诸军事。自北伐失利后,众多将星陨落,檀道济日渐受父亲器重。以檀道济往江北任职,难道是有了北伐的可能吗?可檀道济这次的军职是镇北将军,而非征北将军,显然是以防御为主,让刘义隆不由得叹了口气。这时,诏书已翻到最后,刘义隆大吃一惊。

免庐陵王义真司徒,出为车骑将军、开府仪同三司,南豫州刺史,都督南豫、豫、雍、司、秦、并六州诸军事。

父亲称帝前,就把二哥从司州调回扬州,拜为扬州刺史,镇守石头。可后来听说,二哥名为刺史,扬州的事务依旧是父亲处置,二哥不过挂了个刺史的头衔罢了。待父亲称帝,二哥以十六岁的年纪一飞冲天,官拜司徒,虽然没有录尚书事,因此没有实权,却已高居三公,位列宰辅,让刘义隆为二哥好生高兴。只当二哥是被父亲特意栽培,就算日后老大即位,二哥也足以自保。谁知这才过去没多久,父亲为什么又把二哥从建康支出去呢?二哥看似官拜车骑将军,开府仪同三司,与一个空头司徒相比,多了不少实权,又都督六州军事,也算牧守一方的诸侯。可司州、豫州依旧和两年前一样混乱,二哥以南豫州刺史镇守历阳,司州、豫州那烂摊子依旧属二哥管辖。这绕了一大圈,二哥还是回到了江北防区。

刘义隆疑惑不解,将那诏书又反复观瞧了半天。这时,就听朱荣子进来报奏:"王爷,有故人自历阳造访。"

刘义隆愣了一下,正为二哥着急,怎么历阳就来人啦?多半是二哥的使者吧!他忙说道:"让他进来吧。"

时已入夏,那人戴着个青蓬斗笠,穿得密不透风,似乎怕让人看见,进来后也未参拜,就那么直愣愣地站着。

刘义隆才看了一眼,便觉不妙,对朱荣子说道:"你且先出去,本王这会儿谁都不见。"

朱荣子狐疑地看了看那个人,转身出了殿门,远远候在外面。

刘义隆着急问道:"二哥,究竟出什么事了,你竟擅自离开历阳来了江陵?"

那人轻叹一声，摘下斗笠，果然是刘义真本人。

身为藩王，离开自己辖区，贸然前往其他藩王领地，这可不是什么小事。往大了说，扣个意图不轨的谋反大罪都有可能。二哥从关中回到江南后，越发受大哥提防。刘义隆忽然想到，二哥从建康转任历阳，难道是老大搞的鬼？可又一想父亲的性情，虽册封老大为皇太子，却从未让老大参与国家大事，想来老大还没那么大的本事能把二哥从京城挤出来。只是二哥担着天大的风险来了荆州，一旦让老大知道了，向父亲告上一状，这可如何得了？

刘义隆紧张地往外面一瞧，除了朱荣子，其他侍卫离得都远，看不清殿内的情形，刘义真又是背朝外面，即使是朱荣子也不知来者何人。刘义隆忙扯着刘义真进了内室，着急问道："二哥究竟有什么急事，要涉险来荆州呢？"

刘义真叹了一声："要出大事了！"

刘义隆暗道："多大的事需要二哥来荆州？就算不放心别人，让慧琳来见自己，也总该放心吧？"

还没来得及追问，就听刘义真说道："父皇怕是不好了！"

刘义隆大惊失色。

父亲登基时，刘义隆曾回建康拜贺。那时的父亲初登大宝，正是春风得意，看起来精神头旺盛得像个小伙子一样，哪里瞧得出半点儿不适的地方？此时听刘义真这样一说，刘义隆才猛然意识到，父亲已经年近六旬了。

在刘义隆心中，父亲永远是那样意气风发，却从未想过，随着自己慢慢长大，父亲已是垂垂暮年。再一想父亲自关中匆匆回到建康后，便一直忙于谋取帝位，就连他的北伐志愿都搁置一边，只怕从那时起，父亲的身体便已有了隐忧吧！只是这样的事，父亲如何能对别人说，只能硬扛下来。如今父亲君临天下，整日有处理不完的国家大事，更要忙着稳固刘家刚刚到手的江山，身体自然越发堪忧，哪还有时间顾得上谋划北伐？

刘义隆不由得为自己误会父亲醉心权势而丢掉收复中原之志愧疚不已，也为自己不能替父亲分忧，让他劳累至此而深深自责。可待冷静下来，刘义隆不禁陷入恐惧和担忧之中。父亲雄才大略，放眼天下，何人是他的对手？若真撒手人寰，他留下的基业可真是危机四伏。

夏、魏两国虎视眈眈，司州、豫州虽没有大战，可往来厮杀没有一日太平。

而晋朝虽已亡国，可那些逃亡的宗室在魏国的扶持下，一直就在边境蠢蠢欲动，谋求复国。唯一的好消息就是司马国璠预谋背弃魏国，事发被诛，让大宋少了个心腹大患，可还有司马文思、司马楚之这些宗室以及鲁轨那些晋臣对大宋恨得咬牙切齿。

除去这些外患不提，太子是个什么才德，刘义隆心知肚明。若父亲身强体健，扫尽内外强敌，把一个稳固的江山交给老大，他或许能在贤臣良将的辅佐下，保大宋江山稳固。可老大从来都把玩乐放在首位，身边尽是些阿谀奉承的佞臣小人。若父亲一走，老大继承国祚，这刚刚建国的大宋，在这样一个君王手中，还能走多远？

刘义隆慌乱无比，忙问道："二哥如何知道这事？父皇现下状况究竟怎样？"

刘义真忧心忡忡，说道："我还在建康时，就已有许久没见过父皇了。三月的时候，父皇招了二叔回到建康，一直居于宫中没出来过，而徐羡之、傅亮、谢晦更是整日守在宫里，很少露面，檀道济也被招入宫中护卫。其间也就谢方明曾受命去过宗庙一回，听说是告祭先祖。未过多久，谢晦莫名其妙来了我府上一回。三弟你也知道，这些年我陪侍父亲左右，与谢晦交往不在少数，对他恭敬得很。我与他聊了不少南征北战的旧事，说得口干舌燥，可谢晦几乎没说什么话。待他回宫后没过两日，父皇便免去了我的司徒，把我支出京城去了历阳。而檀道济也受命离开建康，出任南兖州刺史，镇守广陵。"

刘义隆听得越发心慌。若二叔都被招入宫中侍奉，只怕父亲真是凶多吉少了，而徐羡之几人也都守在内宫不出来，越发证实了这一点。只是谢晦去二哥府上，究竟是做什么的？从谢晦离开后，二哥很快就被赶出京城，可见这两件事必有关联。而檀道济北上，与刘义隆原本所想也有了出入。刘义隆原以为檀道济镇守广陵，是与北伐有什么关系，谁知却是父亲龙体堪忧，一旦不讳，父亲也怕北方敌国乘机进犯，故而使檀道济赶赴南兖州，总揽淮南诸军事，早早防备外敌。再往坏处一想，南兖州紧邻南豫州，二哥去往历阳，檀道济出镇广陵，难道说父皇使檀道济北上还有提防二哥的意思？父亲究竟为什么对二哥不放心呢？

正这样想着，刘义真小心说道："事后，我也听到了些风声。父皇病重，谢晦曾向父皇密谏，认为太子难堪重任，若父亲想保大宋万世基业，便绝不可把这副担子丢给太子。言外之意，是想请父皇重新考虑储君的事。而父皇也已看清了太子的本事，询问谢晦，以我继承大统是否合适。那日谢晦来我府上，正是替父皇考量我的。"

刘义隆先是一惊。二哥居然敢在父亲身边安插眼线探听机密，当真胆大包天。他却又一喜。二哥久存争储之心，大哥又绝非明君，相对而言，刘义隆自然更希望二哥能继承帝位。只是老大已是太子，想与他争位，少不得一场动荡，闹不好免不了一场大战，这对刚刚建国的大宋而言，绝非好事。既然父亲有了改立之心，若真能以二哥代替老大，不就名正言顺了吗？他终是一阵担忧。从二哥被派往历阳来看，显然父亲最后没有下定改立二哥的决心，也察觉了二哥欲与老大争夺帝位之心，故而派了檀道济去广陵暗中提防，就是担心他驾崩后，二哥会向建康进兵逼宫。

这时，就听刘义真接着说道："枉我平日对谢晦从未怠慢，他却如此陷害我。他来我府上，几乎不发一言，我也只说了些陈年旧事，又有哪句话说得不对啦？他受父亲之命来我府上考量，却终是断了父亲改立我为太子之心。你倒是说说，谢晦究竟安的什么心？他欺瞒父皇，对我肆意诋毁，以致我被逐出了京城！"

刘义隆看着越说越气的刘义真，心中忽然生出一个奇怪的念头。

从头到尾都是二哥在说，父亲的病重，谢晦的造访，甚至改立太子的说辞，都是二哥一家之言。过去刘义隆年纪小，对亲近的刘义真自然言听计从。如今刘义隆渐渐长大，又掌控西境诸州，随着对军政日益熟悉，人也慢慢成熟不少。二哥久存争储之心，这些话有没有可能是二哥为了拉自己助他夺位而编造的谎话呢？

刘义隆一阵狐疑，宽慰道："二哥或是多想了。父皇英明神武，明察秋毫，虽然从善如流，却也从不偏信一人。谢晦受宠不假，可父皇若真有改立之心，也绝不会仅听谢晦一个人的话。何况二哥也说了，二叔、徐羡之、傅亮、檀道济当时都在宫中，别人会不会说二哥的坏话我不敢妄言，二叔素与你我感情深厚，岂会坐视二哥受人非议？再说了，二哥从未得罪过谢晦，若谢晦当真谏言父亲改立二哥为太子，对谢晦而言，不是一件大大的好事？又何苦担着得罪了老大的风险，再把二哥也得罪啦？"

一听刘义隆居然反驳，刘义真愣了许久，他哪承想三弟竟会生出质疑，一时脸上颇为尴尬。刘义真叹了一声，说道："你我兄弟虽然分别了些时日，可我怎么也没想到，短短两年时间，竟会多出些生分来！今日我冒着天大的风险，偷偷来你荆州,说的这些话,你信也好,不信也罢,事实便是如此。虽说我过去与你玩闹,也对你编过不少谎话,可你想想,但凡重要的事,我又何曾说过一句假话?二叔与你我关系好不假,可他与老大又何曾疏远过?二叔眼里,把钱看得比什么都重,手心手背都是肉,又无关他的富贵,老大和我不论谁即位,对他有什么影响?"

沉默片刻,刘义真接着说道:"至于谢晦,我思来想去,多是我与他的同族兄弟谢灵运交往亲密的关系吧。你不知道,谢晦在谢家算不得显赫一脉。当初投靠刘毅的谢混,是筹建北府军的谢安的亲孙子,远远压着谢晦一头。谢晦投效父亲,得以平步青云,而谢混却丢了性命。谢晦就此在谢家成了领军之人。你也知道,我在关中落个惨败,皆是没有得力之人辅佐,故而这两年来,我痛定思痛,也想结交些有本事、有威望的贤者。这谢灵运的爷爷,便是当年统领北府军在淝水大破苻坚的谢玄。谢灵运本人也是才高八斗,故而我倾心结交。谢晦好不容易在谢家抬头,若父亲改立我为太子承继国祚,我自然是要重用谢灵运的,谢晦岂不是要被谢灵运压下去?后来我也和谢灵运私下问过,只因谢灵运自恃才高,对徐羡之也颇有些看不起,故而就连徐羡之都对谢灵运心存恨意。如此看来,若谢晦当真在父亲跟前说了我的坏话,二叔置身事外,徐羡之又从旁添油加醋,父亲如何不对我断了改立的心思?你若还是不信,那就把我绑了送去建康。父亲病重,一旦驾崩,老大也不会放过我。反正我私自离开历阳本就是重罪,你便拿我的性命,向老大表忠心去吧!也算你我兄弟相交多年,我还你一份人情!"

刘义隆见刘义真生了气,又听他说得似乎有些道理,忙告罪道:"二哥说的哪里的话?弟弟何曾不信二哥啦?不过是此事干系太大,故而才多问了些。再说一听父皇病重,弟弟也是心急如焚,方寸大乱。"

刘义真听刘义隆说起软话,怒气退了不少,何况今日偷偷来到荆州,也是有求于人。毕竟父亲病重,现在究竟是什么情况刘义真也不清楚。若父亲真的驾崩,太子即位,自己又被排挤出了京城,刘义真也急需刘义隆的支持。想到这里,刘义真语气也缓和起来。

"我自然知道三弟是向着我的。刚才说话有些急了,三弟也莫怪我。只是情势危急,父皇明明有了改立储君的念头,却又没了消息。父皇现在究竟还在不在世,都是个未知之数。难保不是谢晦他们压着这事,在密谋些什么。再这样下去……三弟,难道你愿意让父皇都瞧不上的老大就这样当上大宋皇帝?"

刘义隆一阵不安，他自然知道刘义真是什么意思。若父亲当真有过改立之心，那帮二哥就算不得乱臣贼子，也没有违背父亲的心愿。毕竟老大真不是个当皇帝的料，大宋立国还不足三年，让老大当了皇帝，只怕真要二世而亡了。

正想答应刘义真，忽听外面传来阵阵哭声。就听朱荣子在外面高声通禀："王爷，建康有使臣入府，王爷速速来拜见吧！"

刘义隆心中一惊，和刘义真面面相觑。虽说朱荣子不知这历阳来的人是刘义真，可既然被刘义隆招进内室，多半不想让别人知道。这时朱荣子故意喊给刘义隆听，也是不想让建康来的人见到访客。

刘义隆安抚刘义真后，忙到了前殿。就见几个素衣宦官，哭哭啼啼地走到了殿前。刘义隆只觉不妙，跪倒在地迎候使者。就听那个领头的宦官到了近前，取出圣旨，宣道："大宋皇帝遗诏：朕自受禅以来，念国家尚未一统，百姓困苦疲敝，虽有亡晋遗祸，亦有朕之失责。故清简寡欲，严整法度，被服居处，俭于布素，游宴甚稀，嫔御至少。殚精竭虑，唯愿大宋昌盛富足，百姓各安其业。本欲扫清六合，一统八荒，怎堪天不假年，如之奈何？诏令皇太子义符继皇帝位，司空徐羡之、中书令傅亮、领军将军谢晦、镇北将军檀道济顾命辅政。后世若有幼主，朝事一委宰相，母后不得烦政临朝。"

刘义隆只觉五内俱焚，仿若死过去一般。那个战无不胜的父亲，真就这样驾崩啦？可还没等刘义隆为父亲的死伤心，听到刘义符已经即位，而徐羡之四人受命辅政，就让刘义隆有些难以置信了。

方才听二哥说起，父亲病重时有了改立之心，可既然把二哥支去了历阳，足见父亲最后还是保下了老大的太子之位。或许是因为父亲自知去日不多，若在此时改立太子，反倒要闹得天下大乱，故而依旧以老大即位，辅以贤臣，以求保住大宋国祚。可怪就怪在这辅政大臣的名单上，居然没有二叔的名字！

父亲素来对手下的臣子没有尽信过。无论在军中，在朝中，还是在州郡任命上，最关键的位子往往都要交到至亲手中，至于这个人有没有真才实学，倒是其次，关键是让他放心。可父亲的遗诏中，居然把国家大权全都交给了徐羡之、傅亮、谢晦、檀道济四人，这就让人匪夷所思了。

太子无才无德，父亲已经察觉了这一点，辅以贤臣，也无可厚非。至于"母后不得烦政临朝"，也是怕重蹈汉朝、魏晋的覆辙，让外戚夺了天下。可太子已经十七岁，算不得小孩子了，即使父亲怕他胡来，给徐羡之几人重权，也好加以限制，可诏书上写得明明白白，"朝事一委宰相"，这就意味着大宋的中枢已完全控制在徐羡之四人手中。虽说这四人都是父亲最得力的文臣武将，可父亲把天下交给他们，当真放得下心？

刘义隆不由得一阵怀疑，止住哭声，向那使者问道："父皇驾崩，为何这辅政大臣中没有二叔呢？"

那使者哭哭啼啼，说道："先帝病重，招长沙王进宫奉药，可长沙王年纪也不轻了，在宫里一守几个月，身子有些熬不住，受了些风寒，又为先帝病危伤心欲绝，以致昏厥过去，遂送回府中休养。先帝驾崩时，听闻长沙王还是迷迷糊糊，也不知能不能救得过来。"

刘义隆心中咯噔一下。这就是说，父亲驾崩时，二叔并不在身边，那这遗诏究竟是不是父亲的意思，可就真要打个问号了。

刘义隆问道："父皇崩逝，不知天子有何旨意？本王有意请旨，往建康拜祭，不知天子是否有召藩王入京的意思？"

那使者答道："天子已拜尚书仆射傅亮为中书监、尚书令，拜领军将军谢晦为中书令，侍中谢方明为丹阳尹。至于藩王入京，天子并无此诏。"

刘义隆暗道："中书台、尚书台皆已落在几个辅臣手中，就连丹阳尹都归了谢方明，建康里里外外已没有什么人能插进手了。老大又不让藩王进京，也不知是在担心什么。"

他正这样想着，就听使者说道："司空大人倒是让奴才告知各位藩王。关中之败后，魏国本与我朝交好，互通使者，往来不断。然而过了三月，也不知如何走漏风声，魏国听闻先帝病重之事，便已禁绝使者，似有图谋。就在先帝驾崩后，檀道济自南兖州有军牒传回建康，魏军正在边境大举集结，显然有南下之意。"

刘义隆不由得骂道："拓跋嗣好生无耻，趁他国大丧，伐人之国，太没有道义了！"才骂完，他一想，当日后秦皇帝姚兴驾崩，父亲不也趁着秦国国丧大举北伐？如今真是现世报应，父亲刚刚驾崩，魏国便蠢蠢欲动了。他转又问道："不知檀道济可探知魏国欲向何处派兵？可需我荆州调兵迎敌？"

那使者说道："这倒是不知。只是司空大人说了，荆州紧邻秦雍，还当提防魏国侵扰时，夏国兴风作浪。故而请宜都王务必严加防范。天子知道宜都王对先帝的孝心，只是国事为先，这京城还是先不要去了。"

刘义隆尚不知边境告急究竟是不是真的，可没有老大的诏书，他也不可能去京城。即使能去，徐羡之四人大权在握，刘义隆也不敢以身犯险。沉默一阵，刘义隆对那使者说道："尊使远来辛苦，且先去厢房休息，待我作了奏疏，有劳使者呈于天子。本王自会为国守护疆土，绝不容外虏肆意侵扰。"

使者拜别刘义隆，在朱荣子的引路下转身离去。

刘义隆正琢磨着父亲驾崩后建康的巨变，又忧心着边境的危机，忽听旁边有人叹气道："老大终是做了皇帝，你我就是想回京城去送父皇最后一程都不行！三弟，你若再不帮我，只怕大宋再无你我立足之地了！"

刘义隆这才想到二哥还在，见他竟从内室出来，吓了一跳，忙说道："建康的使者都还未走远，二哥你怎么就出来啦？"

就见刘义真眼角尚有泪痕，多是为父亲驾崩哭过一回。他一脸沮丧，说道："父皇驾崩，魏军逼近。我辖区紧邻魏国，首当其冲，也不敢在你这里多留了。老大即位，我若守不好司州、豫州，还如何与他一争长短？当年父皇在时，黄河一战，杀得魏军魂飞魄散。如今父皇刚刚驾崩，魏军便敢叫嚣生事，且让我代父亲好好教训教训这些小人。待击退外敌，再来与老大计较。三弟，事已至此，我已没了退路，就算守得住边疆，也难逃老大暗算。你若愿意助我，事成之日，这西境便永远是你的封地。若你不愿助我，我也怨不得你。我也只有拼死一搏，看看老天爷到底开不开眼，保我大宋江山，别亡在老大那个祸害手里！"

刘义真戴了斗笠，急匆匆便要离去。刘义隆想想建康的局势，老大本就无能，再有徐羡之几个手握重权却又不知居心如何的重臣，也唯有助二哥上位，才有保住刘家基业的可能。他忙拉住刘义真，说道："二哥放心，待击退魏军，我自会助二哥一臂之力。"

刘义真闻听此言，不由得大喜，转过身来，深深一拜，笑道："我就知道，三弟你必不会负我！"说罢，他匆匆离去了。

心比天高，终是付诸东流

刘裕自登基称帝仅仅过去两年时间，刚刚稳住国内形势，便因病驾崩于建康。这个让摇摇欲坠的东晋继续支撑了二十年的北府军统帅，数次平定江南内乱，两度北伐中原，吞灭后燕、后秦，一度逼得魏国不敢跨越黄河。他在国内极力限制世族豪强，让流离失所的百姓有了一条活路。这样一个雄才大略的豪杰，最终夺取晋室江山，开创大宋基业，怎奈天妒英才，刘裕终是在毁誉参半中与世长辞。太子刘义符继皇帝位，谥刘裕为武皇帝，庙号高祖，尊奉太后萧氏为太皇太后，册封太子妃司马氏为皇后，奉遗诏以徐羡之、傅亮、谢晦、檀道济四人顾命辅政。一个月后，长沙王刘道怜也病逝于建康，宋朝军政皆由徐羡之四人处置。

消息传到魏国，魏主拓跋嗣当即举兵南征，欲趁宋朝国丧，人心不稳之际，讨伐宋朝。交战之初，魏主拓跋嗣并没有把重心放在魏军袭扰许久的司、豫两州，不过是拜刚刚归附的司马楚之为荆州刺史，骚扰二州，转以其司空奚斤为帅，加拜晋兵大将军，行扬州刺史，持节都督宋兵将军、交州刺史周幾与吴兵将军、广州刺史公孙表二将，引步骑两万渡河南下，直取兖州滑台。当年刘裕北伐时，从魏国手中夺取滑台，今日拓跋嗣南征，首取之地依旧是滑台，显然是想报当年之仇。而奚斤、周幾、公孙表三将的官职为扬州刺史、交州刺史、广州刺史，足见拓跋嗣这次野心勃勃，想一举夺取江南全境。

滑台告急，守将王景度就近求救于司州。司州刺史毛德祖镇守虎牢，正忙着调兵遣将，应付司马楚之的骚扰，可兖州若是有失，虎牢便会陷于魏军的夹击，毛德祖遂遣步骑三千驰援滑台。莫看魏军声势浩大，可滑台得到毛德祖的驰援，硬是凭借滑台险固，把魏军死死挡在城外，两军一时僵持不下。

刘义真早已从江陵回到了历阳。虽然魏军主攻方向在兖州，不在刘义真的辖区，可刘义真也不敢大意。毕竟魏军这么大阵仗，随时可能侵入司州。如今老大已是皇帝，刘义真打心底里一百个不乐意。若能击退魏军侵扰，在朝野树立威信，刘义真便能凭借此功，在父亲驾崩后维持自己的地位，至少让那个对自己满是恨意的新皇帝不敢对自己如何。荆州一行，刘义真已说服刘义隆支持自己。待击退魏军，刘义真便可挟大胜余威，拥荆、豫大军，威慑建康。到那时，自保无虞，从老大手中抢夺帝位也不是不可能的事了。

然而，刘义真算计虽好，现实却远没有他想的那么简单。

当初在关中时，毛德祖作为王镇恶部将，属刘义真统辖。可王镇恶的枉死、混乱的关中，让毛德祖对刘义真并不敬服。青泥惨败，刘义真在段宏的保护下孤身南逃。毛德祖则引着残兵一路东退，又在蒲阪再次被魏军击溃，一直逃到彭城才算稳住阵脚，当真狼狈至极。毛德祖也算一员宿将，何曾败得这样丢人过？故而毛德祖对刘义真可是怨恨至极。毛德祖奉命镇守虎牢以来，刘义真又被授命都督南豫、豫、雍、司、秦、并六州军事，毛德祖再次成为刘义真的部将。可毛德祖对刘义真全不理会，司州的事从来没向刘义真通禀过一回。就连派兵驰援滑台这样的大事，别说请命历阳，事后就连军牒都懒得送来，刘义真还是从豫州刺史刘粹那里听来的。

刘义真虽然知道滑台的重要，可那边自有南兖州刺史檀道济去操心，就算军情紧急，毛德祖不得不派兵驰援，可这么大的事，给刘义真说都不说一声，未免太不把刘义真放在眼里了。且不说真击退了魏军，这功劳都是毛德祖的，与刘义真没有半分关系，就说毛德祖对刘义真这样的态度，刘义真哪管得住他？放眼刘义真所都督的六州，也就与豫州刘粹有些旧交，好歹还把刘义真当回事，其他数州本就名存实亡，没有多少城池兵马，对刘义真的军令也是时遵时不遵，以至于刘义真真正能管得住的，也就南豫州这点儿守军了。刘义真想用这数千兵马守住辖区，都已难如登天，就更别说主动出击魏军，博取军功了。

刘义真头疼地看着铺得满桌子的军牒、文书，原以为跟着父亲打了这么多年仗，这点儿事算不得什么，可关中的惨败狠狠地扇了刘义真一个巴掌。刘义真倒也放下玩乐之心，好好学了学如何处理军政。可那些琐事千头万绪，哪是一朝一夕就能弄清的？好在刘义真错用了杨鑫、李奎那种废物后，明白了用人的重要，这两年来，在慧琳的辅佐下，他征用了不少能办事的属官。何尚之、范晏虽然都有士族背景，可在江南算不得大门大户，一直不受重用，自征入刘义真将军府后，着实给刘义真帮了大忙。何尚之曾在刘裕手下做事，对筹备粮草军需、调配人马颇有些本事，这才让刘义真从捉襟见肘的南豫州守军中抽调出三千兵马来，以备迎战魏军所用。

兵马好歹有了些，可究竟该如何调派，刘义真就拿不准了。滑台攻防僵持不下，豫州又有司马楚之频繁滋扰，究竟该派兵先去清剿司马楚之，还是继续增兵滑台，刘义真从满桌子的情报中，妄图找出一个法子来，却是苦无良策。

刘义真正愁眉不展，便见慧琳匆匆进来，他忙迎上前去，问道："段宏可有回书？"

慧琳递来一纸书信："王爷先看看吧。"

刘义真大喜，忙接过来观瞧。

"江陵一别，王爷安好！卑职本与魏国久无联系，可王爷既有所需，卑职也便勉强一试。平城有消息传来。崔浩并不赞同拓跋嗣南征，言当年姚兴死，诸子争乱，故而先帝乘机北伐，大获全胜。今江南尚无内乱，伐之难成大功。不若等宋国强臣争权，江南内乱再起，那时派兵南下，便可坐收淮北也。崔浩又谏言拓跋嗣，南人长于守城，当年苻氏攻襄阳，足足一年不能破城。若魏主执意南征，不当以大军苦攻城池。若长久不克，必伤军威，待宋军援兵赶来，魏军士气倦怠，此危道也。不如分兵扫掠州郡，以淮河为限，置军守备，收敛租赋以自强。则洛阳、滑台、虎牢被魏军阻断，使宋军难以救援，不攻自破也。"

段宏曾在魏国为官，在平城颇有些人脉。当年刘裕北伐后秦，便有段宏搜集魏国情报，尤其探知崔浩对战争的预判，使刘裕摸清拓跋嗣的心思，得以全心对付后秦。故而刘义真特意使人去了建康，求段宏为自己打探魏国的消息。如今刘裕驾崩，魏国势大，宋国危急，那些段宏的旧友多半不再与段宏来往，可段宏没有让刘义真失望，还真打探来些有用的消息。

刘义真如获至宝，仔细看了半天。

依刘义真所知，崔浩如今已是拓跋嗣身边当宠的重臣。前不久，又听闻拓跋嗣在崔浩、长孙嵩、奚斤等六人的谏言下，册立长子拓跋焘为皇太子，开始主持朝政，足见拓跋嗣对崔浩的信任。崔浩对魏国南征的见解，是极为重要的情报。从段宏的消息来看，拓跋嗣还是和以往一样，虽然信服崔浩的预判，可还是有他自己的想法，仍然派兵南下。他又不听崔浩之言，使大军强攻滑台，果如崔浩断言，受阻于城外，一时胶着不下。

刘义真看来看去，不禁对崔浩所言"强臣争权"上了心。如今老大继位，徐羡之四人顾命辅政，国家大权皆已把控在这四人手中。且不说老大对自己戒备得很，这四个顾命大臣中，傅亮和檀道济还摸不清心思，可徐羡之和谢晦对自己的态度已是显而易见。刘义真愤愤地骂了一声，暂且将对徐羡之和谢晦的反感搁置一边，毕竟击退魏军才是最为急迫的事情。再看看崔浩给拓跋嗣的谏言，刘义真不由得担心起来，若拓跋嗣真听了崔浩之言，对滑台围而不攻，分兵南下，那么虎牢、洛阳都将是魏军的目标，这可就把手直接伸到刘义真的辖区了。刘义真本就兵少，一旦虎牢、洛阳被魏军截断，别说司州、豫州成了魏国囊中之物，就连南豫州都将再无宁日。

刘义真不禁向慧琳问道："段宏的书信你可看啦？"

慧琳点了点头。刘义真又问道："依你所见，拓跋嗣是否会派兵进入司州？"

慧琳苦着脸，把怀里一堆军牒塞进刘义真的手中，说道："王爷还是再看看这些军牒吧！"

刘义真疑惑地接过，观瞧，才看第一封，便脸色大变。

滑台久攻不破，魏主拓跋嗣怒，深责奚斤出征不利。以太子拓跋焘分兵屯塞上，防备柔然进犯。拓跋嗣亲引大军五万南下。奚斤急攻滑台十日，城破。

滑台居然已被魏军攻破啦？拓跋嗣又亲领大军南征，这可如何是好？刘义真慌乱中打开第二封军牒，越发震惊。

拓跋嗣留任刺史镇守滑台，命奚斤掉转兵马西进，杀奔虎牢。遣黑槊将军于栗磾引兵三千，开赴洛阳。分遣楚兵将军、徐州刺史叔孙建引兵东进，自平原郡渡河，杀入青州、徐州。分遣中领军娥清引兵七千，会同周幾南下，进军碻磝（qiāo áo）。自泰山、高平、金乡以北，皆已陷于魏军之手。

滑台没了，魏军又已经侵入青州、徐州，当初刘裕北伐后燕所得国土，竟已有过半陷落。最让刘义真惊惧的，还是魏军果然如自己所担心的，杀气腾腾地进入了司州。毛德祖派去驰援滑台的三千兵马，终是没能阻挡魏军兵锋，全都战死在了兖州。如今魏军逼近，虎牢还未迎战，便先折了三千步骑。而洛阳仅有王康千余戍卒，如何挡得住魏军精兵？

刘义真不禁又骂了毛德祖一声。魏军都已杀进司州，刘义真才得知消息，未免也太迟了些。刘义真着急地问道:"司州局势现在究竟如何?毛德祖有何应对?建康又有何应对?"

慧琳答道:"魏军开赴司州,司马楚之闹得越发厉害。毛德祖分兵五百戍卫邵陵,分兵二百戍守雍丘,防备司马楚之。"

刘义真骂道:"这点儿兵马能指望什么事?虎牢本就折了三千步骑,毛德祖此时不想着如何挡住奚斤,哪顾得上去管司马楚之?"

慧琳却道:"虽说雍丘已被魏军攻破,可司马楚之还是吃了大亏,仓皇退去。而毛德祖已亲领兵马设伏,数战数捷,杀得奚斤暂时退兵。毛德祖又分兵窦晃,沿河抵御于栗碑,洛阳暂时还算安全。"

刘义真刚才还觉得毛德祖成事不足,败事有余,白白折损兵马,让司州陷入危险当中,谁知毛德祖居然打了胜仗。刘义真不由得酸溜溜的。这样一个宿将,着实有些本事,却又不听奉自己的军令,让刘义真当真不是滋味。

慧琳接着说道:"至于建康,朝廷已拜檀道济为征讨大都督,监征讨诸军事,领兵赶赴彭城。命徐州刺史王仲德屯兵湖陆,青州刺史竺夔镇守东阳,共同抵御魏军。还有,豫州刺史刘粹也已派治中高道瑾引步骑五百进驻项城。"

刘义真满心不悦。徐羡之他们以檀道济为帅迎战魏军,显然是防着自己立下战功,成为他们的大敌。虽说刘义真也知道,自己没那个本事统领三军,可这征讨大都督并非自己,还是让刘义真一肚子不高兴。而刘粹也未向自己通禀一声,便派兵去了项城,就更让刘义真觉得刘粹是和毛德祖一样,不把自己这个顶头上司当回事了。

正这样愁着,就听外面传来一阵笑声。

何尚之、范晏都皱了皱眉头。就见两个四十来岁的儒者一路谈笑,走了进来。

就听其中一人远远叫道:"王爷,难得这么好的天气,不去城外散散心,却窝在府里做些什么?"正是那声名远播的谢玄孙儿谢灵运。

旁边一个唤作颜延之,虽然远没有谢灵运家世显赫,却也和谢灵运一般,写得一手好文章,尤其山水诗词丝毫不逊于谢灵运,故而儒林中将二人并称"颜谢"。

两人关系亲密,时常结伴出游,又自诩才高八斗,足可治国安邦。怎奈两人虽精于诗赋文章,却懒于理会那些纷纷扰扰的事务,先后也做了些官,却大多是甩手掌柜,再加上恃才傲物,让徐羡之很是不满,故而多是让二人做些文笔功夫,却未给予什么重权。两人索性离开了建康，整日游山玩水，倒也快活。刘义真知道谢灵运的家世，有意借重谢灵运以争取谢家支持，故而将谢灵运奉为上宾。颜延之自然也就成了刘义真府中的座上客。

刘义真正为魏军对司州、豫州的进犯头疼不已，哪有什么心思出游？可谢灵运身世显赫，怎好怠慢，他忙迎上前去，拜道："二位先生倒是好兴致，怎奈本王俗务缠身，今日实在没有闲暇作陪了。"

谢灵运笑道："我也听闻拓跋嗣派兵到了司州，动静可当真不小。只是建康有徐羡之那几个把持着，这些军国大事有他们去管便好。王爷担个督六州军事的名头，可算来算去，又督了几路人马？倒不如用这点儿兵马守住南豫州，便是有功无过，又何苦与自己过不去，为司州的事愁眉苦脸的？徐羡之他们既然是顾命大臣，这等抵御外房的事，自当他们去操心。若待他日王爷回了建康执掌大权，我等攀龙附凤，也做个宰相，那时再去鞠躬尽瘁，才算身在其位谋其政。"

谢灵运这事不关己的态度，让刘义真有些不乐意，可也习惯了谢灵运洒脱不羁的性子，就不好去怪他。再说，细细一想谢灵运的话，似乎也有那么几分道理。徐羡之他们显然是在排挤刘义真，无论这是老大的意思，还是徐羡之几人的意思，朝廷根本不想让刘义真建功立业。然而，刘义真想要争夺帝位，必是要做些事业出来的，何况刘义真身兼督六州军事，若真把司州、豫州丢了，也是罪责难逃，必受人弹劾，刘义真岂能给徐羡之他们这个把柄？

刘义真赔笑道："先生说得是。只是魏军来势汹汹，若司州、豫州当真出了事，我这南豫州也免不得遭池鱼之殃。与其那时手忙脚乱，还不如早些做点儿准备。二位先生都是做大事的人物，若本王当真能如先生所言，回建康主持大局，便请二位先生出山做宰相。那时二位先生可别嫌俗务繁杂，推托不干呢！"

二人也不知刘义真是说的玩笑话还是当真的，不由得喜上眉梢，双双说道："王爷待我二人恩厚，若有差遣，我等岂有推托的道理？既然王爷忙得脱不开身，那我二人就先告辞了。"

刘义真忙送道："二位先生请便。若今日有什么新作，回来时可要让本王一睹为快！"

二人笑着答应。瞧见慧琳抱着一堆的文书，谢灵运笑话道："我说慧琳你个出家人，不好好去侍奉佛祖，在这里掺和这些俗务做什么？瞧你灰头土脸的模样，哪里像个世外之人?"

慧琳笑着回敬道:"佛祖本也是世俗之人,尝尽世间艰辛,看透生死轮回,这才一朝得道,修成正果。小僧既在尘世之中,又哪能置身事外?何况身在哪里,哪里便是修行。就连这费神费力的军务,也是在磨炼心性了。"

谢灵运嘿嘿笑着:"好个能说会道的和尚。既然你愿去做这些杂七杂八的烦人事,那便由着你了。我还要与延之游湖,改日得闲,再与你辩一辩佛法。"说着,他便与颜延之转身离去。

范晏撇了撇嘴,嘟囔道:"谢灵运、颜延之,名大于才,眼高手低,哪里是做事的人?莫说宰相,给他们个郡守都不见得称职。魏军兵临城下这样的大事,在他们看来都是无足轻重。看魏军杀到历阳,把刀架在他们的脖子上,看看他们还有没有心思去游山玩水了。"

何尚之也上来劝道:"王爷,谢灵运、颜延之口无遮拦、锋芒过盛,徐羡之对他二人可是反感得很。徐羡之毕竟是宰辅,王爷还是与他二人疏远着些,免得被徐羡之嫉恨。"

刘义真自然知道谢灵运、颜延之的能耐,写诗作赋难逢敌手,可处理军国大事当真稀松得很。只是二人名动士林,刘义真想要夺取帝位,少不得借二人的声名。尤其谢灵运的家族背景,就更是刘义真要争取的对象。当初父亲与刘毅争权,刘毅有谢混辅佐,父亲则重用了谢晦,这才分化了支持刘毅的谢家。父亲打得刘毅几乎没有还手之力,虽然于谋略上高出一头,军事上又有王镇恶这样的将才,却也离不开世族大家的支持。

听到范晏和何尚之对谢灵运二人不满,刘义真叹了一声,说道:"灵运空疏,延之隘薄,可文人骚客,谁没有些坏毛病?"他转又说道,"罢了,先不去管他二人。被他二人一搅,都忘了正事了。檀道济已奉命北上,又有王仲德几人相助,而毛德祖又在虎牢与魏军对峙,大战已迫在眉睫。南豫州现有三千兵马可以调派,若留守历阳,难免失了战机。本王有意派兵北上,不知该派兵去往何处?哪位将军能堪当此任?"

自关中惨败,刘义真也算有了自知之明,这带兵打仗绝非自己所长,何况魏军势大,刘义真也有些惧怕,故而领军北上还是交给别人稳妥些。

慧琳虽处理起政务有些本事,可一个出家人,对军务一窍不通,好在何尚之倒在刘裕手下做过几年参军，远比刘义真和慧琳要多懂一些。南豫州能抽出这些人马已相当不容易，可放眼州郡，还真没有能独当一面的大将。

何尚之思来想去，说道："南豫州缺兵少将，也就龙骧将军沈叔狸还真打过几场仗。"

沈叔狸在北府军中不过无籍籍名之辈，只因关中一战，北府军太多将帅战死他乡，这才让原本没什么名气的将校站到了前面。莫看沈叔狸也姓沈，却和沈林子、沈田子兄弟八竿子打不着，自然远没有他们的本事。刘义真愁眉苦脸，可显然也想不到比沈叔狸更合适的人选。

这时，慧琳说道："王爷，豫州刺史刘粹名义上也属王爷管辖。刘粹好歹是北府军宿将，莫不如使沈叔狸领兵增援，受刘粹调遣。若能击退外敌，自然有王爷的功劳。若是被魏军击败，以刘粹的本事，至少也能保全兵马。"

何尚之、范晏皆是赞同慧琳的意思。

刘义真倒是想撇开其他人，以一己之力击退魏军。可想想魏军的声势，哪是自己这点儿人马撼动得了的？而檀道济担任三军统帅，从现在看来，檀道济是和徐羡之站在一起的，刘义真自然不想把兵马交到檀道济手中去。毛德祖倒是本事不小，却压根儿不买刘义真的账，对比再三，还真只能去靠刘粹了。想想当年在京口，刘粹把自己偷偷逃出建康的事密告给了父亲和二叔，就让刘义真有些不自在。刘粹此人谨慎得很，当年父亲是其顶头上司，刘粹想方设法也要向父亲表忠心，如今刘义符是皇帝，而徐羡之、檀道济几人是顾命大臣，以刘粹的性子，多半是要向着他们了。可挑来选去，刘义真也是无人可用，也只有刘粹还能靠得住些了。

刘义真终是有些无奈，说道："既如此，那便依慧琳所言吧，这就让沈叔狸领兵去豫州吧。"

不觉中，宋魏两国间的战事已延续大半年时光。

檀道济奉命抵达彭城后，仓促集结的兵马也不过万余。待檀道济赶到前线时，兖州已经失陷，魏军兵分两路，一路继续增兵司州，一路侵入青徐。

司州方面，于栗䃅强渡黄河，大破毛德祖部将窦晃，随即拥兵南下，攻破洛阳，王康殉国。魏主遂增派兵马，使奚斤、公孙表合军共攻虎牢。毛德祖当真了得，自城内反掘隧道至敌军身后，亲领死士四百余人突袭魏军，杀敌数百，尽焚敌军攻具而还。魏军没了攻具，面对坚固的虎牢束手无策。奚斤遂留公孙表在虎牢，自己则领步骑三千南下，攻破许昌。毛德祖见城外魏军攻势稍缓，再次领兵出战，魏军措手不及，在毛德祖的攻势下吃了大亏，若非奚斤及时领兵从许昌返回虎牢，只怕公孙表已被毛德祖击溃。毛德祖退回城中后，见城外魏军防备严密，没有可乘之机，遂使离间之计，诓得魏主误以为公孙表欲降宋军而下旨赐死。虽说毛德祖除掉一个强敌，可司州郡县皆已陷落，虎牢已是孤城一座。

青徐方面，叔孙建领步骑三万，所向披靡，青州刺史竺夔只得坚壁清野，全线退守郡府东阳城。叔孙建引军围城，大治攻具，猛攻不休。竺夔在北府军中本也排不上名号，可面对强敌，还真没有堕了北府军的威名。莫看城中仅有不到两千人马，硬是坚守城池数十日之久，城外沟堑都被魏军填平，甚至城墙都在魏军的猛攻下崩塌三十余步。可竺夔硬是领着这点儿兵马，杀得魏军进不得城。

虎牢、东阳双双告急，檀道济兵少，也难分兵驰援。思来想去，以东阳城离得近些，而相较之下，青州紧邻江北，比起司州来，对建康更加重要。檀道济遂与王仲德合兵共救东阳。叔孙建苦攻许久未能破城，见檀道济引兵驰援，而魏军中又生时疫，叔孙建忌惮宋军车阵，不敢继续留在青州，随即焚毁军营辎重，领兵撤还兖州。

青州危机总算得以缓解，可司州的情势越发堪忧。魏主见青州没能得手，遂调了叔孙建增援奚斤，合军共围虎牢，拓跋嗣也亲领兵马来到司州，显然对虎牢志在必得，想拔掉这个钉子，独占司州全境。

刘义真在历阳当真急坏了。虽说刘义真并不喜欢毛德祖，可一旦虎牢失陷，司州全线崩溃，他这个督司州军事的都督脸还往哪里放？好在刘粹还算得力，顶着朝廷的压力，不但没有奉命撤回项城的守兵，还亲领兵马去了项城。刘义真遣去的沈叔狸也派上了用场，被刘粹布防于高桥，既护住了豫州门户，使得魏军不能继续南下，又让魏军忌惮豫州兵马，唯有分兵防备，使得虎牢的攻势稍稍缓解。让刘义真气愤的是，檀道济、王仲德都是北府军大将，当年北伐后秦时，功劳丝毫不逊王镇恶、沈田子，可在逼退青州魏军后，两人止步不前，再也没有了西进的迹象。从这情形来看，竟是要坐视虎牢不管了。

刘义真甚是不解。檀道济、王仲德成名久矣，自己都知道虎牢的重要，他二人岂会不知？却为何不肯向虎牢驰援呢？难道真是他们兵少魏军势大，把他们吓住啦？刘义真仔细一想，似乎察觉出来些什么。

朝廷早就命刘粹撤回项城的兵马,甚至不准沈叔狸进军高桥,压根儿就没有救援虎牢的打算!或许在徐羡之他们的眼中,司州是父亲北伐后秦时所得新土,随着关中失陷,司州地处中原,三面受敌,已经失去了原有的价值。这块鸡肋,与其留兵坚守,耗费钱粮,还不如就这样舍弃了,仅以淮河为界挡住魏军就好。何况檀道济、王仲德已经救下了青州。建康不但有长江天险,还有青州这样一道屏障,自保足矣,就更不在乎司州得失了。至于毛德祖,本为王镇恶部将。王镇恶又是前秦宰相王猛的孙子,在江南无根无基,因争功而与沈田子交恶。父亲当年为了保住关中,为王镇恶正名,可如此一来,便让沈田子坏了名声。沈田子作为北府军的大将,檀道济、王仲德自然与他更亲近些。想想当年关中恩怨,二人自然也就懒得去管毛德祖这个王镇恶的部将了。

刘义真明白了这一点,知道虎牢终究是没的救了。对毛德祖,刘义真虽有些敬佩,可这个家伙不服自己管束,也就怪不得自己不去救他了。司州显然已经保不住了,与其把心思放在那里,还不如想想日后的出路。恰在此时,刘粹趁着魏军忙着围攻虎牢,许昌空虚,一举派兵收复许昌,总算给刘义真这个都督大长脸面。刘义真随即向建康上疏,大肆宣扬刘粹之功,指责檀道济、王仲德畏战不前,向朝廷索取都督兖州、南兖州、青州、徐州军事。

这日,刘义真约了谢灵运、颜延之、慧琳一同出城游玩。虽说虎牢危急,魏军仍猛攻不休,可刘义真看破了建康对司州的态度,自知对虎牢也是无能为力,索性撇开不去管了,且出城游玩,权当散心去了。

几人登上画舫,沿着淮河荡舟游玩。望着连绵不绝的青山,谢灵运、颜延之不由得诗兴大发,连作数首长诗,辞藻华美,韵律激昂。虽说刘义真对读书没多大耐心,却也真喜欢两人的诗词。听着二人抑扬顿挫地唱着诗篇,一时竟忘却了远在虎牢的殊死搏杀,而沉浸在眼前的太平安逸中。

几人玩得兴致正高,远远看见江边来了些人马。就见何尚之面色惨白,把画舫拦了过去。刘义真有些不大高兴,就听何尚之着急说道:"虎牢被魏军攻破了。"

刘义真早已知道虎牢必破无疑,见何尚之着急来寻自己,就知道他是来说这件事的。刘义真心中稍稍一痛。父亲北伐后秦,何其壮哉,收复两都,大涨江东国威。可虎牢这座险关,作为北伐最后的战果,终是丢在了自己的手中。而这场让父亲声威达到顶点,甚至借此夺取了晋室江山的大战,到头来什么都没有剩下,仿若北伐后秦从未发生过一样。刘义真不觉有些对不起父亲。可转念一想，这事岂是自己所能左右，随即把自己的责任推个干净，轻轻哦了一声。

何尚之见刘义真对虎牢失陷的消息居然毫不动容，只当他没听清楚，又重复一遍："虎牢失陷了，毛德祖被擒！"

刘义真看了看何尚之，说道："知道了。"

何尚之一时愣住了，见刘义真转身就要回画舫，忙说道："王爷，有毛德祖参军范道基杀出重围，领着两百残兵逃了回来。王爷还是见一见吧！"

刘义真这才注意到，何尚之后面跟了几个生面孔，一身血袍都还未脱去，显然刚刚回到历阳，便被何尚之领着来见自己了。

刘义真倒不好推托了。想想这范道基居然能在魏军数万大军的围攻下杀出条血路来，还真有些本事。自己正愁无人可用，这范道基还算个人物。他忙走上前去，深深拜道："范将军与众位将士为国远戍边关，着实辛苦，且受本王一拜。本王只恨兵少，不能亲领兵马远赴虎牢，救毛将军脱难，念及此处，当真惭愧至极！"

范道基看着衣着华美的刘义真，再瞥一眼雕梁画栋的画舫，心中生出一阵愤懑。可毛德祖已经被擒，自己这点儿残兵逃了回来，还指望着能得刘义真保全，日后有机会杀回司州，一雪前耻。

范道基强忍着怒火，跪拜道："我等未能守住虎牢，还请王爷责罚！"

刘义真忙上前扶了起来，宽慰道："将军说的哪里的话？虎牢能以孤城死守二百余日，已是国家的功臣。只可惜毛将军没能回来，否则本王必要为毛将军向朝廷请封的。范将军且先宽心，尔等有功于社稷，朝廷也必不会薄待。且在历阳好生休养，待本王为众位请功。"

范道基听刘义真压根儿没提反攻司州的话，不由得失望至极，一时满心的委屈再也忍不住，铁打的汉子硬是大哭起来："王爷，不是我等不肯用心守城，虎牢实在是太惨了！二百余日，没有一天不打仗的。毛将军在虎牢连筑三重内城，在魏军没日没夜的猛攻下，仅剩最后一重。即使如此，我等也无投降之心。城中粮草早已尽了，我们就是啃树皮，也不放一个魏兵进来。怎奈魏军断去城中水源，甚至把虎牢周围暗河都挖穿了，以至于城中最后一口井都断了水。我等杀到最后，口渴至极，伤口都流不出血来了。我们日盼夜盼，等着朝廷援军，可等到最后城破，都没等来一兵一卒哇！"

刘义真臊得满面通红，这才问道："不知魏军攻破虎牢后，可有什么动向？是否已经集结兵马，继续南下啦？"

范道基哭着答道："魏军攻破虎牢，拓跋嗣分兵戍守，又使周幾、娥清镇守枋头，并使司马楚之领着部属迁入汝南、南阳。随后，拓跋嗣便在奚斤陪侍下，领军回了平城。"

刘义真惊喜道："拓跋嗣撤兵啦？魏军已经攻陷司州，声势正盛，为什么就这样撤啦？"

范道基答道："听说是柔然进犯魏境，魏国北方有些不稳。也有人说拓跋嗣生了重病，好像是说寒食散用多了，以致发病，故而不得不退兵。不过依末将来看，虎牢一战，魏军并不轻松，被我们杀死的、病死的，没有一万也有八千。魏军久战疲敝，自然不敢继续南下了。只是我们一路逃回来的时候，听说周幾还是领兵攻破了许昌。"

刘义真初听拓跋嗣病重，不由得惊喜不已。这家伙趁着父亲驾崩讨伐江南，伐丧不祥，当真是报应。可听到许昌再次被魏军攻破，不由得傻了眼。本还指着这一点点小功，向朝廷索取军权，谁知连这点儿战果都没能保住。

刘义真忙问道："许昌真没啦？"

范道基答道："虽然末将没有去许昌，可一路上遇到那边来的败兵，这才知道的。"

刘义真一时沉默不语，盘算着再派人去建康，抢在许昌失陷的消息传到建康前，先要来南充诸州兵权再说。就算徐羡之他们戒备着自己，不可能完全遂了自己心愿，可从司州当前的局势来看，要来一两州军权应对气势汹汹的魏军，也不是不可能的。

正这样想着，却见远远来了一队人马，足有数百之众。刘义真有些诧异，不知何处来的兵马。待到近了，才发现竟是尚书令傅亮。

作为顾命大臣，傅亮竟会亲来历阳，究竟是怎么回事？难道说自己对檀道济的弹劾，让建康下不来台，又因刘粹收复许昌，势头压过了徐羡之他们，故而才让傅亮前来劳军安抚？刘义真不由得一阵欣喜，若真是如此，看来自己向朝廷所求的诸州军权是大有指望了。

刘义真忙让何尚之先把范道基几人带去一旁，免得让傅亮瞧见了。他这才匆匆迎上前去，轻轻一拜："本王不知尚书令来了历阳，未能远迎，还请尚书令勿怪！"

傅亮冷冷地瞧了一眼画舫。谢灵运、颜延之根本不把傅亮放在眼里，依旧在船上饮酒论道，时不时传来笑声。

傅亮说道："朝廷有旨，且请庐陵王把谢灵运、颜延之也叫来吧。"

刘义真欣喜。看来徐羡之几人终是向自己低了头，不但为自己加授州郡军权，对谢灵运、颜延之这两个得罪过他们的人，也要加拜官爵了。刘义真忙使人请了两人下船，来到近前。

谢灵运、颜延之装模作样拜了一拜。傅亮这才请出圣旨，宣奏道："谢灵运、颜延之，才绝古今，名贯东西，朝廷用人之际，且拜灵运为永嘉太守，延之为始安太守，务要保境安民，不负圣恩。即日赴任，不得延误。"

谢灵运、颜延之撇了撇嘴，对一个太守显然放不到眼里，可朝廷已经下了旨，两人也不好直接推辞，好歹也要给朝廷留些脸面去上一遭的，双双拜谢。

刘义真突然有些警觉起来。傅亮一来，就把谢灵运和颜延之两人调离了南豫州，似是隐隐针对自己。他狐疑地看着傅亮，便听他继续宣旨道："庐陵王义真，枉负国恩，不思尽忠，亡失境土，仍不知悔过，目无尊上，所求无度。即日免义真车骑将军、开府仪同三司，南豫州刺史，都督南豫、豫、雍、司、秦、并六州诸军事，废庐陵王爵，贬为庶人，徙新安郡且思己过。即日起行，敢有延误，以谋逆论处！"

刘义真一下子惊呆了。

魏军刚刚退兵，也不知是老大的意思，还是徐羡之几人的意思，就急不可待要对自己下手了。历阳本就兵少，沈叔狸所领三千兵马没有还师，傅亮突然出现，显然是蓄谋已久，趁着历阳没有反抗之力，对刘义真下手。这下可真打乱了刘义真所有的设想。

刘义真有些愤怒，骂道："徐羡之与尔等共监国事，兵马钱粮全攥在尔等手中，这亡失境土不追究尔等罪责，倒是好意思来责问我这个空头将军来！"

傅亮哼了一声，说道："我等自知有罪，已向朝廷请辞官爵，怎奈天子执意挽留，这才以戴罪之身暂持国政。刘义真，你早先便在关中丢城失地，朝廷念你年幼，未予深责。先帝在时，以你为南豫州刺史镇守历阳，本想给你个机会，谁知一而再再而三，洛阳、虎牢、许昌接连失陷，你这都督如何推脱得干净？若再轻饶，你置国家法度于何地？"

刘义真仰天长笑："尔等倒是推个干净。左手给自己上个奏疏，右手又借天子之口挽留，当真演的一出好戏。倒是我成了你们的替罪羊。"

傅亮眼睛一瞪，说道："天子旨意如此，若再敢胡搅蛮缠，你当我真不敢杀你？"

刘义真黯然无语。本想借魏军退兵之机，给自己多谋来些权势，就此向建康施压，以便日后夺取天子大位。谁知自己所想竟是那样幼稚！想当初刘毅能明目张胆向父亲索取西境诸州大权，在于刘毅有光复晋室之功，又文采出众，深得江东士族推崇。父亲忌惮刘毅的势力，不得已一再退让。可自己随侍父亲转战天下十余年，不但没有咫尺之功，更笼络不来多少人脉。好不容易和谢灵运、颜延之走得近些，却让徐羡之早早防备起来。三弟虽与自己有约，可傅亮的突然造访，哪容刘义真有机会向荆州求援？刘义真叹了一声。父亲曾言将门出将，他的谋略天下罕有，可自己这些年把心思尽放在如何与老大争宠上，没有学来父亲半分本事。难道自己真的就是世人所说的那种纨绔子弟，终是一无是处，惹人笑话？

谢灵运、颜延之骂骂咧咧，被傅亮的人强送上了去往永嘉、始安的舟船。看着虎视眈眈的军士，刘义真颓然倒地，任凭那些军士把他押上车马，往新安驶去。

痛失兄长，意外得个帝位

刘义隆近来一直心神不宁。

魏军大举进犯，尽得司州全境和兖州、豫州大部，却因魏主拓跋嗣病危而匆匆撤军。未过多久，北方传来消息，拓跋嗣驾崩，太子拓跋焘即位，而崔浩在拓跋嗣时得罪了太多人，又素来不喜佛道两家，多有不当言论，终被罢官归家。如此一来，魏国对大宋的压力骤减。再说了，魏军这次南征，荆州远离战场，几乎没有受到多大威胁，故而刘义隆心中的不安，与魏国是扯不上关系的。

只是刘义真因司州陷落受到朝廷斥责，已被废去王位，罢黜所有官职，迁往新安闭门思过，当真让刘义隆五味杂陈。刘义隆本还以为二哥又和长安时一样毫无作为，以致司州失陷，只为二哥的不争气而恼怒。可当慧琳从历阳来到江陵，刘义隆才知司州的陷落当真怨不得二哥，不由得为二哥无端受责深深不平。他心中不住担忧，新安远在魏宋边境，难保不是老大想让二哥自生自灭。刘义隆有心上疏为二哥求情，却担心适得其反，让老大越发猜忌二哥。他有心派人去一趟新安，看看二哥的情形，却又怕自己贸然派人过去，难逃老大的监控。

刘义隆的确为二哥担忧不已，可他的焦虑又不仅仅是因为二哥，更不会怕老大借二哥的事牵扯自己。

这些年来，刘义隆是和刘义真走得近些，却也没什么把柄落到老大手里。何况刘义隆镇守西境诸州，文有王昙首、王华，武有到彦之、朱荣子，可谓人才济济，再加上西境诸州太平多年，府库充盈，兵马强盛，远比南豫州实力雄厚，料想老大也不敢像对二哥那样轻易对自己下手。

可老大若想收回荆州，自己肯拱手献出西境吗？刘义隆可没这个念头。父亲还在时，刘义隆或许对权势没有太过上心，可随着父亲驾崩，二哥与老大的裂隙越来越深，刘义隆便不敢舍弃荆州大权了。只因刘义隆越来越相信二哥说过的话，权势面前,从来都是你死我活!刘毅如此,诸葛长民如此,两个废帝司马德宗、司马德文兄弟也是如此。尤其二哥遭贬,越发让刘义隆意识到荆州的重要。

荆州是刘义隆自保的根本,岂能轻易交出?可刘义隆已经听闻,朝廷招了南兖州刺史檀道济、江州刺史王弘回到建康,尤其檀道济是带着兵回去的。如果这些调派都是针对荆州,老大有意派兵西征,自己狠得下心与朝廷大战一场吗?父亲一生立志收复中土,却终难如愿。大宋是父亲所有的心血,若有一日,大宋能吞灭魏、夏,一统中原,也算替父亲圆了旧梦。可江南再次内战,徒费国力不说,也给了外敌再次入侵的良机,刘义隆如何面对父亲在天之灵?

刘义隆已经十八岁了,驻守荆州这些年下来,多了些城府,也有了些处变不惊的本事。然而,二哥身陷险境,建康又有兵马集结,意图不明,老大对自己的态度难以揣测,以至于刘义隆当真心绪难平。

刘义隆有心让慧琳作陪,出城去散散心,可才刚刚出了城门,便听长史王昙首匆匆来报:"尚书令傅亮来了,已进入江陵地界,领着不少人马。"

刘义隆心中一慌。

听慧琳说,当日傅亮到了历阳,趁着沈叔狸兵马未归之际,一举制住了二哥,直接押上车马送去了新安。难不成今日傅亮故技重施,也要对自己下手?以刘义隆对老大的认识,他素来只知玩乐,谁知老大以雷霆手段拿住二哥,已让刘义隆有些吃惊。这才过去多久,便又针对自己,难道说老大过去的不务正业,只是韬光养晦的幌子,直到他掌控大权,才凶性毕露,欲扫清所有对他的威胁?若老大真有这样的才智,过去还真是小瞧了他!

这时,慧琳上前说道:"王爷,要不先回城去吧!把傅亮的兵马拦在外面,招他一人进城,看看他究竟要做什么?"

刘义隆摇了摇头,虽说对傅亮的到来有些慌乱,却很快涌出一股倔劲儿来。老大欺负二哥无兵可用也就罢了,自己掌控荆州大军,傅亮能奈自己如何?他说道:"傅亮乃先帝所托顾命重臣,如此相待,未免无礼。本王问心无愧,岂能授人以柄?朱荣子,点上五百兵将,并招将军府官属随我前去迎候。传命王华留守,城中戒严,无本王手谕,任何人不得进出江陵。"

一行人浩浩荡荡向东进发,不多时,便见一路人马出现在眼前。那队人马远远停了下来,有个持节之人引着百十朝臣迎上前来。

待到近前，那持节之人上前跪拜："微臣傅亮拜见宜都王千岁。"

刘义隆狐疑地望着傅亮。若他真是来对自己不利，就这样来见自己，还真是有些胆识。身边仅有百十朝臣陪同，随行兵马全都留在后面，这样的阵仗不像是来谋图自己的。

刘义隆心中稍宽，拱手相拜："尚书令操劳国事，不胜辛劳，不知有何要事，要亲来江陵？"

傅亮却未起身，答道："微臣奉旨，迎宜都王回建康承继国祚！"

傅亮说罢此话，荆州官属无不吃了一惊，人群中像是炸开锅一样沸腾起来。刘义隆更是难以置信地愣在原地。

过了许久，刘义隆才明白不是自己听错了，疑惑不解地问道："皇兄已奉先帝遗诏，承继帝位。尚书令怎可如此胡言，莫不是欺我年少？"

傅亮正色说道："此事关系大宋国运，微臣纵有天大的胆子，也不敢拿这等事开玩笑。"

刘义隆又问道："若真如你所言。皇兄初登大宝，何故要禅位于本王？你所奉旨意，又是谁的旨意？"

傅亮说道："刘义符昏聩无道，天怒人怨。徐羡之、谢晦、檀道济、王弘与微臣五人，奉皇太后旨意，废刘义符皇帝位，贬作营阳王，迁吴郡自省。亦奉皇太后旨意，特迎宜都王承继大统。"

刚刚静下来的荆州群臣，再次喧闹起来。刘义隆震惊之余，越发狐疑。二叔的生母萧太后被奉为太皇太后，就在二叔病逝不久，萧太后也随之崩逝。傅亮口中所说的皇太后，乃是刘义符生母张氏。打刘义符还是个孩童开始，张太后便苦心钻营，想让刘义符以长子的身份，成为父亲的后继之人。这么多年下来，张太后好不容易盼到刘义符被册封皇太子，又熬到父亲驾崩，刘义符顺利继承皇位。张太后得偿所愿，究竟犯的什么失心疯，竟会废黜她儿子的皇位？自己又与她素无交情，这张太后何故不远万里，要招自己回去继承皇位？

便见傅亮请出诏书，说道："皇太后旨意，宜都王接旨。"

刘义隆虽然依旧疑惑不解，可见傅亮手持圣旨，也只得下车跪听。

便听傅亮宣奏道：

"营阳王义符，居丧无礼，目无先帝，内逢国丧，外有强虏，不知洁身自好，

痛失兄长，意外得个帝位   275

专心社稷，犹与左右狎昵，游戏无度。又于华林园为列肆，不顾天子威仪，沽卖为乐，通宵达旦，游于天渊池，置国事于身后不顾。轻浮浪荡，不胜枚举，诚不宜为天子统御邦国。为天下计，废义符为营阳王，迁吴郡自省。宜都王义隆，先帝三子，自幼聪谨，博学而通达，内秀而外敏。先帝在时，常以义隆陪侍左右，恭谨孝悌，德行谦逊。自为方任以来，保全疆土，震慑外虏，境域太平，百姓安居。素有令望，又多符瑞。宜上顺天命，下应人心，承继大统，为我大宋万世计。"

听罢圣旨，刘义隆只觉不可思议。

圣旨中指责刘义符的那些罪状，并没有让刘义隆觉得意外。先前刘义隆还以为二哥被贬黜是老大的意思，只当老大城府深得可怕。此刻方知老大也被废去帝位，似乎二哥被流放新安，与老大并无关系。如此看来，老大依旧是那个只知玩乐的老大，而圣旨所列罪状，也都与老大平日的德行相符了。只是这些罪状，都算不得什么大事，既未触及国法，又未害国害民，充其量只能说老大行为不端罢了。再说置国事于不顾，有徐羡之四个顾命大臣在，所有的军政大事皆由四人商定，哪有老大插手的机会？老大无事可做，玩心又重，沽卖为乐，游湖消遣，这又碍着太后和徐羡之四人什么事啦？

再说了，魏国大举入侵，夺去大片国土，徐羡之四个顾命大臣，亡失境土都能轻描淡写地赦免，老大这点儿毛病却要被废去帝位，未免太苛责了些。

圣旨说来说去，其实并未说出老大有什么重罪，所有那些罪状都不过是冠冕堂皇的借口罢了。太后身为老大的生母，两人荣辱与共，绝不可能为这些小事废去老大帝位。那么老大被废的幕后之人，便呼之欲出了。唯有徐羡之几个顾命大臣而已。想想先前檀道济与王弘被招进建康，尤其檀道济领兵入京，显然是为控制京城。而王弘虽非顾命，却奉诏去了建康，不过是徐羡之四人虽握重权，却都没有王弘那么大的背景，故而欲借王弘稳住局势罢了。

徐羡之他们究竟想做什么？为什么先废黜二哥的王位，将他流放去新安，如今更是得寸进尺，又废去老大帝位，将他流放去吴郡？他们选择自己承继帝位，究竟又是在图谋什么？

刘义隆有太多的疑惑，对这圣旨久久不发一言。可荆州官属听罢圣旨，无不欢呼雀跃，高呼万岁。这从天而降的天子大位，让刘义隆成为大宋国主，荆州官属都是刘义隆的潜邸之臣，日后岂能少得了富贵？

傅亮笑盈盈地唤了一声，随行官属让出一条通道，天子玉辇缓缓行至面前，金瓜斧钺，天子仪仗，一应俱全。傅亮笑呵呵地说道："微臣且请宜都王接旨，换乘玉辇，早正大位。"说罢，他恭恭敬敬把那圣旨呈到刘义隆面前。

刘义隆恍恍惚惚，对那圣旨只是不接。

傅亮有些尴尬，王昙首忙上前代刘义隆接了。傅亮这才转身取来一物，越发恭敬地献到刘义隆面前："请宜都王恭迎传国玉玺！"

刘义隆心中一震。

那传国玉玺刘义隆只见过一回，就是父亲登基时，自废帝司马德文手中拿过去的。这传国玉玺当真是天下至宝，历经多少朝代，着实离奇得很。刘义隆曾听慧琳说过，这传国玉玺乃是秦始皇一统天下时，以和氏璧所制，丞相李斯亲刻铭文"受命于天，既寿永昌"八字。汉高祖刘邦灭秦，号为传国玉玺，喻义世世传受。待到西汉末年，王莽篡国，强夺玉玺，摔残一角，便以黄金补齐，号为金镶玉。东汉末年，董卓乱京，这玉玺先后经历孙坚、袁术、曹操之手。待曹魏代汉，在这玉玺一肩刻上"大魏受汉传国玺"七字，以示其正统。而三国归晋，这玉玺又落入司马氏手中。其后百年，西晋亡国，这玉玺辗转落入北汉刘曜、赵国石勒、魏国冉闵之手。魏国灭国之际，曾向晋朝求援。那晋将戴施以出兵驰援为条件，骗取传国玉玺送回江南，却又坐视魏国灭国。待到大宋代晋，这传国玉玺辗转六百年，再次回到刘氏手中。

刘义隆看着那传国玉玺都送到了面前，看来徐羡之几人的确是想拥立自己为帝，心中不由得涌出一阵狂喜来。过去刘义隆从未对这皇位有过什么奢望。且不说有老大在那里死死守着皇位，二哥对这皇位也在意得很，出于对二哥的情谊，刘义隆早已答应要助二哥夺取大权。谁知老大被废，二哥又被迁去了新安，这皇位居然平白无故落到了他的头上。试问有谁能对这送到眼前的至高无上的皇权说不？

刘义隆仿若身在梦境一般，都不知是怎么接过了那传国玉玺。打开漆盒，请出玺绶，翠玉滑腻冰凉，感觉无与伦比地美妙，把天下就这样握在手中，让刘义隆不觉一叹。

刘义隆端详许久，这才把玉玺放回漆盒，让王昙首小心收纳。

无论是傅亮随行官属，还是荆州官属，纷纷跪拜，刘义隆竭力压住心中的喜悦，稍稍冷静下来，这才对傅亮躬身一拜，又对群臣说道："本王德轻才薄，忽受大命，战战兢兢，何德何能，得朝廷如此看重。辄当暂归建康，祭拜先帝，与羡之众卿再商此事。"

万岁之声再次回响，刘义隆向傅亮拜道："本王得卿等抬爱，着实难安。兹事体大，还当从长计议。何况荆州事务繁杂，还需本王好生安排。且请尚书令随本王回江陵暂歇。待本王安排了荆州军政，再随尚书令同回建康。"

听刘义隆接下了皇位，傅亮本还一脸笑意，可听到刘义隆说起荆州之事，他脸上有些忐忑，想了半天，这才小心说道："其实荆州事务也无须宜都王忧心。太后已有旨意，拜领军将军谢晦为荆州刺史，都督荆、湘等七州诸军事。待宜都王回建康后，谢晦便要来江陵接管西境了。"

听傅亮这样一说，刘义隆心中咯噔一下。慧琳、王昙首、朱荣子、到彦之众人脸上也都现出一阵异色。

荆州是什么？荆州是大宋的西境，西通巴蜀，北通秦雍，南连交广，东接江湘，不仅位置极为重要，而且富庶太平多年，粮草府库充盈，兵马强盛一时。谁都知道，自东晋在江南建国至今，但凡掌控西境，便能威慑建康。虽说北府军创建之后，对荆州的制衡不小，可荆州对朝廷的威慑远没有消失。徐羡之几人拥立刘义隆为帝，无论作为新的天子，还是荆州现任最高统帅，荆州这样敏感重要的地方，自然应该由刘义隆亲自安排，可徐羡之几人问都没问一声，便借太后之口把荆州交给了谢晦。这究竟是什么意思？

刘义隆从初得皇位的兴奋中一下子警醒过来。无论徐羡之几人究竟打的什么主意，刚刚拥立自己为帝，转手便想把西境重权夺走，显然他们是不想让刘义隆权势太大。刘义隆有些不大高兴，强忍着没有发作，故作笑颜，说道："卿等考虑周到，真是国家栋梁。只是西境与夏、魏接壤，本王去往建康，再等谢晦来到江陵，一来一回，至少月余，荆州重地，岂能一日无人管束？不管怎样，荆州也需安排妥当，才好启程。"

傅亮见刘义隆居然没有因为荆州被夺而动怒，有些惊异。可既然没有因此撕破脸皮，傅亮总算长舒了一口气。何况刘义隆说得也有道理，傅亮欣然应允下来："宜都王说得是，那便客随主便，微臣尊奉宜都王旨意。只是国不可一日无君，宜都王也要尽快动身才是。"

刘义隆点了点头。这时有官属上前进言："宜都王已奉太后旨意承继国祚，虽未登基，却已是天子之尊，江陵便当依制设立行辕，王宫改称皇宫，诸殿改换殿名，江陵诸门也当依建康改换名称。再者，宜都王车驾东行，所属州郡还当筹备辞费，以供宜都王东行所用。"

刘义隆转眼已是皇帝，自有幸进之人上前讨好。刘义隆也没瞧那属官究竟是荆州的还是朝廷的，摆了摆手，说道："本王愧得朝廷任重，诚惶诚恐至极，且国家百废待兴，怎可如此劳师动众，徒增百姓重负？此事休要再提，一概不准。"

说罢，他便让王昙首陪了傅亮同乘一车，自己也未换乘天子御辇，而以慧琳相陪，依旧乘了宜都王车驾，在到彦之、朱荣子的护送下，引着朝廷随行官属兵马，一起回到了江陵城。

待安排好了傅亮及随行官属的起居，刘义隆回到宫室，早早招了王昙首、王华一干人等议事。

留守的王华已经听闻了城外的事情，众人有喜有疑，虽为刘义隆忽然问鼎九五而高兴，却也为徐羡之收回荆州心存忧虑。还没等刘义隆向众人征询意见，便听王华说道："王爷，此事容后再议，且先见见这人吧。"

便见王华引着一个年岁不小的长者进来。长者拱手便拜："草民范泰，参见宜都王千岁。"

刘义隆看着眼生，王昙首却认得此人。

范泰，前国子祭酒。此人出仕甚早，最初乃是谢安的参军。桓玄篡国，范泰遭贬发配丹徒。直到高祖刘裕起兵，征范泰为国子博士。先后也做过不少刘裕的属官，只是大多是度支尚书一类供应军需的官职，故而刘义隆并不认识。自王弘投效刘裕以来，积极筹划以宋代晋之事，时任右卫将军的范泰，被刘裕授予司空，与王弘一起经营此事，故而范泰与王弘关系极为紧密。待刘裕称帝后，拜范泰为金紫光禄大夫，领国子祭酒，总揽国学。虽说范泰没多大的权势，却风光无限。只是年岁已大，在刘义符登基的时候，范泰便告老辞官，赋闲在家。

听王昙首引荐了范泰，刘义隆不敢怠慢。这样一个在谢安时便已做官的长者，又对刘家身负大功，刘义隆哪敢无礼？他一面忙上前拜见，一面不住疑惑，这么大岁数的老爷子，不远万里从建康跑来江陵，究竟所为何事。

却听范泰面有忧色，说道："草民受王江州所托，特来告知宜都王一些秘事。徐羡之使傅亮来江陵，欲迎宜都王回建康承继大统，只是有些事是瞒着没有说的。"

一听范泰是王弘派来江陵的，刘义隆越发疑惑。王弘受徐羡之、傅亮、谢晦之命，去了建康，助他们一同废黜刘义符，稳定局势，却为何要偷偷摸摸派了范泰来找自己呢？莫不是其中有什么蹊跷？

就听范泰接着说道："徐羡之、傅亮、谢晦、檀道济，共废刘义符为营阳王，使其迁往吴郡。只是刘义符前脚刚到吴郡，宿于金昌亭，后脚便有徐羡之的爪牙追了上来。刘义符奋起反抗，终是被人弑杀。"

听闻此言，众人无不惊骇。

虽说废帝往往没有什么好下场，司马德宗、司马德文哪个得以善终，可那都是亡国之君，如今依旧是大宋天下，刘义符虽然被废，仍是皇室贵胄，堂堂的亲王。刘义隆登基之后，能不能容得下刘义符，自有刘义隆来处置，徐羡之天大的胆子，竟然以下犯上，弑杀君王，就算徐羡之是想借此向刘义隆表功，为新主除掉隐患，可也太过跋扈了些。

众人面面相觑，殿上一时静得可怕，刘义隆面色凝重，久久未发一言。

范泰却没有停下话语，接着说道："还有迁居新安的前庐陵王刘义真，也被徐羡之派去使者，毒酒一杯，鸩杀于草庐之中。"

刘义真居然也被徐羡之弑杀，众人有些难以理解。若说徐羡之弑杀废帝刘义符，是讨好刘义隆而为之，那么刘义真已被废为平民，对刘义隆并没有威胁，徐羡之却为何对刘义真也不肯放过呢？徐羡之接连弑杀两个宗室，又打的什么主意？刘义隆还没有回到建康，便已有两个先帝子嗣丢了性命，这无疑让刘义隆的建康之行充满了凶险。

众人本还为刘义隆陡然成为天子而高兴，此时全都苦起脸来，却不知刘义隆心中已是翻江倒海一般。

老大的枉死，刘义隆虽有些伤感，可更多的还是对徐羡之如此作为的疑惑。对二哥的死，刘义隆却当真是撕心裂肺一般，痛得几乎喘不上气来。

二哥死啦？二哥居然就这样不明不白地死啦？

刘义隆自幼与刘义真感情深厚。当年四岁的刘义隆被丢去镇守京口，刘义真不顾性命跑去陪伴，足见刘义真对刘义隆的关爱。正因兄弟情深，在刘义真向刘义隆相求共谋国事时，刘义隆明知凶险至极，还是答应助刘义真夺取皇位。往日的一幕幕画面，在刘义隆眼前飞逝，无不是刘义真的音容笑貌。虽说刘义真性子顽劣，可对刘义隆来说，二哥就是二哥，与才情无关，与权势无关。如今刘义真魂归幽冥，刘义隆居然连与他道别都不成，如何不伤心欲绝？

众人还在为徐羡之弑杀刘义符、刘义真猜度不已，忽听一声凄厉的哭声响了起来，便见刘义隆哭得上气不接下气，几乎要昏厥过去。

众人吓了一跳，这才想起在权势之外，刘义隆与刘义真的兄弟情义非比寻常。他们忙争相上前，你一言我一语小心开解，抚胸拍背，推拿经络，免得刘义隆忽闻噩耗，伤心至极，背过气去。

刘义隆哭了许久，哀声连连，嗓子哑得都咳出血丝来。慧琳吓了一跳，忙使人热了碗参汤，掐着刘义隆的鼻子，一股脑儿灌了进去。辛辣的参汤，顺着喉咙倾泻而下，刺激得刘义隆一身冷汗，这才猛然醒了过来。

刘义隆啜泣中，渐渐回过神来。众人扶着刘义隆坐下，便听王华说道："宜都王节哀。逝者已矣，这般痛哭，除了作践自己，又有何用？徐羡之弑杀亲王，其心难测，回建康之事，务要慎重。"

众人在得知刘义符、刘义真的死讯后，都已生出退意。离开荆州，便离开了自己的地盘，何况徐羡之已使谢晦来接管荆州，若众人随刘义隆一起回到建康，无异于羊入虎口，受制于人，生死富贵全都握在了徐羡之的手里。再说徐羡之先后弑杀刘义符、刘义真，难保没有篡国自立的打算，虽借太后旨意，请刘义隆去建康即位，指不定是拿刘义隆做个傀儡，待徐羡之羽翼丰满，刘义隆的帝位又能有多长久？一时，他们纷纷劝谏刘义隆，万不可再去建康。

刘义隆听了王华的话，此时已顾不上为刘义真痛心了。就听王华向范泰问道："范老先生，你可知道究竟是谁要杀营阳、庐陵二王？是徐羡之一个人的意思，还是说谢晦、傅亮、檀道济都有这个想法？"

范泰答道："我有一故交，乃是傅亮属官。傅亮来江陵前，徐羡之便已与傅亮谋划弑杀二王。我那故交便向傅亮劝谏，称营阳王被贬在吴，当厚加供奉，万不可有什么差池，否则以傅亮的家世，背负弑主之名，如何还在江南立足？傅亮闻听此言，面色大变，遣人回建康劝阻徐羡之。谁知徐羡之依旧诛杀了二王。至于谢晦、檀道济有没有参与此事，就不得而知了。"

王华听范泰这样一说，对刘义隆说道："王爷，以下官来看，先帝有大功于天下，四海宾服。虽然营阳王行为不端，被徐羡之废去帝位，可人心依旧归于大宋。

痛失兄长，意外得个帝位　281

徐羡之中才寒士，傅亮布衣出身，皆是得先帝任重，才得以掌控国运。然二人纵能权倾朝野，却根基不深，远无司马懿、王敦这等篡国重臣的势力。故而依我来看，徐羡之、傅亮绝无废主自立之心。徐羡之急于弑杀营阳王，也是因他在朝中势单力薄，唯恐有不满之人拥营阳王为主，与他为敌。傅亮在留不留营阳王活命上拿不准主意，可徐羡之不想节外生枝，索性斩草除根。至于继任大位的人选，徐羡之他们舍弃顺位的庐陵王不用，在于庐陵王性情刚毅，徐羡之哪管得住他？故而早早以司州陷落为借口，将庐陵王废黜。如今徐羡之以王爷为主，皆因王爷宽睿仁慈，少与人争之故。拥王爷承继大统，徐羡之便可继续独断朝纲，而王爷唯有仰他鼻息了。怎奈庐陵王与王爷情谊深厚，徐羡之若是留着庐陵王活命，难保王爷即位后不会念着旧情，征召庐陵王还朝。故而徐羡之才会先下手为强，早早除掉庐陵王这个隐患。"

听王华这样一说，刘义真的死竟与自己也有些关系，刘义隆再次伤心起来，继而变得万分不安。徐羡之弑杀刘义符，并非是向自己表功。而杀害刘义真，拥立自己为帝，也如众人猜测那般，徐羡之不过想找个听话的皇帝而已。

众人本就对去建康打了退堂鼓，此时越发觉得建康之行凶险至极，再次劝谏刘义隆，还是辞谢太后圣旨，留在江陵的好。

谁知王华道："不然！下官劝宜都王慎重，绝非不去建康，只是要小心应对罢了。徐羡之为了自固权势，做了这么多事，越发显得心虚。这四个顾命大臣，再加上刚刚被徐羡之招去建康的王弘，五人皆掌大权，相互之间未必就是同心。先说我家兄长王弘，能遣范老先生来江陵，足见他不愿与徐羡之这等奸党搅到一起。再说谢晦出身名门，徐羡之、傅亮却出身寒微，两人担心被人夺走权势，只怕他们最担心的还是谢晦了。谢晦本就是江南大族，资历又远比他们深，徐羡之以谢晦接管荆州，一来削弱王爷权势，二来以荆州为外援，助他们稳固京师权柄，三来未必没有把谢晦从建康挤出去的意思。至于檀道济，以我对他的了解，比起朝中的蝇营狗苟，想他更在乎的是领兵打仗。或许檀道济会在徐羡之的说服下，也知道营阳王难为明君，故而领兵入京，助徐羡之行废立之事。可若是说弑杀旧主，只怕檀道济做不出这样的事来。刚才范老先生不也说了，弑杀二王，徐羡之、傅亮难辞其咎，可谢晦、檀道济多半不知此事。其实别说谢晦和檀道济，徐羡之与傅亮之间未必都是一条心的。从傅亮遣人劝阻徐羡之弑主来看，便知傅亮还是想留条后路的。"

刘义隆本就因刘义真的死对徐羡之恨之入骨，也不愿大宋江山就这样落到外人手中，故而明知建康凶险，还是很想去的。此时听了王华的话，知道徐羡之几人并非铁板一块，他总算打消了顾虑，说道："王司马之言有理！徐羡之、傅亮身负遗命，却背弃先帝重托，天下岂能相容？且功臣旧将尚在，岂会坐视徐羡之、傅亮鱼肉大宋？今荆州兵强马壮，足以扼制扬州，又何惧徐、傅？本王心意已决，择日便去建康！"

王昙首见刘义隆下定决心，也上前说道："徐羡之以太后旨意拥立王爷，又献上传国玉玺，此皆天人符应。王爷承继大位，名正言顺，不如驱兵随行护卫，既能震慑徐羡之，不让他小瞧了王爷，又能以兵马自保，免得徐羡之对王爷不利。"

刘义隆点头认可，对到彦之说道："本王欲以将军为前驱，引兵进发建康，不知将军可敢一行？"

谁知到彦之拜道："末将久随王爷，岂有不敢的道理？只是兵胁建康，以末将看来，终是有些不妥。徐羡之并无反状，以大军压境，反倒让他生出嫌隙来。若逼反了徐羡之，难免一场恶战。王爷虽有圣旨玉玺，可太后尚在建康，徐羡之矫太后旨意诬蔑王爷谋反，这胜负也就在两可之间。莫不如以数百兵马护卫，自保足矣。先稳住徐羡之，待王爷承继大位，名正言顺，那时再招末将入京，看他徐羡之还能如何？"

王华也说道："到将军言之有理。荆州实力雄厚，虽说徐羡之以谢晦来江陵，可王爷岂能就这样拱手相让？何况王爷到建康即位，也需有州郡兵马为外援。雍州地处荆州之北，刺史刚刚病逝，莫不如以到将军代行刺史，镇守襄阳。就算谢晦到了江陵，也有到将军在他身后扼制。至于江陵，微臣自请留守，能拖住一日便是一日。只要王爷即位前，这荆州还没有交到谢晦手中，那徐羡之就不敢对王爷如何。待王爷登基称帝，就算徐羡之、傅亮依旧手握重权，可王爷已是天子之尊，那时征召官属也好，委任刺史也好，徐、傅二人岂能绕开王爷？那时就算王爷把谢晦强留在建康，不把荆州交给他们，徐、傅也不见得能拗过王爷了。"

刘义隆想了又想，说道："王司马、到将军思谋详熟，那荆州就拜托二位了。"说罢，他深深一拜。

王华、到彦之赶忙回拜，就听刘义隆说道："事不宜迟，到将军隔日便去雍州吧！待你赴任，本王也该启程东行了。众位爱卿，可有人愿随本王同去建康？"

慧琳、王昙首、朱荣子早早请命，其余官属虽知建康危机重重，可只要荆州在手，此去建康便有了搏上一搏的筹码，富贵险中求，能助刘义隆顺利接管天下，日后必能飞黄腾达，一时纷纷上前请命。

刘义隆满意地点了点头："启程之日，本王还要再会一会这尚书令大人呢！"

数日之后，伴驾东行的队伍已经集结在江陵城外，傅亮长舒了一口气，总算顺利完成了使命，宜都王已依旨准备出发了。

这几日来，宜都王在西境诸州官属任命上动了不少心思，很多紧要位置都替换了人选，尤其以到彦之代行雍州刺史，以王华督江陵总留事。傅亮不由得对宜都王刮目相看。这宜都王倒也聪慧，此去建康心存顾虑，想在谢晦来荆州前，紧紧抓住荆州命脉，看来还是想把荆州握在自己手中。

对宜都王的谨慎，傅亮左右为难。

扪心自问，傅亮久受刘裕大恩，也是一心想要报效国家的。可想要在主少国疑的时候做出一番事业，便要像霍光那样手握重权。何况傅亮也知道自己出身不高，需时刻提防那些心存嫉妒的政敌把自己挤出朝堂。故而在这一点上，傅亮与徐羡之可谓志同道合，为求实现一身抱负，最重要的是先保证自己的权势无人撼动。他这才与徐羡之同进同退，所有有威胁的人，都设法除去。对废黜刘义符、刘义真这两个无才无德的宗室，转而拥立宜都王为主，傅亮自认和徐羡之是出于公心的，是为大宋社稷着想的。可徐羡之不顾自己劝阻，执意杀了二王，就让这一切都变了味道。

宜都王在离开荆州前的任命，显然是有所针对的。二王被杀这样的大事，岂是想瞒就能瞒得住的？只怕宜都王已经得到了消息，这才在荆州留了后手以求自保。傅亮有苦难言，当真骑虎难下。

宜都王还未即位，就已对建康满心戒备，这是傅亮最不愿看到的。可事已至此，傅亮已没有了退路。徐羡之已杀二王，又矫称太后之意传旨宜都王承继大统，为表诚意，还献上了传国玉玺。如今万事俱备，若因宜都王对顾命大臣心生芥蒂，就此废黜了他，只怕大宋不乱也要乱了。连害三王，试问还有哪个宗室敢去建康承继大统？这烂摊子还如何收场？故而傅亮只能硬着头皮，先确保宜都王去了建康再说。相信以自己和徐羡之对大宋的忠心，迟早会被宜都王理解。只是在那之前，绝不可让宜都王继续把持荆州大权，威胁自己和徐羡之。

得知宜都王在荆州上下的任命后，傅亮也没有一日消停。在宜都王留任的官属身边，傅亮没少借辅政之权安插亲信。尤其到彦之、王华二人，更是派人悉心结好，以求分化宜都王在荆州的势力。

傅亮见时辰已经差不多了，持节迎到王驾前，拜道："吉时已到，臣请宜都王换乘天子玉辇，起驾东行！"

却听刘义隆笑了笑，说道："不急！不急！本王还未即位，乘坐天子玉辇未免僭越，还是乘坐王驾稳妥些。"

傅亮请了又请，刘义隆只是不允，无奈只得作罢。正想请命起行，就听刘义隆忽然问道："尚书令，本王听到些风言风语，不知是否属实，还请尚书令赐教！"

傅亮隐隐有些不安，说道："宜都王言重了，微臣知无不言。"

刘义隆忽而变得严厉起来，正色问道："本王听闻营阳、庐陵二王皆已薨逝，不知可有此事？"

此言一出，立刻引得一片哗然。虽已有不少人知道二王被弑之事，可也有不少人还蒙在鼓里。听刘义隆当众质问傅亮，多半能猜个大概。二王先后被废，却又壮年早逝，死得如此蹊跷，思来想去，也多是傅亮几人所为。一时之间，无论是荆州官属，还是建康朝臣，全都议论纷纷。

傅亮心中一紧，宜都王果然已经知道了此事。这时在大庭广众下问了出来，当真让傅亮颜面扫地。毕竟以下犯上弑杀旧主，不是为臣之道。

傅亮扑通跪倒在地，小心答道："确有此事。"

就听刘义隆哇的一声大哭起来。刘义隆本就对刘义真之死痛彻心扉，此时把心中的哀痛一股脑儿全都宣泄出来，当真哭得肝肠寸断，催人泪下。直哭得在场官属军士无不恻然，直为刘义隆对两位兄长的情谊而感叹。直哭得傅亮心惊肉跳，话都不知该怎么说了。

慧琳、王昙首忙在一旁劝慰，过了许久，刘义隆才稍稍止住哭声，呜咽说道："本王与二位兄长情谊深厚，分别才几年，竟已阴阳永隔，怎叫本王不伤心欲绝！那日尚书令宣旨也未细说，且请尚书令讲一讲二位兄长废黜本末，也说一说二位兄长究竟是怎么死的！"

这样隐秘的事，岂能轻易讲给别人听。傅亮有心不说，可刘义隆这样一问，所有人都向傅亮投来异样的目光，就连建康朝臣对傅亮都避而远之，免得让人以为他们也参与了此事。傅亮一肚子苦水，可若是不说，他真的就成了为保权势而弑主谋私的奸佞了。朱荣子持刀立在刘义隆身侧，正恶狠狠地盯着自己，若是不说，瞧他那凶神恶煞的模样，难保不会动手杀了自己。

傅亮冷汗淋漓，头都不敢抬一下，心中暗自叫苦，当真大意了。

原以为宜都王一个十八岁的少年，平日都是恭谨谦逊的模样，哪承想也有这样雷厉风行的时候。他也未多加提防，此时孤身一人见驾，没带半个护卫在身边。眼见有性命之忧，傅亮只能小心说道："庐陵王身负督司州重任，坐视虎牢、洛阳相继陷落，亡失境土，罪责不轻，故而微臣奉营阳王旨意亲往历阳责问。庐陵王丢城失地，犹不知自省，仍与谢灵运、颜延之泛舟戏水，当真不知轻重，微臣宣营阳王旨意，罢去庐陵王官爵，贬去了新安。"

刘义隆却是苦笑一声，说道："尚书令说庐陵王坐视司州落入魏军之手。可本王怎么听说南豫州兵微将寡，即使如此，庐陵王仍派沈叔狸领兵三千，助刘粹一起北上？若非沈叔狸、刘粹在高桥、项城布防，只怕丢掉的可就不止司州了吧？豫州、南豫州能不能保住都不好说。司州陷落又怎么怪得了庐陵王呢？倒是尚书令几人，身负顾命重任，司州、兖州、青州先后陷落，依旧官运亨通呢！"

傅亮臊得满面通红，解释道："臣等自知有罪，向朝廷请辞，怎奈营阳王念着臣等旧功，未予惩治！"可话才说完，傅亮便觉不妥。虽说先请辞后驳回，不过是自导自演的把戏，可明面上还是刘义符饶了几个顾命大臣。可这几个臣子反过来就废黜了刘义符，实在是忘恩负义了。

果然就听刘义隆追问道："庐陵王暂且不提，营阳王又是为何被废？"

傅亮不敢大意，谨慎答道："营阳王自登基以来，整日只知玩乐，就连为先帝守灵都心不在焉，时不时从灵堂偷摸出去，和他身边那些幸进佞臣玩得不亦乐乎。边境告急、两国交兵，朝里朝外忙得天翻地覆，营阳王却嫌烦闷，对这些国家大事理都不理。华林园乃是朝政议事所在，营阳王却在园里张罗集市，买卖酒肉，以此为乐。臣等商议许久，终是觉得国家万不可交在这样一个昏君手中。这才为天下计，请旨太后，废去营阳王帝位。为保建康平稳，便招檀道济引兵入京以备不测，又招王弘到了建康，稳住世族、百姓人心。总算天佑大宋，此事倒也顺利，建康没生出什么乱子来。可气那营阳王，到了此时，还大醉不醒，臣等只得把他抬出龙舟，送去东宫监管起来。"

刘义隆听着傅亮义正词严地说着刘义符的荒唐事。傅亮把刘义符说得越是不堪，就越显得他们如何忠君爱国。刘义隆听他说完，却是厉声问道："纵然营阳、庐陵二王不堪其位，可也罪不至死，却为何先后被人害于居所？"

傅亮心慌神乱，纵有天大的理由，以臣弑君都是大罪。此时哪敢乱说，只是不住叩头。待刘义隆问得急了，知道再也回避不开此事，他只能撇清自己关系，颤抖说道："此事微臣着实不知，宜都王还是问问徐羡之吧！"

刘义隆满意地点了点头。当众质问傅亮，一来让这个以能臣自居的人丢尽脸面，给他个下马威。二来让所有人知道徐羡之几人弑杀旧主的罪行。三来让傅亮当众把此事推给徐羡之，自会有人偷偷说给徐羡之听，也让这两人之间的矛盾更深了。

刘义隆叹了一声，说道："罢了，本王虽痛心二位兄长无端受难，可也知国事为先，怨不得卿等。此事就此作罢，永不再提。"他使朱荣子上前扶起了傅亮，这才说道，"时候不早了，这便起行吧！"

说完，他一声令下，车马却未东行，转而向北去了江边。待到了渡口，便见早已备好了舟船。

刘义隆弃车登船，仅有荆州官属卫士上了旗舰。傅亮有心上去陪同，却见朱荣子恶狠狠地瞪了一眼。傅亮刚刚退去的冷汗，一下子又冒了出来。

傅亮叫了声苦，这才与随行的官属兵马上了后面的船队。望着前面刘义隆的龙舟，傅亮暗叹一声："这宜都王倒是果真机敏聪慧，必是一代明君。以他取代刘义符，对大宋的确是一件幸事。"只是对自己和徐羡之而言，这究竟是福是祸？

抽丝剥茧

刘义隆得朝廷旨意，自江陵出发前往建康承继帝位。还未出行，便知刘义符、刘义真被人弑杀之事，不由得让东行笼上一层阴云。好在有王华、到彦之谋划，刘义隆在荆州提前安插亲信，以免大权旁落，又在慧琳、王昙首、朱荣子一干属官的护卫下，弃车马不用，转乘舟船走水路去建康。一路上倒也安稳，有朱荣子护在旗舰，傅亮及其属官数次想来拜见，全都被挡在外面。

待进了扬州境内，徐羡之早已亲领朝中百官在新亭迎候王驾，谢晦、檀道济、王弘一干重臣全都随行。刘义隆这才露了面，对徐羡之众人好生嘉勉安抚，赞其罢黜昏君的护国之功。

按说傅亮应该早已传书徐羡之，让他知道刘义隆已经获悉二王被弑之事，且在荆州做了诸多安排，并已对徐羡之心生戒备。然而徐羡之恭敬至极，对此提都未提，甚至让谢晦去荆州赴任的事都没说一声，让刘义隆当真有些意外。

在迎候的朝中百官的随行下，刘义隆并未急着进建康城，先去了初宁陵，哭祭父亲一场，以解当日未能床前尽孝之憾，也让建康百官看到了刘义隆的孝义和礼数，不由得对这个新主满是期待。随后刘义隆才在一行人的拥护下，风风光光回到京城。

刘义隆本以为徐羡之得了傅亮密报后，对拥立自己即位会生出悔意，怎么也要耽搁些时日，也好在朝里朝外多做些手脚，再提登基之事。谁知刘义隆进了建康城的当日，才进到皇宫止于中堂，徐羡之便引百官跪请刘义隆早正大位。刘义隆在狐疑中推让再三，可徐羡之众人死活就是不肯起身。刘义隆这才安心转乘天子法驾，登太极前殿即位，改元元嘉，大赦天下。

这一切真的太过顺利了，顺利得让刘义隆有些难以置信。难道说自己错怪了徐羡之？此人当真是忠君爱国之人，所做的一切都是为了社稷着想？

刘义隆不敢确信,为了试探徐羡之,在登基之后,除了赏赐文武,爵位各进二等,下的第一道旨意便是恢复刘义真的庐陵王封号,迎其灵柩还建康,葬于初宁陵陪伴父亲,又迎刘义真母亲孙氏、妻子谢氏回到京城好生供养。

刘义隆这样做,一来是感念和二哥的情谊,为他做些身后之事,二来也是借此看看徐羡之会有何应对。按说徐羡之废杀刘义真,而刘义隆为刘义真昭雪,这无疑让徐羡之难堪至极。刘义隆使王昙首拟好旨意送去中书台审阅时,原以为徐羡之必会驳回此事,谁知徐羡之竟然毫不阻拦,转手批去尚书台。傅亮自然也没有反对,这诏书居然就这样昭告天下了。

刘义真的灵柩回到建康当日,刘义隆亲往拜祭,慧琳、王昙首自然随行,朱荣子也领兵护卫。让刘义隆越发意外的是,徐羡之众人居然放下手头的大事,全都出城陪祭。刘义隆一面为二哥哭得伤心欲绝,亲眼看着刘义真的灵柩葬在陪陵,一面仔细盯着徐羡之众人,指望能从他们的脸上瞧出些什么。可徐羡之不露悲喜,恭恭敬敬地候在那里,该哭的时候哭,该拜的时候拜,仿若躺在灵柩里的那个少年不是他谋害的一般。

回到皇宫后,刘义隆疲惫地倚在榻上,王昙首和慧琳也都是一脸愁容。徐羡之的表现,一点儿也不像个把持朝政的权臣,这反而让刘义隆琢磨不透他的心思。

到建康已快一个月了,徐羡之众人有策立之功,早该厚加封赏,以示皇恩浩荡。刘义隆一直拖着没办,就是想摸清徐羡之的心思后再予封拜,免得徐羡之本就大权在握,若再加授权势,只怕越发难以扼制。可徐羡之恭敬有礼,让刘义隆实在挑不出什么毛病来。

其实,徐羡之几人本就有辅政大权,以策立之功,他们完全可以自行拟旨,给自己加官晋爵,只需最后给刘义隆说一声就好,可他们偏偏没有这样做,显然是在等刘义隆主动开口。徐羡之把这个难题抛给刘义隆,是想借刘义隆之口,让天下人知道,他们废主改立天子,是名正言顺的。

王昙首说道:"陛下,朝中百官皆得赏赐,唯独徐羡之五人至今没有封拜,这事再拖下去,只怕不太妥当了。"

刘义隆叹了一声,说道:"也罢,便进位徐羡之为司徒吧!反正他本就大权在握,位列三公,从司空转任司徒,官升一级,可权势也没大上多少,算是给他一个交代吧!"

紧接着，他又说道："空出来的司空，便由王弘接任吧！至于江州刺史，仍由王弘兼任。"

王弘是刘裕称帝的首功，对大宋的功绩绝不在徐羡之几人之下，只是因为太过活跃，招了不少骂名，刘裕称帝后，为堵住悠悠之口，只能拜王弘为江州刺史，让他离开了建康。王弘也算官运亨通，挂了个卫将军的头衔，开府仪同三司，只是仍留在江州，不能回到京城。直到徐羡之谋划废立之事，才想起借王弘的势力稳住局面，招王弘到了建康。

王弘这些年来可以说一直被徐羡之压制，身负大功却苦不得志，王弘心中，岂能愿意？从王弘密使范泰偷偷去江陵，密告二王被害之事，便知王弘对徐羡之必然心存不满。王弘的弟弟王昙首、族弟王华皆是刘义隆的心腹重臣，故而刘义隆对王弘爱屋及乌地亲近起来。王弘身负大功，正好可以借他来制衡徐羡之。

听刘义隆以王弘为司空，而江州大权仍握在王弘手中，如此一来，王弘权势不减，又能留在京城，自然前程似锦。王昙首大喜，忙拜谢道："微臣代兄长叩谢陛下隆恩。"

刘义隆勉励几句，接着说道："至于王弘卸任的卫将军，掌管宫中禁卫，是个紧要的差事。朕入京以来，徐羡之明面上没有异样，可谁知他心里在琢磨什么？此人不可不防！宫中禁卫关系重大，绝不可授之他人。可这样一个敏感的位置，朕知它的重要，徐羡之他们何尝不知？故而朕有意以谢晦接任卫将军。"

慧琳劝道："谢晦虽与徐羡之、傅亮有些隔阂，可身为顾命大臣，谢晦曾与徐、傅共谋废立之事，其心难测，若以谢晦为卫将军，岂不是把宫中禁卫交给了他们？陛下初来建康，宫中禁卫还是握在自己手中最为妥当。"

刘义隆说道："朕自然知道，可若是急于掌控宫卫，只怕徐羡之他们可不会答应的。"

沉思许久，他说道："朕这些日一直在想此事。徐羡之、傅亮早已拜谢晦为荆州刺史，都督西境诸州，本来他早就该去荆州赴任了，可至今都没提这事。虽说朕已在西境留了王华、到彦之一干人等，谢晦想在荆州只手遮天绝不容易，可有朝廷旨意傍身，王华、到彦之只能牵制谢晦，却不可能压住谢晦。以朕这些日来猜度，谢晦还没有去荆州，不是怕了王华、到彦之，多是徐羡之他们在等朕的表态。建康越是波澜不惊，越是危险。若朕至今仍握着荆州不放，只怕徐羡之他们就要在京城做些文章了。如今朕已即位,已无须用荆州威慑建康,倒不如顺水推舟,把荆州让给他们。加拜谢晦为卫将军后,朕有意以昙首为侍中、右卫将军。谢晦要去荆州赴任,虽挂个卫将军的头衔,可宫中禁卫不可能由他亲自统领。昙首便能以右卫将军的身份,名正言顺成为宫卫的实际掌控之人。这样,既能把宫中禁卫捏在朕的手中,徐羡之他们也挑不出什么毛病来。"

王昙首赶忙谢恩,慧琳会意,点了点头:"先以谢晦为卫将军,昙首为副职,而后使谢晦离开建康,徐羡之他们就算后悔也来不及了。"转又问道:"那王华呢?把荆州给了谢晦,留守江陵的王华该如何安排?"

刘义隆说道:"把王华也招来建康吧,和昙首一样,先挂个侍中。京城局势复杂,朕也需王华在身边出谋划策。"

王昙首问道:"那傅亮又该如何安排呢?"

刘义隆皱了皱眉头:"给他加个开府仪同三司便是了,让他有三公的荣耀,却无三公的大权,给足面子就可以了。"

王昙首再次问道:"剩下的檀道济该怎么封拜?他可是领着兵来京城的。"

刘义隆正想着该如何安排檀道济,却见殿外护卫的朱荣子进来禀奏:"彭城王义康求见圣上。"

刘义隆除了与刘义真感情交好,便与老四刘义康最为亲密。当年彭城一别,刘义隆便再没有回过建康,这么多年过去,一直没见过四弟。刘义隆本以为刘义康在封地就藩,谁承想他竟然就在建康城。自己回京都这么久了,也没见老四露面,怎么今日倒是来见自己啦?

刘义隆既开心又疑惑,忙说道:"快快宣他进来。"

便见一个翩翩少年来到殿上,长得眉清目秀、风流倜傥,哪还是当年那个跟在刘义隆、刘义真屁股后面的小孩子?

刘义康来到近前,叩首跪拜:"臣弟义康拜见陛下。"

刘义隆一把拉了过来,揽在怀中:"多年不见四弟,可想死朕了。"

虽说君臣有别,可两人是兄弟,又素来感情深厚,为刘义隆的亲密所染,刘义康也一下子放开许多。二人喜极而泣,各自说着这些年的经历,好是一阵嗟叹。又聊起二哥来,两人不由得心中悲切,抱头痛哭一阵。

慧琳、王昙首好生劝慰,兄弟二人这才平复下心情。

刘义隆说道："若早知四弟竟在京城，朕就该早些招四弟来宫中的。"

刘义康叹了一声，说道："父皇登基后，以臣弟从豫州转任南豫州刺史。没过多久，父皇病重，也不知二哥司徒当得好好的，究竟出了什么事，竟被父皇免去了司徒，转任南豫州。臣弟被二哥接替，想先来京城向父皇辞谢，再去彭城就藩的。谁知父皇这么快就驾崩了。大哥即位后，魏军南侵，北方兵荒马乱，臣弟一时也难去彭城，只得一直留在京城了。"

刘义真为何被贬去南豫州，刘义隆曾听二哥说过。谢晦奉父亲之命去二哥府上，随后便免去二哥司徒，转任南豫州刺史。以二哥之言，似是病危的父亲在谢晦谏言下，有了改立二哥为太子之心，却又被谢晦搅黄了此事，以致二哥被遣出了京城。只是二哥已经死了，这事也就听他说过一句，死无对证，不知是否属实了。

刘义隆没有多说此事，只是笑道："幸好四弟没有去彭城，否则朕还不知什么时候才能见到四弟呢！"

两人寒暄一阵，刘义隆问道："既然四弟久在京城，不知对建康的局势有何见解？还有，徐羡之几个顾命大臣，四弟又是如何看的？"

刘义康小心地看了看慧琳、王昙首，似乎满是戒备。刘义隆宽慰道："四弟放心，他们都是朕的心腹，有话但说无妨。"

刘义康仍有些不安，可还是说道："皇兄对徐羡之几个还是小心点儿好。看起来一个个道貌岸然，实则一肚子阴谋诡计。身受父皇重托，可转身就废了老大和二哥，连一条活路都不留，当真心狠手辣，天下哪有这样的顾命大臣？还有，皇兄你可能不知道，当日徐羡之几人废去老大帝位，本来是打算拥老五义恭为帝的，可不知为什么，最后还是拥立了皇兄。你别看现在这几个老东西对皇兄恭敬得很，可京城到处都是他们的眼线，朝里朝外哪个紧要的衙门没有他们的爪牙？皇兄虽然君临天下，可朝政仍把持在他们手中。皇兄想要做大宋的主，只怕远没有那么容易。"

刘义隆一听自己并不是徐羡之他们的首选之人，心中有些不快。老五才十二岁，徐羡之若最初真想拥老五为帝，看来果真是想找个傀儡而已。或许是因为那样做，徐羡之的野心就暴露无遗，这才选择了自己吧！刘义隆越发认识到这几个顾命大臣的危险，问道："以四弟来看，这四个顾命大臣，就没一个好人？当年北伐后秦时，朕曾随父皇一起西进，檀道济攻破洛阳，义释降卒，颇有仁义之名，他能不能靠得住？"

却听刘义康哼了一声，说道："皇兄切莫被他骗了。檀道济下起手来，比谁都狠。皇兄知道吗，当日领兵进宫，逼老大退位的是谁？"

刘义隆倒还真不知道，就听刘义康说道："当日徐羡之几人共谋废立，谢晦以其将军府破败为由，将家中仆役全都遣散出去，招了檀道济领兵进城，兵马全都藏在谢晦的府中。听说举事当晚，谢晦与檀道济同宿，谢晦心慌得一夜未眠，檀道济却是鼾声大作，全不当回事。待到清晨，檀道济最先引兵开进宫中。老大并未抗拒，可檀道济还是亲手杀了两个大内侍卫，以此警示内外。老大被檀道济一激，仗着有些武艺，奋起反抗，却被檀道济几刀就制住。不管怎样，那时老大还是天子，檀道济明明武功远胜老大，足以制住他，却下手毫无分寸，砍掉了老大两根手指。这样一个目无尊卑、不知轻重的人，皇兄你说能信得过他吗？"

刘义隆心中一凛，傅亮当日可是说过，老大被废时，因醉酒而宿于华林园，是昏昏沉沉被人抬走的，谁知竟还有这样一些隐秘，显然傅亮是怕惹祸上身说了谎。刘义隆问道："那谢晦呢？谢晦久随父亲南征北战，素来得父亲看重。比起徐羡之和傅亮，朕与谢晦也算有些旧交，你觉得谢晦能否靠得住？"

刘义康却摇了摇头，说道："这人虽有些谋略，可眼中也都是权势。当年刘穆之还在的时候，谢晦一直比刘穆之低一头，满心不悦。刘穆之病逝的时候，谢晦可是高兴坏了呢！"说到这里，刘义康看了看王昙首，接着说道，"那时父亲本有意以王弘接替刘穆之，谢晦为了扼制王氏，向父亲推举了出身寒微的徐羡之。谢晦本以为能借此得徐羡之的感激，却是白忙活了。徐羡之掌权后，明面上对谢晦尊重得很，实则一直很戒备。自他们共受辅政后，魏军入侵司州，谢晦曾告病在家。徐羡之猜忌谢晦是在装病，实则密谋算计徐家，便使其侄儿暗结傅亮，欲使傅亮作诏书诛杀谢晦。不知傅亮是怎么想的，一口回绝了。否则我大宋外有强敌，建康又有一场内乱，当真危在旦夕了。"

刘义隆听闻此言，也是吓了一跳，竟不知当时还有这样一桩秘事。可细细一想，徐羡之、傅亮、谢晦之间的关系，当真微妙得很。难怪徐羡之、傅亮让谢晦去了荆州，的确是有排挤谢晦的意思。而傅亮没有支持徐羡之谋害谢晦的计划，看来傅亮对徐羡之还是有所保留。刘义隆忽然有些吃惊，这么多隐秘的事，老四是如何打探到的？看来这么多年过去，老四也变得没那么简单呢！不过，自己正是用人之际，老四越是有本事，对刘义隆来说，越是件好事。

刘义隆说道："朕已有意让谢晦去荆州，四弟以为如何？"

刘义康有些吃惊，刘义隆能把这样的机密告诉自己，足见对自己是很信任的，不由得现出感激的神色，说道："皇兄此举甚是妥当。徐羡之、傅亮一面戒备着谢晦，一面又需借助谢家。陛下使谢晦离开建康，便是削弱了他们的势力。这对陛下而言，自然是有利的。而徐羡之、傅亮早就想把谢晦赶走，谢晦也觉得建康是个是非之地，早就有走的心思。他们相互提防，谁都不肯先开口，倒是陛下替他们拿了主意，想必三人都是高兴得很呢！陛下让谢晦去荆州，还真是一举三得。"

刘义隆点头道："那檀道济呢？四弟以为该如何安置檀道济？"

刘义康说道："最好是能让檀道济也离开建康。此人心狠手辣，又有兵权。徐、傅把檀道济留在京城，是想借助他的兵马控制内外。让檀道济离开京城，徐、傅虽然仍掌控朝政大权，却没有多少兵马可以倚仗了。"

刘义隆问道："那四弟有什么法子，能让檀道济离开建康呢？"

刘义康说道："这个简单。檀道济本就官拜南兖州刺史，监淮南诸军事。魏国虽因国主拓跋嗣病逝而退兵，可留守司州的镇将周幾可是没有一日消停，四处骚扰不断。便以此为借口，命檀道济尽快北上抵御外患。想来檀道济也不会推辞不去的。"

刘义隆连连称赞："那便给檀道济的镇北将军晋上一级，加拜征北将军，让他高高兴兴回到广陵去吧！"

经刘义康一番进言，刘义隆对徐羡之几个重臣都有了安排，更是借着封拜官职，把徐、傅二人与其他几人分割开来。刘义隆总算觉得京城局势不再像先前那样无从下手了。

他对刘义康不由得越发欣赏，赞道："数年不见，四弟倒是机敏不少。朕初继大位，少不得四弟尽心辅佐。四弟想要什么差事，只管说来，只要朕办得到，必让四弟如愿以偿。"

刘义康今日入宫，在刘义隆看来，多是为求官的，毕竟他现在虽有王爵，却是个无官的白身。刘义康年纪不大，却满脑子主意，正好是刘义隆的助力。

谁知刘义康道："皇兄言重了。国家之事，也是我刘家的事，刘家儿郎岂有推脱的道理？只是徐羡之几人手握重权，居心叵测。若陛下厚封臣弟，难免让徐羡之几人早早提防。陛下但有驱驰，臣弟万死不辞，可这封官之事，还是先放一放的好。待陛下从徐羡之这几个老家伙手里收回朝政，那时再以臣弟参佐，才最妥当。"

刘义隆不禁有些意外，刘义康居然不是来求官的，不由得对这个心无私念的弟弟更加看重起来。几人又细细斟酌了言辞，总算让王昙首拟好旨意，送去了中书省。

数日过后，这道旨意毫无阻碍地颁布了。四个顾命大臣加上王弘皆有封拜，自然没有人会反对。而谢晦离开建康，让所有人都长舒了一口气。徐羡之、傅亮在建康少了个争权之人，自然乐得如此。谢晦又久受二人压制，也早想去荆州掌控一方大权。至于檀道济，身为将军，更在意的是沙场建功，既然京城局势已经趋于稳定，也早就想回镇所去了。

朝会过罢，徐羡之五人便来请见，拜谢天子圣恩。刘义隆赞许五人护国之功，又是好生勉慰一番。客套话说罢，便听徐羡之上前请奏道："陛下承继大宋，必能兴盛国家。依旧制，陛下也该追赠生母，以存天下孝义，且封赏宗室，以实皇室主干。臣等拟了个折子，请陛下审阅。"

刘义隆接来观瞧，便见上面写道：

> 朕承继天命，统御邦国，常思先帝创业之艰辛，念亡母之慈爱。每及此处，辗转反侧，唯泪目沾巾。圣人言，无孝何以治天下。闻德厚者礼尊，庆深者位极。故阙宫既构，咏歌先妣。伏惟先婕妤柔明塞渊，光备六列，德昭坤范，训洽母仪。远准《春秋》，近稽汉晋，谨上尊号曰章皇太后，陵曰熙宁，配享太庙。又汉兴以来，强干弱枝，诸侯犬牙相临，然东晋之后，宗室暗弱，国家蒙尘，为保江山稳固，特封宗室为王。以皇弟义恭为江夏王，义宣为竟陵王，义季为衡阳王。即日就藩，永为国家藩庇。

刘义隆看了一阵，不由得一阵伤感。母亲胡道安出身寒微，早年被父亲买入府中为妾，算不得秀美，故而素不被父亲宠幸。当年刘义隆被送去镇守京口，说实话，也与母亲不得宠有关。虽说父亲对刘义隆倒也慢慢看重，可对母亲依旧疏远，以致母亲抑郁而终。刘义隆还是个藩王的时候，何曾有人说过母亲一句好话，如今刘义隆成了大宋皇帝，倒是有人想起母亲来，颂其美德了。虽说徐羡之追赠母亲为章皇太后，配享宗庙，多少有些拍马屁的嫌疑，可刘义隆还是对他生出些感激来。只是刘义隆毕竟是受张皇太后旨意继承帝位的，若从徐羡之众人的意思，追封自己的生母，张皇太后会不会因此生怨？

除此之外，这道圣旨又遍封几个弟弟为王，也让刘义隆有些疑惑。父亲在世时，身边没几个真正可以信任的心腹，算来算去也就两个同父异母的弟弟，以至于父亲掌控大权，却难对州郡如臂所指。这才想方设法历练这几个儿子，以期望能成他的助力。如今刘义隆初继大位，国家军政大权皆在徐羡之几个顾命大臣手中，刘义隆为求保住宋氏江山，自然也想扶持几个弟弟成事，以此制衡朝中重臣。尤其四弟刘义康的出现，让刘义隆深深感受到亲兄弟对自己的帮衬是何其重要。然而刘义隆都还没有提出分封兄弟为王的意愿，倒是徐羡之他们先说了出来，还真让刘义隆有些意外。

刘义隆沉思一阵，有些反应过来。六弟义宣被父亲拜为左将军，镇守石头，而五弟义恭、幼弟义季都和四弟义康一样，留在京师。徐羡之以分封皇室王爵为由，遣这些弟弟离开京城就藩，这是不想让刘义隆在京城培植势力。莫看义恭、义宣、义季年纪都小，可毕竟是皇室，若有刘义隆支持，难保这些人不会成为一股强大的势力，威胁徐羡之他们的权势。故而徐羡之急于把这些宗室挤出京城。尤其老六义宣还有左将军的军职，正领兵镇守石头，更是他们的心腹大患。

刘义隆猜到徐羡之他们的心思，假作不知，笑道："卿等不愧国家栋梁，所想自然是好的。只是朕虽感念母亲养育之恩，可配享太庙，规格是不是太高了些？何况皇太后尚在，朕追赠生母，皇太后那边是不是不大合适？"

徐羡之忙说道："陛下是大宋之主，章皇太后既是生母，配享太庙理所当然。何况营阳王昏聩无道，皇太后身为人母，教子无方。故而臣等已拟了折子，过些日便废皇太后为营阳太妃。陛下不必去计较她的想法。"

刘义隆心中一凛。徐羡之借张皇太后旨意废黜刘义符，也借她的旨意拥立自己为帝。如今大事已定，张皇太后没了价值，倒成了徐羡之掌权的隐患，被他弃如敝屣。徐羡之做事真是狠辣得不留余地呢！刘义隆虽感激徐羡之追赠母亲为皇太后，却也对徐羡之越发警惕起来，分封几个弟弟为王之事，切不可让他如愿。

刘义隆点了点头，对追赠母亲之事不再反对，又说道："至于分封三个皇弟为王,倒也没有什么不妥。只是朕以为,让义恭、义季就藩尚可,然义宣去竟陵是不是不大合适?毕竟先帝在时,以义宣为左将军镇守石头,朕初即位,便免去他的军职,遣其就藩,让世人看来,还当朕容不下兄弟一般。莫不如暂且仍留义宣驻守石头,待过上一两年,有合适的人选,再替换不迟。"

徐羡之有心坚持,可想想刘义隆说得也有些道理,只得作罢,却盯着陪侍一旁的刘义康说道:"竟陵王且先留在石头也无不可,只是彭城王久居京城,如今魏军已经退兵,是不是也该去彭城就藩啦?"

在徐羡之的眼中,比起刘义恭、刘义季两个小孩子,已经十六岁的刘义康显然更具威胁,甚至比那个官拜左将军可年纪不大的刘义宣更危险。尤其天子对刘义康很是亲近,若让刘义康继续留在京城,必是他的心腹大患。

刘义康脸上有些难看,出言反驳道:"司徒大人这是什么意思?本王与皇兄多年未见,想在京城多留几日,以解多年相思之情。你当本王是贪恋权势,赖在京城向皇兄求官不成?"

刘义隆这才明白,自己想给刘义康官职时,为何会被他拒绝,显然他是对的。若真早早给他官做,不但留不下来,反倒让徐羡之越发想把他赶走了。

徐羡之冷冷地说道:"求不求官,微臣哪能知道?只是藩王久居京城,放在历朝历代,都是不妥当的。彭城王身为宗室,当以国事为先,岂能因与陛下情谊深厚,便在京城不走?"

刘义康脸色更加难看,正想再去反驳,刘义隆却拦了下来,面色凝重,说道:"徐卿说得是,藩王就藩乃是正理。只是魏国前番大肆南侵,夺我国土无数,兖州、青州、徐州皆有不少郡县先后陷落。先帝在时,彭城一直便是讨伐外敌的前沿,更是防守国境的堡垒。朕每念及先帝创业艰辛,又思国土亡失之痛,便觉愧对先帝,无日不思收复旧地之心。几位爱卿都是先帝肱骨,想来对朕的痛苦感同身受。朕暂留彭城王在京城,便是想和他商讨些抵御外患收复失地的法子,只是朕与彭城王毕竟年纪尚轻,远不及几位爱卿谋划周全,故而朕与彭城王还没有什么成熟的计划。待他日有了良策,必招诸位爱卿一同商讨。那时再遣彭城王就藩,倒更合时宜些。"

一听刘义隆拿先帝说事,又提起魏军侵占国土之耻,徐羡之本就有失地之罪,此刻倒不好说什么了。他盯着刘义康看了一眼,哼了一声,转又说道:"臣等今日

抽丝剥茧　　297

请见,除了请封太后诸王,还有一事。陛下已恩准卫将军往荆州任职,西境必无忧矣。臣等曾闻雍州刺史由到彦之代行,思虑雍州紧邻关中,自夏国赫连勃勃抢占长安后,雍州便是与夏国交界的前沿。夏国乃虎狼之国,雍州非将帅之才不可担当。故而臣等有意请奏陛下,这雍州刺史早早定下人选。"

刘义隆心中咯噔一下。刘义隆离开荆州前,除了留王华镇守江陵,还留了到彦之代行雍州刺史,希望可以借雍州制衡谢晦。如今谢晦正要出发接管荆州,徐羡之便急不可耐地提出雍州之事,在刘义隆看来,显然在王华离开荆州后,徐羡之想把雍州也抢到他们手中去,好把刘义隆在西境的势力彻底清除掉。

刘义隆有些恼火,却不好发作。徐羡之突然提出此事,当真让刘义隆有些难以应对,只能强作欢颜,道:"司徒之言甚是有理,不知司徒可有什么贤才举荐?"

徐羡之拜道:"听檀将军说起,当年他与到彦之共助临川王刘道规镇守江陵,到彦之深通军略,堪称将才。这么多年过去,到彦之久戍西境,想必对雍州也是聊熟于胸。臣等仔细商议,皆以为陛下以到彦之镇守雍州是明智之举。故而臣等以为,不如就拜到彦之为雍州刺史,好让他名正言顺地总揽雍州军政。"

刘义隆万分惊异。徐羡之非但没想拿掉到彦之,反而想把雍州踏踏实实地交给他。这究竟打的什么主意?难道说是因为他们得了自己封赏,又准许谢晦接管荆州,故而以雍州讨好自己,算是投桃报李吗?

刘义隆可不敢有这样的奢望。徐羡之他们在拥立自己为帝的同时,急不可待地以谢晦接管西境,在于西境兵马雄壮,故而徐羡之需用西境兵马作为他们的外援,确保他们在京城的权势不倒。虽说谢晦与徐羡之、傅亮有些分歧,甚至到了非常紧张的地步,可共同的利益使他们在相互戒备的同时,又必须相互依靠。何况谢晦离开京城,他们间的矛盾得以缓解。对他们而言,把雍州抢过去,更符合他们的共同利益。既然明知如此,徐羡之为什么还要把雍州交给到彦之呢?

刘义隆百思不得其解,却见在旁陪侍的刘义康一个劲儿地使眼色,显然是让刘义隆万不可答应下来。刘义隆思来想去,似是觉察出来些什么。

随着谢晦出任荆州,宫中禁卫已由王昙首实际掌控,而檀道济也离开了京城,无疑让徐、傅二人在建康的势力大减。与此同时,自己又调王华来了京城,在徐、傅看来,这是自己在京城加紧安插亲信,自然让徐、傅觉察到了危险。王华、王昙首都是文人,徐、傅还安心些,到彦之却是武将出身。若自己继续征调到彦之来京城，徐、傅是极为不安的。故而徐、傅不如顺水推舟，让到彦之留任雍州，只要谢晦总揽西境，就能维持住此时京城和西境的平衡不被打破。否则到彦之一旦离开雍州，虽说西境彻底掌控在谢晦手中，可徐、傅二人在建康却是被自己压制住了，对他们而言便有些得不偿失了。再加上徐、傅本就对谢晦有些戒备，若把西境完全交给谢晦，只怕他们也不放心，倒不如以到彦之留任雍州，对谢晦也是一种牵制。

察觉出徐羡之的用意，刘义隆自然不能使其如愿。虽说徐羡之突然提出雍州之事，让刘义隆有些猝不及防。可在做出让谢晦接管荆州的决定后，刘义隆已在考虑到彦之的去留了。此时倒也不至于全无对策，说道："到彦之虽有点本事，可朕留他在雍州，不过权宜之计。当日朕离开江陵，谢卿还没及时赴任，又逢前雍州刺史病逝，朕忧心雍州无人管束，唯恐夏国乘机兴风作浪，这才使到彦之代管雍州刺史罢了。眼下谢卿赴任在即，西境自有谢卿总揽全局，朕无忧矣。至于这雍州，既然谢卿都督西境诸州，雍州刺史的人选莫不如就由谢卿到任后自行举荐吧！"

徐羡之闻言，不由得愣了一下，哪承想刘义隆居然会对雍州放手。徐羡之需要谢晦镇守西境，却并不希望谢晦权势太过强大，免得谢晦难以控制。正想出言反对，却见谢晦已经上前拜谢："臣必当尽心竭力，保大宋西境稳固。"

徐羡之暗叫一声苦，刘义隆把雍州交给谢晦，谢晦自然乐得如此，又岂会推辞？就听刘义隆对谢晦勉励几句，接着说道："至于到彦之，这些年一直随朕戍卫边疆。朕来建康时，他便想一起来。尤其檀将军当年与他一同镇守江陵，如今已是征北将军顾命大臣，到彦之可是羡慕得紧，也早就想做做京官谋个前程了。既然雍州已有谢卿统御，那就给到彦之个机会，且先来京城吧！檀将军身负南兖州重任，这京城军事也该有人接管。既然徐卿也说了，到彦之深通军略，京城这点儿军务必然不在话下，不若就先授予中领军之职。檀将军以为，到彦之担得起这重任吗？"

徐羡之五人，虽然手握重权，可刘义隆早已在王华和刘义康的谏言下，察觉出他们间的隔阂与矛盾，抛开谢晦、王弘不说，檀道济也是一个另类。

虽然徐羡之、傅亮有北府军的背景，谢晦也在刘裕左右参赞军事，可论起行军打仗，檀道济是唯一独当一面的大将，故而檀道济与徐羡之、傅亮、谢晦绝不是同一类人。或许为了保住权势，檀道济会在徐羡之的说服下，参与废黜刘义符的密谋，可檀道济绝不会傻到成为徐羡之、傅亮、谢晦的附庸。从檀道济欣然接受刘义隆的封拜，心甘情愿地离开建康回去广陵，就可以看出，檀道济不愿继续成为徐羡之掌控建康的助力。可就这样离开建康，檀道济又何尝不担心被徐羡之、傅亮算计呢？刘义隆有意征召到彦之来京城，对檀道济而言自然是一件好事。当年在江陵，檀道济与到彦之共助刘道规血战叛军，可谓生死与共，两人私交非比寻常。有到彦之掌控京城兵马，等同于让檀道济在京城有了一个亲近之人，至少能确保徐羡之、傅亮不敢对檀道济动什么手脚。刘义隆对到彦之的任命，檀道济必然鼎力支持。

　　果然就见檀道济面有喜色，上前拜道："陛下慧眼，到彦之担任中领军，必能人尽其才，实乃国家之幸。"

　　徐羡之不由得面如土色，哪承想这个看起来谦逊有礼的刘义隆居然有这样的手段。借雍州之事对谢晦推心置腹，三言两语又让檀道济感念其恩，最重要的是把到彦之征召到京城，担起中领军这样一个手握京师军权的紧要差事。随着谢晦这个卫将军离开京城，宫中禁卫本就已落在王昙首手中，等到彦之来了建康，刘义隆对建康内外军队的把控只会越来越深。徐羡之有些不寒而栗，这才体会到傅亮往江陵走了一趟，为什么会对刘义隆这个年轻人如此担忧。

　　徐羡之忙上前劝阻道："虽说到彦之的确是个将才，可毕竟镇守边疆多年，而中领军虽属军职，担负的是建康内外防务。到彦之初来乍到，对京城内外的局势并不了解，贸然接手这样的差事，难免不出什么岔子。依微臣之见，中领军还是从京官中甄选更为妥当些。"

　　刘义隆还没发话，檀道济倒是先笑道："中领军的任命乃军中事务，司徒大人管好你的朝政便好，就没必要掺和我们这些粗人的事了。本将对到彦之甚是了解，中领军对他而言，算不得什么难事，司徒大人若是不信，本将替他做个保人可好？"

　　徐羡之被檀道济一噎，有些恼火，却又没什么理由反驳，给傅亮暗中使了个眼色，想让傅亮说句话。谁知王弘倒是抢先说道："微臣虽然与到彦之不熟，可檀将军习于军旅，既然他都肯为到彦之作保，想来到彦之必有过人之处。不如便让到彦之试一试吧！"

　　王弘官拜司空，虽无辅政之权，可官阶仅次于徐羡之。王弘表了态，傅亮没来得及说出口的话，一下子全都咽了下去。

五个重臣，檀道济、王弘支持到彦之的任命。而谢晦刚刚得了雍州实权，也就不好拦住到彦之的官路，此时避在一边，显然不想掺和此事。傅亮又不说话，徐羡之孤掌难鸣，只得不再坚持，拜道："既然陛下与檀将军、王司空皆以为到彦之可用，那微臣没什么好说的了。"

　　徐羡之气鼓鼓沉闷一阵，又说道："险些忘了件大事。陛下登基已有月余，依朝制，天子当临华林园，与朝臣共议国家大事。故而特请陛下，自明日起，往华林园听讼。"

　　听徐羡之请自己参与政事，刘义隆兴奋起来。国家大事皆在华林园议定，那可是决定军政大事的所在。正因老大在华林园游戏无度，这才给了徐羡之废黜其帝位的借口。若真能去华林园听讼，刘义隆就有机会参与国家大事。可刘义隆兴奋过后，又谨慎起来。军国大事全都把控在几个顾命大臣手中，自己就算去了华林园，也不过是像徐羡之说的那样，只能听听而已，又能干预什么？

　　刘义隆笑道："徐卿事事为国着想，朕心甚慰。怎奈朕年岁尚轻，军国大事还要多多倚仗几位爱卿。谢卿、檀卿相继赴任，朝中之事全都压在了徐卿和傅卿身上，朕也知两位爱卿兢兢业业，辛劳得很，若朕再去华林园听讼，难免让两位爱卿放不开手脚治理国家。既然先帝能以卿等为顾命大臣，委以国事，朕又岂会担心卿等治理不好国家呢？这听讼之事，不若先往后推一推吧，待朕再熟悉下国事，过个一年半载再去华林园不迟。"想了想，他又说道，"虽说谢卿、檀卿离开了京城，可王司空仍在，又素来得先帝看重，日后还要在华林园多多帮衬徐卿、傅卿才是。"

　　徐羡之请刘义隆去华林园，因为他毕竟是天子，让他不参与国政是不合适的。可在徐羡之的内心深处，还是想自己独揽朝纲。一听刘义隆非常识趣地把朝政依旧交给自己和傅亮，心中很是高兴，可又一听刘义隆让王弘帮衬自己和傅亮，这显然是来和自己分权的，徐羡之岂能愿意？当日招王弘进京，是为助自己废黜刘义符。如今大事已成，王弘赖在了京城，若再让王弘待下去，难免威胁自己的权势。何况刚才王弘还替刘义隆说话，让到彦之得了中领军的官职，越发让徐羡之对王弘有些怨恨起来。

　　徐羡之正想着怎么把王弘从华林园排挤出去，就听王弘忽然上前，拜道："陛下，臣今日进官，一为谢恩，二来也是向陛下请辞。臣既于国无功，又没什么威望，这司空实在担当不起。恳请陛下收回成命，准臣回江州去。"

不但徐羡之、傅亮愣住了，就连刘义隆都没想到王弘居然不想做这司空。王弘有功于大宋，却一直外放州郡，如今给他机会留在建康，其位仅在徐羡之之下，他却不肯要，这是怎么回事？刘义隆疑惑地看了看王昙首，他也是一脸茫然，看来并不知王弘想要请辞的事情。

刘义隆忙说道："王卿怎能如此妄自菲薄？我大宋建国，王卿功不可没，朝廷用人之际，王卿岂能置身事外？难不成王卿是怪先帝把你外放州郡吗？"

王弘惶恐地说道："臣岂敢怨恨先帝！只是徐司徒、傅令君皆是宰辅之才，有二人辅佐朝政足矣。臣自问难与二位贤才并肩，去了华林园非但帮不上什么忙，反倒耽搁了二位治国大事，故而才向陛下请辞。恳请陛下收回成命。"

徐羡之听闻此言，很是满意。正愁不能把王弘赶出建康，谁想他还算识趣，自己请辞了。他对刚才王弘替到彦之说话，也不再那么嫉恨了。

刘义隆却是有些恼火。

王弘这个老狐狸，分明是见建康局势复杂，想避身事外罢了。他一面把徐羡之弑杀二王之事密告自己，以此与徐羡之撇开关系，也顺带讨好自己，另一面又不想得罪了徐羡之，招惹麻烦。倒真是两不得罪呢！王弘刚才还替到彦之说话，让自己以为他是自己人，谁知紧接着他请辞司空，好让徐羡之安心，看来在大宋建国后，王弘外放江州，也知道了锋芒过盛的道理，如今变得油滑了许多。

王弘想韬光养晦，刘义隆岂能让他如愿？若建康只剩下徐羡之、傅亮二人，以刘义隆的威望资历，哪斗得过他们？不论王弘在建康做不做事，只要他肯留下来，就可让徐、傅不能为所欲为。

刘义隆拿定主意，劝了又劝，王弘只是叩头请辞。待到后来，刘义隆也有些生气了，说道："王卿执意如此，不肯受这司空，朕也不勉强你。只是江州你也别回去了，转拜你为车骑大将军，开府仪同三司，与徐、傅两位爱卿一起，入华林园理政。"

见徐羡之脸上现出不满，刘义隆接着说道："只是王卿也要知道，徐卿、傅卿乃先帝委任的顾命大臣，这军国大事最终还是要依前事，以徐卿、傅卿二人的定论为准。王卿虽然入华林园，可在这一点上，还当拿捏清楚。"

王弘见推掉了司空，若再推辞车骑大将军，终是要惹恼了刘义隆。何况车骑大将军乃先帝刘裕旧时官职，刘义隆给了自己这个职位，足见对自己的看重，想要避身事外终是不可能了。若还不识抬举，怕是要惹下祸事了。王弘只得拜谢受领。

徐羡之听刘义隆这样一说，稍稍放下心来。王弘虽然入华林园，可做主的还是自己和傅亮，只是心中对刘义隆越发不敢小瞧了。

徐羡之今日入宫，真是事事不顺：想把藩王全都赶出京城，可最终只有两个年幼的藩王走了；想把到彦之留在雍州，既向天子示好，又能制衡谢晦，却让谢晦独揽了西境大权，更让到彦之来了京城掌控兵马；想假意请天子往华林园听讼，却让王弘进到华林园参与政事。所有的事，最终都是徐羡之吃了亏。这年纪轻轻的天子，倒真是好本事，日后还要更小心些才是。

事已说罢，众臣向刘义隆拜别，离宫去了。

刘义隆长舒了一口气，喃喃说道："朕还有件要事没办呢。"

建康城外。

谢晦扶在船尾，任凭江风吹拂着已经花白的发梢。只见烟波浩渺的江水，一如既往东流不止。想想自己二十来岁，便在刘穆之的举荐下，成了刘裕属官。这些年来呕心沥血，助刘裕平定江南，伐灭后秦，功劳不可谓不大，也足以名垂青史吧！怎奈纵有再大的功劳，大宋朝政却是落在了徐羡之和傅亮二人手中，谢晦不由得骂了一声。

向刘裕推举徐羡之接替刘穆之，当真是个败笔。如今徐羡之显赫无比，谢晦只能屈居其下，他着实愤愤难平。当日徐羡之招了谢晦和檀道济、王弘去他府上，密谋废黜刘义符时，谢晦原本是不敢答应的。可想想刘义符全然不顾国家，只想如何玩乐的模样，谢晦终是参与到徐羡之的谋划当中。毕竟任由刘义符肆无忌惮地玩闹下去，搅得国家动荡，对谢晦的权势也是不利的。

谢晦原以为随着刘义符被废，徐羡之也该对他放权，谁知事成之后，徐羡之居然让谢晦去接管西境。虽说长江上游军政一直便是重权，可谢晦久居中枢，就这样离开建康，对谢晦而言，无异于是种放逐。看着自己正值壮年却已花白的发梢，谢晦便生出些莫名的伤感。自己为国操劳如此，最终却让人赶出了京城，让他如何忍得下这口气？

再一想当日，傅亮把徐羡之叔侄图谋暗害的消息透露给自己时，谢晦当真愤怒无比。自己对徐羡之恩重如山，谁承想徐羡之竟想要了自己的命！谢晦有心除掉这个忘恩负义之人，可想想徐羡之今日的权势，他也没有把握做成此事，只能忍气吞声，假作不知，暗自戒备。废黜刘义符后不久，徐羡之又擅自做主，先后弑杀刘义符、刘义真，谢晦当真不敢继续留在京城了。而刘义隆被接到建康承继帝位后，短短月余的接触，让谢晦越发不安。

徐羡之、傅亮自以为奉迎来一个谦逊守礼的天子，让世人觉得他们是以国家为重，千挑万选拥立了一个明君，为他们赢得了更多声誉。又因刘义隆谦逊，只能对他们言听计从，他们便可以牢牢把持朝政。可实际上呢？刘裕的这个儿子，可真不简单！

谢晦久随刘裕出征在外，与刘义隆也接触不少。那个一直跟在刘义真身后的孩子，彬彬有礼，谦逊待人，与刘义真的毛毛躁躁真是有天壤之别。谢晦本也以为徐羡之拥立刘义隆是明智之举，可待刘义隆接到诏书和玉玺之后，所有的行事，当真出乎谢晦意料。王华、到彦之留任荆州，谢晦还当是刘义隆这些属官的算计。可待见到刘义隆对五个重臣的封拜后，谢晦不由得暗自惊叹刘义隆的手段。刘义隆摸清五个重臣的各自利益，又是笼络，又是打压，却全然不留痕迹，让五人各自安好。实际上，他在悄无声息中，已经瓦解了五个重臣间脆弱的同盟。刘义隆竟有如此的城府和头脑，实在让谢晦不寒而栗。何况谢晦知道，刘义隆与刘义真的感情非比寻常，徐羡之弑杀刘义真，刘义隆看似不在意，心中又岂会善罢甘休？

望着身后渐行渐远的京城，谢晦纵有千万不甘，仍有些庆幸能去荆州赴任。他轻轻地叹了一声："总算逃出这是非之地了。"

谢晦的船队在江上行了一阵，却见前方来了一条画舫。船上传来阵阵琴声，哀婉幽怨，听得直让人沉醉，可在谢晦听来，却是愁绪再起。正伤感自己受人排挤，苦不得志，却见那画舫直直冲着自己的船队开了过来，全然没有躲避官船的意思。

谢晦警惕起来，传令侍卫戒备。待那画舫贴到近前，谢晦瞧见一个和尚双手合十，诵了一声佛号："谢施主远赴荆州，我家公子特来饯行，还请谢施主移步叙谈。"

一个和尚出现在画舫上，当真是件奇事。谢晦本以为是什么世族公子借饯行为名，来向自己献媚求官，有心使人将那画舫驱逐开去。可待看清了那和尚的面目，谢晦心中不由得一紧。他狐疑地看了看那画舫，发现似乎也藏不下多少人，遂对身边的心腹将官周超轻声说道："我且去会一会那公子。若一个时辰还未出来，你便杀进画舫救我。"

说罢，谢晦跳到画舫上，对那和尚说道："且请大师代为引路。"

那和尚微微一笑，领着谢晦进到画舫中。

谢晦进去一瞧，却见画舫中仅有三人。一个身形健硕的中年男子守在一边，一瞧便知武功了得。一个年轻人端坐一边信手抚琴，正陶醉其中，全然不理会谢晦的到来。再有一个华贵公子，背对谢晦负手而立，指间捏着一个锃亮的樗蒲棋子，细细把玩着。

谢晦仓皇跪拜："微臣不知陛下来此，还请陛下恕罪。"

看到那和尚的时候，谢晦便已认了出来，正是刘义隆身边的慧琳法师。慧琳半路相请，只怕多半是天子有什么机密之事要知会自己，却不知画舫里面究竟是谁奉旨来见自己。待进了舱中，谢晦见到随行护卫的朱荣子和弹琴陪侍的彭城王刘义康，终是确信，那个背对自己的人，不是天子刘义隆还能是何人？

便见那个华贵公子转过身来，果真是刘义隆本人。谢晦越发惶恐，连连叩首不已。

刘义隆笑呵呵地走上前来，扶起谢晦，笑道："朕自回到建康后，便一直想去谢卿府上拜会，怎奈京城人多眼杂，着实不便。今日谢卿得脱苦海，说实话，真是让朕羡慕得紧。"

被刘义隆说破了心事，谢晦冒出一头虚汗，赶忙拜道："陛下说笑了，微臣得陛下恩准，往江陵就职，也是陛下隆恩，微臣战战兢兢，唯有殚精竭虑，报效国恩。"

刘义隆点了点头，笑道："先帝在时，每逢出征便有谢卿随侍左右。朕有幸伴驾几回，数闻先帝赞誉谢卿谋略出众。想想征讨司马休之时江陵崖前一战，谢卿不惧生死，拼命劝下先帝，朕便叹服谢卿之忠勇。有谢卿镇守西境，自是国家幸事，远比那些只知争权夺利的俗人更堪当大任。依朕看来，想要我大宋国泰民安，就该多用谢卿这等栋梁之材。"他叹了一声，"怎奈朕年岁尚轻，一时也难说得上话。想想先帝何等英雄，到了朕时却做不了什么事，真是无颜以对天下。就连谢卿这等国士，朕也只能让你受些委屈，黯然离开京城。"

谢晦听刘义隆说着这些旧事，不由得为刘义隆记着自己的旧功生出些感激之心，又听他为自己鸣不平，一时心中伤感，不禁泪水涟涟。他哽咽拜道："微臣深受先帝与陛下恩遇，自该鞠躬尽瘁，死而后已。不知陛下屈尊来此，是有何要事交代？微臣万死不辞！"

谢晦虽感激刘义隆，却并不会为这点儿礼遇就没了分寸。刘义隆仅以三人相陪,又是乘着画舫,又是半路相邀,显然是怕被人看见,此来不可能仅仅是叙旧的。从他言语中,虽未挑明,却暗暗存有对徐羡之的不满。若刘义隆想借自己扳倒徐羡之,谢晦自然乐见其成。可在那之前,也要听听刘义隆究竟是怎么想的,也好让谢晦权衡利弊。

就听刘义隆笑道:"谢卿果真机敏过人,难怪先帝如此看重。朕此来相迎,一来的确是为饯行,聊表相识多年的情谊。二来是为雍州之事,想与谢卿商讨。"

谢晦心中一紧。刘义隆此来,并非是为扳倒徐羡之,反倒是为了雍州!先前在宫中,刘义隆召回到彦之,口口声声说把雍州交由自己举荐。谢晦本还为刘义隆的信任感恩戴德。此时刘义隆出尔反尔,又想干预此事,谢晦有些不大高兴起来。显然刘义隆在宫中那样说辞,是为了借自己堵住徐羡之的嘴。如今刘义隆如愿把到彦之调到京城掌控兵马,翻过脸来便想收回雍州,真是有些过分了!

谢晦面色一变,冷冷地说道:"不知陛下有何见教,还请示下。"

谢晦的船队就在外面,周超领着兵马随行,就算刘义隆想借朱荣子逼自己就范,只怕也没那么容易。何况堂堂天子,若是想用武力胁迫谢晦听奉其对雍州的委任,当真滑天下之大稽。想来刘义隆也没那么傻吧?

刘义隆抿嘴一笑:"谢卿可不要误会。朕既然已经让谢卿自行举荐,当然不会干涉此事。只是朕倒有个人选,思来想去,没准谢卿也看得上,所以这才觍着脸,想让谢卿看看,他是否担负得起雍州。若谢卿觉得不合适,朕也绝不多嘴,谢卿当朕没说过就是。"

谢晦听刘义隆这样一说,谨慎问道:"不知陛下想让何人出任雍州刺史?"

刘义隆答道:"谢卿以为豫州刺史刘粹如何?"

一听刘义隆说出刘粹来,谢晦不由得认真考虑起此事。谢晦与刘粹关系极为亲密,刘粹的儿子刘旷之正在谢晦门下为参军。若以刘粹转任雍州刺史,倒也让谢晦放心。只是又一想,刘粹当年可是助刘义隆镇守过京口的,虽说二人没有什么主臣之情,可有这样一层关系在,让谢晦也不得不担心刘粹是刘义隆的人。何况刘义隆举荐刘粹出任雍州,自然是信得过刘粹的,这就让谢晦不得不对刘粹生出些防范之心。

谢晦久久不发一言,心中却是想了又想。待到最后,他总算拿定了主意,恭敬拜道:"刘豫州乃北府军宿将,素来善于治军,陛下以刘豫州转任雍州,自然是妥当的。微臣并无异议。这便向朝廷表奏，求刘豫州往雍州任职。"

在谢晦看来，刘义隆显然已对徐羡之生出不满，可谢晦参与了废黜刘义符之事，刘义隆怎么也不可能完全信任他，也就不会直接借助谢晦来对付徐羡之。这让谢晦有些不大高兴，却也无奈。

刘义隆推荐刘粹出任雍州，倒是给了谢晦一个信号。相对徐羡之，刘义隆还是比较看重谢晦的，故而对待谢晦，只是想竭尽所能安抚而已。雍州何其重要，刘义隆不想掌控雍州制衡荆州，那才是怪事。刘粹就成了一剂良药，不但能让刘义隆放心，也让谢晦安心。且不说谢晦与刘粹的私交，就算真到了撕破脸皮的时候，谢晦手中有刘粹的儿子为质，刘粹就不敢对谢晦下死手。而谢晦欣然接受刘粹到雍州任职，也足以借此向刘义隆表忠心。何况谢晦还是有些才智的，在他看来，刘义隆绝不可能就这样任由徐羡之把控朝政。待徐羡之倒台，虽说王弘因他弟弟王昙首、族弟王华是刘义隆的心腹，必会得朝廷委以重任，然而谢晦凭着旧功威望，也足可成为刘义隆执政后的辅政重臣。到那时，谢晦自然有扬眉吐气、一展宏图的机会。

听谢晦欣然应允，刘义隆大喜，解下自己的佩剑，赠予谢晦："谢卿如此坦诚，朕深感欣慰。宝剑赠知己，便以此剑赠予谢卿。还望谢卿念着先帝创业不易，助朕共保大宋江山永固。"

谢晦喜形于色，忙跪拜受领，却被刘义隆赶忙扶住，亲手把剑系在他腰间。

谢晦感恩戴德，连连称谢，刘义隆却道："该是朕要多谢谢卿才是。谢卿国士无双，岂能就此蒙尘。待朕扫清污浊，必不相负谢卿忠义。时辰也不早了，谢卿这便起程吧！"

谢晦又是一阵拜谢，转过身来，正要走出舱去，却听刘义隆似是迟疑一声，忽然问道："有件事险些忘了。本也算不得什么，可好不容易见到谢卿，倒是想请教请教。"

谢晦有些疑惑，忙转身拜道："陛下请问，微臣知无不言。"

刘义隆说道："朕曾听庐陵王说起，当日先帝病危之际，曾有意改立庐陵王为太子，而谢卿代父皇去往庐陵王府中考验，不知可有此事？"

谢晦心中一紧。此事万分机密，刘义隆是如何得知的？刘义隆与刘义真感情深厚，这个问题若是答得不好，可真是个祸事了。

谢晦不觉一阵冷汗冒了出来，转瞬之间，脑海中已转过无数个对策来，终是正色说道:"确有此事!营阳王昏聩无道,臣早知他绝非天命之才,这才为国家计,求先帝改立太子。从营阳王即位后的荒唐来看,臣谏言改立太子并无不妥。先帝的确有意以庐陵王接任太子,并遣臣去其府中考验。只是以臣所见,庐陵王德轻于才,言过其实,绝非人主也。故而谏言先帝,不可册封庐陵王为太子。此事这才作罢。臣本还想向先帝推举陛下,怎奈先帝病情恶化太快,未过多久便驾崩了。若苍天有眼,能给先帝多些时日,容臣谏言,改立陛下为太子,也就没有了今日营阳王被废一番周折了。"

谢晦此话有真有假。谢晦的确谏言废黜太子,也的确去了刘义真府上。只是谢晦助刘裕讨灭后秦,收复两都,故而对北伐秦国,谢晦自以为是成功的。刘义真无能,让关中得而复失,谢晦因此对刘义真是一百个不喜欢的。这才劝刘裕放弃了改立刘义真的念头。何况,在谢晦看来,刘义真的确不是什么明主。至于推荐刘义隆的话,就完全是谢晦为了讨好刘义隆而编造的。

刘义隆没去管谢晦后面的话,只是为刘义真的事沉默了很久。

当日刘义真偷偷来到江陵时,刘义隆曾疑心刘义真是为骗自己助他起兵才那样说的。今日从谢晦口中问个实情,不过是为求个答案。二哥究竟有没有为了夺取大位而欺骗自己?若真是如此,那兄弟的多年情谊在二哥眼中竟然是一场交易,这让刘义隆是难以接受的。听谢晦道出实情,刘义隆只觉了却一桩心事,觉得有些对不起刘义真。二哥果真没有骗过自己,可自己终是没能帮上他一把,以至于二哥谋划来谋划去,谋算了近二十年,最终糊里糊涂被徐羡之谋害了性命。

刘义隆叹了一声:"谢卿果真是国家栋梁,朕深感欣慰。谢卿也知道,朕与庐陵王感情交好,此事在朕心中,一直是个心结,既然知道了实情,朕也无话可说。庐陵王虽有天下之志,却无这样的才德,谢卿正义直言,并无不妥,此事就这样过去吧!谢卿去往荆州,还当尽心为国才是。"

谢晦如蒙大赦,匆匆一拜,飞也似的逃了出来。谢晦回到自己的船上,望着那渐渐远去的画舫,惊魂未定,暗自惊道:"徐羡之,你自诩才智过人,然而刘义隆这样的君王,岂是你所能控制的!"

暗结盟友，剪除权臣

华林园里，正吵得热火朝天。

刘义隆登基称帝已经过去两个年头，朝里朝外明争暗斗不断，可总体而言，大宋还算风平浪静。

朝政自然一直被徐羡之、傅亮牢牢把持，大到钱粮赋税征用调派、京城州郡人事任免、军队换防往来更替，小到城池基建宫殿修缮、水利兴建军屯民屯，都要徐、傅二人首肯，才能颁诏执行。甚至刘义隆册立皇后、选纳妃嫔，二人也要过问一二。好在有王弘同在华林园参政，徐、傅二人才稍稍收敛。

另一方面，刘义隆已征召到彦之、王华到了建康，随后又征召孔宁子等不少荆州属官来了京城，以此壮大自己在朝中的势力。只是朝政被徐、傅控制，刘义隆也难把这些亲信安插进中枢要害。因此退而求其次，把目光放在军队中。

自刘裕时起，刘家便靠北府军起家，故而在军中威望经年不衰。虽说徐羡之、傅亮也有北府军的背景，却哪压得住刘义隆在军中的威望？何况到彦之本已官拜中领军，王昙首领右卫将军，无论是禁宫侍卫，还是戍卫京师的兵马，都有不少被刘义隆控制。故而刘义隆先后又拜王华为骁骑将军、朱荣子为右军将军、孔宁子为步兵校尉。

徐、傅纵然担心刘义隆兵权过盛，也难阻止刘义隆把这些人接连安插进军队中。毕竟刘义隆既是天子，又是北府军旧主的儿子，若徐、傅干涉太多，只怕会惹来北府军众怒。在徐、傅看来，虽然刘义隆掌控了京城内外的兵马，可当兵的总要吃粮拿饷，只要他们还总揽朝政，就能扼住军队的脖子。

京城的局势就这样形成了一个微妙的平衡。到了今年年初，刘义隆虚岁已到二十。加冠之后，刘义隆便是个成年人了。徐羡之、傅亮还算有些分寸，主动向朝廷请辞辅政之权，求刘义隆亲理万机。刘义隆推辞再三，见徐羡之、傅亮甚是恳切，还当二人是怕了自己掌控兵马，生出急流勇退之心，真有了还政天子的念头，遂即答应下来。谁知徐羡之、傅亮分明是以退为进。刘义隆前脚进了华林园，徐、傅二人后脚便撂了挑子，各自回府去了。

国家的这么多事一下子丢在刘义隆面前，还真是让他难以应付。虽说王华、王昙首、慧琳都曾在荆州打理府事，可想要顺利接手一国军政，显然是痴人说梦。何况徐、傅虽走，可里里外外全都是他们的亲信党羽，不但假作一问三不知，搅得朝政越发混乱，还一个劲儿地向朝廷请奏，求迎回徐羡之、傅亮主持大局。王弘那个老油条，虽然久在华林园，自然知道该如何处理这些纷纷杂杂的事务，却瞧出这是徐、傅挖的一个大坑，也就装聋作哑。

无奈，刘义隆只得亲往徐、傅二人府上，求他们回华林园视事。看着二人计谋得逞的模样，刘义隆恨得牙根痒痒，越发生出扳倒二人之心，可明面上还要恭恭敬敬，向二人托以国事。如此一来，刘义隆虽然已经亲政，可实际上国家大权仍由徐、傅二人把持。

平日里，华林园就为各种事务吵吵嚷嚷。一边是以徐、傅二人为首的执政一派，一边是刘义隆带进华林园的王华、王昙首、孔宁子一派。军人无法干政，王华三人兼任侍中，才有参政的资格，可显然被徐、傅压得难以抬头。这月余来，吵得越发天翻地覆。只因北方局势骤然发生变化，刘义隆决意再次北伐了。

就听王华说道："司徒大人口口声声说夏国兵强马壮，国运正盛，当年关中一战，杀得我军几乎全军尽没。可此一时彼一时。去年夏国便生内乱，夏主赫连勃勃欲废太子赫连璝，改立少子赫连伦。闹得二人各自起兵大闹一场，却落得个两败俱伤，最后太子大位反倒落入赫连昌手中。那时陛下便已有意北伐夏国，以报当年关中之仇。可司徒大人言夏国虎狼之师，魏国又不怀好意。若无必胜之把握一战击溃夏军，难保魏国不会浑水摸鱼，故而推三阻四，就是不肯派兵派粮，以至于大好时机平白错失。今年夏主赫连勃勃病死，赫连昌即位，夏国本就因争夺储君内耗一场，如今又逢国丧，正是夏国人心动荡的时候。司徒大人倒还有什么借口，仍旧不肯支持北伐呢？"

徐羡之哼了一声，说道："王侍中未免太小瞧了赫连昌。去年夏国内斗，赫连璝引兵七万突袭赫连伦，赫连伦仅领兵三万，兵败而死，其兵马皆落在赫连璝手中。赫连璝大胜之后，手握近十万大军，士气正盛，欲以此逼迫赫连勃勃逊位。谁承想那赫连昌,居然敢以一万兵马奔袭赫连瑰,以少胜多,阵斩赫连瑰,吞并其兵马八万五千众。这样一个人物,只怕比他老爹赫连勃勃也是有过之而无不及。想当初在关中,青泥一战,我军惨败于赫连瑰,可也就是这个赫连瑰,兵力明明远比赫连昌强盛,却落个如此下场。王侍中,你倒是哪里来的底气敢说赫连昌不堪一击?"

王华反驳道:"徐司徒枉在军中多年,竟连这点都不知道吗?打仗难道仅仅是靠沙场对阵?那赫连昌心狠手辣,对他兄弟都难相容,初继大位必要大肆清洗旧敌。夏国人人自危,此时北伐夏国,必能事半功倍。"

徐羡之却冷笑道:"那也且等赫连昌闹得夏国内乱起来再说这话吧?你说夏国人人自危,赫连昌岂能不知?他还不是太子的时候,为争大位自然要下手狠一些。可如今已是一国之主,首要之事便是稳住国家。又岂会如你所愿,自己把国家搞乱啦?赫连昌懂得在二王相争时渔翁得利,这样满腹阴谋诡计之人,或许真会如王侍中所言,清洗旧时政敌,可那也要确保国家稳定为先。"

王华还未开口,孔宁子抢先说道:"徐司徒所言自然有理,可兵贵神速,若等夏国内乱起来时再往关中派兵,只怕我军还未集结到武关,以赫连昌的手段,已经讨灭不臣了。若想抓住战机,便该早早调集兵马,驻扎于雍州,随时观望关中动向。一旦夏国有个风吹草动,我军便可长驱直入,直捣长安。"

徐羡之却是大笑一声:"我当孔侍中有什么良策呢,却是如此幼稚!大军集结雍州,你当赫连昌是瞎子、聋子,看不到、听不见吗?若我军不在雍州,赫连昌还有可能放下心来对其政敌下手,一旦得知我军在边境集结,你当赫连昌分不清轻重缓急吗?再者说了,武关险峻!当年北伐,沈田子能以千余兵马突破武关,杀到青泥,在于先帝分三路大军,自豫州、兖州、青州向后秦进发,一路扫掠后秦在中原的州郡,逼得后秦将大军部署于潼关、蒲阪,以致武关空虚,这才让沈田子钻了空子。可如今呢?魏国南侵,司州、豫州、兖州、青州大部已落在魏军手中,我朝仅有雍州与夏国交界,哪还能像当年一般,分兵四路讨伐关中?仅以雍州一路兵马,赫连昌仅需万人扼守武关,就足以挡住十万雄兵!一日攻不下武关,我大军就要在雍州多驻一日,供养大军的钱粮是小数目吗?雍州边陲久战疲敝,府库所存仅能自给。大军久驻雍州,所耗费的钱粮皆要从其他州郡调派。别说驻扎个一年半载,朝廷难以承受,就是耗上两三个月,朝廷一年的赋税就算白收了！孔侍中真是不当家不知柴米贵呢！"

王华见徐羡之咄咄逼人，驳斥道："夏国的仇家又岂只有我大宋？赫连勃勃在时，目空一切，四处用兵，魏国、北凉、西秦、仇池，哪国不与夏国结仇？且看夏国国都统万城四门名号招魏、朝宋、服凉、平朔，在赫连家看来，这天下诸国皆不在他们眼中！北凉沮渠蒙逊数与我朝通使，西秦乞伏炽磐也曾受我朝官爵。近来，仇池国主杨盛病死，其子杨玄即位，改称武都王，遣使告丧，欲与我国通好。若遣使结交三国，共发兵马，便可让赫连昌四面受敌，想要攻破武关，也远没有徐司徒说得那般艰险。"

傅亮却是笑了一声，说道："把筹码押在他国身上，王侍中也太天真了些。固然如王侍中所言，北凉、西秦、仇池皆与夏国有仇。可这三国国主，又有哪个是善与之辈？当年北伐，北凉、西秦皆与先帝有盟，可结果呢？北凉趁着后秦国灭，一举侵吞秦州北部大片疆土。西秦不甘示弱，招诱多少后秦兵将归附？先帝与后秦杀得热火朝天时，见不到两国兵马相助，大局已定，倒是见他们来抢夺战果。再说那仇池杨氏，西晋尚在时，便已仗着汉中险峻独霸一方。百十年间，北汉、前赵、后赵、前秦、后秦，再加上现在的夏国，关中有多少国家兴亡，可仇池依旧霸占汉中。这样一个极善经营的小国，会因一纸盟约，就悍然起兵向夏国开战？何况我还听闻，西秦乞伏炽磐已暗中向魏国称臣，就更不可能与我朝结盟共伐夏国了！"

久久没有说话的王昙首总算开口道："乞伏炽磐虽向魏国称臣，可两国交好利益为先。乞伏炽磐能背弃我朝，向魏国通好，自然也能为了利益再次背弃魏国，重新与我朝结盟。赫连勃勃病死，这对久受夏国威胁的几个小国来说，都是到了复仇良机，只是相互戒备，无人挑头罢了。若我朝愿意北伐，这三个小国必然乐见其成。虽说傅令君说得也有道理，这几个小国全无信义，只想着浑水摸鱼，可只要他们肯向夏国出兵，无论开不开战，都会让赫连昌投鼠忌器。再说了，魏国虽与我国交兵，可前些日也遣使过江修好。那拓跋焘初继大位，急需一场大胜来证明他的雄才大略。眼下夏国的情势，对魏国而言，也是有利可图，魏国未必没有讨伐夏国的念头。拓跋焘遣使修好，只怕多是想安抚我朝，好让他有机会从容用兵。听闻魏国近来调兵频繁，难保不是准备对夏国下手。我朝若是坐失良机，待魏国夺取关中，一统江北，莫说以后我朝收复中原成了奢望，就连江南，只怕都将再无宁日了！"

听王昙首说起拓跋焘急需一场胜利证明自己，徐羡之与傅亮的脸上都现出一丝戒备。两人执意反对北伐，不是没有看出夏国的危机，而在于两人实在不愿意北伐。

一来先帝北伐后秦，看似大获全胜，后秦就此亡国，可实际上大宋没有守住一块秦土，全都便宜了夏国和魏国，甚至先前讨伐南燕时所得土地都赔进去不少。魏国南侵，也让徐羡之、傅亮看到了魏国的强大。就算现在夏国国内危机重重，北伐夏国当真能有所斩获，可在魏国尚强的时候，谋求北伐关中，难保不会让魏国最后占了便宜。

二来当年北伐后秦，北府军损兵折将。虽说青泥一战，在刘义真手中仅有万余精锐阵亡，可江南前前后后有多少兵马投了进去，回到江南时又剩下了多少，这些数字也只有徐羡之、傅亮最清楚了。北伐秦国对江南来说，当真是伤筋动骨了。先帝在时，虽是因为刚刚取代晋朝，需要稳定国内局势，因此顾不上向夏国复仇，可更重要的是，先帝也知道江南损失太大了，只能忍辱负重，暂且休养。这几年好不容易让江南缓了一口气，魏国南侵，逼得江南只能奋起迎战。只是能调动的兵马实在有限，面对魏军强大的攻势，即使檀道济、王仲德这样的宿将，也只能用那点儿兵马保住青州而已。至于虎牢的陷落，虽是因为毛德祖与王镇恶的亲近而被北府军舍弃，可也在于江南实在没有驰援虎牢的实力了。随着兖州、豫州、司州相继陷落，大宋又有不少精锐为国捐躯。魏国退兵仅仅两年时间，想让大宋恢复元气派兵北伐，实在有些强人所难了。

三来也是最重要的一点。徐羡之、傅亮掌权，刚刚亲政的刘义隆急切地谋求北伐燕国，不正是和拓跋焘一样，想着建功立业吗？拓跋焘年纪轻轻继承魏国帝位，今年也刚刚十八岁而已。朝中那些重臣如长孙嵩、长孙翰、奚斤，哪个不是军功显赫？在以军功为上的魏国，拓跋焘想让这些重臣俯首听命，也唯有凭着自己的本事夺取军功，才能坐稳大位。徐羡之、傅亮听到王昙首的话时如此紧张，在于拓跋焘是这样想的，在大宋朝，天子刘义隆不也是这样想的吗？刘义隆若真能讨灭夏国，这样的军功威望，哪里是徐羡之、傅亮再能左右的？他们也只能老老实实交出手中大权，这岂是徐羡之、傅亮愿意的？

徐羡之忙说道："魏国近来的确调兵频繁，可依我所知，拓跋焘并非是冲夏国去的，而是意在柔然。去年，柔然可汗听闻拓跋嗣病逝，领兵六万骑杀进云中，攻陷魏国盛乐宫。魏国的陪都让人连锅端了，拓跋焘脸往哪里搁？故而亲领大军，三日两夜奔袭云中。却贸然进军，陷于柔然骑兵重围之中，若非柔然统帅被魏军冷箭射杀，惊得柔然仓皇退兵，只怕拓跋焘都已被柔然可汗擒了去。拓跋焘丢了这么大的脸，自然是要找回来的。据我所知，拓跋焘现领兵屯于柞山，显然是奔着柔然去的。"

王华立刻反驳道："徐司徒可不要大意了。柞山是离柔然近些。可夏国与魏国的国界长得很，统万城离柞山也不远呢！若拓跋焘是声东击西，明面上讨伐柔然，实则自北方出兵，直捣夏国国都统万城，试问我朝全无应对，岂不是坐视夏国被魏国吞并？"

徐羡之却说道："赫连昌是无能之辈吗？统万城何其坚固？当年为筑城死了多少人？这样一座坚城，是拓跋焘一队离国万里，全无兵马粮草补给的奇兵所能攻破的？"

徐羡之话还没说完，就听一直沉默的刘义隆终是忍无可忍，呵斥道："都给朕住口！"

见刘义隆动了怒，争吵声一时停歇下来。

刘义隆黑着脸，说道："夏国乱了这么久，魏国都已把兵开到柞山了，可我们还在为究竟出不出兵吵嚷不休，是等着老天爷一道天雷劈死赫连昌和拓跋焘吗？朕知道，北伐不易，也知道徐司徒和傅令君在担心些什么，我朝缺兵少粮，实难久战。可当年北伐时，魏国就轻松吗？先帝高歌猛进时，魏国刚刚经历一场灾荒，平城穷得都没粮了，逼得拓跋嗣有心把国都从平城迁到邺城去。即使这样窘困，在父亲北伐时，拓跋嗣就因为缺兵少粮退却了吗？不照样集结兵马沿河袭扰？即使被先帝大败一场，魏军仓皇逃亡，可不是很快又收拢阵脚，继续往河东滋扰吗？结果呢？后秦亡国，看似夏国占据关中，北凉、后秦都占了不少便宜，只是最大的赢家却是魏国！有多少后秦士族、百姓逃去了魏国？有多少中原州郡归附了魏国？若魏国没有借这场大战就此壮大，他哪有实力侵扰我朝？又如何能夺去司州、兖州、豫州大片国土？今日我朝，比当日的魏国如何？我们还没穷到吃不上饭吧？魏国有这样破釜沉舟的勇气，一点点战机都不肯轻易舍弃，才有了魏国今日的强盛！难道我朝就没有这样的气魄吗？"

刘义隆一席话，臊得众人面红耳赤。徐羡之却不愿低头，正想出言反驳，却见刘义隆瞪了一眼，接着说道："有些事，朕原本以为时机尚不成熟，是不打算说的。可徐司徒、傅令君迟迟不肯支持北伐，眼见战机一日一日耗尽，朕也实在不能瞒下去了！朕此番举兵，非是向着夏国，而是冲着魏国去的！"

此言一出，众人无不大吃一惊。别说徐羡之、傅亮一干人等不知道，就连王华、王昙首、孔宁子都是一头雾水。明明是夏国陷入危机，天子何故要向魏国用兵呢？

就听刘义隆说道："兵不厌诈！谁都觉得夏国这时候好欺负，朕把兵马调上去，都当是为了找夏国报当年之仇。拓跋焘也是这样想的，遣使来朝，无非是告诉朕，魏国不会干涉我朝讨伐夏国，他也是要忙着去向柔然复仇的。且不论拓跋焘是真打算讨伐柔然，还是在等征讨夏国的时机，魏军大举北上是不争的事实。如今河南空虚，魏军仅有周几数千兵马守备，正是我军收复司州、豫州良机。徐爱卿，傅爱卿，当年魏军夺我河南州郡，几位顾命大臣可是联名上书，请罪自劾的。不是朕不顾及两位爱卿的颜面重提此事，魏国夺我国土，我大宋朝的脸面早就丢尽了！今日天赐良机，若能夺回河南诸州，我朝便可依黄河天险再与魏国对峙。无论是讨伐夏国，还是讨伐魏国，皆由我朝定夺！"

徐羡之、傅亮面上皆是现出愧色。几个顾命大臣丢了河南之地，虽然把这锅甩给了刘义真，可他们岂能推个干净？一听刘义隆是想收复河南失地，一时有些无言以对。只是心中有愧不假，可傅亮实在不甘心就这样让刘义隆调兵北伐，固执说道："可那魏国刚刚与我朝通好，就这样贸然北伐，实在有失信义。我朝乃天朝上邦，岂能失信天下？"

刘义隆冷笑道："迂腐！当真迂腐！徐爱卿！傅爱卿！不进则退！魏国夺取河南，除了青州尚在，我朝已被逼得退回淮河，他那时顾及与我朝通好了吗？无论今日魏国是大败柔然，还是趁机鲸吞夏国，回过头来，魏国会与我朝相敬如宾？待魏军没了后顾之忧，必会大举南下！我朝轻则丢了青州，甚至彻底退回长江以南，重则被魏军趁势杀过江来，都不是不可能的事！到那时，傅爱卿还要去和拓跋焘谈谈何为信义吗？"

被刘义隆这样喝问，徐羡之、傅亮臊得满面通红，哪还有反对下去的理由？王华众人乘机反攻，说得徐、傅一党越发难以招架。

徐羡之、傅亮暗自对视，知道再也拦不住了。何况收复河南对大宋而言，的确是极为有利的,再加上魏国河南空虚,想要夺取失地也是大有胜算,终是拜道:"臣等考虑不周,未能参透陛下谋略,愧疚难当。既然陛下执意北伐,臣等唯有竭尽所能,助陛下成就此功!"

刘义隆见徐羡之、傅亮已不再反对,大喜道:"这便对了!有二位爱卿支持,北伐魏国必能大获全胜。"说完,瞥了一眼一直默不作声的王弘。吵吵嚷嚷这么久,他倒是闭口不言,真是忍得下去。

徐羡之拜道:"未知陛下当如何调动兵马,臣也好早早拟旨征调。"

刘义隆沉思一阵,说道:"此事万分机密,原本在向河南出兵前,朕打算先不说的。可既然已经告知诸位爱卿,想来诸位也不会泄露半句。朕有意传旨荆州刺史谢晦,命他往雍州多布疑兵,使北方诸国皆以为我朝当伐夏国。同时以中领军到彦之为帅,调集扬州兵马万人,往石头集结。待朕往初宁陵告祭先帝,而拓跋焘兵马也有了动向,朕便御驾亲征,直捣河南!"

一听刘义隆要亲征,徐羡之、傅亮赶忙劝阻:"陛下万圣之躯岂能轻涉险地,何况以一万兵马北伐魏国,未免少了些!"

刘义隆却道:"先帝在时,何曾躲在将士后面过?何况征北将军檀道济驻扎广陵,有其自东向西出兵,周几必然首尾难顾。河南不足平也!"

徐羡之、傅亮还要再劝,就听刘义隆说道:"朕意已决,此事休要再提。倒是京城,还要多仰仗两位爱卿守备了。兵马补给、粮草军需,勿不可迟缓!"

徐羡之、傅亮见再难拦住刘义隆,只得作罢,各自领命。众人又细细商讨一阵调拨兵马的细节,临近黄昏,这才说罢。各自离了华林园,出宫去了。

刘义隆在王华几人的陪同下,回了寝宫。天色已经暗了下来,王华三人正要辞拜离去,却被刘义隆拦住:"王华、昙首二位爱卿且先等一等,朕还有些事与你们说。"

孔宁子先行拜退。王华、王昙首见天色已晚,留在内宫多有不便,可天子把他们留下,也不知有何要事。正在疑惑中,就见彭城王刘义康和慧琳匆匆自寝宫迎了出来,问道:"徐羡之和傅亮可同意北伐啦?"

刘义隆点了点头,刘义康一脸兴奋:"可算成了。"

几人拥着刘义隆进到殿内,刘义康早已急不可耐,问道:"到彦之什么时候可以去石头?"

王华说道:"刚才在华林园,傅亮已当面拟了诏书,短则三日,长则五日,到彦之便可往石头调集各路兵马了。"

刘义康撇了撇嘴:"还要等这么久?徐羡之、傅亮办事也太拖沓了。"

王昙首却道:"已经算快了!能让二人支持北伐,这一个月真是费尽了口舌。"

刘义隆嗯了一声,又招了外面护卫的朱荣子进到殿内,使左右侍奉的宫人全都回避,这才对王昙首说道:"昙首,你代朕去你兄长府上走一趟。"

王昙首问道:"陛下有何事交代?"

刘义隆说道:"你带朕的口谕,命王弘招檀道济领兵回京!"

王昙首、王华皆是一脸迷茫。北伐在即,天子莫名招檀道济回京,究竟所为何事?

却听刘义隆正色说道:"徐羡之、傅亮把控朝政,目无天子,欺君罔上,心怀叵测。又杀营阳、庐陵二王,非人臣之道,仅以此罪,二贼便无可赦!着令檀道济引兵南下,护卫建康。等他来了,朕便招徐羡之、傅亮入宫议事,昙首与朱将军即引宫卫收押二贼。"

此言一出,王华、王昙首皆是目瞪口呆。

虽说二人素来对徐羡之、傅亮不满,一直劝天子拿掉他们,而天子显然也有这样的打算。怎奈徐羡之、傅亮党羽遍于朝野,对朝政操控太深。当日徐羡之、傅亮请辞,一下子让朝廷乱了套。若无必胜把握贸然行事,不但太过凶险,也会让朝廷动荡不安,故而天子迟迟没有准允。谁知今日天子突然提出此事,看来已经谋划许久了。从刘义康、慧琳的神情来看,这事多是他二人参与其中。王华、王昙首固然一百个愿意,可内心深处总有那么一丝失落。这样的大事,天子只和彭城王、慧琳商议,看来这二人在天子心中的分量,远比他们要重些。

震惊之余,王华有些疑惑,问道:"陛下,徐羡之、傅亮跋扈了这么久,陛下严惩也是他们罪有应得。只是朝廷北伐在即,这样紧要的当口对二人下手,京城必然动荡,是不是等北伐有了胜算再动手,能稳妥些?"

刘义康却笑道:"我的侍中大人,你们倒也信了!哪有什么北伐?不过是迷惑徐羡之、傅亮罢了。"他转又向刘义隆问道:"皇兄,檀道济当日可是与徐羡之、傅亮一起谋废营阳王的,招他入京护卫,皇兄是不是太信得过他啦?"

闻听此言,王华、王昙首当真是无比震惊。今日在华林园,天子忽然说出北伐意在魏国而非夏国，已让王华、王昙首吃惊了，谁知就连谋划了这么久的北伐，整个计划都是假的！在华林园吵得越凶，越让徐羡之、傅亮看到天子对北伐的热忱。他们如何猜得到，这个声东击西、让人称奇的诡谋，竟是为了除掉他们所掘好的陷阱。只怕徐羡之、傅亮从现在起，已忙着张罗从扬州调兵调粮了，殊不知，天子真正的意图是要对他二人下手吧！

见铲除徐羡之、傅亮已有十足把握，王华、王昙首皆兴奋起来。毕竟徐羡之、傅亮一倒台，就该他二人上位了。只是与刘义康担心的一样，王华、王昙首对檀道济也放不下心呢！

王华上前说道："陛下，彭城王的忧心不无道理。当日徐羡之、傅亮、谢晦谋废营阳王，便是招了檀道济引兵入京。檀道济曾是徐、傅的助力，今日陛下欲除徐、傅，却招檀道济来，就不怕檀道济泄露机密给他们吗？再说了，徐羡之、傅亮虽把持朝政，党羽充斥内外，却几乎没有兵马可以倚重。臣与昙首统御宫中禁卫，到彦之亦掌控京城驻军。陛下既然已决意铲除二贼，今夜我等调控兵马，明日招徐、傅进宫，足以一举擒拿二贼，又何须招外兵入京？"

王华不愿意让檀道济掺和进来，一是不信任檀道济，怕他坏了大事，二来也是怕檀道济当真助天子铲除了徐羡之和傅亮，岂不是让王华、王昙首又多了个分功之人？

刘义隆却笑道："几位爱卿不必担心。当日废立之事，首谋乃徐羡之、傅亮与谢晦，檀道济镇守广陵，并未参与其中。受命领兵入京也是受得朝廷之命，而非听奉徐羡之、傅亮。至于弑杀二王，檀道济更未同谋，此事与他无干。再说了，檀道济是北府军大将，亦是先帝爱将，我刘家对得起他檀道济！以檀道济为人，或许看不惯老大的坏毛病，一时帮了徐羡之、傅亮，可朕于天下无罪，檀道济犯不着担着不忠不义的罪名，再去帮徐羡之、傅亮这两个贼人。"

刘义隆顿了顿，又对王昙首说道："说起当日废立之事，车骑将军不也受徐羡之、傅亮相招，来了京城吗？"

听刘义隆这样一说，王华、王昙首慌忙跪倒在地，连连叩首："陛下，我家兄长绝非甘心与徐、傅同谋。只因营阳王确非明君，这才忍痛为之。事后也是想极力保全，却被徐羡之抢先下了毒手。"

王昙首话未说完，刘义隆却打断道："两位爱卿勿要多心，快快起来。朕说此事,并非信不过车骑将军。朕相信车骑将军的为人,也信得过檀道济的为人。当日徐羡之、傅亮调檀道济兵马,是怕动用京师兵马极易走漏风声。虽说宫中禁卫与京城驻军皆由尔等掌控,可朕也不敢保证,其中没有徐羡之、傅亮的耳目,故而无论如何都需借助外兵,方能万无一失。何况今日在华林园也说了,京城驻军大部要随到彦之去石头的,剩余兵将想守住各门都有些吃紧,就更别说在城中警戒,防备徐羡之、傅亮党羽兴风作浪了。"

王华有些奇怪:"既然北伐只是个幌子,到彦之又何必非要去石头呢?虽说铲除徐、傅不好动用京城驻军,可把到彦之留下来,至少在檀道济外兵来了后,能用京城驻军加以制衡。免得檀道济心意难测,到时不好控制!只要借称粮草军资不齐,让到彦之在京城多留些时日也非难事。"

刘义隆却摇了摇头,说道:"到彦之去石头另有重用!"

王华愣了一下,忽然惊醒道:"莫不是陛下信不过谢晦?"

刘义隆看了看王华,点了下头:"当日朕来京城即位,徐羡之、傅亮以谢晦接管西境,其本意就是想以荆州兵马威慑建康,就算朕掌控京城内外兵马,想对徐羡之、傅亮下手也会投鼠忌器。故而徐羡之、傅亮并不担心这两年来朕把你们一个个安插进京城驻军中。只要荆州军政还在谢晦手中,他们就不怕朕对他们怎样!"

王昙首疑惑道:"可据我等所知,谢晦早与徐羡之生隙,陛下要扳倒徐羡之,谢晦高兴还来不及,又岂会横加干涉?何况陛下这两年来对谢晦可是恩重无比,不但把雍州放手交给了他,近日不还要与他结亲,为彭城王和新野侯迎娶谢晦的两个女儿吗?"

刘义隆沉默一阵,说道:"谢晦虽与徐羡之生隙,却与傅亮关系紧密。当日也是傅亮保全,才让谢晦逃过一劫。何况……何况谢晦毕竟曾与徐羡之、傅亮一党,就算朕信得过他,也怕他难以自安。朕突然对徐羡之、傅亮下手,若惊到了他,为求自保,谢晦悍然起兵,必是大患。朕不能冒这个险,也不能把成败的关键交到他人手中。故而到彦之领兵去石头,便是冲着荆州去的!而招檀道济外兵南下,也是为防荆州兵强马壮,到彦之所领京城驻军难是谢晦对手。到时便可让檀道济一起向荆州发兵,以求万无一失。魏国方面,也无须担心。拓跋焘的确调兵北上,无论他是想对柔然用兵,还是想对夏国动手,此时巴不得与我国相安无事。何况魏国留在河南的周幾数千兵马,也难威胁边境。"

说完，刘义隆又对刘义康说道："谢晦的长子谢世休已送他两个妹妹来了京城，你这些日和义宾多往谢府走动走动。毕竟是为你二人娶亲，好好去谢府会会你们这个大舅哥，把谢家一定给朕稳住了。可别太疏远了新娘子，让谢晦起了疑心。"

看着刘义康笑嘻嘻地领命，王华、王昙首内心越发惊异。原以为天子只是要除掉徐羡之和傅亮，看来对谢晦也不会放过了。以北伐为借口，名正言顺地调动到彦之领兵去往石头，让徐羡之、傅亮忙着筹兵筹粮，无暇他想，又暗中调檀道济来到京城，控制大局，扳倒徐、傅，再掉转兵马，即刻向荆州进兵，杀谢晦一个措手不及。两人辅佐刘义隆不是一天两天了，没想到刘义隆年纪轻轻，所谋环环相扣，让人防不胜防，还真让人意外。

这时，刘义隆对王昙首说道："能不能扳倒徐羡之和傅亮，关键还在于檀道济的兵马。朕虽已亲政，可没有华林园的诏书，直接向檀道济调兵，一来不合规矩，二来檀道济也难安心。车骑将军当日与檀道济一同受命进京，两人也算打过一场交道。他代朕招檀道济南下，至少让檀道济知道，王家是支持朕的，让他明白徐羡之、傅亮已是孤家寡人。再说车骑将军在华林园也有两年了，由他向檀道济下令，也合乎朝廷规矩。"

接着，刘义隆又说道："爱卿去你兄长府上，一来是招檀道济南下，二来也请爱卿告知你家兄长。当日徐羡之需要借助车骑将军稳住京城士族、百姓，今日朕也需借助他的声望稳住京城局势。前番徐羡之、傅亮请辞，闹得朝野动荡，在于只要二人还活着，他那些党羽无论为了自己的利益，还是真的忠心于徐、傅，都会与朕对着干。今日一举拿下二人，他那些党羽如何再敢与朕为难？何况朕也不信，车骑将军在华林园这么久了，还没摸清朝廷中枢各部衙门的命脉，待徐羡之、傅亮倒台，朕需车骑将军坐镇华林园主持大局。徐羡之、傅亮的党羽，能用的人，朕既往不咎。执迷不悟的，一个不留！"

王昙首一凛，忙拜道："微臣这就去办，陛下放心，我家兄长必不会辜负陛下所托。"

刘义隆点了点头，王华、王昙首在震撼之中退了出去。刘义康又和刘义隆说了会儿话，也在朱荣子的陪送下，出了内宫。

刘义隆见慧琳还在，问道："慧琳，你还有事？"

慧琳迟疑一阵，双手合十拜道："陛下刚刚亲政，的确需要有威望的重臣辅佐，只因王华、王昙首是陛下心腹，王弘得以被陛下重用。只是陛下既然能用王弘和檀道济，却为什么一定要除掉谢晦呢？"

刘义隆沉默良久，说道："先帝登基之后，朝政几乎一直被徐羡之、傅亮、谢晦三人掌控。先帝在时，他们都算老实本分，待先帝驾崩，便再难有人扼制。先帝所留顾命大臣四人，檀道济是个领兵的将军，久在镇所，少在京师，故而对朝政极少参与。这些年来，大宋几乎一直就是徐羡之、傅亮、谢晦三人做主。你别看谢晦被徐羡之、傅亮排挤出了京城，可他的野心决然不小。"

刘义隆叹了一声，一只手捏了捏袖中的樗蒲，说道："何况二哥之死，徐羡之、傅亮难辞其咎，可谢晦也不是全无干系！当日若不是谢晦从中作梗，二哥又岂会被先帝贬去南豫州，又岂会因虎牢陷落而做了徐羡之、傅亮的替罪羊？杀兄之仇不共戴天，朕若饶过谢晦，怎对得起二哥在天之灵！"

慧琳想起刘义真，心中也是一阵感伤，诵了声佛号，说道："陛下已是万圣之尊，还当以国家为先。谢晦纵然有罪，却足智多谋，当年便是先帝良辅，若用好了，日后必是陛下左膀右臂。"

刘义隆却道："老虎吃过人后，便再不肯去吃别的肉了。谢晦掌控过朝政大权，品过权势的滋味。权势对慧琳这样的世外之人或许没觉得怎样，可对谢晦这等有野心有背景的人来说，岂能甘心大权旁落？待徐羡之、傅亮倒台后，谢晦必不会甘心留在荆州！而朕也不放心把荆州交给这样一个野心勃勃又满脑子主意的人！"沉默一阵，他说道，"若到彦之、檀道济向荆州用兵时，谢晦肯放弃荆州早早归降，朕倒也就放他一条生路。若他不肯俯首听命，那就休怪朕翻脸无情了！"

慧琳听罢，久久不发一言。刘义隆当真长大了，会使计谋，更是懂得了人心。若刘裕当年以刘义隆为太子接管天下，或许大宋就没有今日的一场兵祸了吧！诵了一声佛号，慧琳辞别刘义隆，回到佛堂去了。

十数日后。

傅亮一大早赶到宫中，想在朝会前先去见一见天子。朝廷定下北伐之事后，扬州兵马已按计划集结于石头，到彦之也早已去接管了兵马。按说这两日就该向豫州进发了，可不知为什么，天子突然不再提及此事。接连两日，华林园里忙忙碌碌，统计罢兵马粮草呈于天子时，天子只是随便看了一眼便放去一旁，也不知这个让人猜不透的天子究竟在想些什么。最让傅亮奇怪的是，就在昨天，檀道济突然领兵回到京城，让傅亮隐隐有些不安。

先帝还未晋爵宋王的时候起，朝廷诏书几乎都已是傅亮草拟，今日檀道济莫名回到京城，傅亮居然什么都不知道。若无诏书，领兵回京，形同谋反，檀道济的胆子也太大了些！傅亮疑惑中，还当属官疏漏，误送了征兵诏书去了广陵。傅亮紧张无比地回到府上仔细查验，却发现并无此事。傅亮心惊之余，猜疑是徐羡之避开自己，调了檀道济回京，难道说徐羡之听到什么风声，故而调檀道济回京防备万一，还是说徐羡之又有什么图谋？

傅亮本有心直接去徐羡之府上质问，可自从徐羡之不听自己劝阻，强行杀了营阳、庐陵二王后，傅亮对徐羡之就越来越畏惧。何况傅亮曾数次驳了徐羡之的意思，尤其对谢晦暗中保护，让徐羡之与傅亮已不再像过去那样亲密。而徐羡之对朝政的把控几乎已经到了无人可以扼制的地步，就连傅亮也只能受其摆布。徐羡之对权势的狂热，让傅亮心中实在没有底。傅亮不时在想，自己对徐羡之来说，难道已是他总揽军政的陪衬了吗？

徐羡之实在太危险了，在未弄清檀道济回京的实情前，傅亮着实不敢去徐羡之府上。思来想去，傅亮壮着胆子，偷偷去了征北将军府，想和檀道济问个明白。相较之下，檀道济比徐羡之更让傅亮安心些。谁知檀道济也是一头雾水，只说得了朝廷诏书，命他领兵回京，商议北伐之事。至于诏书何来，他也弄不明白。傅亮向他索取诏书，可檀道济推三阻四，就是找不出来。傅亮本还想赖在征北将军府不走，一定要看到檀道济所得诏书才肯罢休。可待得越久，傅亮心中越慌。难道说檀道济压根儿就没什么诏书？若檀道济真是领兵谋反，自己岂不是羊入虎口？

傅亮惊慌失措地从征北将军府逃了出来，举目四望，也没个真正信得过的人。束手无策中，傅亮向谢晦写了封书信，使人连夜送去荆州，说出自己对北伐的疑惑和对檀道济领兵回京的担忧，让谢晦务必小心，一旦京城有变，荆州也好早做应对。

书信倒是顺利送出了京城，可远水解不了近火。傅亮忧心忡忡，一大早赶到宫中，想问问天子，是否知道檀道济领兵回京的事情。

不觉已到西明门外，离皇宫越近，傅亮就越慌，越不清楚自己面见天子究竟是要做什么。若天子也不知道此事，那无外乎是徐羡之擅作主张，又或是檀道济图谋不轨。若真如此，自己该怎么办？徐羡之瞒着自己做这样的事，是不是也对自己不怀好意？那自己要不要站在天子这边，助朝廷立刻羁押徐羡之和檀道济，免得被徐羡之杀个措手不及？可若是檀道济一人谋逆，自己要不要提前给徐羡之知会一声，也好和过去一样齐心协力对付檀道济？

忽然又有一个恐惧的想法冒了出来，难道是天子招檀道济进京？虽说没有诏书，就算是天子的授意，檀道济兵马也不敢妄动。可天子毕竟是天子，他要真想调集兵马，檀道济会不会没有诏书就奉天子私命入京？

傅亮摇了摇头。

檀道济是个真正的军人，军令高于一切，没有朝廷的诏书便是没有军令，檀道济不会无诏入京的。可又想想先帝对檀家的恩遇，这份私情会不会让檀道济放下原则，得了天子私命就领兵入京？这对檀道济的风险实在太大了，没有诏书，就意味着朝廷是不会认可檀道济的行动的，事后追究起来，若天子不承认此事，檀道济真是无处喊冤。只是檀道济若心甘情愿担着天大的干系，舍下他全族性命，受了天子私命入京，那天子招檀道济来究竟想做什么？是像檀道济说的那样，来商讨北伐之事，还是说要做些别的什么事情？

傅亮越想越害怕，难道说天子对自己和徐羡之生了杀意？

傅亮不禁打了个冷战。

平心而论，傅亮自以为是对得起朝廷的，无论是废黜营阳、庐陵二王，还是拥立天子登基，就算是跟在徐羡之后面一起把持朝政，出发点也是为了大宋的稳定。可这样的做法，无疑对天子是不公平的。天子已经成年，不再是个小孩子，不可能事事顺从两个臣子的意思，何况这个天子的确聪慧过人，有自己的主意。傅亮既为自己选对明君而高兴，也为选了这样一个明君而恐惧。再说了，手中的权势，就像一条绳索，把傅亮越勒越紧，就算傅亮想放弃这些大权不要，心中也是万分不舍，更怕放下大权后自己性命堪忧。

西明门已在眼前，车马停了下来。官门还未开启，守门的禁卫正在问询。听闻是傅亮的车马，那禁卫只说时辰还未到，即使是傅亮，也要再等半刻时间才可入宫。

傅亮迟疑不决，不知该走该留。正在这时，却见又有一辆马车来到西明门前。傅亮心中一慌，那是徐羡之的车驾。

就见那车停了下来，徐羡之诧异地看了看傅亮，似乎同样心事重重。两人相对无言。过了一阵，徐羡之走下车来。傅亮不好托大，也忙下车，迎上前去。

徐羡之小心问道："朝会还未开始，傅令君这么早来见天子，是有什么事情？"

傅亮支支吾吾也说不出个所以然来，见徐羡之也是满眼忧色，终是忍耐不住，问道："檀道济来了京城，可是司徒的意思？"

徐羡之惊道："傅令君胡说些什么？檀道济不是你招来的吗？昨日我可是亲眼见到你去了征北将军府，直到夜深才出来的！"

傅亮有些意外，昨日慌慌张张跑去了檀道济府上，也未留意到被人窥探，不由得对徐羡之有些恼恨起来，心中不满道："司徒大人这是什么意思？难不成使人监视傅某？"

徐羡之哼了一声："岂敢岂敢！若非被我撞见，只怕我还蒙在鼓里，你招檀道济来京城，究竟是什么意思？"

傅亮本有心不理，可徐羡之似乎根本不知道檀道济来京城的缘由，心中越发慌了，忙说道："我哪有招他进京？正因不知他为什么敢领兵进京，才跑去他府上质问，不承想被司徒看到。"

徐羡之大惊："我也是不明白檀道济怎么就来了京城，只当是你给了他诏书，故而想去他府上问问，却瞧见你先进了将军府，因此未敢进去。既然你见过了檀道济，可曾问到什么？他来京城究竟有没有诏书？他又是来干什么的？"

徐羡之问个不停，傅亮迷茫中却是苦笑一声："你我枉为顾命大臣，又多年共事朝堂。到了这种时候，非但没能同舟共济，倒是相互猜疑起来！若你信得过我，我也信得过你，相互问一声便知实情，又何苦战战兢兢、偷偷摸摸去找檀道济？"

徐羡之也面有悔意，就听傅亮把去檀道济府上的事说个大概。听傅亮没有看到诏书，徐羡之慌道："檀道济无诏进京，是想做什么？"

傅亮苦笑着对西明门努了努嘴："若不是檀道济想做什么，那就是里面那位想做什么。"

话才说罢，便听吱呀一声，西明门开了！

徐羡之和傅亮吓了一跳，就见走出一个官人，拜道："天子已经知道二位大人来了内宫，只是袁皇后自有孕以来，身子一直就不爽快。昨晚一宿未能安歇，天子陪了大半夜，这会儿正困得紧。朝会在即，二位大人若没什么打紧的事，便在朝会上再说吧。若真有急事，便让奴才进去禀奏。"

徐羡之、傅亮一阵疑惑，难道檀道济进京，天子并不知实情？那便是檀道济自作主张了！两人低声说了几句，正在犹豫要不要先去见见天子，便见一个侍卫从里面走了出来，到了那宫人面前，嘀咕几声。

那宫人脸上有些诧异，很快转身离去。而那个侍卫匆匆来到两人面前，低声说道："殿内有异，我已骗过了那宫人，二位大人速速离去。"

傅亮一瞧，那侍卫居然是自己安插在内宫的暗桩。自天子掌控禁卫之后，原有宫卫几乎裁撤个干净。为求自保，傅亮还是留了个眼线。这个侍卫早年在京口时犯了军法，险些丢了性命，是傅亮救了下来。这个侍卫辗转去了荆州，在王华手下做事，机缘使然，成了天子的宫卫，才没有被裁撤。这两年多来，傅亮从没动过这个暗桩，他这时突然冒险露头，说出这样一句话，可见内宫已是个陷阱了。

傅亮忙问道："是天子招来了檀道济？天子没有诏书，檀道济真敢来京城？"

那侍卫匆匆说道："是王弘代天子传旨，招了檀道济的！二位大人快些走吧，再迟就来不及了！"

傅亮大骂一声。王弘这个老狐狸，这些年来一直默不作声，突然下了黑手，一下子置自己和徐羡之于死地。傅亮面色惨白，扯了徐羡之，坐上车驾便往外跑。还没跑出多远，便听内宫一片哗动，显然藏着不少人马，正慌慌张张追了出来，与两人的卫队缠斗起来。若两人刚才贸然进去，只怕这会儿已经束手就擒了。

两人死命冲出皇城，家都不敢回，直冲建康西城门跑去。天色还未大亮，城门还未开启。守门校尉显然还不知皇宫之事，一听是徐羡之和傅亮来了，慌慌张张下来拜见。

徐羡之故作镇定，说道："奉天子旨意，往石头劳军，速速开门。"

校尉哪敢说不，放了两人出去。

傅亮见城门已开，赶了车便往外走，着急忙慌，车轴一下子刮在墙上，撞个稀碎。两人匆匆解下马来，也没有鞍具，只能死命抱着马脖冲了出去。

不觉跑了一个多时辰，两人又累又饿。虽说二人早年也曾在北府军中，可毕竟都是文人，这些年来锦衣玉食，就更没吃过什么苦了。在光溜溜的马背上骑了这么久，腿都磨破了。再也坚持不住，扯住坐骑停了下来。

天色渐渐亮了起来，两人见身后还没有追兵，可再这么跑下去，迟早被人追到。荒郊野外也没个人家，远远望见前面有处茅舍，只能先去看看能不能寻些衣食盘缠,至少找床棉被来,缚在马背上,也能骑得稳当些。

待到近前,却见是处坟茔,杂草丛生,哪有人迹?徐羡之不甘心地推开茅舍,也是空空荡荡,不由得连连叫苦。转身出了茅舍,却见傅亮望着坟前石碑,苦笑一声"多年来忙于国事,几乎再没有来过,今日仓皇出逃,误打误撞,倒是来了大哥的阴宅。"

徐羡之向那石碑望去,就见上面写着"故太常卿五兵尚书傅氏讳迪",竟是傅亮已经亡故的兄长傅迪之墓。

就听傅亮叹了一声:"兄长在时,常劝我谦虚恭顺,为人臣子,务要有自己的分寸,万不可贪恋权势,作茧自缚。多年来我一直置若罔闻,只当兄长懦弱不堪大用。若早听兄长之言,何至有今日之祸?"

徐羡之怔了一怔,苦笑道:"说得容易,若再给你个机会,你说放就放得下啦?"

傅亮沉默许久,不置可否。徐羡之问道:"事已至此,依贤弟之见,我等该当如何?"

傅亮回头看了看徐羡之,气道:"我早就跟你说过,天子乃是晋文、景二帝的人物,绝非受制于人的庸才。天子自登基之日,便对你我生了戒心。又有王华、王昙首、孔宁子那些人整日嘀嘀咕咕,天子容得下你我才怪!还有王弘那个小人,若没有你我招他进京,他还留在江州苦不得志呢!今日却翻脸无情,放了冷箭。你我纵有千万小心,也没想到王弘、檀道济这两个共谋废立的盟友会对你我下了黑手!"

徐羡之苦笑道:"你我已是穷途末路,若就这样回去,天子饶得了你我?为了阖家性命,贤弟倒是出个主意!"

傅亮叹了一声,说道:"谢晦掌管西境兵马,也唯有去投奔他,传檄天下,以清君侧之名,挥师东进,方有一条活路。荆州兵强马壮,足以与朝廷抗衡。待击败官兵,诛杀王弘、王华、王昙首这些贼子,还有那檀道济也不可放过,司徒大人便能重新独揽朝纲了!"

徐羡之愣了许久才摇头苦笑,说道:"徐某深受先帝大恩,这些年来,无日无夜不想如何振兴大宋!虽然我也知道自己秉权过甚,在天子看来,只怕早已把我当作了曹操!可徐某问心无愧,只愿做那霍光,岂能做出这等反叛之事?就算能借谢晦兵马重新掌控朝堂,徐某搅得大宋同室操戈,日后还有何面目去见先帝?再说了……"徐羡之沉默一阵,却是摇了摇头,"罢了,多说何益……"

傅亮知道徐羡之想说什么。徐羡之当日谋图诛杀谢晦,今日若是去了江陵,难保谢晦容不下他。

就见徐羡之失魂落魄地走进那茅屋,转身合上房门。关门的时候,傅亮问道:"徐兄真的只想做霍光吗?"

徐羡之顿了一下,终是没有说话,把那房门关了起来。

傅亮默默地望着傅迪的石碑,任凭两匹没有缚住缰绳的马匹走散了。就听屋内咯吱一声,应是有什么东西吊在了梁上,扑腾几声,便再没了动静。

傅亮轻叹一声:"早知如此,何必当初!"话才说罢,便听远方奔来一队人马,气势汹汹围了上来。

就见王华冲到近前,四处打量一番,问道:"徐羡之呢?"

傅亮指了指茅屋,没再说话。早有军士冲了进去,就见徐羡之已经咽了气。

王华满意地点了点头,对傅亮说道:"陛下有旨,徐羡之、傅亮谋弑营阳、庐陵二王,目无天子,罪无可赦。但以傅公当日江陵迎立之功,当使诸子无恙!"

傅亮苦笑一阵,说道:"傅亮本为布衣,受先帝之眷,得托顾命,黜昏立明,社稷之计也,何错之有?营阳、庐陵之死,与傅某何干?欲加之罪何患无辞?"

王华骂了一声,只当傅亮还想狡辩。正要呵斥,却见傅亮噌地拔出佩剑:"便以一腔热血,见证傅某丹心!"他再无多言,径直抹了脖子。鲜血喷涌而出,洒得那早已荒废的石碑一片殷红。

王华愣了一下,叹了一声:"勿要折辱二人,好生裹了,带回京城,向天子复命。"

讨灭西境，何辨忠奸

刘义隆意气风发地坐在去往江陵的龙舟上，想想上回出征，还是与二哥陪侍父亲讨伐司马休之。时光荏苒，不觉竟已过去了整整十年。如今刘义隆成了大宋国主三军统帅，挥师西进，讨伐坐拥西境的谢晦了。

刘义隆暗中谋划，借助王弘招来檀道济兵马，虽然走漏了风声，惊走了徐羡之、傅亮，可二人还是没能逃出追捕，走投无路，双双自裁。二人一死，他们那些党羽果然如刘义隆所想一般，没有一个人肯为二人说句话，纷纷上表请罪，忙着与两人撇清关系。原本那些一问三不知的事务，此刻全都变得井井有条。尤其在诛杀了徐羡之的两个儿子，放逐了傅亮的家眷后，徐、傅旧党越发惊恐，就算贬黜官职，让他们交接事务，也都事无巨细讲个明明白白，唯恐有什么疏漏，惹恼了天子，白白为徐、傅陪葬。

徐羡之和傅亮两个顾命大臣居然死得这样风平浪静，让刘义隆都有些没想到。早知这么容易就能夺回朝政大权，又何须隐忍两年时间？若早些动手，就不会让谢晦在荆州待这么长时间了。好在刘义隆早有准备，已使到彦之领兵进驻石头。就在徐羡之、傅亮毙命的同时，刘义隆已经传旨到彦之，命他统领石头驻军西进，向江陵推进，逼迫谢晦早早归还西境诸州。随后，刘义隆便在朱荣子、王华、王昙首的陪侍下，统领中军，向荆州进发，檀道济亦领南兖州边军随行。

为保出征后扬州稳定，刘义隆拜王弘为侍中、司徒、录尚书事、扬州刺史，又罢黜谢晦的所有官职，转而以彭城王刘义康为荆州刺史，督荆、湘八州军事，并与王弘一起留守建康。他还接了姐姐会稽长公主刘兴弟进宫总摄六宫，也好在皇后袁氏待产时，后宫能有主事之人。除此之外，刘义隆还拜先帝旧臣殷景仁为侍中，参掌留任诸事。

刘义隆突然起用殷景仁，是经过深思熟虑的。

殷景仁早年曾是刘毅属官，刘毅败亡后，殷景仁在刘穆之的举荐下，效力于先帝。此人以敏捷有思、深识大体而被先帝赏识，怎奈烙有刘毅属官的印记，故而先帝虽用殷景仁，却并不当作心腹。如今刘义隆诛杀徐羡之、傅亮，又御驾亲征，讨伐谢晦，朝中仅有王氏兄弟一家独大，这让刘义隆也有些远忧。为防王氏兄弟坐大，刘义隆也需起用新人加以制衡。

论资历、论声望，殷景仁丝毫不逊于王弘，如今刘毅都死了十几年，也不怕殷景仁再有什么二心。故而刘义隆虽以王弘留守建康，可参掌留任诸事的却是殷景仁。再有刘义隆所信任的刘义康监控二人，扬州必然太平无事。

待讨灭了谢晦，刘义隆班师还朝，再把西境交给刘义康，这样才算真正放下心来。到那时，刘义隆没有了心腹之患，西境又有刘义康镇守，朝廷就能仔细谋划北伐，完成先帝夙愿。大宋一统天下，才能真正得享太平。

刘义隆正为自己对大宋的长远谋划有些得意，还想着再选用些新人为朝廷效力，却见身边的慧琳面带忧色，一副心事重重的模样。从上船的时候起，慧琳几乎都没说句话。刘义隆笑道："慧琳素来诙谐好言，今日倒是不说话了。"

慧琳苦着脸说道："贫僧无为他事，只是忧心荆州罢了。徐羡之、傅亮皆已毙命，谢晦孤掌难鸣。陛下传旨江陵，召回谢晦便是，又何须大动干戈，御驾亲征，讨伐谢晦呢？"

刘义隆笑了一声："慧琳还是那般不知人心险恶。朕早已给你说过，谢晦绝不会拱手让出荆州的。就在到彦之自石头开拔的时候，江陵已经聚集了三万大军。若谢晦没有生出叛逆之心，怎么可能这么短时间就调集来这么多兵马？若说他没有准备，谁能相信？朕这两年来，一直竭力安抚谢晦，好对付徐羡之与傅亮。可你当谢晦真对朕绝无二心？他应下朕的聘礼，与义康、义宾结亲，又使他儿子谢世休送来女儿，真是在意这门亲事？他就是让他儿子借送亲为名来京城打探消息的。朕提出北伐时，傅亮早已把这事告诉了谢晦。谢晦有没有猜出朕的心思，朕还不知道，可从谢晦上疏阻止北伐来看，他与徐羡之、傅亮仍属一党。就在徐羡之、傅亮伏诛的前一夜，傅亮还使人去了荆州通风报信。为免打草惊蛇，朕没有拦下那信使。可由此来看，谢晦与徐羡之、傅亮绝不可能断个干净。徐羡之、傅亮一死，谢晦兔死狐悲，必有所动！你看如何？谢晦如今不真起兵反叛啦？"

说着，刘义隆把一封帛书递给慧琳："这便是谢晦兴兵檄文的抄本，你倒是看看，他有多少忠君爱国之心。"

慧琳接来一看，便见上面写道："臣卫将军、荆州刺史，督荆、湘七州诸军事谢晦，泣血叩拜大宋皇帝万岁。故司徒徐羡之、尚书令傅亮，夙夜为公，忠贞无贰，受先帝遗命，保我大宋江山，为国为家，苍天可鉴。怎奈朝廷奸佞横行，污蔑贤良，众口铄金，以至忠义含冤而终。试问臣等若志欲执权，而非为国，当日初废营阳，陛下远在边州，先帝又有幼子于建康，臣等拥立幼主，号令天下，谁敢不从？岂用逆流三千里，迎奉陛下还朝？故庐陵王，与营阳王争位已非一日，自以有天命所系，早有自立之心，若不废庐陵，陛下何以承继大位？耿弇不以贼遗君，臣等亦不肯留隐患于陛下。营阳、庐陵之亡，臣等何负宋室？此皆王弘、王昙首、王华阴险绝狠，为求私欲构陷成祸。今臣当兴举义兵，为陛下清除国贼，保我大宋江山万年。"

慧琳读罢檄文，心中暗想："不愧是谢晦，这檄文还真有些分量。倒不是文章如何华丽，而在于谢晦抓住了关键所在。刘义隆以徐羡之、傅亮弑杀二王为由，将二人定为国贼。谢晦也由此入手，不说荆州兴兵犯上，只为徐、傅二人喊冤。或许当日三人谋划废立，以刘义隆继任大位真是出于公心吧，这就让谢晦理直气壮地以忠臣自居。谢晦也没有指责刘义隆忘恩负义杀害徐、傅，而是把所有的罪过都甩给了王氏兄弟三人，声称三人混淆圣听，构陷忠臣。荆州起兵也是事出无奈，为保大宋，不得不挥师东进，为天子清理君侧。如此一来，谢晦起兵便是名正言顺了。"

慧琳正这样想着，就听刘义隆骂道："你看看谢晦都说的什么话？弑杀二王，是在为朕继承大统扫清障碍！他倒是好意思把自己比作东汉名将耿弇，口口声声不让朕难做。可废黜二王足矣，又何苦逼杀二人！以臣弑君，就是他们的为臣之道？谢晦从京城离开时，对徐羡之有多恨？这会儿倒是义正词严，为徐羡之鸣不平了！荆州起兵，就是反叛！可在他口中，却标榜个清君侧的美名。他是忠臣，那朕又成了什么？以朕看来，谢晦显然蓄谋已久，就是在等朕诛杀徐、傅，他便好趁势起兵，胁迫建康。若非朕早有准备，以到彦之先发制人，又招来檀道济为后援，只怕谢晦早已杀进扬州了。到那时，谢晦趁着徐、傅二党刚刚覆灭，建康防备空虚，他便好乘机夺取朝政大权。慧琳，试问谢晦渔翁得利，掌控大宋后，这样一个无人可以制衡的'忠臣'，能做出些什么事来？"

慧琳说道："就算谢晦心存恶念，可他儿子谢世休毕竟是去建康送亲的。陛下向荆州用兵，与谢家翻了脸，回绝了这门亲事也就是了，犯不着要了谢世休的性命吧？毕竟战事尚不明朗，杀了谢世休，便再没有了转圜余地。"

刘义隆知道慧琳在担心什么。若战事不利，还能以谢世休为筹码与谢晦言和，可这绝不是刘义隆愿意做的。当年先帝征讨司马休之，出征之前便将建康城中司马休之的子侄杀个干净。只因司马休之在朝中颇有声望，若将士心存幻想，指望能和司马休之和好如初，那打起仗来便不会用心，故而先帝诛杀司马休之的子侄，就是逼得司马休之唯有死战到底，也以此断了所有人的退路。如今的谢晦，为先帝效力多年，功勋显赫，又有谢家这个背景，在朝野多有亲近之人。不想打这场仗的人大有人在，就连慧琳，不也想着息事宁人吗？仗还没打，就想着和谈，这仗也就不用打了。故而刘义隆便要效法先帝，诛杀谢世休，断了和谈之路。况且诛杀徐、傅后，刘义隆自以为这些顾命大臣并没有想象中那么难对付。既然谢晦隐隐是自己的威胁，为保证皇权稳固，刘义隆也绝不会留下谢晦。

刘义隆欲言又止，慧琳也是一阵默然。

慧琳想了许久。谢晦起兵抗拒朝廷，无论是为了自保，还是为了争夺朝政大权，结果对刘义隆都是不利的。或许谢晦当真有些委屈，可刘义隆为了稳定大宋江山，稳固他的帝位，向荆州用兵无可厚非。何况谢世休已死，多问这么一句，又有何用，不过徒增刘义隆的烦恼。

慧琳终是叹了一声，说道："贫僧见识浅薄，总想着若能说服谢晦，便可免去一场兵祸，却是痴心妄想了。谢晦枉为人臣，兴兵作乱，死不足惜。只是谢晦毕竟久随先帝，才智过人，又领荆州雄兵三万……"

慧琳话还未说完，刘义隆哈哈笑道："慧琳是怕朕不是谢晦的敌手？"

慧琳低头，不置可否。刘义隆虽然和刘义真一样，随先帝数次出征，可做的无外乎整理军牒一类的事务，哪曾真正领过兵马？从刘义真在关中和司州的惨败来看，刘义真绝非带兵之人。刘义隆兴冲冲地向荆州用兵，显然是想在扳倒徐、傅二人后，以一场大胜来证明他的文韬武略，才能在徐、傅倒台后的人心惶惶中，迅速稳定江南。可是，慧琳实在害怕刘义隆会步刘义真的后尘。

刘义隆却接着笑道："慧琳莫怕，朕有自知之明。御驾亲征，不过是以此告诉天下，谢晦所谓的勤王，只是他一厢情愿的胡说八道。朕又怎会真领兵对决沙场？

到彦之乃是北府军宿将，当年与檀道济一起辅佐三叔，镇守江陵，前后四次击退乱兵。以他的本事，朕才放心把前锋大军交到他手上。谢晦纵然有些谋略，可到彦之也非庸才。何况朕还有檀道济兵马坐镇后方，对付谢晦足矣。"

话虽这样说，慧琳还是隐隐有些担忧。当年北伐后秦惨败，唯独荆州兵马几乎没有多大损失，其他数州都是损兵折将。扬州本就兵微将寡，又处江南腹心，远没有镇守边关的兵马骁勇善战。到彦之领着扬州兵与谢晦对决，胜败当真难料。

慧琳正这样想着，却见王昙首急匆匆地跑来请见。

王昙首面有惧色，着急地说道："启奏陛下，彭城洲失利，到彦之两战两败，退守隐圻。"

刘义隆吓了一跳。原以为到彦之足以制住谢晦，招了檀道济来，不过是防备万一，谁料到彦之居然连战连败，当真出乎刘义隆意料。

刘义隆着急地问道："前锋军情究竟如何？"

王昙首慌乱地答道："到彦之遣使归报，谢晦举兵后，虽然很快召集三万兵马，可益州、雍州、湘州都对谢晦檄文没有回应。就连谢晦的将军府内，也是忧惧不安。谢晦召集将佐商讨军事，参军颜邵都未去将军府，直接在家饮药自尽。而谢晦虽与雍州刘粹交情深厚，可雍州没有回应，谢晦也不得不防备刘粹偷袭江陵。据闻谢晦本有意使司马庾登之领兵三千留守，可庾登之宁愿辞官不做，也不愿接此将令。最后，谢晦只能以其弟谢遁为帅，周超为司马，留兵一万镇守江陵，谢晦则亲引两万大军东进。谢晦本欲夺取湘州作为前站，可益州刺史张茂度是湘州刺史张邵兄长，谢晦也怕强攻湘州引得益州不满，故而只能修书于张邵，指望说服湘州归顺，却被张邵严词拒绝。谢晦无奈，只能绕过湘州以庾登之为先锋，迎战到彦之。可庾登之家眷皆在建康，忧惧中不肯为谢晦效命，借口连日阴雨，不易交锋，止军于巴陵。纵然谢晦数次催战，庾登之都是百般推辞。到彦之见叛军还未开战，便先怯了三分，心中不免有些大意，分兵彭城洲、洲口栅，抵御叛军。谁知谢晦明面上以惧战不前的庾登之对战，任其停军十五日，实则暗中亲领兵马，攻破了彭城洲，乘胜推进，再次攻破洲口栅。两处大营接连失陷，前锋大军惶恐不安，有意退保夏口。只是在到彦之的坚持下，这才退守隐圻，拦住了叛军东进之路。"

刘义隆一阵默然。对叛军的混乱，刘义隆早有耳闻。谢晦虽有三万兵马，可还未交战，其将佐已经乱成一团，死的死，拒战的拒战。而刘义隆先前向谢晦推荐刘粹为雍州刺史，也起到了很好的制衡作用。谢晦对刘粹不能放心，只能分大军守备江陵，以至于谢晦真正能调动的兵马，仅有两万而已。谢晦不但要提防雍州对江陵出兵，还要弹压军中的反战之言，军心不稳，人心惶惶，这也是刘义隆信心满满征讨谢晦的原因。谁承想谢晦竟能化被动为主动，以诸多不利因素迷惑到彦之，出其不意，奇袭官兵，当真让刘义隆有些措手不及。

王昙首犹豫再三，呈上一封帛书，奏道："此乃谢晦表奏，请陛下御览。"

刘义隆才看几眼，便气得将那帛书掷在地上，连声大骂："谢晦放肆！"

王昙首吓得扑通跪在地上。

慧琳将那帛书拾起，便见满篇都是谢晦大胜后的吹嘘之言，最后更是说道："陛下若杀王弘、王昙首、王华、孔宁子四凶于庙堂，臣便勒众息兵，还保所任，永为朝廷守护西境。"

难怪刘义隆气成这样，王昙首又吓成那副模样。谢晦连战连胜，自然满是傲气，扬扬得意，开出退兵条件，那就是逼刘义隆诛杀王弘四人。战事不利，王昙首也怕天子为求稳住叛军，拿自己的人头求和。

刘义隆连骂数声，气鼓鼓地坐了下来。

到彦之连败两阵，无疑让刘义隆首次用兵受创。刘义隆眼神直往王昙首身上瞟，吓得王昙首不敢抬眼。可刘义隆是不能拿这几人的性命来换江南太平的。

且不说这几人都是刘义隆的得力臂膀，若为求和轻易诛杀，岂不是自毁栋梁？何况刘义隆是堂堂大宋天子，若被叛臣逼得只能诛杀心腹，让天下如何看待刘义隆？再说了，谢晦表书如此无礼，哪像是会息事宁人的模样？说得好听，愿永为朝廷守护西境。说难听了，这西境日后就是他谢晦的了。刘义隆只能听之任之，乖乖做个听话的好皇帝。谢晦独揽西境大权，而刘义隆不但杀了四个心腹，更因此让朝野离心。一旦谢晦贪心不足，不肯就此罢兵，继续东进，刘义隆还拿什么来与谢晦抗衡？

大意了！大意了！当日刘义隆隐瞒身份去为谢晦送行，谢晦还真是恭顺得很，让刘义隆不禁以为，谢晦与徐羡之生仇，自己又对他推心置腹，足以分化谢晦与徐羡之、傅亮的联系。虽说的确做到了这一点，轻松除掉了徐羡之和傅亮，然而谢晦明明处于劣势，仍能扭转局面。

刘义隆以北伐为借口，骗过了徐羡之和傅亮，谢晦还专门上表劝阻北伐，让刘义隆自然而然地以为谢晦对北伐当了真。可从谢晦这么快就征集到兵马，甚至主动出击来看，只怕谢晦也从没有真正信任过朝廷。谢晦固然恨徐羡之，可共同的利益使谢晦与徐羡之、傅亮终是不能割裂开的。刘义隆知道这一点，所以留不得谢晦，而谢晦何尝不知道这一点，所以时时盯着建康，不敢掉以轻心。若站在谢晦的立场再往深处去想，或许谢晦还巴不得刘义隆杀了徐羡之和傅亮，才好让他名正言顺地行兵谏之举。事成之日，谢晦便是大宋唯一的重臣，再也不用去看徐羡之和傅亮的脸色，他便能独断朝纲了。自己真是小瞧了谢晦！

刘义隆懊悔不已，自己还是太年轻了些。若谢晦真是这么想的，自己岂不是让谢晦借刀杀人啦？他正有些不知所措，就听慧琳说道："陛下，檀道济也在军中，不若传他过来，看看有什么主意？"

刘义隆点了点头，对王昙首说道："去请檀道济过来，还有王华和朱荣子也一起来。"

不多时，几人奉命参见。

听闻前线失利，王华、朱荣子脸上现出忧色。王华和王昙首虽有军职，却是文人出身，哪打过仗？而朱荣子武艺倒是不弱，可多半是在刘义隆身边护卫。荆州府出身的属官，唯有到彦之带过兵，却被谢晦接连击败，这让众人一时没了主意。

刘义隆见檀道济满不在乎，问道："谢晦连战连胜，锐不可当，不知檀将军可有什么对策？"

檀道济笑了一声，上前拜道："臣曾与谢晦同从先帝北伐。入关之策，十有其九出自谢晦，他才略明练，少有敌手。北伐大捷，虽是王镇恶、沈田子及诸将之功，却也不得不说在于谢晦谋略出众，庙算在前。"

听檀道济这样一说，众人越发惶恐，就连刘义隆都变得愁眉苦脸起来。却听檀道济接着说道："只是谢晦虽然才略惊人，却从未孤军决胜，戎马之事，绝非谢晦所长。莫看他胜了到彦之，调动兵马的确有出彩之处，却太过花哨了些。行军打仗，虽在智谋，却也离不得骁勇，更离不得军心。陛下御驾亲征，西境诸州人心惶惶，未有一战，叛军将帅便乱了阵脚。谢晦是胜了，可叛乱就是叛乱，以臣抗君，纵有天大的道理，也是逆臣。臣知谢晦之智，谢晦亦知臣之勇。臣向陛下讨旨，亲往荆州讨伐谢晦，必能一战击溃叛军！"

刘义隆闻言大喜，心中的慌乱一扫而空。檀道济能征善战，又深知谢晦用兵，他说能胜，自然不会夸下海口。他问道："不知檀将军需要多少兵马？"

檀道济拜道："末将本部兵马足矣。"

檀道济奉命来建康时，只领了不到五千人马。毕竟南兖州与魏交界，虽说魏军向北集结，可也要提防拓跋焘明修栈道，暗度陈仓，故而檀道济还是留了大部人马守备边境。眼下谢晦初胜官兵，又有两万大军，檀道济仅以五千兵马驰援到彦之，是不是太少了些。

见刘义隆面有疑色，檀道济说道："陛下宽心，五千兵马足以破敌。"

刘义隆见檀道济如此自信，而前锋大军虽败，可到彦之尚有万余兵马，两将合军，也未落在叛军下风。他终是放下心来，赞道："檀将军勇气可嘉，朕便如你所愿。兵贵神速，便请檀将军速速驰援隐圻吧。"

檀道济领命，调兵去了。

刘义隆静下心来，说道："方才听闻前锋失利，一时有些慌乱，既然檀道济有信心迎战叛军，倒是让朕想起在谢晦身后布下的棋子。"

王华问道："陛下说的可是雍州刺史刘粹？"

刘义隆点了点头："当日向谢晦推荐刘粹接管雍州，就是想借刘粹制衡荆州的。如今谢晦起兵，雍州并无响应，谢晦心慌之中，在江陵留兵一万防备雍州。足见刘粹不肯因私情听奉谢晦军令，也是时候让刘粹向南出兵了。只要江陵受袭，谢晦本就不稳的军心必然动荡，檀道济迎战叛军也能多些成算。"

王昙首迟疑道："刘粹的儿子刘旷之毕竟在谢晦的手下做事，听闻此时就在谢晦的营中。若刘粹领兵奔袭江陵，他就不怕谢晦拿他儿子开刀吗？"

刘义隆却道："刘粹此人颇识大体。当年先帝讨伐刘毅，便有人因刘粹是刘毅的族弟而猜忌他。可先帝对刘粹信任无比。也多亏刘粹守备夏口，为大军供应粮草，才让西征刘毅大获全胜。今日谢晦反叛，刘粹必会遵从朝廷之命。"

王昙首说道："刘毅毕竟只是刘粹的族兄，刘旷之却是刘粹的亲儿子，远近疏亲不同，刘粹割舍得下？他能按兵不动，已算是对得起朝廷了。想让他出兵江陵，只怕他为了儿子安危，也不见得就能如陛下所愿。"

刘义隆嘴上说着"朕信得过刘粹"，可心中也有些犯嘀咕。虽然檀道济已领兵驰援到彦之，然而谢晦毕竟初胜，刘义隆对檀道济究竟能不能取胜也没有底。若能奇袭江陵，便会让谢晦首尾难顾。可刘粹的儿子在谢晦营中为质，若刘粹按兵不动，该如何是好？

慧琳忽然说道："陛下，不奉谢晦调令的可不止雍州一家。湘州刺史张邵不也拒绝了谢晦相邀吗？张邵是先帝潜邸之臣，素来忠于刘家。张邵的兄长张茂度现为益州刺史，既然谢晦不敢强攻湘州，免得激化与张氏兄弟的矛盾，陛下何不传旨张邵，使他修书张茂度，着令益州驻军向东讨伐江陵呢？"

刘义隆喜道："如此甚好。那便往湘州、雍州派人去上一趟，只要有一路兵马杀去江陵，就能釜底抽薪。如此，谢晦还如何抗拒王师！"

巴陵大营。

谢晦的心情当真复杂无比。当日在失落中离开建康时，谢晦只当是逃出了是非之地。天子的城府和徐羡之的秉权，让谢晦早已看出必有一场争端，与其卷入其中为徐羡之陪葬，倒不如避身事外，免去一场横祸。而后天子半路相送，让谢晦冰冷的心稍稍一暖，也让谢晦无端看到了一些希望。在谢晦的眼中，天子没把自己当作徐羡之一路人，待天子扳倒了徐羡之和傅亮，指不定还要重用自己为国效力。有了这样的想法，谢晦在荆州当真安心下来，怡然自得许久。

未过多久，天子又亲自做媒，聘他的两个女儿嫁与彭城王和新野侯，让谢晦当真以为天子是看重自己的，故而谢晦是发自内心想为朝廷效力的。当天子谋划北伐魏国时，谢晦也愿意为天子出谋划策。

探知魏军向北集结，谢晦特意谏言天子，把北伐时间向后推延至来年，等魏军的意图更加明显，且兵马已经杀去敌国后，才是北伐魏国的良机。否则，过早向豫州出兵，只会打草惊蛇。毕竟魏军多骑兵，得知豫州受袭，魏军有足够的时间从北线回防。

谢晦这封奏疏，自以为是出于公心，也是针对魏军的调动做出的明智之举。可奏疏刚刚送出去，谢晦却猛然惊觉，这奏疏当真是要了命了！

谢晦原本与徐羡之、傅亮是系在一起的，好不容易和他们撇清了关系。对于天子的北伐之策，徐羡之、傅亮阻挠了月余之久，谢晦冒冒失失上了这份奏疏，谏言迟缓北伐，难保天子不会疑心谢晦仍与徐羡之、傅亮勾勾搭搭。

惶恐不安的谢晦忙使儿子谢世休送了女儿去建康，以送亲为名，探探天子的心意。彭城王、新野侯倒是亲热无比，定下的婚期还未到，却在天子的授意下，提前完了婚。谢晦却是越发难安。天子看似安抚，可天子的城府实在让谢晦心惊。

他越是没有怪罪谢晦阻挠北伐，越是让谢晦担心天子别有所图。

果不其然！傅亮连夜送来密信，让谢晦知道檀道济莫名到了建康。若真是为了北伐，檀道济自南兖州向豫州推进更为便利，又何苦绕一大圈回到京城？谢晦明白，天子是要向徐羡之、傅亮开刀了。

其实这原本也是谢晦所希望的。虽说傅亮曾救过谢晦的命，可傅亮显然与徐羡之走得更近一些。他们二人不倒台，就没有谢晦出头之日。对天子谋诛徐、傅，谢晦是乐见其成的。可让谢晦恐惧的是，若这所谓的北伐是天子除掉徐、傅的烟幕，那天子使到彦之兴师动众，驻扎石头，又是为了什么？难道仅仅是为了迷惑徐、傅二人吗？显然没有这么简单！天子调兵遣将，分明就是冲着荆州来的！

谢晦当真恼怒无比。他自以为聪明绝顶，却让一个二十来岁的小子玩弄于股掌之间。谢晦虽看重权势，却以大宋功臣自居。自己无愧先帝，也无愧大宋，为什么这个少年天子就是信不过自己呢？徐羡之、傅亮目无天子，天子去找他们算账就是，与自己有什么关系？自己虽参与了谋废之事，可营阳、庐陵二王是徐羡之杀的，天子又何苦对自己苦苦相逼？

谢晦原以为天子放不过自己，皆是因为王昙首兄弟几个搬弄是非，挑拨离间。毕竟谢晦的存在，成了他们王家得势的阻碍。再一想那日天子饯行，临行之际忽然提起庐陵王来。谢晦斟酌再三，自以为答复是让天子满意的，可事后阵阵后怕。天子与庐陵王感情交好，听说因庐陵王之死哭得肝肠寸断。虽说谢晦与庐陵王之死并无干系，可究其源头，也在于谢晦的谏言，使庐陵王被赶出了建康。天子岂会不恨谢晦？那日无论如何答复，天子都不会原谅谢晦。谢晦后悔不迭，早知如此，那日便该矢口否认谏言改立之事。反正庐陵王已死，死无对证。

可谢晦想想天子的心计，只怕天子针对自己的原因，不在于自己和徐羡之、傅亮究竟有没有割袍断义，也不在于害得庐陵王离开建康，最终被徐羡之废黜杀害，而是天子打心底里容不下自己！

天子不会轻易受人左右，故而不会因为王氏兄弟的话，就不给谢晦留活路，也不会因为与庐陵王的私情，就要杀了谢晦报仇，毕竟首恶徐、傅的人头足以告慰庐陵王的冤魂。最重要的原因，还在于一个废黜过主上的重臣，无论有千百理由，都难让天子真正放下心来。世上虽有霍光、伊尹，可更多的还是曹操、司马懿之流，二者往往只在一念之间。

天子看似恭敬谦顺，实则对权势的欲望只怕比庐陵王更甚，又岂会把他的命运交给别人，自然是把国家大权握在手中才最踏实。

想明白这一点，谢晦终是知道不可能与天子相安无事了。既然天子饶不得自己，谢晦又岂肯俯首听命？在收到傅亮的书信后，谢晦当即征调兵马往江陵集结，防备万一。荆州兵精粮足，短短数日便集结了三万大军。也就在此时，建康传来消息，徐羡之、傅亮毙命，到彦之领兵向荆州逼近。

谢晦庆幸自己早有准备，不至于慌了手脚。当爱子谢世休被杀的消息传来，谢晦终是出离愤怒，断了与朝廷的最后一丝情谊。

刘义隆，既然你如此相逼，就莫怪谢晦不念先帝恩情了！

虽说仍有雍州、湘州数路兵马没有听奉将令，让谢晦不得不提防，而军中弥漫的慌乱和惧战也让谢晦头疼，可谢晦还是连战连胜，逼得到彦之撤往隐圻，动荡的军心总算稍稍稳定下来。

然而，越是打了胜仗，谢晦却越不知所措。自己究竟想要做什么？真要杀得到彦之溃不成军，让刘义隆知道自己的本事，还是一直杀到建康，逼刘义隆不敢再对自己不敬，任由自己执掌大宋？那接下来呢？废黜刘义隆，改立幼主，还是撇开刘氏，自己开创出谢氏的天下？谢晦真不知该怎么做。

这些日来，谢晦过得一点儿都不轻松。江陵已传来消息，说是雍州调兵频繁，不知刘粹是听到谢晦得胜后有意派兵增援，还是别有所图。而益州也有斥候传来警讯，张茂度已集结万余兵马，顺江而下，不日便将抵达白帝城，显然不怀好意。谢晦不知道雍州、益州的动静是刘义隆授意，还是刘粹、张茂度自己所想，可他至少明白，江南远不是现在的自己能控制的。谢晦是打了胜仗，可随着雍州、益州的异动，谢晦清楚地知道，这仗再打下去，对自己是极为不利的。就算杀到建康，逼刘义隆服了输，可只要刘义隆还是天子，迟早能调拨各州兵马，再次讨伐江陵。即使谢晦狠下心废了刘义隆，从张茂度和刘粹的态度来看，谢晦非但不能如愿掌控大权，反倒激得州郡纷纷起兵讨伐了。

谢晦唯有见好就收，趁着初胜还掌握主动，上疏天子，以退兵为条件，逼天子杀了王弘四人。然而，信都送出十数日了，至今没有回应，让谢晦当真坐立难安。

谢晦把腰间的长剑拔了出来，又按了回去，反反复复，仿若他难以平静的心境。这长剑是刘义隆当日所赠，谢晦早该把它砸个稀碎。然而谢晦兴兵抗拒王师，唯有以清君侧为借口。这长剑便是谢晦反叛朝廷的遮羞布,是谢晦以臣伐君却口口声声是为天子着想的凭据。谢晦再恨刘义隆,也只能把这长剑悬在腰间,让进进出出的将佐看个清楚。让他们知道,天子受了奸臣蒙蔽,才会赐予宝剑,命谢晦讨伐逆臣,救天子脱难。

谢晦烦闷无比,忽听侍卫进来通报:"大都督,朝廷派兵增援隐圻。"

谢晦心中咯噔一下,看来天子是不打算和谈了。他气鼓鼓地问道:"可知是何人领兵?"

侍卫有些慌乱,答道:"是征北将军檀道济。"

谢晦心中一沉。

虽然早就知道檀道济随天子出征,可在谢晦看来,檀道济同为先帝顾命大臣,也参与了废立之事,檀道济能助天子诛灭徐、傅已让谢晦意外了,他决然不会带兵与自己对阵的。天子或许要借助檀道济以壮声势,却绝不可能真正信任檀道济。谁知天子真让檀道济来了!难道就不怕檀道济与自己多年交情,临阵倒戈,反攻建康?而檀道济见到徐、傅双双毙命,就不怕心狠手辣的天子兔死狗烹?

无论天子是怎么想的,檀道济又是怎么想的,谢晦都不得不面对这个现实。自北伐后秦彻底失败后,北府军将星陨落无数。算来算去,也就剩檀道济是北府军数一数二的大将。全军上下,何人不敬畏檀道济?就算是荆州兵中,又有几人不知道檀道济的姓名?

谢晦咽了一口苦水。天子放心起用檀道济,真的给了谢晦致命一击。檀道济本就善于用兵,又在军中广有威名,他的到来,无疑会让荆州兵刚刚稳定下来的军心再次动荡。何况谢晦口口声声称徐、傅是忠臣,天子是受王弘兄弟蒙蔽错杀了贤良,他才会以清君侧为名向建康发兵。如今檀道济都来到阵前,让谢晦起兵的借口不攻自破。若徐羡之、傅亮当真含冤,那檀道济岂会听任王弘兄弟胡作非为?

谢晦匆匆出了帅帐,在侍卫的护送下,欲乘船往敌营探查。庾登之诸将也都奉命相随,可无人脸上不是惊惧之色。营中将士似乎已听闻了这事,大营像炸开了锅一般沸腾。谢晦假作不知,只管领着将佐,在数艘舰艇的护卫下,向敌军探去。

还未行出十数里路,便见下游来了不少战舰,谢晦心中一慌,探首望去。便见到彦之、檀道济的将旗皆在阵中,似是两人合兵杀来。只是江上不过大小数十艘战舰,还多是到彦之败退的水师。那队人马见有战船出现在眼前,全都停了下来,就地抛锚，立下水寨，好似不敢继续向上游推进一般。

谢晦心中稍安，看来自己还是高估了刘义隆。刘义隆虽说起用了檀道济，又岂会真那么信任？派檀道济驰援，不过是来稳住到彦之惨败后的军心。从那稀疏的舰队规模，便知刘义隆并没有给檀道济多少兵马，还是以到彦之为主帅。

谢晦不由得笑道："看来檀道济亦受王氏兄弟猜忌，虽受命来此，然以我观之，不过千余兵马，有何可惧？"做戏自然要做足，谢晦表现出，他领兵讨伐的是王氏兄弟，而非天子。

众将面上稍安，就听谢晦说道："且随本将回营，看我调兵破敌。"

谢晦回到营中，调兵遣将，必要击破到彦之、檀道济兵马，才能稳住军心。虽说谢晦亲自率众将探查，敌军兵马稀松，让动荡的军心有所平复，可营中将士心存对檀道济的敬畏，调动起来还是有些拖沓。待点齐万余兵马，已是黄昏时分。水师夜战多有不便，可谢晦已经等不及了。早一刻击退来犯敌军，才能让将士不被恐惧支配。

谢晦登上将台，正欲调拨人马，却见风向忽然大变，自下游呼呼向自己的营中刮来。谢晦隐隐不安，就听斥候匆忙归报："敌军战船暴增至两百余，扬帆起航，正急速向大营冲来。"

谢晦大惊失色，未承想以勇猛著称的檀道济居然也玩起了阴谋诡计，忽然多出来的战船，也不知檀道济事先藏在了哪里。谢晦有心掩饰自己的慌乱，却听下游传来震天的战鼓声。

营中刹那间乱了套。将士听闻檀道济来了，本就有些惊慌，又见敌军的阵势哪像谢晦说的那么不堪，只当谢晦有意蒙骗，谁还会去听谢晦的将令？庚登之早早不见了踪影，其余将佐见势不妙，也各自逃去。带兵的将军都逃了，士卒吵吵嚷嚷，一哄而散。

谢晦叫苦不迭，哪敢再留下来？谢晦忽然被人一扯，吓了一跳。却是刘旷之冲了上来，拉了谢晦便跑。在十数亲卫的保护下，他们夺下一条小船，借着昏暗的夜色，往江陵逃去。

望着已经崩溃的巴陵大营，谢晦心如死灰：自己竟然就这样败啦？

到处都是惊慌失措的逃兵，谢晦既要防着追兵，还要警惕那些败兵趁乱哗变，裹了自己向檀道济投诚。辗转数日，谢晦才回到江陵境内。便见原野一片焦土，显然刚刚经历一场血战。

谢晦惶恐不安，难道江陵已失？又是哪路人马捅了自己一刀？谢晦欲哭无泪，难道苍天当真无眼，容不下自己这等为国效力大半辈子的贤才？

谢晦正不知何去何从，却见江陵城奔来一队人马。谢晦一行人又累又饿，哪能逃得开去？刘旷之拔剑在手，领着侍卫上前列阵，却见是谢遁、周超迎到面前。

谢晦抱住弟弟便是一番痛哭。

就见周超上前说道："前几日，刘粹忽然领大军来袭。末将引兵逆战，大破敌军。刘粹引兵向北撤去，江陵暂时还算安全。末将听闻巴陵之败，特来接应。大都督还是速速回城，调拨兵马再战。以江陵城坚，未必没有翻盘的机会。"

谢晦哭了一声，叹道："巴陵之败，非我调度无方，皆是檀道济归顺朝廷所至。官兵势头正盛，又有雍州兵马策应，而我已是师出无名，如何还是朝廷的敌手？巴陵一役，只怕早已传遍西境，又有谁肯派兵驰援江陵？自我追随先帝以来，数次西征荆州，又有何人凭着江陵孤城胜过一场？"

周超恶狠狠地盯着刘旷之，对谢晦说道："刘粹翻脸无情，起兵相逼，可刘公子既然在大都督的麾下，想来也不愿他父亲就这样助纣为孽吧？若刘公子肯说动刘粹领兵相助，足以与朝廷再战一场！"

周超分明是想以刘旷之为人质，逼迫刘粹改换门庭。刘旷之吓了一跳，慌忙向谢晦拜道："父亲虽然对大都督不义，可末将对大都督绝无二心。若大都督有意，末将这便向父亲作书求援。"

谢晦却是摇头哭道："这事怨不得你父亲。我与朝廷为敌，本就是不忠在先，又岂能怨你父亲不肯助我一同叛乱？我与你父多年情谊，又岂能为了自己，陷你父于不义？这绝非交友之道！巴陵兵败，若非你舍命救护，只怕我早已死在乱军中了。你父子二人无愧于我，你也莫在这里陪我送死了。这便回雍州去吧！"

刘旷之哭道："无论父亲心意如何，末将都在这里陪着大都督。"

谢晦却骂道："你这孩子才多大年纪，不想着好好地活着，怎能白白送死？二十多岁，正是闯荡功名的大好时光，你父今日为朝廷出兵，日后少不得天子重用，自有你建功立业的机会，速速去吧！"

刘旷之又是苦求一阵，怎奈谢晦心意已决，他只得拜了三拜，往北去了。

谢晦叹了一声，转又对周超说道："起兵之日，我曾言于周将军，只需守住江陵一月，我便可结束此战。周将军没有食言，而我愧对周将军了。我已无力回天，周将军且去到彦之那里吧！好歹北府军共事一场，想来到彦之还能容得下你。"

周超痛哭一声，跪倒在地："末将深受大都督厚恩，岂能背主降敌？大不了和他们杀个鱼死网破，也算末将报了大都督的恩情了！"

谢晦却道："我二十岁效力先帝。平定刘毅、司马休之叛乱，稳住江南根基，而后追随先帝，北伐秦国，收复两都，何其壮哉！我也以为，此功名足以名垂千古，就是比起我祖上谢安、谢玄，也逊色不了多少。怎奈陷于朝廷权势之争，落到今日地步。为求自保，兴兵作乱，已是国之罪人，若顽抗到底，任由大宋将士为我陪葬，日后还有何颜面去见先帝？巴陵一败，我心如死灰，这仗再没打下去的必要了。我自知朝廷绝难相容，也唯有逃去江北，投奔他国苟活性命。周将军就莫再与朝廷为敌了！"

周超哭道："末将护了大都督一同北去。"

谢晦摆了摆手："我此去敌国，只为活命而已，日后绝不会再与大宋为敌，想来此生再无建功的机会。周将军有领兵之才，岂能就此荒废？你我相交一场，就此作别吧！"

周超又是哭了一阵，谢晦死活不肯留下他，只得一步三回头，领着兵马向东去了。

谢晦与弟弟相扶而起，骑马便要往北逃去。还未跑出多远，谢遁的坐骑忽然栽倒在地。谢晦下马去看，却见那马口吐白沫，转眼死了过去。

谢晦长叹一声："看来老天爷终是要把我留在江南了。"

谢晦正和谢遁哀叹不已，便见一路追兵远远赶来，他连连叹息："罢了，生死便看刘义隆了！"

刘义隆乐呵呵地看着前方军牒。

檀道济大破叛军，江陵不战而降。谢晦兄弟北逃不及，双双被擒。只是刘粹为周超所败，恼怒之中，劝到彦之绑了周超，一并送来御前。本还阴云密布的西征，终是大获全胜。谢晦兄弟自然是留不得的，而周超又得罪了刘粹，就让他为谢晦陪葬吧！

刘义隆正盘算着如何处置战后之事，却有使者自建康赶来。刘义隆见那人是姐姐刘兴弟身边的宦官，忙问道："京城有何要事？"

那宦官一脸笑意，连连恭贺道："奴才此来，特为陛下贺喜的！皇后诞下皇子，母子平安！"

刘义隆大喜。

刚刚平定叛军，自己又有了儿子，这可真是双喜临门。

却见那宦官有些难色，说道："只是皇后也不知从哪里寻来个相士，说是替皇子相面，看看日后富贵。以奴才来看，皇子何其尊贵，哪用什么相士品头论足？可皇后听了那相士之言，却想……"

刘义隆听皇后寻来相士，心中有些不大高兴。皇后袁氏祖上虽然显贵，可嫁给刘义隆时，早已门庭冷落。百姓之家，信些相士的胡话也就罢了，皇后找相士为皇子相面，终是有些不妥。

刘义隆见宦官欲言又止，问道："皇后想什么？"

那宦官犹豫再三，说道："皇后想把皇子扔出宫去！"

刘义隆吓了一跳，喝问道："皇后怎敢丢了朕的孩儿？"

宦官说道："陛下放心，长公主及时赶到，才算救下了皇子。只是……"那宦官壮了壮胆子，接着说道，"只是皇后一个劲儿地哭，说这孩子必是日后大祸，绝留不得他性命！"

刘义隆骂道："哪里来的相士妖言惑众，传朕旨意，绑了这妖人，割了他舌头。"

那宦官却道："长公主也是这样说的，可侍卫搜遍了皇宫，也没找到那相士。长公主还请陛下早些回京去。"

刘义隆本还喜悦的心情一下子变得阴沉起来。皇后不知究竟犯了哪门子邪，刚刚生下的儿子竟然不要了！荆州战事已经平息，倒也没必要专门去江陵一趟。刘义隆心急如焚，传旨到彦之暂摄荆州府事，清剿谢晦余党。又传旨刚刚进军到白帝城的张茂度，使他领军撤还益州。随后，刘义隆便领檀道济、王华、王昙首、慧琳众人，风风光光地班师还朝了。

长子降世喜忧参半，因才用人稳定江南

刘义隆风尘仆仆地回到京城，王弘、殷景仁、刘义康早已统领百官在京郊迎候王师凯旋。刘义隆匆匆见了众臣一面，也顾不上多说，只让各自散了，又交代刘义康监护各部人马且先在石头驻扎，便急慌慌地回到宫中。

都没来得及梳洗更衣，刘义隆径直奔往皇后寝宫。才进宫门，便见姐姐刘兴弟皱个眉头迎了出来。

自姐夫徐逵之随先帝西征，战死沙场后，姐姐便一直没有改嫁。虽说先帝对姐姐甚是关爱，封赐颇为优厚，而刘义隆即位后，又加封她为会稽长公主，姐姐却没有多少欢快。姐姐寡居多年，仅有徐湛之一个儿子相伴。故而什么时候见到她，她都是愁眉苦脸的模样。

刘义隆打小就怕这个严厉的姐姐，也因姐夫为国捐躯对她心存敬意。此番出征，皇后临产在即，故而刘义隆把姐姐请进宫来代理六宫诸事。也幸好请了姐姐进宫，否则皇后犯起傻来，真把刘义隆的儿子扔了，那可真是要了刘义隆的命了。

刘义隆赔着笑，说道："朕此番离京数月，辛苦姐姐在宫中操劳了。"

刘兴弟绷着个脸，说道："你这皇后也真是的，左右劝说就是不听，死活要丢了这个孩子，你还是快去看看吧！"

刘义隆点着头，嗯了几声，匆匆往寝殿走去，心中说不出的滋味。皇后袁氏已为刘义隆生过一个女儿，赐为东阳公主，今日诞下皇子来，刘义隆既有后继有人的欢喜，也有些对皇后怪异举动的迷惑。只是这么多的滋味，都比不上想尽快看到儿子的急切。

刘义隆兴冲冲地进到皇后寝殿。皇后还在坐月子，身子虚得很，正躺在榻上。刘义隆伸手掀开帷幔，一句"皇后"还没叫出口，便吓得失魂落魄。便见皇后正握着被角，狠狠压在那婴儿的面上。

刘义隆一把扯开袁氏的手,将那婴儿抢了出来。便见那孩子憋得脸色都发了紫,胸口急促地起伏着,嘤嘤哀哭,细若游丝。

刘义隆勃然大怒,骂道:"你这婆娘疯了吗?"

刘兴弟也吓得面色惨白。这些日来,皇后的心情一直很差,没日没夜地哭哭啼啼,死活不肯要这个儿子,刘兴弟整日守在寝宫,就怕出什么事。哪承想就出去迎奉刘义隆这么点儿时间,袁氏居然狠下心来想捂死她的孩子。

刘兴弟骂道:"你们这些奴才都是瞎的吗?大白天的放什么帷幔?皇子出了什么事,让你们全部陪葬!"

宫人吓得跪倒一片,就听皇后忽然哭道:"掐死他,快些掐死他!这孩子天生异相,必让国破家亡,万万留他不得!"

听袁氏这样一号,刘义隆也吓了一跳,仔细去看那孩儿,除了被捂得面色发青,与寻常婴儿哪有什么不同?刘义隆看着疯疯癫癫的袁氏,气得浑身直抖,大骂道:"虎毒尚不食子,你这个疯婆娘心狠手辣,居然连自己的孩儿都下得去手,如何母仪天下?这便废了你的皇后,快快滚回你家去!"

皇后非但没有害怕,反倒痴痴地笑了起来:"这皇宫,我是一刻也待不下去了,你这便让我父兄接我走吧!"

刘义隆气得正要再骂,那孩子忽然哇的一声大哭起来,似是缓过了劲儿。刘义隆哪还顾得上去管皇后,忙抱了孩子到窗前观瞧,却见面色好了许多,声音也越发洪亮了。

刘兴弟也忙上前观瞧,长舒了一口气,忙喊道:"快传太医来。"

刘义隆愤愤地抱着孩子到了旁边的寝殿,强忍着心中的怒火。待太医看过皇子,只说并无大碍,这才放下心来。

刘义隆怒冲冲地向刘兴弟问道:"姐姐,那个相士什么模样,朕必要举国缉捕!这等妖人,险些害了朕的孩儿,岂能容他逍遥法外?必要碎尸万段,方解朕心头之恨!"

刘兴弟屏退左右,叹了一声,说道:"哪有什么相士?不过是我胡诌给别人听的。全都是你这皇后胡言乱语,刚见这孩子一面,便说这孩子是祸国殃民的妖孽。堂堂大宋皇后,怎么能这样口不择言?若让外人知道,大宋宗室的颜面还往哪里放?你放心,皇后生产当日,里里外外的仆役我已打发去做苦役了,没人敢透露半个字出去。今日殿内这些宫人,也自有让他们闭嘴的法子。既然皇子没有大碍,这事就这样算了吧!皇后如此不待见这个孩子,也莫留在她身边,交乳母抚养好了。"

听姐姐这样一说,刘义隆越发恼怒起皇后来,骂道:"自先帝为朕娶了她以来,朕自问待她也算优厚。她袁氏祖上虽然显赫,却早已家道中落。朕娶了她,隔三岔五便送钱帛接济袁家,对她父兄也都算照顾,她倒是对朕有什么不满意的?姐姐你不懂朝政的纷纷扰扰。徐羡之、傅亮把持国家,又有谢晦兵马倚仗,朕贵为大宋天子,却事事受人摆布,何况义符、义真先后被害,朕这天子真是战战兢兢、如履薄冰!朕顶着压力,没有册封徐、傅为朕聘的嫔妃为皇后,而是坚持封给了她,可她是如何待朕的?自从怀了这个孩子,她便整日折腾,闹得宫里乌烟瘴气。朕要小心谋划如何剪除国贼,回到宫中还要好生安抚她,真是焦头烂额。她怎就不知体谅朕的难处?让朕也省点儿心?朕原以为她是仗着又有了朕的骨血,故而骄纵了些,也就忍让她了。谁承想,这女人不体谅朕也便罢了,居然连她自己的儿子都不放过!丧心病狂!这宫里真是容不下她了!夫妻一场,朕也不要她性命,稍后便让袁家来人接她走吧……"

听皇帝真要废黜袁氏,刘兴弟倒觉得不妥,劝道:"我一个妇道人家,对国家大事所知不多。可也知道治国如烹小鲜,万不可急躁。皇帝刚刚诛杀徐、傅两个权臣,又讨灭谢晦,江南初经一场内乱,正是人心惶惶、内外相疑的时候。皇帝初得皇子,转身便废了皇后,传扬出去,再让人添油加醋,一通胡扯,这天下还不乱了套啦?袁氏固然有错,可废黜皇后这样的大事,皇帝还是务必深思。"

刘义隆听姐姐这样一说,气鼓鼓的,半天没有说话。就听刘兴弟叹了一声,接着说道:"其实有些话原本不该我说的,毕竟我已嫁到徐家,不再是刘家人了。可想想先帝在时,刘家纵然早已富贵,可先帝又何曾骄奢过一日?除了出入朝堂的礼服,家里又有几件新衣裳?平日里没外人时,先帝穿的不都是落了多少补丁的旧衣服?纵然刘家今日已坐拥天下富贵,也断不可忘了当日的艰辛。义符、义真活着的时候,花钱如流水一般,也难怪徐羡之、傅亮看不下去,要废黜二人。再说皇帝后面这几个弟弟,义康倒还像点儿样子,可义恭呢?才多大点儿年纪,一个月用钱便要数十万之多。我原也听说徐羡之、傅亮本打算拥立义恭为帝的,可见义恭这般奢靡,就此断了这个念头。"

刘义隆听姐姐忽然说起刘义恭的事,心中隐隐动了一下。徐羡之、傅亮虽然秉权过甚，可在改立天子时，似乎还真是为国考虑的。刘义隆原以为徐、傅二人没有拥立年幼的刘义恭，是为了免受人非议，指责他们拥立幼主把控朝廷，可实际上也是为了防止奢靡成性的刘义恭成为下一个营阳王、庐陵王。刘义隆虽对徐、傅二人稍稍生出些敬意，却转瞬即逝。二人把控大权不放，刘义隆无论如何也不可能与他们相安无事。

抛开对徐、傅二人的看法，刘义隆对姐姐忽然说起先帝的节俭和兄弟们的奢靡，有些不大明白，说道："姐姐说得自然有理。只是朕即位以来，从未敢忘记先帝美德。宫里宫外的开销是不小的数目，可与东晋那些天子比起来，朕这点儿花销只怕不及九牛一毛。朕毕竟是天子，是大宋的脸面，总不能也整日穿着些破旧衣服吧？"

刘兴弟却道："我说这些话，可不是这个意思。先帝在时，总共才有多少女人？皇帝登基不过两年多时间，后宫嫔妃已有十数人，算上那些服侍的宫女，至少也有百十人了吧！我知道，这和以往那些天子比，当真少得可怜。可皇帝既然记着先帝的节俭，在这事上还是有些分寸的好。你只说皇后整日胡闹，搅得你心烦意乱。可你知她究竟为何这样？"

刘义隆没说话，就听刘兴弟接着说道："女人怀胎十月，哪有那么容易？我也生过孩子，自然明白她的心情。袁氏本就心情抑郁，你又有这么些女人，听说自她有孕以来，你就很宠幸潘美人，又将她进位潘淑妃，她如何不担心就此被你冷落疏远？她这样折腾，甚至不惜对儿子下狠手，不就是指望能让你多看她一眼，多留在她身边吗？无论对错，袁氏都给你生了一儿一女，这废黜皇后之事就不要再提了。"

刘义隆叹了一声。先帝一生忙于征战，久无子嗣，直到四十多岁，才有了营阳王刘义符，而后才有了刘义真、刘义隆几个儿子。先帝执掌天下重权，却没有几个真正信得过的人帮衬他，不得已以幼子镇守一方，再选派得力之人辅佐。若用人不当，便会像二哥在关中那样，搅得州郡一塌糊涂。刘义隆也怕陷入先帝无人可信的窘境，因此想多生几个儿子，早些培养成才，也好能成为自己统御天下的助力。只是这样一来，就冷落了袁氏，也难怪她变得越来越偏激。

听姐姐这样一说，刘义隆自知的确有愧袁氏，说道："姐姐说得是，朕日后多陪陪她便是。选乳母的事，就麻烦姐姐寻个稳妥的人吧，这孩子还是别在皇后身边的好。"

他转又一想，说道："我那外甥湛之也不小了，好像和义康也没差几岁。义康都已官拜荆州刺史，算有些出息了。湛之也该出仕谋个前程了。若姐姐舍得，朕便招湛之来宫中，先做个著作郎吧！"

刘义隆刚刚平定谢晦，如今朝中重臣唯有王弘、王昙首、王华兄弟三人，虽说刘义隆信任且借重他们，可王氏势力庞大，当年几乎架空了东晋朝廷。刘义隆对王氏不可不防。虽已起用了殷景仁，毕竟单薄了些。此外，刘义隆唯一能指望的就只有刘义康了。西境事关重大，到彦之不过暂时代领，还是让刘义康去荆州最为稳妥。既然儿子还小，指望不上，那就多用些亲近之人。徐湛之是刘义隆的外甥，平日也机敏，历练几年，便会成为得力臂膀，远比王氏让刘义隆更放心些。

刘兴弟听刘义隆想让儿子出仕，刚开始也有些舍不得。在皇帝身边当差，必然辛苦得很，而刘兴弟的封邑和俸禄，足以让儿子一生富贵，犯不着这么早出来做官。可打心底里，刘兴弟还是想让儿子有些作为，好替他亡父争口气。刘兴弟也便欢喜地答应下来。

数日过后，刘义隆大会群臣于华林园。

王师凯旋，群臣上朝拜贺。经此一战，刘义隆显示出的才略，群臣莫不震服。自今日起，刘义隆才是大宋真正的主人。望着起起伏伏跪拜的朝臣，听着山呼万岁，刘义隆不禁意气风发，感慨万千。

父皇啊父皇，你南征北战，所向无敌，以无上军功夺取晋室江山，创下了我刘家基业，或许世人觉得我刘家对晋室不忠，惹来些骂名，可那个腐败不堪的王朝已经湮灭，如今是我大宋统御泱泱中华的半壁疆土，便让孩儿承继您的未尽之事，把我大宋治理得国泰民安吧！孩儿已经剪除徐羡之、傅亮这两个心怀叵测的权臣，又刚刚平定了谢晦之乱，待江南稍稍平稳，看孩儿代您再度北伐，必要讨灭魏、夏，一统天下。待到那时，看还有何人对我大宋取代晋室说三道四，看还有何人敢把您与王敦、桓温之流相提并论！

二哥呀二哥，你在世时，心心念念想代大哥承继父皇基业，非但没能如愿，反而与大哥先后被害，倒是弟弟成了大宋国主。你的大仇，弟弟已替你报了。不管你谋求帝位是贪恋权势，还是想有一番作为，既然刘氏基业传到我手中，我也自当担起这副担子，必让我大宋流芳百世。

群臣拜贺罢,刘义隆回过神来,笑道:"天佑大宋,朕得以讨灭国贼。出征将士为国出生入死,国家自当论功行赏。传朕旨意,即拜征北将军、南兖州刺史檀道济为征南大将军、开府仪同三司、江州刺史。拜中领军到彦之为南豫州刺史。随征将士,依兵部核验军功,交中书省审定封赐。"

檀道济可谓西征首功,自然要赏。把富庶的江州交给他,足以显示刘义隆对檀道济的眷顾。何况王弘已经加拜了扬州刺史,把江州从王弘手中收回,既削减了王弘的实权,又让王弘因此对檀道济生出些嫌隙,这两个人就不大可能暗中结为一党了。至于到彦之,刘义隆本寄予厚望,谁知西征时两番败于谢晦,当真让刘义隆面上无光。如今建康局势平稳,倒不如调他去江北。一来补上檀道济回调江州后在江北出现的空缺,二来让到彦之守备边疆,好好琢磨琢磨该怎么用兵打仗,省得多年没有真刀真枪上战场,荒废了调兵遣将的本事。

刘义隆话才说罢,便见王弘走上前来,拜道:"臣得陛下亲重,得效犬马之劳。今大事已毕,臣请辞司徒、侍中、扬州刺史,万请陛下恩准!"

刘义隆心中一笑。徐羡之、傅亮、谢晦先后倒台,对王氏自然是好事。可兔死狐悲,王弘岂有不害怕的道理?自己又刚刚从他手中收回江州,王弘也怕被自己疑心,故而甘愿请辞官职。这王弘可比徐羡之他们识趣多了!只是刘义隆虽要防备王弘权势过于庞大,可也要借王弘稳住刚刚平息内乱后的江南。就眼前而论,王华、王昙首还是得刘义隆信任的,故而王弘也是可以重用的。刘义隆自然不会让王弘就这样走了。

刘义隆拍拍御座,笑道:"若非卿等兄弟,朕何以安坐于此?卿等于国有功,朕岂会忘却?方才赏过出征将士,这便该封赏卿等兄弟。"说罢,他取来一卷诏书,使人递在王弘的手上,"爱卿且看,朕这般封赏,可还公允?"

谁知王弘看都不敢看,跪倒在地,只想辞官。这时,王昙首、王华二人也上前跪在旁边,说道:"讨灭徐、傅,平定荆州,皆是陛下英明,罪人罪有应得,臣等岂可因国家之灾,以为自己升官加爵的幸事?万请陛下收回成命!"

对兄弟三人的辞让,刘义隆很是满意。又劝了一阵,三人只是不肯受命。刘义隆说道:"罢了,卿等如此谦恭无私,朕心敬服!只是辞官之言也勿再提。国家百废待兴,正是用人之际。司徒三朝元老,开国贵勋,朕正欲倚重司徒,助朕经营天下,司徒岂有辞官归隐的道理?还有,到彦之已卸任中领军,便由王华接任,不可推托。此事就这样定了吧！"王弘、王昙首是亲哥儿俩，王华则只是同族兄弟，建康兵权交给王华，刘义隆也放得下心。

兄弟三人又推让一阵，见皇帝心意已决，只得作罢。殷景仁又将此番西征损耗一一奏来。

仗是打胜了，刘义隆也如愿亲政。可对大宋而言，无疑是得不偿失的。死伤皆是大宋将士，损耗钱粮也是这些年休兵养息攒下来的家底。虽说这场仗前后没持续多长时间，可伤亡人数还是触目惊心，府库积蓄也消耗了大半。何况战后补充兵杖铠甲，抚恤阵亡将士，又是一笔不小的支出，听得刘义隆一阵阵头疼。

刘义隆又听了听殷景仁、王弘商讨的战后平稳州郡的法子，倒也觉得可行，思来想去，说道："两位爱卿老谋深算，这些事就依你们所奏吧！自先帝驾崩以来，先有魏国南侵，后有二王被废，近来朕又剪除徐羡之、傅亮、谢晦，州郡有些动荡。朕还有意分遣京官往州郡诸县，考验吏政，访求贤士，也听听百姓所想，看看对朝廷有什么谏言。"

天子访察民情，算不得什么新鲜事，多是想显示天子体恤百姓之举。只是对刘义隆来说，这样做还有一层深意。西境诸州，在谢晦手中数年，此人在大宋颇有些声名，如若不然，也不会短短数日便能集聚三万大军。州郡百姓难免为他的妖言所惑，对朝廷心存不满。刘义隆使人访察民情，也是想借此搜集谢晦独霸一方、意图不轨的罪证。谢晦虽已受擒来到建康，可要杀他，刘义隆还是要有足够的证据。毕竟谢晦是以清君侧为名起兵，若刘义隆处置不当，被谢晦余党煽风点火，难保不会再生出什么乱子来。

王弘、殷景仁也没多想，接了旨意，又和天子商议了人选。选派往西境诸州的官员，自然多是刘义隆提名，免得他人不能体会天子的真正意图。

不觉议了大半日。刘义隆早已吩咐备了酒宴，就在华林园大宴群臣，以示天子隆恩。刘义隆露了个面，便唤了刘义康随行，进了后殿。

刘义康见没了外人，笑嘻嘻地拜贺道："恭喜皇兄喜得皇子！不知取了什么名字？"

刘义隆笑了笑，心中却又为皇后对儿子的怪异举动生出一阵郁闷，说道："朕思来想去，取名为刘劭吧。"

刘义康赞道："美好高尚为劭，自强不息为劭，当真是个好名字。"

刘义隆又是一笑，忽而说道："大丈夫当横尸战场，奈何狼藉都市。"

天子莫名其妙地说出这样一句话，刘义康吓了一跳，扑通一声跪在地上。

就听刘义隆问道："听说你的王妃昨日去见过谢晦啦？"

刘义康的王妃是皇帝为他聘来的谢晦的女儿。谢晦兴兵作乱，想活命的希望着实渺茫，往大里说是灭族之祸。谢王妃已经出嫁，按理说算不得谢家人。刘义康新婚燕尔，也就没有多想。哪知谢王妃得知谢晦兵败受擒，押送建康，竟偷偷去见了一面，还说了这样一句话。刘义康本以为此事没外人知道，就替王妃隐瞒下来，谁知还是被皇帝知道了。

刘义康连连请罪道："皇兄莫要生气，臣弟管束不严，让她去见了罪臣，这便回去休了她。"

刘义隆摇了摇头，说道："谢晦虽然有罪，可她女儿又非同谋，朕不会和她一个女子过意不去。何况谢晦倒了台，多少人想着划清界限，他这女儿有情有义，倒让朕刮目相看。她对父亲说出这样的话来，还真是巾帼不让须眉！你日后待她也亲善着些，莫要因为是罪臣之女就疏远了，让外人觉得我大宋宗室小家子气。"

刘义康连连叩首："臣弟代她叩谢皇兄恩德。"

刘义隆说道："起来吧，朕又不是怪你们夫妻。虽然谢晦犯下弥天大罪，难逃一死，可朕也不想牵连太广。谢家毕竟是江东大族，祖上谢安、谢玄又是北府军的创建之人，对谢家还当好生安抚。我刘家杀谢晦而厚待其女，至少让谢家不会惊惧难安，也不会对朝廷心存怨愤。"

刘义康战战兢兢地站了起来，说道："还是皇兄想得周到。"

刘义隆又说道："还有，谢晦兵败受擒，听闻谢方明又在任上病逝了。只怕多半还是怕谢晦牵连他，这才吓病的。谢家在京城地方上的官属，多半和谢晦关系紧密。朕刚才与殷景仁、王弘议事，有意使人查访州郡，也是想看看这些谢氏族人与谢晦有没有太深的交集。不大安分的，至少不能留任原职了。朕有意从谢家再选调些与谢晦疏远的人入朝为官，既安抚了谢家，也让天下知道，我大宋不是不记得谢家对江东的大功。不知你有没有合适的人选？"

刘义康还在为谢妃探视谢晦惊恐不已，忙着撇清关系，说道："臣弟与谢妃成婚不久，对谢家不大了解。"

刘义隆笑了笑。虽说刘义隆对刘义康非常亲近，但还是故意把谢妃的事说给他听，借此敲打敲打他，省得这个弟弟骤然显赫，变得不知天高地厚起来。

见刘义康惶恐如此，刘义隆也不再吓唬他，说道："庐陵王还在时，听说很欣赏谢灵运。这人是北府军统帅谢玄嫡孙，朕有意征召谢灵运入朝，暂拜为秘书监，入职中书省。中书省位高权重，不算委屈了他。待考验考验，若有真才实学，再予以重用。还有那颜延之，与谢灵运交厚，听说文采不在谢灵运之下，一并征入中书省，暂居侍郎吧！"谢灵运、颜延之都曾与刘义真交情匪浅，如今刘义真亡故，刘义隆起用刘义真的旧友，对自己也是一种慰藉。

刘义康忙说道："皇兄看上的人，自然不会有错。"

刘义隆点了点头，又说道："还有件事，朕要托付给你。"

刘义康惶恐拜道："皇兄有事交代就好，臣弟自会办得妥妥帖帖。"

刘义隆说道："谢晦覆灭，到彦之代管荆州。现下到彦之将往南豫州赴任，你官居荆州刺史，也该去江陵接管西境了。"

刘义康面色大变，说道："皇兄莫不是还怪臣弟隐瞒谢妃私会谢晦之事？"

刘义隆奇怪道："何故这样说？"

刘义康问道："如若不然，皇兄为何要把臣弟赶出京城呢？"

刘义隆一听，是刘义康会错了意，忙说道："你莫多心，你是朕最信任的弟弟，故而以西境相托。西境历来是江南重地。西境稳定，江南高枕无忧。西境有变，则江东再无宁日。想想刘毅、司马休之、谢晦这些人，唯有让你代朕总揽西境诸事，朕才放得下心。"

刘义康如何不知西境的重要，可离开建康，便离开了权力中枢。如今徐羡之、傅亮覆没，正是权力重新洗牌的时候，刘义康自然不想在这紧要关头离开京城。

刘义康心事重重，说道："臣弟只担心皇兄担子太重了。王弘兄弟看似恭谨，可徐羡之、傅亮落个今日下场，是被王弘韬光养晦蒙骗。徐羡之、傅亮两个老狐狸都有大意的时候，皇兄万不可对王弘掉以轻心。依臣弟看，雍州刺史刘粹平定谢晦有功，莫不如让他代行西境州府事如何？"

听刘义康说出对王弘的不信任，刘义隆心中稍动，旋即放下心来。王弘还不至于在徐羡之、傅亮、谢晦刚刚覆没的时候生出什么小心思来。他说道："刘粹是指望不上了！朕还朝时，本有心见上刘粹一面的。毕竟他曾陪朕一起守备过京口，这次平定谢晦又立了功，朕也想和他叙叙旧。谁知刘粹身染重疾，走不动路了，只怕过不了今年！"

刘义隆叹息一声。刘粹与谢晦交情匪浅，却在谢晦兴兵作乱时，奉旨奇袭江陵，虽没能攻破江陵，却给了谢晦致命一击。谢晦却未动怒，还把刘粹的儿子送了回去。想来刘粹多半是觉得对不住谢晦，这才抑郁成疾，终是到了无药可治的地步。

刘义康听刘粹病重，显然不可能代他暂领荆州了。就听皇帝接着说道："其实还有一事，不得不让你去荆州。此番朕借北伐名义西征荆州时，有消息自北方传来，拓跋焘大举伐柔然，兵分五路，长孙翰、长孙道生、奚斤、娥清各引一路大军，拓跋焘则亲领一路人马向柔然进军。柔然各部闻讯，纷纷向漠北遁逃。"

刘义康问道："拓跋焘兴师动众，却是扑了个空。可这与荆州何干？"

刘义隆点头道："柔然居无定所，遇强则退，事毕复来。拓跋焘想一举消除北方隐患，显然没能如愿。听闻还师之后，他想再次出征，只是在柔然和夏国间迟迟拿不准主意。听闻拓跋焘征询长孙嵩、长孙翰、奚斤的意思，都以为夏国不足为患，当先伐柔然。若能追到柔然王庭，必能大获全胜。即使追不上，也可远猎阴山，所获禽兽骨肉、皮革犄角，也足以补充军实。只是听闻拓跋焘又征询了崔浩的意思。"

刘义康奇道："臣弟也听过崔浩的名声，据说有未卜先知之能，只是听闻他在拓跋焘即位后便罢官回了家。为何拓跋焘现在又去找他？"

刘义隆说道："朕也只是听说崔浩罢官后，给拓跋焘推荐了一个嵩山道士寇谦之。此人自称是天师道嫡传弟子，敬献天师道真经六十余卷。崔浩借此向拓跋焘谏言，此乃魏国受命于天之兆，故而崔浩再得魏主赏识，拜作太常。对拓跋焘的征询，崔浩以为，长孙嵩那些人以谏言北伐柔然，皆是贪图小利而已。夏国内外交困，人神所弃，正是西征夏国的良机。依朕猜度，拓跋焘既然起用了崔浩，难保不会听了崔浩的谏言，向夏国出兵。"

刘义隆忧心道："西境与关中交界，一旦魏国讨伐夏国，还当小心魏国乘机侵扰边境。刚才商讨国事你也听到了，讨伐谢晦朝廷损耗太大，只能坐视魏国大举西征。但愿夏国虎狼之国，别那么容易被魏国击败。我朝趁着两国交兵，休养生息，以待天时。"

接着，刘义隆又说道："谢晦在荆州经营许久，声名不小，你贸然接管，多有阻碍。好在有你的王妃随行，那些暗中为谢晦叫屈的人，也不会和你太为难了。

你在荆州把关中给朕盯紧了，若魏、夏鏖战不休，一旦有了出兵良机，我大宋也好夺取河南，以报当日丢城失地之仇。"

听刘义隆这样一说，刘义康明白在京城是真待不下去了，只能应下命来。他却说道："皇兄既决意让臣弟往西境就职，那臣弟必会为皇兄分忧。只是臣弟打心底里不信任王弘兄弟，想为皇兄举荐个贤才，也好在臣弟远赴荆州时，能助皇兄一臂之力。"

刘义隆自然高兴，问道："你想推荐何人？"

刘义康说道："臣弟想举荐南阳刘湛。"

刘义隆问道："就是你出任南豫州刺史时，先帝为你选派的长史刘湛吗？"

刘义康答道："正是。臣弟卸任南豫州刺史时，刘湛也被转拜广州刺史。恰逢其母病逝，刘湛为母丁忧去职。前些日刘湛孝期刚满，才回到吏部应征不久。"

刘义隆惊奇道："你卸任南豫州刺史已三年有余，刘湛能守孝三年，倒也难能可贵。那先补录个尚书郎，你看如何？"

刘义康面有难色，说道："刘湛此人不尚浮华，不喜文章，博古通今，极为务实，常自比管仲、诸葛亮。"迟疑了一下，他又说道，"就连谢晦、王弘都称刘湛有宰相之才。"

听到谢晦的名字，刘义隆眉头皱了一下。可想想谢晦虽与自己为敌，却的确有才，他能看上的人，想必有过人之处。

就听刘义康接着说道："刘湛在臣弟手下做事时，事无巨细都能打理得井井有条。此番出仕，王昙首给他了一个镇守江陵的差事，想让他随臣弟一起去荆州。刘湛自以为才能不在王弘之下，如今却要被王昙首打发到荆州去，颇有些不乐意，故而推辞了辟命，准备回乡闲居。"

刘义隆明白了刘义康的意思。刘湛自视甚高，不屑在王家兄弟之下。尚书郎虽已是不小的官职，只怕刘湛是瞧不上的。刘义隆不由得对这个刘湛有了兴趣。能有多大本事，对朝廷的官职挑三拣四？何况刘湛显然与王家兄弟不合，若真有才能，把他留在朝中，也好与王氏兄弟相互平衡。

刘义隆沉吟一声，道："听你一说，刘湛还真有些本事。只是你此番出镇西境，责任重大，若能有刘湛辅佐，必是你的幸事，却何故推荐给朕呢？"

刘义康慨然说道："臣弟虽比不上皇兄雄才大略，可自问还有些能耐，镇守西境有臣弟足矣。倒是刘湛这样的贤才，放到西境去，实在大材小用了。"话虽这样说，刘义康把刘湛荐于天子，也是想在朝中留个心腹之人，否则此去荆州，相隔千里，纵然与天子交好，难免日渐生疏，刘义康可不想一辈子留在荆州。

刘义隆赞道："既然你舍得，那便拜刘湛为侍中，与王华、王昙首、殷景仁同列吧。"

刘义康喜道："臣弟代刘湛叩谢皇兄圣恩。"

不觉天色已晚，华林园的宴会已告尾声，王弘引着群臣拜谢天子。待刘义康与众臣一同叩谢离去，刘义隆自言自语道："王弘三朝元老，有他坐镇朝堂，必能稳定内外。王华、王昙首，辅佐朕多年，可谓肱骨心腹，虽出于王氏之故，要多留个心眼，却是朕不可或缺的助力。而殷景仁、刘湛入居宰辅，既能共辅国政，又能分割朝权，制衡二王。今日如此用人，我大宋也该有一阵太平日子了。"

他却又叹了一声："想想先帝在时，文臣武将数不胜数，到朕时，朝中唯有这几人，军中也没剩下多少帅才，算来算去，能放得下心的也就檀道济、到彦之、王仲德而已，再过上些年，还不知有没有后继之人。"

忽而又想到慧琳，刘义隆笑了笑："虽说慧琳是个出家人，可这家伙才学了得，也不管扰不扰他的清修，还是要他多给朕出出主意才好。"

不觉听到外面更鼓响了三通，夜已深了，刘义隆唤了一声，宫人早已摆好玉辇。刘义隆有心去潘淑妃那里，却想了想皇后和长子刘邵，叹了一声，吩咐道："去皇后那里。"

危　机

刘义隆满腹心事，坐在回往建康的玉辇上。感念于先帝微末时勤于耕作，故而每年开春祭拜先帝后，刘义隆便要耕作半日，既是追忆先帝美德，也是劝民勤于稼穑。只是今年开春以来，扬州便逢大旱，已有月余滴水不降，这在多雨湿润的江南是极为罕见的。刘义隆回建康的路上，见江水比往年瘦了不止丈许，滩涂露出好大一片。再这样下去，今年的早稻可就收成惨淡了。

刘义隆平定荆州，已过去两年。虽然大宋经历一场内斗，消耗不少钱粮，可富庶的江南很快恢复了生机，府库积蓄慢慢丰足起来。可如果春旱不能缓解，少了这一季收成，朝廷不但收入大减，更要调拨钱粮赈济灾民，刘义隆如何不忧心忡忡？

陪侍一旁的徐湛之关切地问道："陛下是不是累啦？"

徐湛之刚刚得朝廷征召时，还有些不乐意。著作郎不算显赫，不过是在天子身边整理文书而已，也难怪徐湛之看不上。可上任以来，徐湛之倒干练得很，让刘义隆很是满意。故而刘义隆走到哪里，都会把徐湛之带在身边。想着再让他辛苦两年，多熟悉下朝廷军政，便外放个郡守什么的，也好历练历练。

听外甥如此关心，刘义隆叹了一声："天子亲历农事，不过是让百姓知道天子对农事的重视。又没有真做多重的活，怎会有多辛苦？朕只是忧心旱情罢了。"他又叹了一声，"只可惜王华英年早逝，若他还在，也能给朕多出出主意，不至于让朕束手无策。"

王华很早就做了刘义隆的属官，可谓心腹股肱。无论是驻守荆州那些年，还是刘义隆得徐羡之、傅亮拥立往建康即位，都是王华出谋划策，刘义隆才能在权势争夺中，扳倒徐、傅，真正执掌大宋。然而，就在平定荆州后不久，王华身染时疫，与世长辞。想想君臣多年，王华对刘义隆不可谓不尽心，可刘义隆因王氏而对王华有所提防,他不由得好生伤感。

陪坐的慧琳劝慰道:"逝者已矣,陛下还当往长远看。如今王昙首、殷景仁、刘湛三贤尚在,旱情虽重,可他们也该有些法子的。何况朝廷这两年来积蓄颇丰,足以应对灾情。待熬过这阵子,必能否极泰来。"

慧琳虽是个出家人,可刘义隆知道他的才能,一直留在身边参议,甚至为他在宫中修了佛堂。虽说大宋没有宰相之职,可但凡与天子共处国事,都被人私下称作宰相,故而担任侍中的王华、王昙首、殷景仁、刘湛都被人视为宰相。慧琳却是个另类,虽说无官无职,却整日伴在天子身边,国家大事也多有他出谋划策,刘义隆还专门为他设置书佐属吏,声势几乎与宰相无异。因时常穿件黑衣,慧琳被人称作黑衣宰相。若说与过去有什么不同,那就是慧琳的一袭僧袍换作了貂裘,可生活起居仍然是个僧侣。这两年来,他还真帮刘义隆做了不少事。

刘义隆叹了一声:"但愿吧!"

慧琳问道:"陛下莫不是在担心北方局势?"

刘义隆看了看慧琳,见他还真能猜透自己的心思,点了点头,说道:"朕刚刚平定谢晦时,便曾遣使去往魏国,名为通好,实则探听拓跋焘意欲征讨何方。那拓跋焘既不说柔然,也不言夏国,反而领兵东巡,欺负早已没落的北燕。事后想来,拓跋焘是以此迷惑众听。夏主赫连昌果然被拓跋焘骗了。适逢西秦与北凉交战,沮渠蒙逊修书夏国,欲与夏军联手伐秦。赫连昌只当魏国忙着东征燕国,无暇西顾,遂遣五万大军西征秦国。可秦国亡国在即,拼尽全力,以至夏军与西秦僵持不下。哪知魏军忽然西进,当真杀了夏国一个措手不及。"

魏、夏大战,大宋虽避身事外,可刘义隆没少派人打探北方战况。刘义隆冷笑一声:"拓跋焘显然早有预谋,就在夏军与秦军胶着不下的时候,拓跋焘听从崔浩谏言,大举伐夏,就连长孙嵩这个三朝元老都因劝阻西征被罢了官。而奚斤能那么快集结四万大军,奔袭蒲阪,镇守河南的周幾也能突然冒出一万精兵奔袭陕城,显然在拓跋焘装模作样东巡的时候,这些兵马早已暗中集结。夏国也真是可笑,大难临头尚不自知,仍忙着猛攻西秦不休。周幾兵马出现在函谷关的时候,夏将不战而逃,以至魏军长驱直入。而奚斤大军兵临蒲阪时,夏将也逃回了长安。赫连昌呢?还忙着张罗冬至节庆大宴群臣呢!函谷关、蒲阪相继失守,他都还茫然不知。直到拓跋焘亲率两万轻骑,离统万城仅有三十余里时,赫连昌这才梦如初醒。

危机 357

若非城门关得及时,只怕拓跋焘都冲进城里了。"

慧琳叹道:"那拓跋焘还真不容小觑,他的耐心更让人畏惧!统万城明明已危如累卵,奚斤、周幾两路大军又连战连胜,按说拓跋焘就该围攻统万城,一举吞灭夏国,谁知拓跋焘居然分兵四掠,杀获数万夏国军民,又掳得牛马十余万匹,随后见好便收,就此退兵了。"

徐湛之讥笑道:"我看拓跋焘也没那么大本事,不过贪图小利罢了。毕竟夏军不是那么好欺负的,赫连昌又是个好勇斗狠的角色,一旦夏军缓过劲儿来,谁胜谁负,还不一定呢!何况统万城坚固异常,听闻当年累死了十万劳役,才筑成此城。拓跋焘仅有两万轻骑,又没有攻城利器,如何攻得下夏国都城?再说了,魏将周幾杀进三辅没多久就病逝军中,这让魏军西征也多了些变数。拓跋焘自然也只能撤兵了。"

慧琳却摇了摇头:"周幾病逝,固然出乎拓跋焘意料,可奚斤很快收拢两路人马,一举攻破了长安。拓跋焘并不用为南路大军担心。就算他只有骑兵,不利攻城,可只要扎下营来,等奚斤会师,便可放手攻城。拓跋焘却没有这样做,正如湛之所言,他是忌惮统万城之坚,不想强攻城池损耗兵力,这才决定撤军的。"

刘义隆叹道:"拓跋焘的耐心的确让人生畏。也怪朕当时大意了,想想夏国实力尚强,故而朕欲坐视魏夏之争,谋求渔翁得利。哪承想拓跋焘那么快就再次向统万城发兵!"

慧琳劝道:"这如何怪得了陛下!还不是赫连昌骄纵过甚,让拓跋焘钻了空子?魏军退去后,赫连昌想派兵夺回长安也没什么差错,可是统万城都被魏军奇袭一次,赫连昌还没长记性。自以为吞灭西秦只在旦夕,不但不肯从西秦撤兵,反而从统万城调拨两万大军,让他弟弟赫连定去收复长安。统万城少了两万守军,拓跋焘岂会错失良机?见统万城空虚,拓跋焘几乎发动举国人马足足九万,出征统万城,仅负责制造护送攻具的兵马就有三万之多,足见拓跋焘这次势在必得。"

刘义隆听闻此言,沉默一阵:"哎!朕也是那么想的。拓跋焘兴师动众,自然是想趁着赫连定出征长安,一举攻克夏国都城。朕也有意趁着魏军西征、河南守备空虚时,派兵北上收复失地,却又怕过早出兵,打草惊蛇。又有魏国使者来了建康,让朕误以为拓跋焘征讨夏国怎么也要耗个一年半载。故而朕按兵不动,想等魏军陷在统万城,那时再派兵北伐,必能收复河南。可朕终是让拓跋焘骗了!"

刘义隆面有怒色,说道:"拓跋焘压根儿就没想与夏军纠缠太久!魏军才到夏境,他便独领三万轻骑直奔统万城,那些笨重的攻具就是做给朕和赫连昌看的。拓跋焘在统万城外设下伏兵,亲引数千骑兵到城下耀武扬威,想引赫连昌出战。赫连昌这次倒是聪明了,闭门不出,又急招赫连定回救。拓跋焘眼见不能骗赫连昌出城,又怕夏军回防,只能再次选择撤军。可拓跋焘一退兵,反而让赫连昌按捺不住,亲引三万步骑追了出来。听说魏军撤得极为仓促,被夏兵一追,立时大乱。拓跋焘陷于阵中,险些被夏兵擒了去。也难得拓跋焘临危不乱,亲斩夏军大将,稳住魏军军心,趁势反攻。拓跋焘费尽心思设下的伏击没用上,倒是真想退兵时把赫连昌引了出来。夏军在魏军反攻下,死者万余,赫连昌都来不及退回统万城,只能领着败兵转投上邽。坚固的统万城终成了摆设,就这样落入拓跋焘手中。夏国宗室子弟、文武百官、后宫嫔妃,连同府库珍宝、战马三十余万匹、牛羊数千万头,被拓跋焘一锅端。经此一战,夏国已是名存实亡了。"

刘义隆哼了一声:"听说这些年来,被夏国俘去的后秦旧臣,还有当年关中一败被俘的宋将,也都被拓跋焘掳走了。毛修之,常听人说他有经天纬地之才,先降了夏国,如今转降魏国,好像凭着善于烹调,被拓跋焘任为太官令了。哈哈,好一个大将,倒成了厨子!"

慧琳一阵沉默。他是听说过毛修之的,有着名将的韬略,却没有名将的机遇。若毛修之还在大宋,刘义隆又何愁北伐时找不出几个像样的大将?一代名将落个这样的结局,当真让人唏嘘。

刘义隆不再提毛修之,说道:"朕自以为魏夏之争,是我大宋北伐中原、收复河南的良机,却生生坐视拓跋焘两番西征,先后夺取长安、统万城。听说西秦、北凉、仇池都已向拓跋焘遣使归附。眼见魏国夺取了关中,朕心中如何不急?"

徐湛之这才知道皇帝愁眉不展的缘由,忙劝道:"陛下也勿太过忧心。赫连昌枉为一国之主,大意失了统万城,也是天要亡夏。只是魏国虽已夺取了关中,可夏主赫连昌尚在,而赫连定也已从长安退往上邽,况且西秦战场还有数万夏军,故而夏国实力尚全。拓跋焘若留重兵镇守关中,那魏国便无力往河南回调兵马。若不留重兵,夏军复仇心切,关中还不见得就稳稳握在拓跋焘的手中。再说了,柔然也是魏国心腹大患。听说魏国西征统万城时,柔然可汗再次领兵南下,只可惜拓跋焘已攻破了统万城,柔然才仓促撤兵。魏国内忧外患,我大宋还是有机会夺回河南的。"

慧琳也说道："湛之说得有理。据臣所知，拓跋焘也知攻破统万城，绝非魏军实力远在夏军之上，只是运气好过了头，本想只留少许兵马镇守，已命赫连素留守统万城，又命奚斤分兵留守长安，其余人马尽皆撤还。可魏军大捷，奚斤执意向上邽追击赫连昌。拓跋焘不得已，只能派娥清向长安增兵万人，又拨付战马三千匹，助奚斤继续西征。"

慧琳笑了笑，说道："魏军口口声声说尽得统万城战马三十万匹，却仅仅给长安送去三千匹，便知这三十万的数字实在是夸大其词了。魏国是夺得了关中，可还没强大到能一口吞掉夏国，也还没有一统北方的实力。"

慧琳顿了一下，接着说道："何况我大宋在魏夏争斗时，也不算一无所获。夏军征讨西秦时，仇池国内乱，宗室杨兴平降于我朝，梁、南秦二州刺史吉翰借此派兵夺取武兴。我朝在仇池插下这颗钉子，只要关中有个风吹草动，夏魏战事再起，我大宋自武兴、武关两道并进杀入关中也好，还是自历阳北伐河南也好，都将事半功倍。以关中现在的形势，就说魏国已经胜了，还是言之过早了些。"

徐湛之附和道："再说了，当年先帝北伐关中，北凉、西秦、仇池不也先后臣服于先帝吗？这几个小国，拥兵自重，割据一方，从来都是墙头草，名为属臣，实则各自有着主意。莫看他们今日遣使臣服魏国，可拓跋焘怎么可能指挥得动他们？关中混乱的局面根本没有改变。吉翰夺取武兴，我大宋正好借此浑水摸鱼。"

徐湛之想了想，又说道："那吉翰原是长沙王刘道怜的部将，这么多年一直默默无闻。如今彭城王镇守西境，吉翰便建下此功，想来也多是彭城王调度有方吧！"徐湛之私下与刘义康交好，自然要在这种时候替刘义康说句好话了。

刘义隆点了点头，看来遣四弟去西境还是正确的。被慧琳、徐湛之劝慰许久，刘义隆心情稍好了些，可还是叹气道："但愿如此吧！这两年来，朕迟迟没有派兵征讨河南，一来是被拓跋焘蒙蔽，让朕失了战机，二来是江南府库虽有结余，可想要大举北伐还是心有余力不足。本想着今年新粮一收上来，足以支应大军用度，可偏偏扬州又逢大旱。若收成减半，军资不足，就算吉翰占据了武兴，朕还是没有机会收复河南！"

慧琳、徐湛之明白了刘义隆所愁何事。一者北方局势骤变，魏国若真统一北方，那就是大宋头等强敌。二者江南久旱，就算真有战机，粮草不足也扼住了宋军的脖子。

两人又是劝慰一阵，这时车马稍稍停下。刘义隆向外一望，却是已到了建康，心情倒是好了不少。

长子刘劭已经三岁了，这几年过去，刘义隆一直仅有这一个儿子，如今潘淑妃也有了身孕，若再生个儿子，刘义隆岂有不高兴的道理？

天子车驾一路行到宫前，进了内省。徐湛之、慧琳正要告退，刘义隆也想去看看潘淑妃，却见有内侍前来通禀："侍中刘湛知道陛下今日回来，已在外面候了一晌。"

刘义隆笑着摇了摇头："刘湛忙于政务，倒是让朕也不能一日消停呢！"说罢，他让慧琳、徐湛之各自回去，招了刘湛进来。

刘湛拜罢天子，起身说道："陛下，春耕至今已有月余，扬州各郡都有奏疏送来，多是求朝廷拨付赈灾粮款的公文。臣归总了一下，至少也需三十万石，这还不算运输途中损耗。眼下正是青黄不接的时候，若再迟延上个把月，臣只怕百姓断了粮，就要出乱子了。"

刘义隆心里抽搐了一下，他回来的路上一直在愁这事。虽说三十万石不算多，可毕竟是一笔额外的开销，让刘义隆如何不烦恼？只是灾情若不赈济，扬州又如何稳定？百姓吃不饱饭，闹起事来，还谈什么北伐？

刘义隆暗叹一声："爱卿辛苦了，赈灾的事就依爱卿所录，抓紧时日拨付吧！还有，前往各州巡察的官员还没回来，交代他们给朕看好了，赈灾的粮食务必用在该用的地方，莫让些小人乘机中饱私囊。"

刘湛应了下来，继续说道："臣还有一事要禀奏陛下。旱情至此，赈灾只是权宜之计。臣已查阅扬州各郡水渠图谱，少说也使用十数年之久，臣使人往州郡查访，水渠淤积、破损，引江浇灌田地，损耗过半，对旱情无疑雪上加霜。"

刘湛这样说，显然是想疏通水利以解旱情，刘义隆一时有了兴趣，忙问道："爱卿可有什么法子疏通水利吗？"

刘湛答道："臣曾查阅前朝修缮水渠的记载，也问过军屯、民屯的水官。经臣录算，疏通现有水渠共需劳役八万人。再算上偏远些的地方，水渠难以灌溉，需新挖深井一千二百眼，故而需再加劳役二万人。"

刘义隆听刘湛已算出劳役总数，知他自然知道这些人该怎么用，心中很是满意。刘义康举荐刘湛时,就曾说过刘湛不尚浮华,极为务实。这些修缮水利的苦差,在那些士大夫眼中皆是俗不可耐的低贱差事,谁肯沉下心来管这些,也就刘湛肯为国家操这个心了。

刘义隆勉励几句,说道:"十万劳役也是不小的数目。虽然江南休养两年,可久战疲敝,百姓本就忙着耕作,每户能抽调的役夫有限,这十万劳役只怕不容易得来。"

刘湛信心满满地说道:"陛下勿忧,疏通水利本就多是在属县当差,抽调的劳役也是在为自家田地浇灌忙碌,百姓不会有什么怨言的。至于役夫不足,臣也有个算计。荆州初平时,司徒大人曾言,依旧制,年满十六岁服全役,年满十三岁服半役。江南太平,四方无事,故而请以年满十七岁为全役,年满十五岁为半役。陛下仁厚,准允了司徒所请。只是此一时彼一时,今年旱情过甚,国家百姓皆苦不堪言。不若暂时恢复旧制,仍以十六岁为全役,十三岁为半役,这役夫便绰绰有余了。"

刘义隆沉吟一阵,说道:"减免劳役虽是王弘谏言,可朕也有意让百姓休养。这旨意颁布不到两年,朕若恢复旧制,未免有失信义。虽说修缮水利是当务之急,可朕也要顾及民心。这恢复旧制就莫再提了。依新制,抽调八万役夫理应是够的,便先用这些人疏通水渠吧!至于新掘水井,且先缓一缓。水渠通不到的田地,本就产出有限,为保住那点儿收成,多费两万劳役,未免得不偿失,挖井之事,等旱情过了再说吧!"

刘湛拜道:"陛下仁厚,那便如此吧!"他继而奏道,"臣还想请奏陛下,着令各郡推举勤于耕桑的百姓,由郡府筹资予以褒奖,再命这些百姓教导同乡共度旱情。"

刘义隆点了点头:"就依爱卿所言吧!"他继而赞叹道,"彭城王当日力荐爱卿,说爱卿有管仲、诸葛亮之才,爱卿勤于政事,所言无不切中国家要害,真乃国家栋梁。朕每听爱卿之言,都是越听越精神呢!"

刘湛忙拜了再拜:"为国效力乃是臣的本分,陛下谬赞了!"

刘湛这些谏言,必能缓解旱情损失,刘义隆心中稍安,却又想起北方的局势,问道:"依爱卿看来,魏主拓跋焘其人如何?"

刘湛听刘义隆这样一问,知道他是忧心魏国吞并关中后威胁大宋,便如实答道:"臣对魏国倒也有些了解。自拓跋珪复国后,改称代国为魏国,至今已传三代。

虽然魏国立国之初,以代郡为根基,吞灭后燕,夺取冀州,看似抢占黄河以北大片土地,实则外强中干。冀州四战之地,早已被战火摧残,民不聊生。故而先帝北伐南燕时,魏国国力贫弱,大气都不敢出一下。然而魏主传至拓跋嗣时,经过多年经营,已颇有些实力,故而先帝再度北伐后秦时,魏国已敢出兵沿河袭扰。虽惨败于先帝之手,魏国仍不死心,蠢蠢欲动。我朝关中战败后,魏国渔翁得利,夺取了原属后秦的大片疆土,有了雄霸北方的实力。如今拓跋焘继位,莫看他掌权短短几年,倒是颇有些本事。"

刘义隆问道:"爱卿是说拓跋焘武艺了得吗?这倒是事实。拓跋焘首战北伐柔然,困于敌军阵中,射杀敌军主帅,逼退柔然。二度西征统万城,不慎陷于重围,亲斩敌军大将,反败为胜。堂堂国主,冲锋陷阵,又有如此武艺,的确让人敬畏。"

刘湛却道:"臣说的不是这个。北方诸国,习俗与我朝不同,君主往往都是能征善战之辈。拓跋焘如此,赫连昌也是如此。唯有战功显赫,才能压得住满朝文武。只是臣说的不是拓跋焘的武艺,而是拓跋焘的为政之道。"

刘义隆奇道:"朕对此倒是知道得不多,愿闻其详。"

刘湛答道:"从拓跋焘的父亲拓跋嗣开始,魏国便一转往日只知征伐的毛病,十数年间几乎没有一次征战,这在北方诸国是极为罕见的。魏国初得中原,多有百姓逃隐,以至于十室九空。魏主分赐缯帛,引百姓回归旧土,总算让州郡渐渐有了人气。到了拓跋焘时,魏国越发爱惜民力。听闻魏国国都平城,自建国至今,都没有扩建修整,自去年拓跋焘夺取统万城后,有朝臣谏言征调民役翻新宫室,都被拓跋焘拒绝。说是治国之道,在德不在险,统万城倒是固若金汤,可赫连昌今又何在?国家府库,也极少铺张动用,赏赐也多是抚恤为国战死者的家眷,宗室贵戚少有因得宠而被魏主赏赐钱财的。至于选拔人才,更是唯才是举,不论出身,惩治罪者,亦不避亲贵。拓跋焘为政如此,也就难怪魏国实力大增,能击败夏军,夺取关中了。"

刘义隆一阵沉默。没想到拓跋焘并不是一个逞强好胜的莽夫,而是一个精于治国的国主,当真是个劲敌!

刘湛见刘义隆沉默不语,劝道:"陛下也莫太过担心。拓跋焘固然是个有头脑的人,可他善于征伐,这既是他的长处,却也是他的短处。"

刘义隆奇道:"这是何意?"

刘湛答道："兵者，凶器也！就算拓跋焘体恤百姓，可常年沉浸在杀戮之中，性情势必乖戾。听闻拓跋焘残忍好杀，杀起人来毫不手软，可杀人之后往往后悔不迭。夺得关中后，自统万城迁走的百姓有万余之多，可活着到了平城的，还不足一半。可见拓跋焘的本性并不是那么仁慈的。"

刘义隆回味着刘湛对拓跋焘的评价。这样一个文武双全的国主，在北方诸国中当真罕见，自己遇上这样一个对手，究竟是福是祸？

他正这样想着，却有宦官进来禀奏："侍中王昙首求见。"

刘义隆不由得暗笑。刘湛入朝辅政仅仅两年，便凭着真才实学已与王昙首平起平坐。反而那名满天下的谢灵运、颜延之二人也就在文采上难有人企及，在朝政上当真指望不上，他二人也知没那经营天下的本事，遂向朝廷请辞官职，游历江湖去了。没了谢家人的威胁，只怕在王昙首心中，是怕刘湛会取代他吧！刘义隆刚刚回宫，刘湛已忙着进宫拜见。王昙首紧随其后，多半是防着刘湛抢了他的风头。

刘义隆暂放下对拓跋焘的忧虑，招了王昙首进来，问道："爱卿急着见朕，有什么要事吗？"

王昙首跪倒在地，呈上一份奏疏，拜道："臣代兄长王弘，向陛下请辞官爵。"

刘义隆心中一怔。平定谢晦时，王弘便请辞过一回，自那以后，王弘隔三岔五便向朝廷递上辞呈。看来徐羡之、傅亮、谢晦的结局，当真把王弘吓到了。王氏一族在西晋末年，便已是数一数二的大族。随着东晋建国，王氏更成了左右江南的存在。若没有王弘相助，大宋取代东晋势必要走许多弯路。若没有王弘相助，刘义隆也没那么容易扳倒徐羡之和傅亮。身负大功的王弘，虽被刘义隆感激，可也被刘义隆小心提防着。然而，事成之后，王弘没有忙着争夺徐、傅倒台后的权力，倒是一而再再而三地辞让官职，反而弄得刘义隆有些过意不去了。

刘义隆展开那辞呈，便见上面写道："臣王弘叩拜陛下。天降大旱，疾疫横行，臣枉为司徒，不能助陛下清灭天灾，实臣之过也！且天灾临世，三公依制当逊位免职。臣再拜陛下，准臣辞官归乡。彭城王义康，陛下次弟，性聪察，勤政事，在州职事修治，实为国家良辅，宜征还入朝，共参朝政。"

王弘把天灾的过失揽在自己身上，想以此辞官，更是推举刘义康接任辅政之权，连他辞官后的事都想好了，看样子王弘是真想急流勇退了。

刘义隆登基之后，就很看重刘义康。这个弟弟不但聪慧机敏，推举的刘湛也确有宰相之才，故而刘义隆也很想招刘义康还朝。然而，一来北方局势堪忧，荆州仍需刘义康镇守，此时招刘义康还朝，时机还不成熟。二来若真把刘义康招回来，刘义隆也觉有些对不住王弘。刚才刘义隆还觉得王昙首匆匆来宫中拜见，是在和刘湛争宠，谁知是代王弘辞官的，也为自己曲解了王昙首而有些自责。

刘义隆叹息一声，问道："爱卿兄长怎么没有来？"

王昙首拜道："家兄自知天灾不绝，罪责不轻，无颜面见陛下，这才使臣代其辞官。"

刘义隆摇了摇头，说道："爱卿兄弟对朝廷有大功，朕早就说过，若无卿等相助，何来朕的帝位？朕正欲借诸位爱卿之力，共治大宋天下，承先帝遗志，北伐中原克服旧土。这等宏图伟业，岂是朕一人做得来的？卿等就不想与朕收复失地名垂千古吗？"

王昙首面上稍动，显然他也不愿让王弘辞官，可王弘是坚决不肯当这司徒了。他只能说道："家兄自知才德有限，又年老久病，势必要辜负陛下重托。今日旱情便是天启，家兄唯恐再居首辅，会耽搁了陛下大事，这才忍着对陛下万般不舍，辞官归乡。还请陛下准许家兄所请！"

刘义隆又挽留一阵，王昙首只是不停叩首。

他叹了一声，说道："也罢，既然司徒心意已决，那朕便准了他的辞呈吧！"

王昙首叩拜谢恩，刘湛心中暗喜。正因王弘三朝元老，百官之首，故而刘湛虽与王昙首同列，却只能位居其下。如今天子恩准王弘辞官，日后王昙首再难压得住刘湛了。

却听刘义隆接着说道："只是归乡之事暂先不提，转拜王弘为卫将军，开府仪同三司，扬州刺史仍由王弘兼任。"

刘湛愣了一下。天子这样封拜，王家并未失势。卫将军虽不在三公之列，可还是九卿之职，又掌管兵马，其实比司徒要权重一些。而开府仪同三司，使王弘依旧有三公的排场，再加上最重要的扬州刺史，这就让王弘无论从权势上，还是声势上，与三公无异，失去的仅仅是个司徒的名号罢了。看来天子并没有疏远王弘的意思。

王昙首显然没想到天子绕了一圈，没有让王弘离开朝廷中枢的意思。他又谦让着推辞一阵，天子只是不许，只得应了下来。

刘义隆祭拜先帝还朝，一路奔波，早有些倦了，王昙首正想谢恩离去，而刘湛有些失落，也想辞拜出宫，却听内侍进来报奏："侍中殷景仁求见。"

刘义隆不由得叹了一声。今天是怎么了，自己刚回来，都还没有休息一会儿，三个侍中就先后来了宫中。他只能强打精神，说道："传他进来。"

便见殷景仁脸色很不好看，急匆匆地到了殿上，拜道："陛下，夏主赫连昌被魏国生擒了！"

刘义隆面色大变，一下子站了起来："此事可属实情？夏军实力尚强，朕并未听闻拓跋焘西征，这赫连昌怎么就被魏国生擒啦？"

殷景仁说道："拓跋焘的确还在平城，此次是留守关中的魏军擒得赫连昌。"

拓跋焘还师时，奚斤执意继续西征，只是奚斤虽有六万大军，可既要分兵镇守长安，又要远征上邽，其艰险可想而知。故而在刘义隆看来，赫连昌集结各部夏军，兵力远在奚斤之上，以长安这些魏军，想击溃夏军远没那么容易。谁知，统万城一战过去才半年多时间，赫连昌就已被魏军生擒，当真令人难以置信。

刘义隆忙问道："是奚斤擒得赫连昌？"

殷景仁说道："不是奚斤所为。奚斤与娥清合兵后向上邽进军。赫连昌没有坚守上邽，而是继续退守平凉，诱敌深入。奚斤中计，低估了陇道的艰险，沿途战马多染病而死，军粮补给又跟不上，只能结垒自保。奚斤非但没能杀到平凉，反而被赫连昌围困营中，进退不得。"

刘义隆疑惑地道："既然奚斤受困，却又如何击败夏军，以致赫连昌都被生擒呢？"

殷景仁叹道："夏军并未被魏军击败，全是赫连昌自己找死！奚斤被困后，赫连昌每日领兵攻营，杀得魏军苦不堪言。赫连昌自以为胜利在即，疏于防备，魏军营中忽然杀出百十骑兵。这点儿兵马本来微不足道，可偏偏刮起大风，一时遮天蔽日。赫连昌唯恐魏军还有伏兵，慌慌张张便想收兵，坐骑却在沙暴中跌断了腿。赫连昌摔落马下，被魏军擒回营中。"

刘义隆气得破口大骂："赫连昌当真该死！堂堂一国之君，数陷险地而不自知，夏国本就亡国在即，还这样疏忽大意，夏国不亡，当真是没天理了！"

国主都被魏军擒了，魏国吞并夏国已是水到渠成。刘义隆苦求的北伐一直没能实现，江南又逢大旱，积蓄不足，若魏军一统北方后调兵杀来，莫说收复河南，只怕江南能不能保住都不好说了。"

刘义隆颓然坐了下来，问道："赫连昌被擒，夏军必然溃败，只怕奚斤已经乘胜攻破平凉了吧？"

殷景仁却道："非也非也。赫连昌被擒，不是奚斤设下的伏兵，而是奚斤的监军安颉所为。安颉曾向奚斤献策，欲集结营中仅剩的两百余骑兵，设伏擒拿赫连昌。可奚斤忧心不是夏军敌手，故而驳回此言，只想坚守大营以待援军。安颉自作主张，私自凑得百十骑士，终是出其不意，抢得此功。赫连昌被擒后，赫连定集结余众，已退回平凉，继承皇帝位。安颉则押着赫连昌回了平城请赏。听说拓跋焘对赫连昌倒是亲善，拜为常忠将军，赐爵会稽公，还把自己的妹妹嫁给了赫连昌。"

刘义隆一阵唏嘘。赫连昌居然糊里糊涂被违背军令的安颉擒住了，而赫连定继承帝位，虽说夏国还不算亡国，可毕竟已是穷途末路。从拓跋焘对赫连昌的封拜来看，会稽地处江南，只怕拓跋焘已经生出南征的心思了。

刘义隆一阵担忧，问道："那奚斤继续向平凉进军了吗？"

殷景仁点头说道："奚斤身为主帅，可赫连昌被部将擒拿，故而深以为耻。见夏军败退，奚斤舍弃辎重，与娥清仅携三日军粮，一路追击到了平凉。奚斤信誓旦旦，要擒拿赫连定，就此灭绝夏国，却被赫连定设伏前后夹击。魏军惨败，死者七千余众，奚斤和娥清皆被赫连定生擒。魏军这一败，当真惨不忍睹，赫连定乘胜反攻关中，夺回长安。魏军残部一直退到蒲阪，才算稳住了阵脚。"

刘义隆大喜。赫连昌虽然被擒，可夏军居然还有这样的实力，以至魏军连长安都丢了，北方局势再次回到原点。

刘义隆问道："魏军战败，拓跋焘可有动静？"

殷景仁答道："平城暂无调兵迹象，只是安颉已奉命回到蒲阪代奚斤统领残部，似乎只想以蒲阪防备夏军杀出关中。"

刘义隆接着问道："那赫连定呢？夺取长安后，可有杀出关外的可能？"

"这也没有，赫连定夺回长安后，听闻已遣使去了平城，欲与魏国言和，却被拓跋焘拒绝了。"

刘义隆越发欣喜，问道："关西几国如何？北凉、西秦、仇池不都已降魏吗？可有向长安进军的迹象？"

危 机

殷景仁有些难色，说道："这些消息都是魏军惨败后，我军藏于河南的斥候所查，平城的消息则是右卫率段宏所获。只可惜关中已被夏军封锁，关西三国有什么动作暂未查明。不过倒是听说西秦国主乞伏炽磐已经病逝，其子乞伏暮末即位。魏夏交战前，北凉便与西秦互有攻伐，如今西秦国丧，北凉多是要向乞伏暮末寻仇。至于仇池国，被吉翰夺了武兴，想来也不敢向长安派兵。要不要遣人去南秦州，命吉翰派人查探关中动静？"

魏夏前后三次大战，两次皆被魏军占尽便宜，夏国几乎到了亡国边缘。谁知赫连昌被擒后，继任的赫连定居然让夏国起死回生。拓跋焘西征两年，都是白忙活了。夏国固然丢城失地，损失惨重，统万城至今还被魏国控制，可魏军也损兵折将，元气大伤。刘义隆只觉等了两年的机会，总算到了眼前。

刘义隆兴奋地说道："朕苦等两年，只欲伐魏，今魏夏争霸，两败俱伤，正是我大宋夺回河南的良机。三位爱卿今日都在，不知以为此时进军河南，是否合时宜？"

刘湛吓了一跳，忙说道："陛下务要谨慎。扬州大旱，尚未根治，修渠劳役都还未及调派，而府库积蓄只怕也难支应大军所需，还请陛下再忍上一忍。"

王昙首也劝道："虽然赫连定重夺长安，可夏国两次惨败，纵然扳回一局，也是穷途末路。何况拓跋焘手握赫连昌，势头远远扼制夏国。再说了，平凉一战，魏军虽惨败于夏军，可这几万人马对魏国来说，远未伤筋动骨。此时伐魏，不过是引魏军防范大宋，倒帮了夏国大忙，让赫连定有喘息之机。"

殷景仁也反对道："听说拓跋焘已纳了赫连昌三个妹妹为贵人，而赫连昌也娶了拓跋焘的妹妹。两人虽为仇敌，如今已结了亲，至少明面上看，拓跋焘与赫连昌还算和睦。而赫连定承继帝位，名不正言不顺。拓跋焘已拒绝了赫连定言和之意，又使安颉接管蒲阪，只怕魏国迟早要西征关中复仇。莫不如待魏军西进时，我朝再谋北伐，也能多些成算。"

刘义隆兴冲冲地提出自己的北伐之愿，谁想三个宰相无一例外拒绝了。刘义隆被人泼了冷水，有些不大高兴，可也知道三人说得有理。这恼人的旱情，真要坏了刘义隆的大事。他悻悻地说道："拓跋焘两次亲征，朕毫无应对，以至魏国侥幸大胜两场。三位爱卿也说了，夏国情势堪忧，若拓跋焘再次亲征关中，只怕赫连定绝非魏国对手。若我朝迟迟没有应对，岂不又要错失北伐良机？"

三人却是依旧反对。

刘义隆叹了一声，说道："也罢。既然粮草难以筹集，便先不着急北伐，可也不能就这样袖手旁观。着令徐州刺史王仲德引本部两千兵马，袭扰济阳、陈留，待探明魏军虚实，再作打算。"

王昙首、殷景仁、刘湛对视一阵，看来天子北伐的打算是不可能放弃了，只是时间早晚罢了，也只能琢磨着如何办好自己的差事，免得北伐时误了军机，被天子怪罪。

三人各自辞拜，出宫去了。

元嘉北伐

刘义隆在殿上急得转来转去，只因筹谋数年的北伐终于付诸行动了。

先帝在世时，两度北伐中原，这既为先帝赢得无数声威，也让先帝借此取代晋室建立大宋。虽说宋朝建国已有近八年时间，境内士族、百姓已慢慢适应了宋人的身份，可先帝最后几年，几乎一直忙着攫取晋室大权，这就让不少人疑心先帝北伐，无外乎和桓温那些权臣一般，真正在意的还是那个皇位，绝非为了民族大义。只可惜先帝登基不到两年，积劳成疾，撒手人寰，永远没有机会向世人证明他为国为家之心。这就让刘义隆无论是为了先帝的声名，还是大宋的稳定，都需要承继先帝遗志，收复故土。让所有人都知道，大宋取代晋室是顺应天命的，是利国利民的。

何况刘义隆精通史书，明白不进则退的道理。魏国日渐强大，是不争的事实。魏夏三次大战，夏国虽收复了长安，却已到亡国边缘。一旦魏国吞并夏国，迫降关西三国，那么北方将再次一统，魏国也迟早要向大宋开战。既然此战避无可避，那便趁魏国忙着向夏国复仇，一举进军中原，打乱魏国统一中原的步伐，收回河南失地，构筑拱卫大宋的缓冲。

刘义隆早已遣王仲德领两千兵马，向河南进军，试探魏军虚实。果如刘义隆猜想，镇守河南的魏将周几西征病逝，其兵马在平凉一战损失惨重，河南为之一空，也就司马楚之、鲁轨这些投敌叛将还有些实力，魏国对河南的控制极为有限。在得到王仲德军牒后，刘义隆终是下定了北伐决心。

只是从谋划开始，已过去一年多时间，军需都已筹备齐全，各部人马也已整装待发，可出征日期却是一拖再拖。非是刘义隆犹豫不决，在刘义隆看来，平凉一战，魏国奚斤、娥清两员大将被俘，魏军损失惨重，甚至连长安都丢了。拓跋焘无论是为复仇，还是为重新夺回关中，都该向夏国出兵的。故而刘义隆在耐心等待魏夏再次交战的时机。

慧琳看着刘义隆焦虑地转来转去，劝道："陛下且莫着急，彭城王已奉旨去城外等了，待田奇一回来，彭城王便会带他来面圣的。"

去年年初，刘义隆已招彭城王刘义康从荆州回到了建康。只因王弘请辞司徒转拜卫将军后，仍力主刘义康接管朝政，刘义隆考虑到北伐在即，确实需要刘义康在身边辅佐，也为了让王弘安心，终是招回了刘义康，拜为司徒、录尚书事、侍中，领南徐州刺史，督扬、南徐、兖三州诸军事，与王弘一同辅政。与此同时，刘义隆转拜五弟刘义恭为荆州刺史，督荆、湘八州军事，接替刘义康镇守西境。为了确保西境稳固，刘义隆以侍中刘湛为南蛮校尉，行州府事，把西境大权实际上交在刘湛手中，以确保北伐时西境不会出什么差错。

自刘义康回到建康后，王弘越发不理朝政，大事小事，王弘几乎都推给刘义康处置。这两年来，刘义隆都是与刘义康共商要事，北伐也大多是与刘义康商定的。对这个弟弟，刘义隆是越来越信任和倚重了。

听慧琳一劝，刘义隆只是嗯了一下，可焦虑并没有缓解多少。

慧琳迟疑一阵，问道："陛下，去年魏使回国时，陛下便曾带话给魏主，敦促魏国交还河南州郡，却是石沉大海。为何今日北伐在即，还要特意遣田奇出使魏国，向魏主递交国书，向他索取河南州郡呢？小僧虽不懂兵事，可也知道出奇制胜。魏国刚刚大破柔然，班师还朝，而夏国蠢蠢欲动，有向魏国出兵的迹象，陛下大可等两国交战后，寻机向河南发兵，又何必投书魏主，让他知道大宋有收复河南之意？"

听慧琳说起魏国大破柔然之事，刘义隆叹了一声："我朝在河南遍布眼线，魏国在我朝边境又岂没有谍探？数万大军往来集结，岂是想瞒就能瞒得住的？故而朕遣使于魏，明告拓跋焘，朕欲收复河南。这样一来，反倒让魏国摸不清朕的心思。你知道去年魏使向拓跋焘转达朕的心意时，拓跋焘是怎么说的吗？"

慧琳摇了摇头。只知道段宏这个南燕旧臣，能从平城打探到不少隐秘之事，只是不曾听天子说起过拓跋焘的反应，想来不会说什么好听的话。

刘义隆咬了咬牙，说道："拓跋焘大笑不止，对其群臣说道：'龟鳖竖子，自救不暇，能有何所为？就算竖子当真敢来，也当先灭近敌，否则坐等南寇，腹背受敌，非良策也。'"

刘义隆哼了一声，接着说道："朕去年让那魏使带话，就是让拓跋焘以为，朕只是虚张声势，绝不敢向北用兵，好让拓跋焘对河南放下心来，派兵出征他国。只是朕万万没想到，拓跋焘所谓的'近敌'，居然不是夏国，而是柔然。"

刘义隆又叹了一声："也怪朕低瞧了拓跋焘。原以为他与朕年纪相差无几，正是血气方刚的时候，平凉惨败，他必然怒不可遏，急于向夏国寻仇。而吉翰夺取武兴后，刺探关中情报便利不少，一旦发觉魏军有任何风吹草动，朕便好寻机向河南进军了。谁知那拓跋焘出人意料地冷静，骗过了朕，也骗过了夏国。我们把所有的目光都放在关中的时候，拓跋焘却亲领大军，直捣柔然王廷。想来那柔然可汗见到拓跋焘时，也会目瞪口呆。在他看来，拓跋焘也必是去寻夏国晦气的，怎么可能远袭千里？柔然猝不及防，一败涂地！若非拓跋焘稍稍迟疑，让柔然可汗逃了出去，只怕柔然都已亡国。"

刘义隆脸上有些懊悔："若朕能在平城多留些眼线，早些察觉拓跋焘是去讨伐柔然，而非针对夏国，只怕这会儿早已收复河南。毕竟柔然王廷比长安要远百倍，我军突袭空虚的河南，拓跋焘想要回救，也是鞭长莫及。只要收复河南，有黄河天险，拓跋焘就是想反攻，又哪有那么容易？哎，收复河南的绝好机会就这样错失了！"

慧琳劝慰道："魏国在平凉兵败，拓跋焘已使安颉进驻蒲阪，任谁去想，拓跋焘必是要向夏国发难的。然其明修栈道，暗度陈仓，一举大破柔然，只怕十数年里，柔然都难再有侵扰魏境的实力。事已至此，陛下空恨何益？如今拓跋焘已经还师，陛下此时执意北伐，时机是不是不大成熟？若说陛下去年向魏国索取河南，是向拓跋焘示弱，今年再次遣使索取河南，是否多此一举？据贫僧所知，夏国探知魏军讨伐柔然时，也曾想乘机收复统万城，然而军行一半便仓促收兵，可见夏军虽在平凉大胜，却已元气大伤，仅以统万城的坚固，就绝非现在的夏军所能攻克。夏国已非魏国强敌，拓跋焘自然能看出这一点，所以才会放下复仇的怒火，调兵讨伐威胁更大的柔然。陛下向魏国投书索取河南，若适得其反，拓跋焘不去理会衰败的夏国，反而严加防备我朝，岂不是打草惊蛇吗？"

慧琳说得有理有据，刘义隆眼中闪过一丝茫然，可很快消失不见，说道："朕自即位以来，便一直有北伐之意，至少也当收复河南失地。你也知道，河南是先帝北伐时从后秦所得国土，终是在二哥手中亡失殆尽。抛开国家安危、民族大义不说，朕收复河南，既是告慰先帝在天之灵，也是代二哥赎罪。"

慧琳心中稍稍颤动，也想起那个一心谋图天下，却一事无成，落个枉死权臣手中的少年。天子与刘义真感情深厚，对刘义真的死却无能为力，故而一直耿耿于怀。若真能收复河南，也算为刘义真做了些事，或能让天子稍感安慰。

慧琳这样想着，就听刘义隆接着说道："怎奈先有权臣当道，后有这恼人的旱情，以至北伐一拖再拖。朕等了那么久，一次次错失良机，而魏国越来越强大。再等下去，只怕机会是越来越少了。先帝曾言，凡事终要靠自己，与其把北伐的机会寄托在魏国讨伐他国上，还不如掌握在自己手中。朕向拓跋焘投递国书，若能让魏国误以为我朝胆怯，诱使魏国向夏国出兵固然最好，若不能如愿，也不是什么坏事。拓跋焘还有许多事需要善后。莫看拓跋焘几乎让柔然亡了国，可柔然本性好战，朕就不信，魏国有这么好的肠胃，能这么快就消化柔然这么大的战果。那么多降部，若拓跋焘处置不当，就是个不小的隐患。而夏国虽已衰败，却收复了长安，拓跋焘也要提防赫连定缓过这口气，故而魏国必会对夏国斩草除根。拓跋焘有这么多的大事待处置，朕向他索取河南，与此同时，调拨大军向北集结，让他明白，若不归还河南，我大宋便不惜死战。拓跋焘为求稳住大宋，好让他有足够时间解决柔然和夏国的隐患，也不见得就会拒绝朕的要求。所谓不战而屈人之兵，善之善者也。当年先帝一纸国书，便让后秦姚兴老老实实地割还了南乡、新野十二郡失地。朕若能逼拓跋焘归还河南，免去一场兵祸，不也是一件大大的好事吗？"

慧琳听得有些吃惊。天子说了这么多道理，又是向魏国示弱，又是向魏国施压，可说来说去，最让天子在意的，是想仿效先帝以一纸国书收还北荆州的奇迹。先帝雄才大略，天子自然想和父亲一般受万人敬仰。然而，此一时彼一时，天子的想法过于天真了。

当年先帝白手起家，凭着数百北府军勇士平定桓玄之乱，可谓名震天下。而当时的后秦帝国虽然庞大，实则内忧外患，对凉州的控制越来越弱，崛起的夏国也是后秦的头等大敌。再加上姚兴年事已高，早已没了以往的狠劲，为求稳住江南，甘愿割让十二郡土地。反观今日局势，且不说天子有没有先帝那样的威名，单看魏国声势正盛，就不可能让天子如愿。纵然魏国确有柔然降部和夏国的问题，可远没有到威胁魏国安危的地步。而拓跋焘年轻气盛，这几年又未尝一败，怎么可能轻易割让国土呢？只怕天子想仿效先帝的奢望是要落空了。

刘义隆没注意慧琳的吃惊和怀疑，仍在那里说道："就算拓跋焘不肯割让河南，也没什么好担心的。朕之前一直没有放手北伐，皆因军资不足。虽然去年坐视魏军讨伐柔然，可也不见得就是坏事。多了这么长时间的准备，我军粮草丰足，兵甲充沛，以我北府军百战百胜的气魄，何惧远征柔然后疲惫不堪的魏军？再说了，田奇出使魏国，可不仅仅是投递国书去的。"

慧琳正想听天子命田奇出使魏国还有何深意，却听内侍进来报奏："启奏陛下，彭城王携殿中将军田奇请见！"

刘义隆猛然一震，说道："快快传他们进来。"

田奇一脸倦意，似乎从平城出来后便马不停蹄往建康赶路，一身便装满是褶皱，都没来得及梳洗一番，就被刘义康直接迎到了宫中，显得有些狼狈。

刘义隆却没在意，待田奇参拜罢，便着急问道："魏主国书何在？"

田奇面色难堪，如实奏道："卑职无能，请陛下惩处！"

刘义隆冷笑一声："这么说，拓跋焘连国书都懒得回啦？"

田奇有些惧意，犹豫再三，说道："卑职递交国书，言于魏主，河南原为宋土，被魏无端侵占，也该归还宋土，以保他河北无事。拓跋焘看罢国书，大骂不休，说什么他出生之时，便知河南已是魏境，与我大宋何干，若陛下想要，那便自己去拿好了。"

慧琳心中暗想，拓跋焘果然不肯割让河南，天子此番遣使平城，当真白忙了。他偷偷去看天子，就见天子咬了咬牙，却未动怒，问道："魏国群臣又是什么意思？"

田奇小心地答道："卑职被拓跋焘责骂一番，便赶出了皇宫，故而未曾听到拓跋焘与其臣子商议之事。"

见天子正要动怒，田奇忙说道："可卑职受陛下重托，岂能白去平城一遭。受陛下之命，卑职在平城时虽被魏国盯梢，还是暗中与段宏旧友相会，打探到些消息。听闻拓跋焘明面上对我大宋轻视至极，实则命众臣商讨此事，不少南方边将也被召回了平城。那些守将皆言我大宋集结兵马，必欲侵扰河南，故而请兵三万，欲先声夺人，反攻宋境。还有人请诛宋人在魏境者，以防我军杀进河南后，用这些宋人为乡导。"

刘义隆有些紧张起来。大宋还未出征，魏军倒想先发制人，这可大大不妙。

他忙问道："崔浩呢？崔浩是什么意思？是否也和那些臣子一样？"

慧琳有些奇怪。天子没有问拓跋焘的主意，倒是急于知道崔浩的想法，究竟是为什么？慧琳想了一阵，明白过来。

莫看拓跋焘为主，崔浩为臣，可魏国从拓跋嗣开始，国家大事似乎都能和崔浩扯上关系。虽说拓跋焘和他父亲拓跋嗣一样，对崔浩的谏言时听时不听，可无一例外都是依着崔浩谋划，终能大获全胜。当年先帝北伐后秦，是崔浩力劝拓跋嗣，后发制人，夺取了河东。河南一战，是崔浩谏言拓跋嗣分兵南下，夺取了河南土地。拓跋焘成为魏主后，在崔浩的谏言下，得以攻破统万城。就连去年北伐柔然，也是崔浩极力促成，一举消除了魏国北方的边患。听闻拓跋焘已拜崔浩为侍中、特进、抚军大将军，真可谓位高权重，足见拓跋焘对崔浩的看重。天子急于知道崔浩的看法，似乎也是看出崔浩对魏国军政的影响。若崔浩也赞成派兵南下反攻大宋，只怕这北伐可就困难重重了。

就听田奇说道："崔浩并不赞同那些言论。"

慧琳去看天子，果然见他面有喜色，追问道："崔浩是怎么说的？"

田奇答道："崔浩言，时已入夏，不利南征。南方多雨潮湿，一来易生时疫，二来大军难行。若我宋师坚守不出，便让魏军无可奈何，时日越久，补给便越艰难，若分兵抄掠，又不熟道路，极易被宋师分而击破。在崔浩看来，魏国南方边将请战，在于北方诸军讨伐夏国、柔然，多获美女、珍宝、牛马，羡慕之余，欲请兵出征，以求大发其财。此皆营私之计，不可从也。"

慧琳心中暗叹，原以为崔浩不过善于占星卜卦之流，谁知在军略上也颇有见识，难怪能助魏国数战数胜。

刘义隆听罢，也有些惊异，复又问道："崔浩所言不差，想来拓跋焘多是听从了吧？"

田奇有些难色，答道："拓跋焘也听，也未听。"

刘义隆奇怪道："这是何意？"

田奇答道："拓跋焘听从崔浩之言，断绝南征之意。可南方边将继而谏言，称我大军在边境蓄势待发，河南防备空虚，故而求魏主尽快调拨幽州以南精兵，驰援河南，且于漳水大造舟船，严防我宋师北上。司马楚之、鲁轨那些人，也争着向魏主请战，甘为魏军先锋，招诱南人，抵御我宋师。"

听到司马楚之、鲁轨的姓名，刘义隆眉头皱了皱。这两人流亡魏国，多年来在边境兴风作浪，尤其司马楚之还曾遣刺客刺杀他。这次他们又跳了出来，想阻挡宋军北伐，刘义隆不由得暗骂一声。他转而问道："崔浩还是反对此事啦？"

田奇答道："正是。崔浩称，司马楚之乃亡晋宗室，素来被我大宋忌惮，若魏国悉发幽州以南精兵，大造舟船，必让大宋以为，魏国欲借司马氏复国吞并江南。河南边将之策，非但不能阻挡宋师北伐，反而要招惹大宋举全国之力与魏开战。而司马楚之、鲁轨之辈，仅能招揽轻薄无赖之徒，结垒自保，却无远谋东征西讨。当年鲁轨投奔后秦，说服姚兴发兵荆州，非但没有夺得寸土之功，反而招惹亡国之祸。故而崔浩谏言拓跋焘，断不可听从此策。"

刘义隆冷笑一声："崔浩倒是看得准司马楚之和鲁轨徒有其表。依你所言，拓跋焘没有听崔浩谏言？"

田奇答道："拓跋焘决意听从边将之策，从幽州以南调拨兵马南下，也准备在漳水着手建造船舶。崔浩数次劝谏，还说……"

刘义隆问道："还说什么？"

田奇有些忧惧，小心地答道："崔浩还说南北殊俗，水陆异宜。北方不习水战，可南人也不善骑射。中原地势开阔，骑兵所向披靡。当年先帝雄杰一时，吞并关中，克复两都，留其爱子，辅以良将，精兵数万，都不能守住新得国土。而陛下……陛下君臣远逊先帝，即使把河南送给陛下……陛下……也没那个本事守得住。"

田奇越往后说，声音越小，几乎都已听不真切，可还是一字一句刺进刘义隆心里。

刘义隆勃然大怒，骂道："崔浩安敢小瞧了朕！"

田奇吓得一个哆嗦，跪在地上。一直没有说话的刘义康忙劝道："皇兄切莫动怒，何必在意崔浩一个妖人胡言乱语！"

刘义隆咬着牙问道："拓跋焘是如何调派兵马的？"

田奇忙答道："其中细节还不大清楚，只是听说已命冀、定、相三州打造战船三千艘，并筹划调拨兵马集结于黄河北岸，还拜司马楚之为安南大将军、荆州刺史，领众屯驻颍川。"

刘义康面有喜色，说道："皇兄，只怕拓跋焘多是虚张声势。虽说他没有听崔浩之言，已调兵马南下，却止于黄河北岸，并未开赴河南，足见拓跋焘也没有守住河南的信心。"他转向田奇说道,"你方才不是还对我说起敕勒部的事吗?"

刘义隆问道:"敕勒部?"

田奇忙说道:"陛下,魏国去年北伐柔然,大获全胜,与柔然齐名的高车部族,见柔然惨败如此,震惊之余,携数十万部归降拓跋焘,敬献牛马羊百余万头。"

听闻魏国北伐,不但大破柔然,竟还意外逼降了高车,刘义隆有些吃惊,却不知田奇说起此事是什么意思,又和敕勒部有什么关联。

就听田奇接着说道:"拓跋焘徙柔然、高车降部于大漠以南,东至濡源,西至阴山,三千余里,安置各部耕牧,收其贡赋。还命长孙翰、古弼领兵镇抚。那敕勒部属高车部族,受柔然之祸一并南迁,忧惧之中,恐魏国把他们困死在河西,故而生出一场叛乱,数千部族欲逃奔凉州,却被魏军追杀,沿途死伤殆尽。"

刘义康笑道:"皇兄,莫看魏国大破柔然,吞并高车,看似占了天大便宜,却是福祸相依。敕勒部这场叛乱虽小,却也能看出柔然、高车降部对魏国惊惧得很,难保不会再生出乱子。那数十万部族被拓跋焘安置在三千余里的土地上,相互猜疑,人心难安,拓跋焘哪敢掉以轻心?自然要留重兵看护,就更不可能从北方调来多少人马,与我大宋对阵了。他派兵止步于黄河北岸,便知他没有和我朝开战的底气。"

慧琳暗想,刚才天子就说过拓跋焘急需安置柔然降部,此时听到敕勒叛乱,看来拓跋焘还真没有完全控制那么多的归降部族。

刘义隆面有喜色,勉慰田奇一番,先让他回去休息。

慧琳这才明白,刚才天子说田奇出使魏国的深意是什么。

这些年大宋数次错失北伐良机,皆因拓跋焘用兵飘忽不定,让人难以捉摸。天子不是不知道他没有先帝的威望,绝不可能凭着一纸国书就收回河南。即使如此,仍使田奇去了平城,真实的目的在于投石问路,探查魏国军情,尤其以崔浩的谋划窥探拓跋焘的心思。

慧琳正这样想着,就听刘义隆向刘义康问道:"依你之见,夏国近来有没有向魏国发兵的可能?"

刘义康忙答道:"与我大宋相比,夏国更急于向魏国开战。平凉战后,夏国收复长安,可也惧怕魏国复仇,故而赫连定才会遣使去平城求和,怎奈被拓跋焘拒绝。随着安颉进驻蒲阪,夏国紧张无比,唯恐魏国很快就要反攻。哪知拓跋焘没有向夏国出兵，而是出其不意，大破柔然。虽说让夏国稍稍喘息，可赫连定只会更加紧张。魏国没了柔然的威胁，讨伐夏国再无后顾之忧。一旦魏兵开赴关中，便是夏国亡国之日。夏国唯有先发制人，尽快把魏军彻底赶出关中，才有和魏国再度决战的胜算。怎奈统万城牢不可破，而关西三国皆已降魏，这就让赫连定腹背受敌。好在近来关西三国自顾不暇，赫连定也就剩这最后的机会，放手一搏了。"

刘义隆倒还不知关西三国出了什么事，奇道："关西三国又生了什么事端？"

刘义康答道："西秦国主乞伏炽磐病逝后，自知西秦国力大不如从前，故而留下遗旨，让乞伏暮末送还先前俘虏的北凉大将，欲与沮渠蒙逊言和。虽说沮渠蒙逊对西秦的示好投桃报李，送去不少金银珠宝，却没有停止对西秦的征伐。眼下北凉与西秦已再次开战，听闻杀得不可开交。而仇池国主杨玄又刚刚病逝，其弟杨难当废主自立，仇池国也是内政不稳。"

刘义隆明白了刘义康的意思，说道："如此说来，关西三国无暇侵扰夏国，那赫连定就无西线之忧了。"

刘义康答道："正是如此。只是留给赫连定的时间不多了。北凉与西秦战事一旦结束，无论是沮渠蒙逊，还是乞伏暮末，都会趁着夏国势弱抢占关中。而仇池杨难当，稳住国内局势后，也必会向夏国用兵。故而赫连定唯有尽快与关中的魏军开战，才能扭转困局。"

刘义隆点了点头，终是下定了决心："无论夏国何时向魏军开战，朕都不可再等下去了。传朕旨意，拜南豫州刺史到彦之为右将军，统安北将军王仲德、兖州刺史竺灵秀、建武将军杜骥、司州刺史尹冲、中郎将朱修之、偏将军姚耸夫，领甲士五万向河南进军。大军所需军备，任由到彦之取用。另拜右卫率段宏为骁骑将军，领骑兵八千奔袭虎牢，并以豫州刺史刘德武将兵一万跟进。"

慧琳隐隐有些担心。天子几乎把这些年攒下的家底全投了进去，北府军精兵强将倾巢而出，府库积蓄也搬了个干净，南方本就少马，交给段宏的八千骑兵，也是大宋所能调动的所有骑兵。天子空国北伐，自然是想一战得手，可全然没留后手，是不是太过激进？至于这三军主帅，天子没选最合适的檀道济，而是选了到彦之，皆因檀道济曾参与废立之事。相较之下，到彦之久随天子，更得天子信任。可到彦之虽有些将才，却从未统率过这么大的阵势。上次征讨谢晦，到彦之连番惨败，还是檀道济收拾的烂摊子。北伐以到彦之为帅，是否欠妥？

慧琳劝道："陛下北伐自然没什么问题，只是大军尽出，边境也当有人留守，免得被魏军乘虚袭扰。再说，以到彦之为帅，是不是再斟酌一下，毕竟檀道济久战沙场，也更稳妥一些。"

刘义隆还没开口，刘义康倒是先说了："檀道济还是算了吧！这家伙仗着是先帝旧将，又有些战功，素来趾高气扬。从眼下来看，魏主对河南有心无力，这唾手可得的战功再给了檀道济，他尾巴还不翘到天上去？"

刘义隆点头道："到彦之为帅，朕是放心的，不过慧琳之言也有道理。拓跋焘素来出人意料，也要提防他声东击西。且以长沙王刘义欣为后将军，领兵三万镇守彭城，监征讨诸军事。"

刘义欣是刘道怜的次子。自他哥哥刘义庆过继给刘道规，刘义欣便承继了刘道怜的王爵。刘道怜虽然帮衬先帝做了不少事，可生性贪财好利，没有多少才干，他这个儿子倒有些本事。刘义隆以刘义欣镇守彭城，给他个主帅头衔，也是想以宗室节制到彦之。毕竟刘义欣是本家兄弟，更值得信任。

刘义隆想了想，又说道："另调游击将军胡藩镇守广陵，行州府事。加拜南秦刺史吉翰辅国将军，司徒司马，持节，监司、雍、并三州军事。"

慧琳问道："把吉翰从南秦州召回来，关中若有什么动静，可就不大好知道了。"

刘义隆道："无妨，当务之急是收复河南，有刘湛镇守西境，交代他留意关中局势就好。"

刘义康面露喜色。虽然他得以官拜司徒，执掌朝政，可王弘毕竟也是辅臣，威望远在刘义康之上。刘义康也想多培植些心腹之人，好稳固自己的权势。只可惜刘湛去了荆州，帮不上刘义康的忙。而吉翰曾是刘义康下属，如今调入司徒府，刘义康也能多个帮手。

刘义康也不顾慧琳还想说些什么，忙上前接了旨意，回司徒府衙部署北伐去了。

刘义隆即位以来，说了无数次的北伐，终于拉开了序幕。

元嘉北伐　　379

乐极生悲

华林园里张灯结彩，大摆宴席，好不热闹。只因北伐大获全胜，大宋收复河南全境。天子除去犒赏众臣，还有北凉、夏国、仇池使臣入朝参拜，自然要彰显大国气度，也让这些荒外诸国知道天朝上邦的强盛。

华林园虽是天子听政所在，却也是一处华美园林，无处不流露着江南的精致典雅。

嶙峋怪石堆砌的壮丽假山，与山崖上汩汩流淌的水帘，一静一动间，融为一体，寓意着大宋万里江山。雅致的亭台楼阁在山间若隐若现，险峻的虹桥飞架在山崖之间，无不彰显着江南的奇思和精巧。浑然一体的假山，却非仅供赏玩，险固的地势烘托下，仿若一座天然的堡垒，拱卫着山后雄伟的大殿。蜿蜒的河水在殿前潺潺流淌，隐隐护卫着大殿免受外来的侵扰，又与山上的水帘，共同汇聚成一片波光粼粼的湖水，好似一颗闪亮的明珠，镶嵌在王冠一般的大殿正面。

湖边的荷花开得正艳，碧叶间芙蓉出水，莲蓬摇曳，优雅从容中流露着怡然自得。雍容华贵的天鹅，与偶然惊起的鸥鹭相映成趣，而色彩斑斓的锦鲤，又好似一条条变化多端的蛟龙，时而盘踞成一团蓄势待发，时而伸展筋骨游曳湖间，看得人连连叫绝。

暮色渐深，霞光似火，随着最后一抹残阳消逝，一轮皎洁的明月浮起在夜空当中，当真是水天一色无纤尘，皎皎空中孤月轮。大殿前已掌起灯火，仿若璀璨的群星，与天上的明月遥相呼应，在波光粼粼的湖面中，化作浩瀚的银河。

彭城王刘义康、侍中殷景仁已陪同各国使团游过园林，在殿前参见罢天子，各自来到筵席就座。端庄的洪钟大吕过后，悠扬的丝竹声再次响起。雄壮的军操与曼妙的燕舞，无不彰显着一个王朝的强盛，也为筵席增添不少色彩。

看着那些目瞪口呆的使者，刘义隆很是满意。无论是大漠黄沙的北凉，还是群山险固的仇池，抑或是日薄西山的夏国，无不是整日厮杀，哪有一刻国泰民安？当年光武大帝刘秀以花团锦簇的洛阳城，让匈奴使团见识到雄壮的大汉，自此匈奴不敢再与中华为敌。今日刘义隆也要用这俊美的华林园，让他们看到江南的富强和太平，折服他们于无形之中。魏国不是兵强马壮，西破夏国，北灭柔然吗，不照样在河南被宋军杀得节节败退？待威慑住这些小国，诱使他们与魏国决裂，大宋北渡黄河，一举攻破平城，也不是不可能的事了。

宴是好宴，酒是美酒。鲜美的清蒸鲈鱼，娇艳的油爆虾蟹，流汁爽滑的鲍贝，膏肥顺滑的鹅肝，清香扑鼻的狮子头，肥而不腻的盐水鸭，再配上白玉般的香藕，脆生生的茭白，爽口弹牙的海蜇头，一道道美味的珍馐，吃得那些使者停不下筷子。江米团、桂花糕、栗子香饼、豆沙黏包，一碟碟精致的点心，看得人眼花缭乱，还未细尝，便已被那迎面而来的香甜惹得口水连连。陈年的花雕，清澈的竹叶青，扑鼻的酒香与江南醉人的桂花香融为一体，让人一杯一杯停不下来。过惯了刀口舔血的粗犷日子的各国使团，无不吃得大呼过瘾。

菜过五味，酒过三巡，刘义隆向使者们问道："诸位使节远道而来，我这江南酒宴可还吃得惯？"

仇池国国主杨难当刚刚受领大宋封赏，官拜冠军将军、秦州刺史，封武都王。杨难当毕竟是篡取侄儿的王位，能得大宋官爵，便让他可以名正言顺地掌控仇池。仇池是大宋收复河南后第一个遣使来拜贺的。那使者杨林儿早早拜道："我仇池偏居一隅，何曾见过这等场面，此来建康，当真大开眼界。下臣深谢大宋皇帝礼遇！这些日来，游山玩水，好不快活。久闻江南秀丽，三秋桂子，十里荷花，真是赏心悦目。今日酒宴，景致美不胜收，音律绕梁不绝，珍馐美味更是目不暇接。能来建康一遭，真是不负此生了。"

北凉使者沮渠千寻听到杨林儿的恭维之词，不由得嗤之以鼻，笑道："大宋的宴席虽好，只可惜酒太淡了些，软绵绵的全是甜味，像喝水似的，哪有我凉州的老窖甘洌！江南的男人都喝这些玩意儿，日子久了，都没多少血性了，难怪好好的关中，还没焐热就丢个干净。"

仇池虽然自成一国，可名义上已是大宋藩属，说起话来自然恭敬无比。凉使此来，却没这个意思。凉秦战事已接近尾声，西秦亡国只在眼前。秦主乞伏暮末已彻底倒向魏国，魏主拓跋焘许以平凉、安定封赐，故而乞伏暮末已焚毁旧都，统率残部迁往上邽。怎奈夏国刚刚把魏军从平凉赶走，又岂会坐视西秦染指，故而发兵击退秦兵，乞伏暮末只得领残部暂居南安。凉、秦数年争霸，终是让北凉占了上风，可沮渠蒙逊也怕魏国替西秦出头。听闻大宋北伐的消息，沮渠蒙逊遣使来建康，看看能否与大宋结盟，稳固北凉对凉州的控制。

沮渠千寻话才说罢，旁边的夏使赫连万年一脸尴尬。

当年刘裕收复关中，本与夏国、北凉、西秦、仇池先后结盟。然而，在刘裕退兵后，夏国乘机夺取了关中。那时的夏国兵马雄壮，铁骑所到之处，无不望风披靡。留守关中的万余北府军客死他乡，被夏军筑作京观，至今不能入土为安。那时的夏军何曾想过今日日薄西山，倒要觍着脸来建康，谋求与大宋结盟对付魏国？这对高傲的赫连氏来说，是何等的屈辱。可魏国虎视眈眈，随时要向夏国发难，而大宋刚刚收复河南，天下为之震动，夏国也只能低眉顺眼，来与大宋求取盟约了。只是沮渠千寻一番话，看似在挖苦大宋，实则借题发挥，想挑起大宋与夏国的旧仇，显然打算搅黄宋夏结盟之事。毕竟北凉逐走西秦，独霸凉州后，必要进军中原。对北凉来说，夏国已是一条落水狗，北凉可不想夏国与大宋结盟，再次强盛。

赫连万年紧张无比，偷偷去看大宋君臣。不少人眉宇间满是愤恨，既对沮渠千寻目无中人而恼怒，也对夏人血海深仇无比怨愤。

赫连万年正想着如何缓解紧张的气氛，就听王昙首笑道："凉使此言差矣。酒者，粮食之精魄，时而炽热似火，时而冷酷似冰，时而柔软似锦，时而锋利似刀。故而酒无贵贱高低，也无优劣品性。人为酒醉，酒映人心，甘洌也好，醇香也罢，皆是心中所感所想。西北汉子喜好热辣的爽快，喜好无拘无束的洒脱，而我江南勇士却独好细软悠长的恬静，独好半酣之余的慎思。正是因为时刻把家国天下记挂在心上，才能痛定思痛，厉兵秣马，让我大宋国力强盛，一举收复河南失地。凉使倒是说说，这绵软醇厚的江南美酒，何曾冲淡了我江南勇士的血性？"

赫连万年听王昙首并未针对自己，而沮渠千寻冷笑几声也没应答，不由得松了口气。

刘义隆对王昙首的话很是满意。虽说收复了河南，可魏国毕竟强大，刘义隆心中也很想与夏国结下盟约，现在还不是翻旧账的时候。王昙首一席话，既给赫连万年解了围,也让沮渠千寻无话可说。

刘义隆大笑道:"凉使喝不惯我江南美酒,无可厚非。诸位使节远道而来,若不尽兴,岂不要怪我大宋没有招待好远客?我宋师收复河南,倒也缴获不少魏国佳酿。湛之,便为诸位使节换上些烧刀子,看看喝不喝得惯!"

款待使节倒是其次,刘义隆就是要用魏国烈酒,让他们知道,正是我北府军大破魏军,他们才有机会喝到这些酒。沮渠千寻目中无人,不就是因他北凉击败了西秦吗?这有什么好炫耀的?魏国都是我大宋手下败将,你北凉又有何自夸的?顺带也让仇池和夏国知道我大宋国威。

沮渠千寻脸上有些难堪,显然被刘义隆的话镇住了。只是随着徐湛之引人搬来一坛坛老酒,沮渠千寻很快被那些烈酒吸引了。他扯了泥封,满满盛了一盏,一饮而尽,大呼痛快。

杨林儿与赫连万年也忍不住喝了一口,连连称赞,拜谢宋帝赐酒。

看着歌舞升平、万国来朝的模样,陪侍一旁的慧琳却忧心忡忡。莫看北伐收复了河南,可实在太过顺利了,顺利得让人难以置信。

就在到彦之统率兵马浩浩荡荡开赴河南的时候,魏国再生叛乱。那数千叛逃的敕勒部被魏军剿灭后,引得万余敕勒部再次叛逃,可还没能逃进河西地界,就被魏骑追到,叛逃者死伤殆尽。敕勒部两次叛逃皆无果而终,却让拓跋焘不敢掉以轻心,刻意西巡,去了柞山一趟,查看各部降族近况。虽然魏军集结在黄河北岸,可拓跋焘并不敢派兵南下,免得降部再生乱子,魏军来不及回去平叛。

故而大宋兵马推进到河南时,几乎没遇到什么像样的抵抗。魏军在河南本就兵少,得知宋军杀过去后,无一例外弃城而逃,渡河北上。就连司马楚之和鲁轨都逃过黄河去了。偌大的河南居然成了无主之地,声势浩大的北伐兵不血刃,相继接管滑台、洛阳、虎牢重镇,收复河南全境。到彦之留朱修之镇守滑台,尹冲镇守虎牢,杜骥镇守洛阳,随后统领大军进驻灵昌津,与魏军隔河对峙。

这么容易赢来的战果,在刘义康口中,是天子筹谋得当,瞅准了魏军虚张声势的事实,这才所向披靡。天子似乎也沉浸在收复河南的喜悦当中,把刘义康的话当作魏军不战而退的最佳解释。可慧琳不敢掉以轻心。

事出反常必有妖。魏军这几年连战连胜,何曾怕过谁?纵然担心身后不稳,也不至于对河南弃之不顾。若魏国真不在乎河南,当初又何必大费周章,挥师南下?

与慧琳同样担心的还有一人，便是随军出征的王仲德。收复河南后，人心振奋，诸军皆有喜色，唯独王仲德忧心不已，提醒到彦之小心提防，却不被意气风发的到彦之理会。王仲德只得把军牒送到建康。那军牒的一字一句，慧琳可记得清清楚楚："魏虏虽仁义不足，而凶狡有余。今虽退却，然不知其伪。收兵北归，必欲并力凝聚。若待河冰冻结，将复南来，岂不可以为忧乎？"

　　王仲德久战沙场，对魏军的诡异察觉出危险来。到彦之却认为只要收复河南，借黄河天险，就足以挡住魏军。何况魏军口口声声说要造船三千余艘，至今不见踪影，只怕多是拓跋焘虚张声势之言，故而到彦之对王仲德的忧虑全不理会。可到彦之没有想过，黄河与长江不同，寒冬腊月，常有河水冻结。一旦魏军踏冰渡河，若宋军不提前防备，岂不是要出大祸？

　　天子与彭城王看过这军牒，都为之一笑，只当王仲德杞人忧天了。此番北伐，大宋准备极为充裕，粮草军需足以支应两年有余。何况此时尚在盛夏，有足够的时间把粮草调拨到各城之中。从魏军夺取统万城的情报来看，魏军并不精于攻城。当年魏军能攻破虎牢，也是因为城中粮尽。只要宋军谨守坚城，就算魏军踏冰反攻，也是束手无策，而河南坚壁清野，魏军粮草不济，再有长沙王三万大军坐镇彭城，待魏军疲敝，必能以摧枯拉朽之势歼灭入侵魏军。

　　慧琳却觉天子和彭城王过于乐观了。拓跋焘用兵诡谲，常常出人意料。故而慧琳谏言天子早做准备。只是从天子的神色来看，显然没把慧琳的话当回事。

　　慧琳正暗自忧虑，就听夏使赫连万年上前拜道："承蒙大宋皇帝盛情款待，不胜感激！今王师大破魏军，收复河南，当真可喜可贺。魏军号称百战百胜，终是贻笑大方。此时此刻，实乃天灭魏国之时。我大夏皇帝愿与大宋皇帝结为兄弟之国，共伐魏虏。只要宋师渡河北上，我大夏铁骑便自函谷关东进。魏国腹背受敌，灭国不远矣。待事成之日，我大夏愿与大宋均分河北，以恒山为界，东向属宋，西面属夏，永为友邦。"

　　夏国在魏国两次西征中险些亡国，前国主赫连昌都被掳去了平城。现国主赫连定虽绝地反击，可夏国的危局并没有真正扭转。且不说夏国现在掌控的仅仅平凉、上邽至长安的一片狭小地域，不但西面有苟延残喘的西秦，欲借魏国势力抢夺平凉，魏军还牢牢把持着夏国旧都统万城，并以此为中心，控制着关中以北的广大州郡，随时可以挥师南下，给夏国以致命一击。故而夏国得知宋朝收复河南，急不可待地遣使来了建康，欲与宋国结盟伐魏。

刘义隆自然知道夏国比自己更急于促成两国盟约。可赫连万年说得好听，只要宋师渡河北上，那夏军便会出关作战。然而以夏国的狡诈，哪有那么便宜的事情？黄河北岸正集结着大批魏军，一旦宋军强渡黄河，势必一场恶战。何况宋军渡河之后，势必引来更多魏军防备，大宋岂不成了夏国的挡箭牌？到时候莫说夏军会不会如约出关东进，只怕赫连定最急迫的还是想先抢回统万城，把魏军彻底从关中赶出去。待到那时，宋军已与魏军杀得疲惫不堪，夏军这时杀出关来，必能如入无人之境。别说恒山以西，只怕魏国全境都有可能被夏军乘虚夺了去。待到魏国大败，宋军再想去和夏国索取土地，可就真是与虎谋皮了。以夏国的贪婪，岂会拱手让出吃到嘴里的肉？

刘义隆暗笑赫连定的如意算盘，正想着如何开口，却听沮渠千寻大笑起来："赫连定真是好大胃口！恒山以西？你把我北凉也算到你家后院去啦？"

赫连万年瞪了一眼沮渠千寻。这北凉人刻意针对，显然想坏了宋夏结盟之事。赫连万年恶狠狠地怼了回去："我大夏统御凉州的时候，你北凉还不知在哪里放羊呢！待我大夏收拾了魏国，自然饶不得你北凉。回去告诉沮渠蒙逊，老老实实地在家窝着，别以为杀败了西秦，就以为天下无敌了。乞伏炽磐活着的时候，我大夏便不把西秦放在眼里，沮渠蒙逊也就有本事收拾收拾乞伏炽磐的儿子了。"

沮渠千寻叫骂着，跳了起来，伸手往腰间去摸，却想起佩刀岂能带到华林园，他抄起一个酒坛便要动手。

就听啪的一声，彭城王刘义康猛拍几案，呵斥道："凉使休得放肆，大宋国都，岂容尔等撒野？尔等私仇，各自回去再报便是！若容尔等在我华林园闹起来，我大宋颜面何在？本王把话放在这里，谁不知收敛，便是我大宋仇敌，必与另一国共伐其国！"

沮渠千寻被赫连万年气得没了分寸，此刻被刘义康一喝，冷静下来。北凉此来可不是结仇的。沮渠千寻愤愤地瞪了一眼赫连万年，放下那酒坛，恭恭敬敬地向刘义隆跪拜道："边鄙乡民，没什么礼数，让大宋皇帝见笑了！"

刘义隆怎会生气？他刻意把三国使者邀在一起，乃有意为之。

这些日让刘义康、殷景仁接待使臣，刘义隆已大致知道了夏国所想，迟迟没和赫连万年提结盟的事，就是憋着赫连万年。眼见他归国之期将至，逼他忍不住

乐极生悲

在今天提出来，也让北凉、仇池知道夏国的野心。大宋是想与夏国结盟讨伐魏国，却不想平白被夏国利用。故而让北凉与仇池在夏国后面死死盯着，免得大破魏国后，夏国再次成为大宋强敌。

刘义隆笑了笑，对沮渠千寻虚手一抬："凉使勿忧，朕知你性情耿直，岂会怪你？"

沮渠千寻谢了一声，坐了回去。

刘义隆复对赫连万年说道："夏使也莫怪凉使焦躁了些，的确是你家国主口气太大了！魏军节节败退，我北府军气势正盛，足可对付魏军。夏军参战不过锦上添花，并不能左右战局。何况朕听闻夏国情势可不大妙呢！又何来的底气与我大宋结盟伐魏？又何来的底气欲与我大宋均分魏境呢？"

赫连万年傲气十足地说道："大宋的确收复了河南，魏军也的确败于宋师，可魏军又何曾不在我夏军手中吃了大亏呢？平凉一战，魏军全军覆没，敌军主帅奚斤、娥清尚在平凉客居。倒是想向大宋皇帝请教，宋师夺得河南全境，除去这桌上美酒，又擒得多少敌将，斩得多少敌兵呢？"

刘义隆有些尴尬，宋军除去缴获些魏军的辎重，还真没有多少斩获。

就听赫连万年接着说道："下使倒还听说，宋师兵进灵昌津后，曾派兵渡河，却被魏军人将安颉杀得惨败。看来宋军若想强渡黄河，没有我夏军策应，只怕也不容易呀！"

到彦之进驻灵昌津后，魏主拓跋焘已命安颉自蒲阪调兵南下，进驻冶坂，显然是针对宋军而来。到彦之趁魏军初来，命偏将军姚耸夫渡河索战，欲杀魏军一个下马威。那姚耸夫武功了得，却被杀得大败而还。此事被大宋朝廷刻意隐瞒，却还是走漏了消息。

沮渠千寻和杨林儿显然还不知道此事，听闻宋军吃了亏，无不暗自好笑，只等看大宋笑话。

刘义康哼了一声，笑道："夏使听了些传言，就敢信口开河。到彦之的确派了个偏将，领兵数百试探魏军虚实，也的确如你所说，为魏军所败。只是你只知我军败了，可你知那姚耸夫斩得魏主皇叔拓跋特勒的首级吗？拓跋焘可是用了百匹良驹赎回他皇叔首级的！"

赫连万年一时语塞。本想用宋军之败要挟大宋结盟，谁知宋师还有这样的斩获。

刘义隆笑道："姚耸夫初出茅庐，便有这样的本事，朕正要好生封赏。当年先帝灭秦，曾迁长安钟鼓重器，路经洛阳，不慎沉于洛水，朕已命姚耸夫自洛阳取还，也顺带在朝中嘉奖其功。若夏使还有时间留在建康，不如一同鉴赏秦国宝器。"

刘义隆故意说起此事，就是让几个使节知道，宋军当年是何等雄壮，今日又是何等强盛。见赫连万年沉默不语，刘义隆接着说道："既然夏主有意与朕结盟，朕也不好回绝了他的心意。若夏主真想报魏国之仇，那便出兵潼关，让朕知道夏主的诚意。待魏国战败，那时再与夏主商讨分割河北之事吧。"

夏国想诓宋军渡河吸引魏军主力，刘义隆自然也想让夏军先动手，搅乱魏军在黄河北岸的驻防。赫连万年不但没与刘义隆结下平分魏境的盟约，也没让刘义隆允诺向河北出兵，反倒让刘义隆把球踢回来，要求夏军先出潼关，这是夏军此时做不到的。毕竟统万城还驻扎着魏军，一旦夏军主力出关，被魏军夺了长安、平凉、上邽，那夏军可就没有退路了。

赫连万年颓然地坐了下去，刘义隆却不着急，笑着招呼各国使节欣赏舞乐。直等赫连万年熬不住，答应自己的要求。

这时，有内侍匆匆奔到近前，拜道："陛下，有将军自洛阳归来。"

刘义隆大笑道："姚耸夫来得真快，想必是等朕的封赏很是急切。正好几国使节都在，便与朕一同去看看那秦国的钟鼓宝器吧！传命姚耸夫，把那宝器给朕送进华林园来。"

沮渠千寻、杨林儿为之一震，尤其赫连万年越发慌乱。

那内侍有些为难："来的不是姚耸夫，似乎是建武将军杜骥，说起话来支支吾吾，也没见什么秦国钟鼓。"

刘义隆面色一沉。杜骥是洛阳守将，为什么会忽然回建康？刘义隆也未多想，只当杜骥想抢姚耸夫之功。杜骥争功，却让刘义隆在外使面前下不来台。他不悦地说道："传杜骥！"

就见杜骥面色惶恐，匆匆来到殿前。还没等刘义隆问话，杜骥便扑通一声跪倒地上："末将死罪，洛阳丢了！"

整个建康都沉浸在北伐大胜的喜悦中，杜骥此话一出，无异于平地一声惊雷。

刘义隆震惊无比，喝道："你胡说什么？魏军皆已退回河北，到彦之又与魏军对峙灵昌津，洛阳是被鬼神收了去？"

杜骥战战兢兢："右将军遣姚耸夫渡河败退，知魏军已有准备，故而不再急于渡河出战。又有斥候自北岸回来，拓跋焘扬言将待河冰冻结后反攻河南。为此，右将军分遣各部兵马沿河置守，大军还保东平。末将奉命镇守洛阳，忽有魏军出现在城外。末将虽有五千兵马，可右将军忙着沿河布防，洛阳的补给迟迟没有送来，城中找不到一粒粮食。恰巧姚耸夫奉旨来洛阳打捞秦国钟鼓，末将因此邀其入城合兵拒敌。可姚耸夫临阵退却，逃去了寿阳。末将拼死力战，寡不敌众，五千兄弟皆已殉国。非是末将惧死，实在是不愿我那五千兄弟死得不明不白，故而拼死突围，好让陛下知道洛阳的情形，免得让姚耸夫那等临阵脱逃的小人逃脱国法惩治！末将已澄清己见，只求陛下赐末将一死，末将也算对得起战死的兄弟了！"

慧琳心中大惊。

魏军全线退回北岸，果然没那么简单！拓跋焘就是要以河南州郡为缓冲，拉长宋军战线。人人都沉浸在北伐大胜的喜悦中，固执地相信这是魏军外强中干，谁料竟是拓跋焘的诱兵之计。或许天子多少察觉其中诡异，可清醒如王仲德，也只觉得魏军在等天寒地冻踏冰反攻。拓跋焘又宣扬着同样的话，让所有人都麻痹大意，以为魏军会在冬季南下。到彦之的对策是沿河置守，谁知正中拓跋焘下怀！漫长的黄河防线，数万宋兵一路分散出去，能对魏军造成多大的威慑？魏军便趁宋军不备，潜渡黄河，突袭洛阳。洛阳位于河南腹心，洛阳失陷，无异于在宋军后腰狠狠地插了一刀。五千将士全军覆没，可见渡河的魏军必不在少数，应该是一直没有露面的魏军战船，派上了大用场。拓跋焘知道魏军水战难敌宋师，故而扬长避短。他藏匿起来的战船，不是用来打仗的，而是用来运兵的。待魏兵踏上了南岸，河南平原便是魏骑最有利的战场。宋师把所有希望寄托在黄河天险上，终是异想天开了。

刘义康气得骂道："杜骥，洛阳失守，你不去到彦之营中报警，反倒逃回建康，哪里是为你战死将士喊冤，分明是惧战逃归！陛下，且先诛杀此贼，再问姚耸夫惧战之罪！"

慧琳去瞧杜骥，见他身披铠甲战袍，显然是因为回来得匆忙，没时间回府去换朝服。只是他虽然灰头土脸，可一身铠甲锃亮依旧，何曾有过激战的痕迹？只怕真如彭城王所说，这杜骥远没有那样忠勇。多是他舍弃兵马，孤身逃回，故而不敢去到彦之营中，只能冒险逃回建康。

杜骥见刘义康起了疑心，哭诉道："彭城王明鉴，非是末将没去东平大营。才到半路，末将杀散一群魏兵，擒得一个活口，却是往东平查探消息归来的斥候。只说洛阳失陷后，魏军已转兵攻破虎牢。那些斥候受命往东平查探消息，可宋师已经撤兵了。末将疑心有诈，冒险去了东平，果然已是一座空营。满营辎重来不及运走，已被烧个干净。末将不得已，只能马不停蹄回建康报讯。"

刘义隆大骇。魏军不但攻破了洛阳，竟连虎牢也抢了去！只怕渡河的魏军已不是试探，分明是大举反攻的。这么多魏军杀进河南，难道是拓跋焘亲来？

刘义隆站起身来，喝问道："你可知拓跋焘是否过了黄河，洛阳和虎牢是不是都被他攻破的？"

杜骥迟疑了下，说道："末将在洛阳时，没见到拓跋焘天子仪仗。那被擒的魏兵，也说领军攻破洛阳和虎牢的，都是冠军将军安颉而已。"

刘义隆难以置信，追问道："拓跋焘现在何处？可在北岸督战？"

杜骥有些吃不准，说道："末将也问了那魏兵，只是不知他说的真假。那魏兵说拓跋焘并不在北岸营中，而是分兵镇守蒲阪，又命长孙道生、叔孙建策应安颉，已着手大举渡河。而拓跋焘早在安颉渡河前，便亲领一路大军去了统万城，似是夏主赫连定起兵数万侵扰鄜城，欲从此道直取统万城。还说关中已传来消息，拓跋焘已大破夏军，杀敌万余，又分兵古弼领军两万，偷袭平凉。夏主急退回救，于鹑觚原陷入魏军合围。"

刘义隆目瞪口呆。夏使赫连万年还在这里与大宋谋求盟约伐魏，拓跋焘居然敢同时与宋、夏开战，甚至已大破夏兵，就连赫连定都被魏军围住了。而魏军反攻河南，仅用了安颉、长孙道生、叔孙建几员大将的偏师。显然，在拓跋焘眼中，一个落魄的赫连定都远比刘义隆的威胁大些，需他亲领大军西征。

被人小瞧的感觉，让刘义隆羞愤交加。洛阳、虎牢接连失陷，更让刘义隆忧心如焚。到彦之舍弃东平大营，尽焚粮草辎重，多是退得极为仓促，也不知此刻去了哪里。刘义隆焦虑无比，颓然地坐倒在榻上。

再去瞧赫连万年，便见他脸色惨白得吓人。从他的反应来看，那魏兵所言多半属实。只怕赫连定果真向鄜城出兵，欲趁着宋魏交战，乘机夺回统万城。只是

乐极生悲　389

没想到拓跋焘竟抛下河南战局不顾，亲往关中，以至于夏军惨败，赫连定被围。

刘义隆已无暇去怪夏主合盟是假，唆使宋师北上为真的图谋了。自刘义隆除掉几个权臣，一直苦心谋划北伐。好不容易克服大旱的困扰，积攒下充裕的粮草军需，大举北伐。若宋军只是一时失利，就算魏军已经反攻，甚至重新夺走河南，可只要到彦之大军尚在，有充足的粮草军需保障，那大宋就还有翻盘的机会。可中军粮草军需已被到彦之一把火烧了个干净。或许到彦之是怕这些粮草军需白白送给魏军，不得以如此，可这把大火也烧掉了宋军翻身的机会。

刘义隆不觉五内俱焚，失声问道："建康府库还有多少粮草兵器储备？"

话才问罢，刘义隆后悔不迭。建康府库早已搬空，哪还有什么留存？忽然冒出一阵冷汗来。除了夏国使节，北凉沮渠千寻、仇池杨林儿皆在，他们已知宋军、夏军先后失利的消息，若再让他们知道大宋军需储备空虚的机密，可还了得？北凉、仇池本就是墙头草，魏国势大，两国自然会再次向魏国靠拢，若他们把大宋军备不足的消息透露给魏国，以此向拓跋焘示好，岂不是给大宋惹下大祸？刘义隆瞬间生出杀心，欲把北凉、仇池使团灭口，却又断了这个念头。北凉、仇池左右摇摆，若杀了他们使节，就算瞒住了大宋粮草不足的机密，却也把两国直接推到拓跋焘身边去了。

刘义隆正不知该如何是好，却见徐湛之走上前来，朗声拜道："启奏陛下，建康府库尚有稻米五十万石，兵杖十万副，车弩二百余架，手弩一万具，各类箭矢百余万发。"

刘义隆一下子松了口气，不由得为徐湛之的机敏暗叹一声，再去看沮渠千寻、杨林儿的面色，显然被大宋的强盛镇住了。刘义隆又是一阵叹息，若徐湛之夸大其词胡诌的这些军需，是真的该有多好。

慧琳上前说道："陛下，魏军反扑，河南军情紧急，还当速速遣人北上，探明前线战况。此外，还当尽快派兵北上，驰援河南控制局势。"

刘义隆明白慧琳这是什么意思。

大军出征前，慧琳就曾担心到彦之难当其任，谏言以檀道济为帅，却被刘义隆拒绝了。果如慧琳担心的，到彦之虽有将才，却无帅才。难怪到彦之与檀道济同为三叔得力部将，可先帝却对檀道济青睐有加。刘义隆一心想让到彦之成为自己的三军统帅，可他终成了丢街亭的马谡。虽然彭城尚有长沙王刘义欣三万驻军，可刘义欣从没打过仗，以他镇守彭城，不过是刘义隆派去监控各部。面对魏军大举反攻的浪潮，到彦之都无力抵挡，又岂是刘义欣控制得住的？而胡藩、吉翰兵少，也难挡魏军攻势。此刻也唯从慧琳之言，尽快派檀道济北上，挽回败局了。

刘义隆故作镇定，说道："便如慧琳所言，加拜征南大将军檀道济都督征讨诸军事，率江州驻军驰援河南，各部人马皆受檀道济节度。还有那惧战而逃的姚耸夫，枉朕还想嘉奖其功，却如此深负国恩，传朕旨意，治其惧战之罪，斩首传示三军。朕倒要看看，还有何人胆敢不战而逃！"

转又想起赫连万年来，无论夏主究竟有没有被拓跋焘击溃，只要夏国尚存，至少能分散魏军兵力，刘义隆对赫连万年说道："夏国既有意求盟，朕便准了此事。情势危急，宋夏还当同心协力共克时艰，夏使这便与彭城王交割国书，早些回去。愿我两国真能如约，共伐魏国。"

赫连万年忧心夏国安危，也不再纠结盟约内容，谢过刘义隆，匆匆与刘义康签订国书去了。

刘义隆转又笑对沮渠千寻、杨林儿说道："前军小挫，让贵使见笑了。魏军死灰复燃，待檀道济大军北上，必能把魏军赶回河北去。贵使若有闲暇，大可留在建康，以观魏军之败。若想回去，那便代朕转告贵国国主，魏虏荼毒中原久矣，我大宋天朝上邦，必要讨伐其罪。还望贵国务必看清情势，莫要听信谣言。待天下太平，朕必与贵国国主同享安乐。"

沮渠千寻、杨林儿悄悄对视。宋魏之战风云忽变，夏国又是岌岌可危，两人哪还有闲暇留在建康，自当早些回国去。且不论大宋皇帝说的是真是假，都要回去了才见分晓。他们各自深深拜过刘义隆，口中说得天花乱坠，这才匆匆出宫去了。

殿前陪侍的王公大臣皆有些慌乱，刘义隆好生安抚一番，只说檀道济兵马很快就能开赴河南，让众人各自回去，仔细府衙差事，勿要为前线战事忧心。

好好一场国宴，就这样匆匆散去。

殿前灯火依旧，明月却渐西沉。舞乐已没了声响，唯剩殿前一片狼藉。人声渐息，蝉声四起，沉寂许久的蛙鸣一下子从湖中涌了出来，倒让大殿前越发孤寂。

慧琳还未离去。

檀道济虽受命接管北伐，可粮草军需已无结余，而河南局势究竟恶化到什么地步，也还没见分晓。此时彭城王正忙着去与赫连万年签署国书，殷景仁忙着去

乐极生悲　391

送北凉、仇池使团，低调的王弘此时也没闲着，忙着与王昙首安抚百官去了。也就剩下慧琳有闲，还当和天子商讨河南善后事宜。

慧琳待众人散尽，正想开口说话，却听扑通一声，他抬眼望去，便见刘义隆竟直挺挺摔倒在了地上。

内忧外患，兄弟生离心

慧琳和殷景仁坐在天子榻侧，看着徐湛之小心伺候天子饮下温好的汤药。辛辣的汤汁有些呛鼻，熏得天子眉头微皱。好在那汤药喝下去后，天子苍白的脸色红润不少，让人看着放下心来。只是时已入夏，天子却还盖着一层锦被，仍让人生出些不安。

宋魏两国河南一战，已过去一年。

当日洛阳、虎牢相继失陷后，天子忙使人北上查探消息。才到彭城，就遇到乱成一锅粥的北伐大军，这才知道河南局势远比杜骥说的要严重许多。

随着魏军偷渡黄河袭取洛阳、虎牢，黄河天险已不复存在。到彦之唯恐被魏军切断归路，还未一战，便引大军匆匆撤还，朝廷积攒两年的军需付之一炬。王仲德谏言退守滑台，与朱修之合兵，扼制魏军攻势。可到彦之心慌意乱，军中又生时疫，故而不肯听王仲德之言。为能逃脱魏骑追击，路过历城水路断绝后，又将舟船烧个干净，将士丢盔弃甲，只为逃得快些。直到退进彭城，败兵这才停下脚步。若非长沙王刘义欣以军令震慑，只怕到彦之都打算径直退回江南了。

被天子寄予厚望的到彦之竟被魏军吓得狼狈如此，当真出人意料。天子也真切体会到什么叫兵败如山倒。随着到彦之不顾一切地后撤，不但收复的河南旧地再次沦陷，更把大宋边境袒露在魏军面前。魏军长鞭一挥，杀进青州，历城以北已成魏军耀武扬威的战场，若非济南太守萧承之不惧死战，极力辅佐青州刺史萧思话守住了济南、东阳几座孤城，只怕青州都已彻底失陷。

闻此噩耗，本已急火攻心病倒的天子越发病重。幸有檀道济临危受命，没有辜负国家期望，暂时稳住了慌乱的边境，才让天子稍放下心来。

檀道济帅江州援兵抵达彭城后，调取王仲德、段宏两部人马反攻魏军。得知朱修之以两万兵马坚守滑台，而安颉正统领司马楚之猛攻不休的消息后，檀道济决意驰援滑台,与朱修之里应外合共破魏军。魏军闻讯,遣长孙道生、叔孙建两员大将疯狂拦截。檀道济二十余日大小三十余战,无一败绩。

怎奈檀道济救滑台心切,在反攻至历城后,被叔孙建以轻骑截断粮道,焚毁军需。檀道济没了粮草,止步于历城。前方又传来消息,滑台内无粮草,已被安颉攻陷,朱修之被俘。檀道济无奈,只得自历城退兵。面对魏军的追击,檀道济以砂石装车,外覆余米,使魏军误以为宋军粮草充裕,又以伏兵虚张声势,惊得魏军仓皇退去,檀道济得以全身而退。

两国各自退兵,河南一战落下帷幕。天子筹划数年的北伐,非但没有收复尺土,反而连青州都被魏军侵占去不少国土。若非檀道济力挽狂澜,勉强把边境重新推回历城一线,只怕魏军都已杀到彭城了。而滑台陷落,青州人人自危,困守孤城的萧思话、萧承之听闻檀道济退兵,也焚毁粮草积蓄,向南后撤到平昌,把北青州彻底丢给了魏军。

天子的病情,被战场的瞬息万变左右,时好时坏,难以根治。河南之战已过去一年,天子仍是病恹恹的模样,让人忧心忡忡。天子正当壮年,二十四岁的年纪,虽已有了五个儿子,却都年幼,立为太子的刘劭也不过五岁。万一天子有什么不测,外有强敌,主少国疑,大宋命运堪忧。

刘义隆喝完药,倚在榻上,向殷景仁问道:"魏使这次来建康,又说些什么?"

殷景仁说道:"拓跋焘依旧是来和谈,还想与大宋联姻,为他太子拓跋晃求娶大宋公主。"

刘义隆愤愤地骂了一声:"魏太子与朕的公主才几岁,求的哪门子亲?我堂堂天朝上邦,公主岂有外嫁贼虏的道理?何况拓跋焘夺我疆土,此仇不共戴天,安能与他结亲!"

殷景仁小心地劝道:"陛下勿要动怒。强如大汉,亦有公主和亲之事。公主与魏太子年纪虽小,可只要定下这门亲事,虽不能永保太平,却也能暂罢兵戎。"

殷景仁瞧着刘义隆的面色,更小心地说道:"宋魏一战,我军吃了些亏,还不是与魏国翻脸的时候。何况拓跋焘还是有些诚意的。滑台失陷后,那贼子司马楚之力劝拓跋焘大举南征,拓跋焘却遣使来建康言和。为表和谈诚意,魏军从青州撤还,东阳、济南一无所取。无论拓跋焘出于何种目的,至少他现在还不想与我大宋死战。"

慧琳对拓跋焘的举动也甚疑惑。

拓跋焘不但在河南大获全胜,亲征关中也战果斐然。拓跋焘先于鹑觚原大破夏军,而后攻破平凉,救出被俘的魏将奚斤、娥清。虽说赫连定单骑出逃,却没能挽救夏国亡国的命运。赫连定不敢与魏军强争,领余部西进,转攻投效魏国的西秦,俘杀秦主乞伏暮末,至此西秦亡国。为逃脱魏军追击,赫连定继续西进,欲夺取北凉东山再起。然而,夏军穷途末路,别说与沮渠蒙逊开战,半路上便遭北凉盟友吐谷浑王慕瑰偷袭。夏军大溃,赫连定被擒,至此夏国彻底亡国。

按说拓跋焘大破宋军,吞灭夏秦,魏国几乎已统一北方。北凉已向拓跋焘称藩,遣子沮渠安周入侍。而吐谷浑本就是个小国,运气使然擒得赫连定,哪敢得罪魏国?为向拓跋焘表忠心,忙把赫连定送到魏国。按说拓跋焘在北方已无劲敌,正是大举南征的好机会,为什么想和谈呢?

刘义隆哼了一声:"殷爱卿说得不差,拓跋焘的确不想继续与我大宋开战。魏国这几年来南征北战,几乎没有一日停歇。莫看在魏军攻势下,柔然几乎亡国,夏秦相继灭亡,又在河南……"刘义隆咬了咬牙,"又在河南大破我宋军!可魏军已是强弩之末。不是拓跋焘不想南征,长孙道生、叔孙建被檀道济所破,便知魏军也到了极限。拓跋焘也怕檀道济再次北上,让青州魏军陷入险地,这才见好就收,选择退兵。当年前秦皇帝苻坚刚刚统一北方诸国,便急不可待大举南征,八十多万秦兵却在淝水惨败于北府军,以至于前秦帝国昙花一现,分崩离析。拓跋焘是怕步了苻坚后尘,故而想稳住北方,再谋吞并江南。何况北凉与北燕尚在,魏国还谈不上一统北方。莫看北凉称藩,可沮渠蒙逊城府深得可怕。而北燕国落入慕容氏旧将冯氏之手,虽已没了往日强盛,可也让魏国头疼。拓跋焘不除掉这些隐患,是不可能专心南征的。"

刘义隆眼中有些凄然:"朕过去小瞧了拓跋焘,没想到他比朕还小些,竟有这样的耐心。"

殷景仁若有所思,说道:"还是陛下看得通透。臣也听闻,拓跋焘已拜奚斤为安东将军,正在幽州调兵遣将,似是向北燕发兵。魏主今日遣使言和,多是想稳住我大宋,免得魏军征讨北燕时,我军再次向河南进军。"

刘义隆点了点头,叹息道:"朕倒想趁着魏军伐燕,向魏军开战。可朕拿什么开战?河南一战,府库多年积存毁于一旦,至今还没补上亏空。虽说朝廷改铸四铢钱,可想要恢复战前的储备,只怕为时尚远。"说到这里,刘义隆愤愤地骂道,"到彦之成事不足,败事有余!若朕早听慧琳之言,以檀道济为帅,河南一战何至于到这步田地!"

刘义隆猛烈地咳嗽起来,慧琳忙劝道:"陛下勿恼,到彦之已被罢免官爵,受了惩处。只是从眼前看,两国若能结下婚姻,暂缓局势,也是件好事。陛下何必回绝此事呢?"

刘义隆饮了一口茶,润润喉咙,愤愤地说道:"你当拓跋焘仅是为了稳住大宋,才想和亲吗?哼!狼子野心,对我大宋贼心不死!拓跋焘近日册封皇后,正是被他掳去的夏国公主赫连氏。拓跋焘吞灭夏国,便用这法子安抚夏国遗民。只怕用不了几年,夏人便会以魏人自居了。拓跋焘想迎娶朕的公主,便是在为日后南征提早准备。待拓跋焘平定北方,魏太子也该不小了,若魏军真能杀过江来,便可借着公主血脉为他安抚江南人心。哼,异想天开!"

慧琳愣了一下,自己倒还真没想这么远。殷景仁说道:"那臣便回绝了此事。"

刘义隆点了点头,神色黯淡,说道:"言辞上婉转些,莫让魏使下不来台,我大宋现在还招惹不起拓跋焘。魏使回去后,你选个合适的人去趟平城,向魏主问好,算是礼尚往来。"

殷景仁应了一声,复又说道:"梁、南秦二州刺史甄法护传来书函,说是吐谷浑王慕璝遣使来朝。为表诚意,还将当年庐陵王戍卫关中时被夏军俘去的北府军将士送还。"

徐湛之奇道:"慕璝不是擒了赫连定送去魏国表功吗?为何遣使来建康?"

殷景仁答道:"据闻慕璝把赫连定送去平城后,有意索取西秦旧地做封赏。可拓跋焘回绝了,仅仅把慕璝已抢占的金城、枹罕、陇西封给了他。既然魏国那边得不了好处,慕璝自然想向我大宋亲近。"

刘义隆有些黯然,似乎听到慕璝送还被俘的北府军将士,想起了些当年旧事,说道:"送还的将士为国戍卫他乡,陷于敌营这么多年,也是受尽了苦楚。朝廷切不可慢待了。莫要追究败军之罪,回来后赐以宅田,好生安置。"

殷景仁应了一声,刘义隆接着说道:"慕璝的使者入京后,你代朕接待,若真如你猜测,那便封慕璝为陇西王,拜征西大将军,西秦、河州二州刺史,都督西秦、河州、沙州三州军事。"想了想,他又说道,"再遣使去趟仇池,加拜杨难当为征西将军。当日仇池遣使杨林儿来建康,听闻我大宋败于魏国,便再没了消息,却也未听杨难当遣使去平城,还当设法招诱杨难当。"

殷景仁一一记下。

刘义隆长舒了一口气,忽而问道:"朕听刘湛回京后,似对殷爱卿颇有成见?"

河南战后,建康忙得一塌糊涂,王昙首日夜操劳,一病不起,居然就这样逝去。天子的病情又时好时坏,朝中仅有刘义康和殷景仁处理国家大事,实在忙不过来。殷景仁遂向天子谏言,从荆州招还刘湛。天子想想刘湛的才能,便准允了此事,拜刘湛为太子詹事、领军将军。

谁知刘湛在荆州待了这些年,性情大变。当年天子以刘湛接替刘义康镇守西境,是对他的器重和信任,可在刘湛看来,是把他逐出了建康。刘湛如今回到朝中,位居殷景仁之下,故而对殷景仁很是不满,处处针对。

殷景仁面色一沉,答道:"未承想这点儿事还惊扰了陛下,臣之罪!刘湛身负奇才,对臣怠慢些,没什么大不了的。"

刘义隆却道:"刘湛纵然有才,也不可对宰相无礼!昙首逝去后,一直是殷爱卿与彭城王打理朝政,呕心沥血,鞠躬尽瘁,朕岂能让你受了委屈?殷爱卿放心,朕自会为你做主。"

殷景仁感激涕零,深深拜谢。

眼见天子有些倦了,殷景仁便要与慧琳辞拜离去。徐湛之把枕头放平了,正要伺候刘义隆小憩,却听内侍进来报奏:"启奏陛下,彭城王、领军将军求见。"

殷景仁脸色一变,天子刚刚说起刘湛,刘湛这会儿就来了。

刘义隆嗯了一声,说道:"朕倦了,不见外人,只招彭城王进来。领军将军若没什么要事,便让他先回去,朕隔日再召见他。"

他转对殷景仁、慧琳说道:"两位爱卿也去吧!"

两人辞拜离去,不多时,彭城王刘义康走了进来。

刘义隆问道:"王太保的后事可办好啦?"

王昙首病逝后,刘义隆为彰显王氏之功,加拜王弘为太保、中书监。虽然王弘极力辞谢,刘义隆仍未收回成命,王弘只得勉强受拜。只是王弘赴任还未过三个月,便因王昙首的病逝忧郁成疾,紧随弟弟去了。刘义隆正生着病,不方便去拜祭,就使刘义康代为送行。

刘义康答道:"臣弟这些日一直在王弘府上操持丧事,已依着陛下旨意,赐钱百万、米千斛。王弘灵柩今日一早送去祖坟安葬,臣弟刚刚从城外回来便急着向皇兄交差了。王家也是感激涕零,稍后便会入宫谢恩。"

刘义隆点了点头,惆怅地道:"王氏家大业大,自东晋开国,已昌盛近百年,到王弘时,却低调内敛到这般模样,实在让人想不到。听闻王弘家无余业,朕也颇为惊异。你也知道,朕对王家一直不大放心,看来是朕多心了。"

刘义康却道:"皇兄切莫自责,小心些总是好的。臣弟这些日在王弘府上,见到不少人呢!上到王侯公卿、下到士族商贾,和王家沾亲带故的非富即贵,难怪王弘这些年在扬州呼风唤雨,显赫一时。"

刘义隆面色一沉,说道:"王弘对我刘家功不可没。且不说没有王弘,便没有我大宋朝,单说自朕即位以来,若不是王家兄弟,只怕大宋还在徐羡之手里。何况王弘已经卒逝,这些事不说也罢。"

刘义康还想再说,刘义隆打断道:"朕自即位以来,徐羡之、傅亮秉权,朕事事都要小心些,故而对别人难以尽信,对王家也就多了些偏见。可王弘、王昙首、王华兄弟,却对朕始终如一,让朕汗颜。朕对王家有失公允也就罢了,可你为何要处处针对王家呢?要知道,你从荆州回建康执掌朝政,是王弘竭力举荐,力辞司徒,给你腾出了位子。为了让你顺利接管朝政,王弘几乎足不出户,免得遮掩了你的光彩。而你呢?三番五次使人弹劾王弘,不把他从朝中赶走誓不罢休,你当朕都不知道吗?"

刘义康只觉天子今日说话与往常有些不同,隐隐不安,请罪道:"臣弟知错了,也怪徐羡之、傅亮废杀两位兄长,让臣弟实在不敢相信王弘,毕竟王弘曾与徐羡之、傅亮同谋。"

听刘义康提起刘义真,刘义隆叹了一声,说道:"营阳王、庐陵王无子,朕不忍他二人就此断了香火,有意过继幼子刘绍为庐陵王嗣,继任王位。"想了想,他又说道,"再以江夏王义恭的幼子刘郎过继给营阳王,封南丰县王。也好让两位兄长后继有人。"

刘义康心中暗想,天子以刘义恭之子过继废帝刘义符,却以他亲儿子过继给庐陵王刘义真,这么多年过去,天子对刘义真的感情还真深厚。他心中不由得生出一阵酸意。

就听刘义隆哼了一声,说道:"营阳王、庐陵王之事暂且不提了。话说回来,你不相信的岂止是王弘一人?檀道济屡建功勋,远的不说,单是这次北伐,若不是檀道济力挽狂澜,只怕魏国今日就不是遣使建康求和求亲了,而是大军压境,威逼江南!可你为何那样看不惯檀道济?朕承认,以到彦之为帅,是朕用人失察,可你身为宰相,明知檀道济更适合北伐,却再三阻拦。你这么见不得檀道济建功吗?"

刘义康知道天子一直为北伐惨败耿耿于怀,只当天子这会儿是拿自己出气,心中不觉有些委屈。天子生病以来,国政几乎都是刘义康操持,此时天子却把战败的罪责推到自己身上。刘义康正想为自己开脱,刘义隆说道:"你看不惯王弘,看不惯檀道济,不也看不惯殷景仁吗?"

刘义隆一激动,咳了几声,叹气道:"昔日刘湛为侍中,建言献策,为国家出了多少力?朕听其言,如沐春风,每日唯恐天黑得太早,只盼能多听听他的治国良策。可如今呢?他回到建康,仿若变了个人。整日说来说去,无非挤对殷景仁。朕唯恐天黑得太晚,非得硬着头皮听他说那些浑话。刘湛是你旧属吧?他自回京以来,整日围在你身边吧?他这般敌视殷景仁,你敢说没有你的授意?"

刘义康忽然意识到,天子在指责自己结党营私,吓了一跳,跪在地上,连声请罪。

刘义隆却未理会:"你在西境待了几年,回来后主持朝政,便看不得王弘。刘湛在西境待了几年,回到建康,便看不得殷景仁。哼,引之令入,入便噬人。你们俩就这样对待恩人吗?朕就不明白了,朕也在西境镇守多年,为何没像你们这般,在荆州走了一遭,回到建康就成了白眼狼!"

刘义康吓得浑身一颤,请罪道:"臣弟知错了,臣弟不该与殷景仁不合,万请皇兄保重龙体!"

刘义隆缓了缓,叹了一声:"朕知道你怎么想的。王弘在时,与你同列,你不甘与他分权。王弘没了,朝中便是殷景仁与你分权,你自然视其为眼中钉。还有檀道济,北伐战后,朕以其功拜为司空,只怕他也是你的潜在威胁吧?你不是看不上王弘,也不是看不上殷景仁和檀道济,是谁与你分权,谁便是你的仇敌。四弟,我的四弟呀!先帝创业不易,大宋情势堪忧,你身为亲王,朕最信任的兄弟,若一味只知巩固权势而用不得贤良,我大宋将何去何从?还是说朕错看了你,你眼里只有权势，没有我大宋社稷？"

刘义康吓得战栗不休，只因被天子戳中了心中所想。

当年彭城一行，不慎听到刘义真与天子密谈，年幼的刘义康一下子发现了不得了的事。什么兄弟情深，什么天下大义，全都比不过权势诱人。刘义康自此也算计起自己的将来。

老大、老二先后被徐羡之废杀，刘义康可是激动得很。当时的建康，先帝诸子就属刘义康最年长，在刘义康看来，自己最有希望继承帝位。谁知徐羡之那几个老东西不远万里，从荆州迎回了老三。刘义康只能凭着兄弟情义，靠到天子身边，出谋划策，扳倒了权臣。即使做不了天子，做个一人之下、万人之上的宰相也好。谁知事成后，他却被天子派去了西境。好不容易在荆州熬了几年，刘义康终于回到朝廷，自然不想再次与大宋权柄失之交臂。故而所有有威胁的人，刘义康都要想方设法除掉，免得再次失势。

刘义康头磕得咚咚响，嘴里不住说道："臣弟有负皇兄之托，请皇兄责罚。"

刘义隆沉默许久，说道："老五义恭年纪还轻，平日又奢华无度惯了。刘湛在荆州时，还能管着他些。如今刘湛回到建康，义恭还不在荆州闹翻了天？朕原本打算让先帝旧臣张邵接替刘湛为荆州长史的，谁知张邵贪赃枉法，只能罢免其官。荆州事关重大，留义恭一人，朕实在不放心！"

刘义康心中一紧，只当天子又要让他离开朝廷，再次出镇荆州，那手中的大权岂非又要旁落？

刘义康哪敢接话，刘义隆似笑非笑，道："北伐时，长沙王义欣在彭城止住溃败大军，倒也担得起重任。只是战后豫州纷乱，朕已调他为豫州刺史，镇守寿阳。听说这一年来，义欣在寿阳收拢流民，修缮城池，开垦荒田，疏通水渠，寿阳颇有些人气。咱这二叔没多大本事，儿子还真是了得。战后的豫州责任不轻，倒不好调义欣去荆州。"

说到这里，刘义隆停了下来，可刘义康迟迟没有接话，殿上一时安静起来。

刘义隆盯着刘义康看了半天，他并不真想把刘义康派去荆州，不过借此敲打而已。毕竟王昙首、王弘相继病逝，朝廷现在也只有倚仗刘义康和殷景仁了。只是刘义康出任司徒以来，的确有些擅权之嫌，虽是自己兄弟，刘义隆也不想放任他这样下去。

见刘义康依旧没有请旨去荆州的意思，刘义隆终是叹了一声，说道："说起义欣，朕倒是想起他哥哥义庆来。义庆过继给三叔为嗣，倒似三叔一般稳重，官拜中书令以来，办事很得力。本家兄弟中，也就义庆最年长。依朕的意思，便以他为荆州刺史，接替义恭督荆、雍、益七州军事。"

天子已想好了荆州刺史人选，刘义康如释重负，忙附和道："义庆老成稳重，必能保西境安然无虞。"

刘义隆心中暗笑，又说道："至于义恭……檀道济已加拜司空，又是江州刺史，这南兖州便从檀道济那里收回来。转拜义恭为南兖州刺史，连同檀道济都督的淮南六州军事一并转交他……嗯……再给他加个开府仪同三司，这几年他在荆州辛苦了，莫说朕薄待了他。"

刘义康心中不安。南兖州离建康可就不远了，天子把老五从荆州调到京城附近，又给他开府仪同三司的殊荣，难道有意培植老五取代自己？

就听天子接着说道："其他几个弟弟也不小了。朕四岁时便已代先帝镇守京口，也莫让弟弟们闲着。义庆解任中书令后，便让老六义宣接管中书台，暂领中书监。"

刘义隆沉吟一阵，复又说道："檀道济让出了南兖州，你的南徐州也让出来，省得外人说朕厚此薄彼。就让老七义季代领南徐州刺史，也好让他历练历练。"

刘义康面色稍变，却未敢显露。解除南徐州刺史，刘义康仅剩司徒，权势被削减岂止一星半点？

刘义隆看着刘义康惴惴不安的模样，心中很是满意。起用几个弟弟，又收回刘义康的南徐州刺史一职，已起到震慑他的目的。还是给他点儿甜头，好让他尽心为国办事吧！

刘义隆接着说道："你这些年辅政的功劳不小。王弘病逝，扬州刺史空缺。你不是盯着扬州刺史多年了吗？就由你接任。日后这朝政，还多要你和殷景仁处置。四弟，你给朕记住了，只有大宋国运不衰，才有你的权势不倒。"

刘义康本还惊惧难安，忽听天子把扬州交给了自己，不由得欣喜若狂，连连拜谢。

刘义隆摆了摆手，说道："朕有些倦了，你先去吧！见了刘湛，告诫他些，莫再找殷景仁的麻烦。"

刘义康求之不得，辞拜天子，匆匆地自寝殿出来，还没走上几步，便见刘湛着急忙慌地迎上前来。

想想天子刚才怪刘湛和自己走得太近，刘义康不安地四下看看，见多是和他亲近的侍卫，才算放下心来，问道："刘领军一直候在这里？"

刘湛答道："我本已准备出宫，路经尚书台时，进去了一趟。"他继而压低声音，说道，"出事了！"

"什么事？"

"益州叛乱！"

刘义康吃了一惊。朝廷在河南惨败，如今益州再生叛乱，可真是祸不单行。益州地势险要，当年谯纵叛乱，割据蜀地十数年之久。先帝三次征讨，才得以收复失地。若益州再次割裂，朝廷不但丢了大片疆土，还会少了无数钱粮赋税，这对战败后的大宋来说，无疑是雪上加霜。

刘义康着急地问道："益州刺史刘道济是刘粹的亲弟弟，正因刘粹忠于天子，朝廷才会把益州这么重要的地方交给他。难道刘道济生了异心？"

刘湛说道："此事虽非刘道济所为，却和他脱不开干系。刘道济偏信其属官费谦、张熙，禁民铸造而垄断铁器，聚敛钱财，惹得百姓生怨。有流民许穆之，诈称晋室宗亲司马飞龙，在仇池杨难当的暗中扶植下，煽动百姓作乱。许穆之很快被刘道济平定，却搅得益州大乱。有乱民赵广，裹挟道士程道养，假冒司马飞龙继续兴风作浪，引得叛兵争相投奔，已聚集十余万叛兵，围攻成都。听说刘道济两次出战，惨败而还。"

刘义康眉头紧锁。叛军势大，这可如何是好？难道河南失陷，益州也保不住了吗？

刘湛却道："王爷，这可是个大好机会！"

刘义康奇道："这样的祸事何来什么机会？"

刘湛答道："江夏王刘义恭总揽西境，却让益州生出这样的乱子，足见江夏王难堪此任。卑职在荆州时，便知他没这个本事。正好借此事召回江夏王，改任王爷心腹总揽西境。若能派兵驰援成都，解了益州之危，自然是王爷功劳，即使益州回天乏术，至少也将荆州掌控在王爷手中。王爷也知道，荆州关乎大宋命脉，只要王爷有荆州为外援，又何愁在朝中压制不住殷景仁呢？刚才卑职从尚书台出来的时候，殷景仁正忙着去接洽魏国使臣，益州的事他还不知道。王爷还当抢在殷景仁前面，向天子揽下此事来。"

刘义康回头望了望天子寝殿，忧心地说道："天子尚未大好，此时若知益州生乱，病情难保不会反复。"他沉默一下，说道，"何况天子已决意使临川王刘义庆接任荆州刺史。"

刘湛一听荆州刺史已经易手，懊悔无比，继而说道："即使如此，王爷也该借着西境交接，调派些心腹往西境任职。"

刘义康沉默一阵，问道："刘领军有什么人举荐？"

刘湛想了想，说道："王爷以为新蔡太守范晔如何？此人博古通今，颇有才学，撰写了《后汉书》数篇，听闻天子看过，赞不绝口。而且范晔曾在王爷府上做事，他弟弟范广渊正在王爷府上为军师祭酒。刘道济搅得益州大乱，不如以范晔接管益州刺史如何？"

刘义康面色一变："你不提范晔倒还罢了，本王正要和他算账！本王母亲病逝之日，范晔说是来吊丧，却和他弟弟饮酒作歌。如此恃才傲物，本王岂能饶得了他？看在他弟弟范广渊的面上，本王也不罚他，且贬作宣城太守吧！"

刘湛愣了一下。他本因欣赏范晔才华，举荐于刘义康，却不知还有这样一件事，反而害得范晔贬了官。他心中不觉愧疚，想了一阵，小心地说道："那少府甄法崇如何？他是梁、南秦二州刺史甄法护的弟弟。卑职守备荆州时，甄法崇在卑职手下为江陵令，为政严整，颇有些手段。以他接任益州刺史，或能解益州之危。再说，以甄法崇出任益州，甄法护自然也会亲近王爷的。只是……"

刘义康问道："只是什么？"

刘湛小心地说道："只是甄法崇曾和王华走得近些。王爷一直对王家不满，这甄法崇和王家有这样一层关系……"

刘义康却笑道："王弘都死了，王家还有什么好担心的？你既然觉得甄法崇堪当益州刺史，那便就是他了！"

二人边说边走。徐湛之远远地瞧着二人离去，匆匆回到寝殿。

听闻益州叛乱，刘义隆气得大骂不止，狂咳一阵，几乎背过气去。在徐湛之的服侍下，他饮了几口参茶，才缓缓平复下来。

想想北伐无功，又有益州动荡，刘义隆不觉头疼欲裂，连声骂道："朕还当杨难当这一年多在忙什么，却是扶植乱民，祸乱益州！朕还想他未曾和北凉一般忙

403

着向魏国表忠心，只当他还有效忠大宋的念头，故而打算增其官爵，收拢其心，未承想他竟在打益州的主意，真是狼子野心！去，告诉殷景仁，厚赐吐谷浑使者，让慕瑣把仇池死死盯着。待大宋缓过这阵，必要杨难当悔不当初！"

徐湛之着急去找殷景仁了。

刘义隆躺在榻上，盯着寝殿大梁，怅然若失。益州叛乱已是心头大患，可让刘义隆最不安的是另一件事。刚才苦口婆心地给四弟说了那么多，指望他能以国事为重，可说来说去，他依旧在盘算他的得失。益州叛乱这样大的事，或许四弟真是怕自己正生着病，听不得这样的噩耗，故而隐瞒不报，可他没想着怎么平定叛乱，倒是急着往益州安插亲信，刘义隆如何不失望？

唉！四弟心机不可谓不深，日后也不可不防啊！

贤王？

刘义隆迷迷糊糊地躺在榻上，仿若置身虚无缥缈的混沌之中。浑浑噩噩的感觉让刘义隆很不舒服，却又反抗不得。他仅存一点儿意识，反反复复地问着："朕这是要死了吗？"

刘义隆万般不甘！他想摆脱这缠人的恶疾，想挣脱这梦魇的束缚，他是大宋之主，他要承继先帝遗志，他要一雪河南之耻，可浑身绵软无力，又仿若有一只无形的巨手，慢慢拉扯着，让他坠入无底深渊。

北伐战后，刘义隆就一直病在榻上。而益州叛乱后，心急如焚的刘义隆病情急转直下，每天清醒的时间越来越少。

刘义隆只觉自己越陷越深，却听耳边有人一声声唤道："皇兄，皇兄，太子来给你请安了！"

刘义隆一个激灵！太子来请安？莫不是朕真要死啦？

刘义隆猛然睁开眼睛，却觉头疼欲裂，痛苦呻吟一声。他迷迷瞪瞪地一瞧，就见刘义康关切地贴到跟前，喜道："陛下醒来了！"说罢，他转身端了药碗过来，先尝了尝，这才一勺一勺喂给刘义隆。

刺鼻的汤药顺着喉咙下去，刘义隆不禁打了个哆嗦，头依旧疼得厉害，却清醒了些。刘义隆向旁边看去，就见太子刘劭、次子刘濬、三子刘骏正跪在榻前，见自己向他们望去，他们纷纷叩头道："儿臣恭请父皇圣安。"

刘义隆飘忽的意识似乎一点点回来了，深深喘了口气，咳出淤积的浓痰，说道："朕安！"说完，他挣扎着坐起来。刘义康忙抱过一床锦被，垫在身后。

刘义隆缓了一阵，浑身上下说不出的难受，却觉还没迈到生死那道坎上。这时，他渐渐清醒，向周围扫视。

寝殿里没多少人，除了刘义康和三个儿子，慧琳正坐在一侧，眯着眼睛，轻诵经文。再看三个儿子，面色如常，并非来诀别，不过请安罢了。刘义隆心中苦笑，看来还有些日子可活。

长舒了一口气，刘义隆问道："你三人今日功课如何？"

刘劭恭敬地答道："儿臣几个刚读罢早课，今日还是《汉书》，给父皇请安后便要去校场习剑了。"

刘义隆很是欣慰。先帝曾言，刘家本是汉室血脉，故而刘义隆很喜欢《汉书》。儿子们多读些，也好知道先祖荣耀，日后方能振兴大宋。刘义隆问道："读的哪篇文章？"

刘劭答道："读的《王莽传》。只可惜已是《汉书》末篇，后面便不知有些什么旧事了。"

刘义隆心里咯噔一下。《王莽传》乃西汉末年外戚王莽生平，此人以才德显著，被时人视作周公再世，实则包藏祸心，篡汉自立，终结了西汉二百余年的国祚。

刘义隆正生着病，听儿子读的是西汉亡国之事，心中不快，不自主地扫了一眼刘义康。

自王弘病逝后，几乎是刘义康一人辅政，同为宰辅的殷景仁被他压得抬不起头。刘义隆知道刘义康权势欲不小，也知他培植起不小的势力，可刘义隆病得厉害，国事也唯有倚仗这个弟弟了。好在刘义隆病重以来，刘义康尽心陪侍，甚至搬来寝殿常住，每日公文几乎都在寝殿处置，以便遇到棘手的事能随时向刘义隆请示。床榻不远处的几案上，正满满当当地堆着公文，足见刘义康每日公务不在少数。

然而，刘义隆隐隐生出些不安。刘义康是于国有功，可自己病重如此，若真有不讳，太子不过九岁，刘义康究竟会成周公，还是会成王莽？

刘义隆沉默一阵，若有用意地说道："王莽篡国天怒人怨，而后有光武大帝刘秀愤然起兵，中兴大汉，才有了东汉近二百年国运。朕听闻范晔正在撰写《后汉书》，曾读过已成的几篇，尤其《光武帝本纪》上下两篇极为精彩。四弟，可去范府借来几篇，供太子他们习读。"

刘义康有些尴尬。范晔因得罪了他，早就被贬出了京城，又要到哪里求取文章？他只能含糊其词，应了下来。

其实刘义隆也知范晔被贬，说这话无外乎提醒刘义康做好本分罢了。他也未再多说，只是对几个儿子说道："尔等这便去习剑吧！身为皇子，不能只读文章，还当以武傍身，日后才好为国开疆辟土。"

刘劭三人辞拜天子，向外走去。

刘义隆看刘劭与刘濬说说笑笑，心里莫名欣慰。皇后袁氏与潘淑妃不和，她们的儿子刘劭、刘濬倒是感情深厚。或许他们的亲近让刘义隆想起了年幼时的自己和刘义真吧！但愿哥儿俩有始有终，待刘劭承继天下，刘濬能是个辅佐新帝的贤王吧！

再一瞧后面的刘骏，刘义隆眉头微皱。老三性子孤僻，与两个哥哥几乎没有多余的话，这让刘义隆多少有些不大喜欢。

这时，就听刘义康问道："皇兄，二皇子与三皇子年纪不小了，是不是也该有封爵啦？"

刘义隆点了点头，说道："这事你看着办吧！"

刘义康取来一封表章，说道："臣弟已使人议过此事，欲封二皇子为始兴王，封三皇子为武陵王，还请皇兄示下。"

刘义隆头痛得厉害，也未去看，摆了摆手，说道："就依你们所议。"

刘义康应了下来，转身回几案边，在那表章上批阅几笔。

刘义隆忽然生出些不安，说道："两个皇子还小，封王也就是了，莫让他们就藩，暂留京城陪太子读书。"想想王莽旧事，刘义隆也怕刘义康趁自己病重，借封王把皇子支出京城，架空了太子。

看着有些意外的刘义康，刘义隆又说道："还有，太子关乎国本，还当熟悉兵事。自各州各府驻军调选精勇，充入东宫，属太子统御。"想了想，他又说道，"东宫卫职责与羽林卫相若，暂编万人吧！"

刘义康吓了一跳，说道："太子九岁，掌管万人兵马……"

话未说完，刘义隆打断道："拓跋焘还是太子的时候，十多岁就已带兵数万抵御柔然了。朕十来岁的时候，也已随先帝数次出征。劭儿自然也该早早历练，免得日后不懂兵事。劭儿年纪是小些，选派得力将校代管兵马也就是了。"

沉默了一下，刘义隆向慧琳问道："慧琳，你给朕举荐几个将军可好？"

一直诵经入定的慧琳猛然惊醒，拜道："小僧哪懂兵事，陛下这是为难小僧了。"

刘义隆想了想，转又说道："那就让殷景仁去看着办吧！殷景仁呢？怎么没见

贤王?　407

他在?"

刘义隆并非心血来潮让太子掌兵,是怕刘义康势大,一旦生出异心,太子难以抵挡,故而这东宫卫是万不可让刘义康插手的。刘义隆这会儿难得清醒,务必要安排好此事,免得自己昏睡过去时,无人管得住刘义康。

喊了半天,也没见殷景仁在,刘义隆只觉不妙。

自刘湛得殷景仁举荐回到建康以来,他三番五次想把殷景仁挤出朝堂。刘义隆自然要保住殷景仁,以制衡刘义康。可刘湛与刘义康走得越来越近,对殷景仁的小动作也越来越多,甚至预谋假扮劫盗刺杀殷景仁。幸亏刘义隆听到风声,为避免自己和刘义康的关系闹僵,也未揭穿此事,只是把殷景仁的府衙迁到皇宫门外,这才让刘湛的阴谋败空。这两年多时间里,刘义隆久病缠身,经常昏昏沉沉,难道说,刘湛已在自己昏睡时害了殷景仁不成?

刘义隆一急,大叫道:"殷景仁呢?"

就见刘义康面色微变,回身在几案奏疏中找了找,抽出一册递到刘义隆的面前,说道:"臣弟险些忘了,殷景仁前两日递了辞呈。"

刘义隆吃了一惊,忙将那奏疏取来观瞻:"臣中书令、中护军殷景仁叩拜吾皇万岁!臣愧受陛下委以权要,殚精竭虑,欲为国家效尽全力,怎奈年事已高,难理政事,故请辞中书令、中护军,以待陛下另授贤者。臣再叩陛下,愿陛下千秋万代,大宋江山永固。"

刘义隆怔了怔。

殷景仁一旦解职,相辅唯剩刘义康一人。自己久困于恶疾,谁还制得住刘义康?忧心之中,他继而松了口气。殷景仁并未遇害,只是被刘湛挤得没了容身之处,这才生了退意。再看奏疏还未批阅,殷景仁应该仍在建康,这便还有转圜余地。

刘义隆故作不在意,问道:"义康打算如何处置?"

刘义康说道:"臣弟正要……"话才一半,便停下来,他改口道,"事关相辅去留,臣弟不敢擅专,故而暂压此事,想等陛下醒来示下。"

刘义隆满意地点了点头:"殷景仁乃先帝旧臣三朝元勋,你虽执政数年,可与殷景仁相比,总是少了些稳重。还是把殷景仁留下来,也好为你分担些。这辞呈驳回便是!既然殷景仁生了病,便准他在自己府中处置公务。至于国家大事,你与他商量着些,该让他处置的,使人送去他府上。"

刘义隆留住殷景仁，又准他在自己府中办差，免得被刘湛暗算。

刘义康脸色数变，说道："还是陛下想得周到。"

却听刘义隆接着说道："只是殷景仁不在中书台，也不好空着。湛之出任沛郡太守也有些日子了，召他回京暂拜秘书监，加辅国将军，且在中书台当差。"

刘义康窃喜，忙应了下来。虽说徐湛之深得天子信任，可这两年来，刘义康与徐湛之走得越来越近。

刘义隆没察觉刘义康的喜色，揉了揉疼得厉害的脑袋，问道："萧思话呢？还在尚方关押着吗？"

萧思话原任青州刺史，是先帝继母萧太后侄儿，算是刘家表亲。北伐时，萧思话弃青州逃回建康，被罢免官职，关押尚方。此时刘义隆欲增设东宫卫，朝中臣子难免与刘义康扯上关系，倒是萧思话一直在狱中，又与刘家沾亲，正好用他出任东宫卫统帅。

听刘义隆问起萧思话，刘义康愣了一下，慧琳也有些诧异，说道："陛下忘啦？萧思话早已拜作梁、南秦二州刺史，去汉中赴任了呀！"

刘义隆蒙了一阵，想了半天才反应过来。

益州叛乱后，叛军围攻成都。益州刺史刘道济遣部将裴方明领军出战，总算击退叛军，解了成都之围。而临川王刘义庆出镇西境后，亦遣部将周籍之入蜀助战。历时两年，周籍之、裴方明合力击溃叛军，赵广、程道养诸叛首逃入山中，益州有惊无险，渡过这场危机。刘义隆知道新赴任的益州刺史甄法崇是刘义康所选，恰逢甄法崇的兄长，梁、南秦二州刺史甄法护失职，闹得汉中氐、羌不和，被人告上朝廷，刘义隆借此机会罢免甄法护，转而从狱中起用萧思话接管了汉中，以此削弱刘义康对西境的控制。只是汉中紧邻仇池，杨难当扶植乱民在益州没占到便宜，得知甄法护罢官而萧思话尚未到任，趁着汉中氐、羌混乱，悍然进犯，吞并了汉中全境。

刘义隆昏昏沉沉，本来把这事忘个干净，在慧琳的提醒下回忆起来，越发头疼。算算时间，萧思话去汉中好像已是很久以前的事了，他忧心地问道："汉中现在怎么样啦？"

慧琳忙安抚道："陛下勿忧！萧思话赴任后，遣其部将萧承之进击叛军，连战连胜。临川王见蜀乱将息，也调了裴方明入汉中助战。两将合力，大破仇池兵，

贤王？　409

已收复汉中全境。杨难当惨败后，已遣使来了建康谢罪。"

刘义康接着说道："臣弟以为杨难当虽然祸乱边境，可仍需借仇池制衡关中，故而代陛下赦免其罪。"

听萧思话已收复汉中，刘义隆长舒一口气。这个表亲虽在北伐时弃城而逃，可还是能担当重任的。而他那部将萧承之，在北伐时坚守济南，也给刘义隆留下过印象，如今收复了汉中，那他也算是个人才。至于裴方明，在益州、汉中两处战场，皆有不小战功，也是可造之才。

刘义隆说道："你处置得很好，还不是向仇池问罪的时候。萧承之、裴方明有功社稷，也当好生褒奖。就以萧承之为汉中太守，以裴方明为龙骧将军吧。"

刘义康还未应下，刘义隆接着说道："还有那周籍之，入蜀平叛有功，该当嘉奖。益州叛乱匪首赵广、程道养在逃，难保不会死灰复燃。甄法崇是个文人，便以周籍之接任益州刺史，追讨叛军。"

刘义康面露不喜，却不好反对，只得应下。刘义隆又问道："萧思话、萧承之远在汉中，萧家在建康还有谁有才德？"

慧琳回道："萧思话的从弟萧斌倒也懂些军略，此时还是白身。"

刘义隆喜道："嗯，那便招他入官，暂领东宫卫统领。"

刘义康越发不高兴。东宫卫统领虽是个不大的军职，可天子开口，要把东宫卫扩编至万人，这可就是个厉害角色了。天子先让殷景仁选派东宫武官，后来干脆自己挑选统领，显然不想让刘义康插手此事。可刘义康不敢反对。天子就是天子，纵然病着，刘义康的权势也还没有大到能与天子对抗的地步，他只能当着刘义隆的面，一一拟了诏书。

刘义隆接过来仔细看罢，放下心来，又觉头疼得厉害，侧着身子躺下去些。他忽又想起头等大敌拓跋焘来，问道："益州叛乱时，魏国曾遣使求亲，意在稳住我朝，好让他腾出手讨伐北燕。朕记得拓跋焘以奚斤为先锋，发兵四万围攻燕国都城和龙。据朕所知，燕国国主是原慕容氏的大将冯弘，虽说燕国早已衰败，可幽州骁骑不容小觑。不知后来战事如何？"

刘义康见刘义隆满脸倦意，说道："陛下是不是困了，要不，先歇歇吧！"

刘义隆却摆了摆手，眯着眼睛："你说着，朕听听就是。"

刘义康遂说道："和龙一战，燕军惨败，拓跋焘不想逼得冯弘鱼死网破。迁燕国三万余户，随后便退兵了。其实拓跋焘退兵，除了不想与燕军死战，还有一个原因。当年河南一战，滑台守将朱修之为魏军所擒。拓跋焘围攻和龙时，朱修之随军。朱修之有意趁乱刺杀拓跋焘，然机密泄露，朱修之出奔燕国。拓跋焘险些被刺，军心不稳，只能暂且退兵。"

刘义隆沉默许久，叹道："难为朱修之有此忠心了。不知朱修之现在怎么样啦？"

刘义康答道："朱修之现已回到建康了！"

刘义隆喜道："朱修之不是投奔了燕国吗？又如何回来建康？"

刘义康说道："和龙战后，拓跋焘又先后三次伐燕，每次都以燕军惨败告终。冯弘不得已，只能向魏国称藩，遣送公主侍奉拓跋焘。拓跋焘仍不放心，要冯弘送世子去平城做人质。冯弘不肯，又忌惮魏军攻势，密遣朱修之走海路回到建康，欲向我大宋求取援兵。"

刘义隆说道："昔年孙权占据江南，而公孙渊割据辽东，皆与曹魏为敌。公孙渊曾向吴国称臣，欲借吴兵抵挡魏军。孙权遣使送去金银，欲拉拢公孙渊为己所用，反倒被公孙渊杀了使者向魏国表功。如今燕国远在海外，冯弘走投无路，向我大宋求救，此人断不可信，遣使封为燕王也就是了。"

刘义康应了下来，刘义隆又说道："朱修之陷于敌营，忠心不改，千里奔还，也当好生安抚，你是如何安置他的？"

刘义康答道："暂居黄门侍郎。"

刘义隆说道："太薄了，拜作江夏内史吧！"睨了一阵，他复又问道，"不知柔然和北凉近来如何？"

刘义康说道："柔然惨败于魏国后，这几年消停了许多，可汗送了自己的妹妹到平城，被拓跋焘封了昭仪。魏国也嫁了个公主给可汗，两国倒也相安无事。至于北凉，情况就有些微妙了。"

刘义隆问道："此话怎讲？"

刘义康答道："秦、夏亡国后，北凉向魏国称臣。初时，沮渠蒙逊还想只做魏国名义的藩属，实有夺取关中的念头。可拓跋焘轻徭薄赋，关中很快安定下来，沮渠蒙逊再无东进的机会。而拓跋焘虽没有插手北凉国事，却向北凉遣了使者，往来极为频繁，还借北凉道路，遣使去了西域，震慑西域诸国向魏国称臣。"

刘义隆听得一阵头疼，呻吟道："长此以往，只怕北凉再也无力抗争魏国了，莫看拓跋焘现在对北凉还算客气，可燕国已被逼到绝路，柔然又无力抗争，拓跋焘迟早要向北凉开刀。拓跋焘或逼迫北凉缓缓替换倾向魏国的官属，或干脆逼迫沮渠蒙逊往平城任职，都不失为不战而夺取北凉的法子。"

刘义康却道："拓跋焘想不费一兵一卒接手北凉，绝无可能。前不久，沮渠蒙逊去世了！此人心高气傲，拓跋焘一直难以染指北凉军政。而继任国主的沮渠牧犍也不见得对魏国有多少好感。"

刘义隆听沮渠蒙逊死了，心中五味杂陈，又听刘义康说北凉新国主对魏国心存芥蒂，忙问道："何以见得？"

刘义康说道："沮渠牧犍继承北凉后，为表忠心，送自己的姐姐去了平城。拓跋焘除了封沮渠氏为右昭仪，还封沮渠牧犍为河西王、凉州刺史、车骑将军、开府仪同三司。此外，拓跋焘还把自己的妹妹嫁给了沮渠牧犍。两人看似亲密无比，实则相互提防。拓跋焘早就有意等沮渠蒙逊病逝后向北凉发兵。沮渠牧犍也不是傻子，虽把魏国公主封为王后，可实际上疏远得很。当年北凉吞并西凉时，沮渠牧犍为收买西凉人心，娶了西凉公主李氏为妻，如今魏国公主拓跋氏成了王后，可沮渠牧犍依旧宠幸李氏。他知道魏国靠不住，终是要靠本国臣民与魏国抗衡，故而需要善待李氏，收拢西凉旧臣人心。此外，沮渠牧犍还遣使来了建康，臣弟已代陛下册封他为河西王、凉州刺史、征西大将军。显然沮渠牧犍也怕魏国会向北凉发兵，故而欲与我朝缓和关系。"

刘义隆满意地点了点头："只要北凉不肯诚心归附魏国，大宋就还有与魏国周旋的余地。"说这话时，刘义隆已泛起迷糊。今日难得清醒，在京城州郡任命了不少官属，以此扼制刘义康权势，又知魏国对大宋暂无威胁，放心不少，再次睡了过去。

迷迷糊糊也不知过了多久，就听外面忽有人进来，像是刘湛在嘀嘀咕咕，与刘义康说了些什么。刘义隆竭力想听清楚，却是徒劳无功。

这时，就听刘义康匆匆走上前来，一声接一声叫道："皇兄！皇兄！"

刘义隆奋力睁开眼睛，就见刘义康一脸忧心，说道："皇兄，檀道济有不臣之心！"

刘义隆一个激灵，冒出一头冷汗，沙哑着嗓子问道："你说什么？"

刘义康忧心忡忡，说道："臣弟怕陛下忧心，一直瞒着没说。檀道济自恃先帝旧臣，有功于朝廷，素来目中无人。自击退魏军后，越发骄纵。常于人言，若非他的功劳，早已没了大宋。前番陛下收回其南兖州，檀道济愤愤不平，说了些不好听的话。自镇守江州以来，檀道济整日操练兵马，扩充军备。又在江州大撒金货收买人心，以其党薛彤、高进之为爪牙，任人唯亲。听江州来的人说，薛彤、高进之常以关羽、张飞自拟。他二人若是关、张，那檀道济又是什么？皇兄，现在的江州上下，只知檀道济护国有功，无不拜服其军威。又有多少人还记得陛下才是大宋天子？臣弟为安抚檀道济，已代陛下封其为永修公，可檀道济并不满意，嫌封地偏远，不足以彰显其功。方才又有檀道济的使者来了建康，向朝廷索求饷银粮草，仅今年已是第三回了。江州又不是边关，檀道济要这么多兵做什么？臣弟唯恐再这样纵容，迟早要出大祸，还请陛下示下。"

刘义隆从昏睡中醒来，脑袋沉闷得厉害，听刘义康说了这些，也是深为震惧。

檀道济功勋卓著，对刘义隆功不可没。若非檀道济相助，刘义隆很难扳倒权臣徐羡之、傅亮。若没有檀道济西征，也不可能轻松击败谢晦。而刘义隆苦心谋划多年的北伐惨败后，也是檀道济临危受命，勉强维持住了宋魏原有边界。只是檀道济虽然功高，可在刘义隆内心深处，是极不可信任的。若非檀道济领兵进入建康，徐羡之、傅亮哪有那么容易废黜营阳王？更何况檀道济还曾对营阳王刀剑相向，砍伤了昔日的大宋天子！这样一个功高盖世却目无君上的将军，实在是个让人放心不下的角色。檀道济能助徐羡之、傅亮废黜营阳王，又暗中反水助刘义隆扳倒其盟友徐羡之、傅亮，难保他不会再次对刘义隆生出叛逆之心！再说了，刘义隆这些年一直压制着檀道济，就怕他功劳大的无人制衡，檀道济是个聪明人，怎么会感受不到天子对他的防备之心？一旦檀道济羽翼丰满，究竟能做出些什么事来，刘义隆真的无法揣摩。

刘义隆瞪着眼睛，向刘义康问道："你打算怎么做？"

刘义康答道："臣弟欲把檀道济招到建康来。檀道济已官拜司空位列三公，让他还朝参政理所应当。待他到了建康，便先将他软禁府上，把他和他的党羽分割开来。"

刘义隆点头道："你想得很好。"

却听刘义康接着问道："只是檀道济威名过盛，若肯来京城，却不能入朝辅政，一旦闹起来，臣弟只怕压制不住。还有他那些儿子，这些年大多随他征战沙场，都有不小战功，万一煽动兵马闹起来，臣弟只怕江州生乱。"

刘义隆问道："你想怎样？"

刘义康小心说道："檀道济不臣之心已显，唯有抢先动手，待他到了建康，便将其诸子一并收押，再趁着江州无主，将其心腹薛彤、高进之一干人等尽皆褫夺兵权。而檀道济……檀道济断不可留！臣弟请陛下诛杀逆臣，以保大宋太平！"

刘义隆心中猛地震了一下，闭着眼睛沉默了许久。再次睁开眼睛时，已满是杀气。

刘义隆正要开口说话，就听慧琳大声劝道："陛下三思！"

刘义隆忽然有些清醒过来。

刘义隆一直放心不下檀道济，是因檀道济功高盖主。可刘义康一直放心不下檀道济，在于他怕檀道济威胁其权势。刘义康说了这么多檀道济的坏话，皆是一面之词。檀道济究竟有没有对朝廷生怨，刘义隆都未见到实据。而檀道济在江州驯养兵马，也可视为防范外敌。毕竟当日北伐失利，若没有檀道济的江州兵，哪那么容易击退魏军？刘义康要对檀道济动手，心思并不单纯。他一直扼制殷景仁，逼得殷景仁都要辞官了。如今又想借天子之口，对檀道济下死手，难保不是刘义康在打他自己的主意。

刘义隆终是说道："将檀道济召回建康，软禁府中便是，其诸子也免官归第，除此之外，莫伤他性命。"

刘义康有些失望，愤愤地瞪了一眼慧琳，不甘地问道："檀道济若真想谋逆，该怎么办？"

刘义隆已困得快睁不开眼了，迷迷糊糊地说道："别让他回江州就是了。"

刘义康本有些不满，继而露出一丝笑意，拜道："臣弟谨遵皇兄旨意。"

慧琳心中一惊，天子这话极为不妥。不让檀道济回江州？那究竟该如何不让他回去呢？活人有腿有脚，只要他想走，总有机会逃离建康回江州的。唯有死人，才能真的回不去了！

慧琳连叫了几声，可刘义隆已再次沉沉睡去。刘义康没再理会慧琳，转身去和刘湛商量了。

慧琳心中叹息一声。敌国未灭，自毁栋梁，这究竟是福是祸？

相王权重，已陷罗网

刘义隆紧紧攥着手中的字条，久久不能平静。那是殷景仁密使人冒险送来的。没有太多的话，寥寥数字而已，可字字让刘义隆心绪难安。

"相王权重，非社稷计，宜加裁撤！"

刘义隆提防刘义康不是一天两天了，而檀道济被杀，让刘义隆越发忌惮老四。

四年前，刘义康把檀道济召回建康，假借天子旨意，斥责檀道济因天子寝疾预谋作乱，连同其子十一人，诛杀于建康。随后派人去了江州，以军令诛杀檀道济部将薛彤、高进之，并以老六义宣接替江州刺史，掌控了江州军政。

刘义康诛杀檀道济，说是为朝廷除掉图谋不轨的权臣，实为排除异己罢了。听闻檀道济被捕时怒发冲冠，痛骂刘义康自毁长城。

刘义隆不敢去想檀道济有没有蒙冤，最让他担心的是刘义康擅杀檀道济的举动。檀道济不仅仅是个刺史，也不仅仅是个功将，而是堂堂司空，位列三公。刘义康假借天子名义擅杀重臣，这已超出了刘义隆的底线。随着檀道济被杀，刘义康不但除去心头大患，更是杀鸡儆猴，朝里朝外无人再敢对刘义康说不。

再这样下去，大宋已是刘义康的大宋，刘义隆又该摆在什么位置？刘义隆真有心一纸诏书罢免了刘义康，免得自己终成了刘义康的傀儡，甚至有性命之忧，可已是有心无力。

刘义隆这些年一直病得不轻，朝政几乎都是刘义康一人说了算，里里外外不少人被刘义康替换。而刘湛及其兄弟刘斌，还有一干刘义康心腹，更是充斥中枢要害。尤其刘湛官拜中领军，总揽宫禁侍卫，若刘义隆贸然动手，能不能扳倒刘义康不好说，刘义隆这糟糕的身体，只怕都经不起这番风波。

刘义隆已不再信任刘义康，却不敢轻易去动他。这几年来，只能刻意隐忍，免得被刘义康疑心。好在刘义隆的身体总算有了些起色，已不再像过去那样日日命悬一线。刘义隆不动声色，依旧装着病入膏肓的模样，好让刘义康安心去做他的摄政王。

眼前的密函，让刘义隆意识到，再也不能耽搁下去了。殷景仁与刘义康同为宰辅，这些年一直被压得抬不起头来，甚至生了辞官归隐之心。虽被刘义隆强留下来，可殷景仁这些年一直窝在府中，除了按部就班处理些刘义康推去的无关紧要的差事，从来不在朝堂露面，更不会进宫面圣，免得被刘义康猜疑。也不怪殷景仁这般小心。在刘湛的刻意针对下，朝中几乎无人敢与殷府扯上关系。殷府内外，更是到处眼线，殷景仁的一举一动都在刘湛监控之下。殷景仁在刘义康的阴霾下沉寂这么多年，忽然使人送来密函，只怕殷景仁也被逼得快到绝路了。

刘义隆看了看那个送密函的人，只觉不可思议。后将军司马庾炳之，乃谢晦部将庾登之的弟弟。此人整日出入领军将军府，与刘湛打得火热，也深得刘义康信任。听闻无人敢去殷府办事，唯独庾炳之受命于刘义康，每当司徒府需与殷景仁接洽时，便由庾炳之代为传信，实则也有让庾炳之监视殷景仁的意思。可偏偏就是此人，替殷景仁送来密函，着实出乎刘义隆意料。

当庾炳之来到寝殿面圣，悄悄说有秘事启奏时，刘义隆有些疑惑不解，可瞧着庾炳之的神色，显然不想让在殿内陪侍的刘义康知道。刘义隆警惕之中倒也有些好奇，恰逢近来魏国攻破北凉都城，擒拿了北凉国主沮渠牧犍，刘义隆忧心北方局势，便使刘义康亲往兵部，整理魏凉战报以供自己查阅，这才把刘义康支了出去。

刘义康刚走，庾炳之便将那字条呈于刘义隆面前。

刘义隆左看右看，除了字迹是殷景仁亲书，并无印信。殷景仁或是怕这字条落入刘义康手中，故而不敢用印。可如此一来，刘义隆也难辨真假，毕竟字迹是可以模仿的。庾炳之又是刘义康的人，这就让刘义隆不得不疑心，庾炳之的举动是不是刘义康在试探自己。

刘义隆盯了庾炳之半天，许久不发一言。

庾炳之知道不被天子信任，尤其他兄长庾登之当年还是谢晦的部将。庾炳之见没有外人在，悄声说道："陛下勿疑。微臣虽受命彭城王，却知天下大义。便如家兄庾登之，虽为叛逆谢晦部将，却不肯与朝廷为敌，不惜惹恼谢晦，故意拖延叛兵行军时日，好让朝廷有时间调兵平叛。微臣是与刘湛走得紧密，却是和家兄一样委身于敌，以求有机会报效国家。"

刘义隆暗自一想，确如庾炳之所言，当年谢晦作乱，庾登之的确有过拖延行军之举。可庾炳之话说得好听，想为国家效力，只是这样的大话谁不会说，又有几人真能做到？毕竟刘义康一党权势滔天，庾炳之深得赏识，哪愁没有荣华富贵，又何必舍近求远，向天子表忠心？

见天子依旧没有说话，庾炳之接着说道："微臣这些年往来于司徒府和殷府之间，深为中书令为国为家之心折服，无论彭城王、刘湛如何排挤，中书令仍对天子忠贞不贰。微臣也是清白人家，岂能为求权势附会刘湛那等小人？故而微臣明面上仍代彭城王监控殷府，实则早已为中书令四处奔走了。微臣知道一时难让陛下信服，好在中书令告诉微臣一件秘事，只说陛下听闻此事，必会相信微臣的。"

刘义隆倒有些好奇，淡淡地笑了笑："哦？"

庾炳之说道："中书令告诉微臣，陛下深爱一物，此物平白无奇，却被陛下视为至宝。"

刘义隆笑了笑："朕富有四海，能有何物被朕如此珍视？"

庾炳之说道："乃是一枚破旧不堪的樗蒲棋子。陛下从不离身。若微臣所猜不差，此刻就在陛下衣袖中吧！"

刘义隆吃了一惊。那棋子是当年刘义真所赠，一直被刘义隆珍藏，这么多年从未丢弃。倒也有那么几人知道刘义隆喜爱此物，只是没人知道由来。唯有那么一次，殷景仁好奇问起，刘义隆对他说过一回。

刘义隆不露声色，就听庾炳之接着说道："陛下与庐陵王感情交好，对其所赠之物如此珍惜，陛下与庐陵王的兄弟之情，真让微臣敬服！"

刘义隆听殷景仁将此事告知庾炳之，看来真是他使庾炳之来的。刘义隆总算放下心来。正愁没办法对付操控国家的刘义康，殷景仁主动来找自己，显然有意扳倒刘义康一党。

刘义隆求之不得，说道："殷爱卿不负朕望，朕心甚慰。庾爱卿能有这般忠骨，也让朕感叹。"

庾炳之忙跪在地上："微臣能为陛下效犬马之劳，何敢受陛下如此赞许。"

刘义隆点了点头，说道："庾爱卿莫要谦让。你敢担着天大干系，替殷爱卿送来密函，本就难能可贵。若事有成，朕必有厚赐。"

庚炳之连连谢恩，就听刘义隆问道："不知殷爱卿近况如何？朕这些年久病缠身，极少出宫，只知殷爱卿告病在家，也不知是不是实情。"

庚炳之老实答道："中书令的确生了腿疾，每逢阴雨天气，便肿胀疼痛，以致走不了路。"

刘义隆不禁有些担忧。殷景仁年纪不算大，今年刚刚五十。刘义隆这些年一直卧病休养，殷景仁也是告病在家。刘义隆本以为殷景仁是故意如此，谁知他竟真生病了。他有精力为自己扳倒刘义康一党吗？

庚炳之见天子眉头微皱，忙说道："陛下勿忧，中书令虽有腿疾，可头脑清醒得很，必能助陛下激浊扬清。只是事关相辅亲王，中书令岂敢自专？故而冒险使微臣来见陛下，一来表述忠义之心，二来也好共谋大事。"

刘义隆喜道："不知殷爱卿有何谋划？"

庚炳之答道："中书令说，彭城王势大，非一夕间如此。这些年来，陛下久卧宫中，军国大事委于相辅，彭城王外似忠孝，内藏祸心，以刘湛为爪牙，收拢刘斌、徐湛之、王履、刘敬文、孔胤秀为党羽，大肆排除异己，收买人心。有才之士皆收录司徒府上，不听其命者，皆贬黜一旁。上到中书、尚书台府，下到各部中枢机要，皆有其亲信执掌要害。还有，彭城王私置家奴六千余人，皆藏兵甲，与私兵无异。彭城王之势已成，想要一举铲除，难比登天。唯有召集天下忠义贤良，共举义事，待时局生变，才好一击得手。"

刘义隆沉吟一阵。刘义康能有今日权势，的确如殷景仁所言，皆是自己一手铸就。刘义隆虽提防着刘义康，却又不得不重用他。毕竟是自己兄弟，比起殷景仁来，刘义隆更偏信于刘义康。而刘义隆看似一直护着殷景仁，实则只是想用殷景仁节制刘义康而已。如此一来，刘义康本就是亲王贵胄，殷景仁手中又没有高于刘义康的权力，自然被压得死死的。再加上刘义隆的病情堪忧，刘义康越发没人管得住，终是到了今日威胁到天子的地步。

刘义隆有些懊悔却于事无补，只能问道："不知殷爱卿可寻到相助之人？"

庚炳之答道："陛下放心，已有不少人肯助中书令共清君侧。这些年，一直是微臣代中书令四处奔走，没有用过殷府中人，故而未让彭城王和刘湛起疑。只是时机尚不成熟，这些人是谁就暂且不便告知陛下了。"

刘义隆知道庚炳之说得有理，机密外泄可就大事不妙了。可偏偏看到庚炳之眼中闪过一丝狡黠，刘义隆冷笑一声。庾炳之掖着这些人的姓名不说，无外乎想独占大功罢了，倒是个有心机的人。

刘义隆也未怪他，说道："爱卿做得很好。只是京城驻军多已归于彭城王，而东宫卫虽受命太子，可毕竟在皇城内，人多眼杂，难免走漏风声，待需动用兵马时，还是从外郡调派的好。杜骥现任青州刺史，当年北伐时，他自洛阳败还，声称姚耸夫惧战逃亡以至洛阳失陷，实则是杜骥诱骗姚耸夫助其守城无果，这才栽赃陷害。朕盛怒中也未深究，错杀了姚耸夫。可事已至此，朕也未追究杜骥欺君之罪，准其戴罪立功镇守青州。杜骥这颗暗棋，朕这些年从未动用过，若殷爱卿需用兵马时，可密诏杜骥领青州兵赶来京城相助。"

庾炳之很是惊讶，没想到天子一直病在宫中，这些年往西境委派了不少刺史郡守，却不知在青州居然还留了后手，忙恭敬答道："微臣一定把这话带给中书令。"

刘义隆又问道："不知司徒府中可否还有能为朕所用之人？庾爱卿不就身在曹营心在汉吗？"

庾炳之面有难色，说道："彭城王势大，微臣不敢轻信司徒府的人。"

刘义隆却道："朕这两日看到一封请辞的折子。司徒府主簿江湛，求出为武陵内史。如今彭城王声势正盛，人人巴不得进司徒府，这江湛倒是奇怪，好好的司徒府主簿不做，大好的前程不要，反而想离开京城去武陵。"

庾炳之脸上有点尴尬，说道："陛下一说，微臣倒想起来了。江湛此人虽为司徒主簿，却从不肯附会彭城王。莫说彭城王，当初檀道济威名正盛时，人人迎奉，可江湛也不买檀道济的面子。檀道济曾向江湛求亲，想为其子迎娶江湛的妹子。当时看来，是多好一桩姻缘，可江湛回绝了，臊得檀道济下不来台。彭城王那时还未对檀道济生出杀心，专门向江湛撮合，也被江湛拒绝了。"

刘义隆一看庾炳之的脸色，就知他清楚江湛并非刘义康一党，却瞒着不说，不过不想有人与他分功罢了。刘义隆也未拆穿，说道："江湛不肯曲意奉迎檀道济和彭城王，倒是个不为权势所惑之人，若能为朕所用，必是个助力。"

庾炳之忙答道："微臣寻机试探试探他。"

刘义隆还想再说些话，却听有内侍奏道："彭城王求见。"

刘义隆一个激灵，止住了话，说道："让他进来。"

庾炳之假作无事，侍奉一旁。就见刘义康领着刘湛、徐湛之走了进来。

三人拜罢天子，庾炳之笑着向刘义康拜道："陛下刚才一直为魏凉之战烦闷不已，彭城王这么快就能集齐两国军报，真是了得。我大宋有彭城王这等贤王辅政，实乃国家幸事。"

刘义康笑了笑，对刘义隆说道："这都是臣弟的本分，也是刘湛和徐湛之办事得力。"

刘义隆瞥了一眼徐湛之。这些年一直栽培这个外甥，谁知却成了刘义康的心腹，已被刘义康借朝廷旨意拜作侍中，还加了骁骑将军，可谓官运亨通。

刘义隆心中懊恼，面上不动声色，对刘义康说道："朕还是觉得身子有些乏。军报冗繁，朕也读不进去。你拣些重要的念给朕听吧！"

刘义康面露关切，说道："若陛下累了，这些事不听也罢。北凉自取其祸，国破家亡，不足为惜。虽说魏国终于攻破北凉国都，沮渠牧犍为魏军所执，可北凉宗室还占据酒泉、张掖、敦煌，又切断道路，总摄西域诸国。若说魏国已一统北方，为时尚早，对我大宋也还没有太大的威胁。"

刘义隆却摆了摆手，说道："没事，朕就是想听听。"

刘义康只得从刘湛、徐湛之抱着的厚厚军报中，翻检起来，念道：

"元嘉十六年三月，牧犍所纳西凉公主李氏，与牧犍之姐合谋，共毒魏公主。及魏公主病愈，拓跋焘征李氏往平城问罪。牧犍不遣，出李氏居于酒泉……

"同月，有牧犍左右密告魏使者，称柔然可汗遣使北凉，言魏国疾疫，士马多病死，约牧犍共伐魏国……牧犍喜，使人传告西域，言魏国削弱，罢西域诸国朝奉……拓跋焘遣使往北凉以观情势，归报，称牧犍虽外修臣礼，内实乖悖……

"六月，拓跋焘使太子晃监国，决留台事，又以大将军拓跋崇将兵二万屯漠南，以备柔然……拓跋焘自云中渡河西进……

"七月，拓跋焘至上郡，留辎重，使拓跋健、拓跋素为前锋，两道并进；以拓跋丕为后继；以平西将军源贺为乡导……拓跋焘问源贺方略，源贺与北凉国都姑臧城旁四部鲜卑有旧，约为内应……

"八月，拓跋健扫掠北凉牲畜二十余万头……牧犍闻有魏师，惊恐不知所措，从左丞相姚定国计，求救于柔然，并遣其弟董来领兵万人迎战，惨败还城……

"同月，拓跋焘至姑臧，遣使诏牧犍出降……牧犍寄望柔然侵魏边，故婴城固守……源贺招诱姑臧百里驻军三万余众，拓跋焘得专攻姑臧，无复他虑……

"九月,姑臧苦守月余外无援兵,牧犍兄子万年率部降魏……姑臧城溃,牧犍率文武五千人面缚请降,拓跋焘释其缚而礼之。收纳城中户口二十余万,仓库珍宝不可胜数……拓跋焘分遣兵马游巡诸郡,各部降者数十万……

"牧犍弟无讳占酒泉,宜得占张掖,安周占乐都,唐儿占敦煌,皆不降魏国……

柔然闻拓跋焘伐姑臧,乘虚入寇,帅精骑深入,至七介山。平城大骇,民争走……魏司空长孙道生、大将军拓跋崇设伏迎战,斩首万余级,可汗遁去……

"十月,拓跋焘东还,留拓跋丕守凉州,迁牧犍宗族、吏民三万人于平城。"

刘义康念了这么长时间,刘义隆一直眯着眼,不发一言。念到最后,刘义康都当天子已经睡过去了。

刘义康收起军报,正想上前观瞧,就听刘义隆悠悠地叹了一声:"可惜北凉前国主沮渠蒙逊也算一方枭雄,吞并南凉、西凉、西秦,独霸凉州。可他儿子虽有枭雄之心,却无枭雄之才,这么短时间就葬送了北凉,真是可悲可叹。"他继而又是一阵惆怅,"拓跋焘灭夏,历时五年。灭燕,耗时六年。灭凉,竟只用了五个月,未免太惊人了些!"

刘义康却道:"河西还控制在沮渠牧犍兄弟手中。当年夏主赫连昌被擒,赫连定继承国主,仅以上邽、安定,还抗拒了魏国数年。"

刘湛也说道:"陛下,彭城王说得在理。何况魏国虽仅用五个月攻破姑臧,可自沮渠蒙逊病世,拓跋焘就一直在算计北凉。常驻姑臧的使者,还有那些名为去往西域的魏使,早把凉州里里外外探个清楚。拓跋焘又一个劲儿地安抚沮渠牧犍,让沮渠牧犍天真地以为魏国一时半刻不会出兵。如此疏忽,以至姑臧城外的凉军都被魏军策反,沮渠牧犍还拿什么与魏军对抗?拓跋焘这么快攻破姑臧,不足为奇。"

刘义隆没理刘湛,向刘义康问道:"崔浩呢?这么多军报,为什么没听到崔浩的名字?"

刘义康愣了一下,哪知天子这样在意崔浩,故而没找出来。正要去那些军报中翻检,却听徐湛之说道:"灭夏之后,崔浩以柔然、夏国之功,官拜为司徒执掌朝政,受命为魏国更定律令。此番拓跋焘征讨北凉,魏国有不少人反对。大多说北凉偏远,戈壁荒漠,地不生草,大军远去,补给不易,若凉军坚守不战,魏军攻之不拔,野无所掠,实乃危道也。可崔浩以《汉书·地理志》为据,称'凉州之畜天下饶',若无水草,何以畜牧,故而力谏拓跋焘伐凉。事后,拓跋焘也已查实,那些反对征凉的，都是暗自收受了沮渠牧犍的贿赂。"

刘义康听徐湛之张口便答出崔浩的消息，抢了自己风头，有些不大高兴。

徐湛之似乎并没有瞧出刘义康的不满，接着说道："北方战乱以来，多有士子避难凉州，听闻沮渠牧犍喜好文学，待士子颇为优厚，故而北凉文学甚为显著。拓跋焘攻破姑臧后，在凉州广征士子，多有从魏军迁往平城出仕的儒学大家。魏国本尚武功，如今有大量士子充入朝堂，拓跋焘皆拜作博士，开坛讲学。并拜崔浩兼任秘书监，总揽这些士子编纂国史。"

刘义隆看了看徐湛之，他竟知道这么多崔浩的消息，不由得生出赞许之意，可想想徐湛之现今投效刘义康，不觉叹了一声："可惜了！"

众人皆是愣住了，不知天子何故此叹。

徐湛之也不知天子说的是自己，接着说道："确如陛下所言，崔浩可惜了！虽然崔浩助拓跋焘攻破了凉国，按说又是大功一件，却揭了那么多人的短，多少人对他恨之入骨。又听闻魏国自拓跋嗣以来，便使外族豪门简易族姓，遵从汉化，而崔浩奉命更定律令，欲借此明辨姓氏，大整流品，越发得罪了不少权贵。再说这修史之事，听说崔浩事无巨细皆求根问源。想想拓跋氏立国，少不得一些见不得人的丑事，却也被崔浩记录在册。崔浩满目仇敌，仍不自知。莫看拓跋焘现在还信任他，可长此以往，崔浩在魏国再无立足之地了。"

刘义隆沉默一阵。崔浩此人足智多谋，魏国战无不胜，多有此人从中谋划，若能被拓跋焘杀了，真是除了一个心腹大患。

刘义隆未再提崔浩，也没理徐湛之，转而对刘义康说道："虽如你所言，尚有北凉宗室占据河西，可这些人坐视姑臧被魏军围攻月余，竟无一人发兵相救，便知这些人全打着自己主意。当年赫连定能收拢夏军残部与魏国抗衡那么些年，不仅仅因为夏军骁勇善战，也在于赫连定军功显赫，震慑得住各部人马。而北凉这些宗室，不过乌合之众，迟早被魏军所破。你身为相辅也该早做准备，免得魏军忽然进犯，我大宋防备不及。"

刘义康答道："臣弟倒有个缓兵之计，就怕陛下不肯。"

刘义隆问道："你说说看？"

刘义康答道："魏国又有使节来了建康，还是想与陛下结亲。只要大宋公主嫁与魏太子，便封为太子妃。臣弟思来想去，东阳长公主已经及笄，与魏太子拓跋晃年纪相仿，若嫁与魏国，也好让两国就此罢兵息战。就算日后再次开战，也能让我大宋有充足时间整备兵马。"

唯恐刘义隆生气，刘义康小心劝道："北伐惨败后府库为之一空。虽已有五年未与魏国交恶，可益州、汉中接连两场恶战，旷日持久连续数年，国家府库积蓄一直难以为继。陛下仁慈，出租供徭止于岁赋，不肯添税增加百姓负担，百姓倒是安居乐业，可国家却财税窘困。若能以长公主一人，换我大宋十年太平，也是值得了。"

刘义隆沉思不语。

刘义康所想倒也没有差错，却是低估了拓跋焘的野心。拓跋焘这些年纳了夏国、柔然、燕国、北凉公主，又各自与之和亲，可这些国家又有哪个得以善终？所谓的和亲，都是拓跋焘吞并他国后，顺利接管敌国土地的手段。如今拓跋焘千方百计想给他的太子迎娶大宋公主，显然是为日后发兵江南做准备。刘义隆知道拓跋焘的用心，可若能如刘义康所言，以长公主换来大宋十年和平，的确是值得的。何况刘义隆正谋划扳倒威胁帝位的刘义康，也需稳住魏国，免得国内生变外敌入侵。

刘义隆终是凄凉笑道："先帝在时，南征北战所向无敌，魏国听到先帝姓名，倒先要吓个哆嗦了。若先帝知道，朕向魏国委曲求全，以公主来换大宋太平，只怕是要骂死朕了！"

刘义康脸色有些难看，只当刘义隆不乐意，却听他说道："罢了，朕准了！只是皇后疼惜公主，朕身体不适，不便前往。你若说得动皇后，这事便由你去办。"

袁皇后生有东阳长公主与太子刘劭一儿一女。只是皇后素来厌恶太子，唯将公主视作掌上明珠。若刘义隆去和皇后商量，只怕刚一开口，就要吵翻天了。既然刘义康想促成此事，正好让他去办这件难事。也给刘义康找些麻烦，让他无暇旁顾，好让殷景仁、庾炳之有机会暗中行事，招拢心腹，为国锄奸。

刘义康没想那么多，只当天子首肯，这事就成了一半，拜道："臣弟谨遵陛下旨意。"

刘义康正想去见皇后，刘义隆却道："先不忙。朕刚才一直想，这些年朕卧病不起，都是你操劳国事，辛苦你了！朕有意加拜你为大将军，仍领司徒，以彰显功勋。"

庾炳之在旁听到，一阵惊愕。天子刚刚得了殷景仁的密奏，已有心扳倒彭城王，何故还要加拜官爵呢？

刘义康闻听大喜，上前谢恩道："臣弟何德何能，得陛下如此厚爱！必当鞠躬尽瘁，保我大宋万年永固。"

刘义隆这才说道："朕有些困了，你们都忙去吧！"

刘义康殷勤地扶着刘义隆躺下，仔细地盖好了被褥，这才乐呵呵受了刘湛几人恭贺，高高兴兴找皇后说亲去了。

相王末路

一年后。

刘义康急匆匆地往后宫赶去。他刚刚随太子刘劭从京口祭拜先帝回来,便听皇后病危的消息。天子急招刘义康入宫伴驾陪侍,以至刘义康都没顾得上回趟家,便忙着进宫了。

刘义康一边赶路,一边不住担忧。自天子应下北魏的亲事后,刘义康便整日往皇后那里游说。可这个皇嫂真是执拗至极,无论刘义康如何说辞,死活就是不肯松口,几乎每次都把刘义康骂了出来。无奈中,刘义康不再理会皇后的意思。反正天子已经同意,一个妇道人家,又不得天子宠幸,国家为先,哪顾得了她的母女之情?刘义康遂代天子应下了魏国聘书,前前后后张罗了一年时间,已到了纳币的节骨眼上,待定下婚期,这事就算是成了。然而,皇后忽然病危,只怕多是为公主即将远嫁,伤心所致。万一天子念着皇后旧情,一时心软而毁了婚约,这可就不好了。

刘义康心急如焚。对太子竟未受诏前去陪侍也未多想,只当是皇后厌恶太子,故而未诏他前去。

待进了寝殿,就见天子坐在皇后榻前,满眼都是哀伤,正说着话。可皇后扯过锦被覆在面上,死活不肯见天子一面。

刘义康跪地参拜,天子似乎没有听到,仍在那里与皇后说话:"你与朕夫妻一场,平日一直避着朕不肯相见,如今病成这番模样,也不肯看朕一眼吗?朕知你心里委屈,可朕是天子,朕的子嗣多寡,关乎国运。小富人家都三妻四妾,朕多几个妃嫔,何错之有?何况与前朝相比,朕也算不得多,你又何苦耿耿于怀?"

皇后无动于衷,攥着被角的手指冰凉得仿若死去一般。刘义隆也不管皇后有没有在听,仍自顾自地说着:"当年镇守江陵,你与朕大婚之初,如胶似漆,何等恩爱。你总笑朕木讷寡言，不懂女孩子家的心事，还怨朕只顾和王华、王昙首商讨大事，不时冷落了你。可朕也是竭尽所能，想着如何宠你，只要你对朕多笑上一笑，朕便觉得一日辛劳全都值了。来建康后，朕每天忧心徐羡之与傅亮秉权，没时间与你相守，惹你时常抱怨。可权臣势大，若不除掉他们，你我夫妻哪还有命在？"

刘义隆越说越动情，可皇后就是不肯相见，就听刘义隆接着说道："讨伐谢晦时，你有了身孕。你知道吗，朕多想伴你左右？可到彦之兵败，朕若不亲征，如何稳住军心？朕也不知你为何如此厌恶太子？如今劭儿加了元服，长得与你一般眉清目秀。他喜好读书，师傅都夸他聪慧。弓马也没落下，就连朕也没他射得准呢！"

皇后依旧捂着被子，只是冷冷地说道："妖孽！"

皇后一开口就骂太子，刘义隆显然生气了，身子颤了一下，可想想皇后病危，硬是忍下这口气，说道："你何必待劭儿这般冷漠呢？是因怀他的时候，朕不在你身边，劭儿闹得你抑郁憔悴？还是说濬儿与劭儿走得近些，惹你生厌？你与潘淑妃不和，与孩子们何干？劭儿也好，濬儿也好，都是朕的孩儿。他们感情好些，日后兄弟间也能多帮衬着些。身为人母，谁不盼孩子有个好前途，可你为何就看不得劭儿好呢？"

他回头瞥了一眼刘义康，说道："你看看义康，这些年若非他在，朕如何管得过来这天下？你就不想劭儿也能有个帮得上他的兄弟吗？"

刘义康听天子提起自己，正想谦让几句，就听皇后沙哑着嗓子，骂了一声，悠悠地说道："他们是你的孩子，不是我的孩子！刘劭喜欢刘濬，便去寻潘氏那个贱人做母亲好了。我没有这个孩子，也不该有这个孩子！人人都说母凭子贵，可我要这富贵何用？我好悔啊！当日父亲把我嫁与你，原想做个王妃，相夫教子一生，平平淡淡也就好了。谁知你倒是做了天子！天子有什么好？你们男人家，就这般在意权势吗？你说权臣逼你了，叛军势大了，可谁又逼你做这个天子？若你我还在江陵，执子之手，与子偕老，不好吗？"

刘义隆有些语塞，不承想皇后来建康后就对自己不满，竟是不满他做了大宋天子！难怪她如此厌恶刘劭，却是因为厌恶大权在握的刘义隆，连同厌恶起了这个孩子。刘义隆愣住了，是不是真如皇后所言，自己不该来建康呢？

皇后冷笑一声，仍在那里骂道："你还敢说刘义康！我倒要问问，刘义康，我哪里对不住你？东阳公主是吃了你的，还是穿了你的，你要如此狠心地把她丢到魏国去？"

刘义康心中咯噔一下，皇后果然要说和亲的事，他正想劝慰，却听刘义隆说道："你莫怪义康，魏国势大，为保大宋社稷，也唯有和亲一条出路。"

皇后却惨笑一声："好个大宋社稷！一群大男人为争权夺利，斗得你死我活，国家有难时，倒要靠一个小女子！刘义隆，你若还是个王爷，又哪用把我女儿嫁到异国去？你倒是乐意做这个天子，却要狠心拆散我们母女。你口口声声国家大义，你们的大义便是用我女儿换来的吗？"

刘义隆无地自容，面色数变，任由皇后哭骂不休。

刘义康跪在地上，听着皇后撕心裂肺的哭号，心中直犯嘀咕。天子说皇后病危，诏自己入宫伴驾陪侍，可皇后声嘶力竭地哭喊，哪像个病入膏肓的人？究竟是皇后假作病危，阻挠和亲，还是说另有隐情？

刘义康正这样想着，就听刘义隆劝道："你身子不大好，莫再这样哭了。你若还有什么事想让朕做的，只管说吧！"

刘义康紧张无比，皇后最想做的事不言而喻。就见皇后终于推开覆在面上的锦被，一张枯槁蜡黄的脸露了出来，红肿空洞的双目满是绝望。

刘义康不禁打了个冷战，那的确是一张垂死之人的脸。皇后用尽最后的力气哭闹不休，无外乎想留下公主而已，这却是刘义康万万不愿看到的。

就见皇后恶毒地盯着刘义隆，说道："我要我女儿留下，你肯吗？"

刘义隆沉默许久，叹了一声："罢了，朕答应了！也算朕为你做了件事吧！"

刘义康失声叫道："陛下……"

刘义隆异常坚定，似是对皇后说，也像对刘义康说："朕的公主不会嫁去魏国！"

刘义康心中暗道："完了，毁了与魏国的婚约，如何收场？"

皇后死气沉沉的眼睛忽然闪过一丝光芒，说道："我自知时日不多，你要答应我，照顾好东阳，莫让她被人欺负了。"

刘义隆挤出一丝笑容，说道："你放心，东阳是天子的女儿，是朕的长公主，何人敢对她不好？你也莫担心东阳的婚事。王县首的儿子王僧绰你是见过的，谦谦君子，与人和善。朕招他为婿，做东阳的驸马，你可愿意？"

皇后似乎很满意这个决定，蜡黄的脸上浮现一丝笑容，刹那间仿若让人看到

相王末路　　427

她年轻时的娇美，却又转瞬即逝，再次变得冰冷起来。她说道："天子金口玉言，莫要反悔！"说罢，她挣扎着扯了锦被，再次覆到面上，不肯多看刘义隆一眼。

刘义隆想去抓着皇后的手，那双苍白的手却奋力挣脱，收到被子里去了。

刘义隆身子微微颤动，还想说的话全噎了回去，就那样僵在皇后榻侧许久。他终是叹了一声，示意刘义康陪他出来，一起进了别室。

才刚进去，刘义康便着急劝道："陛下，与魏国的婚事眼见就要定下婚期，此时悔婚，惹恼了拓跋焘，如何是好？若魏军杀来，我大宋兵微将寡，府库空虚，拿什么挡住魏国军锋？"

刘义隆冷冷说道："你杀檀道济的时候，可曾想过今日用什么迎战魏军？"

刘义康一下子愣住了！檀道济都死了五年了，天子从未问过，为何今日重提旧事？自刘义康进到寝宫后，总觉有些不对，这时忽然有些惊醒过来。

天子一直病恹恹的，竟能在皇后榻前坐了那么久！刚才天子起身走进别室，居然也没用人搀扶，再去看天子脸色，除了为皇后病危的哀伤，哪有一丝病态？

刘义康后背一凉，冷汗一下子冒了出来。

想想一个多月前，天子称太子已加元服，当往京口拜祭先帝，要刘义康陪太子一同去京口老宅。刘义康只当陪侍储君也是本分，故而没有多想。可在京口见到新任司空的老五刘义恭时，刘义康便觉有些异常了。

刘义恭久驻彭城，也未听天子说起，怎会突然出现在京口？当刘义康好不容易陪侍太子祭祀罢先帝，匆匆回到建康，还没来得及去见自己那些亲党，就直接被天子招进了宫中。

难道说天子要对自己不利？此时再想刘义恭莫名出现在京口，难道是天子要他在京口盯着自己，好让天子在建康有所动作？

刘义康越想越怕，扑通跪在地上："臣弟知罪了！"

刘义隆却未多说什么，只说道："罢了，檀道济自恃有功，怨不得你！你说得也对，还不是与魏军开战的时候。告于魏使，就说东阳公主染病卒逝了吧！婚事暂且搁置，待朕另选宗室嫡女与魏国通婚。魏国正忙着追讨北凉宗室，还不至于为此事与我朝撕破脸皮。"

刘义康哪敢说不，老老实实地应了下来。

就听刘义隆突然问道："刘湛为母丁忧去职多久啦？"

刘义康再次紧张起来。

刘湛是刘义康最得力的属下。刘湛辅佐，让刘义康总揽军国大事，更逼得殷景仁躲在家里不敢露面。今年五月，刘湛母亲去世。自司马氏开创西晋至今，天子一直以孝治天下。延续至本朝，越发看重孝道。刘湛只得卸任中领军回家尽孝。太子加元服是去年的事，可天子偏偏在刘湛丁忧解职的时候，让刘义康陪太子去京口祭拜先帝。刘义康越想越怕，把头叩在地上，不敢抬起来，小心说道："刘湛去职已有五个月了。"

刘义隆继续问道："朕听说你让刘湛的弟弟刘斌，暂代刘湛处置中领军公务？"

刘义康老老实实答道："国家大事一刻耽搁不得，臣弟实在抽不出人手来，只得先让刘斌代管了。"

刘义隆摇头说道："不妥！且不说刘斌也该丁忧归家，何况他是你司徒府左长史，代管中领军公务实有越权之嫌！"

刘义康小心答道："臣弟有失，这便让刘斌辞官尽孝去。"

刘义隆却道："这样未免刻薄。刘湛兄弟助你处置军国大事，兢兢业业未曾有失。刘湛是长子，解职也就罢了，若连刘斌一并解职，让外人说朕兄弟薄待了贤臣。"

刘义康问道："还请皇兄示下？"

刘义隆说道："外放刘斌一个郡守吧，算是嘉奖他这些年在你府上效力了。"

刘义康稍放下心。天子让刘斌交出中领军军权，或是想削减自己权势吧。若能让刘斌留任京畿要职，倒也是件好事。试探着问道："皇兄说得是。刘斌自幼家贫，既然于国有功，不如赏以大郡褒奖其功，天子以为丹阳尹如何？"

丹阳紧邻京师，不但富庶无比，更有精兵驻扎。刘义隆冷冷说道："吴郡不比丹阳差，且拜作吴郡太守吧。"

刘义康有心争辩，可孤身伴驾哪敢说不？依旧跪在地上，当着天子的面，拟下诏书。

刘义隆满意地点了点头："你且起来，陪朕说说话。"

刘义康慌慌张张地站了起来，天子赐座都不敢去坐。

刘义隆悠悠地叹了一声："想想先帝生下你我兄弟七人，朕与二哥久随先帝出征在外，和其他兄弟生疏得很，独与你亲近些。二哥惨遭毒手，朕也就剩你这个心贴心的骨肉兄弟了。今日也和你多说些不该说的话。你也知道，当年二哥与老

相王末路　429

大不和。只是你不知道，二哥久存夺嫡之心，曾邀朕助他成事。朕思量老大荒淫无度，为我大宋社稷，便答应了二哥。谁承想世事难料，倒是让朕意外得了帝位。"

刘义康知道这个秘密，却不敢说出来，又不知天子是什么意思，只能老老实实听着。

就听刘义隆接着说道："朕做这天子，虽有些意外，却也是天意使然。先帝冥冥之中让朕坐上大位，那朕自当保大宋万里河山。自扳倒徐、傅以来，朕励精图治，富国强兵，苦心经营，谋求北伐，既是想一统天下结束这百余年动乱，也是要让先帝知道，让二哥知道，让大宋臣民知道，朕当得起这天下。可那拓跋焘……哎！也怪朕大意，用人不慎，功败垂成……"

刘义隆面露苦涩，似乎又想起了北伐的惨败。他叹了一声，说道："朕做错了事，便该受这天谴！十年了！整整十年了！朕苦受病痛折磨，几经生死一线，便是上天对朕的惩戒！这十年来，朕难以亲政，凡事多要靠你处置。你是朕的弟弟，朕信得过你！"

刘义康琢磨着天子说病了十年是什么意思，难道他身子早已好啦？刘义康心中不安，只能唯唯诺诺，小心应和。

刘义隆没理会刘义康寡言少语，仍旧说着："兄弟不和历来是败家之兆。平常人家如此，皇家更是如此！你也喜读史书，知道不少往事。远的不说，自西晋以来，司马家的兄弟闹得天翻地覆，以致天下分崩离析。先后多少国家兴起？北汉，前赵、后赵、前凉、前燕、后燕、南燕、西燕、后秦、夏国，哪个不是强盛一时？可结果呢？又有哪个不是亡于兄弟相争？"

刘义康心中惊惧，天子说兄弟相争究竟是何用意？难道已经疑心自己啦？

却听刘义隆叹了一声，说道："每每想起这些事，朕还常觉欣慰。朕有你这样一个堪当大任的兄弟，一个治国有方的贤王。听慧琳说，百姓安居乐业，称朕治下为元嘉之治，大有国泰民安之兆。佛家不打诳语，慧琳不会编这些话刻意讨好。朕北伐无功，愧对万民，可好在国家稳定，让百姓各安其业，也算小有些成就。朕知道，这其中有你一半，不，是大半的功劳。故而朕愿意给你更大的权势，让你一展才华。或许千百年后，人们说起你我兄弟，当是兄友弟悌的典范，亦是千古君臣的佳话吧！"

听天子这样说，刘义康惴惴不安的心放松下来，赔笑着恭维几句，却见天子从袖中抽出一张字条来。

刘义康心里咯噔一下，就听天子平静念道："上多疾难救，而天下艰难，非幼主所御，宫车一旦晏驾，宜立长君！"

刘义康立时大汗淋漓，跪在地上。

刘义隆冷笑几声："刘湛倒真是个敢为天下计的'贤臣'，连朕的身后事都想好了！当年刘湛出任侍中，辅佐朕治理旱灾，确保秋粮大丰时，朕倒还没瞧出他有这样大的胆量！"

刘义康把头磕得咚咚响，不住请罪。

刘义隆也未理会，只是说着自己的话："朕即位时年仅十七，徐羡之、傅亮有多霸道，谢晦用兵又有多少奇谋，你是见过的，不都败给了朕？大义所在，岂是朕年纪小些，就敌不过他们啦？太子年纪是小，可也十五岁了，在百姓家都是个壮劳力了。太子聪慧过人，学什么都快人一步，文章写得精彩绝伦，弓马刀剑朕都自愧不如。这样的幼主，如何坐不得天下？而你们又何以断言朕活不到太子成年？"

刘义隆哼了一声："你再说说，刘湛口中的'幼主难御天下'有无道理？而他口口声声说的'宜立长君'，又是哪个长君？"

刘义康痛哭流涕："皆是刘湛痴心妄想，才说了这些胡话，臣弟绝无此心，还望皇兄明鉴！"

刘义隆连叹数声："朕的身体这些年是不大好，你能想想以后的事未尝不是件好事。可你也该听过前燕旧事。国主驾崩，太子才几岁大，托孤于御弟慕容恪。慕容恪本就功高盖世，前燕的疆土有一半是慕容恪打下来的。不少燕国文武都愿扶慕容恪上位，可慕容恪是如何做的？尽心辅佐幼主，外讨强敌、内平叛乱，把燕国治理得有声有色。待幼主成年，更是归还朝权，对幼主亲政没有丝毫干涉。慕容恪虽是外甥，却堪称当世周公。你本性不坏，若朕真有不讳，你如何做不得大宋的慕容恪？"

接着，他又叹一声："朕听闻你镇守彭城时，除了刘湛为长史，还有个主簿叫作谢述。这二人堪称你的左膀右臂。与刘湛的霸道不同，谢述总是劝你谦和退让。只可惜谢述英年早逝，若他尚在人世，你也不至为刘湛所误至此了。"

刘义康仍请罪不休。

刘义隆沉默一阵，说道："朕也谢谢你，你倒是没应下刘湛的话……言尽于此，你且先去吧，好好想想这些年的事！"

刘义康愣了一下。天子不惩处自己？还让自己走？难道只是想让自己反省己过？继而又想，大宋这十年来一直是自己打理，刘湛是说了大不敬的话，说是谋反之心都不为过，可天子纵然病愈，仍少不得自己辅佐，应该不会严惩吧！只是刘湛……刘湛怕是活不得了。

刘义康如蒙大赦，哭哭啼啼地站起身来，走出别室。

天已经黑了，昏暗的门廊里，一阵冷风吹过，刘义康不禁打个冷战，才觉浑身上下早已湿透。冲着室内深深地一揖，刘义康关上了房门，正要转身离去，就听里面轻轻地叹了一声。

刘义康有些难过。这些年天子虽防着自己，可相对而言，天子待自己更真诚些。倒是自己一时贪念，生出些僭越的念头，真是对不起他。也不知天子是如何知道刘湛说的那些话，幸亏自己当时没有答应，否则这会儿怕是出不来了。

刘义康定了定心绪就往外走。在皇宫进进出出忙碌了十年，此时这熟悉的皇宫，陌生得让刘义康害怕。刘义康刚刚踏出殿外，却有一人拦在前面。那人甲胄齐全，似是今夜值殿的御林统领。刘义隆看那人没有让开的意思，心中一惊，再去瞧那人相貌，分外眼熟，却半天想不起来。

那人见刘义康没认出自己，笑道："王爷贵人多忘事，自然想不起我这小人物来。小的唤作沈庆之，曾是征南大将军檀道济麾下别部司马。当年檀将军荐我于刘湛时，王爷曾见过的。那时檀将军威名正盛，王爷也给檀将军面子，准我了个御林东掖门统领。只是檀将军遇害后，卑职处处不受人待见。刘湛几次想把卑职调出宫外，怎奈卑职忠于职守，刘湛找不到借口。今夜小的受天子旨意，请王爷移步中书省小住。天寒地冻，王爷身娇肉贵，可莫冻着了，请吧！"

刘义康惊慌失措，叫道："本王要见天子！"

话才说罢，两侧来了些凶神恶煞的侍卫。刘义康回身望向昏暗的门廊，别室的门依旧关着。天子不可能没听到自己叫嚷，却无动于衷……

刘义康心中一沉，不再多言，老老实实地在沈庆之引路下，往中书省走去。

数日过后。

幽禁宫中这些日子，刘义康一直提心吊胆，几乎没怎么合过眼。天子轻松制住自己，只怕刘湛他们也没掀起多大风浪。天子不鸣则已，一鸣惊人，趁着刘湛为母丁忧免官之际，一举把自己势力连根拔起，时机选得这么好，办事这样干净利索，显然谋划已久。

天子先是以太子祭祖为由，把自己支去京口，还让老五盯在一旁，免得自己察觉有异，提早回京。从沈庆之在殿外值守来看，宫内禁卫应该在自己离京时调换个干净。京城又没有兵马调动迹象，只怕和当年扳倒徐羡之、傅亮一样，天子是从外镇调来兵马控制局势。只是不知究竟来了哪路人马？

刘义康想到这里，惊惧不已。

扬州属自己管辖，兵马调动不可能绕开自己。而天子委派的刺史郡守，多在西境州郡，刘义康早派人盯得死死的。天子如何神不知鬼不觉地调来外兵控制京城呢？自己蒙在鼓里，被天子借皇后病危为由幽禁宫中，想想刘湛所谓的废幼立长的主意，在天子面前竟是这样幼稚！刘义康这时唯一担心的，就是天子究竟会如何处置自己？

殿门吱呀开启，刘义康吓了一跳。便见沈庆之笑呵呵走了进来，说道："王爷，走吧！"

刘义康谨慎问道："去哪里？"

沈庆之显然故意捉弄，好为他旧主檀道济出气。"去王爷该去的地方！"

刘义康见沈庆之不肯明言，又何苦作践自己求他呢？长舒了一口气，该来的总是要来的！面色一振，昂起头来，说道："且在前面引路。"

沈庆之见刘义康没有害怕，倒有些敬佩起来，也未再刻意为难，引着刘义康只管往前走去。

走到半路，便见徐湛之也被人领了来。见到刘义康，徐湛之满目惊惧，一肚子话想说，可被人看押着，也不敢开口。

两人一路忐忑，来到华林园。

刘义康见没去刑场，倒来了此处，莫非天子有意回护？只是谋逆大罪能那么轻饶吗？心慌之中进到大殿，就见天子端坐御座，数名臣子候在两列。殷景仁赫然在前，似是腿脚不方便，正坐在一张小榻上。

刘义康暗叹一声。早该想到是殷景仁暗中谋划了，除了他还有何人能镇住自己？只是殷景仁一直深居简出，殷府又有人盯着，他究竟如何与陛下往来消息呢？

再往旁边一瞧，却是青州刺史杜骥。刘义康恍然大悟，天子是从青州调来兵马。

北伐战后，青州已是与魏国交界的最前沿，驻军防备敌患，哪能轻易离开防区？天子出其不意，从青州调兵，难怪自己毫无察觉。

再往下看，刘义康不觉怒火中烧！居然是庾炳之！这家伙被自己派去盯着殷景仁，此刻站在殿上一脸得意，多是他代殷景仁四处奔走的！庾炳之对自己恭恭敬敬，办起事来风风火火，谁曾想竟是个吃里爬外的小人！而庾炳之一侧，是从司徒府辞官而去的江湛。难怪江湛不肯为自己效力，却是抱了天子大腿！

刘义康悔恨无比，怎就没早看出这两人不怀好意呢？可事已至此，悔有何用？已是阶下之囚，何敢放肆！刘义康无心去看还有何人在殿上，乖乖跪倒参拜："罪臣刘义康，拜见吾皇万岁！"

徐湛之也忙跟着跪拜谢罪。

刘义隆看了两人半天，久久没有说话。终是叹道："殷爱卿，彭城王一党皆已服罪。首恶刘湛及三子刘黯、刘亮、刘俨，弟刘斌，其党刘敬文、孔胤秀已付廷尉论罪伏诛，何默子等五人论罪流放广州。现元凶彭城王、侍中徐湛之受诏听判。一个是宗室血亲，一个是外戚旁支，不好付廷尉处置，且与诸卿共议其罪。"

刘义康本还侥幸的心再次沉了下去。天子诏自己来此，不过顾及宗室脸面罢了。毕竟是宗室贵胄，哪好让廷尉审讯，丢了皇家的脸？

殷景仁奏道："彭城王任由奸党谋逆，默许宫变，人证物证齐全。而徐侍中甘为爪牙，预谋作乱，也是罪大恶极。天子犯法尚与庶民同罪，何况亲王外戚？二人罪孽滔天，岂有轻饶道理？依律！彭城王褫夺王爵，罢免官职，除宗室名录，废为庶民，赐毒酒鸩杀，身后不得陪侍皇陵。徐侍中褫夺爵位，罢免官职，赐白绫一丈，身后不得陪祭庙堂。"

刘义康心中颤了一下。

殷景仁说得如此详细，只怕自己来殿上之前，众人早已议定，此刻不过宣判而已。而天子只杀自己一人，并未牵连自己妻儿，已是网开一面了。虽然难逃一死，可说来也怪，这些日一直悬着的心，倒是一下子放松了。

刘义康叩头拜道："罪臣自知辜负陛下恩重，也无他言，甘愿受罚。只是罪臣信佛，佛祖不教人自裁，且请陛下使人行刑吧。罪臣死有余辜，只是妻儿并不知情，还请陛下善待。"

刘义隆点了点头。

徐湛之年纪小些，听闻即将受死，吓得有些慌乱，泪目涟涟，可终是压着心中恐惧，叩头拜道："罪臣有负天子，也愿受死。只是母亲孤苦，还请陛下好生照料。"

听徐湛之提起姐姐刘兴弟来，刘义隆心痛了一下。姐夫为国战死沙场，姐姐含辛茹苦养大了徐湛之。姐姐本没打算让徐湛之入朝为官的，是刘义隆为了提携亲眷，助自己掌控朝野，免得大权旁落外人，这才求姐姐准徐湛之出仕的。当年是自己把徐湛之引上仕途，也怪自己一直病着，没能好好教导，以至他今日犯下大错。若真杀了徐湛之，日后还如何面对姐姐？

刘义隆这样想着，许久拿不定主意。这时，忽听殿外传来一阵叫嚷："谁敢杀本官儿子？谁敢杀本官弟弟？"

喧闹如此，引来殿内一阵躁动。便见会稽长公主刘兴弟一路叫骂，冲进殿来。谁不知长公主深受先帝垂爱，也受天子敬重？十几个侍卫、宦官，哪敢拦着她？一路跟着劝了进来，齐齐跪在殿前，向天子请罪。

刘义隆皱了皱眉头，任由姐姐叫骂了一阵。便见她从怀中扯破一个包裹来，奋力丢在殿上。众人去瞧，便见是一袭破破烂烂，满是补丁的布衫。

刘兴弟哭哭啼啼，大声骂道："刘义隆，你睁开眼睛好好看看，这是先帝所穿布衫，是我母亲亲手所缝，上面每一个补丁，皆是我补上去的。是！我是嫁到徐家去了，不是你刘家人了。可你给我记住，你刘家早年穷贱落魄，是我母女苦苦养着这个家！先帝初入军旅，杀敌在外，哪顾得上家里吃不吃得饱、穿不穿得暖？你刘义隆那时还在襁褓，记不得这些事，可若没有我母女操持这个家，你刘义隆养不养得大都不好说！今日你刘家是显贵了，是天子了，就不念着我母女的养育恩德了吗？你若是非要杀我儿子，就连我一起杀了吧！让天下看看，你这个天子就是这样对待昔日恩人的！"

殿上群臣无不侧目。长公主像个泼妇一样大闹宫殿，可谁敢上前去劝？

刘义隆虽是天子，却被姐姐指名道姓，骂得如此不堪，臊得满面通红。他心中怒不可遏，可姐姐毕竟待自己有恩，这些年自己一直病着，袁皇后又闹个没完，后宫几乎也是靠姐姐总揽，如何去怪她？再去看那破布衫，想想先帝在时的种种往事，刘义隆感慨万千。

刘义隆终是摆了摆手："罢了罢了，长公主把徐湛之领回家去，严加管教吧！"

刘兴弟却是不依不饶："怎么的，我儿回去，你要待义康如何？他也是我弟弟，你就不怕先帝地下有知,怨你骨肉相残吗?"

听刘兴弟救了徐湛之不说,还想把刘义康也救了,殷景仁忙说道:"陛下,彭城王罪责难逃,万不可……"

话还没说完,刘兴弟便上前指着他的鼻子,破口大骂:"殷景仁,你个老不死的!你不是病得快咽气了吗?这会儿倒坐在这里,演的哪一出大戏?五十多岁的老头子,倒好意思算计义康一个后辈,你知不知害臊的!我与天子说的是家事,你一个外人,嘀嘀咕咕在这里嚼的什么烂舌头?也不怕获罪于天,死了去拔舌地狱,让恶鬼拔了你这不消停的舌头!"

刘兴弟为救刘义康,已经全然不顾体统了。殷景仁是个文人,哪骂得过一个犯浑的泼妇,气得吹胡子瞪眼,却一句话都憋不出来。

殷景仁都开不了口,殿上还有谁敢找不自在?

刘义隆终是叹了一声:"好了,我也不怪义康就是了!"

刘兴弟破涕为笑:"你说的当真?"

刘义隆苦笑一声:"可他毕竟犯下此等大罪,也不可不罚,便罢去司徒、扬州刺史,贬作江州刺史,大将军的头衔仍留给他,就这样出镇豫章吧!"

刘义康难以置信,被姐姐这样一闹,天子居然饶了自己?

刘兴弟连连笑道:"好!好!我说你俩还傻跪着干什么?还不快谢恩?等着这帮老头子砍你们脑袋吗?"

殿上一阵唏嘘。

堂堂大宋朝堂,正议彭城王一党谋逆大罪,竟让长公主闹得这般收场。如此不成体统,却也无人敢去反对,毕竟天子都网开一面了,谁还愿去招惹长公主?

刘义康、徐湛之痛哭流涕,连连拜谢天子活命之恩,被刘兴弟一左一右扯着,走出大殿去了。

数日后。

刘义康呆呆地望着滚滚江水。当年被罢去南豫州刺史回到建康时,江水似乎也是这般模样。想想那时的自己,意气风发,野心勃勃,一心赖在建康谋取权势。随着老大、老二双双废黜,老三继承大统,自己刻意讨好,总算建下大功,赢来这十多年大权在握。自己风光一时,几乎可以说与天子无异,却又在刘湛的挑唆下,痴心妄想,欲谋求帝位,终是为贪心所误,一切复归原点,还是要离开建康了。

虽说被天子赦免大罪，贬作了江州刺史，可天子以萧斌出任江州咨议参军，领豫章太守，事无大小，皆由萧斌处置，自己这个刺史不过有名无实罢了。如此还不放心，天子又从汉中调来了萧承之，领兵驻守江州。有萧斌、萧承之盯着自己，只怕自己日后就要孤老豫章了。

刘义康叹了一声，踏上舟船。正要离去，却见远远来了几人，为首一人竟是慧琳。

刘义康忽然一喜。慧琳虽是个和尚，却是天子心腹，这些年从来不离左右。此时前来，难不成天子有意留下自己？

刘义康忙从船上下来，迎到面前，恭恭敬敬拜道："弟子拜见慧琳禅师！"

慧琳双手合十拜还，说道："天子本想亲来饯行，只是大病初愈，受不得江风，便让贫僧代为相送了。"

刘义康听慧琳这样一说，心中好不失落，谢了一声，试探着问道："弟子犯下贪戒，行此悖逆之事，当真悔恨至极！只是国事艰难，天子用人之际，弟子就这样一走了之，心实难安。不知以大师看来，弟子有无再回建康的可能？"

慧琳仔细看了看刘义康，脸上满是难以置信。叹了一声，反问道："王爷久读圣贤之书，怎就不明白其中道理？只恨王爷没再多读几百卷书！朝中之事，王爷勿要挂怀。天子已招江夏王刘义恭入京，拜为司徒、录尚书事。转以临川王刘义庆接管南兖州刺史。并依先帝遗诏，诸皇子轮流镇守荆州，以衡阳王刘义季接任荆州刺史镇守西境。此外，殷景仁拜作扬州刺史，可殷景仁死活不肯接任，最后以二皇子始兴王刘濬为扬州刺史。刘濬年纪尚小，陛下已招范晔为扬州长史，加左卫将军，总揽扬州政务，入朝参政。庾炳之拜为吏部郎，江湛为司徒从事中郎、加太子中庶子，共参机密。王爷，这世上不乏有才之人，少了谁都能照常运转。可若是自负其才，不知高低，纵有通天的大才，也只能是因才受祸了。"

刘义康一阵黯然。天子早就开始培养老五义恭，就是在防备自己离开朝堂后能有人接手。若自己能早早明白其中的道理，不受刘湛蛊惑，也不至于落到今日被贬出京的结局。

慧琳接着说道："还有一事，贫僧要告知王爷。龙骧参军扶令育见天子饶了王爷性命，只当天子已原谅了王爷，或是他投机取巧，打着奇货可居的主意，向天子上疏，为王爷求情，求天子把王爷留在建康继续辅政。"

扶令育？刘义康并不知此人，或许真如慧琳所言，是想讨好自己谋个青云之路吧！

就听慧琳继续说道："你知道天子是什么反应吗？天子勃然大怒，当即收押扶令育，都未庭审，直接赐死狱中。"

刘义康打了个冷战。姐姐大闹一场，救下了自己性命，让刘义康天真地以为，天子已不追究自己大错了。扶令育不过是个小角色，一向宽和的天子却如此盛怒。他就是要用扶令育的人头，来告诫那些还念着自己的人，勿要心存幻想。刘义康已经失势，绝无再次起用的道理。

慧琳双手合十，拜道："贫僧不知扶令育是不是王爷指使，可贫僧奉劝王爷一句，此去豫章，切记安分守己。以天子骨肉亲情，必不为难。若王爷仍有他念，就莫怪陛下翻脸无情。贫僧就此拜别，王爷好自为之！"

说罢，慧琳转身离去。

刘义康看着慧琳走得远了，心中终是陷入绝望，苦笑一声，踏上了去江州的舟船。

北伐未动，险遭不测

建康北郊，武帐冈。

已是初秋光景，天高云淡，秋景怡人，正是郊游的好时节。武帐冈上，正设了筵席，似是天子携百官来此赏秋。上至太子，下至两千石大员，早已就座，可筵席迟迟没有开始，天子主位与左右首席都还空着。众人昨日奉旨，赶了个大早便来了武帐冈，都没来得及吃早饭，此时已是饥肠辘辘。可天子都未露面，众人也只得忍着一时饥渴，耐着性子等着。

武帐冈虽不算高，可风景还算秀美，江景一览无余，让人的心胸不由得开阔起来。山下是演武场所在，已有军士整装待发。枯坐无趣，赏一赏周围景致，评一评各营兵马，倒也打发一阵时间。然而，等得着实久了些，众人一时窃窃私语。

始兴王刘濬陪坐在太子刘劭一旁，左右无事可做，低声聊着天："大哥，四叔作乱，贬黜江州后，父皇以七叔出任荆州刺史。如今已有近五年时间，七叔镇守西境待得好好的，父皇何必把他从荆州改任南兖州呢？"

刘劭看了看弟弟，说道："听闻是先帝立的规矩。荆州事关重大，非亲王不可镇守，为防藩王久驻荆州尾大不掉，便使亲王轮流驻守，五年为期。如今任期已满，故而父皇才会把七叔改任南兖州。"

刘濬复又问道："七叔之前，族叔刘义庆在荆州一待就是八年，直到病危，才不得不卸任还京的。那时也没听父皇提过这个规矩呀？"

刘劭笑了笑："那些年父皇久卧病榻，不得理政，凡事都由四叔处置。四叔纵然贤德，却被刘湛煽风点火，生出不臣之心。故而父皇让刘义庆久留荆州，免得轻易更替，被四叔趁机夺了荆州大权。如今父皇身子大好，不用担心荆州大权旁落，这才重提先帝时的规矩。七叔任期一满，自然改任南兖州了。"

刘濬却又问道："如大哥所言，四叔谋害檀道济后，以六叔接任江州刺史，足见六叔与四叔往来紧密。据我所知，当年刘义庆病逝，按照次序，本也该是六叔接任荆州的，父皇正是放心不下六叔与四叔的关系，才会以七叔去了荆州。如今七叔离开荆州，为何父皇却又放心让六叔镇守西境呢？"

刘劭想了想，说道："你说得不无道理。父皇不得不起用六叔，多是因为无人可用。父皇兄弟七人，营阳王义符、庐陵王义真早早亡故，而四叔义康贬黜江州后，五叔义恭官拜司徒，又进位太尉总揽朝政，剩下也只有六叔义宣和七叔义季了。如今四叔一党早已覆没，六叔没了四叔做靠山，也唯有仰仗父皇了。何况西境诸州，多有父皇信任的大将出任刺史郡守，以六叔去荆州，不过是想有个亲王坐镇罢了。纵然六叔有什么坏心思，也难有什么作为。"

刘濬若有所悟，忽然说道："这么说，父皇以三弟出任雍州刺史镇守襄阳，也是防着六叔啦？"

听刘濬提起刘骏，刘劭面色一沉，说道："老三才十五岁，能有多大本事？他能盯得住六叔？父皇使他出镇襄阳，左右不过是不喜欢他，才让他离开京城，眼不见为净罢了。"

刘濬却笑道："大哥还是别小瞧了老三才是。父皇以沈庆之为其中兵参军，而沈庆之在扳倒四叔一党时，可是立过功劳的。听说老三才到雍州，便逢当地暴乱，老三起用了一个叫作柳元景的将军，与沈庆之一起大破叛军，前后俘获十万余口，这可真让人不敢小觑。"

刘劭哼了一声："老三吹牛罢了，十万余口？他怎么不说百万余口呢？整个雍州才有多少人，哪有那么多的叛军？若真如他所说，只怕雍州里里外外都是叛军了！"

刘濬却道："老三或有些夸大其词，却没多少水分。雍州紧邻仇池，杨难当亡国后，我大宋与魏国在仇池争夺两年之久，终是被魏国夺去仇池。雍州本就被杨难当煽动多年，又逢边境战乱，自然会有乱民兴风作浪，数目必不在少。你看那边，沈庆之今日也在宴上。他受老三军令，自雍州来京城献俘，听说迁往扬州的俘虏便有万余。老三稳住了雍州，只怕在父皇心中，也会大为改观！"

刘劭远远望了望沈庆之，不禁皱了皱眉头，许久没有说话。

刘濬却是心中暗笑。只因故皇后袁氏与刘濬母亲潘淑妃不和，太子对刘濬原本也是心存芥蒂的。刘濬多年刻意讨好，才算与刘劭关系亲密。刘濬倒也没有太大的野心，可太子便是日后的天子，若一直仇视刘濬，刘濬难保没有性命之忧。

只要太子一心防着老三，总该要借重刘濬的，这样一来，刘濬便能荣宠不衰了。

兄弟一时无语，这时范晔贴上前来，对刘劭小声说道："殿下，陛下今日诏文武百官来武帐冈，说是为衡阳王刘义季出任南兖州刺史饯行。可这都过去大半日，眼见天色都要晚了，天子却迟迟没有露面，只说是与江夏王刘义恭、衡阳王刘义季商议要事。百官等得也太久了些，太子何不去拜见天子，稍稍催促一番呢？"

刘濬看到范晔，心中有些不喜。

刘濬出任扬州刺史时，天子以范晔为扬州长史入朝参政。随着殷景仁病逝，朝中再无宰辅。而平定彭城王叛逆时功勋卓著的庾炳之，因贪腐成性，也被人弹劾丢了官职，朝中也就范晔最得天子器重。如今范晔已离开刘濬的扬州府，被转拜为左卫将军，兼太子詹事，成了太子属官。刘濬不时狐疑，若不是太子爱才，把范晔从自己身边拉拢过去，那便是范晔主动投靠了太子。刘濬又不好去怪太子，只能对范晔生出不满来。

刘劭面有难色，说道："父皇说是给七叔饯行，可你也知道，父皇已有北伐之心。此番以七叔出任南兖州刺史，还加拜了征北大将军衔，多是想让七叔总揽北伐的。他们商议此等军国大事，自然时间久些，我又怎好打扰？"

范晔却叹了一声："天子总想着北伐，倒也是为了国家大计。只是时机未到，谋划再多也是枉然。当年天子以到彦之为帅，尽起江南精兵，虽然暂时收复河南旧地，可短短数月便亡失一空。不但损兵折将，更是丢了不少淮南州郡，国家立时陷入险地。天子也因此忧郁成疾大病一场，整整十年才得好转。"

刘劭听闻此言，不满道："住口！身为人臣，岂能妄议君上？北伐是国策，怎能搁置不提？当年先帝错用到彦之，以致功败垂成。如今国家休养十年，兵精粮足，何言北伐时机未到？若非你是我属官，我定绑了你向天子请罪！"

范晔倒是不惧，继续说道："孟子曰，民为贵，社稷次之，君为轻。身为人臣，自然要多为国家着想。天子国策有失，臣子自然要设法补救。殿下说到彦之北伐，是因天子用人失察，那前两年仇池一战又做何解释？北凉亡国后，仇池国主杨难当忧惧灭国不远，故欲侵扰魏土，抢占上邽以此自保，却被魏军击退。只能转道南下谋图蜀地。哪知我大宋更是饶他不得，陛下以梁秦二州刺史刘真道、龙骧将军裴方明发兵迎战。不但击退来犯之敌，更是杀进仇池，杨氏就此灭国。捷报传来，举国欢腾，只当北伐时机已到。可结果呢？"

刘劭沉默不语，范晔接着说道："杨难当逃去魏国，魏主拓跋焘当即发兵三路，以古弼为帅，督皮豹子、司马楚之杀入仇池，另使司马文思、刁雍两员降将侵扰襄阳、广陵。仅仅半年，皮豹子便把驻守仇池的宋军杀得大败而还。天子执意增兵讨伐仇池，却是全军尽没。殿下，你倒是说说，魏国强盛如此，现在是北伐良机吗？"

刘劭仍未说话，刘濬骂道："还不是刘真道、裴方明二人自恃有功，攻破仇池时私吞杨难当金宝良马，被父皇下狱问罪，才让魏军有了可乘之机？仅以仇池一败，便惧魏军之势，范詹事未免怯懦了些。"

范晔呵呵笑道："仇池之败，固然有刘真道和裴方明的罪过，可魏国强盛却是不争的事实。虽说范某一介书生，觍为左卫将军却不懂多少兵事，可也知道两国相争庙算在先。当年先帝两番北伐，先灭南燕，后灭后秦，顺带杀得魏军闻风丧胆，何以有如此功勋？皆在于先帝懂得顺应天命，知道审时度势。南燕国乱，纵然兵强马壮，也难敌先帝兵锋。而后秦国主新丧，又有内乱之忧，故而先帝北伐所向披靡。至于那时的魏国，积贫积弱久矣，虽然稍稍有了些实力，却哪是先帝敌手？那时的先帝何等威武，天下听闻先帝姓名，何人不惧？然而我军在关中败退后，天下大势早已变矣。人人都觉得是大宋初建，先帝先要稳住江南，故而迟迟没有向魏夏复仇。可在范某看来，皆因先帝察觉到北方局势的变化。魏夏强盛，绝不是与他们强争的时候，唯有待两虏相斗，才好寻机北伐。"

范晔叹了一声："怎奈天妒英才，先帝驾崩，终是没能等到魏夏两国开战的时候。若十年前北伐时先帝尚在，只怕天下局势绝不会是现在模样。唉！北伐的最佳时机已经错失，空叹又有何益？如今魏国一统北方，声势正盛，我大宋以弱击强，本就处于劣势，臣只怕天子执意北伐，终是要一无所成了。"

刘劭骂道："北伐尚在商议，你便已有败军之言，就不怕天子治你个祸乱军心之罪吗？"

范晔却嘿嘿笑道："臣是殿下属官，这种话也只敢和殿下说，岂敢到处宣扬去？只是臣一片赤诚，皆是为国着想。殿下想想看，北伐大事自然要仔细谋划。天子这两年来，往北方州郡改任不少官属，人人都瞧出天子有北伐的心思。魏国岂会不知？拓跋焘岂能没有防备？前番北伐，皆因所托非人，以致功败垂成。那今日可有北伐统帅的绝佳人选？殿下说天子与江夏王、衡阳王密议了大半日，多半是想以衡阳王为帅，毕竟他是征北大将军。可殿下想想看，刘义季担得起这个主帅吗？虽说衡阳王在荆州时倒也有点政绩，却多是属官办事得力，他不过整日饮酒而已。至于江夏王刘义恭，自接任朝政以来，又正儿八经处理过几回军国大事？天子与这两个亲王商议，能商议出什么奇谋来？"

范晔又叹了一声："只可惜彭城王被贬江州，若他还在朝中，岂能这么久都议不出个结果来？唉！以我来看，亲王中也就彭城王有些头脑，知道没有与魏国交战的时机，与其穷兵黩武闹得内外不安，还不如休兵养息以待天时。"

刘劭喝骂道："住口！越说越没分寸了！彭城王谋逆遭贬，父皇念着他旧功未予严惩。可你怎敢说出这种混账话来？若让父皇听了去，你性命难保！"

范晔说得兴起，一时失言，被刘劭一骂，才觉自己说得有些多了，忙告罪道："臣口无遮拦，说了胡话，告罪告罪！"本还想让太子去催一催天子，此时哪敢再提，慌慌张张退去了自己座席。

范晔一走，刘濬骂道："范晔也太胆大了些。仗着写了部《后汉书》被父皇赏识，说起话来太没分寸了。大哥日后还是小心着点，别被这家伙胡言乱语给坑害了。"

刘劭若有所思，点了点头。

这时，就听钟鼓响起。天子总算在江夏王义恭、衡阳王义季相陪下，出现在筵席上。刘劭、刘濬忙与众臣参拜。

刘义隆受罢群臣拜贺，说道："众卿久等了。"

刘义隆见除了刘骏外几个皇子都在，苦等了大半日，多是面有饥色。刘义隆点点头，对刘劭及诸子说道："尔等生在皇家，自幼锦衣玉食，未曾见过百姓艰难。今日且试一试，让你们也知世间疾苦。日后务要节俭御物，凡事不可铺张浪费。"

刘劭忙与兄弟们齐声应下："谨遵父皇教诲。"他话虽说得漂亮，可眼神多往刘义恭身上瞟。谁不知道，五叔的日子那叫一个奢华无度。

刘义隆没注意儿子们的表情，又对群臣说道："众卿也忍了大半日饥渴，也让尔等知将士出征在外万般不易。北伐在即，粮草补给切不可耽搁时日，免得贻误军机。"

众臣尽皆应命。

刘劭听天子没说几句便提到北伐，看来这大半日时间真是在与两个皇叔商议北伐之事。可从天子不大高兴的神色来看，显然如范晔猜度，没商量出个结果来。

这时，天子传罢酒宴，开口问道："魏虏强盛，吞灭北凉后，复又夺去仇池。朕常忧魏虏之患，故怀北伐之心。不知众卿可有伐魏良策，不若畅所欲言。"

天子说罢，群臣久久没有应答。终是有人上前奏道："老臣有破敌四策，请陛下参详。"

众人看去，乃御史中丞何承天。此人七十多岁高龄，晋朝时便已出仕。几十年来任劳任怨，虽没有多大功劳，却也没什么过失。曾是谢晦属官，却未因谢晦叛乱受牵连。如今在朝中主持修缮历法，编写国史。这样一个老实本分的老臣，说有破敌之策，众人全都好奇起来。

刘义隆忙问道："爱卿有何良策，且说来看看。"

何承天奏道："凡备外虏之法，无外乎二事。武将尽征伐之谋，儒生讲和亲之约。"

何承天才说一句，刘义隆脸上就有些不大高兴了。袁皇后病危时，刘义隆答应她不把长公主外嫁，转而许配于王僧绰。何承天旧事重提，莫不是想再议和亲之事？

何承天没瞧出天子的不高兴，只顾自己说话："天子若想行卫青、霍去病之法，便可于淮泗间大兴屯田，自江南往青徐迁徙人口，然后发精兵十万出征魏国。若仅仅为攻城拔地，料以此法足以破敌。可若魏军轻骑奔走，不肯会战，则我大宋徒费军资，于敌无损，事后复受魏军侵扰，倒是得不偿失。故而此法乃最者也。"

听何承天说到此处，暗与先前北伐败因相合，刘义隆有了兴趣，问道："爱卿说此法不可取，那有何良策可破魏军？"

何承天依旧不紧不慢说道："臣窃以为以曹操、孙权之霸，才均智敌，二者于江淮之间，不居百姓各数百里，这是为何？皆因两国交壤之处，斥候往来频繁，绝非耕牧之地，故而曹操、孙权坚壁清野以待敌来，整甲束兵以乘敌弊。以臣所见，破敌之策有四：一者移远就近。今青州、兖州、冀州多有新附百姓，有三万余户，可悉令迁往大岘关以南安置。二者多筑城邑，对新附百姓，由朝廷赐以费用土地，于新城周围春夏耕作，秋冬入保。待魏军杀来，一城千余家，可战之人不下两千，所谓全民皆兵，足可抵御外敌万余之众。三者多造车牛。集千家资产，可出五百耕牛。平日以牛车运输粮械，战时钩连为阵，抵御敌骑。先帝在时，以车阵破敌，虽说牛车比不得兵车，却使敌骑难以急掠，能让百姓自守以待救兵。四者计丁课杖。百姓自有兵器，随其所用不予禁绝，而没有兵器者，由朝廷分发。数年之内，兵器粗备矣。陛下，往年出征，多由江南百姓出兵出饷，然远屯边关不但功费颇重，也让百姓劳苦生怨，不若以敌国所投百姓，由我大宋将帅统御，足以抵御外患矣。"

何承天说得头头是道，群臣多是赞许之声。毕竟以何承天谋划，只需朝廷拨些钱粮安置新附百姓，不用从江南抽兵北上，群臣自然乐得如此。

刘义隆却是眉头紧皱。何承天或许说得有道理，却是以固守为主，并非北伐之道，自然不被刘义隆所喜。

却听有人笑道："何御史此法未免迂腐！新附之民，背弃其国，本就没有多少忠义可言，无非难容于魏国，或逃避课税，不得已来投。若知道朝廷要把他们迁离故乡，只怕还没动身，就要逃个七七八八了。就算能如何御史之言，把他们迁到大岘关以南，又要让他们筑城，又要让他们自给自足，又要让他们为我大宋守卫边关。试问何御史，若你是新附百姓，在家乡有宅有地，肯背井离乡去别处吃苦受罪吗？新附之民尚未受我天朝恩惠，便要先遭此流放之罪，何御史真是站着说话不腰疼！"

何承天被人挤对，脸上红一阵白一阵，向那人看去，却是新任的尚书吏部郎江湛。自彭城王倒台后，曾为刘义康属官的江湛因早早划清界限，而被天子重用。

何承天气道："江中郎有何良策，倒也说说看？"

江湛说道："人人皆言魏虏强盛，依我看来不过外强中干。莫看拓跋焘一统北方疆土，实则内忧外患远未停歇。一方面，柔然历来是魏国宿敌，虽说在魏军远征下柔然几乎陷于亡国之地，然而拓跋焘未能将柔然王廷一网打尽，以至于这些年过去，柔然死灰复燃，再次侵扰魏境不休。北凉灭国，便是沮渠牧犍在柔然可汗挑唆下，欲合兵伐魏所至。故而魏国对柔然恨得咬牙切齿，在讨灭北凉后，魏军先后数次远征柔然，大多无功而返。另一方面，北凉灭国后，尚有宗室盘踞酒泉敦煌，魏国屡次征讨，也不能斩草除根。此皆魏国外患。"

江湛顿了顿，接着说道："至于内忧，近来有谶言在魏境大行其道，称'灭魏者吴'。有卢水人盖吴借此声称天命在己，聚众反叛于杏城。长安镇将拓跋纥领兵平叛，反被盖吴所败。今盖吴遣使来了建康，愿归命天朝。若能扶植盖吴扫荡关中，再有我王师北伐河南，魏国首尾难顾，焉有不败之理？"

江湛之言正中刘义隆下怀。

议了大半日，就是想以刘义季为帅，节制各部兵马北伐河南，另由雍州通往关中，借盖吴兵胁长安。可刘义季百般推托，不敢承接此命。刘义隆明白，刘义季是见到刘义康大权在握十年，终是落个贬放江州的下场，不想步了刘义康后尘，这才不肯接下这么大军权。至于刘义恭，也是这般想法。自从刘义恭接替刘义康执掌朝政以来，他便整日忙着逍遥放纵，日费斗金，对军国大事都是能推就推。

刘义隆每想到此处，便抑郁难安。老四心怀不轨才会被贬出京城，可在义恭、义季两个弟弟眼中，天子是信不过老四才将他赶走。刘义隆不时反思，难道自己真是个疑心太重的昏君不成？眼下两个弟弟都指望不上，刘义隆还能怎么办？难道要御驾亲征不成？

听到江湛之言，刘义隆不觉眼前一亮。正想听他再怎么说，却听有人笑道："江中郎未免夸大其词了。柔然、北凉不过苟延残喘，能避开魏军追讨已是万幸，哪有威胁魏国的实力？至于那盖吴，不过乌合之众。我倒是听闻，拓跋焘已遣叔孙拔统领敕勒骑兵奔赴长安平叛。盖吴先于临晋被魏军所破，溺死于河者三万余人。又于渭北再次被叔孙拔所败，被斩首三万余级。倒是又有河东薛永宗起兵响应盖吴，听起来人多势众，却在闻喜县被几百乡兵杀得大败而逃。盖吴遣使来我朝称臣，只因他绝非魏军敌手，这才需借我军助阵。此人包藏祸心，绝不可信！怎么可能借盖吴牵制魏兵，以求我军北伐河南？"

刘义隆正专心听江湛说话，却听有人反驳，抬眼去瞧，却是来京城献俘的雍州中兵参军沈庆之。沈庆之辅佐刘骏平定雍州叛乱，而雍州临近关中，对盖吴的情势自然知道得详细些。听沈庆之这样一说，刘义隆心中不由得犯起了嘀咕。这盖吴当真没多大用处吗？

江湛有些不高兴，哼了一声："沈参军说得有理。那盖吴不过偏鄙小民，仅凭一句'灭魏者吴'的谶语便想改朝换代，未免太过天真。只是谶语由来已久，多少国家兴于谶语，又有多少国家亡于谶语？若用得得当，未必不能翻天覆地。既然谶语有云，'灭魏者吴'，我大宋占据三吴交会之地，焉能说这谶语不是应在我大宋身上？再说那盖吴，拓跋焘派兵平叛，前后已杀叛军六万余口。盖吴经历如此惨败，居然还未被魏军剿灭，足见其实力尚全。盖吴一介小民，何以能有这么多人马？足见这谶语在关中的影响之大。盖吴是不可信，可若用好了他，足以扰乱关中，何言我朝不能借盖吴乘机收复河南？"

沈庆之正想反驳，却有人喝彩道："江中郎说得好！想我泱泱中华，只因西晋无道，八王纷争闹得天下大乱，终让外人夺了中土。如今世道轮回，魏国内乱，正是上天赐予我朝重取失地的良机，这才有'灭魏者吴'的谶语。想想当年大汉，先有卫青、霍去病远征匈奴，封狼居胥何等气魄。后有窦宪直捣匈奴王庭，燕然勒石何等雄壮！时至今日，我等却只能避祸江东苟活于世，每念及此处，我便恨不能以这七尺之躯杀身成仁！如今魏国生乱，若我等还是故步自封，只求在江东逍遥一时，我等还有何面目去见先贤英魂？"

刘义隆去看那说话之人，乃入京述职的彭城太守王玄谟。听他一席话，刘义隆也觉热血沸腾，恨不能立刻杀到河南去。

沈庆之却反驳道："王彭城说得倒是义正词严，让人不得不折服。只是我步彼骑，其势不均。当年北伐一役，魏军先讨柔然，后击夏国。我军原以为魏军远征他方，正是收复河南良机。可结果呢？魏军自河南全线撤兵退回河北，让我军误以为魏军怯战，皆为收复河南喜不自禁。谁料魏军骑兵日行千里，先破夏军，后渡黄河，短短数月便让我军北伐功亏一篑！"

听沈庆之说起北伐旧事，刘义隆心中猛地一痛，对沈庆之不禁生出些厌恶来。

刘义隆这些年一直反思当年北伐之败。魏军从河南退兵，皆是拓跋焘诱兵之计。北府军散布在漫长黄河防线上，而到彦之又麻痹大意，粮草补给迟迟未能拨付各军，以至虎牢、洛阳先后被魏军分而击破，大军就此一溃千里。其实对魏军的诡计，也不是没有对策。听了何承天与江湛之计，刘义隆便已开始琢磨。若能以盖吴牵制魏军，再趁着夏季雨水充沛，骑兵行军不利的时机，抢占河南州郡。而后赶在寒冬前分派兵马，补足粮草军需，借坚城精兵死守城池。魏军仗的是骑兵骁勇，却不善攻城。依何承天之言，虽说迁徙新附百姓守城不大靠谱，却可依其言在河南坚壁清野，使魏军掠无所获，河南还是守得住的！

刘义隆没理会沈庆之，对王玄谟赞道："听王彭城一席话，让人有封狼居胥的豪情。不知王彭城有无良策，可说来一听。"

王玄谟听天子赞许，很是兴奋，忙上前拜道："彭城地处冲要，自先帝时起，便是北伐中枢，臣身为彭城镇将，深知彭城的重要。故请奏陛下，请以亲王贵胄出镇彭城，以为三军统帅。臣肝脑涂地，请为先锋，领兵西进，直取滑台。待收复滑台，大军高歌猛进，洛阳、虎牢不足平也。"

无论是当年先帝征讨后秦,还是刘义隆北伐河南,都是自彭城出兵,首取滑台。刘义隆自然知道彭城的重要,何须王玄谟多言?刘义隆迟疑不决的,是该用谁来统帅三军。

刘义隆不自觉地看了看刘义季,又看了看刘义恭。刘义季自始至终没说过话,筵席刚开始就只顾喝酒,这会已有些微醺。而刘义恭装作没看到刘义隆的目光,正和太子说着话。

刘义隆失望无比,想了又想,说道:"王彭城之言有理。便以武陵王刘骏为徐州刺史,镇守彭城吧。"刘骏年纪不大,可在雍州平叛崭露头角,倒让刘义隆有些惊喜,左右指望不上别人,也只有靠儿子了。

稍做考虑,刘义隆接着说道:"此外,南豫州并入豫州,以便北伐时兵马粮草调派,就以南平王刘铄出任豫州刺史。"

听天子竟以老三出镇徐州、老四出镇豫州,刘劭吓了一跳。难道天子想让老三、老四挂帅北伐?老四倒是不足为虑,可老三本就因雍州平叛有了不小战功,让刘劭颇为忌惮,若再让老三担任北伐统帅,一旦有所斩获,难保不会威胁刘劭储位。

刘劭有心劝阻,却不好自己开口,给范晔一个劲儿地使眼色,想让范晔阻止刘骏出任徐州刺史,可范晔却是故作不见,也不知究竟在想些什么。

刘劭心急如焚,正犹豫要不要自己劝阻,却听沈庆之先开了口:"陛下慎思。雍州叛乱虽然初定,可仍有不少叛军负隅顽抗。若把武陵王自雍州调走,臣只怕雍州再生动荡。"

刘劭不禁松了口气。沈庆之开了口,倒是让自己省了些麻烦。

刘义隆不喜道:"沈参军未免妄自菲薄了。雍州少了武陵王就敌不过叛军啦?尔等前后已破叛军十万余众,所余残寇,有你和柳元景足以应对。武陵王调任徐州,朕拜你为建威将军,柳元景接任中兵参军,雍州平叛就全权交由你二人处置了。"

刘劭心中当真不是滋味。天子以老三出镇彭城看来已无从更改了,这对刘劭绝不是个好消息。好在天子把沈庆之、柳元景这两个老三的得力干将留在雍州,倒让老三少了些助力。

刘劭正琢磨着刘骏出镇彭城的利弊,就听江湛向天子说道:"两位皇子出镇徐州、豫州,必能不负天子所望。刚才所议盖吴,朝廷也当好生安抚。以臣所见,盖吴固不可信,也无须派兵远赴关中,免得替盖吴做了挡箭牌。不若遣使往盖吴营中,封拜官爵，使其总揽关中兵马，另赐官印，准其自行分授文臣武将。盖吴所需，无外乎一个名正言顺的旗号罢了。盖吴本就声势颇大，再有了我大宋官爵，必能搅得关中不得安宁。而我军集于雍州，以待关中局势伺机而动，定能事半功倍。"

刘义隆点了点头："江中郎所言有理。武陵王卸任雍州刺史，便拜盖吴挂个雍州刺史衔，都督关、陇诸军事，封爵北地公。另赐官印一百二十一纽，使盖吴分赏其部署。"转又对沈庆之说道："沈将军回去雍州后，还当与梁州一同发兵，屯于边境，以为盖吴声援，若关中有隙可乘，尔等可不奏先动。"

沈庆之还想再劝，可天子执意如此，只得应命。

刘义隆虽然还没定下详细的北伐策略，可总算有了点眉目，心中稍稍安慰。今日来武帐冈，专为刘义季饯行，正想勉励几句，却见刘义季已喝得酩酊大醉。刘义隆有些恼火，天色也不早了，便想散了宴席，却见沈庆之复又上前，说道："臣尚有秘事，需奏于天子。"

刘义隆以为沈庆之仍反对北伐，满心不悦，说道："北伐无从更改，沈将军还是做好自己分内事吧。"

沈庆之却道："臣所奏之事与北伐无关。"

刘义隆有些奇怪，招了沈庆之上前。

刘劭众人远远看着沈庆之在天子身边悄悄说了些什么，就见天子脸色微变，说道："今日天色已晚，酒宴就此作罢，衡阳王出镇南兖州，还当多用些心，莫要贪杯误事。众卿也都散了吧。"说罢，独招沈庆之去了后面。

刘义季已醉得不省人事，被仆人扶了出去。刘义恭也未久留，匆匆离去。其余众臣见两个主事的王爷都走了，也都各自离去。

刘劭满腹狐疑，未敢先走，且留了下来。

沈庆之是老三部将，此刻单独密奏天子，也不知究竟所言何事。刘劭唯恐沈庆之是去给刘骏请功，故而不肯离去。和刘濬说了一阵，也摸不出个头绪来。见范晔还留在宴上，刘劭忙招了他过来，问道："以范詹事猜度，沈庆之独奏陛下，是有什么要事？"

范晔看起来有些心神不宁，也不知在想些什么。听刘劭问话，支支吾吾说了半天，也没理出个所以然来，终是说了句："多是说雍州平叛之事吧。"

对范晔的话，刘劭很是不满意。虽说范晔是刘劭属官，办起事来倒也用心，

北伐未动，险遭不测　　449

可对刘劭总有些若即若离。刘劭只当范晔不肯尽心，不乐意道："范詹事博古通今才思敏捷，如何猜不到沈庆之所想？若我有什么慢待范詹事的，且请明言就是，何故待我如此三心二意？"

范晔还是心不在焉的模样，敷衍了几句。刘劭越发恼火，却又不好发作。仔细想想，范晔似乎也不是刻意对自己这样。方才众人共议北伐之策，按说范晔也算辅政重臣，该有些自己的见解，何故自始至终不发一言？

见范晔说不出什么来，刘劭也只好和刘濬去了一边，有一句没一句猜测着沈庆之的意图。不觉过去了许久，天子与沈庆之仍未出来。范晔左等右等，终是等不住了，转身离去。

刘劭越发不安，正想借问安为由进去听一听，就见有人从外面进来，却是慧琳引着徐湛之来了。

慧琳这两年来很少参与军政，多是在佛堂潜心佛法。至于徐湛之，当年因刘义康党羽谋逆一案，险些丢了性命，虽被他母亲会稽长公主大闹一场救了出去，却也丢了官职。虽说徐湛之后来再次被天子起用，拜为丹阳尹，可远没有前些年那样权重。前不久，会稽长公主卒逝，徐湛之丁忧辞官，何故今日会和慧琳来见天子呢？

刘劭忙迎了上去，问道："不知慧琳大师与表兄来此，有何要事？"

徐湛之隐隐有些不安，没有接话。慧琳对刘劭说道："我等确有要事，急需面见陛下。"

刘劭答道："天子正与沈庆之在后面密谈，已有个把时辰了，大师要不先等上一等？"

慧琳少有地有些急躁，说道："此事实在等不得，贫僧唯有进去了。"

刘劭心中暗喜，正愁不知该怎么进去呢，恰好借着陪慧琳二人，一起去后面瞧瞧，忙说道："既然大师有急事，且容我陪你同去。"

慧琳看了看刘劭，说道："太子身为国储，还是不要知道这些龌龊事为妙。"

刘劭越发好奇："大师说的哪里话？身为太子，自然要为父皇分忧。无论什么难事，岂能避身事外？"

慧琳默默看了刘劭许久，说道："也罢，且请太子与贫僧同去吧。"

待刘劭四人来到帐后，使近侍通传一声。不多时，便被天子招了进去。

便见天子面色铁青，手中拿着几张帛书，也不知写的是些什么。再看沈庆之，正跪在地上，头也不敢抬一下。

刘义隆见了慧琳，面色稍缓，说道："你来得正好，朕恰巧有事找你共商。"说着把那几张帛书交于慧琳手上。

慧琳展开观瞧，便见上面写道：

"建康一别，不觉十年有三。每念及当年之事，本王便觉愧疚万分。只因家母卒逝，本王心痛难忍，竟一时迁怒于蔚宗，以至贤臣贬离京都。蔚宗旷世奇才，本王有眼无珠，未能人尽其才。自归往江州以来，本王闭门自省，自以为上无愧国家，下无愧百姓，唯独愧对蔚宗而已。扪心自问，实痛不欲生。若有万一之可能，愿负荆请罪，与蔚宗尽弃前嫌，共保江山。"

刘劭陪在慧琳身边，将那帛书看在眼里，心中一阵狐疑。这是四叔写给范晔的书信。当年范晔得罪四叔，被他贬出京城。如今范晔位极人臣，四叔写封信向范晔赔罪，又有什么问题？

却见慧琳愁眉不展，叹了一声，说道："贫僧此来，也正是为了此事。"

刘义隆奇道："沈庆之刚刚密奏此事，大师如何得知？"

慧琳奏道："贫僧实不知沈庆之向陛下密奏了什么。只是刚才徐湛之来找贫僧，说有天大的事。只是他当年曾涉彭城王一案，唯恐不被陛下所信，才寻贫僧代为引见。贫僧一听太过凶险，这才与徐湛之同来。陛下先听听徐湛之怎么说吧。"

刘义隆向徐湛之望去，就见他扑通一声跪在地上，一个头磕了下去，声音微微颤抖，说道："范晔谋反，欲刺杀陛下，拥立彭城王为主！"

刘劭吓得一个激灵。

刚才还和范晔在一起，谁知他竟有如此胆大包天的阴谋！难怪天子迟迟没有现身的时候，范晔来找自己，想让自己去催上一催！难怪天子与众臣共议北伐策略时，范晔不发一言！难怪天子独招沈庆之密谈，罢了宴席后，范晔神色有异，一直在宴前徘徊！竟是想在酒宴上刺杀天子！

刘劭阵阵后怕，还好刚才自己没有听范晔怂恿去催促天子，否则自己跳进黄河也洗不清罪名了。

刘义隆气得浑身颤抖："湛之，把你知道的都说出来。"

徐湛之哆哆嗦嗦，说道："罪臣为母丁忧以来，一直闭门在家。忽有一日，大

北伐未动，险遭不测　　451

将军府长史仲承祖来见罪臣,说有要事相商。虽然罪臣与仲承祖有些私交,可知道此人原是彭城王心腹,有心推托不见。却又怕这些彭城王旧党有什么阴谋,故而招他一叙。谁知听他说罢,果真是件天大的祸事。有员外散骑侍郎孔熙先,其父曾犯杀头大罪,被彭城王所救,故而孔熙先常怀报恩之心。孔熙先官职卑微,能有多大本事?遂倾心结交范晔,仗着家中殷实,常与范晔樗蒲博彩,故意输了数千金银,由此与范晔日渐交好。待时机成熟,孔熙先劝说范晔,欲谋害天子共立彭城王。范晔初时倒也不同意,毕竟他官运亨通,早年又与彭城王有仇,故而不愿与孔熙先为伍。却不知孔熙先究竟给他灌了什么迷魂汤,范晔终是应下了此事。"

就听沈庆之忽然开口道:"陛下,臣方才所奏,彭城王与范晔往来频繁,臣无意所得书信,乃彭城王向范晔求和之事。臣曾参与过平定彭城王叛乱,彭城王贬黜江州,想与朝中新贵结好也没什么奇怪的。可臣私下留意,范晔与彭城王旧党深交,实在太过可疑。这才密奏陛下,想请陛下提防。丹阳尹所奏,不恰好证实了臣所忧虑?还请陛下速速决断,万不可饶了这些彭城王余孽。"

刘劭这才知道沈庆之密奏天子不是为刘骏美言,不由得稍稍放下心来。沈庆之截获了一封书信,又察觉了些异动,这才密谏天子小心乱党。恰好徐湛之也来告发,这便坐实了范晔谋反之事。

刘义隆气呼呼问道:"你可知范晔还有哪些同谋?"

徐湛之小心翼翼答道:"除了范晔、孔熙先、仲承祖,还有范晔的外甥太子中舍人谢综,孔熙先的弟弟孔休先。此外,道人法略、道姑法静亦参与其谋。法静的妹夫许曜,现为禁卫左军统领,受法静蛊惑,愿作内应。"

刘义隆惊得一身是汗,方才许曜就在宴上护卫,离刘义隆不足十步,若真动手,只怕刘义隆这会儿已没命在了。

刘义隆气得大骂:"朕待范晔如何不厚,安敢行此悖逆之事?你说!他们是如何谋划的?"

徐湛之吓了一个哆嗦,从袖中取出一封书信,呈于天子,说道:"此乃范晔假借彭城王写于罪臣的。罪臣识得彭城王笔迹,故而范晔骗不了罪臣。范晔知道罪臣虽丁忧在家,可天子并未恩准罪臣辞官之事,故而范晔欲命罪臣起丹阳兵马,待武帐冈行刺得手后,使罪臣诛杀江湛等一干天子近臣。此后,便使护军将军臧质以朝廷旨意,往江州迎彭城王还京继承大位。臣未接触过臧质,不知他涉案多深。

为确保刺杀不成后还有补救办法，逆党还预谋煽动豫州驻军反叛，南入江州助彭城王起兵，向建康逼宫。"

刘义隆看罢书信，勃然大怒。或许是因为刚才沈庆之在自己近前劝阻北伐之事，范晔担心许曜不是沈庆之之对手，故而不敢轻举妄动。也或许因为范晔毕竟是个文人，谋划再详细，事到临头也吓得不敢动手。这才让刘义隆侥幸逃过一劫。

慧琳上前劝道："陛下，既已查实范晔一党谋逆，还当速速决断，万不可掉以轻心。"

刘劭也忙说道："刚才范晔还在外面徘徊，见父皇迟迟没有出去，这才悻然离去。难保不是去与其同党密会，还当尽快索拿归案。"

范晔身为太子属官，行此谋逆之事，刘劭唯有与他撇清关系，才能避免惹祸上身。这时不由得庆幸，还好平日里范晔与自己算不上多亲近，否则自己难免不被范晔牵连。

刘义隆点头道："我儿说得有理，这事便交由你兄弟二人去做了，沈庆之与你们同去。先把许曜绑了，审讯禁卫中是否还有同党。范晔不掌兵马，孔熙先更没多大势力，唯独需要提防的也就臧质而已。就从东宫卫急调一营兵马，务必将乱党一网打尽。"

夜已三更。范晔尚不知已被徐湛之告发，自武帐冈回到京城后，连夜密会孔熙先。两人还没说上多久，便被刘劭一行拿个正着。而臧质见太子领兵入府，也未做抵抗，甘心受缚。仲承祖、法略、法静等一干党羽无一脱逃，全都被送到武帐冈驾前。

范晔被五花大绑，显得万分狼狈，全不见平日的洒脱。见到天子，却假作不知发生何事，跪倒叩拜："臣不知所犯何罪，受陛下如此相待？"

刘义隆强忍怒火："范詹事预谋作乱，倒是临危不惧！"

范晔仍故作糊涂："臣不明白陛下说什么。"

刘义隆劈头盖脸将徐湛之所写的逆臣名录丢在范晔面前，骂道："尔等包藏祸心欲害朕性命，好从江州迎立新主。事已至此，还想抵赖不成？"

范晔瞧见名录，这才明白阴谋败露，如何还能遮掩过去，痴心妄想逃过此劫，仓皇哭诉道："臣受奸人蛊惑裹挟，一时糊涂犯下错事，却知深沐皇恩，怎敢当真谋害陛下？故而及时收手，这才未酿成大祸。还请陛下念在臣这些年来兢兢业业为国效力，饶臣一条性命。"

范晔话音才落，便听旁边大笑一声："人人皆言范詹事当世才俊，有古贤之风，谋事之时何等洒脱，好似万事皆由你所左右，谁曾想事到临头，居然是这般畏死模样！你倒是真当能推脱干净？起事檄文、往来书函、令牌印信，皆是你范詹事亲力亲为，也不知是何人走漏了消息坏了大事，却也可见人证物证齐全，只怕三岁小儿都能定下你我谋逆大罪，又如何脱得了罪？久闻范詹事读尽史籍，更是撰下《后汉书》一部，试问范詹事，遍观史书，可有人臣图主，还能活下性命的？"

刘劭一个耳光扇在那人脸上，骂道："孔熙先，哪有你这小人开口的份儿？"

刘劭年轻气盛，一巴掌下去，孔熙先半边脸都肿了起来。孔熙先却全然不惧，大笑依旧。

范晔被骂得面红耳赤，都不敢看那人一眼，只是不住请罪。

刘义隆冷冷瞥了一眼孔熙先，没有理会，声音冷得可怕，对范晔娓娓说道："范詹事，朕久卧病榻时，便读过你的文章。光武大帝痛失兄长，又被群凶环伺，日夜性命堪忧，此等危境中韬光养晦，终是崛起于河北，扫灭狼烟一统天下。朕正是读着你的文章，从昔日困境中摆脱出来，戡定相王之乱，保我大宋基业稳固。你所写光武大帝何等英雄，朕也当你有这等经营天下的气魄，这才委以重任，招你位列宰辅。谁知朕竟是瞎了眼，引狼入室。你倒是说说，彭城王因私怨贬你离京，朕为公义提携你辅政，二者之间，究竟谁对你恩厚？人言读史让人明智，你精通史籍，按说以你才学，也该是胸怀天下心存忠义，却为何成了今日这番嘴脸？莫不是真的贪心不足，朕待你的恩义都填不满你的贪欲之心吗？"

范晔被刘义隆说得羞臊至极，可为了活命，也只是求饶不已。刘义隆被他的哭诉闹得越来越心烦，挥了挥手，说道："朕不想再看见你。来人！绑缚廷尉，议定其罪吧。"

范晔哭哭啼啼离得远了。

刘义隆轻叹一声："范晔！可惜了！"

慧琳也是爱读史书之人，理解刘义隆的惜才之心，在旁劝慰一阵。

过了良久，刘义隆回过头来，恶毒地盯着孔熙先，说道："好一个毒舌的蒯通！朕倒是不知，朝中藏龙卧虎，居然还有你这等纵横捭阖的辩士。生生把一个能辨事理的饱学之士，劝得与你狼狈为奸！说吧，让朕也听听你这三寸不烂之舌能吐出些什么莲花来！"

孔熙先嘿嘿笑了几声："彭城王英断聪敏，人神攸属，为政十载，天下大安。执政以来，外无兵患，内无动乱，江南富庶太平。人言元嘉盛世，小人倒想问问英明神武的陛下，您卧榻十年，这元嘉盛世是你的功劳大些，还是彭城王功劳大些？此等贤主，只因刘湛奸人作梗，贻误了大好前程。刘湛一干人等皆已伏法，又与彭城王何干？小人身为宋人，自当为国尽忠，明知贤主含冤遭贬，天下愤怨，又岂能置身事外？何况彭城王义薄云天，有大恩于家父，小人也唯有以死相报而已。只可惜小人识人不明，原以为范晔当世才俊位列宰辅，能说动其共谋大事，必能保贤主成就伟业，谁曾想竟是这般无用鼠辈！我等谋划万无一失，范晔却在宴上畏首畏尾，几番不敢下令，以至许曜未能操刀，终是功败垂成。今日小人受缚，罪有应得，唯死而已！只是此事自始至终唯小人一人策划，与旁人无干。虽说小人一心为报贤王恩德，可彭城王并不知此事前后因果。还望陛下明察，勿要牵连了贤王！"

刘义隆不禁愣住了。

孔熙先说得头头是道，无不戳在刘义隆的心上。虽说刘义康有负刘义隆，可这十年辅政的确于国有功。刘义隆病重之际，若非刘义康挑起大梁，只怕大宋早就乱了。而孔熙先阴谋作乱，明知难逃一死，却还想着揽下大罪，只求为刘义康开脱，倒也让人敬重。

刘义隆心中暗叹，难怪范晔这种明理之人都能被孔熙先说服了。三言两语间，就是刘义隆都被孔熙先口吐莲花的辩才与洞察人心的敏锐折服。

刘义隆摆了摆手，让人松了孔熙先的绳索。

他沉默一阵，问道："先生今年贵庚？"

孔熙先愣了一下："小人已是而立之年。"

刘义隆沉默良久，叹道："使先生三十之龄，仍为散骑郎，如此屈才，焉有不做贼的道理！吏部尚书真真失职！是朕辜负先生了！"他转对刘劭说道："传旨，罢黜吏部尚书，以吏部郎中江湛接任尚书一职。"

孔熙先身子震了一下，眼中闪过几丝光芒，旋即消失不见，对刘义隆深深一拜："罪臣有负朝廷，罪有应得，理应极刑以儆效尤。"说罢从袖中抽出薄薄几张书页来，似是从什么古书上扯下来的，恭恭敬敬呈在面前，"罪臣精于数术，颇通谶言，自古书占得几句天机，且呈于陛下。"

刘义隆心中暗惊。

今日宴上江湛提起盖吴反魏时，就曾说过关中风传的谶语，不知孔熙先又占得了什么？忙示意慧琳接了过来。

慧琳不敢私看，将那折起的书页原封不动递在刘义隆手中。

刘义隆展开观瞧，大吃一惊，便见上面写道："帝非道晏驾，由骨肉相残，江州应出天子！"

所书之事，竟是说刘义隆不能寿终正寝，必遭骨肉相残，而承继大位之人出自江州。难怪孔熙先反意已决，却是因为这道谶语。

刘义隆怒骂一声："你敢诅咒朕！"

孔熙先却不惧怕，一字一句说道："此为古书所占，非是罪臣妄言！罪臣之所以能说动范晔，关键也在于此谶语。"

刘义隆冷笑一声："若果如你所言，岂有尔等阴谋败露？"

孔熙先依旧不紧不慢说道："天机难料，罪臣不过尽人事而已。究竟应在何处，罪臣也不尽知。只是请陛下深戒此言，免得遭此大祸。愿陛下切勿遗弃，留存中书省，若他日或可追录，助陛下逃过此祸，罪臣九泉之下，也能稍感安慰了。言尽于此，便请陛下赐罪臣一死吧！"

刘义隆沉默良久，说道："转付廷尉议罪吧。好生安顿，莫要折辱。"

孔熙先站起身来，恭恭敬敬拜了再拜，被人押走了。

刘义隆把那几页古书看了又看，几次有心扯个稀碎，终是忍了下来。唤人取了一只木匣，将那几页古书藏纳其中，盖了蜡封贴上封条，递于慧琳手中："这种东西，不便存于中书省，且请慧琳供于佛祖座下好生收藏吧。"

慧琳小心翼翼接了过去，仔细装进袖中。

刘义隆看了看剩下那些党羽，也再懒得一一审问，挥了挥手，说道："全都移交廷尉吧，待查明原委，各定其罪，切勿走脱一人。"

刘劭对那古书甚是好奇，可天子已经封存，也不可能一探究竟，只得奉命与刘濬、沈庆之一起，将那些人押了出去。

刘义隆又对徐湛之说道："你此番护驾有功，朕心甚慰。所谓忠孝不能两全，朕也等不得你守满孝期了。过两日便快些还朝吧，朕还需你来辅佐。"

徐湛之被牵扯进范晔一案，若他当真是为刘义隆着想，欲查明刘义康党羽阴谋而投身于敌，也应该早早密奏刘义隆小心提防，免得遭了暗算。可徐湛之等到事后才来揭发，险些置刘义隆于死地，难保他没有共谋之心。或许是见到范晔没敢动手，唯恐事败这才生了悔意，为求自保抢先检举罢了。

刘义隆多少猜到些徐湛之的心思，却也没有精力去怪他了！一来长姐已经去世，刘义隆也不想难为姐姐的儿子。二来范晔叛乱，让刘义隆对外人再次不信任起来，徐湛之好歹是外甥，总比那些外人靠得住些，从他检举逆党来看，对刘义隆还是有些忠心的。何况徐湛之也颇有才学，正好用他来接替范晔。

徐湛之千恩万谢离开了，只剩慧琳陪在刘义隆身边。

刘义隆叹了一声："朕近来一直谋划北伐，苦无必胜之策，本就烦闷不已，竟未想到会有腹心之忧，险些遭人毒手！先帝创下大宋基业，朕自登基以来，便一直想着如何让大宋一统天下，国运长久。自以为跟着先帝打了几仗，就足以戡定天下，可自前番北伐惨败，朕方知兵者真诡道也。不瞒慧琳，自义康去江州时起，朕便开始谋划再次北伐，可如今已过去数年，却迟迟不敢付诸行动，唯恐再次劳师无功。我大宋经不起第二次河南惨败了！"

慧琳知道刘义隆的烦闷，宽慰道："陛下顺天命尽人事就好！虽说檀道济死后，再难有相比拟的统帅，可这些年过去，北府军也有不少才俊崭露头角。据贫僧所知，除了雍州的沈庆之、柳元景在平叛中颇有出彩之处，边境诸州交战不休，也出了不少后起之秀。豫州有中兵参军陈宪、安蛮司马刘康祖，梁州有建武将军薛安都、奋武将军曾方平，秦州有略阳太守庞法起，都堪称良将。"稍稍停了一下，他小心地说道："就是今日牵扯进范晔一党的护军将军臧质，也颇有统兵之才。"

刘义隆沉默一下，说道："还是慧琳说了些中肯的话。朕正愁无将可用，慧琳倒替朕留意了些人才。臧质若查明涉案不深，便赦免其罪吧，只是京城不好再留着他了，且先贬作义兴太守。待北伐之日，容朕想想如何安置他。"

慧琳想了想，复又问道："那彭城王又该怎么处置呢？"

刘义隆心中揪了一下，不满地瞪了慧琳一眼。慧琳忙低下头去。

刘义隆对刘义康是又爱又恨，其实当日即使没有姐姐大闹一场，刘义隆也不打算把刘义康置于死地。这几年来，刘义康在江州，刘义隆还不时赐去金银酒食，写信问长问短，唯恐冷落了他。谁知他又牵扯进谋逆案。从刘义康与范晔的书信来看，并没有明言指使范晔作乱，而孔熙先也一口咬定刘义康全不知情。可刘义康又不是傻子，怎么可能一无所知？他已在刘湛的怂恿下，有过一次谋逆之心，这次又有人把帝位送到面前，他岂有不要的道理？

刘义隆心情复杂。本还想撇开此事不提，却怎能视而不见？待到明日，范晔一案为朝野所知，刘义康立刻被推到风口浪尖上，想不提都不成了。

刘义隆沉默许久，说道："传旨，削去彭城王爵位，免彭城王及其家眷宗籍，皆废为庶人吧！"想了一下，又说道，"仍留他在江州，从豫章流放安成郡，并以宁朔将军沈邵为安成相，领兵守卫。"

慧琳心中叹息。刘义康于国于民是有功的，慧琳也不愿见他死于非命。当日为刘义康饯行，慧琳劝他安心留于豫章，莫再动什么歪心思，却是被当作了耳旁风。好在天子手下留情，也算有个好结局了。

慧琳拜道："陛下仁慈，但愿刘义康能领会陛下的爱护之心吧！"

不觉一夜过去，天亮了。刘义隆伸了个懒腰，也睡不着觉，便在慧琳的陪侍下，回建康去了。

二次北伐

范晔谋逆案，不觉已过去五年。这五年来，大宋与魏国虽偶有摩擦，可总体而言还是相安无事。刘义隆谋划了多年的北伐，一直没有付诸行动，只因两国各自忙着国内之事无暇旁顾。

虽然范晔谋逆案没生出多大乱子，可雍州叛乱屡剿不绝。武陵王刘骏调任徐州后，沈庆之、柳元景耗时两年才平定各处叛乱。俘虏被迁往建康充作营户，补充朝廷北伐所需兵力。刘义隆见雍州叛乱平息，遂以六皇子广陵王刘诞为雍州刺史出镇襄阳，随时准备趁着盖吴扰乱关中派兵北上。为确保北伐可成，刘义隆甚至废止江州军府，文武并入雍州，而江州、湘州上缴国库的赋税，也直接转拨襄阳，供兵马用度。

眼见北伐在即，谁知交州再生叛乱。此次叛乱声势颇大，叛军以象兵冲击城池，所触皆溃。在交州刺史檀和之、参军宗悫（què）的合力征讨下，总算平定叛乱。一波方平，一波又起。就当檀和之还京述职的时候，又有先帝功将胡藩之子胡诞世，趁着朝廷废止江州军府之际，刺杀豫章太守据郡反叛，欲尊废黜王爵的刘义康为主。幸好檀和之路经豫章，斩杀胡诞世，才未酿成大祸。

先后三场叛乱并没有撼动大宋根基，刘义隆决意挥师北伐，哪知耽搁了这么长时间，魏国已经剿灭了盖吴。

据闻那盖吴得到大宋封赏后，自称秦地王，声势复振。魏主拓跋焘御驾亲征，以兵马切断盖吴与薛永宗之间的联系，分兵三万骑讨伐盖吴，分兵两万骑讨伐薛永宗。虽然拓跋焘深谙用兵之道，可讨伐叛乱远没有那么容易。盖吴没有与魏军硬拼，逃入北山与魏军周旋。未过多久，上邽又有边固、梁会煽动三万余众起兵反叛，安定亦有刘超聚众万人作乱，一时关中乱成一团。

若大宋能在那时入关，或者发兵河南，必然大有所获。然而国内的三场叛乱，生生让大宋错过了良机。拓跋焘没有宋军侵扰,安心往关中增兵数万、民夫十万,总算剿灭了各部叛军。刘义隆叹息不止,却也知战机已逝,只得暂缓北伐。

而魏国平定盖吴叛乱,大军集结于关中,见雍州边境宋军稍稍退还,暂无大宋威胁,索性挥师北上剿灭了盘踞酒泉、敦煌的北凉宗室余部,而受俘客居平城的前北凉国主沮渠牧犍终被拓跋焘所杀,拓跋焘所纳北凉公主一并赐死。随着北凉的消亡,魏国再次打通西域道路。在西域诸国使者拜谒下,拓跋焘决意联合西域诸国,合击声势复起的柔然。魏军先是远征西域,讨灭与柔然亲近的焉耆、龟兹,又两次远征数千里,终是大破柔然主力,惊得可汗远遁,柔然再度衰败。

就在魏军远征柔然时,刘义隆本欲再提北伐。可一来拓跋焘有所防备,二来大宋财政出现严重危机。当年北伐兵败后,刘义隆为尽快补齐空荡荡的国库,与刘义康商议决定,改铸五铢钱变为四铢钱。虽在极短时间内,为朝廷筹集到大量经费,稳住了战后混乱的江东,可此法与民争利,只能是权宜之计。这么多年过去,弊端已越来越明显。百姓察觉钱币有异,多有收集五铢旧钱,私铸新币之举,不但让朝廷赋税没有多少增长,而且让市面上货价急速膨胀。太尉刘义恭谏言新铸当两大钱,缓解局势。刘义隆明知这是饮鸩止渴,可为了筹集足够的北伐军费,也只得默许。谁料大钱才用了几个月,便让富者愈富,贫者欲贫,市面更为混乱。刘义隆只能再次弃用大钱,才慢慢稳住了江南混乱的经济。

五年时间就这样消磨过去了,大宋两次错过北伐战机。可是,魏、宋之间虚无缥缈的和平终是走到了尽头。

拓跋焘对大宋不是没有野心,怎奈大宋国土在魏国之上,又远比魏国富庶。莫看魏军数次大败宋兵,可北府军当年给魏军留下的深刻印象,让拓跋焘也绝不敢小觑。为了避免重蹈前秦皇帝苻坚南征亡国的覆辙,拓跋焘在彻底稳住北方前,是不可能大举南征的。如今魏国一统北方,兼并西域,击溃柔然,拓跋焘南征大宋的条件终于成熟了。

新的一年开始了。

冬春交会之际,拓跋焘亲引步骑十万,浩浩荡荡地杀奔豫州。被刘义隆寄予厚望,镇守北境的衡阳王刘义季,早在几年前,就因饮酒放纵而暴毙身亡。北疆没有主事之人,一时乱成一团。刘义隆初闻边关警讯,传旨驻守豫州的南平王刘铄:若魏军只是袭扰,则各城自行坚守;若大举入侵,则收拢军民,尽皆退往寿阳。谁料魏骑来势迅猛，哪容大宋军民后撤，南顿、颍川皆为魏军所破，豫州告急。

刘义隆焦虑地翻看着一封封告急军牒，不由得眉头紧锁。魏军突然进犯，当真杀得刘义隆措手不及。

"南平王铄遣左军参军陈宪行汝南郡事，领兵坚守悬瓠城，抵御魏军。城中将士千人，誓死守城。魏作高楼，临城齐射，矢如雨下，南门已毁。陈宪内设女墙，外立木栅以拒敌兵。魏兵填堑，肉搏登城。陈宪督军苦战，积尸与城齐。魏兵乘尸上城，短兵相接，将士死战不退，魏兵稍却。前后杀敌万人，城中死者过半。"

"魏分兵拓跋仁，将步骑万余，扫掠豫州六郡，百姓为北虏所驱，北屯汝阳。"

"武陵王骏奉诏，自彭城发兵，尽出百里内马匹一千五百匹，遣刘泰之帅桓谦之、臧肇之、尹定、杜幼文、程天祚五将，分为五军，携三日粮，奔袭拓跋仁。魏军只防备寿阳，未料彭城兵来，为我军所破，杀敌三千余众，尽焚辎重，所俘百姓逃奔徐州。"

"拓跋仁察觉刘泰之全无后继，引兵追杀。桓谦之惧敌先退，我军惨败。刘泰之为拓跋仁斩杀，臧肇之落水溺毙，程天祚为魏军所擒。仅桓谦之、尹定、杜幼文引九百残兵，马四百匹退还彭城。"

这些军牒刘义隆已反复看了多日，每看一次，便心惊一次。拓跋焘引十万大军亲征，来势汹汹，绝不是那么好对付的。刘骏自彭城派兵驰援豫州，虽然小胜，却很快在魏军反攻下惨败。悬瓠城依旧危急，此城一破，寿阳门户大开，危在旦夕。而寿阳若再守不住，魏军可就要渡过淮河，合肥重镇便在魏军的兵锋之下了。从拓跋焘的行军路线来看，显然是在重走当年前秦苻坚南征之路，拓跋焘野心决然不小。刘义隆怎敢疏忽大意，已调臧质为南平内史，与安蛮司马刘康祖，领兵北上，驰援悬瓠。可这都已过去十多日，迟迟没有新消息传来，刘义隆坐立难安。

徐湛之瞧着天子急躁的模样，劝慰道："陛下且安心观望。魏军虽来势汹汹，可十万大军久攻悬瓠，已有四十余日，损兵折将，都不能攻破陈宪千余兵马困守的孤城，足见魏军实在不善攻城，远无那般可怕。"

因检举范晔谋逆案有功，徐湛之如今已转任中书令，领太子詹事、前军将军、兼南兖州刺史，位列宰辅。他与侍中、左卫将军、吏部尚书江湛一起，成为刘义隆身边最得力的重臣。再加上徐湛之的女儿嫁与六皇子广陵王刘诞，江湛的妹妹嫁给了四皇子南平王刘铄，两人都与皇家结了亲，越发显赫。

刘义隆没有因徐湛之的开解稍稍放松，把那军牒又翻了几遍，斥责道："武陵王讨敌不利，降为镇军将军。桓谦之不战而逃，败乱军心，削去军籍，传旨赐死。尹定、杜幼文以败军之罪收悉尚方关押。"沉吟一阵，他复又说道，"还有，陈宪守城有功，拜为龙骧将军，另加授汝南、新蔡二郡太守。朕不管你用什么法子，务必把这封拜旨意送进悬瓠城。朕就是要让人知道，无论是皇子还是草民，有功必赏，有过必罚，看看还有何人敢畏战避敌！"

徐湛之一一应了下来，心中不由得嘀咕。天子封拜陈宪倒也合适，只是对刘骏及其部将的惩处就有些严重了，分明就是在拿他们出气。刘骏好歹出兵驰援了豫州，还打了个胜仗。听起来有五路兵马，实则只有一千五百骑兵而已，能偷袭万余魏骑，杀敌三千，已是不小的战果，纵然被魏军反攻击溃，也算得上功过相抵。相较之下，四皇子刘铄坐镇豫州，派了陈宪一千兵马死守孤城后，再无一兵一卒驰援，若论起罪来，远比刘骏要重得多。可刘骏性子孤僻，素来不为天子所喜，此时倒成了天子的出气筒。徐湛之没打算为刘骏叫屈，心中暗自揣度，刘铄是江湛的妹夫，若能说服天子，将刘铄与刘骏一同问罪，倒是能顺带削弱了江湛。

徐湛之正这样想着，忽听内侍进来禀奏："侍中江湛求见。"

徐湛之暗骂一声，真是说曹操曹操就到。

江湛喜形于色，才进殿门就远远叫道："恭贺陛下，前线大捷，魏军退兵了！"

刘义隆激动得一下子站了起来："真的？"

江湛忙将一封军牒呈到天子面前："这是刚刚从悬瓠送回来的。"

刘义隆一把抓来，打开观瞧："南平内史臧质、安蛮司马刘康祖北击魏虏，于悬瓠城南三十里遭遇魏将拓跋乞地真大军。我军奋勇逆战，臧质阵斩乞地真，魏军大溃。翌日，斥候查探魏营，拓跋焘已连夜撤军，我军循迹追击，魏军已去远矣。"

刘义隆大喜，连声叫好。

江湛忙说道："拓跋焘痴心妄想，欲伐我朝，然悬瓠一战胶着不下，折损万余，居然还攻不下千人镇守的城池，必然大出拓跋焘意料。而拓跋仁遭彭城袭扰，又让拓跋焘不敢全心攻城。再加上臧质、刘康祖援军赶到，拓跋乞地真阵亡，终是吓破了拓跋焘的胆，都不敢与我援军一战，便仓皇退兵了。"

刘义隆连连赞道："臧质果不负朕望！传旨，加拜臧质为太子左卫率，刘康祖为左军将军。"心中不由得庆幸，范晔谋逆时，臧质牵连其中，幸亏在慧琳劝说下没有严惩，今日总算为国解忧击退了魏军。

江湛又说道："其实此番臧质、刘康祖驰援悬瓠，南平王也出力不小。两将路经寿阳时，南平王增兵增粮助二将破敌。"

徐湛之暗骂一声，江湛还真会替他妹夫刘铄邀功。忙打断了江湛的话，说道："其实以臣观来，拓跋焘南征必败无疑。"

刘义隆道："此话怎讲？"

徐湛之说道："无论魏军这些年小队滋扰，还是近日大举进犯，所选时间多为冬春之际，何也？皆因魏军多骑兵。这既是魏军所长，亦是魏军所短。我朝境内多江河，唯有冬春时节雨少水枯，利于骑兵征战。拓跋焘原以为大军压境，必能摧枯拉朽，赶在入夏前，鲸吞豫州兵进合肥，把国境推至长江一线。谁知悬瓠城生生牵制魏军四十余日，已让拓跋焘错失了南征先机。至于臧质、刘康祖击溃拓跋乞地真，虽功劳不小，却不过是让拓跋焘下定决心退兵罢了。他是怕臧质、刘康祖援军一旦到了悬瓠，战事越发胶着不下，待雨季来临，他就是想退都退不及了。"

刘义隆正为击退魏军高兴，哪去多想徐湛之言虽然有理，却是在刻意淡化臧质、刘康祖的功劳，更让刘铄没有什么功绩可言。只对徐湛之点头称赞。

这时，却听内侍前来禀奏："太子、始兴王请见！有魏使拜谒！"

刘义隆哼了一声："拓跋焘兵败，他的使者来得倒是快！必是吃了大亏来言和的。传魏使进来，朕倒要看看，拓跋焘经历此败，灰头土脸地想对朕说些什么。"

那魏使在刘劭、刘濬引领下进来，持节躬身拜了一拜："大魏员外散骑常侍高济拜见大宋国主。"

刘义隆没理会魏使的无礼。这些年来，两国通使，心照不宣地都以国主相称，亦不行叩拜大礼。只是今日魏军败退，刘义隆多了些底气，哧哧笑了一声："高常侍，你也是老熟人了，数次往来我宋魏之间。今日来朝，不知有何见教？"

高济不卑不亢，说道："臣此来建康，乃是奉天子之命，向国主递交国书，请国主亲览。"

刘劭接了那国书，递到刘义隆面前。

刘义隆展开观瞧。

"大魏皇帝赐宋国主义隆书：前盖吴反逆，煽动关陇，尔使人密潜我关中诱之。男者赠以弓矢，妇孺赠以环钏，诱惑朕之子民谋逆作乱。大丈夫，若有关中之志，何不自来取之,何以财货诱我边民?朕深以为不齿!今朕兴义兵,伐尔背信弃义之罪,前后拓土数百里,与尔以财货诱我边民,谁得者多,谁得者少?

"尔往日北通柔然,西联夏国、北凉、仇池、吐谷浑,东结燕国、高丽,欲与天朝为敌。凡此数国,皆已被朕所灭。以此而观,尔岂能独立?尔若欲存刘氏宗庙,便割让长江以北,宋兵退归江南自守。皇恩浩荡,朕便封江南使尔居之。不然,可命尔之方镇、刺史、守宰,且备好迎驾之物,朕来秋当往扬州取之。

"朕今北还,先讨柔然余孽。朕复来之日,尔作何计?凭将自守,抑或筑城自救?尔前使裴方明取仇池,既得之,又惧裴方明勇功,不能相容。有良将如此尚杀之,又以何人与朕相较?尔旧时臣属虽老,犹有智策,今已为尔杀尽,岂不是天赠予朕?尔非朕敌,却常欲与朕一战。朕亦不痴,复非苻坚,何时与尔交战,皆在于朕!昼则遣骑逼攻,夜则百里外宿。宋人怯懦,唯敢乘夜偷袭,彼众无马,一夜不过行五十里,待到朕营,天已明矣,尔众将士,无外乎送死而已!

"败局已定,何故负隅顽抗?朕若想杀尔,何须兵刃?有善咒巫者,足以遣鬼神索尔性命。之所以饶尔不死,无外乎敬重刘裕而已。朕有好生之德,劝尔识清利弊,早早纳土称臣,犹可保刘氏骨血……"

刘义隆本以为拓跋焘遣使是来言和,谁知竟是以国书羞辱自己,还威逼利诱,想让大宋割让江北州郡换取太平,真是痴心妄想!刘义隆勃然大怒,将那国书扯得稀碎,连声骂道:"拓跋焘兵败北逃,安敢如此戏朕!"

高济冷眼看着刘义隆咆哮,朗声说道:"大宋国主毁去国书,实为大不敬!且看在尔等身处荒蛮,不识教化,便不计较国主罪责。只是天子所劝,已对国主仁至义尽,若仍不思已过,欲与天朝为敌,唯有灭国而已。待到那时,山河涂炭,宗庙尽毁,国主还有何面目去见刘裕?"

刘劭本也以为高济此来,是因魏军战败求和的,都未细问,便和刘濬引他来觐见天子。虽说刘劭没看到国书内容,可天子震怒如此,而高济又说这样的话,才知魏使竟是来劝降的。

刘劭吓了一跳,唯恐天子盛怒中怪罪自己,厉声斥责道:"住口!悬瓠一战,魏军丢盔弃甲,风声鹤唳,惨败如此,还敢口出狂言,究竟羞也不羞?"

刘濬也吓得面色大变,呵斥道:"左右卫士,留这狂徒在这里做什么?还不押下去,严刑拷打,治其不敬之罪!"

刘义隆正在气头上，江湛忙上前劝道："两国交战，尚不斩来使。高济虽目无尊上，不过各为其主，还请陛下宽宥。"

刘义隆又骂了一声："高济，念在你也往来建康数回，朕饶你一命，日后再敢来建康，休怪朕取你性命！来人，将此人逐出建康，赶过江去！"

高济笑了笑，恭敬一拜，转身离去。

众人劝了又劝，刘义隆怒火稍退。

徐湛之这才小心地问道："不知拓跋焘究竟如何放肆，惹得陛下这般盛怒？"

国书已毁，刘义隆气呼呼地说了个大概。听闻拓跋焘败军之后居然还如此猖狂，几人都是义愤填膺。

徐湛之愤愤说道："陛下，拓跋焘败退，足见魏军外强中干。这些年来，我朝虽有雍州、交州叛乱，可影响绝没有盖吴对魏国冲击大。我朝休养生息，魏国倒是连番用兵，早已疲敝不堪。此消彼长，正是我朝北伐中原良机。如今魏军败退，时已入夏，魏骑战力大打折扣，以我水师渡淮北上，必能收复河南！臣万请陛下，再不可迟疑不决了。"

江湛亦说道："陛下，徐令君之言在理。拓跋焘一统北方，已无身后之忧，若待魏军回师休养，必会兴兵再犯。拓跋焘不承认悬瓠之败，口口声声说要回去征讨柔然，可柔然已被魏军击溃，何须拓跋焘再度征伐？这必是拓跋焘强作镇定麻痹我朝的诡计。今日遣使来朝，明知此战我朝得胜，怎么可能割土求和？依旧送来国书，也不过是虚张声势，遮掩魏军衰败的事实。以此为缓兵之计，好让魏军有喘息之机。正如拓跋焘所言，待到入秋，雨水稍少，魏军缓过这阵，必然再度进犯。魏国与我朝已是不死不休之局，与其等魏军进犯，倒不如以入夏后江河水涨便利，兴兵讨伐魏虏。"

刘劭年轻气盛，自然也有北伐的念头。可想想范晔事发前，曾与自己有过一番交谈，让刘劭对北伐也多了些看法。如今魏国一统北方，或许真如徐湛之、江湛所言，魏军久战疲敝，可魏国君臣一心，远无内乱之忧，此时北伐当真有胜算吗？何况江湛与徐湛之渐渐成为辅臣以来，各自与老四刘铄、老六刘诞结了姻亲，慢慢聚拢了不小势力，这对刘劭太子之位，可就有了很大的威胁。刘劭最初是把刘骏当作大敌，可现在不得不提防着刘铄、刘诞了。刘劭是想北伐，以军功稳固自己的储位，可身为太子，又不可能领兵出征，只能委以自己心腹。且不管魏国

二次北伐

有没有内乱，此时北伐有没有胜算，徐湛之与江湛力求北伐，若是败了，自然于国无益，可若是胜了，那便让刘铄与刘诞多了些争储的资本，这是刘劭无论如何不愿看到的。

刘劭忙给刘濬使了几个眼色。刘濬会意，上前说道："二位相辅有理，然而魏军固然在悬瓠败退，可我军亦在此战伤亡不小。豫州一战，魏军动用兵马不过十万，战败后远未伤筋动骨，此时劳师远征，魏军未必没有抗拒之力。还请陛下务必慎重！"

徐湛之却不以为然，笑道："正是因魏军仅以十万兵马南征，就可见魏军能战之兵已经不多了。而我军在豫州一战，前前后后都未超过万人参战，已让魏军十万兵马惨败退逃。足见魏军南征北讨数十年已是强弩之末。北伐必能马到成功！陛下筹谋北伐久矣，将士枕戈待旦，只等陛下北伐诏书。今魏军不堪一战，又岂能说我军胜不了呢？"

刘濬反驳道："大军远征，军费补给何来？当两大钱闹得市井不振，府库疲敝，又用什么做北伐庞大的开支？"

江湛信誓旦旦说道："北伐良机稍纵即逝，军兴之际，臣请陛下，削减内外百官俸禄三分之一，充为军费。"

刘劭一阵愕然，江湛谏言削减官员俸禄，这还不闹得满朝轩然大波？眼见刘濬一人难以辩过徐、江二人，刘劭便想上前说话。

可还没等刘劭反对，就见天子点了点头，说道："今北伐魏国，事关大宋兴衰，除了朝中百官、州郡牧守削减俸禄，王公、妃嫔、公主也当以身作则，各献金帛、粮草以助国用。"

徐湛之复又补充道："陛下所言甚是。此外，江南富户，也当为国尽些力。扬州、南徐州、兖州、江州久无战乱，百姓富足，而佛教盛行，僧尼多有资产。当传旨四州，富户资产满五十万贯者、僧尼资产满二十万贯者，贷其四分之一充为军费，战后朝廷偿还本息。"

刘义隆初听此言，有些迟疑，可想想登基数十年来，待民以恩义，素无重赋杂税扰民。如今北伐战机万不可失，也唯有此法能迅速征集到足够军费。何况刘义隆也觉北伐必胜，战后自能缴获无数财帛偿还于民，也就点头应允了。

徐湛之复又说道："此番北伐还当依前计，数路征讨，让魏军疲于应对。可使沿江五郡驻军集结于广陵，沿淮三郡驻军集结于盱眙，以便兵马调动。青、冀、徐、豫、兖、南兖六州，凡年满十五岁男丁征为役夫，为大军协运军资。而豫州一战，武陵王先胜后败，足见骑兵对决魏军之利，可另厚赏招募善于马术勇士补入骑兵。此外，陛下先前使广陵王刘诞出镇襄阳，谋划自雍州进军关中，只因盖吴覆没不得不暂停此策。如今可再次起用雍州兵马，进军关中。如此一来，魏军数面受敌，焉有不败之理？"

徐湛之这样说，除了为北伐考虑，也是在打自己的算盘。豫州一战，南平王刘铄使其部将陈宪坚守悬瓠，无论如何也是有些功劳的，徐湛之没办法抹杀。北伐一旦开始，徐湛之绝不会让女婿刘诞置身事外。河南自然是主战场，必引得拓跋焘大军防备，正好让刘诞出奇兵进关中，必能有所斩获。

刘劭看徐湛之与江湛越说越兴奋，好似北伐已稳操胜券一般，忙插嘴劝道："父皇，北伐兹事体大，莫不如在华林园与众臣共议，也好集思广益，确保一战必胜。"

刘义隆本已兴冲冲地下定了北伐决心，刘劭这样一说，有些不大高兴。可前番北伐惨败，让刘义隆还是冷静不少，说道："太子说得有理，明日便召集群臣共议此事吧！"

徐湛之、江湛还有一肚子话未说完，被太子泼了冷水，心中有些不满，可天子开了口，只得悻悻应下。想想天子谋求北伐多年，即使到了华林园与群臣廷议，也是水到渠成的事。

可谁都没有想到，一场廷议，竟耽搁了两个多月时间。除了彭城太守王玄谟大力支持，竟多是反对之声。

沈庆之因平定雍州叛乱之功，被刘劭举荐为太子步兵校尉，从刘骏身边挖到了太子府。刘劭打心底里是不支持这次北伐的，故而授意沈庆之务必反对此事。而沈庆之原也不赞同北伐，故而在廷上极力反对。

沈庆之认为，以大宋步军主动出击魏骑，本就实力不均，故而檀道济两番北伐无功，到彦之更是失利战败。当廷斥责主战的王玄谟，一介书生，才不及檀、到二将万分之一，口出狂言，必然败坏国家。而六军之盛，也远无当日北伐之势。因此沈庆之对北伐不抱希望，苦谏天子当以坚守为主，待拖垮魏军，才好北伐。

沈庆之如此也就罢了，竟连驰援悬瓠后刚刚提拔为左军将军的刘康祖，也觉北伐不合时宜，只是言语上稍稍婉转一些，只说今年已晚，请待明年出征。谁都知道，这不过是托词罢了。刚刚入夏，正是大宋对决魏骑的最佳时机，如何晚啦？

沈庆之、刘康祖都是领军的将军，自然更有话语权。朝中百官或对魏军心存忌惮，或是多了些苟安之心，更多人听闻朝廷为了北伐，又要削减俸禄，又要向富户摊派军费，越发不愿北伐了，借着沈庆之、刘康祖的话纷纷劝阻。

刘义隆愤愤不已，使徐湛之、江湛责问挑头的沈庆之，欲把沈庆之压下去，就好说服其他人。哪知沈庆之不为所动，反而讥讽徐湛之、江湛，说是治国如同治家，耕当问奴，织当问婢，朝廷欲伐魏国，不与将军军议，倒是与白面书生之辈谋划，大事如何可成？

堂堂两个相辅，被沈庆之骂作奴婢，气得刘义隆直骂沈庆之放肆。可沈庆之毕竟于国有功，又是用人之际，刘义隆只能不予深究。只是北伐越拖越久，让刘义隆也越来越急躁。

这日，华林园又为北伐争论不休。却有魏使再度来了建康，说是递送国书外，另有良马十二匹，礼物若干相赠。朝中一片哗然，皆当拓跋焘听闻大宋有北伐之意，就此服了软，赠送礼物以求和好。一时间，罢兵休战之言欲盛。

刘义隆却没觉那么简单。前番受辱，这次哪肯理会？将那使者见都未见，连同礼物一并逐过江去，只是把拓跋焘的国书带到了殿上。

刘义隆展开观瞧："大魏皇帝赐宋国主义隆书：两国和好许久，尔却贪心依旧。朕今春南巡，无外乎探访朕之子民，驱其还家而已。却闻尔欲北来，不知所谓何事？若尔能北渡黄河抵达中山，朕来亦不迎，尔去亦不送！若尔厌倦江南，朕可招尔来平城久居，朕也当往扬州游巡。听闻尔年已五十，老弱多病，与朕生于马上者，如何相提并论？今也别无他物相赠，念尔老弱，且送猎马十二匹，并附药石。尔远道北上，马力不足，可乘朕所赠猎马，若水土不服，所赠药石足可保尔性命。"

刘义隆勃然大怒。刘义隆年纪刚刚四十出头，却被拓跋焘骂作年过五旬的奄奄一息的老头子。口口声声说豫州是他魏国的土地，掳掠百姓不过是收拢其子民还家，还肆意嘲弄刘义隆渡不得黄河，到不了中山，更威胁要兵进扬州，把刘义隆抓去平城。

刘义隆连声骂道："卿等好好看看，拓跋焘如此放肆，视我大宋为何物，国君受辱至此，尔等颜面就好看吗？一味避让，尔等当魏国就不发兵侵扰啦？固守，固守！尔等还当魏国是昔日的魏国？拓跋焘野心勃勃，何日不思吞并大宋？而今北方一统，西域咸服，柔然远遁，高丽称藩。拓跋焘还有什么后顾之忧？悬瓠一战，魏军不过试探而已，遇挫后旋即撤兵。或许拓跋焘信誓旦旦，说要秋后复来，不过口出狂言。可几次三番羞辱朕，难保不是欲擒故纵，使朕不敢北伐，好让魏军有足够时间恢复。你们都说徐湛之、江湛是白面书生，可也就他俩看得透彻。魏军此时疲敝至极，正是北伐良机。待魏军缓过劲，百万大军杀到淮南，试问你们谁来为国守住一城一池？"

众臣大多传阅了那国书，有吃惊的，有不安的，有愤怒的，有不屑的。只是天子震怒如此，全都被骂得抬不起头来。

沈庆之倒想再劝，他还未开口，就被刘义隆打断道："你给朕住口！念在你于国有功，朕也未怪你目中无人，可若再敢放肆，真当朕不敢杀你不成！你口口声声说什么檀道济两度北伐无功，说什么到彦之兵败失利。可依朕看来，檀道济哪有尔等吹嘘的功高盖世？不过养敌自重，不肯尽心破敌罢了！稍有斩获，旋即放纵敌归，觍着脸向朝廷求取赏赐，以至大好战机一次次错失。至于到彦之，也不过是稍遇小挫，便擅动兵马，以至一溃千里。北虏所恃，无外乎战马。今夏水充沛，河道畅通，水军自秦州进发，碻磝必破，而滑台亦可倾覆。破此二城，虎牢、洛阳皆不自固。你不是总说固守吗？豫州一马平川，以何城固守？唯有收复河南，抢在入冬黄河冰冻前，坚壁清野，加固城防，待虏马过河，方能不足为虑！"

沈庆之见天子大怒，把檀道济都骂得一无是处，终是放弃了争辩的打算，沉默下去。

徐湛之上前说道："陛下息怒。拓跋焘口出狂言，魏使目中无人，却有个紧要消息自魏国使团中密送过来。"

刘义隆没好气地问道："什么消息？"

徐湛之说道："崔浩死了！"

刘义隆惊道："崔浩？如何死的？"

徐湛之笑着答道："前番崔浩伴驾征讨盖吴叛乱，进入长安后，发觉城内佛寺藏有兵器，故而告发于拓跋焘，称城中僧侣与盖吴通谋，惹得拓跋焘将寺内僧侣尽皆下狱诛杀，所有财产一律查封。这一查不打紧，竟发现多有州郡牧守、富户将财物藏匿寺中，以避开朝廷赋税征缴。拓跋焘极为震怒。崔浩本就不喜佛教，趁机谏言拓跋焘，尽毁天下佛寺，诛杀天下僧侣，敢有藏匿佛像、经文者同罪。

拓跋焘随即准允，魏境内一时腥风血雨。要知道，佛教传入中土已有数百年，尤其近百年来，极为兴盛，教徒盛众。崔浩此举，无疑得罪了所有信教之人，其中就不乏魏国显贵。而崔浩官拜司徒以来，自恃三朝元老、才略无双，渐有专制朝权之兆，所荐朝廷数十人，刚刚出仕便委以郡守要职，朝中多有不平之言。再加上崔浩奉命修缮律法、理顺宗籍，早就得罪了不少人，如今被灭佛之举一闹腾，对崔浩恨之入骨者不胜枚举。前些日，崔浩又做了件蠢事，终是惹得群起攻之，拓跋焘都怒不可遏，将其下狱治罪。"

刘义隆道："崔浩是个聪明人，惹恼别人不怕，怎么会把拓跋焘也惹火？"

徐湛之笑道："崔浩曾奉拓跋焘之命，撰写魏国国史，已近完稿。拓跋焘命崔浩务必据实记载，崔浩还真当了真，将拓跋氏祖上那些不好提及的丑事也无一落下。崔浩自以为才高八斗，文章必能流传千古，为彰显自己耿直，都未禀奏拓跋焘一声，便将所撰魏史刻于石上，立于道路两侧。往来百姓看得无不议论纷纷。魏国宗室看罢，无不羞愤难当，遂告发于拓跋焘，斥责崔浩宣暴国恶，心怀叵测。崔浩本就把魏国上下得罪个干净，一时弹劾文书铺天盖地。拓跋焘脸面都丢尽了，如何饶得过崔浩？当即将他下狱问罪。十数日后，崔浩阖府上下一百二十八口，便被盛怒难平的拓跋焘下旨诛杀干净，夷灭五族。"

刘义隆急忙问道："此事属实吗？"

徐湛之说道："骁骑将军段宏在世时，在魏朝多有故旧，自段宏去世后，微臣一直没丢掉这条消息渠道。崔浩被诛的消息便是平城旧人借着魏国使团传来。何况崔浩灭族，在平城传得风风火火，应该不会有差。听闻拓跋焘怒杀崔浩后，也甚是后悔，却已无可挽回了。"

徐湛之久随天子，知道天子对崔浩此人甚是在意，故而一直留意他的消息。

果然就见刘义隆大笑道："天助我也！拓跋焘南征北讨未尝一败，哪一次不是崔浩从旁谋划？魏军今春犯境，却在豫州铩羽而归，只怕崔浩在魏军出征前便已被关在平城大牢了。难怪拓跋焘对一个小小的悬瓠城都束手无策呢！没了崔浩，拓跋焘便是没了牙的老虎。朕无忧矣！北伐之事决矣，何人再敢推三阻四，与通敌同罪！"

殿上虽然议论纷纷，却再无人敢上前劝阻。刘义隆随即说道："拟旨！魏虏悬瓠挫败，兽心不改，可遣宁朔将军王玄谟率太子步兵校尉沈庆之，引水军入黄河，兵进碻磝。太子左卫率臧质引步骑征讨许昌、洛阳。另传旨武陵王刘骏、南平王刘铄各勒所部，东西并进，共伐魏国。"

刘劭听天子早已选定了将帅，心中不安起来。虽然沈庆之现已归于太子府，能随军出征，自然对刘劭有利，却被主战的王玄谟统辖。而刘骏、刘铄皆如刘劭所担心的，即将领兵征讨。战事无论胜败，对刘劭都不是好消息。

刘劭一个劲儿地向刘濬使眼色。或是见北伐再无更改，刘濬低头沉默不语。

刘劭只得自己上前谏言道："父皇，儿臣有事启奏。"

刘义隆有些不大高兴，只当太子又想劝阻，说道："朕意已决，太子就不要多说了！"

刘劭忙说道："儿臣自然力主北伐，只是觉得这北伐将帅还当再加些人。"

刘义隆说道："太子想举荐何人？"

刘劭答道："王玄谟一心北伐，其心可嘉，只是毕竟从未独领过兵马，故而儿臣有意举荐青、冀二州刺史萧斌节度王玄谟、沈庆之。"

萧斌曾是太子东宫卫统帅，若萧斌为主帅，自然能在北伐中为刘劭谋求利益。何况萧斌是皇室外戚，也被天子信任。

刘义隆闻言，点了点头："太子所想倒也周到。"

刘劭紧接着又说道："虽然武陵王、南平王在豫州一战颇有功勋，可北伐事大，两个皇弟年岁尚轻，还当委派五叔出镇彭城，为众军节度。"

把太尉刘义恭推出去当三军统帅，这就让刘骏、刘铄不可能干涉各路兵马，也让二王不会有太大功绩威胁刘劭储位。

刘义隆看了看刘义恭，说道："北伐关乎国运，江夏王既然身为宰辅，这事还真要有劳你来担当了。"

刘义恭虽为宰辅，可素来不参与军政，从来都是能躲就躲。前番武帐冈商议北伐，刘义恭推三阻四就让刘义隆很是不快。此次北伐，刘义隆本打算不用刘义恭的，可被太子一劝，刘义隆还是对年轻的刘骏、刘铄有些不放心起来。无论刘义恭会不会尽心北伐，他毕竟是天子的兄弟亲王，堂堂宰辅。由他去了彭城，也能镇抚各路人马，稳住军心。

刘义恭本还庆幸不用出征了，正暗自高兴，却被太子推了出来，有些不快。可天子都开了口，刘义恭如何再敢推托，只能接了旨意。

这时徐湛之也上前说道："雍州兵马，陛下也别让他们闲着了。不若使广陵王在西线进逼弘农，另使人往关中游说盖吴残部，搅动关中。魏军数路受敌，必败无疑！"

刘义隆笑道："若非徐卿，朕差点忘了此事。那便如徐卿所言，传旨雍州。"

几道旨意快马加鞭送出了建康。元嘉以来，刘义隆谋划了近十年的第二次北伐，终于拉开了序幕。

再度败退

华林园里，大宋中枢正高速运转着。车载斗量的军牒、文书经尚书台、中书台审阅，分门别类呈于天子亲览。刘义隆忙得不可开交，两个月来几乎没怎么好好睡过觉。虽说刘义隆病愈后，身子比过去强了许多，可这样熬下来，也是吃不消的。然而，刘义隆一刻不敢离开华林园。倒不是刘义隆对徐湛之、江湛和太子放不下心，而是觉得唯有这样忙起来，才能压住心里隐隐的不安。

刘义隆皱着眉头，一个劲儿地催问："滑台有消息了吗？"

一次次得不到满意的答复，刘义隆变得越来越焦躁。

战事伊始，一切极为顺利。

萧斌统率大军抵达碻磝时，魏军弃城而逃。萧斌又分兵猛攻乐安，也是轻松破城。初战告捷，萧斌与沈庆之引大军驻扎碻磝，并以信誓旦旦、请战不休的王玄谟为先锋，进围滑台。豫州方面，南平王刘铄遣将军胡盛之、梁坦两路兵马进攻汝南、长社，尽皆破城。随后以左军将军刘康祖为先锋，进逼虎牢。沿途魏军闻风丧胆，仓皇逃窜。

按说北伐一切都在掌控中，刘义隆也该放些心了。可越是这样，就越让刘义隆想起当年北伐时的惨痛教训。

魏军是当真败了，还是和当年一样故技重施？刘义隆不敢有丝毫大意，一个劲儿地催促王玄谟尽快攻破滑台，挥师西进，与豫州方面合力肃清河南，才好赶在冬天来临黄河结冰之前，坚壁清野，严防魏军反扑。

滑台几乎每日都有军牒送回建康，可说来说去，都是说魏军的不堪一击，滑台的摇摇欲坠，却迟迟没有攻破城池的消息。眼见一天天过去，两个多月了，那个在王玄谟口中旦夕可破的滑台依旧掌控在魏军手中。

刘义隆心中不住暗骂。多少年来与魏军交锋，滑台哪一次不是轻松破城？怎么到了王玄谟这里，竟耗时两个月有余都不能得手？刘义隆焦虑不安。人们常说书生误国，王玄谟一介文人，只因一力主战，成了刘义隆最想托付北伐重任的人选，但他从未真正统率过兵马，难道真要误了大事？可想想诸葛亮，想想周瑜，想想陆逊，又哪一个不是书生掌兵保家卫国、开疆拓土？王玄谟怎么就不可能成为下一个名扬千古的儒将？

刘义隆摇摆不定，却也不敢轻易临阵换将，只能一遍遍地催促滑台尽快决战，可等来的是一封封无用的军牒。最近十多日，甚至都没有军牒传回。刘义隆当真等到了极限。时已至九月，眼瞅着冬日越来越近，留给大宋肃清河南的时间实在是不多了！

刘义隆又问了一遍："滑台有消息了吗？"

无人再敢上前回话，免得被天子斥责。兵部尚书在被骂了无数次后，早已借故躲去了一旁。

侍中江湛硬着头皮，上来说道："陛下稍安，或是战事正急，稍后便有军牒了。遣去滑台的监军，也该到了两三日，细细算来，最迟明日便该有消息。"

刘义隆不满地瞪了一眼江湛，问道："那虎牢呢？虎牢为什么也还没有消息传回来？"

江湛叫了声苦。接了句滑台的事，却让天子追问起虎牢。

北伐中路军由刘铄总揽，这是江湛为妹夫谋来的差事。原指望能让刘铄建功立业，然而虎牢久攻不下，这就把刘铄架在了火上。刘康祖奉刘铄之命进逼虎牢，可那险关远比滑台难攻。当年魏军入侵河南，连战连胜，可派兵数万都未能攻破那座险关，直到城中粮尽才能破城。如今换了魏军守城，宋军攻城，虎牢又岂是那么容易被攻破的？

江湛在心中把王玄谟骂了无数遍，若他能早早攻破滑台，让虎牢成为孤城一座，刘康祖又岂会束手无策？可又不能把对王玄谟的不满表现出来，毕竟当日主战之人，除了江湛和徐湛之，也就剩王玄谟了。若江湛指责王玄谟，岂不是怪这北伐都是错的？

刘义隆又问了一声："虎牢何时能有消息回来？"

江湛心中微颤，含糊地敷衍道："也就这几日。"

却听有人哼了一声："我倒要看看，江侍中说的这几日，究竟是几日？"

江湛暗骂一声，究竟谁在火上浇油？却见太子刘劭在始兴王刘濬的陪同下，怒冲冲地进了殿。

江湛只能把一肚子火压了下去，恭恭敬敬地拜了一下。

刘劭理都未理江湛，向刘义隆拜道："父皇，只怕就是再等上十天半月，都等不到王玄谟攻破滑台的捷报了！"

江湛知道，太子明面上力主北伐，可实际上反对此事。一听太子指责王玄谟，他忙反驳道："太子言重了。王玄谟数次传回军牒，把滑台里里外外探查得清清楚楚，足见王玄谟对攻破滑台是有信心的！滑台内外交困，破城不远矣！"

刘劭哼了一声，刘濬倒是先讥讽道："王玄谟的确把滑台探查得清清楚楚，却不是为了破城，而是琢磨怎么把这些东西藏到自己的口袋！"

江湛吃了一惊。刘濬此言，分明是说王玄谟养寇自重，中饱私囊。

就见刘劭抽出一份密函，呈与天子："父皇，赶往滑台的监军传回密函。王玄谟贪腐好杀，刚愎自用，称城中屋舍皆是其财，严禁攻城时波及损毁，以至将士不敢专心攻城。而百姓听闻王师北伐，多有送粮送饷，投军之人日以千数。对于钱粮，王玄谟无不贪墨。对投军之人，王玄谟皆并入私曲。难怪围困滑台两月不能破城，全是王玄谟把此城当作了生财之道！"

刘义隆大吃一惊。

当日王玄谟口若悬河，颇有封狼居胥的豪情，又驻守彭城重镇多年，让刘义隆以为他是有些才略才敢说这样的大话。而刘义隆也以为北伐必然可成，所以萧斌请以王玄谟为先锋时，刘义隆都没多想就同意了。谁知王玄谟非但不是诸葛亮，甚至连纸上谈兵的马谡都比不上，仅仅是个借北伐谋求私利的小人。当年北伐以到彦之为帅，好歹短暂收复河南。如今以王玄谟为先锋，这个酒囊饭袋浪费了两个月的大好时光，却连滑台都攻不下来，刘义隆真是恨得牙根痒痒。

刘义隆接过密函，看罢，怒不可遏，厉声道："传旨萧斌，转以沈庆之接替滑台兵马，务必十日内攻破城池。王玄谟欺君误国，收悉尚方，严惩其罪！"

江湛心中一紧，未承想王玄谟如此不堪，哪敢出言反对。却听天子话音刚落，便有人一路叫着跑了进来。

刘义隆吓了一跳，只当战事生变，却是徐湛之上气不接下气地跑了进来。

刘义隆慌忙问道："魏军南下啦？"

徐湛之气都没喘匀，哈哈笑道："大喜呀，陛下！"

刘义隆心中稍安，问道："喜从何来？"

徐湛之喘着粗气，说道："陛下，关中大捷！"说着，他呈上一封军牒。

刘义隆喜出望外，忙接过观瞧，乃六皇子广陵王刘诞亲书捷报："儿臣叩拜父皇。自奉旨讨贼，儿臣以中兵参军柳元景为帅，领振威将军尹显祖、奋武将军曾方平、建武将军薛安都、略阳太守庞法起为将，进逼弘农。有外兵参军庞季明，原为关中豪强，请往关中游说旧交。赵难举义兵响应，多有盖吴旧部往来投奔。柳元景自熊耳山出，与庞季明、赵难合军，攻破卢氏，斩魏将李封。复以赵难为乡导，大军攻破弘农，擒弘农太守李初古拔。柳元景留薛安都守弘农，大军进逼潼关！"

刘义隆看罢军牒，不由得大喜。柳元景若真能攻破潼关，则切断了魏军与关中的联系。当年盖吴起兵，闹得魏国关中大乱，如今柳元景刚进关中，就有不少盖吴旧部投军，足见拓跋焘远没有稳住关中。只要柳元景借潼关、弘农一线阻断魏国东西，大宋就有招降关中州郡的可能，且对虎牢也构成极大的威慑。

难怪徐湛之这样兴奋。柳元景攻破弘农，对战事的影响远比河南战场重要。滑台、虎牢久攻不破，刘义隆本还焦虑无比，哪知东方不亮西方亮，倒是作为疑兵的关中兵马，有了如此战绩。

刘义隆连声叫好："好个柳元景，这才是朝廷栋梁，才称得上是北府军真正的将军！"

徐湛之忙又说道："关中大捷，虽是柳元景之功，却也是陛下运筹帷幄，亦是广陵王统兵有方！"

刘劭、江湛心中一沉。刘诞作为西路军主帅，在北伐中立下此功，盖过了中路军统帅刘铄的风头，江湛更担忧他凭此功极大威胁刘劭的储位。

刘义隆笑道："诞儿能有这样的本事，朕心甚慰，还当好生嘉奖。广陵城池败坏，便转封诞儿为随王吧！柳元景亦当封赏，增拜建威将军。传旨诞儿，务必尽快攻破潼关。"

徐湛之笑盈盈地应了下来。刘诞在天子面前长了脸，徐湛之身为刘诞岳丈，自然乐得如此。趁着天子高兴，徐湛之追着说道："弘农有此大捷，随军将士也该各有封赏，还有关中投奔的各路兵马，也该有个说法。待稳住人心，攻破潼关，便能以这些新投之人,招诱关中州郡了。"

江湛忙劝阻道:"弘农虽胜,可潼关险固,想要夺下此关,只怕绝非朝夕之间,此时就言日后之事,未免太早了些。何况新附之人,尚无尺功就得封赏,日后再建功勋又该如何封赐?此事还是容后再议的好!"刘诞借着弘农之功,摇身一变成了随王。若再任由徐湛之为刘诞部将邀功,为其笼络人心,日后必是刘铄劲敌。虽说刘劭是太子,可天子春秋正盛,这储君之位未必没有变数,江湛实不愿看到刘诞势力过于庞大。

徐湛之却嘿嘿一笑:"正因是新附之人,才当好生安抚,方能引更多人马投军。雍州本不过两万余兵马,正是靠着投奔来的各路兵马一举攻破弘农。倒是豫州兵强马壮数万之众,却迟迟不能攻破虎牢,以至战事胶着成眼下模样。江侍中也莫把雍州兵当成了豫州兵,还当柳元景打不下潼关来吗?"

江湛驳斥道:"刘康祖也非庸才,数月前正是他与臧质击退了魏军。皆因虎牢城坚,这才一时受困。至于柳元景有没有徐令君说的那么厉害,还是等打下潼关再说吧!"

刘义隆皱了皱眉头。

徐湛之与江湛明争暗斗,刘义隆不是没看到。二人各自拥戴刘诞、刘铄,打的什么主意,刘义隆也心知肚明。太子聪慧素无过错,刘义隆从无改立之心。然而徐湛之与江湛自以为是地帮着刘诞、刘铄争储,刘义隆却没有明言阻止。经历了刘义康独揽大权十年后,刘义隆不放心任何一个重臣拥有威胁皇位的权势。即使徐湛之与江湛因争储斗得不可开交,刘义隆只需维持太子储位,他二人也闹不出多大动静,反而为了争储,只能竭尽全力办好差事。

此时两人说着北伐的事,却打着各自的主意,刘义隆不禁恼火二人不知轻重缓急。只是徐湛之所言倒是更有理有据,也是为关中长远考虑。刘义隆说道:"江侍中莫再多言,便如徐令君说的吧。至于如何封赏,就由诞儿拟个名录,提交朝廷议定好了。"

徐湛之大喜,拜谢天子便要忙着拟旨去。

江湛面上难看至极。刘劭与刘濬悄悄对视,心中也隐隐不安。这时,却有个风尘仆仆的军校奔了进来,沿途高叫:"八百里加急!八百里加急!"

刘义隆涌出一阵不安,仓皇问道:"可是滑台来的消息?"

那军校一路奔至驾前,木匣中抽出军牒来,奏道:"碻磝八百里加急!"

刘义隆心中一震。萧斌传来加急军牒,难道是滑台有失?匆匆使人接了过来,拆去蜡封,着急观瞧,才看数眼,刘义隆便觉浑身一软,瘫坐在龙榻上。

徐湛之还未离去,见天子如此模样,心道不妙,小心翼翼地走到近前,问道:"陛下?陛下?"

刘义隆长叹一声,怒骂道:"王玄谟,该杀!"

徐湛之壮着胆子,将那军牒小心接过,亦是面色大变,就见萧斌军牒写道:"拓跋焘引兵南救滑台,王玄谟司马谏言发车为营拒敌,为王玄谟所拒,遣钟离太守垣护之引百船为先锋,欲拒魏援兵于北岸。然拓跋焘使人夜犯重围,潜入滑台,城中乃安。王玄谟仍不尽力攻城,北岸忽有鼓声震天,王玄谟惧,只当魏军已强渡黄河,引兵退还。垣护之孤军难敌,亦退还。拓跋焘遂渡黄河,急追王玄谟。王玄谟惨败,死者万余人,麾下散亡略尽,军资兵械皆为魏军所得。"

江湛已瞥见徐湛之手中军牒写了些什么,心中也慌乱起来。太子刚才还呈来滑台监军送回的密函,这才一眨眼工夫,竟又收到了萧斌的八百里加急军牒。只怕那监军前脚写了密函,魏军后脚就已渡河了。王玄谟被天子催战了这么久,仍不肯尽心攻城,当真该死!只是王玄谟死不死无关紧要,倒是让江湛和徐湛之这两个一力主战的人一同陷入尴尬的境地。

江湛失魂落魄,似是自言自语:"魏军不是说十月才会南下吗?为何早了这么多日?"

刘义隆惨笑一声:"朕若是拓跋焘,看到王玄谟这等废物攻不下小小的滑台,也会忍不住提前南下。"

徐湛之、江湛一时都没了主意,刘义隆向那军校问道:"王玄谟固然该死,可萧斌大军驻守碻磝,与滑台不过两日行程,既知魏军袭来,为何不遣兵接应,就眼看着前锋大军惨败?"

刘劭本还为王玄谟兵败喜忧参半。喜的是这些主战之人当日夸夸其谈,如今却败得这般狼狈,足见自己阻挠北伐是正确的。忧的是拓跋焘亲征,滑台尚未一战便惨败如此,还不知该如何才能击退魏军。忽听天子有责怪萧斌的意思,他忙上前说道:"父皇,这也怪不得萧斌!当日王玄谟是怎么说的?不是要扫清河南,恢复中原吗?不是要封狼居胥,燕山勒石吗?滑台是谁争着要去的?不正是王玄谟吗？萧斌为确保能破城滑台，对王玄谟所求无有不应。所给数万兵马皆是精兵强将，所需粮草辎重也竭力满足。碻磝是还有不少驻军，却远没有王玄谟兵精，即使萧斌想要去救，也是有心无力。何况拓跋焘来势汹汹，不过两日就杀得王玄谟大败，萧斌哪有时间抽调兵马赶去接应？"

听到太子的话，刘义隆一阵沉默。

那军校本还忧惧天子怪罪萧斌，听太子开了口，一时放心不少，壮着胆子说道："启奏陛下，萧将军是打算驰援滑台的。听闻王玄谟惨败，萧将军命步兵校尉沈庆之领兵五千接应，却被沈庆之拒绝了。"

刘劭心中暗骂。替萧斌传信的军校也太没眼色了！自己刚刚为萧斌开脱，他却又把沈庆之扯了出来。沈庆之官拜太子步兵校尉，他若获罪，对刘劭岂是好事？

刘劭正与刘濬悄悄嘀咕，想着如何为沈庆之说话，就听天子追问道："沈庆之何故拒绝驰援滑台？是他惧战不前，还是说他与王玄谟政见不合，故而见死不救？"

那军校忙说道："只听沈庆之说：'王玄谟在滑台劳师久矣，纵是精兵强将，已是疲敝至极，魏军又已渡河，天险尽失。魏骑无所阻拦，没有数万人马，绝难挡得住魏骑兵锋。以五千步卒驰援，非但救不得王玄谟，反而徒为魏军所破。'恰逢王玄谟已逃回碻磝，萧将军这才作罢。"

刘义隆咬牙切齿，问道："王玄谟现今何在？败军如此，安敢苟活！萧斌可取了他性命以正军法？"

那军校答道："萧将军有意严惩王玄谟，却被沈庆之劝阻。沈庆之说：'魏军势大，岂是王玄谟所能阻挡？且杀战将以自弱，绝非良计。'这才救下了王玄谟的性命。"

沈庆之居然救了王玄谟，当真出人意料。刘义隆也才明白，沈庆之拒绝萧斌军令救援滑台，既不是惧战，也不是因为私怨，的确是从那混乱的局势中看清了事实。

刘义隆懊悔无比。当年檀道济把沈庆之极力举荐到朝廷时，刘义隆只当檀道济是想在京城安插个亲信，没想到沈庆之能被檀道济看重，的确是有些才略的。自己却因沈庆之反对北伐而心存不满，放着这样的良将不用，反而错信王玄谟这等言过其实的混账，滑台焉有不败之理？转又一想，自己执意北伐，沈庆之却极力反对，就算真有后悔药，自己不用王玄谟，就能用了沈庆之吗？

刘义隆叹了一声。滑台惨败十万火急，刘义隆问道："可知拓跋焘来了多少人马？"

再度败退　479

那军校有些害怕，小心答道："尚未探明……有说五万多的，也有说百万的……"

刘义隆骂了一声："为何连这点儿事都未查明？萧斌连这都办不好吗？"

那军校吓得连连叩头："滑台惨败，大军几乎全军覆没，偶有逃归之人，早已吓破了胆，他们说的百万敌军如何能信？又有斥候往来查探，可沿途到处都是衔尾追击的魏军。兖州乱成一团，实在查不清楚。唯一可知的，就是那百万大军应是子虚乌有。"

刘义隆一阵沉默。拓跋焘就算举国出征，也绝难凑出这么多人马来，何况他还要防备柔然可汗趁机报复，百万大军必是虚张声势而已。可不知魏军究竟有多少兵力，就不知该如何调兵应对。

刘义隆悠悠问道："萧斌打算如何处置？"

那军校小心答道："萧将军欲坚守碻磝。"

刘义隆满意地点了点头："敌情尚不明晰，也唯有坚守碻磝了。"

谁知那军校复又说道："只是沈庆之力主自碻磝退往历城。萧将军正为此事与沈庆之争执不下。"

刘义隆怒道："沈庆之安敢如此怯战？"

那军校答道："沈庆之言：'魏军来势汹汹，虽不知兵马多少，却不可小视。今河南尚未肃清敌军，若大军坐守碻磝小城，一旦魏军绕开碻磝东进，青徐不复为国家所有。'"

刘义隆沉吟不语。

沈庆之所言，是从稳妥之处着想。青徐两州，仿若从大宋伸出去的一只右手，时时威慑着魏国东南边境，只要保住青徐不失，那大宋就有与魏军再战之力。魏军对此也颇为忌惮，故而当年到彦之北伐惨败后，魏军除了围攻虎牢，便急不可耐地派兵东进，意图夺取青徐，剪断大宋的这只臂膀。幸有檀道济临危受命，接替了到彦之，才把魏军从青徐赶了回去。故而在摸不清敌军虚实的前提下，沈庆之力主退守历城，是想先保住青徐。

刘义隆却对碻磝割舍不下。北伐三路大军，东线最大的收获也就是攻破碻磝。放弃此城，便意味着东路大军白忙一场，而东路退兵，刘义隆苦心谋划多年的第二次北伐多是要就此终结了。

刘义隆说道："你且回去，传朕旨意，命萧斌务必坚守碻磝，不可退兵一步！"话还未说完，却听又有人一路高喊，奔了进来："八百里加急！八百里加急！"

刘义隆吓了一跳，忙问道："萧斌又有何急事？"

那军校愣了一下，拜道："卑职自寿阳而来！拓跋焘引兵南侵，破滑台后，使洛阳守将拓跋仁引骑兵八万南下，已连破悬瓠、项城，焚马头、钟离，直奔寿阳而来！"

江湛身子颤了一下。前番拓跋焘南侵便欲夺取寿阳，兵进合肥，却在悬瓠吃了大亏，不得已退兵。这次气势汹汹杀奔寿阳，复仇心切，显然志在必得。而作为北伐中路军，刘铄最精锐的兵马都已交由刘康祖统率，围攻虎牢。如今寿阳空虚，一旦魏军杀到，只怕城破不远矣。

刘义隆也大吃一惊。此番北伐，魏军所触皆溃，未曾听过洛阳有这么多人马。若不是拓跋焘刻意藏兵于洛阳，只等宋军北上后，就好乘机袭取寿阳，那便是拓跋焘大破滑台后，增兵于拓跋仁。无论究竟是哪种情况，寿阳都已危在旦夕了。

还没等刘义隆接过那军牒细看，却听外面又有人奔来："八百里加急！八百里加急！拓跋焘引兵南侵，大破王玄谟，已引大军往彭城袭来！"

刘义隆的脸色唰的一下变得惨白。大宋多少次北伐，都以彭城为起点，胜则斩获无数，即使是败也能拒敌于外。这次北伐倒好，非但连小小的滑台都未能攻破，反倒让魏军向彭城杀来！若彭城有失，日后还谈什么北伐？只怕能不能保全江北国土，都不好说了。

刘义隆仓皇自龙榻下来，接了那军牒观瞧，乃三军统帅江夏王刘义恭的亲书："臣弟叩拜陛下。拓跋焘亲引大军渡河，王玄谟败亡。魏军分兵数道，东侵青徐。已使拓跋建进兵萧城，步尼公进兵留城。且闻拓跋焘已自滑台开拔，兵至邹山，攻破鲁郡，大军似往萧城集结。彭城十万火急！"

刘义隆心中一颤。拓跋焘进兵也太快了些！滑台大破王玄谟还未多久，就已分兵两路，一路进逼寿阳，一路更是在拓跋焘的亲领下进逼萧城。那萧城距彭城不过十余里路，一旦被魏军攻破，无须半日就能合围彭城了。

刘义隆这才真正意识到沈庆之力谏萧斌退守历城的道理。

王玄谟兵败，魏军已渡黄河。拓跋焘把握时机恰到好处，冬日越来越近，江河临近枯竭，天时地利皆为魏军所占。魏骑日行百里，席卷河南，时间拖得越久，越对宋军不利。故而沈庆之是想趁着冬日未至，魏骑还有所限制，早早退兵历城，保住青徐。

刘义隆心神疲惫，问道："江夏王是怎么打算的？"

那军校小心地答道："彭城虽有数万兵马，然粮草辎重多已送往前线。如今彭城兵多粮少，实难坚守多少时日。故而……故而江夏王有意弃彭城南归。"

刘义隆脸上分明现出一阵怒意，却又摇头苦笑。老五当真是指望不上了！北伐之初，刘义隆原以为必胜无疑，以老五为帅，无外乎他是亲弟弟，最大的作用就是稳住军心，督统各路兵马而已，哪能真指望他去打仗？如今拓跋焘大兵压境，莫说彭城兵多粮少不好坚守，即使兵精粮足，只怕老五也不敢守下去。

刘义隆颓然问道："这么说，江夏王已着手退兵啦？"

那军校却道："江夏王是有这打算，为防被魏骑追到，江夏王有意先领兵东进，前往郁州，走海路退还京师。只是武陵王竭力反对，力主坚守彭城，死战不退！"

刘义隆眼前一亮。未承想最不被他亲近的三子刘骏在这危难之际，能有这样的气魄，他惊叹道："武陵王是如何打算的？"

那军校答道："武陵王言：'若当真能从郁州走海路退还京师，他也无复他言。只是魏军临近，城中乏粮，军民皆有退意。只因城门紧闭，故而无从所去。一旦大军轻动，只怕未等魏军追到，人马早已逃散，如何还能退还京师？到彦之便是前车之鉴。北伐稍有小挫，旋即退兵，以致溃败之势无从挽回。而今彭城虽然粮少，却也不至于旦夕告罄。坚守彭城，尚有一线生机，若弃城而去，唯有一死而已。岂有舍生而求死的道理？若江夏王当真要退，他便独留彭城，誓与此城共存亡！'"

刘义隆颇觉安慰，继而生出一丝悔意。

多年以来，刘义隆都对刘骏不大亲近。这孩子性子孤僻，不像老二刘濬与太子那般亲密，让刘义隆时常想起当年与二哥刘义真的兄弟之情。也不像老四刘铄和老六刘诞那般机敏，懂得借徐湛之、江湛争宠。此番北伐，中路军以刘铄为帅，西路军以刘诞为帅，唯独东路军是在太子举荐下，以萧斌为帅，而没有就近任命刘骏为帅。听着刘骏誓死坚守彭城的勇气，若当日以他为东路统帅，想必也不会错用了王玄谟，更不会有滑台惨败。

这时，就听那军校接着说道："还有步兵校尉沈庆之，也不同意江夏王撤回京师。"

刘义隆愣了一下，还没反应过来，就听太子刘劭惊道："沈庆之不是在碻磝吗？如何会在彭城？你究竟在胡说些什么？"

那军校却道："王玄谟兵败，萧斌已在沈庆之的力争下，留王玄谟守碻磝，分兵垣护之守清口，大军退守历城。沈庆之孤身前往彭城求援。听闻江夏王欲弃彭城退往京师，沈庆之竭力反对。说历城粮多兵少，谏言江夏王以护军萧思话留守彭城，并以精兵车阵护卫，保江夏王、武陵王引大军北去历城坚守。"

刘义隆心中一惊。沈庆之胆子真够大的，都没等朝廷旨意，就已强谏萧斌舍弃碻磝，退守了历城。虽说此举让刘义隆颇为不满，却好歹保全大军退回了青徐，有了与魏军继续周旋的余地。再一想来，沈庆之真是出人意料。魏军大兵压境，没有去攻历城，而是直接南下逼近彭城。刘义恭想着如何退回江南，可沈庆之倒好，偏要反其道行之，劝大军北上，集结于历城。数万兵马北上，无疑在魏军身后插下一个钉子，逼着拓跋焘不敢继续向南进军。

刘劭心中却是另一番滋味。刘劭知道，沈庆之是个人才，故而把他从雍州调入太子府。可沈庆之说是向彭城求援，难保不是听闻刘骏尚在彭城，故而赶去救他的旧主。这绕了一大圈，刘劭还是不能让沈庆之为己所用，他不由得对沈庆之生出恨意。

那军校接着说道："江夏王见武陵王执意不退，又不可能真听了沈庆之的话，离开彭城去历城，也唯有坚守城池了。"

刘义隆听刘义恭没有从彭城退兵，稍稍放下心来。他想想，有沈庆之、萧思话相助，彭城还是能坚持一阵的，遂对徐湛之说道："传朕旨意，不可任由魏军向彭城逼近。命江夏王、武陵王派兵阻截，趁着魏军初到未稳，袭扰萧城、留城，以探魏军虚实。"

徐湛之应了下来，江湛忙上前问道："陛下，寿阳情急，也该当驰援。"拓跋仁八万铁骑离寿阳越来越近，江湛可不能让刘铄陷在寿阳。

刘义隆沉思一阵。虽然至今仍不知魏军究竟有多少人马，可从拓跋焘能分兵八万给拓跋仁，便知魏军南侵，必然远胜悬瓠一战。彭城自顾不暇，不可能派兵去救寿阳。为求万无一失，江南也不可能再调兵去救寿阳。北伐已无从谈起，为今之计，也只有自虎牢撤兵，回救寿阳了。

刘义隆叹了一声，说道："传朕旨意，命刘康祖尽快自虎牢退兵，回救寿阳。"

江湛知道求不去救兵了，也只能匆匆拟旨，且把刘康祖调回来再说。

这时，徐湛之却说道："陛下勿忧！虽然中路、东路尽皆失手，可西路大捷，柳元景兵进潼关。拓跋焘提前发难，渡河南侵，只怕他尚不知弘农已为我军所破。不若传旨随王，命柳元景尽快攻下潼关。只要关中被柳元景切断，拓跋焘也不敢继续南下了。"

刘义隆忽然觉出一点儿希望，忙点头说道："徐爱卿说得是，速速拟旨雍州，方才所言封赏之事，无有不允，命随王务必攻下潼关。"

江湛、刘劭心里酸溜溜的。

仗打成今天的模样，收复河南失地已没指望了，击退魏军才是当务之急。若柳元景真为刘诞攻破了潼关，就算不能逼拓跋焘从彭城退兵，至少也能减缓魏军对大宋的攻势。如此一来，刘诞可就成了此次北伐最大的功臣。江湛、刘劭如何不嫉恨？可寿阳危急，刘铄自保不暇，萧斌更是从碻磝退往了历城，这就让江湛、刘劭已没有与刘诞争功的机会了。

两人虽然一肚子醋意，却也只能悻悻退下。太子都无话可说，刘濬自然也无多言，眼瞅着徐湛之乐颠颠地拟写送往雍州的旨意去了。

兵临城下，建康危急

十二月的石头城，北风凛冽。纵是一年到头都生机盎然的江南，此时也呈现出隆冬时节的萧瑟。石头城位于建康城西，早在三国赤壁之战后，东吴大帝孙权就在凉山西麓，临悬崖峭壁修建此城，俯瞰长江，威慑秦淮河口，是护卫建康最重要的屏障，也是通往建康的最后一道险关。

刘义隆此刻正站在石头城上。

北风吹来，冻得人头皮发麻。刘义隆身子算不得好，尤其战事不利，整日忧心国事，隐隐有旧疾复发的迹象，实在不宜久立城头。可刘义隆不愿回去，望着城外，久久无语。

长江两岸一览无余。烟波浩渺，江水与往年相比，倒没有枯竭多少，看得人稍稍安心。然而望向北岸，他的心再次悬了起来。原本枝繁叶茂的树林已没了踪影，林外的乡邑村舍也都消失不见，开辟出来的大片土地扎满了军帐。江边的芦苇荡也被割得干干净净，让人一眼就能瞧见对岸的热火朝天。雄壮的胡骑在营中往来奔走，战马的嘶鸣与阵阵战鼓交织在一起。来自天南海北的役夫，正卖力干着苦役，那些砍下的林木与芦苇，在数十万计的役夫手中，不停变换模样，化作了渡江的舟船木筏。与石头城隔江相望，也有一座小山唤作瓜步。此时的瓜步山头，已开出一大片空地。一座金毡大帐矗立山头，帐前高竖一杆牦尾大纛，宣示着那里是魏国国主拓跋焘的行辕所在。

刘义隆的心揪了一下。

第二次北伐开战至今，已过去了整整半年。随着拓跋焘亲领大军南征，刘义隆的北伐已成了个笑话。滑台惨败后，寿阳、彭城相继受到魏军威胁。刘义隆虽已传命刘康祖自虎牢撤军，回救寿阳，并使刘义恭、刘骏分别出兵袭扰萧城、留城，以期阻挠魏军攻势，然而两路兵马无一不为魏军所破。

豫州方面，刘康祖在虎牢血战后，仅剩八千步卒，奉旨撤军回救寿阳，却被魏将拓跋仁探知。刘康祖遭遇阻截的魏骑，结车营而进，将士顶着十倍魏军，殊力死战，血拼一日，杀敌万余。拓跋仁虽心惊不已，却也不肯放刘康祖南下。魏军分为三路，且休且战，轮番猛攻车阵。日暮，北风大急，拓跋仁使骑兵负草焚烧车营。刘康祖力竭战死，宋兵大溃，死伤殆尽。拓跋仁随即南下合围寿阳，南平王刘铄婴城自守。

徐州方面，武陵王刘骏遣马文恭兵进萧城，江夏王刘义恭遣嵇玄敬兵进留城，两将皆为魏军所败。虽然沛县百姓自发迎敌，夜于林中击鼓，惊得留城魏兵以为宋兵去而复返，争渡苞水，溺死过半，可这场意外的小胜，并没拦住魏军杀向彭城的脚步。

拓跋焘连战连胜，本以为彭城不足为惧，谁料刘骏与刘义恭在决意坚守后，已在沈庆之、萧思话众将的辅佐下，把本就坚固无比的彭城打造得固若金汤。拓跋焘心生忌惮，遣使说降。两国使者在彭城外一番唇枪舌剑，反而激励着城中军民人心向战，士气高昂。拓跋焘硬着头皮猛攻彭城近两月，损兵折将，竟连城头都没能摸上去。

刘义隆见魏军久攻彭城不破，遂使辅国将军臧质领军万人驰援彭城。谁知拓跋焘在彭城耗了这么久，已分兵围困彭城，复引大军继续南下。臧质猝不及防，在盱眙城郊与拓跋焘大军遭遇，仓促迎战，皆为魏军所破，臧质仅剩七百余人退守盱眙。好在那新赴任的盱眙太守沈璞颇有先见之明，早早在城中储备了无数粮草矢石，又募得两千精壮兵，在臧质退入城中后，两人合力守城，让魏军没有可乘之机。

拓跋焘不愿像在彭城那样，在盱眙耗费过多精力，分兵数千合围盱眙后，继续领大军南下。一路所过，无所不破，竟生生杀过淮河，直抵长江北岸。随即在瓜步山下，立起大营，伐树割苇，大造舟筏，扬言要横渡长江，直取建康。

刘义隆瞪着那金毡大帐，眼睛都快瞪出血来了！

自淝水之战以来，在强大的北府军护卫下，还从没有魏军能渡过淮河一线。北府军创始人谢玄手中，苻坚八十万大军烟消云散，强大的前秦帝国分崩离析，北府军乘胜追击，收复淮北大片国土。在先帝手中，北府军两度北伐，先灭南燕，后灭后秦，再次收复青州、徐州、兖州、豫州大片失地。虽说关中得而复失，北府军损失惨重，可北府军的威名当真响彻南北。然而同样的北府军，在刘义隆的手中，却是两度北伐尽皆惨败，非但没收复河南尺寸国土，如今更让魏军杀到长江北岸，就连建康都在其威胁之下。

无比的羞愤让刘义隆的怒火无从宣泄，巨大的耻辱让刘义隆怒发冲冠。继位以来，刘义隆一心想承继先帝遗志，收复中原，若不能得偿所愿，甚至让魏军杀过江来，抛开国仇家恨和对万千子民的愧疚不说，大宋就此亡国灭种，刘义隆有何颜面去见先帝英魂？而刘义隆原与帝位无缘，阴差阳错得到了二哥苦心想得到的一切，若让魏军杀进建康，如此灰头土脸去见二哥，岂不是要被他笑掉了大牙？

刘义隆不觉想起檀道济来。前番北伐，有檀道济临危受命，挽救了危局。怎奈在彭城王的争权下，刘义隆也心存对檀道济的忌惮，终让一代名将含冤而死，如今终是体会到了自毁长城的苦楚。刘义隆轻轻地叹了一声："假使檀道济尚在，胡马焉有至此的道理！"

身后匆匆来了数人，刘义隆没回头去看。就听太子刘劭说道："父皇，儿臣已奉旨接管水军，上至合肥巢湖，下至蔡洲，各处津要皆已严兵守备，领军将军刘遵考统率水师战船，陈舰列营，沿岸游巡，北岸但有风吹草动，便能即刻迎敌。"

始兴王刘濬接着说道："儿臣也已奉旨，于采石至暨阳设防，六百里江岸，遍布斥候，但见北方来人，必能羁押索拿，绝不放魏军斥候过江。"

刘义隆松了口气，说道："我儿辛苦了。"

这时，徐湛之又说道："建康城也已内外戒严，丹阳境内十五岁以上男丁，尽皆征发，王公以下子弟，皆赴军营御敌。已有数万精壮分拨去了各营，江防已近初成。此外，江北尚未沦陷州郡，皆已征集百姓就近退入城中，乡野之间再无粮草牲畜可被魏军掳掠。另置毒酒毒饵，藏于乡村茅舍，魏军若敢拿去，必能毒杀无数敌兵。"

刘义隆默然无语，视线从江北收了回来，却见石头城外，长江南岸，人来人往，乌泱泱一片。刘义隆皱了皱眉头，只当新征的兵马少于训练，被敌军之盛吓破了胆。问道："那边是哪一营兵马，又是何人统兵，为何乱成那般模样？"

徐湛之望了望，说道："启奏陛下，那些并非官兵，皆是丹阳百姓。十五岁以上男丁从军后，上到六十岁老者，下至十一二岁的少年，连同居家的妇人，全都自发来了江边。"

刘义隆仔细一瞧，这才发现那些人既无甲胄，也无兵器，手中所持之物，大多是扁担农具。

就听徐湛之凄然说道:"国家兴亡,匹夫有责。若让魏军杀过江来,百姓自知难逃一死,索性举家到了前线。若他们的父兄子侄战死在江上,便该他们为国守卫最后一道防线了。"

刘义隆心中一痛,长叹一声,回转身来,说道:"北伐之计赞同者少,今日士民劳苦,朕心实愧。两淮间百姓徒受此难,家园尽毁,十室九空,就连丹阳也未免祸,男丁尽出,妻离子散,还不知此战过后能有几人回来。国家蒙尘,百姓遭苦,此皆朕之罪也。湛之,代朕拟个罪己诏书,传告州郡。"

徐湛之扑通一声跪在地上:"陛下怎能如此自责!北伐之计乃是国策。魏国刚刚一统北方便兴兵进犯,若非悬瓠一战被我军击退,只怕局势也不见得就比现在好上多少!成与不成,北伐皆是我大宋的唯一出路,焉能任由魏国反复侵扰,坐等国破家亡?再说了,是臣力谏陛下北伐,若陛下有罪,那臣之罪尤在陛下先,定要有人为北伐之败负责,臣自请陛下严惩,以安人心。这罪己诏书,却万万使不得!魏军大兵压境,人心浮动,天子岂能自认有罪?此举非但不能抚平众怒,反倒让士族、百姓以为长江坚守不住,闹得人人自危了。"

刘义隆还未说话,刘劭早已忍不住了,冷笑数声,怒骂道:"徐湛之,你倒有自知之明!当日华林园廷议,多少人反对北伐,你与江湛是如何滔滔不绝,舌战群贤?你二人,再加上那个罪该万死的王玄谟,一副为国为家的嘴脸,满口大义凛然的言辞!好似我大宋上下,就剩你们几个心存社稷,其余人等皆是尸位素餐,一肚子龌龊腌臜。可实际上,败乱国家的正是你们三个自诩的忠良!想想你们说过的那些大话,真是牛皮吹尽,恶心,恶心!"

刘劭转过头来,向刘义隆拜道:"父皇,王玄谟奉命留守碻磝,复又弃城逃往历城,以至碻磝为魏军所得。倒是王玄谟这个小人逃得性命!真是好人不长命,王八活千年!如今,王玄谟远在历城,治不了其败军辱国之罪。然北伐惨败,数州沦陷,国家受辱至此,徐湛之、江湛亦是首恶,唯有斩杀此二贼,方可以谢天下!"

徐湛之身子颤了下,无从反驳,只能叩首请罪。刘义隆叹了一声,说道:"北伐是朕的意思,徐湛之、江湛不过从朕旨意而已。此事休要再提!"

刘濬听天子没有采纳太子之言,很不乐意,追着说道:"即使不惩二人极刑,也当褫夺官爵,以示惩戒!国家危亡之际,岂能仍用二人领军?儿臣愿为父皇分忧，代徐湛之守备仓城。此外，江湛也没资格总揽三军，应以太子接管军权！"

刘义隆心中不满。刘濬与刘劭几乎是一个鼻孔出气，他说的话自然是刘劭授意。平日里刘义隆乐于这兄弟二人亲密，可随着时间推移，两人却多了些结党营私的意味，让刘义隆很是反感。刘劭早就不满徐湛之、江湛各自支持刘诞、刘铄，借着北伐失利，乘机向徐湛之、江湛夺权。

刘义隆皱了皱眉头："朕说了，此事休要再提！当前要务是同仇敌忾，共退敌兵，其他的事待击退魏军再议！"

刘濬见天子动怒，只得悻悻退下。

刘劭却又问道："父皇，那刘义康呢？刘义康该如何处置？"

刘义隆心中咯噔一下，刚想说："那是你四叔！"却又一想，因胡诞世据豫章反叛，欲拥立刘义康为主，老四已被废为庶人了。刘义隆再次皱起眉头，知道刘劭是什么意思。

就在魏军逼近江北的时候，镇守彭城的刘义恭和刘骏联名密奏朝廷。刘义康秉权十年之久，颇有些声名，故而先后有刘湛、范晔、胡诞世借刘义康名义反叛。无论刘义康究竟有没有指使三人犯下滔天大罪，刘义隆念在兄弟之情，也念在刘义康这些年为国事操劳的辛苦，一直刻意保护，留下他的性命。然而，魏军逼近，江南震动，难保不会有刘义康旧党兴风作浪。一旦生起事端，外有强敌，内有乱党，无疑是极大的威胁。故而刘义恭和刘骏密谏天子，赐死刘义康，除去心腹大患。刘劭和刘濬也对此极为赞同，数次劝谏天子下旨。

刘义隆看了看北岸越来越有规模的舟筏，又看了看石头城外的百姓，终是割舍下对刘义康又爱又恨的复杂感情。他叹了一声，说道："朕准奏了，这事你派人去做好了。义康信佛，不能自杀，你想个两全的法子，莫要折辱了他。"

刘劭领命，还未离去，跪在地上的徐湛之犹豫再三，向天子说道："陛下，关中撤兵的事是不是先缓缓？"

刘劭领命正要离去，忽听徐湛之说出此事来，不禁怒从心起。徐湛之显然又要为老六刘诞说话了，这是刘劭万万不愿的。刘劭也不急着离去，且听听徐湛之如何说辞。

就听徐湛之接着说道："拓跋焘兵进彭城时，柳元景便在随王军令下，以薛安都、曾方平、尹显祖、庞法起四将为先锋，向潼关逼近。陛下也看了关中传来的军牒。魏军于陕城驻扎大军抵御我军，前军将士为解国家之危，奋勇杀敌，逼得拓跋焘分兵两万骑驰援陕城。陕城一战何其惨烈！我军身后是陕城守兵，面前是两万魏骑，薛安都、曾方平誓死不退一步，血战数日，终是大破魏军援兵，两万魏骑几乎全军覆没。而陕城就此被攻破，潼关亦为我军所得。"

徐湛之声泪俱下："陛下，自先帝北伐，收复关中，历经三十余年，潼关再次归入我大宋之手。凭借此关，我大宋便有了再次收复关中的可能。听闻潼关被柳元景攻破后，关中豪杰一时蜂起，多有羌胡投奔我军。拓跋焘现今尚在江北，无暇回师，只要一年，不，只要半年，柳元景必能戡定关中。陛下，我等苦心经营近十年，才谋来这第二次北伐。如今东路、中路尽皆失利，唯独西路大有斩获，若在此时从潼关退兵，不知何年何月才能再有这样收复关中的绝好机会！陛下，臣斗胆，请陛下务要慎重，就再给柳元景一点儿时间吧！"

刘义隆如何不想让柳元景在攻破潼关后趁势收复关中？可魏军集结于江北，瞧那动静，随时都有渡江的可能。虽说宋军自江州至长江入海口一线，勉强撑起了江防，可拓跋焘用兵诡谲，难保他不会声东击西，大军在瓜步大张旗鼓，遥作攻势，实则暗遣兵马，自上游渡江。若这种事情真的发生，魏军渡过长江，一路东进，大宋的江防就成了摆设，建康势必危在旦夕！故而刘义隆明知潼关大获全胜，为防备拓跋焘遣兵奇袭荆湘，威胁建康，也只能未雨绸缪，忍痛召回柳元景，在西境补齐防线了。

刘义隆还没说话，刘劭怒斥道："徐湛之，你安的什么心？魏军来势汹汹，建康危如累卵，你不思回救国都，却还一心想着谋求功勋，你这是在拿我大宋做赌注，好成就你的声名！你当真好大的狗胆！若被魏军杀过江来，大宋危在旦夕，就算柳元景抢下了关中还有何用？"

刘劭向刘义隆深深地拜道："父皇，柳元景不可在潼关多留一日了！徐湛之口口声声，说陕城一战逼得拓跋焘自河南分兵回救。可据儿臣所知，那两万骑兵是魏国洛州刺史张是连提的兵马。拓跋焘压根儿没从彭城分兵，足见魏军意图就是直捣江南。拓跋焘分得清轻重，潼关是重要，可还没有重要到威胁魏国的根基。柳元景切断关中不假，可关中真如徐湛之说的，半年就能打下来？魏国吞并关中有多少年啦？夏国、西秦、北凉、仇池相继亡国，少说也过去十来年了吧？拓跋焘为维持对西域的控制，仅在长安就有多少驻军？岂是柳元景那些兵马半年就能夺下来的？关中是被盖吴叛乱搅得天翻地覆，那些余党在得知宋军夺取潼关后，自然会来投奔。可这些新投之人，能在他们主子盖吴败亡时四散而逃，又岂会为柳元景死战？一旦长安守军向柳元景逼近，在陕城血战后已是强弩之末的先锋大军，还能挡得住魏军攻势？父皇，柳元景的兵马已是孤军，看似抢占潼关，切断了魏国东西，可也不能不说是柳元景被魏国夹在了当中，这支兵马非但不能逼拓跋焘回师北上，再耽搁下去，只怕反而要和当年的王镇恶、沈田子一样回不来了！"

刘濬也忙说道："父皇，太子言之有理！柳元景大军北上，雍梁为之一空，西境守备不足，乃江防隐患！强渡天险历来就是兵家大忌，拓跋焘用兵这么多年，岂有不知道的道理？这些日，儿臣与太子巡视江防，魏军看似声势浩大，打造了无数舟筏，可越是这样，就越可见是魏军诡计！长江天险，岂是芦苇为绳捆扎舟筏渡得过来的？若拓跋焘明修栈道，暗度陈仓，在瓜步以大军牵制我朝，另遣奇兵奔袭襄阳，不但切断了柳元景回江南的退路，更能借此扫荡荆湘，夺取西境！父皇，西境一旦有失，国家还如何长久？儿臣万请父皇，速召柳元景回防襄阳吧！"

刘义隆沉吟许久，终是叹道："传旨雍州，命随王急招柳元景回师，薛安都断后。以潼关之功，拜柳元景为襄阳太守，薛安都、曾方平封关内侯。柳元景虽退，可也不能让拓跋焘在关中高枕无忧。以投奔我朝的仇池宗室杨文德为辅国将军，命其统领族众，自汉中西入陇右，滋扰关中。"

徐湛之有心再劝，可也知道不能让天子回心转意了。他心中连连哀叹，北伐难得有潼关这样的斩获，却被轻易舍弃，只怕大宋再也没有压过魏国势头的可能了。

刘劭狠狠地瞪了一眼徐湛之，便准备与刘濬离去，好使人去处置了刘义康。这个声名远播的四叔实在是个祸害，不仅是国家隐患，更让刘劭放心不下。莫看天子已将刘义康废为庶人，可从天子时不时流露出来对他的情谊来看，难保天子不会再次起用他。刘义康一旦大权在握，必是刘劭的心腹大患，还是早些除掉为妙。

刘劭正想走，却又不放心徐湛之一个人陪在天子左右，说道："我的中书令大人，天子已命拟旨，你倒是与我同去呀！"

徐湛之摇了摇头，站起身来，膝盖早已跪得有些麻木。他一瘸一拐地跟着刘劭，便要去拟旨。这时，却见江湛领着一群臣子来到城头。

刘劭愤愤地瞪了一眼江湛。这节骨眼上，也不知江湛来见天子做什么，他只好和刘濬拉着徐湛之留下来听听再说。

刘义隆向江湛问道:"爱卿总揽三军,这时来见朕,有什么要事?"

江湛拜道:"陛下,田奇回来了!"

刘义隆哦了一声,却未再多说什么。

魏军在江北扎营不久,江湛便请命遣使渡江。刘义隆原本是不同意的,刘劭、刘濬亦是坚决反对。

江湛想遣使过江是什么意思,大家心知肚明,无外乎想与魏军言和罢了。可拓跋焘兴师动众,岂会轻易退兵?悬瓠战后魏军败退时,拓跋焘尚敢狮子大开口,索取江北州郡。如今魏军大兵压境,还不知会提出什么无理的要求。江湛遣使,除了自取其辱,还能有什么用?只是刘义隆考虑再三,也想探探拓跋焘的心思,终是准了江湛所请。田奇曾数次出使魏国,便遣他去了魏军营中。

江湛见天子没什么反应,有些尴尬,咳了一声,复又说道:"陛下,田奇回来了!"

刘义隆非但没有说话,反而转过身去,凝神望着江北。

江湛只得给田奇使了个眼色,就听田奇上前拜道:"陛下,臣去江北,不辱使命,魏国国主愿意言和!"

众人无不吃惊,就连刘劭、刘濬都觉得不可思议。

刘义隆却没有丝毫动静,沉默许久,问道:"条件?"

田奇小心地说道:"臣奉旨与魏军言和。魏国国主以手指天,说魏军远来至此,非欲为了功名,实欲与我朝罢兵息战,使两国百姓各自安好……"

刘义隆心中冷笑。罢兵息战?各自安好?魏军都杀到建康门前了,是与大宋交好的?

刘义隆不耐烦地打断了田奇的话,喝道:"朕问的是拓跋焘的条件,不要听这些废话!"

田奇吓得一个哆嗦,忙说道:"拓跋焘想与我朝和亲,两国就此结为友邦,各自休战!"

刘义隆愣了一下。

和亲?仗打成这个样子,拓跋焘都杀到江北了,竟没提任何非分要求,只提与大宋和亲?拓跋焘究竟打的什么主意?

刘劭也甚是奇怪,问道:"拓跋焘真这样说的?再没说其他什么?"

田奇肯定地回答道："正是如此。魏国国主求我大宋外嫁公主，许配其爱孙拓跋示奇。还想将其女儿，许配于武陵王刘骏，自此两国永为婚姻之国，魏国匹马不复南顾！"

刘义隆愣了一下："武陵王？"

田奇说道："正是。"犹豫了一下，看了看刘劭和刘濬，却发现两人也正盯着他。田奇心中一紧，低下头去，不安地说道："魏国国主在彭城久攻不破，颇为赞赏武陵王。还说遍观陛下诸子，唯独……唯独武陵王是个真男子！"

刘义隆沉默了。

拓跋焘想与大宋和亲不是一天两天了。从魏国与其他数国和亲来看，拓跋焘所谓的婚姻之国，不过缓兵之计和疑兵之计而已。拓跋焘先后迎纳夏国、柔然、北凉、北燕公主，除了衰败的北燕，其他几国也都迎娶了魏国公主。可到最后，又有哪国没被魏国所灭？拓跋焘与大宋和亲，用意也是如此。不同的是，前番与大宋和亲，拓跋焘想娶刘义隆的长公主，许配魏太子拓跋晃，还许以太子妃。如今魏国势大，宋国国危，这和亲的身价也掉了许多。想要宋朝公主嫁给一个听都没听过的拓跋示奇，还不知是拓跋焘哪个庶子生的孙儿呢！

刘劭听了田奇的话，脸色变得很难看。若说两国和亲，以太子刘劭迎娶魏国公主，自然规格最高。可拓跋焘却没这么想，在他眼中，刘骏是真男子，那刘劭又成了什么？刘劭倒没什么兴趣娶一个外邦女子，只是拓跋焘如此高抬刘骏，全然不把自己放在眼里，实在让他怒不可遏。

刘义隆淡淡地问道："江爱卿，你们如何看待此事？"

江湛忙上前拜道："臣以为，此事万万不可答应！"

刘义隆很意外，在他看来，江湛遣使渡江，不就是去言和吗？拓跋焘仅仅想以和亲为条件，换取魏军退兵，为何江湛反而不同意了呢？

刘义隆转过身来，问道："江爱卿为何不同意和亲？"

江湛答道："所谓和亲，以婚姻求两国安好。遍观北方诸国，皆魏国姻亲，却皆为魏国所灭，如此和亲，不和也罢！"

江湛的话，有些书生意气。莫说魏国，自春秋战国以来，诸国之间屡有和亲，又有哪国因和亲不打仗的？和亲本就是国家权宜之计，江湛因魏国吞并北方诸国就否决和亲，未免有些牵强了。

却听江湛接着说道:"臣以为,若拓跋焘漫天要价,这和谈也还真能谈下去。偏偏拓跋焘什么都没要,只求和亲,却是万万不能言和了!"

刘义隆问道:"江爱卿这是什么意思?"

江湛答道:"拓跋焘大举南侵,虽没有百万之众,可少说也有二十万大军。虽说从战局来看,拓跋焘占尽优势,江北州郡几乎都被魏军扫掠。然而魏军兵强马壮,却未能攻破彭城。固然是因彭城城高池深,可陛下也知道,城中粮草军需不足,守城极为困难,即使如此,魏军也没能踏上城头一步,足见打了这么久仗,魏军已后继乏力了。二十万魏军渡河南下,半年时间要耗费多少粮草军需?彭城、寿阳、历城、盱眙尚在我军手中,虽被魏军围困,可这些城池也极大扼制了魏军的补给道路。再加上江北州郡坚壁清野,魏军难以就地掳掠,补齐军需。我军又在江北村落投毒,惊得魏军更不敢轻易吃那些夺去的粮草。听闻拓跋焘就连喝的水,都是从黄河以北运过来的。"

江湛笑了笑,说道:"陛下,拓跋焘不敢再打下去了!他越是在江北兴师动众,越是在以此威慑我朝,想逼迫我朝主动言和,好让他从容退兵。陛下知道,拓跋焘是个怎样贪得无厌的人,他若以索取江北州郡为条件,说明他还有要这些州郡的实力。他却怕漫天要价被陛下回绝,仅仅求取和亲以确保和谈可成,反倒百密一疏,被臣等洞悉魏军外强中干的事实。陛下,江南无忧矣!此时正是我朝大举反攻,将拓跋焘全歼于江北的良机!"

刘义隆眼中忽然现出一丝希望,却很快黯淡下去。他望了望江北热火朝天的敌营,魏军真如江湛所说这般不堪一击吗?江防初成,不轻举妄动,至少能保建康安全,反攻魏军的风险太大,刘义隆实在不敢冒这个险。

刘义隆问道:"文武百官也是这么想的?"

江湛答道:"皆是如此。"

刘劭一下子跳了出来,骂道:"万万不可!江湛,当日你与徐湛之主战,非但没能收复河南,反而让魏军杀到江北,直逼建康。如今又大言不惭,想劝天子孤注一掷,渡江迎战?江湛,你和徐湛之就是一路货色!你们知道什么是打仗?你们屁都不懂,就知道在这里妖言惑众!说什么魏军势弱,你睁开眼睛看看江北,那像个不堪一战的样子吗?真遣大军北上,你是嫌我北府军将士死得太少了吗?长江防线,已动用了长江一线州郡所有能动用的人马,一旦江防有失,江南危矣!

岂能为了你那可笑的建功立业的幻想，就置我大宋于危难之中？"

刘劭骂罢江湛，转向刘义隆拜道："父皇，江湛之言万不可听！为求稳妥，这和亲……也未尝不可！"

倒不是刘劭转了性，此时反倒想言和了。而是江湛想做什么，刘劭是万万不能让他做成的。一来江湛所言风险太大，万一他所判有误，便是灭国之祸。二来刘劭原本就不支持北伐，魏军逼近江北，为保护国家，刘劭也唯有一力主战，以江防御敌。可若真能借和亲让拓跋焘退兵，刘劭也乐意免去这场兵祸。否则两国杀个你死我活，就算击退了魏兵，大宋也是元气大伤。日后刘劭即位，也是一副烂摊子了。反正拓跋焘只想把他闺女嫁给刘骏，虽说这让刘劭很不是滋味，可刘骏娶了拓跋焘的女儿，只会让天子更反感刘骏，不会再对刘劭的储位有多大威胁了。

刘义隆迟疑许久，说道："劭儿，自先帝以来，我大宋何曾向北虏低过头？若朕今日把公主嫁给了拓跋焘的孙子，即使拓跋焘真肯退兵，日后朕也没脸去见先帝了！这和亲……朕是万万不会同意的！"

刘劭心中一紧，却听天子接着说道："江爱卿，这和亲不提也罢。只是朕也不能拿建康做赌注。江防初成，且把心思放在防备魏军南渡上吧！传檄大江南北，获拓跋焘首级者，封万户侯，赏万金。获魏国王公首级者，封列侯，赏五千金。"

刘劭一肚子不乐意，却不好反驳，就听天子说道："方才安排你做的事，且去忙吧！尔等也都退下，朕想一个人静静。"

刘劭知道，天子这是在提醒处置了刘义康。既然天子没有准允江湛之计，也就没留下来的必要了。刘劭答应一声，唤了徐湛之往外走。

江湛也只得摇了摇头，拜别天子，与群臣走了出来。

待下了城楼，却见太子几个人还在，江湛上前拜了一拜，便想先回建康。谁知刘劭忽然走上前来，拦在江湛面前，没好气地说道："江侍中哪里去？"

江湛愣了一下，说道："军政繁忙，臣这就回建康去了。石头城事关重大，太子身负此城重任，还当万事小心。"

刘劭冷笑一声，说道："此事还用你来提醒？"说罢，他一手拽住江湛衣领，往后就是猛推一把。

江湛毫无防备，险些跌倒在地，周围群臣也都吓了一跳。还未来得及上前劝解，就见刘劭一个巴掌扇了过去，直打得江湛脸都肿了起来。

就听刘劭骂道:"江贼,你不是说魏国轻松可灭,北伐定能大获全胜吗?你倒是给我看看,你这惹祸的嘴巴,是怎么大败魏军的?江贼,两淮州郡丢个干净,皆是你这张破嘴惹下的大祸!整日嚷嚷着北伐北伐,你又伐了个什么?建康危殆,你还嫌不够乱吗?胡扯些什么反击魏军,我这一巴掌,就是替我枉死的北府军将士向你讨个公道!"

刘劭没能说动天子和亲免去这场兵祸,只能把怒火全都发泄在江湛身上,越骂越是气盛,当啷一声,长剑出鞘。

刘濬看着刘劭怒骂江湛,也觉出了一肚子恶气,却见太子动了兵器,吓了一跳,忙劝道:"大哥,万万不可!"

刘劭骂了一声,也没失了分寸。堂堂宰辅,太子岂能杀他?刘劭侧过剑身,剑脊狠狠地拍在江湛的背上。江湛是个文人,虽是剑脊,却也招架不住,扑通一声,被太子拍倒在地。

众人见太子动手揍了宰相,哪个敢来劝解?刘濬终是看不下去,忙上前拽了回来:"大哥息怒!这等恶贼自有老天收拾,别脏了大哥的手!军情紧急,我等还是快些去办父皇的差事吧!"

刘劭对倒在地上呻吟的江湛又骂了一声,转手扯了吓得目瞪口呆的徐湛之,且回幕府拟旨去了。

魏国内乱，三度北伐

刘义隆看着跪在殿下的那个年轻人，问道："你是说魏军果真退回平城啦？莫不是拓跋焘又有什么诡计？"

那年轻人恭敬答道："降将不敢胡言，拓跋焘除了分兵守备豫州、兖州，大军的确已经返回平城。"

刘义隆甚是欣慰，问道："朕听闻魏军自瓜步转攻盱眙，何故会这样仓促退兵？"

那人答道："当日拓跋焘领兵南侵，却不能攻破彭城、寿阳、盱眙，眼见临近开春，唯恐雨季来临不利征伐，故而留兵合围三城，大军进逼江北，欲以此威慑大宋，以求不战而胜。谁知天子不为所惧，沿江布防，让拓跋焘无机可乘。时间拖得越久，魏军粮草越发告罄，拓跋焘越不敢久留，故而欲与大宋和亲，好让魏军全身而退。怎奈天子严词拒绝，拓跋焘慌了手脚，只能焚毁大营，连夜退兵。"

刘义隆心中不禁有些懊悔。听闻拓跋焘从瓜步退兵后，疑心是拓跋焘诱兵之计，故而未敢遣兵追击，若早知拓跋焘是真退兵了，指不定就能大破魏军扭转乾坤了。

就听那年轻人接着说道："拓跋焘也非刻意转攻盱眙，只是退兵时路经此城，听闻城中粮草丰足，却仅有臧质、沈璞二将不到三千守兵，遂决意攻破此城取其粮草。谁知臧质、沈璞死战不降，还骂得拓跋焘颜面尽失。拓跋焘本就为南征不利、仓促退兵而怒不可遏，又被臧质羞辱，盛怒中不惜代价强攻此城。谁知，盱眙虽然兵少，却人人奋战，魏军苦攻一个多月，前后死伤万人，都未能攻破城池。时已开春，雨水慢慢多了起来，魏军生了疾疫，又不知哪里来的消息，说是建康有水军自海入淮，驰援盱眙，还有消息说彭城欲遣兵马切断魏军北还之路。拓跋焘只能焚毁攻具，匆匆自盱眙退兵，免得被大宋困死在淮南。"

刘义隆沉吟不语，围杀拓跋焘的大好时机居然就这样被自己错过了。

那年轻人复又说道:"虽说拓跋焘退回了平城,可此番魏军南征,前后战死六万余众,又因时疫死了数万,以至南征魏军死伤过半。若拓跋焘退兵再迟些,只怕损失比这还要惨烈些。我兄弟原是南人,当年家父鲁轨被司马休之蛊惑与先帝为敌,终是兵败流亡异乡。不瞒陛下,家父在世时,时常为当年年少莽撞,与先帝为敌深悔不已,虽在魏国为官,却常有南归之心。只是当年江陵一战,不慎害了先帝爱婿徐逵之性命,故而不敢轻易投奔。如今天道昭昭,拓跋焘兵败北逃,我兄弟岂能继续执迷不悟为虎作伥,故而不惜被天子责怪,回还圣朝归罪,还请陛下责罚!"

说到这里,那年轻人小心地看了看徐湛之。

那年轻人名叫鲁秀,是鲁轨的次子。鲁轨当年在荆州兵败,流亡北方后,在魏国为官三十余年,抑郁而终。长子鲁爽与次子鲁秀皆因勇猛善战被拓跋焘赏识。此番南征,兄弟二人随军南下。魏军盱眙兵败后,鲁爽、鲁秀因犯了军纪,怕被气头上的拓跋焘严惩,索性寻了个借口,离开大军,转头便带着兵马降了镇守寿阳的南平王刘铄。天子听闻,命鲁爽兄弟来建康见驾。只是徐湛之是徐逵之的儿子,如今位列宰辅,鲁爽唯恐徐湛之翻起旧账,容不下自己兄弟,遂遣鲁秀代他往建康一行。

鲁秀跪在徐湛之的面前,深深地拜了一拜,说道:"当年家父年少,与徐令君结下血仇。而今家父亡故,鲁秀代亡父向徐令君告罪了!若徐令君欲以我这头颅,祭奠令尊在天之灵,拿去便是。鲁秀能以一死,解我两家世仇,死而无怨!只是我家兄长一心报效圣朝,还请徐令君饶过他一命,也好让家兄能为大宋披荆斩棘,略尽绵薄之力,以解家父这些年不能为国效力的憾事。"

杀父之仇,不共戴天!徐湛之岂有不恨的道理?可鲁秀把话都说到了台面上,徐湛之若无官在身,誓报此仇,也没什么可说的。只是身为宰辅,徐湛之代表着大宋朝廷。若真杀了鲁秀,只怕鲁爽就要反叛离去了。徐湛之知道轻重,怎会为了私仇而为难鲁秀。更何况因为北伐之事,徐湛之闹得灰头土脸,又被太子嫉恨,想想那日江湛被太子羞辱的样子,徐湛之此时也只求万事低调,就更不可能怒杀鲁秀惹来闲言碎语了。

徐湛之大度地扶起鲁秀,躬身拜道:"鲁将军言重了。所谓各为其主,就是家母尚在,也断不会为了亡父之事而难为了鲁将军。何况你父也已去世,上一辈的恩怨就此一笔勾销。你我同侍圣朝，日后还当共勉才是。"

鲁秀感激地又拜了一下。有了徐湛之这句话，日后他兄弟俩在大宋也能安稳些了。

刘义隆对徐湛之很是满意，点了点头。可想想此番北伐的结果，刘义隆不由得心中一颤。

虽说柳元景攻破潼关，让刘义隆颜面上好看些。可这次北伐，宋军死伤惨重，竟未夺下一城一池。而魏军退兵后，淮南沃野千里，几乎成了焦土，乡野十室九空，不闻鸡犬之声，可谓一败涂地。好在魏军方面，看似声势浩大，甚至兵进江北威逼建康，实则也是损兵折将，铩羽而归。北伐战后，两国边境几乎回到原点，宋魏大战一场，两败俱伤。

刘义隆收起心中的哀叹，对鲁秀说道："你兄弟二人能迷途知返，朕心甚慰。便拜鲁爽为司州刺史，镇守义阳。拜你为颍川太守，助你兄长同守国境。你家兄弟还有何人，且拟名录送于省台，朕皆有封拜。"

鲁秀大喜，赶忙拜谢。

刘义隆问道："朕听闻拓跋焘北还，掳得淮南无数百姓，不知是如何处置的？"

鲁秀答道："魏军在彭城时，掳得百姓万余口，羁押于安王陂，待退兵之际，唯恐被彭城驻军追击，遂尽杀百姓后退去。而拓跋焘自盱眙退兵时，掳得淮南百姓五万户，分置于平城京畿。听闻不少百姓先后反叛，皆为魏军所杀。"

刘义隆一阵伤感，叹道："悔不用江湛之言，使朕子民受此横祸！传旨彭城，太尉刘义恭坐视贼虏退兵，不能救民于危难，贬为骠骑将军，开府仪同三司，兼南兖州刺史，移镇盱眙，督淮南诸军事。武陵王刘骏，领兵不利，降为北中郎将。淮南州郡，免赋三年，受掳百姓，朝廷拨付钱粮，善加赈恤。"能逼魏军狼狈退兵，彭城功不可没。天子没有赏赐也就罢了，反而怪罪刘义恭与刘骏，显然是有拿二人出气的意思。

刘义隆又瞪了一眼太子，问道："江湛可还在养病？"

刘劭面上有些尴尬。

江湛被刘劭羞辱后，悲愤难当，待魏军退兵，便一直称病在家，至今都没有上过朝。

刘劭低声答道："正是。"

刘义隆哼了一声，思量一阵，说道："魏军北还，战后军政繁杂，且以吏部郎王僧绰接任侍中吧。"

刘劭忙高高兴兴地应了下来。

王僧绰是东阳长公主的驸马，刘劭的亲姐夫。作为天子的爱婿，王僧绰平步青云，这些年一直在吏部当差。此人年纪不大，倒是沉稳干练，颇有些才情，故而刘义隆常让王僧绰参与各种朝政要务。此时以王僧绰接任侍中，位列宰辅，对刘劭而言，自然是件喜事。

刘劭还没高兴完，就听刘义隆又说道："臧质坚守盱眙有功，转拜雍州刺史。征随王刘诞还朝，拜安东将军、会稽太守，都督扬州浙东五郡诸军事。"

又对鲁秀勉励道："江北生灵涂炭，百废待举，爱卿与你兄长此去，还当好生镇守门户。"

待鲁秀辞谢离去，刘义隆也有些倦了。北伐一战，前前后后一年多时间，刘义隆日夜操劳，心神俱疲，遂散了朝议，且先休息去了。

刘劭却是久久不能平静。

刘诞的西路军在北伐颇为抢眼。拓跋焘仓皇退兵，虽是因为鲁秀说的那样，受粮困时疫影响，可也难保不是因为潼关被柳元景攻破，逼得拓跋焘不得不北还。刘诞立下这样的功劳，天子又把他召回京师，究竟是什么意思？

一年后。

刘义隆兴奋地看着手中的信函，当真欣喜若狂。

拓跋焘死了！

拓跋焘死了！

刘义隆一遍遍看着那信函，每看一遍，都觉这些年压在身上的重担少了几分。

刘义隆问道："拓跋焘是如何死的？可知其中细节？"

王僧绰如实奏道："拓跋焘南征败退后，一直耿耿于怀。太子拓跋晃早已监国，办事又很合拓跋焘心意，故而拓跋焘把军政大事都交由拓跋晃处置。拓跋焘有个近侍宦官宗爱，仗着有国主宠幸，多有不法之事，深为太子所恶。宗爱见太子权势越来越重，唯恐被太子惩治，遂恶人先告状，向国主诬告太子属官仇尼道盛谋反。听说那宗爱搜罗的罪证甚是齐备，隐隐暗指东宫官属有拥立太子提前登基的用意，惹得拓跋焘勃然大怒，将仇尼道盛众人皆斩于平城。太子无端受此诬蔑，吓得不轻，整日忧惧不安，竟这样病逝了。"

刘义隆笑道："幸得当日没把长公主嫁与这拓跋晃，否则岂不是要为他守寡了！"

王僧绰笑了笑，也正因长公主没有外嫁拓跋晃，他意外成了驸马。

王僧绰接着说道："拓跋晃一死，拓跋焘才慢慢知道谋反不过子虚乌有，深悔不已，追谥拓跋晃为景穆太子，又以拓跋晃的儿子拓跋濬为皇太孙。宗爱唯恐被拓跋焘严惩，死无葬身之地，索性一不做二不休，趁着拓跋焘伤痛难耐，心神不宁之际，将拓跋焘刺杀于皇宫中。"

刘义隆哈哈大笑："报应，真是报应！拓跋焘屡侵我朝，此乃老天借宗爱这小人之手，为天下除去这祸害！"

笑过之后，刘义隆心中却空落落的。

平心而论，抛开国仇家恨，拓跋焘当真称得上一代雄主。在他手中，本算不得强盛的魏国，一步步吞并北方诸国，雄霸半壁江山。刘义隆两番北伐，都在拓跋焘诡谲无常的用兵下，败得一塌糊涂。刘义隆自知不是拓跋焘的对手，故而奋发图强，期待有朝一日能大败这个宿敌，洗刷耻辱。然而，拓跋焘就这样枉死小人之手，除了让人叹息，更让刘义隆再没机会向拓跋焘复仇来证明自己了。

哎！拓跋焘虽然死得窝囊，却似乎也是在以此嘲笑刘义隆，他已不屑与刘义隆交手了！

刘义隆百感交集，向王僧绰问道："魏国局势现在如何？"

王僧绰答道："魏国重臣尚书左仆射兰延、侍中和疋、薛提发觉拓跋焘死于非命，为防魏国生乱，秘不发丧。兰延、和疋欲立长君，因此把故太子的亲弟弟拓跋翰悄悄征还平城。可薛提却以为皇太孙拓跋濬聪慧过人，又无过错，不可轻废。三人议立许久，不得定下此事。宗爱听闻后，偷偷迎了与他亲近的南安王拓跋余进皇宫，又矫皇后旨意，诱杀兰延三人，策立拓跋余为魏主。当日，拓跋翰也为宗爱所杀。事成之后，宗爱官拜为大司马、大将军、太师，都督中外诸军事，封爵冯翊王。大事已定，这才将拓跋焘葬于金陵，谥号太武庙号世祖。"

刘义隆听罢，久久未发一言，叹道："未承想一个小小的宦官，居然就这样改写了一个大国的国运！朕读史书，两汉时便有宦官乱政。东汉末年，更有十常侍与外戚争权，闹得天下分崩离析。自魏蜀吴三国之后，倒再未听闻宦官乱国之事，谁知时过两百余年，复有宦官兴风作浪，败乱国家。此为国家大忌，还当备书于中书省，以警后人。"

王僧绰应了一声，就听徐湛之上前启奏道："陛下，拓跋焘横死，宗爱小人用事，魏国人心动荡，正是北伐魏国的大好时机！"

徐湛之的一句话，一下子说到了刘义隆的心坎上。

刘义隆连连点头："爱卿之言，深合朕心。去年魏国兵败北还，本就军心不稳。如今先有太子拓跋晃谋逆案闹得人人自危，又有拓跋焘死得不明不白，再有兰延三个重臣亡命皇宫，只怕魏国早已人心惶惶。而宗爱拥立的拓跋余，本就是庶出，素无声名，由他即位，名不正言不顺。再说了，宗爱一介宦官有什么才德，必然闹得魏国上下动荡。魏国朝野虽慑于宗爱淫威，却如何甘心顺从一个小人？当年先帝借姚兴驾崩，伐灭后秦。拓跋焘借赫连勃勃国丧，伐灭夏国。如今世道轮回，拓跋焘枉死，我大宋一改天下局势的时候终于到了！"

王僧绰却没有刘义隆和徐湛之那么看好此事，总觉得两番北伐尽皆败北。此时用兵，真的合时宜吗？他上前劝道："陛下，北伐之计兹事体大，还是与朝臣廷议之后，方才妥当些。"

刘义隆皱了皱眉头。

前番北伐，就是廷议过久耗时两月，以至错过最佳时机，再有王玄谟不堪其任，久攻滑台不下，这才让北伐陷入僵局，终是与魏国落个两败俱伤。若在悬瓠城战后乘胜挥师北上，再有柳元景切断潼关，只怕前番北伐又是另一番结局了。如今王僧绰又说要廷议，刘义隆自然不大高兴。

刘义隆嘟囔一声，说道："军旅之事，瞬息万变，兵贵神速，实难久议。朕已决意北伐，就莫要与朝臣共议了。"

王僧绰却执意说道："陛下，即使此事不与群臣共议，至少也该与些紧要的臣子商讨商讨。虽说江夏王仍驻守盱眙，可鲁爽、沈庆之皆述职在京。鲁爽久在魏国，熟知敌情，沈庆之身经百战，素有谋略，不若问问二人，看看此时北伐是否妥帖。再说了，侍中江湛精于政务，也该让他来参议参议。"

刘义隆迟疑着点了点头："事不宜迟，速招几人入宫议事吧。"

想了想，他又问道："太子呢？还有始兴王呢？拓跋焘犯境时，他们兄弟俩替朕办了不少差事，近来都在忙些什么？国事繁忙，他哥儿俩躲什么清闲去啦？也一并招来吧。"

王僧绰忙奉命离去，个把时辰后，几人奉诏入宫。

众人听闻拓跋焘死讯，皆是为之一震，又听天子决意再次北伐，却是各有所思。

江湛头一个站了出来："陛下，前番北伐才过一年多时间。两淮之间赤地千里，百姓流离失所，虽免去了当年赋税，又从彭城、江西迁徙万余户流民安置，可要恢复到战前繁荣，只怕没个三五年时间都不可能。而前番血战，刘康祖数将战死，北府军精锐死伤过半，兵马劳顿不堪，也急需休养些时日。再说了，前番借贷百姓无数财帛，至今都未偿清，府库积蓄只怕都支应不出一个月的军费来。此时只听闻拓跋焘横死，陛下便着急北伐，是不是太仓促了些？"

刘义隆愣了一下，没想到曾经力主北伐的江湛，竟是头一个反对的。刘义隆忽然想起江湛曾被太子羞辱之事，有些明白过来。只因江湛力主北伐，惨败之际被太子迁怒，堂堂宰相在众目睽睽之下，被太子打倒在地。受此羞辱，江湛颜面尽失，故而对北伐也变得谨小慎微。

刘义隆不禁看了看太子，却见他显得心事重重，都没敢看自己的眼睛。

这时，徐湛之说道："江侍中，你也知道北伐对我朝的重要。这些年来，魏国是如何强大到现在的模样，你是一清二楚的。魏国早已没了强敌，放眼天下，唯有我大宋而已。前番北伐，我朝虽然损失不小，可魏国也伤得不轻。若任由魏国这只猛虎养好伤口，必是我朝大患。所谓除恶务尽。如今拓跋焘横死，魏国内乱，正是给魏国这只受伤的恶虎致命一击的时候。我也知道，此时北伐对我朝而言并不轻松，可大破魏国的时机就在眼前。只要能打得魏国抬不起头来，我朝忍一时饥困又能如何？待天下一统时，再宽厚待民，那才是真正解了百姓的倒悬之危，才是国家之幸、天下之福！"

刘义隆也说道："徐爱卿所言甚是。唯有讨灭魏虏，才能永消战火。再说了，江爱卿不是说府库还能支应一月军费吗？以魏国现今局势，一个月时间足够了。"

沈庆之忙上前说道："末将有话要说。"

刘义隆皱了皱眉头。沈庆之素来反对北伐，此时必是不同意的。他却又不能不让他说，只能点头示意。

沈庆之说道："末将以为，此时确实是北伐的最佳时机。"

刘义隆眼前一亮，没想一直主战的江湛出言反对，而反对北伐的沈庆之倒是支持用兵了。

刘义隆忙问道:"不知沈将军有何高见,且说来听!"

沈庆之说道:"关于要不要伐魏,徐令君已说得透彻,自不必末将多言。对江侍中所言军费紧张,末将倒有话要说。去年魏军自彭城退兵时,曾放言待夏麦成熟之际,将再进犯。江夏王忧惧中想把麦苗烧个干净,免得魏军来犯时,为魏军所得。幸有武陵王一力反对,指出魏军绝无可能在盛夏时节南下的道理,这才止住了江夏王烧去麦苗的荒唐事。待到后来,魏军果然不来,彭城得以收获夏麦。如今彭城粮草充裕,以彭城出兵,必能大破魏军。"

沈庆之说罢,刘劭一肚子不乐意。沈庆之说的是粮草的事,却暗暗为刘骏邀功。刘劭一阵愤恨,自己待沈庆之也算有恩,为何他偏偏一心向着刘骏呢?

刘义隆本还为府库空虚有些忧心,听沈庆之说起彭城颇有粮草,心中甚慰,越发坚定了北伐之心。只是刘骏明明积蓄粮草有功,可刘义隆一直对这个儿子心存偏见,听沈庆之说了刘骏的好话,倒是有些不高兴了。

刘义隆说道:"武陵王未雨绸缪,积蓄粮草,倒是有些功劳。只是魏军退兵后,江州有蛮人乘机作乱,朕早已转拜武陵王为江州刺史、南中郎将,命他持节督军往江州平叛,却迟迟没有得胜,以至江州至今还有些不稳,这差事办得也太慢了。"

沈庆之见天子非但没有褒奖刘骏的意思,反而有些怪罪,心中一阵不平。他只能暗叹一声,不再说刘骏的事,转而说道:"除了有彭城粮草充裕的便利,末将以为,此番北伐还当一改多年策略。"

刘义隆愣了一下,问道:"沈将军说说看。"

沈庆之说道:"元嘉以来两次北伐,皆是以收复河南失地为首要之事。然而,河南久处两国交兵之地,早已荒野千里。又逢去年两国激战,如今的河南,已是绝了人烟。我军进逼河南,所需粮草皆需从国内补给,不能就近征集分毫,若魏军固城坚守,虽有彭城储备的粮草,也绝难支应这么长时间。末将以为,此番北伐,还当速战为上。"

刘义隆有了兴趣,问道:"如何速战?"

沈庆之答道:"末将生死之交刘兴祖,现居青州刺史,倒是有一良策曾与我言。青州、徐州久在我大宋之手,如一排尖牙自淮河向北延伸,其西侧与魏国冀州接壤。这些年来,青徐一直威慑魏国,让拓跋焘寝食难安。故而与我朝两番鏖战,魏国都曾遣大军进犯青徐。意图吞并两州,以解身侧之忧。刘兴祖言,莫不如自青州发兵,由历城长驱直入中山郡,抢占太行山险关,切断魏国北方与南方的联系。且冀州久无战乱,州郡殷实富足,我军便可就地征集粮草,以作抵御魏军所需。只要中山为我军所得,河南顷刻与魏国断裂。值此魏国内乱之际,河南必然人心大乱。我军趁势自盱眙、寿阳、彭城三道进发,河南不战自溃。待河南一定,王师北渡黄河,与中山奇兵南北夹击,则河北亦为我朝囊中之物。自此,便可借太行山险关,拒魏军于北疆了。末将请发青徐精兵七千,与刘兴祖一同西进,奇袭中山郡。若大事可成,则天下一战可定。即使有失,对我朝也无大伤。恳请陛下应允!"

听罢沈庆之之言,众人无不啧啧称奇,却也无不觉得凶险。沈庆之口中这支奇兵,孤军深入,直捣魏国腹心。若真能夺下中山郡,抢占太行山险关,自然能像沈庆之说的那样,让魏国再无与大宋争锋的实力。可若是稍有差池,这支奇兵无疑是去送死的。

刘义隆惊叹于此计的绝妙,又一次明白沈庆之在碻磝时力劝萧斌退守历城的用意。而彭城受袭时,沈庆之也曾劝刘义恭、刘骏领军向北,去往历城集结。或许在那时,他就有了借历城向中山发兵,截断魏军归路的意图。可惜此事终是没了下文。若当日沈庆之冒险行此凶险之事,拓跋焘正引大军逼近长江北岸,中山必然空虚,指不定沈庆之真就能做成了此事。而拓跋焘大军没了后援,真是要葬身在江北了。

刘义隆沉浸在沈庆之的计策中,久久没有回过神。此计虽然绝妙,却也未尝不是把反攻魏国的绝佳机会全都押在这支奇兵身上。沈庆之说得没错,这支奇兵一旦得手,第三次北伐必然大功告成。可若是失败呢?大宋失去的不仅仅是这七千精锐死士,更是失去了北伐魏国的良机。历经淮南一战,大宋衰弱至极。方才江湛也说了,府库积蓄能勉强支应一月军费已是极限,就算有彭城积攒的粮草,只怕也就够这支奇兵所用的。毕竟奔袭中山,耗费远胜河南。一旦这支奇兵失了手,不但让魏国警觉,更让大宋没了继续向河南发兵的底气。

刘义隆惋惜道:"沈将军之计虽然厉害,却太过凶险。拓跋焘身死,魏国混乱不堪,最稳妥之策,还当继续发兵河南,收复失地。且以黄河为界,坐观魏国政局变幻。依朕所料,拓跋余僭越称帝,军国大权皆交给宗爱这等小人,魏国宗室岂能甘心？平城迟早还有大乱。待那时，我朝也能有足够的军需，适时而动，继续向河北进军了。"

沈庆之还想再说，刘义隆却摆了摆手。

沈庆之这些年一直偏向刘骏，这让不喜欢刘骏的刘义隆，对沈庆之也多了些偏见。想想前番北伐时，沈庆之就有些漫不经心，不但不肯遵奉主帅萧斌的将令，驰援王玄谟，也没有像刘义隆所想，坚守碻磝。从事后来看，纵然沈庆之退守历城的确是最合适的法子，可这事还是让刘义隆如鲠在喉。一个不肯听奉旨意的臣子，即使有才，也不可任其肆意妄为。长此以往，只会多出一个恃才傲物、难以管束的人。

刘义隆说道："此事就此作罢。既然沈将军与朕政见不合，那此番北伐你也莫要去了。武陵王在江州平叛不利，迟迟不能戡定乱党，也让北伐多了些腹心之忧。朕便以你为将，领本部兵马，去江州助武陵王平叛吧！"

沈庆之不由得有些心灰意懒，只得不再争辩，叩拜天子，说道："末将一心报国，别无他想。既然陛下有旨，末将自当奉命。只是奇袭中山之计，还请陛下斟酌。若陛下不愿用末将，也可招刘兴祖问询。末将此去江州，不知何时才能还京，万望陛下保重龙体！"说罢，他连连叩首，转身离去。

刘义隆看着沈庆之离去的背影，心中莫名难过。待重振精神，他向鲁爽笑道："爱卿自魏国来投，对魏军深为了解，不知此番北伐，爱卿有何见解？"

作为魏国降将，鲁爽自然想为大宋好好打上一仗。何况鲁爽本就与大宋有些旧仇，处处觉得低人一头，若能在北伐时建功立业，必得天子宠幸，日后也能在大宋站稳脚跟了。

鲁爽欣然上前，拜道："末将受天子大恩，无日不思报国。陛下但有驱驰，末将愿为先锋。"

刘义隆大喜，问道："爱卿有此报国之心，朕心甚慰。不知依爱卿之意，该当如何用兵？"

鲁爽答道："拓跋焘去年退兵之际，于司州洛阳、兖州碻磝分重兵留守。如今魏国内乱，我朝大可兵进洛阳、碻磝。待攻破两城，便可直取滑台、虎牢。此外，前番交兵，雍州一路人马搅动关中，亦可使雍州发兵，直取潼关。魏国国丧之际，人心惶惶，三路受袭，必败无疑。"

鲁爽所言，深合刘义隆收复河南之意，又与大宋第二次北伐策略相似。

刘义隆听罢，大喜，说道："爱卿之计甚好，北伐便该如此。"

也不理江湛是什么意思，刘义隆说道："传旨，北虏穷凶，获罪于天，未劳王师，酋首已伏天诛。以骠骑将军义恭为帅，总揽北伐诸事。遣抚军将军萧思话，督东路兵马进击碻磝。以鲁爽、鲁秀督中路兵马，引荆州甲士四万征讨洛阳。以雍州刺史臧质，督雍梁兵马进击潼关。"

江湛见天子已拿定主意，众人又全都力主北伐，想想太子曾反对北伐，不由得向太子望去。

江湛的表情，刘义隆看在眼里，不禁也向刘劭和刘濬兄弟俩望去。虽然刘劭一直没有明言，可刘义隆知道，太子并不支持北伐。今天招了他兄弟俩商讨此事，两人从进来后就一直沉默寡言，也不知在想些什么。

刘义隆问道："劭儿，濬儿，朕决意北伐，不知你二人可有什么话说？"

刘劭没想到天子专门问询，再也躲不开了，只能拜道："儿臣才疏学浅，见识浅薄，前番两国交兵，儿臣阻断江侍中反击魏军之策，以至我大宋错失围剿魏军良机。至今思来，儿臣愧疚难当。儿臣有失分寸，还折辱了江侍中，当真羞臊无比。江侍中是长者，还请宽宥刘劭年轻气盛。刘劭这里赔罪了！"

说着，刘劭便向江湛深深地一拜。

江湛哪承想太子没有反对北伐的意思，倒是给自己赔起了罪。江湛哪敢受他的大礼，忙侧身避开，深深地拜道："殿下言重了。"

刘劭却接着对天子说道："这等军国大事，儿臣还是多看多听，少说为妙。也好多学学诸贤治国安邦之策。既然众人都觉北伐必成，儿臣也断然没有反对的道理。"

刘义隆点了点头，只觉得经历了去年一场大战，太子成熟了不少，很是欣慰，说道："劭儿真是懂事了！"

这时，刘濬忽然说道："父皇，儿臣倒是有些话想说。"

刘劭听刘濬忽然开口，有些意外。

刘义隆问道："濬儿想说什么？"

刘濬说道："六叔在荆州已有九年，依先帝旧制，宗室轮流驻守西境，五年为期。如今六叔任期早已满了，也该调换宗室接替西境了。儿臣愿为父皇分忧，请旨镇守江陵。"

刘义隆本以为刘濬要说北伐的事，却听他忽然说起刘义宣。

刘义隆这些年一直把心思放在北伐上，还真忘了此事。前番魏军逼近江北，刘义宣听闻魏军势大，非但没想着在荆州稳固江防，反而忧心魏军杀进荆州，打算把治所从江陵南迁到上明。刘义隆事后得知，异常气愤，下旨斥责。如今北伐在即，刘义隆命鲁爽、鲁秀兄弟统领荆州兵马北伐洛阳。可两人都是降将，让他们独领这么多人马，刘义隆还真有些不放心。刘义宣又指望不上，倒不如把刘濬派去江陵督统鲁爽兄弟稳妥些。何况刘义宣与刘义康交厚，魏军逼近江北时，刘义隆下旨赐死了刘义康，难保刘义宣不会有什么想法，还是把他召回身边来安全些。

刘义隆点了点头："濬儿所言甚是。既如此，便拜你为荆州刺史，都督荆、湘、雍、梁诸军事，接替你六叔镇守江陵吧！至于义宣，且召回建康，拜为司徒、中军将军，接替你的扬州刺史。"

刘濬赶忙领旨谢恩。

刘劭却看了刘濬许久，显然他对刘濬请旨去江陵，事先并不知情。

刘义隆也没多想，说道："湛之、僧绰，既然北伐已定，你二人便去中书省拟旨，传告各州调派兵马吧。"

众人纷纷拜别天子，出殿去了。

巫蛊案发

刘义隆笑着对慧琳说道："大师这几年来深居简出，倒是很少露面了，也不知在忙些什么？"

自范晔谋逆案后，慧琳便很少参与军国大事了，尤其刘义康被下旨赐死后，慧琳更是整日避在皇宫佛堂内，参禅悟道。刘义隆知道，慧琳绝不是为刘义康叫屈。当年范晔一案，正是慧琳引着徐湛之告发，才把叛乱扼杀于萌芽之中。慧琳远离朝政，在于刘义康的死让慧琳意识到了权势的可怕。

慧琳恭敬地拜道："贫僧身为佛门弟子，年轻时浮于尘世，六根不净，以至佛法一直未能精进。这些年晨钟暮鼓，潜心向佛，倒是悟出不少道理来。"

刘义隆点头道："那要恭喜大师了。大师的《黑白论》，朕读过了，颇有些受教，却也有不懂之处，还请大师赐教。"

慧琳没有答话，谦逊一拜。

刘义隆说道："大师的文章中，以白学先生与黑学道士问答，论儒佛之异同。依朕看来，这白学先生便是儒道，而黑学道士便是沙门，不知朕所言可对？"

慧琳点了点头："正是。"

刘义隆接着说道："依大师所言，无论是儒道两家，还是沙门佛教，皆是爱物去杀，恩惠众生，故而儒道两家与佛教皆善。只是朕就有些不明白了，大师身为佛门弟子，为何在《黑白论》中对佛家多有讥讽之言？佛祖以天堂导人向善，以地狱警示恶徒，为何大师对此嗤之以鼻？还有佛家所言'空''无欲'，在大师眼中皆是妄谈？"

慧琳恭敬答道："佛教自周朝便已传入中土，为何直到西晋亡国北方大乱，羯人石勒建立赵国，才得以兴盛至极？所谓天堂地狱，皆因乱世之中，生死旦夕，尘世悲苦，故而百姓听闻佛家的天堂地狱，这才奢求今世皈依佛门，度去此生罪孽，求个来世成佛。至于佛家所谓万物皆空，言指万物皆有本性，而这本性却是空空无物。仿若一棵大树，你说他为空也好，不空也罢，也丝毫不妨碍其枝繁叶茂。这样的空与不空，又有何意义？再说那无欲，更是无稽之谈。若佛门弟子当真无欲无求，却为何人人都想修炼成佛？这成佛也好，成魔也罢，不也是人的欲望？又如何说佛门弟子就该无欲？"

刘义隆若有所思，笑了笑，说道："若佛祖听到大师这番言论，当真要气得从灵山来寻你了。"

慧琳也笑道："若佛祖显灵，不正是说佛祖也有嗔怒悲喜？"

刘义隆笑着摇了摇头，说道："罢了，朕也不与你说这些了。今日找你，是有些事想与大师商议。大师应该听说过，拓跋焘在世时，曾在崔浩谏言下，禁绝佛教。以朕所知，佛教虽在魏国蒙此大难，可在北方兴盛百十年，信徒颇众，虽被魏朝严禁，却也难真正扼制。朕近来就听说不少僧徒在家中暗藏经文佛像，供奉佛祖。"

慧琳听刘义隆说了这些事，不知他究竟是什么意思。

就听刘义隆接着说道："大师也知道，北伐中原正在紧要关头，雍州、豫州相继传来捷报。朕思来想去，前两次北伐无一全胜，除了朕用兵有失，魏军反扑凶猛，也与朕无恩惠于魏民多少有些关系。如今拓跋焘横死，魏国内乱，百姓惶惶不可终日。朕有意遣僧众往河南传道布教，安抚百姓。不知大师以为如何？"

慧琳这才明白天子来找自己的真正用意。

虽然慧琳整日避身在佛堂，可大宋第三次北伐传得风风火火，往来使者络绎不绝，慧琳岂能一点儿消息都没听到？

宋军北伐已过去两个月时间。中路鲁爽大军所向，无不望风披靡，与守备洛阳的魏国豫州刺史拓跋仆兰血战一场，大破魏军，收复洛阳。随后，鲁爽如期兵进虎牢。而西路军臧质遣柳元景统领薛安都逼近潼关，又使左军中兵参军萧道成领兵袭扰长安。唯有东路军萧思话遣张永、申坦、崔训合围碻磝，已苦攻月余，至今还未能破城。

难怪北伐正在紧要关头，天子今日倒有闲心来与慧琳讨教佛理。魏国灭佛之举惹得境内信徒怨愤，故而天子想让慧琳看看，能否遣人往魏境传道，以此招诱魏民投效大宋。

慧琳双手合十，拜道："弘扬佛法是佛门弟子本分，贫僧自当鼎力而为。只是据贫僧所知，北伐战事尚无定论，百姓四散逃亡，此时往河南传道，是不是早了些？"

刘义隆却笑道："河南很快就能光复了。鲁爽投效我朝，朕用人不疑，把四万荆州精锐交其统率。你也知道，这些年来北伐，朕极少动用荆州兵，养精蓄锐多年，此番出征果然不负朕望，仅一战便大破洛阳守军。河南魏军以洛阳最盛，洛阳城破，攻陷虎牢不远矣。再说关中，臧质以柳元景兵向潼关，沿途无所不胜，又有别将萧道成袭扰长安，切断长安至潼关道路。经去年陕城一战，潼关守军几乎覆没，以柳元景的本事，要再次攻破潼关必是轻而易举。"

慧琳却不敢像刘义隆那样乐观。河南魏军驻防，皆是鲁爽所言，可那都是鲁爽弃魏投宋之前所知。拓跋焘又不是傻子，得知鲁爽倒戈后，对河南驻防岂能不做调换？虽说拓跋焘已死，可他在河南的布防仍不得不让人警觉。

慧琳小心提醒道："陛下，中路、西路兵马虽然都有斩获，只是这东路兵马久攻碻磝，似乎一直停滞不前。碻磝未破，切不可有一日大意。"

刘义隆听慧琳提到碻磝，皱了皱眉头。

前番以萧斌为东路军主帅，又错用王玄谟为先锋，以致东路军惨败，故而这次转以更稳重的萧思话接管东路兵马，谁知萧思话居然连小小的碻磝都没能打下来。

刘义隆皱了皱眉头，旋即笑道："无妨！只要虎牢、潼关落到我军手中，便能从西、南两面威慑河北，再有青徐对魏国的压力，料那魏国权臣宗爱，也唯有谨守冀州而已。就算萧思话攻不下碻磝，也不过是河南一座孤城，困上几个月，怎么也打下来了。"

刘义隆正说着，就见徐湛之一路寻了进来，拜道："臣去御书房未见到陛下，听闻陛下在慧琳这里，就紧赶慢赶过来了。"

刘义隆问道："徐爱卿有什么急事？朕使你留意平城消息，可有回音啦？"

徐湛之答道："正是。"

刘义隆喜道："快快说来。"

徐湛之答道："平城回书。拓跋余在宗爱拥立登基后，朝野颇有异声。拓跋余为保住帝位，厚赐群臣收买人心，拓跋焘这些年攒下的家底被他折腾个干净。拓跋余又不思进取，整日饮酒作乐，郊游田猎，丝毫不理政事。如今魏国军政，几乎都是宗爱一人做主。"

刘义隆笑道："宗爱小人得势，能有多大作为？两国交兵，不知平城可有什么应对？"

徐湛之答道："宗爱已遣冠军将军封礼增兵弘农，又使司空儿乌干进驻潼关，另使平南将军拓跋辽屯驻河内。"

刘义隆问道："没有一兵一卒驰援碻磝的？"

徐湛之答道："正是。"

刘义隆大喜道："宗爱倒有自知之明，魏国想保住河南已不可能了，这三路兵马几乎都是奔着潼关去的。想来宗爱只想守住潼关，继续控制关中，自此与我朝以黄河为界。哼！宗爱想得倒好，朕岂能让他如愿？传旨雍州，命柳元景务必尽快攻破潼关。"

徐湛之应了一声，复又说道："据平城消息，拓跋余似乎对宗爱也不是很放心。莫看他整日只知玩乐，似乎已有意削减宗爱权势了。"

刘义隆喜道："拓跋余是怎么坐上帝位的？宗爱诬告害死太子，又弑杀其主，再谋宫变，这才让拓跋余当了这个国主。宗爱手上沾了多少魏国皇室的血？拓跋余岂有不害怕的道理？朕说过，魏国迟早有变！宗爱所选将帅皆无名之辈，潼关必为我大宋所得。平城隐隐又有内乱，看来这河南战事要提早结束了。"

徐湛之笑着应了一声。

有内侍进来报奏："侍中王僧绰求见。"

刘义隆面色一沉："快些让他进来。"

就见王僧绰面容悲戚，来到近前。

刘义隆心中一紧："东阳可好些啦？"

东阳长公主招王僧绰为驸马后，两人感情如胶似漆，成婚十余年，一直举案齐眉。王僧绰也未纳过妾室，唯有东阳公主一个正妻，两人育有两子，皆得刘义隆喜爱。只是自北伐以来，东阳公主身子就一直不大好，让刘义隆颇为忧心。可军国大事忙得无暇分身，刘义隆也只能准了王僧绰的假，让他回家陪侍公主。此时王僧绰忽然入宫，又是这番模样，只怕公主多是不好了。

王僧绰悲悲戚戚，跪倒在地："公主时日无多了。太医说，也就是这两日的事了。"

刘义隆的身子抖了一下。东阳公主是刘义隆嫡长女，生母袁皇后。只因刘义隆总觉对袁皇后有些亏欠，故而对东阳公主颇为宠爱，甚至不惜与魏国交恶，毁了两国婚约，转而把她许配给聪谨稳重的王僧绰。谁知东阳公主年纪轻轻，居然不久于人世，让刘义隆如何不悲从心起。

刘义隆颤着声音说道："摆驾，朕要去看看东阳。"

徐湛之忧心刘义隆的身子，怕他禁不住这样的生离死别，忙劝道："陛下保重龙体。北伐正在紧要关头，陛下还是莫去了。陛下素来宠爱公主，公主知道陛下的心意，且让僧绰好生陪护也就是了。"

刘义隆骂道："朕去看看自己女儿，有何不可？"

谁知王僧绰跪上前来，哭道："陛下，徐令君所言甚是。国家三番北伐，眼见胜利在望，陛下务要珍重。"

刘义隆悲痛之中，明白二人是什么意思。当年北伐惨败，刘义隆一病十年。虽说这些年好了许多，可拓跋焘逼近江北时，刘义隆日夜操劳，敌军退去后，便有旧疾复发的征兆，好不容易压了下去，此时万万不敢掉以轻心。

刘义隆哀号一声，瘫坐下去。

徐湛之手头有一大堆事要做，不好一直陪在这里，又劝了几句，匆匆离去。

刘义隆拉着王僧绰说了些话，却见王僧绰神情恍惚。刘义隆只当他为公主之事伤心至极，翁婿又哭了一场。

刘义隆正欲使王僧绰回府去陪公主，却见王僧绰忽然跪在地上，连连叩首，哭诉道："臣有秘事启奏陛下，且请屏退左右。"

刘义隆愣了一下。

公主病危，王僧绰有何事要奏？可看他悲戚之中一脸严肃，好似真有什么大事。刘义隆斥退近侍，说道："爱卿有何事要说？"

王僧绰有些犹豫地看了看慧琳。

慧琳会意，正要辞别天子出去，却听天子说道："慧琳不是外人，爱卿说来无妨。"

王僧绰迟疑一下，说道："陛下，公主这病是心病！"

刘义隆疑惑道："心病？公主有什么烦心事？"

王僧绰小心地说道："公主有个贴身侍女，唤作王鹦鹉，陛下可知道？"

刘义隆自然知道："那是袁皇后赐予公主的侍女，与公主年岁相仿。两人自幼一起长大，虽是主仆，可感情好得很。公主嫁与爱卿时，王鹦鹉不就一起陪嫁去了你王家吗？公主的心病又与王鹦鹉何干？"他忽地一个激灵，喝问道，"莫不是你看上了公主侍女，公主不肯予你，这才让公主忧心至此？"

王僧绰吓了一跳，忙叩头道："臣岂敢如此？陛下误会了！臣与公主琴瑟和鸣，素无纳妾的打算。只是公主心病，确与王鹦鹉有关！"

刘义隆问道："与王鹦鹉有何关联？"

王僧绰小心地答道："今年正月，有个吴兴来的道姑，名叫严道育，自称懂得辟谷成仙之术，还能役使鬼怪。王鹦鹉见公主闲闷无聊，便引了那道姑入府给公主打趣。那严道育也不知是否真有法术，倒是逗得公主甚是欢快。有一日，那严道育告诉公主，说将有神仙赐宝。当夜，公主见有数道荧光飞入书筒，待打开观瞧，便得两粒青珠。自那之后，公主对严道育深信不疑，只当她真是得道仙人。"

刘义隆皱着眉头说道："枉你也是读书明理之人，怎在府中养了个妖道？"

王僧绰叩首道："臣整日忙于军政，陪公主的时间少了许多。公主烦闷中，臣想着有个道姑耍些戏法逗公主一乐也是好的，故而就未禁绝。谁知终是酿成了大祸……"

刘义隆问道："祸从何来？"

王僧绰紧张说道："公主沉迷道法，整日听严道育讲些修道长生之事，故而兴起，也学起了辟谷之术。"

刘义隆怒道："东阳真是胡闹！那辟谷岂是乱学的？不吃不喝，不是把身子都熬坏啦？你说，是不是公主学了辟谷，这才把身子作践至此？"

王僧绰吓得头都不敢抬，说道："臣也劝了几次，公主只是不听。只能偷偷使下人在公主茶水中多添些蜜露，一段时间下来，公主虽然消瘦不少，精神倒也还好。可自北伐以来，公主突然一病不起。臣只当是那辟谷闹的，也顾不得公主恼我，强使其进食，又寻得不少老参吊命，总算把公主从鬼门关上抢了回来。只是公主气色虽然慢慢好了起来，可精神一日不如一日。太医只说公主病从心起，却不知根结所在。臣苦问许久，公主只是缄口不言。前两日，臣迷迷糊糊听公主呓语，说什么天师有法，斥退邪魅之类的胡话。臣只当公主心病，是那严道育妖言惑众，给公主说了些什么乱七八糟的东西，迷了心智。故而想把那严道育拿了，严刑逼问。谁知寻遍府里上上下下，只是不见了此人。臣只得找了王鹦鹉问询，她却闪烁其词，只说不知。她是公主近侍，臣也不好用强，无奈只得去找陈天与，看看他知不知道。"

"陈天与？这是何人？"刘义隆听这名字甚是熟悉，却许久没有想起来。

王僧绰答道："这陈天与原是臣府中仆役，因有些武艺，故而臣让他统领家兵，在公主外院护卫。太子时常来我府中探望公主，也不知陈天与怎么就被太子看中，从我府中要了去。臣只当太子喜好武艺，要他充任侍卫，谁知他摇身一变，竟成了东宫卫统领。微臣以为此事甚为不妥，陈天与毕竟是个仆役出身，纵然懂得些枪棒功夫，却对带兵一窍不通。太子如此抬举陈天与，实在不合适。故而臣也曾劝过太子，太子却是含糊其词。臣去找陈天与，皆因公主被严道育迷惑时，陈天与也与那道姑走得很近，故而想向陈天与问问看，知不知道严道育的下落。"

刘义隆这才想起陈天与来，难怪这名字那么熟悉。刘义隆前不久去过东宫，见那东宫卫统领很是眼生，就多问了太子一句。太子也未说陈天与是王僧绰府上的，只说是他自己府上的仆役。刘义隆还很不高兴。东宫卫统领数万兵马，以一个仆役为帅，未免太轻浮了，为此还说了太子几句。

刘义隆问道："那陈天与可知严道育下落？"

王僧绰说道："臣没见到陈天与。"

刘义隆骂了一声，说道："陈天与曾是你府中仆役，一朝得势，居然连旧主都不肯见了，真是势利小人！传旨，招陈天与来见朕！"

谁知王僧绰道："陛下也见不到陈天与，此人已死了！"

刘义隆愣道："朕并未听太子说过东宫卫统领死讯。你可知陈天与是如何死的？"

王僧绰答道："臣也不知。臣没见到陈天与，从东宫回去后，正想着要不要禀奏陛下，全城缉捕严道育，却有陈庆国悄悄来见臣，说他知道严道育的下落。"

刘义隆奇道："陈庆国？他不是陪嫁到你府上去的黄门吗？也对，他是公主的内侍宦官，整日不离左右，自然知道严道育下落。你说，陈庆国可说了严道育现在何处？"

王僧绰面有惧色，说道："陈庆国说，严道育现藏身在始兴王府中。"

"濬儿？"刘义隆大吃一惊，"濬儿与那妖道有什么关系，为何要把她藏在自己府中？"

刘濬向刘义隆求镇江陵，本已拜作荆州刺史，可过去这么长时间，却被太子强留在了建康，尚未西行。刘濬又与严道育有什么牵扯？

巫蛊案发　515

王僧绰越发慌乱，头磕得直响，连连说道："陛下息怒！陛下息怒！"

刘义隆见王僧绰如此惊慌，心中涌出一阵不安，问道："你说，朕不怪你！"

王僧绰小心地答道："陈庆国说，那严道育来臣府上没多久，太子和始兴王就听公主说起了此人。初时也只当好玩，就来府上相见。谁知一来二去，太子与始兴王亦对严道育深信不疑。太子和始兴王频繁出入臣府，臣也未曾多想，只当太子与他姐姐感情交好，故而时常探望罢了，谁知太子和始兴王都是来听严道育讲道的。"

刘义隆勃然大怒，骂道："妖道，安敢妖言迷惑朕的儿子！朕必要将你千刀万剐！来人，速去始兴王府，把那妖道给朕绑来！"

王僧绰忙拜道："陛下切莫冲动，臣还未说完。"

刘义隆气呼呼地问道："还有什么说的？"

王僧绰连连拜道："臣万死！初闻此事，也是惊得不知所措，万望陛下息怒。"

刘义隆直直地瞪着王僧绰："说！"

王僧绰头都快藏到胸口去了，声音小得好似蚊蚋，可刘义隆和慧琳还是听了个清清楚楚。

"去年拓跋焘逼近江北时，太子曾当众羞辱江湛。事后魏军败退，太子自知有失分寸，唯恐陛下为此事恼怒，故而求严道育施法，为其遮掩此事。陛下的确没有问罪太子，故而太子越发信任严道育。此后，太子又数次求严道育，为其遮掩过失，而始兴王亦有相求。这其中往来信函，都是陈天与、陈庆国传送。故而太子才会把陈天与要去了东宫，拜作东宫卫统领，以谢其功。"

刘义隆一阵愕然。当日没有责怪太子，不是刘义隆不知太子有罪，而是两国鏖战半年之久，大宋萧条至极，以致人人指责北伐有失。主战的江湛被太子羞辱，木已成舟，也只好委屈了江湛，以此安抚人心，故而刘义隆对太子没有严惩，谁知却让这严道育浑水摸鱼，让太子误认她作法有功。

王僧绰继续说道："太子与始兴王对严道育日渐笃信，甚至生出一些……一些坏心思来。"

一阵不祥的预感浮上心头，刘义隆问道："什么坏心思？"

王僧绰思量许久，才敢继续说下去："太子觉得……觉得他这太子当得太久了些。还说天子一心北伐，实在……实在是逆天而行。又说刘诞、刘铄，还有刘骏几个皇子，先后立了不少战功，天子又把刘诞从雍州调回了建康，是不是……是不是想改立他人？故而太子想……想早些承继国祚。严道育便取来一块墨玉，雕作……天子模样……"

慧琳大吃一惊，太子分明是在行巫蛊之事，诅咒天子。他悄悄去看刘义隆，就见他面色沉静得可怕。

刘义隆一字一句地问道："那玉像现在何处？"

王僧绰答道："据说是埋在含章殿前第九重御阶下。"

刘义隆铁青着脸，问道："陈庆国现在在何处？"

"陈庆国正候在殿外。"

"传他进来！"

陈庆国哭哭啼啼地跪在地上："奴才叩见陛下。此事皆是太子、始兴王所逼，奴才不得不如此。"

刘义隆恶狠狠地问道："太子和始兴王是何时行此大逆不道之举的？"

陈庆国哭道："就在北伐前十来日的样子。"

刘义隆冷笑一声。

难怪朝廷再议北伐时，刘劭和刘濬一副心不在焉的模样，却是在盘算如何诅咒天子的"大事"！再算一算东阳公主病重的时日，也恰是在北伐前后。只怕是东阳公主得知她的好弟弟居然借着严道育行巫蛊之事诅咒天子，又不敢轻易告发，怕害了她的弟弟，这才抑郁成疾，以致到了今日无药可医的地步。

刘义隆忽地一个激灵。刘濬求镇江陵，难不成是与刘劭谋划，欲借荆州兵马威慑建康，好在巫蛊不利后，兴兵作乱？

刘义隆忙问道："始兴王求镇江陵，可也是太子的主意？"

陈庆国哭道："那却是始兴王自作主张，太子事先并不得知。据奴才所知，大约是始兴王也生了惧意，故而有心躲到荆州。可太子以北伐之际军政繁忙为由，把始兴王一直留在建康，未让他去江陵赴任。"

刘义隆稍稍放下心来，复又问道："那严道育为何藏在始兴王府？陈天与又是如何死的？"

陈庆国惶惧地答道："陛下明鉴，这些事都与奴才无干，全都是王鹦鹉那个贱人害的……"

"王鹦鹉？"

"就是她！她在王侍中府上时，便与陈天与私通。如今公主病危，太子和始兴王唯恐机密外泄，便把严道育藏在始兴王府。而公主一旦病逝，王鹦鹉在王侍中府上也待不下去，依例便该外嫁。可王鹦鹉知道太子和始兴王的秘密，又与严道育关系极为紧密，故而太子和始兴王商议，欲把王鹦鹉嫁给始兴王的亲近官属沈怀远，免得走漏了风声。陈天与毕竟是个武夫，哪比得上沈怀远风流倜傥，故而王鹦鹉颇为中意。只是如此一来，陈天与就不乐意了。王鹦鹉被纠缠了几次，构言于太子，暗中毒杀了陈天与。奴才亦知他们的勾当，如今陈天与死了，奴才自知难被他们相容，这才向王侍中告发。万望陛下念在奴才这些年伺候公主尽心尽力的分儿上，饶奴才一死。"

王僧绰面上臊得通红。他本是个干干净净的读书人，府中却出了侍女与奴才私通的丑事。

刘义隆的脸色红一阵白一阵。此时哪还有心思与慧琳商讨往河南派僧人传道之事。他说道："你三人都随朕来。"说罢，他高叫一声，"摆驾含章殿。"

不多时，一行人来到殿外。刘义隆使人护住四周，独使陈庆国与慧琳进去。

半个时辰后，慧琳与陈庆国出来，匆匆行到刘义隆的车驾前，宽敞的僧袍露出一只石匣。

刘义隆问道："大师看过啦？"

慧琳默默地点了点头。

刘义隆恨得咬牙切齿："摆驾东宫，招始兴王见驾。"他转又悄声对王僧绰说道："即刻羁押王鹦鹉，你领兵去始兴王府，待始兴王离开，速速搜捕严道育。"

刘义隆来到东宫时，天色已经不早了。

刘劭匆匆迎到驾前，刘义隆问道："朕有些要事，来交代你做。碻磝苦战久矣，粮草渐渐有些告急，彭城积储临近枯竭，也该从建康拨付了。徐湛之忙着雍州那边的事，江湛也忙着豫州。你姐姐近来不大好，王僧绰实在无暇为朕分忧，这调拨军粮的事，也只有太子多费些心了。"

忽闻天子来了东宫，心中有鬼的刘劭还吓了一跳，只当走漏了消息。听闻天子是在交代北伐军粮之事，才算放下心来，忙说道："这种事，父皇使人交代一声就好，儿臣自当尽心。"

刘义隆却哼了一声："这些日来，太子一直心神不宁的，朕只怕你不把心思放在正事上，耽误了北伐大计，还是朕亲自来与你说一声，才妥当些。"

刘劭心中一紧，不知天子说这话的用意，正想该如何回答，却听天子问道："怎么不见你那新上任的东宫卫统领陈天与？"

刘劭紧张地答道："那日父皇训斥过儿臣，儿臣也知错了。用一个仆役出任东宫卫统领的确不大合适，故而已贬黜了他的官职，把他打发走了。"

刘义隆冷笑几声："太子做事倒是干净！"

两人有一句没一句地说着话。不多时，刘濬奉诏入宫。

刘劭见刘濬也来了，心中只觉不妙。天子今天来东宫似乎没那么简单，说的问的总是让刘劭心惊肉跳。

还没等刘濬叩拜天子，刘义隆一把从慧琳袖中抽出那石匣来，丢在二人面前，喝道："朕孤陋寡闻，未见过此物。你兄弟二人好好看看，这个脏东西究竟是什么？"

刘劭、刘濬看过石匣，面色大变，慌乱中双双跪在地上请罪："儿臣一时糊涂，被妖人蛊惑，还请父皇宽宥。"

刘义隆气得骂道："刘劭啊刘劭，朕哪里对不起你？当年你母亲生你，差点把你捂死在被子里，是朕抢下你的性命来！这些年来，朕如何对你的？封你做了太子，寻了多少师傅好生教你，只期望朕不讳之后，你能让我大宋国运永昌。刘濬啊刘濬，朕待你母子如何？你母亲要什么，你要什么，朕有不答应的？自袁皇后崩逝后，朕一直未曾立后。是，朕是欠你母亲一个名分，可内宫事务不都交给你母亲管束？她又与皇后有什么区别？诸皇子中，你又何尝不是最显贵的那个？朕知道你与太子交好，对你也寄予厚望。只盼朕身后，你能好好辅佐你哥哥，成就一番伟业。可你倒好，跟着你哥哥一起瞎胡闹，你们就这么恨不得朕早死吗？"

刘义隆越骂越气，直骂得二人抬不起头来。

这时，王僧绰已从刘濬府上回来，见天子骂得正急，也不敢上前答话。

刘义隆喝道："可抓到那妖道？"

王僧绰面有难色，说道："王鹦鹉倒是没走脱，可寻遍王府，也未见那妖道踪迹，倒是找到些太子与始兴王的书信。"

刘义隆骂了一声，从王僧绰手中随便抽出一封来，就见上面写道："彼人若有起疑，正可促其余命，且佞人远在盱眙，待其还都，大事已成矣！"

刘义隆冷笑数声，骂道："'彼人'是谁？'佞人'又是谁？"

刘劭见有石匣、书信为证，如何推脱得干净，只是在那里叩头请罪。

刘濬战战兢兢地答道："'佞人'是五叔刘义恭，'彼人'……'彼人'是陛下。"

刘义隆气得浑身发抖，怒斥道："说，那严道育究竟跑哪儿去啦？"

刘濬一脸茫然："儿臣受诏见驾，严道育就在府中，却不知王侍中为何没能抓到。"

刘义隆连连骂道："妖道，妖道！传旨，建康戒严，绝不可让这妖道遁逃！"

慧琳看着暴跳如雷的刘义隆，知道若再让他这样气下去，只怕刘劭和刘濬真是没命活了。慧琳精于史书，知道这巫蛊害了多少人的性命。可巫蛊之事，素无定论，也从未听过有谁真被巫蛊咒死了性命。若刘义隆怒杀二人，必然引得国内震动，还不知有多少人要受牵连丢了性命。

慧琳毕竟是出家人，忙劝道："陛下息怒，太子与始兴王还小，且看在他们年少无知，饶了他们一回吧！"

刘义隆本还在气头上，可骂了这么久，气也出了大半，被慧琳一劝，冷静不少。

国家尚在对外用兵，若这巫蛊之事传扬出去，军心必然不稳，刘义隆可不想谋划了一辈子的北伐再次失利。待静下心来，他又想起两个儿子的好来。这些年，刘义隆苦心栽培，两个儿子倒也担得起重任，尤其魏国大军压境，两个儿子忙前忙后，才算稳住了江防，这也是逼退拓跋焘的关键。刘义隆从未动过改立之心，何况轻易更替太子，对一个国家而言，绝不是什么好事。刘义隆思前想后，心中一软，骂得也没那么急了。

刘义隆气喘吁吁地坐了下来："太子德行有失，幽禁东宫自省。始兴王回京口老宅，闭门省过。王鹦鹉败坏家主，乱棍打死。至于那严道育，绝不可放过，务必缉拿归案。"

刘劭、刘濬哭哭啼啼地拜谢了天子。

刘义隆身心俱乏，在慧琳一干人的陪护下，从东宫出来。

还未走上多远，徐湛之慌慌张张地奔到驾前："陛下，不好了！碻磝战败，萧思话退兵！"

刘义隆一个激灵站起身来，几乎夺过那军牒看了起来。

"魏人自地道潜出，烧攻具粮草，各部人马大乱，魏人趁机夜攻，兵马死伤涂地。末将萧思话领兵驰援，亦为魏军所败，唯收败兵，退还历城。"

刘义隆颓废地坐到车驾上。

魏军从地道夜袭大军，显然早有图谋。只怕这地道早在拓跋焘退兵时，就已预先掘好了。一个死了的拓跋焘，居然再次击败了刘义隆。

刘义隆怅然若失，连连叹息。

所谓牵一发而动全身，碻磝兵败，中路军侧翼便受魏军威胁，鲁爽还如何专心攻打虎牢？而东路军兵败，中路军不稳，西路军亦成孤军。这仗已经打不下去了！

刘义隆刚刚被巫蛊之事闹得一肚子邪火，此刻再闻北伐兵败，只觉浑身上下都像散了架一般，连叹数声："罢！罢！罢！传旨鲁爽、柳元景，各自引兵退还。罢免萧思话徐州刺史，戴罪镇守历城。还有，把江夏王刘义恭从盱眙召回建康吧！朕累了，想有个兄弟在身边为朕分担些。"

徐湛之还不知发生了何事，见天子如此模样，只当为北伐难过如此，只得领了旨意，匆匆去了。

刘义隆望了望越来越沉的暮色，心中哀叹："三度北伐尽皆败北，儿子又是这般混账，难不成朕这一辈子，都不能收复河南了吗？"

血溅上合殿

徐湛之独自候在上合殿外。夜已深了,又是正月时节,纵是建康也冷得透彻。徐湛之披了一件裘衣,还是冻得手指冰凉。这些日,天子都不允羽林侍卫靠近寝殿,只命在寝宫外围守备。徐湛之环顾四周,只觉偌大的寝宫庭院空空荡荡,好似没有活物的幽冥一般。

徐湛之打了个冷战,却不敢去侧殿稍坐,避避寒气,只因这些日,天子每晚都与宰相商讨要事,或是江湛,或是徐湛之,或是王僧绰。徐湛之今夜奉旨觐见,不敢离开一刻工夫。何况天子正在殿内与江湛说着话,徐湛之就更不敢掉以轻心了。

巫蛊一案事发,虽然天子刻意隐瞒,可徐湛之身为宰辅,或多或少听到了些。太子与始兴王行巫蛊诅咒天子,当真胆大包天。天子盛怒之中,将太子幽禁东宫,并遣刘濬去了京口老宅。

徐湛之初听此事,不禁喜上眉梢。如此大逆不道,即使太子留得性命,这储位也难保全。如此一来,早已奉诏回到京城的随王刘诞,自然最有希望成为太子了。而刘诞承继大统,徐湛之这个国丈自然权势越盛。

只是让徐湛之没想到的是,天子对巫蛊案缄口不言,好似什么都没发生过一样。徐湛之急不可耐,有心使人借此事弹劾太子,然而巫蛊之事,稍不小心便会惹祸上身,徐湛之也不敢操之过急,以免适得其反。随着时间推移,太子依旧稳稳坐在东宫,甚至被天子解了幽禁。至于刘濬,天子也准其往江陵赴任,从京口回建康向天子辞行。

徐湛之懊悔不迭!哪承想巫蛊这样的大罪,天子居然轻易放过。徐湛之助刘诞夺嫡的大好机会就这样错失了。早知如此,就该冒险使人弹劾太子和始兴王的。

就在徐湛之悔恨交加的时候,竟又峰回路转!

刘濬回到建康,竟被人发觉巫蛊案的罪魁祸首严道育居然就藏在其随行人员中。那道姑剃去一头秀发扮作尼姑,难怪那日能逃出王僧绰的缉捕。如今严道育出现在刘濬的身边,足见刘劭与刘濬仍未死心,还在盘算着什么。听闻天子得知此事,都懒得再为二人生气了,只是怅然若失,默然流泪。徐湛之明白,刘劭和刘濬终是躲不过去了。

果然,就在事发第二日,王僧绰半夜来了徐湛之府上,说是天子有事交代。可既无圣旨,也无口谕,只是让王僧绰带来几卷史书。

徐湛之疑惑中仔细翻看,竟发觉全都是汉魏以来废黜太子、皇子之事。徐湛之心中明了,这是天子让自己筹划废立之事。

就在徐湛之兴冲冲地谋划了一夜,第二日去见天子时,却发现江湛也在。徐湛之这才知道,天子并没有让自己一人处置,也把此事交代给了江湛。徐湛之隐隐觉得有些不妙,却听天子已连夜把南平王刘铄从寿阳召回了建康。

徐湛之不安起来。论战功,刘铄虽然坚守寿阳有功,却远不及刘诞使柳元景攻破潼关功高。可论长幼,刘铄排行老四,刘诞却是排行老六。从天子没有招驻守江州的老三刘骏还朝来看,显然天子已把刘骏排除在太子人选外。如此一来,刘铄就成了刘诞继任太子的最大阻碍。天子又使江湛参与废立之事,难道说天子更属意刘铄?

徐湛之不敢大意,仔仔细细把自己一夜的谋划告于天子。天子却不甚满意,总觉其中有不少疏漏之处。徐湛之越发慌乱,只当天子真打算册立刘铄。好在天子问过江湛后,亦是不高兴的样子。徐湛之这才明白,天子虽有废黜太子之心,却尚未拿定主意改立何人。招刘铄还京,不过想有个比较罢了。

江湛显然也瞧出了这一点,就在殿上与徐湛之各自为刘铄、刘诞陈述利弊,可谁都没能说服天子。

不觉中,天子与徐湛之、江湛为了废立之事,已共议了几个昼夜。虽然天子时不时还把王僧绰也招去谈话,可对太子人选依旧没有定论。在这样的节骨眼儿上,但凡天子相招,徐湛之便早早来到殿前伺候,免得稍稍离开片刻,被江湛钻了空子。

徐湛之望了望西沉的残月。朦胧的冷雾中,隐隐现出血红的模样,直看得徐湛之心惊不已。这时,更鼓已敲三通,就听殿门吱呀一声开了。

徐湛之忙迎上去,却见江湛兴冲冲地出来了。徐湛之隐隐不安,瞧着江湛兴奋的模样，难道天子已经拿定了主意？他忙探问道："江侍中辛苦，不知此去何为？"

江湛与徐湛之同为宰辅共事多年，怎好故作不见？他忙回拜一下，敷衍道："天子有急事，命我去拟诏书。江某这便去府台了。徐令君且进去吧，天子正在等你。"

徐湛之心中慌乱，忙转身进了寝殿。就见天子一脸哀愁，正软软地倚在榻上。连日来的商讨，已让天子疲惫至极，正眯着眼小憩。

徐湛之不觉有些伤感，天子这些年为国操劳，没有一日省心。北伐战事不利，本就让天子烦闷不已，却又摊上这么两个混账儿子。同为人父，徐湛之如何感受不到天子的伤心欲绝？只是事关自己满门荣辱，徐湛之还是不能轻易放弃，仍打算为刘诞争一争。

徐湛之还未开口，天子睁开了双眼，说道："湛之，你且去殿外查探一圈，看看有没有人偷听。"

徐湛之在外面等了大半夜，哪曾见过一个活人？可天子已经交代了，只能应了一声，拿了盏宫灯便往殿外巡去。

夜已黑得透彻，只见宫墙外灯火隐隐烁烁，却看不到人影。而寝殿里透出的灯光，也让殿外难有人躲藏。徐湛之在冷风中走了一圈，越走心中越急。也不知江湛究竟是去做什么了，难道真是去拟定废黜太子改立刘铄的诏书吗？

徐湛之心急如焚，匆匆回到殿前，再次进了寝殿，合上殿门，对天子拜道："臣看过了，周围并无一人。"

刘义隆点了点头，对徐湛之说道："这些日辛苦你了。"

徐湛之忙推辞一番，却听刘义隆说道："朕乏得很，不想提那伤心事。你是朕的外甥，朕这会儿只想和你聊聊家事。"

徐湛之暗道："完了！看来天子把该说的都已与江湛说完了。"他却不敢多问，只能心慌神乱地应了一声。

刘义隆说道："想想先帝微末时，家中虽然窘困，我们姐弟几人相互照应，多年饥苦也就那样熬过来了。偶有些蜜糖糕饼，你母亲都舍不得自己吃，省下来给了老大、老二和朕。朕那时年岁还小，印象倒不是很深，可老大、老二吃了多年苦头。以至于富贵后，大哥、二哥都贪嘴得很，尤其喜好各色糕点。后来，先帝凭着中兴晋室之功，成了江东万人敬仰的英雄，而大哥也从一个寒门子弟成了公侯世子，待其他兄弟就变得生分起来。朕近来时常想起当年之事，总记得与二哥形影不离的日子。我二人总想着追随先帝左右，好为他稍稍分忧。虽说二哥……二哥对大哥也有些不敬，可对先帝忠孝不改。"

徐湛之耐着性子听天子絮絮叨叨，说着这些陈年旧事，心中却为太子人选忧心不已。也不知天子不厌其烦地和自己说这些废话，究竟在想什么。

就听天子叹了一声："想想与先帝的父子之情，朕怎么就生了这两个逆子？朕多年苦心培养，他们却日盼夜盼，只恨朕不能早死！"

徐湛之心中一紧，天子总算说到正事上了，忙假模假样地劝了一句。

就见天子摇头苦笑："还说不提这伤心事的，可左右都绕不开。也罢，该做的总要做的。朕对得起这两个儿子，他们却对不起朕，就休怪朕不顾父子之情了。"

徐湛之心中一凛，就听天子说道："朕意已决，你这就回中书台去，代朕拟道旨意。"

徐湛之头都不敢抬了，只怕自己稍稍露出些什么异样神色，让天子断了册立刘诞的心思，又怕天子已决意册立刘铄，只能壮着胆子说道："陛下慎重，南平王虽然年长，却远不及随王贤德。所谓立贤不立长，古已有此旧事。若真改立太子，切不可因长幼有序，仓促册立南平王！"

刘义隆没听徐湛之说什么，自顾自地下着旨意："太子事关国运，非贤德不可居摄其位，朕感于江山不易，深思熟虑，决意择贤而立……"

听天子说到此处，徐湛之兴奋不已。天子丝毫未提废黜刘劭和刘濬之事，开口就说册立新太子的事，想想前面江湛说去拟旨，只怕天子是让他去拟废黜的诏书。只是不知天子究竟和江湛说了些什么，让他那样高高兴兴离去，显然江湛误以为天子要立刘铄为太子了。既然天子支开了江湛，将册立之事告于徐湛之，看来这太子非刘诞莫属了。

徐湛之正这样想着，却听天子话锋一转，接着说道："……今册立七皇子建平王刘宏为太子。祖宗庇佑，必能保我大宋万年永固。"

徐湛之大吃一惊，只当自己听错了。和天子议了多日，说来说去，都是在说刘铄和刘诞，天子怎会以素无尺功的老七为太子呢？

徐湛之迟疑问道："建平王？"

刘义隆点了点头："宏儿虽然年纪不大，却聪慧机敏，也没他几个哥哥那么多杂七杂八的心思，好生培养几年，必是个贤德的太子。待朕身后，他必能让我大宋国运不衰。"

徐湛之一着急，忙劝阻道："国储事关重大，万请陛下慎思。"

刘义隆却道："朕想得够久了。王僧绰说得好，废立之事切不可拖延不决，再拖下去，只怕谁都知道朕要废黜刘劭，赐死刘濬，改立他人了。这事朕已拿定了主意，你且去拟旨吧。天亮前拿来给朕瞧！明日朝会，当廷宣诏吧！"

徐湛之有心再争，可天子面有怒色。若再说下去，自己倒要陷进去了，只得仓皇拜辞离去。

刘义隆叹了一声。

非是刘义隆执意以年纪小的刘宏为太子，而是刘铄、刘诞太过惹眼了。这些年来二人抢着立功，不就是惦记着太子之位吗？想想二哥，不也是想以战功压倒太子？可到头来又是个什么下场？刘劭、刘濬两个儿子已经留不得了，刘义隆可不希望刘铄和刘诞也为了权势斗个你死我活。何况刘铄与江湛太亲近了，而刘诞也与徐湛之过于亲密。江、徐二人已是当朝宰辅，若让他们顺利拥戴所亲近的皇子承继大位，无论是江湛，还是徐湛之，权势必然膨胀到可怕的地步。刘义隆初继大位时，便有权臣徐羡之、傅亮威胁皇位，自然不想把大宋的江山社稷押在江湛或徐湛之难以预测的忠心上面。故而刘义隆才会以没有外戚辅佐的刘宏为太子。而王僧绰年纪还轻，日后大可用王僧绰辅佐新主，也就不必担心刘宏即位后无人可用。若说刘义隆还有些什么私心的话，他固然希望儿子能有本事，可从内心深处，却实不愿自己的光芒被儿子们遮蔽了。刘铄、刘诞太张扬了，就像素不被刘义隆宠幸的刘骏一般，功劳越大，越被刘义隆疏远。

刘义隆正这样想着，忽听外面有一个女子唤道："陛下，嫔妾有事求见。"

刘义隆心中不喜，听出门外的是潘淑妃。

前些日，刘义隆得知严道育的下落，生出废立之心，愤懑难耐，无人倾诉，当夜留宿潘淑妃处，却也未敢告知她实情。谁知天亮后，潘淑妃跪在榻前，苦求天子饶过刘濬性命。刘义隆这才知道睡梦中泄露了天机。刘义隆勃然大怒，却也不好惩处潘淑妃，毕竟潘淑妃并无过错。而刘义隆在对袁皇后的愧疚中，一直没给潘淑妃一个名分。刘义隆心肠一软，遂将她禁足紫霞殿。究竟谁这么大胆子，放潘淑妃出了寝殿来见自己？

刘义隆愤愤地说道："进来吧。"

就见潘淑妃大半夜的，打扮得花枝招展，只期望能讨刘义隆欢心。然而，毕竟四十多岁的年纪，再闪耀的珠花也遮掩不去岁月的痕迹。当年秀美可人的佳人也只留在了刘义隆的记忆之中。刘义隆非好色之徒，对潘淑妃是否人老珠黄并不在意，正因夫妻之情，刘义隆才未因刘濬迁怒她。只是潘淑妃半夜探访，显然是冒死替刘濬求情的，这却是刘义隆已不想再去谈的。

还没等潘淑妃开口，刘义隆就冷冷地说道："太子妄图天下富贵，诅咒朕也就罢了，濬儿亦是如此，却对他有何好处？你母子的前程皆系于朕身上，岂可一日没有朕？朕已给过濬儿机会，是他不知自重，绝难再饶！此事与你无关，且回去闭门省过吧。你今夜是怎么离开紫霞殿的，朕不愿追究。朕只当你今夜没来过，这就回去吧。"

潘淑妃哭哭啼啼，只是不肯离去。

刘义隆听得心烦，大声唤了几句。过了一阵，寝宫外的侍卫听到天子呼唤，一路跑了进来。刘义隆不耐烦地撇了撇手，吩咐道："送潘淑妃回紫霞殿，无朕旨意，何人再敢放她出来，便是死罪。"

侍卫忙连哄带劝，扶了潘淑妃离去。

大殿里一时安静下来，刘义隆孤单单地倚在榻上。事情已经定了下来，只等江湛和徐湛之拟旨回来，供刘义隆批准。这些日来，刘义隆一直寝食难安，此刻倒是一下子放松了。

不觉中，刘义隆睡了过去。

恍惚间，却听殿外一片喧闹。刘义隆心中一惊，起身往外一瞧，却见灯火通明。刘义隆有些慌乱，何人胆敢夜半搅扰皇宫？他小心翼翼地探到门前，隔着门缝往外去看，朦胧中仿若有一队人正从殿前经过。最前面的车驾上，赫然端坐着先帝刘裕。

刘义隆一阵疑惑，忽觉自己是在做梦。这么些年从未梦见过先帝，难得梦中相见，也想过去看看先帝音容笑貌。刘义隆忙叫了一声，推开殿门向外追去。

那队人听见有人呼唤，停顿下来。

刘义隆来到驾前，感慨万千，忙向先帝拜道："孩儿拜见父皇。阴阳相隔，一别数十年，儿臣甚是思念父皇。"

刘裕还是当年的模样，正笑着看了过来。刘义隆心中一暖，却觉一肚子委屈涌了出来，一时泪如雨下，把即位以来的种种旧事一股脑儿全说了出来——徐羡之、傅亮、谢晦的专权，三次北伐的诸多不利，弟弟刘义康的背信弃义，连同两个儿子的忤逆不孝，直说得刘义隆肝肠寸断。

只是不管刘义隆如何说辞，刘裕一直笑而不语。这时，却听旁边有人唤道："义隆，可想为兄啦？"

刘义隆转头望去，却见刘裕身侧，二哥正笑眯眯地望着自己。

刘义隆欣喜若狂，一把抱了过去："二哥，想死我了。"

刘义真却闪过一旁，与旁边一人亲密地站在一处。刘义隆扑了个空，抬眼望去，却见刘义真正与大哥刘义符亲热地拉着手。刘义隆心中生奇，两个哥哥在世时，斗得撕破脸皮，如今魂归幽冥，倒是相亲相爱了。

刘义隆正这样想着，却听刘义真嘿嘿笑着，问道："我说义隆，你不是说要助为兄夺取太子之位吗？为何到头来却是你坐上了帝位？为兄在世时，倒没看出你还有这样的城府！当年可真是瞎了眼，只当你真心待我，却是拿我做了挡箭牌，代你受了徐羡之和傅亮的黑手。如今天道报应，让你也尝尝被亲近之人背弃的感觉。不知好不好受？"

刘义隆心中一紧，哪承想会被刘义真如此误会，正要辩解，却听旁边的刘义符恶毒地说道："鹬蚌相争，渔翁得利，还不是老二你看错了人，才害得你我全都丢了性命。"

刘义真被刘义符一说，脸上煞是难看，两人一改亲热模样，竟在刘裕面前扭打起来。

刘义隆不知究竟该不该帮忙，却听先帝忽然开口问道："我儿，莫要理他们。既然你承继了朕的基业，那朕倒要问问你，你不是整日说要一统山河，了了朕未能恢复中华的憾事吗？你只说三次北伐尽皆败北，却该由谁来担责？你倒是杀了徐羡之，杀了傅亮，杀了谢晦，还杀了檀道济，可杀来杀去，这河南究竟收不收得回来？想想朕在世时，何曾把魏国放在眼里，你倒好，让拓跋焘一个后辈杀得没有还手之力，朕的脸面就是让你这么丢的吗？"

刘义隆羞臊难堪，都不敢去看刘裕愤愤难平的目光，却听旁边有人喝道："陛下，皆是这不肖子孙坏了陛下基业，还请陛下斩杀此子，以谢天下。"

刘义隆吓了一跳。循声望去，竟是早已死了的徐羡之、傅亮、谢晦三人，手握尖刀，恶狠狠地盯着这边，只等刘裕下令，便要上前活剐了刘义隆。

刘义隆心生慌乱，却听有人哈哈大笑："叫汝自毁长城，理该有此报应。"却是枉死了的檀道济。

刘义隆越发慌乱，便想匆匆离去，忽地被人一拉，他回头去看，竟是被人勒死后青面獠牙的刘义康！就见刘义康吐着尺许长的舌头，哭哭啼啼道："皇兄，弟弟究竟如何对不起你啦？刘湛也好，范晔也好，胡诞世也好，心存贪念，预谋作乱，可臣弟又何曾真与他们同流合污，你却为何放不过我？"

刘义隆惊得转身便逃，就听身后阵阵凄厉的怪笑，吓得哪敢停留，却凭空跌了一跤，猛然醒了过来。还真是南柯一梦！

刘义隆只觉浑身上下都湿了个透，仍为刚才的梦魇心有余悸。这时，就听外面更鼓响了四通，已到了寅时。刘义隆回过神来，不禁奇怪自己为什么做了这样一个噩梦。看看外面夜色，离天亮尚早。只是江湛和徐湛之回去也有一个时辰了，为什么拟一道旨意这么久还没回来？

刘义隆又想了想刚才的噩梦，不觉一阵心惊肉跳。又恐江湛、徐湛之迟迟不来，是有什么变故，正想喊人去催一催，却听见殿门外有叹气声。

刘义隆愣了一下，侍卫都在寝宫外守备，门前哪里来的人？他心中一紧，喝问道："门外何人？"

却听殿门吱呀一声打开，走进一个衣衫破旧的老头儿来，回手合上了殿门，一步一步走上前来。

刘义隆没敢大叫。只因那老头儿手中，提着一口旧刀，刀鞘伤痕累累，足以说明此人历经恶战无数。而寝宫外满是羽林军士，却让这样一个糟老头子悄无声息地潜到刘义隆寝殿内，足见其武功之高强。若刘义隆真敢大叫，只怕还没等羽林侍卫赶来救驾，刘义隆就先要葬身在这个老头儿刀下了。

那老头儿哼哼笑了一声："一别数十年，刘义隆，你可还认得故人？"

刘义隆愣了许久，自己何曾认识这样一个老头儿？他仔细看了半天，这才发觉还真认识。

刘义隆冷冷一笑："沐谦，你倒还活着？"

沐谦见刘义隆认出了自己，笑道："草民只当你刘义隆贵为天子，哪还记得我这等贱民，未承想你倒还认识我！"

说着，他一只手摸向刀柄，眼神四处打望，问道："朱荣子呢？他不是总护在你身边吗？"

刘义隆黯然道："朕讨灭徐羡之一干权臣不久，朱将军就已身染重疾，不治身亡了。"

沐谦眼中现出一丝悲色，手从刀柄拿开，叹了一声："当年刘裕篡晋自立，草民前去刺杀你，是朱荣子救下了你的性命。原以为今日夜访，要和朱荣子再杀上一百回合，却是不可能了。我原与朱荣子同为北府军死士，交情也算不浅，这些年各为其主，苦无再见之日。谁知冒死前来，却已阴阳两隔。"

刘义隆虽因朱荣子有些伤感，却不敢大意，冷冷问道："沐谦，你夜探宫禁，是司马楚之让你来刺杀朕吗？"

沐谦却笑了笑："草民早已辞别了司马楚之，今日来此，不过探望故人罢了。"

刘义隆冷笑道："司马楚之这些年投效魏国，甘为外廓鹰犬，没少侵扰宋境。朕三番北伐，他数次兴风作浪，坏朕大事。尤其当年灭仇池一战，若非他为魏军引路，皮豹子也没那么容易击败宋军。害得仇池得而复失，使朕不能自仇池出兵直取关中。司马楚之口口声声是晋朝宗室，想着复兴他的大晋江山，却甘为魏国爪牙，真是辱没了他的祖宗！"

沐谦却未生气，笑道："刘义隆，你莫激我！当年刘裕谋逆作乱，灭晋建国，才有了你大宋朝。司马楚之为求复国，借力于拓跋氏，也无可问责。只是这些年两国交战不休，百姓生灵涂炭，司马楚之也觉对不起列祖列宗。而诸国覆没，天下唯有魏宋南北对峙，复兴晋室已越来越渺茫。司马楚之也是心灰意懒，故而自仇池战后，便求旨于魏主，离开宋魏边境，领兵去镇守凉州了。自此之后，司马楚之不会再与宋朝为敌了！"

司马楚之这些年凭着晋朝宗室的身份，闹得宋魏边境没有一刻安宁，刘义隆头疼不已。听司马楚之竟去了凉州，刘义隆只觉轻松不少，却又有些惺惺相惜，说道："司马楚之倒也是个人物。"

他转又一想，沐谦既然不是司马楚之所遣，难道是魏国权宦宗爱所使？他问道："宗爱又许了你什么荣华富贵，敢让你冒着死无葬身之地的风险行刺朕？纵然你武功了得，杀得了朕，你今夜也绝难逃出皇宫去！"

沐谦哈哈大笑："刘义隆，你也太小瞧我沐谦了！我岂是贪恋荣华富贵之辈？

又如何会为宗爱那等小人效命？你尚不知，就在你宋军自碻磝败退后，平城便生了动乱。宗爱为保权势，再次弑杀了他所拥立的拓跋余，却又为尚书源贺、陆丽所杀。如今魏朝已拥立皇孙拓跋濬为主，谁还顾得上派人来刺杀你？"

刘义隆心中戚然。就差那么一点点！若平城内乱早发生一个月，即使碻磝兵败，刘义隆也不会急着从潼关和虎牢撤兵了。毕竟受宗爱之命驰援潼关的兵马，没了宗爱这个靠山，哪还有心情去救潼关？大宋足以趁着平城内乱，魏国无暇旁顾的时机，抢夺关中，收复河南。待到那时，天下局势又将是另一番模样了！

刘义隆长叹一声："天不予朕！"

沐谦接着说道："草民说了，今夜来访，只为见一见故人！当年刘裕谋逆，草民感于晋朝旧恩，故不肯助纣为虐，这才背弃刘裕，转投了司马楚之。这些年来，草民追随司马楚之左右，鞍前马后，也算报了晋朝恩德。如今就连司马楚之都断了复国奢望，我这草民已不再欠晋朝什么，哪还再用为晋朝奔走？落叶归根，草民不想把这把骨头丢到凉州大漠黄沙去。这才辞别了司马楚之，辗转回了故乡。"

刘义隆听沐谦说了这些，似乎他真不是来刺杀自己的，悬着的心总算放了下来，说道："沐谦，虽然你曾刺杀朕，却素无私仇。既然你来寻朕，朕也不薄待你。你故乡在何处？朕赐你良田三顷、瓦房一院，也足够你了却此生了。"

沐谦有些意外，未承想刘义隆居然没想杀了自己。默然良久，他说道："草民此番南下，感触良多，两淮之间，生灵涂炭，当真让草民看尽了世间悲苦。然而过了长江，却觉另一番天地。州郡太平无事，百姓安居乐业，从未听过什么重赋苛役，倒真有些路不拾遗的太平气息。草民在司马楚之的麾下，知道你三度北伐，无一惨败而还。那时总笑你没有平定天下的韬略，却痴心妄想与大魏为敌，白白葬送多少北府军儿郎！可待回到了江南，才知你这些年皇帝倒也没白做。至少江南在你治下，还真成了一片乐土。自你登基后，讨灭荆州谢晦，三十年间，江南几乎再没有多大的战火。想想当年东晋，同样坐拥江南半壁河山，可少则两三年，长则五六年，荆州与建康就有一场大战。皇帝也好，权臣也罢，哪个不是为了争权夺利杀得你死我活，害得百姓朝不保夕，也不知何年何月才能有条活路。草民当年行刺你时，你口口声声说要一统山河，还天下太平，至今你终是食了言！可对江南百姓而言，你至少也做到了一半。纵观东晋任何一个皇帝，也没比你做得更好了。就凭这一点，草民今夜就算没白来！"

刘义隆正奇怪沐谦为什么说这些，却见沐谦忽然抽出长刀来。就见那刀身与刀鞘一般破旧，除了遍布伤痕，更是锈迹斑斑，唯有刀锋依旧，闪着点点寒光。

刘义隆大惊："沐谦！你欲何为？"

沐谦笑了一声："陛下，你怕死吗？"

刘义隆有些意外，沐谦自始至终都直呼自己的姓名，这时为何忽然改了口？他又想，以沐谦的武艺，纵然衰老至此，自己也难从他刀下逃出命去，倒别让他小瞧了。他正色说道："朕不惧死，奈何以死惧之？你若想杀朕，杀便是了，何故拖拖拉拉说了这么些话，难不成是在戏耍朕吗？"

沐谦哈哈大笑："陛下，你这倒有些刘裕的气度了！"

这时，却听殿外渐渐有杀声传来，似有人与守卫寝宫的羽林侍卫拼斗起来。

刘义隆惊道："何人作乱？"

沐谦笑道："草民这些日一直潜在宫中，原想与陛下叙叙旧便走，谁知无意撞破一件天大的机密。陛下想要废黜太子，幽杀始兴王，殊不知你与宰相的密谋，早在数日前便已外泄。太子兴兵作乱，已带兵杀你来了！"

刘义隆吓了一跳，喃喃道："此事唯与江湛、徐湛之、王僧绰三人商议，何曾走漏消息？难不成是王僧绰？他是太子的姐夫，难保不会向着太子！"

沐谦却嘿嘿一笑："陛下似乎还忘了一人！"

刘义隆猛地一惊："潘淑妃？她是朕的爱妃！"

沐谦却道："她也是始兴王的母亲！"

刘义隆颓然坐倒在榻上："朕这些年从未慢待过她，她怎能为了这逆子来谋害朕？何况朕已将她幽禁紫霞殿，她又如何传出消息去的？"

沐谦笑道："陛下倒是心善，却优柔寡断了些。太子、始兴王谋逆，此等大罪岂能轻饶？一旦拿定主意，便越快动手越好。可陛下倒好，与几个宰相商量个没完。侍卫又不知陛下究竟想些什么，一个是天子爱妃，一个是要去西境赴任的堂堂亲王，显赫如此，何人胆敢阻断他们母子相见？"

刘义隆一阵默然，难怪潘淑妃今夜能闯过宫禁来见自己，却是自己一时心软，没给侍卫下过死命，以至于让他们母子钻了空子，传出去了机密。方才潘淑妃来见自己，自然是想为刘濬求情，只盼刘义隆能再饶她儿子一回，终是为自己所拒。而刘劭和刘濬断了生路，也唯有反叛一条路可走了。

刘义隆愤懑之中迁怒沐谦道："你既然早已知道朕的机密外泄，太子与始兴王预谋作乱，却为何不早早来提醒朕知道？就躲在一旁看朕笑话吗？"

沐谦哈哈一笑："陛下，以草民的身份，无凭无证，只靠一张嘴，贸然来见你，陛下可会相信？何况草民不是你的臣子，也不欠你什么，又有何义务提醒你小心太子？"

外面杀声已渐渐停歇，不少人向寝殿冲了过来。逃无可逃，刘义隆瘫坐在榻上，问道："你既然知朕难逃一死，又来见朕做什么？只为看朕出丑吗？你已如愿，这就去吧。以你的武功，料想趁乱逃出去不是什么难事。"

沐谦眼中流露出一丝别样的目光，哼着笑道："我虽一介武夫，却自有忠义。晋朝亡国之恨，我怎能提醒你留意太子和始兴王？可在这乱世之中，你的确算个明君，我也不忍让你就这样死得不明不白。"

殿门哐啷一声被推开了，浑身血污的东宫卫杀进殿来。沐谦撇嘴一笑："若老天爷能让陛下渡过此劫，那就请陛下速速逃去吧！草民能挡一时便是一时，也算为这天下百姓的安泰，略尽一分薄力了。"

沐谦转过身去，苍老的身躯紧握那把旧刀，大喝一声："北府军京口镇山字营沐谦在此，何人先来送死？"

杀气腾腾的东宫卫愣了一下，未承想殿内还有这样一个老头子。他浑身上下散发的杀气，实让人不敢小瞧。而东宫卫虽然杀败了寝宫外的羽林卫，毕竟是兴兵作乱，真正来到天子面前时，还是露了怯。

见东宫卫并未上前，刘义隆正色说道："尔等皆是大宋勇士，今夜逼宫至此，意欲何为？"

往那军士中一瞧，见太子亲信偏将张超之、陈叔儿赫然在列，刘义隆喝问道："张超之！陈叔儿！尔等欲谋反吗？"

张超之、陈叔儿见天子不怒自威，头都不敢抬一下，只是说道："鲁秀谋反，末将奉旨前来平叛！"

刘义隆哈哈大笑："鲁秀？鲁氏兄弟弃魏投宋，深受朕信任，北伐时又大破魏军，战功赫赫，他兄弟二人在朝中无依无靠，又谋的什么反？太子这借口未免太幼稚了些！何况即使真是鲁秀谋反，尔等不去擒贼，倒是来了朕这里，难道是朕把鲁秀藏在了寝宫不成？"

血溅上合殿　533

说罢，他冲着乱兵说道："太子谋逆乱国，尔等虽为东宫卫，就真要助纣为虐，与天下为敌吗？此乃灭族之罪，尔等不惧？东宫卫听令！就此罢兵，朕既往不咎，再敢犯上，必是举族之祸！"

　　东宫卫一时愣在原地，进退不得，殿内竟这样僵持下来。却听殿外忽有人说道："为何还不动手？"

　　刘义隆听出那声音，咬着牙大笑道："萧斌！当年是朕把你选作东宫卫统领，你倒真是为太子尽忠职守！北伐时未见你有多大本事，谋逆作乱还真是胆子不小。若真有那胆量，就自来取朕头颅，又何须假他人之手？"

　　殿外沉默一阵，过了良久，只听到一声："杀！"

　　张超之、陈叔儿心中虽惧，可事已至此，早已骑虎难下。何况萧斌就在外面督战，若迟迟不前，只怕要先死在萧斌刀下了。两将硬着头皮，催令一声，东宫卫纷纷杀上前来。

　　沐谦大笑一声："来得好。"他转瞬已与东宫卫杀作一处。

　　沐谦不愧曾是刘裕麾下一等一的高手，莫看垂垂暮年，刀法却是丝毫不逊当年。这些年流落他乡的悲苦，皆已融入刀法之中。就见那柄旧刀在乱兵之中上下飞腾，刹那间已连斩十数人。那旧刀沾了鲜血之后，越发张狂，直砍得东宫卫唯有招架之力。

　　陈叔儿仗着武功不弱，欺负沐谦年老气衰，瞅着空隙杀上前来。谁知沐谦刀法犀利，陈叔儿才交手数合，便见眼前寒光一闪，双目齐齐划出一道血痕。陈叔儿惨叫一声，还未及退去，便觉胸口一痛，已被沐谦捅个通透。

　　张超之大骇，没想到这个老头儿如此厉害。思来想去，也未曾听过北府军京口镇有沐谦这样一个人物。何况京口防区的人，怎么会被天子调到大内宫禁来？殊不知，当年沐谦背弃刘裕转投司马楚之后，早已被削去了军籍。

　　张超之虽不知道沐谦底细，可陈叔儿交手数合便丢了性命，张超之如何敢去送死？只是一个劲儿地催促军士上前厮杀。斜眼一瞧，天子趁着沐谦挡住兵马，正要往殿后北宫逃去。张超之三两步冲上前去，喝道："陛下哪里去？"

　　刘义隆被张超之阻断去路，随手抄起龙榻上的扶几，狠狠向他拍去。

　　张超之哪承想素来文弱的天子居然还会出手伤人，不觉有些意外。可张超之打不过沐谦，却如何打不过刘义隆？眼见那扶几就要砸在头上，张超之长刀一挥，刘义隆五指齐齐断落。

刘义隆吃痛，退倒在龙榻上，鲜血将龙榻染得殷红，锦绣的苍龙见了血，好似活过来一般，恶狠狠地盯着张超之。

刘义隆大骂一声："逆贼，安敢伤朕！"

张超之心中惊恐。失手伤了天子，若太子事败，张超之必是死无葬身之地。左右是死，张超之心中一横，说道："末将是为太子效忠！"

说罢，血迹未干的长刀当头劈下，就见刘义隆的头颅滚落在地，一腔热血喷满了龙榻。

沐谦杀得正急，忽听身后有异。回头望去，便见刘义隆终是没能逃出去，惨死在张超之刀下。

沐谦仰天长笑："天要亡宋，哪是我一人所能阻拦！明君枉死，岂能无牲！刘义隆，且让我沐谦陪你往幽冥地狱走上一遭吧！"说罢，他轻蔑地看了一眼张超之，长刀一横，自刎于殿上。

天，终于亮了！

尾　声

三十五年后。

建康城外，紫金山麓。青山绿水间，有一个大土包突兀地堆在山巅。就见土包上杂草丛生，满是蛇虫鼠蚁钻过的洞穴。一老一少两个和尚，正在那土堆前不知做些什么。

老和尚慈眉善目，发须皆白，一身黑袍，坐在土包前凝望无语。小和尚十来岁年纪，哪耐得住性子？他或拔几棵野草，或刨一刨黄土，丢几颗石子，自顾自地玩耍着。只是玩了一阵，他颇觉无趣，见老和尚又没离开的意思，实在等不住了，只能上前问道："我说师父，你今日无端来此，究竟是做什么？此处风景虽好，可近来多有乱兵匪盗为祸京畿。我二人虽是出家人，可也难保那些心狠手辣之徒不会掳我等去做苦役。还是趁着天早，快些回城去吧。"

老和尚却还没有起来的意思，指着那土包说道："慈恩，你可知这个土包是什么？"

小和尚摇头不知。

老和尚说道："这是一处坟茔。"

小和尚不屑一顾："一座无主野坟罢了，这有什么好看的？"

老和尚问道："你可知里面埋的是谁？"

小和尚痴痴地笑道："师父赖在这里不走，难不成里面是你俗世的父母，还是师父出家前娶过的师母？"

老和尚笑了笑，骂道："孽徒放肆，怎敢如此取笑为师？"

小和尚却反讥讽道："我哪里放肆啦？莫看我小，我倒是听过，师父年轻时离经叛道，常惹得你师父道渊禅师怒不可遏，数次要把你逐出师门呢？怎如今倒是装模作样，要怪起自己的徒弟啦？"

老和尚笑了笑，也未反驳，说道："我自幼没了父母，哪里知道他们葬在何处？我亦未曾娶亲，就更没有妻室了。你记住了，埋在这里的，是前宋太祖文皇帝刘义隆。"

小和尚难以置信："就是师父常挂在嘴边的'元嘉之治'的刘义隆？这堆黄土也太寒酸了些！我常听人说，皇帝的陵墓依山傍水，气势恢宏。这里既无祭庙，也无镇兽，就连半个守坟的人都瞧不见，哪有皇帝的陵墓如此萧条的？莫不是师父你老糊涂记错啦？"旋即，他若有所悟，说道，"也是了！宋朝都亡国七八年了，谁还记得他宋太祖文皇帝是谁？"

话虽这样说，却比刚才庄重了些，他恭恭敬敬地向那枯坟拜了一下："人人都说'元嘉之治'百姓安乐，小和尚不幸生在这乱世，没经历过那等太平，却也向往那些安乐的日子，至少不会出个城都要担惊受怕，怕被匪人劫掠。且受小和尚一拜。"

老和尚未再理会徒弟，望了望天空。就见斜阳西沉，余晖洒在山上。老和尚笑了笑，冲那坟茔说道："陛下，慧琳来看您了！当日陛下蒙难，慧琳因是出家人，侥幸免去一死，却被逐出宫外，自此游荡江南，也未能送上陛下一程。辗转三十多年，慧琳终是回到建康，陛下可莫怪慧琳贪生才是。"

慧琳似乎还沉浸在当日的动乱中，沉默良久，才复说道："当日刘劭、刘濬谋逆，陛下惨死宫中。刘劭污蔑徐湛之、江湛作乱，将二人擒杀于府台。王僧绰也未逃过此祸，为刘劭所杀。而潘淑妃救了刘劭性命，非但没有被刘劭感激，反而因为和袁皇后的旧仇，被刘劭幽杀于紫霞殿。刘濬不知实情，只当他母亲是为乱兵所害。刘劭随后裹挟江夏王刘义恭，矫诏承继大位，大赦天下。"

慧琳叹息一声："怎奈天下没有不透风的墙，太子弑父自立，很快传了出去。武陵王刘骏驻守江州，紧邻扬州，刘劭深以为患，密书传于沈庆之，命其用刘骏人头换取荣华富贵。谁知沈庆之忠于刘骏，面告此事。刘劭非但没有害了刘骏性命，反而坐实了弑父恶行。刘骏遂在沈庆之、朱修之、宗悫的辅佐下，于江州兴兵讨逆，传檄天下。南谯王刘义宣尚驻守江陵，亦在鲁爽、臧质、柳元景、薛安都的相助下，誓师发兵，与刘骏合军讨逆贼。而驻扎于建康外的随王刘诞，本还在刘劭的诏书下安分守己，听闻义兵杀来建康，亦举兵响应。"

慈恩从未听师父说过这些旧事，一时有了兴趣，安心坐在旁边，听了起来。

慧琳接着说道："刘劭见义兵杀来，想着萧思话与萧斌同族，遂招萧思话领兵，自历城驰援。谁知萧思话根本没来建康，径直领兵投奔了刘骏。刘劭无人可用，只能留刘濬守建康，并以萧斌为帅，又拉拢曾被其污蔑为乱党的鲁秀为将，领东宫卫精兵万人迎战。叛军与义军先锋柳元景战于新亭，萧斌大败，鲁秀临阵倒戈，刘劭孤身逃归建康。"

慧琳笑道："江夏王刘义恭趁着建康城乱，逃出京城投奔义军。陛下最不看好的刘骏，此时倒成了义军盟主。刘义恭遂引众将劝进，刘骏于新亭承继帝位，后人称为孝武帝。建康人心大乱，哪守得住？终是被鲁秀、朱修之攻破建康。萧斌投诚被杀。而刘劭来不及出海逃亡，终是为臧质所擒，随后被孝武帝处死。而刘濬趁乱裹挟刘铄南逃，为江夏王刘义恭所劫，斩于道上。妖道严道育，连同那弑主的张超之，未逃过此劫，被鞭杀于市井，剖心切腹，挫骨扬灰。陛下大仇终得报也！"

慧琳沉默一阵，接着说道："刘骏承继大宋后，以江夏王刘义恭为太尉、录尚书事、兼南徐州刺史，南谯王刘义宣为中书监、丞相、录尚书事、兼扬州刺史，随王刘诞为卫将军、仪同三司、荆州刺史。随军诸将皆有封赏：臧质为车骑将军、仪同三司、江州刺史，沈庆之为领军将军、南兖州刺史，柳元景为侍中、左卫将军，宗悫为右卫将军，萧思话为尚书左仆射，鲁爽为南豫州刺史，鲁秀为辅国将军、司州刺史、领汝南太守。按说叛乱已定，大宋也该复归太平，可'元嘉之治'终是到了头。仅一年后，镇守西境早已超过任期的南谯王刘义宣，终成祸患。得知孝武帝打算调他去扬州，疑心不为朝廷所容，遂在鲁爽、臧质的相助下，于江陵称帝，兴兵反叛。"

慧琳脸上有些悲苦，似乎为大宋就此战乱不休而伤心："孝武帝以沈庆之、柳元景、王玄谟、薛安都为将，西征荆州。沈庆之阵斩鲁爽，薛安都大破臧质，叛兵就此败亡。刘义宣兵败被擒，与臧质一同被杀。此乱稍定，还未过几年，转封竟陵王驻守广陵的刘诞，唯恐孝武帝难容，亦起兵反叛，淮北诸镇响应。孝武帝复以沈庆之为将，攻破广陵，刘诞被杀。"

慧琳叹了一声："大宋内乱不休，魏国也是再次兴兵犯境。拓跋濬坐稳帝位后，遣辅政重臣源贺领步骑数万渡河南下，预谋侵吞青、兖二州。孝武帝起用潜邸时的参军颜师伯为青州刺史，领兵迎战。此战倒是打出了北府军的威风，一个月内四战四捷，魏军大将树兰、窟坏公、五军公接连被斩。源贺大军死伤无数，惨败而逃，退还魏境。"

慈恩听师父说到魏军被击退，兴奋地道："这些年来，魏军连番侵扰，几乎把淮北州郡夺个干净，未承想也曾被我北府军杀得如此大败过。师父，后来又如何了呢？"

慧琳连叹数声："孝武帝在位十年，除了平定内乱，击退魏兵，刚开始时，在军国大事上也还上心，整顿刑律，改革军制。怎奈到了后来，奢靡成性，贪财好利，大兴土木，扩建宫室，又脾气暴戾，猜忌功将。久战疲敝的大宋，哪禁得住这么折腾？又逢一场大旱，江南颗粒无收，国家不堪重负。孝武帝病危之际，把太子刘子业托付于刘义恭、柳元景、沈庆之、颜师伯、王玄谟五人。然而，这刘子业当真是个昏君，登基没多久，便闹得建康越发动荡。柳元景、颜师伯预谋废黜刘子业，拥立刘义恭，却被沈庆之告发。刘义恭、柳元景、颜师伯连同其诸子尽皆被杀。未过多久，沈庆之也被刘子业赐死。一时州郡大乱，各地镇将拥立宗室，先后起兵，直杀得江东再无宁日。"

慈恩脸上也现出悲色，显然明白了自己身处的这乱世是如何来的。

慧琳叹了一声，苦笑道："秦汉魏晋今何在？大宋也逃不出灭国的宿命！只是宋高祖武皇帝刘裕代晋建宋，前后竟只有短短五十九年，除去宋太祖文皇帝刘义隆当政这三十年还算太平，其他时间，江南没有一年不打仗的。"

他又叹了一声，笑道："陛下，你可知是谁夺了大宋江山吗？萧道成还记得吗？就是第三次北伐时，被臧质派去袭扰长安的主将。萧家是陛下外家，自孝武帝即位以来，江南战火不断，萧道成借平叛之功，日渐权重，成了当时的四贵之一，深为大宋末帝刘昱猜忌。萧道成为防被刘昱赐死，索性抢先动手，弑主改立他人，又除掉朝中其他三贵，终是权倾朝野，随后废主自立，国号为齐。陛下，萧道成的建国之路你可熟悉？与宋高祖武皇帝刘裕是不是太相像了些？大齐建国之初，萧道成也一如高祖武皇帝，万事从简，摒弃奢靡，怎奈他仅仅做了四年皇帝便驾崩了。魏国趁着宋、齐动荡，侵吞北方疆土无数。如今的江南，复又动乱，也不知何年何月才能再次太平。"

慧琳说到此处，已再无旁言。望着坟茔，沉默良久，他伸手从僧袍中抽出一只破旧的木匣，犹豫了一下，拆去上面的蜡封。

慈恩只当师父藏了这么久的木匣，里面定有宝贝，忙抻长脖子来看。却见木匣打开，只有几张残破的古书，不由得大失所望。待看慧琳展开观瞧，便见泛黄的书页上写道：

帝非道晏驾，由骨肉相残，江州应出天子！

慈恩愣了半天，没看懂是什么意思。却听慧琳大笑一声："陛下啊陛下，当年范晔谋乱，孔熙先事败被擒，向陛下献了这几页谶书。如今看来，倒真应验了。只是孔熙先原以为陛下必与兄弟骨肉相残，而天子必归于贬放江州的刘义康。谁知最后陛下却是被太子弑杀，而新天子还真是应在镇守江州的武陵王刘骏身上。"

慧琳连叹数声："贫僧虽投身沙门，却从不信那些怪力乱神，对这些巫蛊谶言多是嗤之以鼻。孔熙先默默无闻，也称得一个奇人。或是他早已瞧出太子心存不善，陛下却无防备，迟早有杀身之祸。而江州紧邻扬州，兵强马壮，故而孔熙先才会胡诌出那句话来，借此说服范晔，拥戴刘义康，才好让孔熙先报还旧恩吧。孔熙先无心插柳柳成荫，倒真是预见了陛下的结局和刘骏的即位。只可惜陛下未能参透玄机。若没杀了孔熙先，命他讲明此事，想来陛下也不会横死宫中，而大宋也不会乱作一团，'元嘉之治'也不至于就此中断吧！"

慧琳摇头惋惜许久，却又笑了一声，将那几页古书连同木匣焚化在刘义隆的坟前："罢了，罢了！事已至此，空让人追悔莫及，又有何用？古来多少圣主明君，又有哪一个能保国家万年？后来之事，自有后来之人去做，又何需前人劳心劳力？"说罢，他连笑数声。

慈恩看着那古书木匣焚个干净，见天色已经黑了下去，推了推慧琳，说道："师傅，我等也该回去了。"他左右不见慧琳动静，仔细去瞧，便见慧琳双目微闭，面带笑容，只是不应。

慈恩忙伸手一探，慧琳已然没了气息。

慈恩怔怔地立在慧琳身侧许久，继而一改平日的戏谑，恭恭敬敬地拜了三拜，说道："师父能与旧友相会于此，得道圆寂，此生再无憾事，善哉善哉！"说罢，他大笑而去。